Meyer-Landrut/Wendel

Satzungen und Hauptversammlungsbeschlüsse der AG

RWS-Vertragskommentar

Band 12

Satzungen und Hauptversammlungsbeschlüsse der AG

von

Rechtsanwalt Dr. Andreas Meyer-Landrut, Düsseldorf

Rechtsanwältin Dr. Cornelia Wendel, Düsseldorf

RWS Verlag Kommunikationsforum GmbH · Köln

Zusätzlicher Service im Internet

Die Mustertexte sind unter der Internet-Adresse
http://www.rws-verlag.de/ebuch/27200001.htm
für Sie abrufbar.

Die Deutsche Bibliothek – CIP-Einheitsaufnahme

Meyer-Landrut, Andreas:
Satzungen und Hauptversammlungsbeschlüsse der AG /
von Andreas Meyer-Landrut ; Cornelia Wendel. –
Köln : RWS Verlag Kommunikationsforum, 2006
   (RWS-Vertragskommentar 12)
   ISBN-13:978-3-8145-2720-8
   ISBN-10:   3-8145-2720-8

© 2006 RWS Verlag Kommunikationsforum GmbH
Postfach 27 01 25, 50508 Köln
E-Mail: info@rws-verlag.de, Internet: http://www.rws-verlag.de

Druck und Verarbeitung: Bercker, Graphischer Betrieb, 47623 Kevelaer

Vorwort

Der vorliegende RWS-Vertragskommentar bietet einen umfassenden Grundstock bewährter Muster und praxisnaher Erläuterungen für alle wesentlichen Bereiche der Aktiengesellschaft. Abgedeckt werden neben den im Titel angesprochenen Satzungen und Hauptversammlungsbeschlüssen auch die Tätigkeit von Vorstand und Aufsichtsrat (u. a. mit Vorlagen für Geschäftsordnungen) sowie die Gründung einer Aktiengesellschaft, die Durchführung der Hauptversammlung (einschließlich Einladung und Leitfaden) und die erforderlichen Mitteilungen der Aktiengesellschaft zum Anteilsbesitz. Zusätzlich zu den üblichen Beschlüssen einer ordentlichen Hauptversammlung gibt es Beschlussvorschläge für eine Vielzahl besonderer Situationen, von der Satzungsänderung über Kapitalmaßnahmen, den Erwerb eigener Aktien, den Formwechsel und das Delisting bis zur Umwandlung von Inhaber- in Namensaktien und von Vorzugs- in Stammaktien.

Seit dem Erscheinen der Vorauflage im Jahr 2001 hat sich das Aktienrecht wiederum durch eine Vielzahl von Reformgesetzen dynamisch weiterentwickelt. Diese haben ebenso wie neue Rechtsprechung in der Überarbeitung der Muster Berücksichtigung gefunden. Beispielhaft hervorzuheben sind die Einführung neuer Medien, insbesondere durch das Transparenz- und Publizitätsgesetz (2002), und die grundlegende Umgestaltung der Voraussetzungen für die Teilnahme an der Hauptversammlung bei Inhaberaktien durch das UMAG (2005). Dem Corporate Governance Kodex in seiner neuesten Fassung vom 2. Juni 2005 wird durch einen neuen Abschnitt Rechnung getragen, der Hilfestellung bei der Abgabe der Entsprechenserklärung und der Umsetzung der Empfehlungen des Kodex im jährlichen Geschäftsbericht geben soll. Auch bei den Hauptversammlungsbeschlüssen finden sich neue Muster mit ausführlichen Erläuterungen, wie beispielsweise für den Verzicht auf eine individualisierte Offenlegung der Vorstandsvergütung nach dem Vorstandsvergütungs-Offenlegungsgesetz (2005) und für den durch das Wertpapiererwerbs- und Übernahmegesetz (2001) eingeführten Squeeze-out.

Die größere Zahl der Muster und der entsprechend größere Umfang der Erläuterungen haben den Verlag veranlasst, den in der ersten Auflage in der Reihe der RWS-Vertragsmuster erschienenen Band nunmehr in die Reihe der RWS-Vertragskommentare aufzunehmen.

Der gewachsene Umfang der Mustersammlung zwang zu einer Erweiterung des Verfasserkreises. Neben Herrn Dr. Andreas Meyer-Landrut, der schon die Erstauflage betreute, liegt die Neuauflage auch in den Händen von Frau Dr. Cornelia Wendel. Beide Autoren arbeiten täglich in der Betreuung zahlreicher Aktiengesellschaften eng zusammen. Der Dank der Autoren gilt Frau Rechtsanwältin Kerstin Schnabel für die äußerst wertvolle Unterstützung und zahlreiche Anregungen und Hinweise sowie Frau Rechtsanwältin Uta Volk für die Bearbeitung des Musters und der Erläuterungen zum Squeeze-out.

Hinweisen und Anregungen der Benutzer wird sehr gerne entgegengesehen unter ameyer-landrut@whitecase.com oder cwendel@whitecase.com.

Düsseldorf, im Mai 2006

Andreas Meyer-Landrut
Cornelia Wendel

Inhaltsverzeichnis

	Rz.	Seite
Einführung	1	1
I. Rechtliche Einordnung der Aktiengesellschaft	1	1
II. Rechtsformtypen	4	2
III. Statistik	10	5
IV. Gesetzgeberischer Rahmen	13	6
V. Darstellung	24	11
Teil 1: Satzungen	25	13
Muster 1.1: Satzung einer börsennotierten Gesellschaft	25	13
I. Mustertext	25	13
II. Erläuterungen	84	23
1. Allgemeine Bestimmungen	84	23
a) Firma, Sitz und Geschäftsjahr	84	23
aa) Firma	85	23
bb) Sitz	86	23
cc) Geschäftsjahr	87	24
b) Gegenstand des Unternehmens	89	25
aa) Funktion	89	25
bb) Individualisierung	90	25
c) Bekanntmachungen	92	26
2. Höhe und Einteilung des Grundkapitals	93	26
a) Angaben zum Kapital und zur Art der Aktien	93	26
b) Aktienurkunden	96	27
c) Ausgabe junger Aktien	98	28
d) Genehmigtes Kapital/Bedingtes Kapital	99	28
e) Sacheinlagen	100	29
3. Vorstand	101	29
a) Zusammensetzung und Geschäftsordnung	101	29
aa) Vorstandsmitglieder	101	29
bb) Geschäftsordnung	104	30
b) Vertretung der Gesellschaft	106	31
4. Aufsichtsrat	107	31
a) Zusammensetzung, Amtszeit, Amtsniederlegung	107	31
aa) Zahl der Aufsichtsratsmitglieder/Mitbestimmung	107	31
bb) Amtszeit	110	32
cc) Ersatzmitglieder	111	32
dd) Amtsniederlegung	112	32
b) Vorsitzender und Stellvertreter	113	33
c) Einberufung und Beschlussfassung	115	33
d) Geschäftsordnung und Änderungen der Satzungsfassung	117	34
aa) Geschäftsordnung	117	34
bb) Satzungsanpassung	118	34

		Rz.	Seite
e)	Vergütung des Aufsichtsrats	119	34
	aa) Vergütung und Auslagenersatz	119	34
	bb) D&O-Versicherung	123	35
	cc) Steuerrecht	124	36
5.	Hauptversammlung	125	37
a)	Ort und Einberufung	125	37
b)	Teilnahmerecht	129	38
c)	Vorsitz in der Hauptversammlung	138	41
	aa) Bestimmung des Versammlungsleiters	138	41
	bb) Ablauf der Hauptversammlung	139	42
	cc) Bild- und Tonübertragungen	140	43
d)	Stimmrecht/Beschlussfassung	142	43
	aa) Stimmrecht	142	43
	bb) Stimmrechtsvollmacht	143	44
	cc) Beschlussfassung	145	44
6.	Jahresabschluss	146	45
a)	Jahresabschluss und ordentliche Hauptversammlung	146	45
	aa) Vorlagepflichten und Fristen	146	45
	bb) Feststellung des Jahresabschlusses und Billigung des Konzernabschlusses	147	45
7.	Sonstiges (Gründungsaufwand)	150	46
Muster 1.2: Satzung einer kleinen Aktiengesellschaft		152	47
I.	Mustertext	152	47
II.	Erläuterungen	194	53
1.	Vorbemerkung	194	53
2.	Gerichtsstand	195	53
3.	Höhe und Einteilung des Grundkapitals	196	54
4.	Zustimmungsvorbehalte	200	55
5.	Aufsichtsrat	201	55
6.	Hauptversammlung	202	55
7.	Jahresabschluss und ordentliche Hauptversammlung	204	56
Teil 2: Gründungsdokumente		206	57
Muster 2.1: Gründungsurkunde		206	57
I.	Mustertext	206	57
II.	Erläuterungen	217	59
Muster 2.2: Protokoll der ersten Sitzung des Aufsichtsrats mit der Bestellung des Vorstands		233	64
I.	Mustertext	233	64
II.	Erläuterungen	239	65
Muster 2.3: Antrag auf Bestellung gerichtlicher Gründungsprüfer		245	66
I.	Mustertext	245	66
II.	Erläuterungen	252	67
Muster 2.4: Einbringungsvertrag		260	70
I.	Mustertext	260	70
II.	Erläuterungen	282	74
1.	Vorbemerkung	282	74

	Rz.	Seite
2. Abtretung der Geschäftsanteile und Markenrechte	286	75
3. Gegenleistung	289	75
4. Gewährleistung	291	76
5. Schlussbestimmungen	292	76

Muster 2.5: Gründungsbericht der Gründer ... 293 ... 77
   I. Mustertext ... 293 ... 77
   II. Erläuterungen ... 304 ... 79

Muster 2.6: Gründungsprüfungsbericht des Vorstands und des Aufsichtsrats ... 313 ... 81
   I. Mustertext ... 313 ... 81
   II. Erläuterungen ... 319 ... 82

Muster 2.7: Kostenaufstellung ... 325 ... 84
   I. Mustertext ... 325 ... 84
   II. Erläuterungen ... 327 ... 85

Muster 2.8: Handelsregisteranmeldung ... 330 ... 86
   I. Mustertext ... 330 ... 86
   II. Erläuterungen ... 340 ... 89

Teil 3: Mitteilungen und Bekanntmachungen zum Aktienbesitz ... 349 ... 93

Muster 3.1: Mitteilung nach § 21 Abs. 1 WpHG ... 349 ... 93
   Muster 3.1: Mitteilung über den Anteilsbesitz an einer börsennotierten Aktiengesellschaft nach § 21 Abs. 1 WpHG ... 349 ... 93
   I. Mustertext ... 349 ... 93
   II. Erläuterungen ... 352 ... 94
      1. Einleitung ... 352 ... 94
      2. Meldepflichten ... 353 ... 94
      3. Sanktionen ... 356 ... 95
      4. Form und Inhalt der Mitteilung ... 357 ... 96

Muster 3.2: Bekanntmachung der betroffenen börsennotierten Aktiengesellschaft nach § 25 Abs. 1 WpHG ... 365 ... 99
   I. Mustertext ... 365 ... 99
   II. Erläuterungen ... 366 ... 99

Muster 3.3: Belegübersendung nach § 25 Abs. 3 WpHG ... 372 ... 102
   I. Mustertext ... 372 ... 102
   II. Erläuterungen ... 373 ... 102

Muster 3.4: Mitteilung über den Aktienbesitz an einer nicht börsennotierten Aktiengesellschaft nach § 20 AktG ... 376 ... 104
   I. Mustertext ... 376 ... 104
   II. Erläuterungen ... 379 ... 105

Muster 3.5: Bekanntmachung der betroffenen nicht börsennotierten Aktiengesellschaft nach § 20 Abs. 6 AktG ... 386 ... 108
   I. Mustertext ... 386 ... 108
   II. Erläuterungen ... 387 ... 108

	Rz.	Seite

Muster 3.6: Mitteilung nach § 21 AktG 388 109
    I. Mustertext 388 109
    II. Erläuterungen 389 109

Teil 4: Vorstand 391 111

Muster 4.1: Bestellung und Abberufung von Vorstandsmitgliedern 391 111
    I. Mustertext 391 111
    II. Erläuterungen 397 112
        1. Beschlussfassung 397 112
        2. Abberufung und Kündigung des Anstellungsvertrags 399 113
        3. Bestellung und Abschluss des Anstellungsvertrags 404 114

Muster 4.2: Anmeldung des Vorstands beim Handelsregister 410 117
    I. Mustertext 410 117
    II. Erläuterungen 416 118

Muster 4.3: Geschäftsordnung für den Vorstand 423 120
    I. Mustertext 423 120
    II. Erläuterungen 457 127
        1. Vorbemerkung 457 127
        2. Allgemeines 460 128
        3. Gesamtverantwortung und Geschäftsführung einzelner Mitglieder des Vorstands 461 128
        4. Geschäftsverteilung 465 129
        5. Zustimmungsbedürftige Geschäfte 466 130
        6. Vorstandsvorsitzender und Stellvertreter 471 131
        7. Sitzungen und Beschlüsse des Vorstands 473 132
        8. Zusammenarbeit mit dem Aufsichtsrat 477 133
        9. Interessenkonflikte/Nebentätigkeiten 478 133

Teil 5: Aufsichtsrat 481 135

Muster 5.1: Wahl der Aufsichtsratsmitglieder – Auszug aus der Einladung zur Hauptversammlung 481 135
    I. Mustertext 481 135
    II. Erläuterungen 484 135
        1. Vorbemerkung 484 135
        2. Wahlvorschlag des Aufsichtsrats 485 136
        3. Angaben zu den vorgeschlagenen Kandidaten 489 137

Muster 5.2: Bekanntmachung über den Wechsel von Aufsichtsratsmitgliedern 494 140
    I. Mustertext 494 140
    II. Erläuterungen 496 140

Muster 5.3: Geschäftsordnung für den Aufsichtsrat 498 141
    I. Mustertext 498 141
    II. Erläuterungen 542 148
        1. Vorbemerkung 542 148
        2. Allgemeines 549 150
        3. Vorsitzender und Stellvertreter 550 150

Inhaltsverzeichnis

		Rz.	Seite
4.	Einberufung	553	151
5.	Sitzungen und Beschlussfassungen	557	152
6.	Verschwiegenheit und Verantwortlichkeit der Aufsichtsratsmitglieder/ Interessenkonflikte/Altersgrenze	563	153
7.	Ausschüsse	569	155
8.	Präsidialausschuss	572	156
9.	Prüfungsausschuss	573	156
10.	Zustimmungsbedürftige Geschäfte	576	157
11.	Informationspflichten	577	157
12.	Zusammenarbeit mit dem Abschlussprüfer	579	158

Muster 5.4: Statusverfahren 581 160
   I. Mustertext 581 160
   II. Erläuterungen 582 160

Muster 5.5: Notbestellung gemäß § 104 AktG 592 164
   I. Mustertext 592 164
   II. Erläuterungen 596 165

Teil 6: Corporate Governance 604 167

Muster 6.1: Entsprechenserklärung 604 167
   I. Mustertext 604 167
   II. Erläuterungen 608 168

Muster 6.2: Auszug aus dem Geschäftsbericht 621 172
   I. Mustertext 621 172
   II. Erläuterungen 638 175
     1. Einleitung 638 175
     2. Corporate Governance Bericht 641 176
     3. Bericht des Aufsichtsrats 649 178
     4. Anhang zum Konzernabschluss 651 179
     5. Lagebericht 652 179

Teil 7: Hauptversammlung 659 183

Muster 7.1: Einladung zur ordentlichen Hauptversammlung 659 183
   I. Mustertext 659 183
   II. Erläuterungen 675 187
     1. Form und Frist der Einberufung 676 187
     2. Inhalt der Einberufung 680 188
     3. Tagesordnung 681 188
     4. Teilnahmebedingungen 688 190
     5. Stimmrechtsvertretung 693 192
     6. Unterlagen und Übertragung der Hauptversammlung 694 192
     7. Gegenanträge und Wahlvorschläge 695 193
     8. Angaben nach § 128 Abs. 2 Satz 8 AktG 696 193

Muster 7.2: Geschäftsordnung für die Hauptversammlung 697 194
   I. Mustertext 697 194
   II. Erläuterungen 719 197
     1. Vorbemerkung 719 197
     2. Allgemeines 725 199

		Rz.	Seite
3.	Ort der Hauptversammlung	727	200
4.	Leitung der Hauptversammlung	729	200
5.	Übertragung/Aufzeichnung der Hauptversammlung	730	200
6.	Ordnungsmaßnahmen	731	201
7.	Abhandlung der Tagesordnung	733	201
8.	Teilnahme an der Hauptversammlung	735	202
9.	Salvatorische Klausel	737	202

Muster 7.3: Leitfaden für den Leiter der Hauptversammlung ... 738 203

I. Mustertext ... 738 203
II. Erläuterungen ... 814 223
   1. Vorbemerkung ... 814 223
   2. Vorstellung der Organmitglieder, des Notars und des Abschlussprüfers ... 816 223
   3. Festlegung des Versammlungsraums ... 818 224
   4. Vorbereitung der Hauptversammlung ... 821 225
   5. Teilnehmerverzeichnis und Vollmachtserteilung ... 823 225
   6. Bekanntgabe der Abstimmungsart ... 826 227
   7. Generaldebatte ... 833 229
   8. Bild- und Tonaufzeichnungen ... 835 230
   9. Eintritt in die Tagesordnung und die Diskussion ... 839 230
   10. Abstimmungen ... 847 233
   11. Entlastungsbeschlüsse ... 851 234
   12. Schluss der Versammlung ... 854 235

Muster 7.4: Notarielles Protokoll der Hauptversammlung ... 856 236
I. Mustertext ... 856 236
II. Erläuterungen ... 895 243

Muster 7.5: Privatschriftliches Protokoll der Hauptversammlung ... 905 246
I. Mustertext ... 905 246
II. Erläuterungen ... 919 248

Teil 8: Beschlussvorschläge an die Hauptversammlung in Sonderfällen ... 925 251

Muster 8.1: Satzungsänderung ... 925 251
I. Mustertext ... 925 251
II. Erläuterungen ... 926 251
   1. Grundlagen ... 926 251
   2. Beschlussinhalt ... 930 252

Muster 8.2: Verzicht auf individualisierte Offenlegung der Vorstandsvergütung ... 936 255
I. Mustertext ... 936 255
II. Erläuterungen ... 938 255
   1. Einführung ... 938 255
   2. Beschlussfassung ... 942 256

	Rz.	Seite
Muster 8.3: Reguläre Kapitalerhöhung	947	259
Variante 1: Kapitalerhöhung mit unmittelbarem Bezugsrecht	947	259
I. Mustertext	947	259
II. Erläuterungen	955	260
1. Vorbemerkung	955	260
2. Unmittelbares Bezugsrecht und Rahmen der Kapital- erhöhung	956	260
3. Art und Zahl bzw. Nennbetrag der auszugebenden Aktien	958	261
4. Ausgabebetrag und Bezugsrecht	959	261
5. Dividendenberechtigung	965	263
6. Einzahlung	966	264
7. Nachbezug	967	264
8. Satzungsanpassung	968	265
9. Mehrheiten	969	265
Variante 2: Kapitalerhöhung mit mittelbarem Bezugsrecht	970	266
I. Mustertext	970	266
II. Erläuterungen	976	267
1. Einschaltung einer Bank: Gründe und Kosten	976	267
2. Abwicklung	977	267
3. Weiterer Beschlussinhalt	978	268
4. Ausgabebetrag und Bezugspreis/Übernahmevertrag	979	268
5. Satzungsanpassung	982	269
Variante 3: Bezugsrechtsausschluss zum Zwecke des Börsengangs	983	270
I. Mustertext	983	270
II. Erläuterungen	989	270
1. Einleitung	989	270
2. Bezugsrechtsausschluss/Mehrheitserfordernisse	990	271
3. Mehrzuteilung	996	273
Variante 4: Gemischte Bar-/Sachkapitalerhöhung	997	274
I. Mustertext	997	274
II. Erläuterungen	1004	275
1. Einführung	1004	275
2. Festsetzung der Sacheinlage	1005	275
3. Bezugsrechtsausschluss	1007	276
4. Einbringungswert	1010	277
Muster 8.4: Genehmigtes Kapital mit verschiedenen Möglichkeiten zum Bezugsrechtsausschluss	1012	279
I. Mustertext	1012	279
II. Erläuterungen	1022	280
1. Einführung	1022	280
2. Höchstgrenzen	1025	281
3. Aufhebung bestehenden, genehmigten Kapitals	1026	281
4. Rechtstechnik	1027	282
5. Bezugsrechtsausschluss	1030	283
a) Spitzenbeträge	1031	283
b) Börseneinführung	1032	284
c) Sacheinlagen	1033	284
d) Erleichterter Bezugsrechtsausschluss	1038	286

Inhaltsverzeichnis

	Rz.	Seite
Muster 8.5: Bedingtes Kapital/Wandel- und Optionsschuldverschreibung .	1043	289
I. Mustertext	1043	289
II. Erläuterungen	1059	293
1. Einführung	1059	293
2. Wandel- und Optionsschuldverschreibungen	1064	294
3. Bezugsrecht	1065	295
4. Weiterer Beschlussinhalt	1068	296
5. Bedingtes Kapital	1070	297
6. Satzungsergänzung	1072	298
Muster 8.6: Vereinfachte Kapitalherabsetzung	1073	299
I. Mustertext	1073	299
II. Erläuterungen	1077	299
1. Einführung	1077	299
2. Herabsetzungsbetrag und Zweck	1080	300
3. Rücklagen und Mindestkapital	1082	301
4. Art der Durchführung der Kapitalherabsetzung	1084	302
5. Beschlussfassung	1086	302
Muster 8.7: Erwerb und Veräußerung eigener Aktien	1089	305
I. Mustertext	1089	305
II. Erläuterungen	1101	308
1. Einführung	1101	308
2. Beschlussinhalt	1104	309
3. Rückveräußerung und Bezugsrechtsausschluss	1111	311
4. Beschlussfassung	1114	312
5. Informations- und Publizitätspflichten/Insiderrecht	1115	313
Muster 8.8: Geschäftsführungsmaßnahmen (Holzmüller)	1122	316
I. Mustertext	1122	316
II. Erläuterungen	1127	317
1. Einführung	1127	317
2. Beschlussinhalt	1135	319
3. Beschlussfassung und Durchführung	1139	320
Muster 8.9: Unternehmensvertrag	1142	322
I. Mustertext	1142	322
II. Erläuterungen	1147	323
1. Einführung	1147	323
2. Beschlussvorbereitung und -inhalt	1153	325
3. Beschlussfassung	1161	327
4. Folgefragen	1165	328
Muster 8.10: Delisting	1167	329
I. Mustertext	1167	329
II. Erläuterungen	1172	330
1. Einleitung	1172	330
2. Beschlussinhalt und -fassung	1181	332
3. Abwicklung des Delistings	1186	333

Inhaltsverzeichnis

	Rz.	Seite
Muster 8.11: Formwechsel	1189	335
I. Mustertext	1189	335
II. Erläuterungen	1201	337
1. Einführung/Gründe für den Formwechsel	1201	337
2. Inhalt des Beschlusses	1204	337
3. Abfindungsangebot	1211	340
4. Arbeitsrechtliche Angaben	1213	340
5. Beschlussformalitäten und Beschlussfassung	1215	341
Muster 8.12: Squeeze-out	1217	342
I. Mustertext	1217	342
II. Erläuterungen	1223	343
1. Vorbemerkung	1223	343
2. Einleitung des Squeeze-out	1226	344
3. Barabfindung	1232	346
4. Übertragungsbericht/Prüfungsbericht	1233	347
5. Gewährleistungserklärung	1239	349
6. Einberufung der Hauptversammlung	1240	350
7. Stellungnahme des Hauptaktionärs/des Vorstands in der Hauptversammlung	1242	351
8. Beschlussfassung	1244	352
9. Eintragung im Handelsregister	1245	353
10. Abwicklung	1249	354
Muster 8.13: Umstellung von Nennbetrags- auf Stückaktien und Verbriefungsausschluss	1250	355
I. Mustertext	1250	355
II. Erläuterungen	1262	356
1. Einführung	1262	356
2. Beschlussinhalt	1264	357
3. Satzungsänderungen	1266	357
Muster 8.14: Umwandlung von Inhaberaktien in Namensaktien	1269	359
I. Mustertext	1269	359
II. Erläuterungen	1274	359
1. Einführung	1274	359
2. Beschlussinhalt	1277	360
3. Beschlussfassung	1279	361
Muster 8.15: Umwandlung von Vorzugsaktien in Stammaktien	1280	362
I. Mustertext	1280	362
II. Erläuterungen	1283	362
1. Einführung	1283	362
2. Beschlussinhalt	1284	363
3. Beschlussfassung	1286	364
4. Sonderbeschluss der Vorzugsaktionäre	1288	364
Literaturverzeichnis		365
Stichwortverzeichnis		377

XV

Einführung

I. Rechtliche Einordnung der Aktiengesellschaft

Die Aktiengesellschaft ist eine **juristische Person** mit der Fähigkeit, selbst Trägerin von Rechten und Pflichten zu sein. Für die Verbindlichkeiten der Aktiengesellschaft haftet den Gläubigern grundsätzlich nur das Gesellschaftsvermögen (§ 1 Abs. 1 AktG), das in Aktien eingeteilt wird. Die Geschäftsleitung erfolgt im Regelfall durch Dritte, die nicht Aktionäre der Aktiengesellschaft sind. Die Willensbildung der Aktionäre unterliegt dem Mehrheitsprinzip. Mit dieser Konzeption gleicht die Aktiengesellschaft der ebenfalls als Körperschaft ausgestalteten GmbH. Der Unterschied zur GmbH besteht jedoch darin, dass das Gesetz für die Aktiengesellschaft im Regelfall von einem großen, sich schnell ändernden und gegebenenfalls auch anonymen Gesellschafterkreis ausgeht und sie damit als **Kapitalsammelbecken** für die Allokation größerer Kapitalbeträge bestimmt hat. Dementsprechend steht nur der Aktiengesellschaft (und der KGaA) der Zugang zu den Kapitalmärkten offen, das heißt, die Möglichkeit, die an ihr bestehenden Beteiligungen (Aktien) zum Börsenhandel zuzulassen.

1

Dem dienen die gegenüber der GmbH viel kleineren Stückelungen der Anteile, die Zulassung nennwertloser Anteile und das Fehlen von Formvorschriften betreffend die Übertragung der Aktien. Weitere Folge dieser von der GmbH abweichenden Funktion der Aktiengesellschaft ist, dass der Gesetzgeber eine **strikte Funktionsteilung** zwischen Kapitalgebern und Management vorsieht und die selten zusammentretenden Aktionäre ein bei der GmbH nicht zwingend vorgesehenes drittes Organ, nämlich den Aufsichtsrat, als eine Art ständigen Gesellschafterausschuss bestimmen müssen. Zwischen den drei Organen Hauptversammlung, Aufsichtsrat und Vorstand besteht ein gesetzlich genau abgestecktes Machtgefüge:

2

Die **Hauptversammlung** wird in operativen Angelegenheiten nur ausnahmsweise involviert (§ 119 Abs. 2 AktG), sie hat im Wesentlichen über Gewinnverwendung und Strukturveränderungen sowie die Wahl des Aufsichtsrats zu entscheiden. Die Geschäftsführung liegt eigenverantwortlich in den Händen des **Vorstands** (§ 76 Abs. 1 AktG), der vom **Aufsichtsrat** bestellt und abberufen wird. Der Aufsichtsrat hat nur Beratungs- und Überwachungsfunktionen und kann seinerseits keine Vorgaben für das operative Geschäft machen. Der Einfluss der Hauptversammlung auf das operative Geschäft besteht also nur mittelbar über die Wahl der Aufsichtsräte, die jedoch kein imperatives Mandat ausüben, sondern nur dem Interesse der Gesellschaft verpflichtet sind. Ferner sind abweichend zur GmbH die Regeln zur Kapitalaufbringung und Kapitalerhaltung wesentlich strenger gefasst (§§ 32–38, §§ 56, 71, 57, §§ 52, 92 Abs. 1, §§ 91, 171, 172 AktG). Ebenfalls dem Charakter der Aktiengesellschaft als Kapitalsammelstelle und vom häufig wechselnden Bestand ihrer Gesellschafter

3

unabhängiger Organisation entspricht das gesetzliche Mehrheitsprinzip für Hauptversammlungsentscheidungen (§ 133 Abs. 1, § 179 AktG). Dem gegenüber stehen relativ stark ausgeprägte Regeln zum institutionellen Schutz der Minderheit (vgl. etwa § 121 Abs. 6, § 120 Abs. 1, §§ 122, 142 und 147 AktG). Eine Besonderheit in diesem Zusammenhang sind die vom Beteiligungsumfang unabhängigen Auskunfts- (§ 131 AktG) und Klagerechte (§§ 245 ff AktG). Schließlich wird der einzelne Aktionär durch das formelle Gleichbehandlungsgebot (§ 53a AktG) und das nur beschränkt ausschließbare Bezugsrecht bei Kapitalerhöhungen (§ 186 Abs. 1 AktG) geschützt.

II. Rechtsformtypen

4 Gesetzliches Leitbild ist nach dem oben Gesagten die börsennotierte Aktiengesellschaft mit einem großen, möglicherweise anonymen, jedenfalls nicht unternehmerisch interessierten Aktionärskreis. Dabei trägt das Gesetz der besonderen Bedeutung der an den Kapitalmärkten agierenden Aktiengesellschaften dadurch Rechnung, dass es für die **börsennotierte Aktiengesellschaft** eine Reihe von besonderen Schutzvorschriften erlassen hat, die insbesondere durch die jüngste Änderung des Aktiengesetzes aufgrund des Gesetzes zur Unternehmensintegrität und Modernisierung des Anfechtungsrechts (UMAG) vom 22. September 2005 noch einmal erweitert wurde (z. B. § 58 Abs. 2 Satz 2, § 110 Abs. 3, § 123 Abs. 3, § 125 Abs. 1, § 130 Abs. 1 Satz 3, § 134 Abs. 1 Satz 2, § 149 Abs. 1, § 161 AktG). Die Definition der börsennotierten Gesellschaft enthält § 3 Abs. 2 AktG. Dem Schutz des Kapitalmarktes und seiner Teilnehmer dienen eine Reihe von weiteren Gesetzen, die auf die börsennotierte Aktiengesellschaft Einfluss nehmen. Zu nennen sind das Wertpapierhandelsgesetz (WpHG) und das Wertpapiererwerbs- und Übernahmegesetz (WpÜG) sowie das Börsengesetz (BörsG) mit Börsenzulassungsverordnung (BörsZulV). Die Prinzipien guter Unternehmensführung börsennotierter Aktiengesellschaften sind im Deutschen Corporate Governance Kodex (DCGK) niedergelegt.

5 Umgekehrt hat der Gesetzgeber aber auch die Notwendigkeit erkannt, für andere Einsatzzwecke der Aktiengesellschaft Erleichterungen zu schaffen. Insbesondere die Novelle des Aktiengesetzes durch das Gesetz für **kleine Aktiengesellschaften** und zur Deregulierung des Aktienrechtes aus dem Jahre 1994 hat dem Umstand Rechnung getragen, dass außer börsennotierten großen Aktiengesellschaften auch (noch) nicht börsennotierte, mittelständische Unternehmen von der Rechtsform der Aktiengesellschaft Gebrauch machen.[1] Hierbei kann es sich um personalistische Gesellschaften, Familiengesellschaften, aber auch Tochtergesellschaften von Konzernen, insbesondere ausländischen Konzernobergesellschaften handeln.

---

1) *Hoffmann-Becking*, ZIP 1995, 1.

Gründe für eine nicht börsennotierte Aktiengesellschaft gibt es einige: Da ist   **6**
an erster Stelle die Aktiengesellschaft vor dem Börsengang zu nennen, die
durch Umwandlung etwa aus einer GmbH entstanden ist und eine Zwischen-
phase vor der Börseneinführung noch im alten Gesellschafterkreis verbringt.
Des Weiteren kann die größere Unabhängigkeit und Selbständigkeit der Aktiengesellschaft gegenüber den Gesellschaftern als Alternative in der Unternehmensnachfolge gegenüber anderen Rechtsformen attraktiv sein. Die bei
Generationenfolgen zunehmende Zahl von Familiengesellschaftern und ihre
größere Entfernung vom Unternehmen sowie mögliche Streitigkeiten unter
den Gesellschaftern können in der Rechtsform der Aktiengesellschaft mit der
klaren Trennung zwischen Anteilseignern und Geschäftsführern sowie dem in-
termediär eingeschalteten Aufsichtsrat besser überwunden werden. Schließlich
ist zu erwähnen, dass auch die nicht börsennotierte Aktiengesellschaft von
einem höheren (durch die strengeren Kapitalaufbringungs- und Erhaltungsvor-
schriften auch gerechtfertigten) Image zehrt und deswegen nicht selten schon
aus diesem Grund als Tochtergesellschaft ausländischer Konzerne oder für den
Betrieb von Bank- oder Versicherungsgeschäften oder für die Führung von
Holdingstrukturen ausgewählt wird.

Den nicht börsennotierten Gesellschaften ist etwa in § 10 Abs. 5 (Verbriefung   **7**
der Aktie), in § 58 Abs. 2 (Erhöhung der Satzungsautonomie hinsichtlich der
Verwendung des Jahresüberschusses), in § 121 Abs. 4 (Einberufung der
Hauptversammlung durch eingeschriebenen Brief), in § 121 Abs. 6 (Vollversammlung) und in § 130 AktG (nicht notarielle Niederschrift der Hauptversammlung) Erleichterung verschafft. Ganz wesentlich für die Öffnung der
Aktiengesellschaft gegenüber mittelständischen Unternehmen sind schließlich
zwei Gleichstellungen mit der GmbH, die jüngeren Datums sind. So wurde
zum einen durch das bereits erwähnte Gesetz für kleine Aktiengesellschaften
und zur Deregulierung des Aktienrechtes § 76 BetrVG 1952 dahin gehend geändert, dass die danach vorgeschriebene Drittelmitbestimmung bei Aktiengesellschaften ebenfalls erst dann einsetzt, wenn das Unternehmen dauerhaft
mehr als 500 Mitarbeiter beschäftigt. Eine entsprechende Regelung enthält
auch § 1 Abs. 1 Drittelbeteiligungsgesetz (DrittelbG), das seit dem 1.7.2004
die Vorschriften des BetrVG 1952 zur Beteiligung der Arbeitnehmervertreter
im Aufsichtsrat ersetzt. Bereits durch das Bilanzrichtlinien-Gesetz (BiRiLiG)
wurde die Frage der Prüfungspflichtigkeit von Abschlüssen rechtsformüber-
greifend im Handelsgesetzbuch geregelt. Eine i. S. d. § 267 Abs. 1 HGB „kleine" Aktiengesellschaft ist nicht zur Abschlussprüfung nach §§ 316 ff HGB
verpflichtet. Durch das Bilanzrechtsreformgesetz (BilReG) wurden jüngst die
in § 267 HGB genannten Schwellenwerte (Bilanzsumme und Umsatzerlöse)
zur Abgrenzung zwischen kleinen, mittelgroßen und großen Unternehmen
um etwa 17 % angehoben.

8 Mit Inkrafttreten des Gesetzes zur Einführung der Europäischen Gesellschaft (SEEG) am 29. Dezember 2004 kann nun auch in Deutschland eine **europäische Gesellschaft (SE)** gegründet werden. Das SEEG enthält als Artikelgesetz das SE-Ausführungsgesetz (SEAG) sowie das SE-Beteiligungsgesetz (SEBG). Durch das SEAG hat die Verordnung (EG) Nr. 2157/2001 über das Statut der SE vom 8. Oktober 2001[2] die erforderlichen Konkretisierungen erfahren. Ferner ist durch das SEBG die ergänzende Richtlinie 2001/86/EG des Rates zur Ergänzung des Statuts der Europäischen Gesellschaft hinsichtlich der Beteiligung der Arbeitnehmer vom 8. Oktober 2001[3] in nationales Recht umgesetzt wurden. Bei der SE handelt es sich um eine völlig neue, supranationale Rechtsform, die erstmals die Möglichkeit eines strukturmäßig klaren Zusammenschlusses verschieden-nationaler Gesellschaften eröffnet. Ein weiterer Vorteil der SE liegt in der – zumindest im deutschen Rechtsraum ebenfalls erstmals gewährten – Möglichkeit, von den ansonsten zwingenden gesetzlichen Mitbestimmungsregeln abzuweichen und individuelle, auf das jeweilige Gemeinschaftsunternehmen abgestimmte Regelungen zu entwerfen. Die SE kann nach dem Muster der Aktiengesellschaft mit einem Vorstand und einem Aufsichtsrat (dualistisches System) gegründet werden, aber auch nur mit einem Verwaltungsrat als einzigem Leitungsorgan (monistisches System).[4]

9 In Deutschland gibt es bislang zwei SE: die Go-East-Invest SE und als erste deutsche Vorrats-SE, die Atrium Erste Europäische VV SE. Der Zoll Pool Hafen SE, die als erste SE in Deutschland schon im November 2004 errichtet wurde, wurde die Eintragung verweigert, weil sie kein mitbestimmungsrechtliches Beteiligungsverfahren durchgeführt hatte.[5] Mit der Allianz AG hat nun auch eine große deutsche Aktiengesellschaft die geplante Umwandlung in eine SE in die Wege geleitet.[6] Auch die Mensch und Maschine Software AG erwägt den Rechtsformwechsel in eine SE für 2006.[7] Im Ergebnis ist zu erwarten, dass die SE durch den begleitenden Abbau steuerlicher Hindernisse für die grenzüberschreitende Verschmelzung zur SE in absehbarer Zeit erheblich an Bedeutung gewinnen wird.

---

2) Verordnung (EG) Nr. 2157/2001 des Rates über das Statut der Europäischen Gesellschaft (SE) vom 8.10.2001, ABl L 294/1.

3) Richtlinie 2001/86/EG des Rates vom 8.10.2001 zur Ergänzung des Statuts der Europäischen Gesellschaft hinsichtlich der Beteiligung der Arbeitnehmer, ABl L 294/22.

4) Aus der umfangreichen Literatur zur SE sei hier nur beispielhaft verwiesen auf *Lutter/Kollmorgen/Feldhaus*, BB 2005, 2473, mit einer Mustersatzung für eine monistische und nicht mitbestimmte SE, sowie *Walden/Meyer-Landrut*, DB 2005, 2119 und 2619, zur Planung, Vorbereitung, Beschlussfassung und Eintragung der SE.

5) LG Hamburg, Beschl. v. 28.6.2005 – 66 AR 76/05, ZIP 2005, 2018.

6) Außerordentliche Hauptversammlung der Allianz AG am 8.2.2006.

7) Süddeutsche Zeitung vom 4.11.2005.

III. Statistik

Die lange Zeit stagnierende und sogar rückläufige Zahl von Aktiengesellschaften steigt seit 1985 wieder. Gab es noch Ende 1983 insgesamt nur 2 122 Aktiengesellschaften (einschließlich Kommandit-Gesellschaften auf Aktien, die statistisch nicht gesondert ausgewiesen werden), so waren es im August 2003 bereits 15 176.[8] Die Gründe für diesen starken Anstieg liegen wohl in dem seit 1977 eingeführten körperschaftsteuerlichen Anrechnungsverfahren, in der schon erwähnten Novelle durch das Gesetz zur „Kleinen AG" vom 2. August 1994, in dem seit 1. Januar 1995 in Kraft getretenen neuen Umwandlungsgesetz, das insbesondere den Eintritt in die Rechtsform der Aktiengesellschaft nicht mehr als unumkehrbare Einbahnstraße dastehen ließ, und in der Wiederentdeckung der Aktiengesellschaft als Gesellschaftsrechtsform zur Bereitstellung von Risikokapital auch durch die Einrichtung des so genannten Neuen Marktes der Frankfurter Wertpapierbörse 1997. In diesem neuen Börsensegment waren Ende 1997 lediglich 16 Unternehmen vertreten, während im Jahre 2000 dort ein Höchststand von 283 Gesellschaften notiert war.[9] Auch in den übrigen Börsensegmenten, d. h. insbesondere im amtlichen und im geregelten Markt, konnte eine erhebliche Zunahme von Erstnotierungen festgestellt werden, die 1999 mit 30 Neuemissionen im amtlichen und 10 Neuemissionen im geregelten Markt ihren Höhepunkt fand.

Dieser Euphorie Ende der neunziger Jahre und noch zu Beginn des Jahres 2000 folgte eine Phase der Ernüchterung und der Skepsis. Bereits im Laufe des Jahres 2000 verunsicherten insbesondere Unternehmen des Neuen Marktes ihre Anleger mit Gewinn- und Umsatzwarnungen. Die Zahl der Insolvenzen von Aktiengesellschaften stieg in dem Zeitraum von 1999 bis 2002 um nahezu das Siebenfache auf 631 Insolvenzen im Jahre 2002, wobei vor allem Neugründungen, die am Neuen Markt notierten, in die Zahlungsunfähigkeit und/oder eine Überschuldung gerieten.[10] Hervorgerufen durch eine unbefriedigende Konjunktur sowie eine Vertrauenskrise der Anleger entstand eine Baisse an den Aktienmärkten. Die Zahl der Neuemissionen sank. Im Jahre 2002 gab es nur eine einzige Neuemission am Neuen Markt. Im Rahmen der Neusegmentierung des Aktienmarktes hat die Frankfurter Wertpapierbörse den Neuen Markt zum 5.6.2003 geschlossen, nachdem alle Unternehmen aus diesem Segment in die neu eingeführten Börsensegmente Prime Standard oder General Standard gewechselt waren. Im Jahre 2003 wagte (erstmals seit 1968) kein einziges Unternehmen in Deutschland den Gang an die Börse.

Inzwischen zeichnet sich eine Trendwende ab. Seit Januar 2005 gingen 14 größere deutsche Unternehmen an die Börse, 2004 waren es nur fünf. Für das

---

8) DAI-Factbook 2003, Grafik 01-1-a.
9) DAI-Factbook 2003, Tabelle 02-1-a.
10) Branchen-Nachrichten, AG 2003, R303.

Jahr 2006 erwarten Experten bis zu 30 Neuemissionen in Deutschland.[11] Die Hoffnung, dass die Rechtsform der Aktiengesellschaft, die auch für nicht börsennotierte Unternehmen Vorteile mit sich bringen kann, in ihrer Attraktivität erkannt und auch weiterhin als Medium für eine dynamische wirtschaftliche Entwicklung dienen wird,[12] scheint sich insgesamt zu bestätigen.

IV. Gesetzgeberischer Rahmen

13   Der Zweck der Aktiengesellschaft als Kapitalsammelbecken rechtfertigt die insgesamt – gerade im Vergleich zu anderen gesellschaftsrechtlichen Formen – sehr hohe Regelungsdichte. Die Zahl der Paragraphen des Aktiengesetzes beläuft sich auf über 400. Diese Vielzahl der gesetzlichen Vorschriften gewinnt weiteres Gewicht durch den so genannten Grundsatz der **Satzungsstrenge**. Nach § 25 Abs. 5 AktG besteht für die Satzung der Gesellschaft nur dort Gestaltungsfreiheit, wo dies durch einzelne Bestimmungen ausdrücklich gestattet oder keine abschließende Regelung getroffen ist. Zahlreiche weitere Gesetze kapitalmarktrechtlichen und auch mitbestimmungsrechtlichen Inhalts nehmen Einfluss. Im Umwandlungsgesetz (UmwG) sind der Aktiengesellschaft zahlreiche Sonderbestimmungen gewidmet. Schließlich spielt in weiten Bereichen der Ausübung von Aktionärsrechten auch das Richterrecht der Rechtsprechung des Bundesgerichtshofs eine maßgebliche Rolle.

14   Entsprechend der jetzt sehr viel stärker wieder in das Bewusstsein der Öffentlichkeit und des Gesetzgebers gerückten Stellung der Aktiengesellschaft sind verstärkte gesetzgeberische Bemühungen zu einer Aktualisierung des Aktienrechtes zu beobachten. Neben den bereits erwähnten Novellen, die teilweise recht erheblichen Einfluss auf die Vorschriften des Aktiengesetzes in seinem Bestand der Fassung von 1965[13] hatten, sind für das Jahr 1998 das Gesetz zur Kontrolle und Transparenz im Unternehmensbereich (KonTraG), das Stückaktiengesetz (StückAG) und das Euro-Einführungsgesetz zu nennen. Das KonTraG begegnete der öffentlichen Kritik an der Leitung und Kontrolle der Aktiengesellschaften. Das Gesetz enthält Detailregelungen betreffend die Verbesserung der Arbeit des Aufsichtsrats und des Abschlussprüfers. Daneben wurden weiter liberalisierende Vorschriften zum Erwerb eigener Aktien und zur Gewährung von Aktienoptionsrechten an Vorstandsmitglieder und Arbeitnehmer eingeführt. Die bislang zulässigen Mehr- und Höchststimmrechte sind nicht mehr oder nur noch eingeschränkt zulässig. Schließlich wurden die Vorschriften zur Stimmrechtsausübung durch die Banken geändert.[14]

---

11)   Handelsblatt vom 23.11.2005.
12)   *Leven*, AG 2003, R189.
13)   Aktiengesetz vom 6.9.1965, BGBl I, 1089.
14)   Eine Einführung in die Änderungen durch das KonTraG geben *Lingemann/Wasmann*, BB 1998, 853, und *Claussen*, DB 1998, 177.

Am 18. Januar 2001 ist das Namensaktiengesetz (NaStraG) in Kraft getreten, **15** das der Anpassung der Regelungen für Namensaktien und für die Hauptversammlung an neuere technische Entwicklungen dient. Bei dieser Gelegenheit wurden auch die Nachgründungsvorschriften des § 52 AktG entschärft.[15] Das Wertpapiererwerbs- und Übernahmegesetzes (WpÜG) vom 20. Dezember 2001 hat für börsennotierte Aktiengesellschaften Rahmenbedingungen bei Unternehmensübernahmen und anderen öffentlichen Angeboten zum Erwerb von Wertpapieren in Deutschland geschaffen und löste den freiwilligen Übernahmekodex vom 1. Oktober 1995 ab. Im Rahmen des Wertpapiererwerbs- und Übernahmegesetzes wurde außerdem das Aktiengesetz in §§ 327a–327f um eine Squeeze-out-Regelung ergänzt, und die Meldepflichten nach §§ 21 ff WpHG wurden verschärft. Eine weitere Anpassung des Wertpapierhandelsgesetzes erfolgte jüngst im Rahmen der Umsetzung der EU-Marktmissbrauchsrichtlinie[16] durch das Anlegerschutzverbesserungsgesetz (AnSVG).

Die Veränderung der ökonomischen Bedingungen durch die Globalisierung **16** der Weltwirtschaft und die Internationalisierung der Finanzmärkte, die Verschiebung von der Fremd- und Innenfinanzierung zur Eigenkapitalfinanzierung und die Veränderung der Aktionärsstruktur hin zu einem höheren Anteil an Streubesitz und ausländischen, insbesondere institutionellen Anleger in Kombination mit den beschriebenen Unternehmenskrisen und damit verbundenen Vertrauensverlusten machten und machen weitere Reformen erforderlich. Die Regierungskommission Corporate Governance unterbreitet in ihrem Bericht, den sie Ende Juli 2001 vorlegte, insgesamt 150 Vorschläge zur Änderung zahlreicher Einzelpunkte des Aktienrechts.[17] Als eine erste Konsequenz aus diesem Bericht ist im Jahre 2002 dann das Transparenz- und Publizitätsgesetz (TransPuG) mit Änderungen des Aktiengesetzes sowie des Handelsgesetzbuches verabschiedet und der Deutsche Corporate Governance Kodex (DCGK) verfasst worden.

Der Deutsche Corporate Governance Kodex enthält an die Unternehmenslei- **17** tung börsennotierter Gesellschaften gerichtete unverbindliche Verhaltensempfehlungen, von denen die Unternehmen abweichen können, dies aber im Rahmen einer Entsprechenserklärung offen legen müssen. Die Pflicht zur Abgabe einer solchen Erklärung wurde durch das Transparenz- und Publizitätsgesetz in § 161 AktG festgeschrieben. Außerdem trägt das Transparenz- und Publizitätsgesetz den Möglichkeiten, die durch neue Medien eröffnet werden, Rechnung. So wurde für Bekanntmachungen des Unternehmens in § 25 AktG der elektronische Bundesanzeiger eingeführt. Auch kann die Satzung nunmehr re-

---

15) Ein Überblick über die Änderungen aufgrund des NaStraG findet sich bei *Grumann/ Soehlke*, DB 2001, 576.
16) Richtlinie 2003/6/EG des Europäischen Parlaments und des Rates vom 28.1.2003 über Insider-Geschäfte und Marktmanipulation (Marktmissbrauch), ABl L 96/16.
17) *Seibert*, AG 2002, 417.

geln, dass ein Aufsichtsratsmitglied in bestimmten Fällen in der Hauptversammlung per Bild- und Tonübertragung zugeschaltet (§ 118 Abs. 2 AktG) und die Hauptversammlung in Ton und Bild übertragen werden kann (§ 118 Abs. 3 AktG). Darüber hinaus ist es jetzt ausreichend, wenn Gegenanträge von Aktionären zur Hauptversammlung auf der Internetseite des Unternehmens öffentlich zugänglich gemacht werden (§ 126 AktG). Der Aufsichtsrat oder die Hauptversammlung haben nunmehr zwingend einen Katalog zustimmungsbedürftiger Geschäfte zu beschließen (§ 111 Abs. 4 AktG). Schließlich enthält das Transparenz- und Publizitätsgesetz eine ganze Reihe von Änderungen im Bereich der Rechnungslegung und der Abschlussprüfung. Insbesondere hat der Aufsichtsrat den Konzernabschluss nicht mehr nur zu prüfen, sondern auch zu billigen (§§ 171, 173 AktG).[18]

18 Die Reform des Aktienrechts ist damit aber noch lange nicht abgeschlossen. Das Spruchverfahren wurde durch das Spruchverfahrensneuordnungsgesetz (SpruchG) vom 12. Juni 2003 reformiert. Die Bundesregierung hat am 25. Februar 2003 einen umfassenden Maßnahmenkatalog zur Stärkung der Unternehmensintegrität und des Anlegerschutzes veröffentlicht und in dessen Umsetzung inzwischen eine ganze Reihe von Gesetzen verabschiedet. Dazu gehört vor allem das Gesetz zur Unternehmensintegrität und Modernisierung des Anfechtungsrechts (UMAG) vom 22. September 2005, das Änderungen im Bereich der Hauptversammlung, des Anfechtungsrechts und der Haftung von Vorständen und Aufsichtsräten enthält. Das Kapitalanleger-Musterverfahrensgesetz (KapMuG) vom 16. August 2005 führt für geschädigte Kapitalanleger Musterverfahren wegen falscher, irreführender oder unterlassener öffentlicher Kapitalmarktinformationen ein. Das Gesetz über die Offenlegung der Vorstandsvergütungen (VorstOG) vom 3. August 2005 soll für mehr Transparenz bei den Vergütungen sorgen, die die einzelnen Vorstandsmitglieder börsennotierter Aktiengesellschaften erhalten.

19 Im Bereich des Bilanzrechts gab es ebenfalls Änderungen durch zwei neue Gesetze, nämlich das Gesetz zur Einführung internationaler Rechnungslegungsstandards und zur Sicherung der Qualität der Abschlussprüfung (Bilanzrechtsreformgesetz – BilReG) vom 4. Dezember 2004, das der Stärkung der Unabhängigkeit des Abschlussprüfer und zugleich der Fortentwicklung und Internationalisierung des deutschen Bilanzrechts dienen soll, sowie das Gesetz zur Kontrolle von Unternehmensabschlüssen (Bilanzkontrollgesetz – BilKoG) vom 15. Dezember 2004, das Bilanzmanipulationen zu Lasten der Anleger unter anderem durch die Prüfung der Rechnungslegung kapitalmarktorientierter Unternehmen durch ein von staatlicher Seite beauftragtes privatrechtliches Gremium verhindern soll.

---

18) Ein umfassender Überblick über sämtliche Neuregelungen findet sich bei *Seibert*, NZG 2002, 608.

Das Kapitalmarktinformationshaftungsgesetz (KapInHaG), das die persönli- **20**
che Haftung von Mitgliedern des Vorstands und des Aufsichtsrats bei Infor-
mationspflichtverletzungen regeln sollte, wurde vom Bundesfinanzministe-
rium im November 2004 zurückgezogen.

Weiter Änderungsbedarf wurde aktuell durch Vorgaben auf europäischer **21**
Ebene ausgelöst: Die Bundesregierung hat in Umsetzung der Änderung der
Ersten gesellschaftsrechtlichen Richtlinie vom 15. Juli 2003[19] sowie der EU-
Transparenzrichtlinie vom 15. Dezember 2004[20] am 14. Dezember 2005 einen
Regierungsentwurf für ein Gesetz über elektronische Handelsregister und Ge-
nossenschaftsregister sowie ein neu zu schaffendes Unternehmensregister
(EHUG) vorgelegt.

Des Weiteren hat die Bundesregierung zur Umsetzung der EU-Übernahme- **22**
richtlinie vom 21. April 2004[21] am 15. Februar 2006 den Entwurf eines Über-
nahmerichtlinie-Umsetzungsgesetzes vorgelegt.[22] Das Gesetz regelt den Gel-
tungsbereich des Wertpapiererwerbs- und Übernahmegesetzes (WpÜG) bei
Unternehmensübernahmen mit grenzüberschreitendem Bezug. Ziel des Gesetzes ist es, ein einheitliches Schutzniveau bei Übernahmeangeboten und
Kontrollerwerben auch für inländische Aktionäre zu etablieren, ohne nationale
Besonderheiten aufzugeben. Das Gesetzgebungsverfahren soll Mitte 2006 abgeschlossen sein. Mitte Februar 2006 hat das Bundesjustizministerium den Referentenentwurf eines Zweiten Gesetzes zur Änderung des Umwandlungsgesetzes[23] vorgelegt, der dazu dient, die EU-Verschmelzungsrichtlinie[24] vom
26. Oktober 2005 umzusetzen. Außerdem trägt der Entwurf der Entscheidung
des Europäischen Gerichtshofs vom 13. Dezember 2005 in der Sache „SEVIC
Systems AG" Rechnung.[25] Das Gericht hatte entschieden, dass in Deutschland Umwandlungen unter Beteiligung von Kapitalgesellschaften aus einem

---

19) Richtlinie 2003/58/EG des Europäischen Parlaments und des Rates vom 15.7.2003 zur
    Änderung der Richtlinie 68/151/EWG in Bezug auf die Offenlegungspflichten von
    Gesellschaften bestimmter Rechtsformen, ABl L 221/13.
20) Richtlinie 2004/109/EG des Europäischen Parlaments und des Rates vom 15.12.2004 zur
    Harmonisierung der Transparenzanforderungen in Bezug auf Informationen über
    Emittenten, deren Wertpapiere zum Handel auf einem geregelten Markt zugelassen sind,
    und zur Änderung der Richtlinie 2001/34/EG (Transparenzrichtlinie), ABl L 390/38.
21) Richtlinie 2004/25/EG des Europäischen Parlaments und des Rates vom 21.4.2004
    betreffend Übernahmeangebote, ABl L 142/12.
22) Entwurf eines Gesetzes zur Umsetzung der Richtlinie 2004/25/EG des Europäischen
    Parlaments und des Rates vom 21. April 2004 betreffend Übernahmeangebote (Über-
    nahmerichtlinie-Umsetzungsgesetz), abrufbar unter www.rws-verlag.de, Volltexte vom
    21.2.2006.
23) Referentenentwurf eines Zweiten Gesetzes zur Änderung des Umwandlungsgesetzes
    vom 13.2.2006, abrufbar unter www.rws-verlag.de, Volltexte vom 21.2.2006.
24) Richtlinie 2005/56/EG des Europäischen Parlaments und des Rates vom 26.10.2005 über
    die Verschmelzung von Kapitalgesellschaften aus verschiedenen Mitgliedstaaten (Ver-
    schmelzungsrichtlinie), ABl L 310/1.
25) EuGH (Große Kammer), Urt. v. 13.12.2005 – C-411/03 – SEVIC Systems AG, NZG
    2006, 112.

anderen Mitgliedstaat der Europäischen Union möglich sein müssen. Angesichts der Dringlichkeit des Reformbedarfs aufgrund veränderter ökonomischer Rahmenbedingungen und der damit fehlenden Zeit für eine einzige umfassende Reform des Aktienrechts, werden auch in Zukunft weitere Reformen in Einzelpunkten zu erwarten sein. Insofern kann man durchaus von einer „Aktienrechtsreform in Permanenz" sprechen.[26] Die Gefahr der Überregulierung und -verrechtlichung als Eigenheit des deutschen Aktienrechts bleibt präsent.[27] Dies gilt insbesondere vor dem Hintergrund der immer umfangreicheren Anforderungen an Publizität, Transparenz, Haftung und Unternehmensverhalten, die insbesondere über das Kapitalmarktrecht auf die börsennotierten Aktiengesellschaften zukommen und die zu steigenden Kostenbelastungen und schwer kalkulierbaren Rechtsrisiken bei den Gesellschaften führen. Zu nennen ist in diesem Zusammenhang nur beispielhaft das so genannte jährliche Dokument, das börsennotierte Aktiengesellschaften künftig gemäß § 10 des Wertpapierprospektgesetzes (WpPG) vom 22. Juni 2005 erstellen müssen und das noch einmal alle Informationen enthalten muss, die der Emittent in den vorausgegangenen zwölf Monaten aufgrund §§ 15, 15a, 25 oder 26 WpHG, § 39 Abs. 1 Nr. 3 und Abs. 2 BörsG i. V. m. der BörsZulV, §§ 42 und 54 BörsG i. V. m. einer BörsO oder entsprechenden ausländischen Vorschriften bereits veröffentlicht oder dem Publikum zur Verfügung gestellt hat.

23 Insgesamt kann man jedoch feststellen, dass sich das Aktiengesetz aufgrund dieser vielfältigen Eingriffe des Gesetzgebers, ausgelöst insbesondere durch den Druck der (internationalen) Kapitalmärkte zu einem wesentlich kapitalmarktnäheren Recht ausgestaltet hat, als dies noch bis vor einigen Jahren der Fall war. Der Verwaltung einer Aktiengesellschaft stehen nicht nur aufgrund der liberalisierenden Tendenz des Gesetzgebers im Bereich der Kapitalerhöhungen,[28] sondern auch einer gleichlaufenden Tendenz der Rechtsprechung des Bundesgerichtshofes[29] eine Reihe von früher nicht gekannten Möglichkeiten zu, eigene Aktien als Akquisitionswährung zu nutzen. Die deutsche Aktiengesellschaft hat sich damit vergleichbaren internationalen Usancen angenähert. Lediglich im Bereich der Unternehmensmitbestimmung und des Konzernrechts sind noch wesentliche deutsche Sonderwege zu erkennen. Es bleibt abzuwarten, ob sich die jüngsten Anstrengungen der Europäischen Gemeinschaft zur Vereinheitlichung der europäischen Aktienrechte, insbesondere im Rahmen des Aktionsplans der Europäischen Kommission zur Reform des Europäischen Gesellschaftsrechts und zur Verbesserung der Corporate Govern-

---

26) *Seibert*, AG 2002, 417.

27) *v. Rosen*, Frankfurter Allgemeine Zeitung vom 12.5.2004.

28) Ergänzung des § 186 Abs. 3 AktG durch die Novelle zur „kleinen" AG und Neueinführung des § 71 Abs. 1 Nr. 8 AktG.

29) Insbesondere BGH, Urt. v. 23.6.1997 – II ZR 132/93 – Siemens/Nold, BGHZ 136, 133 = ZIP 1997, 1499, dazu EWiR 1997, 1013 *(Hirte)*; dazu unten Rz. 1034.

ance vom 21. Mai 2003 innerhalb des darin umrissenen Zehnjahresplans umsetzen lassen.[30]

V. Darstellung

In den folgenden Mustertexten werden in Teil 1 zunächst Satzungsmuster für eine börsennotierte Publikumsgesellschaft (Rz. 25 ff) sowie für die kleine Aktiengesellschaft (Rz. 152 ff) vorgestellt. Sodann folgen in Teil 2 Muster für die Gründung (Rz. 206 ff) und in Teil 3 für verschiedene Mitteilungspflichten (Rz. 349 ff) sowie in Teil 4–7 Muster betreffend die Organe (Rz. 391 ff und 481 ff), die Corporate Governance (Rz. 604 ff) und die ordentliche Hauptversammlung (Rz. 659 ff). In Teil 8 folgen schließlich Muster zu diversen besonderen Hauptversammlungsbeschlüssen (Rz. 925 ff). Die in den Mustertexten behandelten Konstellationen sind typisch und tauchen häufig auf. Gleichwohl sind die Muster stets sorgfältig an die individuellen Besonderheiten des jeweils zu lösenden Falles anzupassen. Insbesondere in den Mustern, die sich mit der Finanzierung der Aktiengesellschaft befassen, sind die zugrunde liegenden Transaktionen oft von hoher Komplexität, so dass die vorgestellten Muster nur einen ersten Einstieg bieten können. Die Erläuterungen im Anschluss an das jeweilige Muster sollen als Einführung in die jeweils bestehenden rechtlichen Probleme dienen.

24

---

30) Eine Darstellung des Aktionsplan der Europäischen Kommission und der darin vorgesehenen Maßnahmen findet sich bei *Maul/Lanfermann/Eggenhofer*, BB 2003, 1289.

Teil 1: Satzungen

Muster 1.1: Satzung einer börsennotierten Gesellschaft

I.   Mustertext [→ Rz. 84 ff]

I.

Allgemeine Bestimmungen

§ 1

Firma, Sitz und Geschäftsjahr

(1) Die Gesellschaft führt die Firma … AG. [→ Rz. 85]   25

(2) Sie hat ihren Sitz in … . [→ Rz. 86]   26

(3) Geschäftsjahr ist das Kalenderjahr. Die Zeit von der Errichtung der Gesell-   27
schaft bis zum 31.12. … bildet ein Rumpfgeschäftsjahr. [→ Rz. 87]

§ 2

Gegenstand des Unternehmens

(1) Die Gesellschaft führt eine Gruppe von Gesellschaften, die sich im We-   28
sentlichen mit … vor allem unter der eingetragenen Marke … sowie der Vornahme sämtlicher damit zusammenhängender Rechtsgeschäfte befasst. Sie
kann diese Gesellschaften leiten und sich auf die Verwaltung der Beteiligungen
beschränken. Sie kann auf den genannten Gebieten auch selbst tätig werden.
[→ Rz. 89]

Alternativ:

(1) Gegenstand des Unternehmens ist die Herstellung, der Vertrieb und die Liefe-
rung von …, einschließlich der Forschung und Entwicklung auf diesen Gebieten.

(2) Die Gesellschaft ist zu allen Geschäften und Maßnahmen berechtigt, die   29
geeignet erscheinen, dem Gegenstand des Unternehmens zu dienen. Sie kann
zu diesem Zweck auch andere Unternehmen im In- und Ausland gründen, erwerben, veräußern und sich an ihnen beteiligen. Dies gilt insbesondere für solche, die auf den in Absatz 1 genannten Gebieten tätig sind. Sie kann ihren Betrieb ganz oder teilweise in verbundene Unternehmen ausgliedern. [→ Rz. 91]

§ 3

Bekanntmachungen

Die Bekanntmachungen der Gesellschaft erfolgen nur im elektronischen Bun-   30
desanzeiger. [→ Rz. 92]

II.

Grundkapital und Aktien

§ 4

Höhe und Einteilung des Grundkapitals

31 (1) Das Grundkapital der Gesellschaft beträgt 10 000 000 Euro (in Worten: zehn Millionen Euro) und ist eingeteilt in 10 000 000 (in Worten: zehn Millionen) nennbetragslose Stückaktien.

Alternativ bei Nennbetragsaktien:

(1) Das Grundkapital der Gesellschaft beträgt 10 000 000 Euro (in Worten: zehn Millionen Euro) und ist eingeteilt in 200 000 Aktien im Nennbetrag von jeweils 50 Euro (in Worten: fünfzig Euro).

32 (2) Die Aktien lauten auf den Inhaber [→ Rz. 95]

Alternativ bei Namensaktien:

(2) Die Aktien lauten auf den Namen. [→ Rz. 95]

33 (3) Die Form der Aktienurkunden und der Gewinnanteils- und Erneuerungsscheine wird vom Vorstand im Einvernehmen mit dem Aufsichtsrat bestimmt. Der Anspruch der Aktionäre auf Verbriefung ihrer Aktien ist ausgeschlossen, soweit nicht die Verbriefung nach börsenrechtlichen Regeln erforderlich ist. Es können Sammelurkunden über die Aktien ausgestellt werden. [→ Rz. 96 f]

34 (4) Bei einer Kapitalerhöhung kann die Gewinnbeteiligung neuer Aktien abweichend von § 60 Abs. 2 AktG bestimmt werden. [→ Rz. 98]

Fakultativ:

35 *(5) Bei Gründung der Gesellschaft haben die nachstehend genannten Gründer die von ihnen gehaltenen Geschäftsanteile an der ... GmbH, ..., eingetragen im Handelsregister des Amtsgerichts ... unter HRB ..., als Sacheinlagen der Gesellschaft gegen die Gewährung von ... Aktien übertragen. Der Wert der als Sacheinlage einzubringenden GmbH-Geschäftsanteile an der ... GmbH wird in die Kapitalrücklagen der Gesellschaft nach § 272 Abs. 2 Nr. 1 HGB eingestellt, soweit er zum Zeitpunkt der Einbringung den auf die hierfür gewährten Aktien entfallenden anteiligen Betrag des Grundkapitals übersteigt. [→ Rz. 100]*

III.

Vorstand

§ 5

Zusammensetzung und Geschäftsordnung

36 (1) Der Vorstand der Gesellschaft besteht aus einer oder mehreren Personen. Die Zahl der Vorstandsmitglieder bestimmt der Aufsichtsrat. [→ Rz. 101 f]

(2) Die Vorstandsmitglieder werden vom Aufsichtsrat bestellt. Die Bestellung   **37**
stellvertretender Vorstandsmitglieder ist zulässig. Der Aufsichtsrat kann einen
Vorstandsvorsitzenden sowie einen stellvertretenden Vorstandsvorsitzenden
ernennen. [→ Rz. 102 f]

(3) Der Vorstand gibt sich durch einstimmigen Beschluss aller Vorstands-   **38**
mitglieder eine Geschäftsordnung, die auch die Geschäftsverteilung unter
mehreren Vorstandsmitgliedern regelt. Die Geschäftsordnung und Geschäftsverteilung bedürfen der Zustimmung des Aufsichtsrats, falls nicht der Aufsichtsrat eine Geschäftsordnung für den Vorstand erlässt. [→ Rz. 104 f]

§ 6

Vertretung der Gesellschaft

Die Gesellschaft wird durch zwei Vorstandsmitglieder oder durch ein Vor-   **39**
standsmitglied in Gemeinschaft mit einem Prokuristen gesetzlich vertreten. Ist
nur ein Vorstandsmitglied bestellt, vertritt es die Gesellschaft allein. Der Aufsichtsrat kann bestimmen, dass Vorstandsmitglieder einzelvertretungsbefugt
sind. Der Aufsichtsrat kann Vorstandsmitgliedern gestatten, allgemein oder im
Einzelfall im Namen der Gesellschaft mit sich selbst als Vertreter eines Dritten Rechtsgeschäfte vorzunehmen. [→ Rz. 106]

IV.

Aufsichtsrat

§ 7

Zusammensetzung, Amtszeit, Amtsniederlegung

(1) Der Aufsichtsrat besteht aus sechs Mitgliedern. [→ Rz. 107 ff]   **40**

(2) Die Aufsichtsratsmitglieder werden für die Zeit bis zur Beendigung der   **41**
Hauptversammlung gewählt, die über die Entlastung des Aufsichtsrats für das
vierte Geschäftsjahr nach dem Beginn der Amtszeit beschließt. Das Geschäftsjahr, in dem die Amtszeit beginnt, wird nicht mitgerechnet. Die Hauptversammlung kann für von den Aktionären gewählte Mitglieder bei der Wahl eine
kürzere Amtszeit bestimmen. Die Wahl des Nachfolgers eines vor Ablauf der
Amtszeit ausgeschiedenen Mitglieds erfolgt, soweit die Hauptversammlung
die Amtszeit des Nachfolgers nicht abweichend bestimmt, für den Rest der
Amtszeit des ausgeschiedenen Mitglieds. [→ Rz. 110]

(3) Die Hauptversammlung kann für die von ihr zu wählenden Aufsichts-   **42**
ratsmitglieder Ersatzmitglieder wählen, die in der bei der Wahl festzulegenden
Weise Mitglieder des Aufsichtsrats werden, wenn Aufsichtsratsmitglieder vor
Ablauf ihrer Amtszeit ausscheiden. [→ Rz. 111]

43 (4) Jedes Mitglied des Aufsichtsrats kann sein Amt durch eine an den Vorsitzenden des Aufsichtsrats und an den Vorstand zu richtende schriftliche Erklärung unter Einhaltung einer Frist von zwei Wochen niederlegen. Aus wichtigem Grund kann die Niederlegung mit sofortiger Wirkung erfolgen
[→ Rz. 112]

§ 8
Vorsitzender und Stellvertreter

44 (1) Der Aufsichtsrat wählt im Anschluss an die Hauptversammlung, in der die Aufsichtsratsmitglieder der Aktionäre gewählt worden sind, in einer ohne besondere Einberufung stattfindenden Sitzung aus seiner Mitte einen Vorsitzenden und einen Stellvertreter. Die Amtszeit des Vorsitzenden und des Stellvertreters entspricht, soweit bei der Wahl nicht eine kürzere Amtszeit bestimmt wird, ihrer Amtszeit als Mitglied des Aufsichtsrats. [→ Rz. 113]

45 (2) Scheidet der Vorsitzende oder der Stellvertreter vor Ablauf der Amtszeit aus seinem Amt aus, so hat der Aufsichtsrat eine Neuwahl für die restliche Amtszeit des Ausgeschiedenen vorzunehmen. [→ Rz. 113]

§ 9
Einberufung und Beschlussfassung

46 (1) Sitzungen des Aufsichtsrats finden mindestens zweimal im Kalenderhalbjahr statt. Die Sitzungen des Aufsichtsrats werden durch den Vorsitzenden mit einer Frist von vierzehn Tagen unter Mitteilung der Gegenstände der Tagesordnung schriftlich einberufen. Bei der Berechnung der Frist werden der Tag der Absendung der Einladung und der Tag der Sitzung nicht mitgerechnet. In dringenden Fällen kann der Vorsitzende die Frist abkürzen und mündlich, fernmündlich, per E-Mail oder per Telefax einberufen. [→ Rz. 115]

47 (2) Beschlüsse des Aufsichtsrats werden in der Regel in Sitzungen gefasst. Beschlüsse zu Gegenständen der Tagesordnung, die nicht rechtzeitig bekannt gegeben worden sind, können nur gefasst werden, wenn kein Mitglied der Abstimmung widerspricht. Abwesenden Mitgliedern ist in einem solchen Fall innerhalb einer vom Vorsitzenden zu bestimmenden angemessenen Frist Gelegenheit zu geben, der Beschlussfassung zu widersprechen. Der Beschluss wird erst wirksam, wenn kein abwesendes Mitglied innerhalb der Frist widersprochen hat. [→ Rz. 116]

48 (3) Außerhalb von Sitzungen sind Beschlussfassungen durch schriftliche, fernmündliche, per Telefax oder per E-Mail übermittelte Stimmabgaben oder Stimmabgaben mittels sonstiger gebräuchlicher Kommunikationsmittel, insbesondere per Videokonferenz, zulässig, wenn der Vorsitzende des Aufsichtsrats

dies anordnet. _Fakultativ: Ein Widerspruchsrecht der Mitglieder des Aufsichtsrats besteht nicht._ [→ Rz. 116]

(4) Der Aufsichtsrat ist beschlussfähig, wenn die Hälfte, mindestens jedoch **49** drei seiner Mitglieder, an der Beschlussfassung teilnehmen. Abwesende Aufsichtsratsmitglieder können dadurch an der Beschlussfassung teilnehmen, dass sie durch andere Aufsichtsratsmitglieder schriftliche Stimmabgaben überreichen lassen. Die Beschlüsse bedürfen, soweit im Gesetz nicht zwingend anderes bestimmt ist, der einfachen Mehrheit der abgegebenen Stimmen. Ergibt eine Abstimmung im Aufsichtsrat Stimmengleichheit, so muss der Aufsichtsrat auf Verlangen eines seiner Mitglieder unmittelbar im Anschluss an die erste Abstimmung eine erneute Abstimmung über denselben Gegenstand durchführen. Ergibt sich auch bei dieser Abstimmung Stimmengleichheit, so zählt die Stimme des Vorsitzenden doppelt. Das Gleiche gilt, wenn der Aufsichtsratsvorsitzende gemäß § 108 Abs. 3 AktG schriftliche Stimmabgaben überreichen lässt. Dem Stellvertreter steht die zweite Stimme nicht zu. [→ Rz. 116]

(5) Über die Sitzungen des Aufsichtsrats ist eine Niederschrift anzufertigen, **50** die vom Vorsitzenden der Sitzung zu unterzeichnen ist. Bei Beschlussfassungen außerhalb von Sitzungen ist die Niederschrift vom Vorsitzenden des Aufsichtsrats zu unterzeichnen. Die Niederschrift ist allen Mitgliedern des Aufsichtsrats unverzüglich zuzuleiten. [→ Rz. 116]

(6) Der Vorsitzende ist ermächtigt, im Namen des Aufsichtsrats die zur **51** Durchführung der Beschlüsse des Aufsichtsrats und seiner Ausschüsse erforderlichen Willenserklärungen abzugeben und entgegenzunehmen. [→ Rz. 116]

§ 10

Geschäftsordnung und Änderungen der Satzungsfassung

(1) Im Rahmen der zwingenden gesetzlichen Vorschriften und der Bestim- **52** mungen dieser Satzung gibt sich der Aufsichtsrat eine Geschäftsordnung. [→ Rz. 117]

(2) Der Aufsichtsrat ist ermächtigt, Änderungen der Satzung zu beschließen, **53** die nur deren Fassung betreffen. [→ Rz. 118]

§ 11

Vergütung des Aufsichtsrats

(1) Die Mitglieder des Aufsichtsrats erhalten außer dem Ersatz ihrer Auslagen **54**

a) eine feste, nach Ablauf des Geschäftsjahrs zahlbare Vergütung in Höhe von … Euro je Geschäftsjahr mit einer Dauer von zwölf Monaten sowie

b) eine erfolgsbezogene Vergütung in Höhe von … Euro je Prozent Gewinnanteil, der nach dem Gewinnverwendungsbeschluss der Hauptversammlung über ... % des Grundkapitals der Gesellschaft hinaus an die Aktionäre ausgeschüttet wird, [→ Rz. 120]

Fakultativ:

55 *sowie*

   c) eine auf den langfristigen Unternehmenserfolg bezogene jährliche Vergütung in Höhe von ... Euro je ... Euro Ergebnis vor Steuern und Anteilen anderer Gesellschafter im Konzernabschluss der Gesellschaft („EBT"), das im Durchschnitt der letzten drei Geschäftsjahre ein EBT von ... Euro übersteigt. Diese Vergütung wird erstmalig zahlbar nach Ablauf der Hauptversammlung, die über die Entlastung des Aufsichtsrats für das am ... endende Geschäftsjahr entscheidet. Bis zu diesem Zeitpunkt hinzukommende oder ausscheidende Aufsichtsratsmitglieder erhalten eine zeitanteilige Vergütung. [→ Rz. 121]

Die Vergütung nach Buchstaben b und c ist jeweils auf einen Betrag von höchstens ... Euro begrenzt.

56 (2) Die Vergütung nach Absatz 1 erhöht sich für den Vorsitzenden auf das Doppelte und für den Stellvertreter auf das Eineinhalbfache. Jedes Mitglied eines Ausschusses erhält einen Zuschlag von 25 % auf die Vergütung nach Absatz 1, der Vorsitzende des Ausschusses erhält einen Zuschlag von 50 %. Die nach diesem Absatz 2 zu zahlenden Zuschläge für die Tätigkeit in Ausschüssen sind der Höhe nach auf den Betrag, der der einfachen Vergütung nach vorstehendem Absatz 1 entspricht, beschränkt. [→ Rz. 122]

57 (3) Aufsichtsratsmitglieder, die nur während eines Teils des Geschäftsjahres dem Aufsichtsrat angehört haben, erhalten für jeden angefangenen Monat ihrer Tätigkeit ein Zwölftel der Vergütung. Dies gilt entsprechend für Mitgliedschaften in Aufsichtsratsausschüssen.

Fakultativ:

58 *(4) Jedes Aufsichtsratsmitglied erhält für jede Teilnahme an Sitzungen des Aufsichtsrats oder eines Ausschusses, dessen Mitglied es ist, ein Sitzungsgeld in Höhe von ... Euro.*

59 *(5) Die Gesellschaft schließt zugunsten der Mitglieder des Aufsichtsrats eine Vermögensschadenhaftpflichtversicherung zur Absicherung gegen Haftungsrisiken aus der Tätigkeit als Aufsichtsrat ab. Die Prämien werden ... Euro pro Kalenderjahr und Aufsichtsratsmitglied nicht übersteigen. [→ Rz. 123]*

60 (6) Die Vergütung versteht sich zuzüglich einer etwa anfallenden Umsatzsteuer. [→ Rz. 124]

V.

Hauptversammlung

§ 12

Ort und Einberufung

(1) Die Hauptversammlung findet am Sitz der Gesellschaft, einer Gemeinde im Umkreis von 50 km oder einem deutschen Börsenplatz statt. [→ Rz. 125]   **61**

(2) Die Einberufung muss, sofern das Gesetz keine kürzere Frist vorsieht, mindestens dreißig Tage vor dem letzten Anmeldetag (§ 13 Abs. 1) im elektronischen Bundesanzeiger bekannt gemacht werden; dabei werden der Tag der Bekanntmachung und der letzte Anmeldetag nicht mitgerechnet. Fällt das Ende der Frist auf einen Sonntag, einen am Sitz der Gesellschaft gesetzlich anerkannten Feiertag oder einen Sonnabend, so tritt an die Stelle dieses Tages der zeitlich vorhergehende Werktag. [→ Rz. 126]   **62**

Fakultativ bei Namensaktien:

(3) Die Einberufung kann auch durch eingeschriebenen Brief an die im Aktienregister der Gesellschaft eingetragenen Aktionäre erfolgen; der Tag der Absendung gilt als Tag der Bekanntmachung.   **63**

§ 13

Teilnahmerecht

(1) Zur Teilnahme an der Hauptversammlung und zur Ausübung des Stimmrechts sind diejenigen Aktionäre berechtigt, die sich zur Hauptversammlung angemeldet und der Gesellschaft ihren Anteilsbesitz nachgewiesen haben. Der Nachweis des Anteilsbesitzes muss durch eine von dem depotführenden Institut in Textform erstellte und in deutscher oder englischer Sprache abgefasste Bescheinigung, bezogen auf den Beginn des 21. Tages vor der Hauptversammlung, erbracht werden. [→ Rz. 129]   **64**

Fakultativ (bei nicht depotgeführten Aktien):   **65**

Im Fall von Aktien, die zum maßgeblichen Zeitpunkt nicht in einem bei einem Kredit- oder Finanzdienstleistungsinstitut geführten Aktiendepot verwahrt werden, kann der Nachweis des Anteilsbesitzes auch durch eine von der Gesellschaft, einem deutschen Notar, einer Wertpapiersammelbank oder einem Kredit- oder Finanzdienstleistungsinstitut gegen Vorlage der Aktien in Textform ausgestellte und in deutscher oder englischer Sprache abgefasste Bescheinigung, bezogen auf den Beginn des 21. Tages vor der Hauptversammlung, erbracht werden. [→ Rz. 134]

Die Anmeldung und der Nachweis des Anteilsbesitzes müssen der Gesellschaft unter der in der Einberufung hierfür mitgeteilten Adresse spätestens am siebten Tag vor der Hauptversammlung zugehen. [→ Rz. 128, 133]

Alternativ (bei Namensaktien):

66 *Zur Teilnahme an der Hauptversammlung und zur Ausübung des Stimmrechts sind diejenigen Aktionäre berechtigt, die im Aktienregister eingetragen sind und sich zur Teilnahme an der Hauptversammlung angemeldet haben. Die Anmeldung zur Teilnahme an der Hauptversammlung muss der Gesellschaft unter der in der Einberufung hierfür mitgeteilten Adresse spätestens am siebten Tag vor der Hauptversammlung zugehen. Umschreibungen im Aktienregister finden innerhalb der letzten fünf Kalendertage vor der Hauptversammlung nicht statt. [→ Rz. 135]*

Alternativ (bei nicht börsennotierten Aktiengesellschaften mit Inhaberaktien):

67 *Zur Teilnahme an der Hauptversammlung und zur Ausübung des Stimmrechts sind diejenigen Aktionäre berechtigt, die ihre Aktien bei der Gesellschaft, bei einem deutschen Notar, bei einer Wertpapiersammelbank oder bei den sonst in der Einberufung bezeichneten Stellen während der Geschäftsstunden hinterlegen und bis zur Beendigung der Hauptversammlung dort belassen. Die Hinterlegung gilt auch dann als bei einer der genannten Stellen bewirkt, wenn die Aktien mit Zustimmung einer Hinterlegungsstelle für diese bei einem Kreditinstitut bis zur Beendigung der Hauptversammlung im Sperrdepot gehalten werden. Die Hinterlegung muss spätestens am siebten Kalendertag vor der Versammlung erfolgen. Im Falle der Hinterlegung bei einem deutschen Notar oder bei einer Wertpapiersammelbank ist die hierüber auszustellende Bescheinigung spätestens am ersten Werktag, ausgenommen der Samstag, nach Ablauf der Hinterlegungsfrist, bei der Gesellschaft einzureichen. [→ Rz. 136]*

68 (2) Fristen, die von der Hauptversammlung zurückrechnen, sind jeweils vom nicht mitzählenden Tage der Versammlung zurückzurechnen; fällt das Ende der Frist auf einen Sonntag, einen am Sitz der Gesellschaft gesetzlich anerkannten Feiertag oder einen Sonnabend, so tritt an die Stelle dieses Tages der zeitlich vorhergehende Werktag. [→ Rz. 126]

§ 14

Vorsitz in der Hauptversammlung, Bild- und Tonübertragungen

69 (1) Den Vorsitz in der Hauptversammlung führt der Vorsitzende des Aufsichtsrats, im Falle seiner Verhinderung ein von ihm bestimmter Stellvertreter aus dem Kreise der Aufsichtsratsmitglieder. Wenn sowohl der Vorsitzende des Aufsichtsrats als auch der von ihm bestimmte Stellvertreter den Vorsitz nicht übernehmen, wird der Versammlungsleiter unter Leitung eines Aufsichtsratsmitglieds durch die Hauptversammlung gewählt. [→ Rz. 138]

70 (2) Der Vorsitzende in der Hauptversammlung leitet die Versammlung. Er bestimmt unter anderem die Reihenfolge, in der die Gegenstände der Tagesordnung verhandelt werden, sowie die Art und Reihenfolge der Abstimmungen.

Er kann eine vorübergehende Unterbrechung der Hauptversammlung anordnen.

(3) Der Vorsitzende kann das Frage- und Rederecht des Aktionärs zeitlich angemessen beschränken. Er kann insbesondere zu Beginn der Hauptversammlung oder während ihres Verlaufs einen zeitlichen Rahmen für den ganzen Hauptversammlungsverlauf, für einzelne Tagesordnungspunkte oder für den einzelnen Redner bzw. Fragesteller festsetzen. [→ Rz. 139]

Fakultativ:

(4) Die Hauptversammlung kann vollständig oder teilweise in Ton und Bild übertragen werden, wenn der Vorsitzende dies im Einzelfall anordnet. Die Übertragung kann auch in einer Form erfolgen, zu der die Öffentlichkeit uneingeschränkten Zugang hat. Die Form der Übertragung ist mit der Einberufung bekannt zu machen. [→ Rz. 140 f]

(5) Einem Mitglied des Aufsichtsrats, das nicht den Vorsitz in der Hauptversammlung führt, kann die Teilnahme an der Hauptversammlung im Wege der Bild- und Tonübertragung gestattet werden, wenn die Reise zum Ort der Hauptversammlung mit einem unverhältnismäßig hohen Zeit- oder Kostenaufwand verbunden wäre. Die der Gesellschaft hierdurch eventuell entstehenden Mehrkosten hat das betreffende Aufsichtsratsmitglied zu tragen. Ob die Voraussetzungen für eine Teilnahme im Wege der Bild- und Tonübertragung vorliegen, beurteilt der Vorsitzende des Aufsichtsrats auf Anfrage des betroffenen Mitglieds letztverbindlich. Ist der Vorsitzende des Aufsichtsrats selbst betroffen, entscheidet an seiner Stelle der stellvertretende Vorsitzende. [→ Rz. 141]

§ 15
Stimmrecht/Beschlussfassung

(1) Jede Aktie gewährt in der Hauptversammlung eine Stimme. [→ Rz. 142]

(2) Das Stimmrecht kann durch Bevollmächtigte ausgeübt werden. Die Vollmacht ist schriftlich zu erteilen. Die Gesellschaft kann bestimmen, dass die Vollmacht, insbesondere die Bevollmächtigung des von der Gesellschaft benannten Stimmrechtsvertreters, auch auf elektronischem Weg erteilt werden kann. Die Einzelheiten für die Vollmachtserteilung sind in diesem Fall zusammen mit der Einberufung der Hauptversammlung bekannt zu machen. [→ Rz. 143 f]

(3) Die Beschlüsse der Hauptversammlung werden, soweit nicht zwingende gesetzliche Vorschriften entgegenstehen, mit einfacher Mehrheit der abgegebenen Stimmen und, sofern das Gesetz außer Stimmenmehrheit eine Kapitalmehrheit vorschreibt, mit der einfachen Mehrheit des bei der Beschlussfassung vertretenen Grundkapitals gefasst. [→ Rz. 145]

VI.

Jahresabschluss

§ 16

Jahresabschluss und ordentliche Hauptversammlung

77　(1) Der Vorstand hat in den ersten drei Monaten des Geschäftsjahres den Jahresabschluss und den Lagebericht für das vergangene Geschäftsjahr aufzustellen und diese zusammen mit einem Vorschlag für die Verwendung des Bilanzgewinns unverzüglich dem Abschlussprüfer und dem Aufsichtsrat vorzulegen. Der Aufsichtsrat hat den Jahresabschluss, den Lagebericht und den Vorschlag über die Verwendung des Bilanzgewinns unter Hinzuziehung des Abschlussprüfers der Gesellschaft zu prüfen. [→ Rz. 146]

78　(2) Soweit die Gesellschaft gesetzlich zur Aufstellung eines Konzernabschlusses verpflichtet ist, hat der Vorstand in den ersten fünf Monaten des Konzerngeschäftsjahres den Konzernabschluss und den Konzernlagebericht für das vergangene Konzerngeschäftsjahr aufzustellen. Diese oder ein gemäß § 291 HGB aufgestellter befreiender Konzernabschluss und Konzernlagebericht sind unverzüglich dem Abschlussprüfer und dem Aufsichtsrat vorzulegen. [→ Rz. 147]

79　(2) Nach Eingang des Berichts des Aufsichtsrats über das Ergebnis seiner Prüfung hat der Vorstand unverzüglich die ordentliche Hauptversammlung einzuberufen, die innerhalb der ersten acht Monate eines jeden Geschäftsjahres stattzufinden hat. Die ordentliche Hauptversammlung beschließt über die Entlastung des Vorstands und des Aufsichtsrats sowie über die Verwendung des Bilanzgewinns. [→ Rz. 148]

Fakultativ:

80　*Im Rahmen der Gewinnverwendung kann die Hauptversammlung auch eine Sachdividende beschließen. Ausschüttungsfähig sind jedoch nur fungible Werte, die börsennotiert im Sinne des § 3 Abs. 2 AktG sind.* [→ Rz. 149]

81　Die ordentliche Hauptversammlung beschließt zudem über die Wahl des Abschlussprüfers und in den im Gesetz vorgesehenen Fällen über die Feststellung des Jahresabschlusses.

82　(3) Vorstand und Aufsichtsrat sind ermächtigt, bei der Feststellung des Jahresabschlusses den Jahresüberschuss, der nach Abzug der in die gesetzliche Rücklage einzustellenden Beträge und eines Verlustvortrags verbleibt, gemäß § 58 Abs. 2 Satz 3 AktG bis zur vollen Höhe in andere Gewinnrücklagen einzustellen. [→ Rz. 148]

VII.

Sonstiges

§ 17

Gründungsaufwand

Der Aufwand der Gründung der Gesellschaft wird bis zu einer Höhe von   **83**
... Euro von der Gesellschaft getragen. [→ Rz. 150]

Alternativ:

Die Gesellschaft trägt auch den Formumwandlungsaufwand von bis zu ... Euro.
[→ Rz. 151]

II. Erläuterungen [→ Rz. 25 ff]

1. Allgemeine Bestimmungen

a) Firma, Sitz und Geschäftsjahr

§ 1 enthält die nach § 23 Abs. 3 Nr. 1, 2 AktG bestimmten Satzungsinhalte.   **84**
Sie sind unverzichtbar.

aa) Firma [→ Rz. 25]

Nach Inkrafttreten des Handelsrechtsreformgesetzes am 1. Juli 1998 muss die   **85**
Firma einer Aktiengesellschaft nicht mehr zwingend eine Sachfirma sein.
Vielmehr gelten die allgemeinen Bestimmungen des HGB (§§ 17 ff HGB). § 4
AktG schreibt demzufolge nur noch vor, dass die Rechtsformbezeichnung
„Aktiengesellschaft" oder eine allgemein verständliche Abkürzung dieser Be-
zeichnung in der Firma enthalten sein muss.

bb) Sitz [→ Rz. 26]

Als Sitz muss der Name einer politischen Gemeinde angegeben werden, und   **86**
zwar desjenigen Ortes, an dem die Gesellschaft einen Betrieb hat oder an dem
sich die Geschäftsleitung befindet oder die Verwaltung geführt wird (§ 5
Abs. 2 AktG).[31] Eine Verlegung des satzungsmäßigen Sitzes ist nur durch
Satzungsänderung (siehe hierzu Muster 8.1, Rz. 925 ff) möglich. Die Verle-

---

31) Für einen Doppelsitz in speziell begründeten Fällen (Verschmelzung) *König*, AG 2000,
     18; *Hüffer*, AktG, § 5 Rz. 10.

23

gung des Satzungssitzes ins Ausland führt nach herrschender Meinung zur Auflösung der Gesellschaft.[32]

cc) Geschäftsjahr [→ Rz. 27]

87　Nach herrschender Meinung (wenn auch nicht durch § 23 Abs. 2 AktG vorgeschrieben) ist die Angabe des Geschäftsjahrs, das nicht mit dem Kalenderjahr übereinstimmen muss,[33] notwendiger materieller Satzungsinhalt. Spätere Änderungen des Geschäftsjahrs sind als Satzungsänderung wirksam (siehe Muster 8.1, Rz. 935). Allerdings ist hierbei darauf zu achten, dass eine rückwirkende Änderung des Geschäftsjahres unzulässig ist, d. h., die Eintragung der Satzungsänderung muss vor dem Ablauf des durch die Satzungsänderung einzuschiebenden Rumpfgeschäftsjahres erfolgen.[34] Darüber hinaus darf die Änderung des Geschäftsjahres auf einen vom Kalenderjahr abweichenden Zeitraum nach § 7 Abs. 4 Satz 3 KStG nur im Einvernehmen mit dem Finanzamt erfolgen. Von dem Ende eines jeweiligen Geschäftsjahres leiten sich die in § 175 AktG genannten Fristen für die Einberufung der ordentlichen Hauptversammlung sowie die in § 264 HGB bestimmten Fristen für die Erstellung und Prüfung des Jahresabschlusses ab.

88　Nach § 262 Abs. 1 Nr. 1 AktG wäre es zulässig, an dieser Stelle eine Höchstdauer der Gesellschaft zu bestimmen. Ist in der Satzung nichts bestimmt, gilt die Gesellschaft als auf unbestimmte Zeit errichtet. Die nachträgliche Einführung einer satzungsmäßig bestimmten Dauer der Gesellschaft ist nur unter Einhaltung der Voraussetzungen des § 262 Abs. 1 Nr. 2 AktG zulässig.[35] Eine

---

32) So (für eine GmbH) auch BayObLG, Beschl. v. 11.2.2004 – 3Z BR 175/03, ZIP 2004, 806; nach anderer Ansicht ist ein solcher Sitzverlegungsbeschluss der Hauptversammlung gemäß § 241 Nr. 3 AktG nichtig. Ausführlich zum Meinungsstreit MünchKomm-*Heider*, AktG, § 5 Rz. 65. Dies gilt auch vor dem Hintergrund der neueren Rechtsprechung des EuGH. Bei einer Sitzverlegung aus dem EU-Ausland ins Inland tritt kein Verlust der Rechtsfähigkeit ein: BGH, Urt. v. 13.3.2003 – VII ZR 370/98, ZIP 2003, 718, nach BGH, Vorlagebeschl. v. 30.3.2000 – VII ZR 370/98, ZIP 2000, 967 = BB 2000, 1106, dazu EWiR 2000, 793 (*Roth*), und Urteil des EuGH vom 5.11.2000 – Rs C-208/00, ZIP 2002, 2037 = NZG 2002, 1164, dazu EWiR 2002, 1003 (*Neye*) – Überseering, sowie das Urteil des EuGH vom 30.9.2003 – Rs C-167/01 – Inspire Art, ZIP 2003, 1885 = DB 2003, 2219, dazu EWiR 2003, 1029 (*Drygala*). Zu den Folgen der Überseering-Entscheidung *Lutter*, BB 2003, 7, und *Bayer*, BB 2003, 2359. Bei einem Zuzug aus dem Nicht-EU-Ausland bleibt es dagegen bei dem Grundsatz, dass eine Neugründung nach deutschem Gesellschaftsrecht erforderlich ist.

33) Nach einer für das Jahr 1996 verfügbaren Statistik (DAI Factbook 2003, Tabelle 01-4) wählten knapp 80 % der deutschen Aktiengesellschaften das Geschäftsjahr in Übereinstimmung mit dem Kalenderjahr; knapp 5 % der Gesellschaften begannen das Geschäftsjahr am 1.7., rund 11 % am 1.10., der Rest verteilte sich auf die übrigen Monate.

34) Streitig, wie hier: OLG Schleswig, Beschl. v. 17.5.2000 – 2 W 69/00, NJW-RR 2000, 1425; LG Mühlhausen, Urt. v. 28.11.1996 – 2 HKO 3170/96, DB 1997, 85; MünchKomm-*Stein*, AktG, § 181 Rz. 77; *Hüffer*, AktG, § 179 Rz. 28; a. A. LG Frankfurt/M., Urt. v. 9.3.1978 – 3/11 T 63/77, GmbHR 1978, 112; LG Frankfurt, Urt. v. 14.10.1977 – 3/11 T 20/77, GmbHR 1979, 208.

35) Zu den Einzelheiten späterer Satzungsänderungen siehe *Hüffer*, AktG, § 262 Rz. 8 m. w. N.

satzungsmäßige Beschränkung der Dauer der Gesellschaft ist nach § 39 Abs. 2 AktG im Register bekannt zu machen.

b) Gegenstand des Unternehmens [→ Rz. 28 f]

aa) Funktion

§ 2 enthält die Bestimmung des Gegenstands des Unternehmens, der gemäß § 23 Abs. 3 Nr. 2 AktG zwingender Bestandteil der Satzung ist. Auch im Aktienrecht ergibt sich aus der Umschreibung des Unternehmensgegenstands lediglich eine Begrenzung der Geschäftsführungsbefugnis des Vorstands im Innenverhältnis (§ 82 Abs. 2 AktG), nicht jedoch eine Einschränkung der Vertretungsbefugnis (§ 82 Abs. 1 AktG). In § 2 Abs. 1 ist der Vorschlag für eine als Holding tätige Gesellschaft, in der Alternative ein Vorschlag für eine selbst operativ tätige Gesellschaft aufgenommen. [→ Rz. 28 f]

bb) Individualisierung

Bei der Beschreibung des Unternehmensgegenstands wird eine hinreichende Individualisierung verlangt, damit der Schwerpunkt der Geschäftstätigkeit den beteiligten Verkehrskreisen erkennbar ist. Die mangelnde Bestimmbarkeit ist Eintragungshindernis und wird gemäß § 245 Abs. 1 AktG durch die mögliche Klage auf Nichtigerklärung sanktioniert.[36] Bei der Bestimmung des Unternehmensgegenstands ist außerdem darauf zu achten, ob Unternehmensgegenstände aufgenommen werden sollen, die öffentlich-rechtlicher Genehmigungen bedürfen. In diesem Falle ist die Vorlage der entsprechenden Genehmigungen Eintragungsvoraussetzung und bei der Anmeldung der Gesellschaft zum Handelsregister nachzuweisen.

> **Praxistipp:**
> Als anfällig erweisen sich in der Praxis insbesondere Genehmigungsvorschriften nach der Handwerksordnung, der Gewerbeordnung und dem Gesetz über das Kreditwesen. Es empfiehlt sich, vorher sorgfältig zu prüfen, ob derartige Genehmigungserfordernisse bestehen, da andernfalls die Eintragung der Gesellschaft erheblich verzögert werden kann. Oftmals kann zur Vermeidung solcher Genehmigungserfordernisse durch eine allgemeine Formulierung des Unternehmensgegenstandes Abhilfe geschaffen werden.

Die Formulierung in § 2 Abs. 2 Satz 2 des Musters geht auf die „Holzmüller-Entscheidung" des Bundesgerichtshofs[37] zurück, wonach für wesentliche Strukturänderungen die Mitwirkung der Hauptversammlung verlangt wird. Es ist allerdings auch nach der aktuellen „Gelatine-Entscheidung" des Bundesge-

89

90

91

---

36) MünchKomm-*Pentz*, AktG, § 23 Rz. 78 ff.
37) BGH, Urt. v. 25.2.1982 – II ZR 174/80, BGHZ 83, 122 = ZIP 1982, 568; siehe auch BGH, Beschl. v. 11.11.1985 – II ZB 5/85, BGHZ 96, 245, 251 ff = ZIP 1986, 368, 370 dazu EWiR 1986, 235 *(Weipert)*.

richtshofs[38] nicht geklärt, ob durch eine derartige vorsorglich aufzunehmende Satzungsbestimmung eine Mitwirkung der Hauptversammlung entbehrlich wird.[39] [→ Rz. 29]

c) Bekanntmachungen [→ Rz. 30]

92 Gemäß § 23 Abs. 4 AktG muss die Satzung Bestimmungen über die Form der (freiwilligen) Bekanntmachungen der Gesellschaft enthalten. Durch das Transparenz- und Publizitätsgesetz (TransPuG) vom 19. Juli 2002 wurde der elektronische Bundesanzeiger als Pflichtgesellschaftsblatt eingeführt. Es ist allgemeine Praxis und erspart der Gesellschaft die Veröffentlichung ihrer Bekanntmachungen auch noch in Tageszeitungen, wenn in ihrer Satzung – wie hier vorgeschlagen – für sämtliche freiwilligen Bekanntmachungen wie auch für die Pflichtbekanntmachungen festgelegt wird, dass diese Bekanntmachungen nur im elektronischen Bundesanzeiger als dem gesetzlichen Pflichtgesellschaftsblatt erfolgen sollen, zumal die Aktiengesellschaft, insbesondere die börsennotierte, neben den Bekanntmachungspflichten gemäß dem Aktiengesetz noch einer ganzen Vielfalt von weiteren Veröffentlichungspflichten unterliegt. Die Satzung kann jedoch auch weitere Bekanntmachungsblätter bestimmen.

2. Höhe und Einteilung des Grundkapitals

a) Angaben zum Kapital und zur Art der Aktien [→ Rz. 31 ff]

93 Die Angaben zur Höhe und Einteilung des Grundkapitals in § 4 sind gemäß § 23 Abs. 3 Nr. 3, 4 AktG zwingender Satzungsbestandteil. Das Muster geht von nennbetragslosen **Stückaktien** und dem gesetzlichen Mindestbetrag wie in § 8 Abs. 3 AktG definiert aus. Im Beispielsfall verkörpern die Aktien einen anteiligen Betrag in Höhe von 1 Euro. Bei nennbetragslosen Stückaktien sind auch gebrochene höhere Beträge beliebig zulässig, während bei **Aktien, die auf den Nennbetrag lauten**, die höheren Beträge auf volle Euro lauten müssen (§ 8 Abs. 2 Satz 4 AktG).

94 Falls die Gesellschaft Aktien mehrerer **Gattungen** ausgibt (§ 11 AktG), muss auch insoweit die genaue Einteilung angegeben werden. Aktien besonderer Gattung sind nach § 11 AktG nicht lediglich die weithin bekannten **Vorzugsaktien** ohne Stimmrecht nach §§ 139–141 AktG,[40] sondern alle Aktien, denen satzungsgemäß unterschiedliche Rechte gegenüber anderen Aktien gewährt werden. Bei börsennotierten Gesellschaften sind Aktien unterschiedlicher Gat-

38) BGH, Urt. v. 26.4.2004 – II ZR 155/02 – Gelatine, BGHZ 159, 30 = ZIP 2004, 993 (m. Anm. *Altmeppen*) = DB 2003, 1200, dazu EWiR 2004, 573 *(Just)*.
39) Wegen der Diskussion hierzu vgl. *Hüffer*, AktG, § 23 Rz. 22; *Semler*, in: Münchener Handbuch, § 34 Rz. 34 ff.
40) Zur aktuellen Diskussion um Vorzugsaktien *Pellens/Hillebrandt*, AG 2001, 57.

tung aus Marktgründen selten und unüblich, nachdem die Deutsche Börse AG in ihren Regelungen über die Aufnahme in einen Auswahlindex seit Juni 2002 festgelegt hat, dass nur noch eine Aktiengattung einer Aktiengesellschaft pro Auswahlindex berücksichtigt wird.[41]

Die Satzung muss bestimmen, ob die Aktien **auf den Inhaber** oder **auf den** **95** **Namen** lauten (§ 10 Abs. 1 AktG). Auch bei börsennotierten Gesellschaften können Aktien auf den Namen lauten, nachdem die Clearstream Banking AG die entsprechenden Voraussetzungen für eine elektronische Abwicklung des Aktienregisters geschaffen hat (§ 67 AktG).[42] Die Übertragung wird durch Blanko-Indossament ermöglicht. Das Namensaktiengesetz vom 18. Januar 2001 hat die Führung des Aktienregisters (früher: Aktienbuch) und die Übertragung von Namensaktien technisch erleichtert.[43] Auch bei börsennotierten Gesellschaften ist es möglich, die Übertragung der Namensaktien an die Zustimmung der Gesellschaft zu binden (Vinkulierung, § 68 Abs. 2 AktG).[44] Dies ist jedoch unüblich und verlangt besondere Vorkehrungen. Die Einführung von Namensaktien bei einer börsennotierten Gesellschaft dient im Wesentlichen dem Zweck, der Gesellschaft bessere Kenntnis über ihre Aktionäre zu geben, und bietet in bestimmten Fällen Erleichterung bei der Notierung an ausländischen Börsen (siehe hierzu auch unten Muster 8.14, Rz. 1269 ff, 1275). Nach der Ergänzung in § 67 Abs. 4 Satz 2 AktG durch das UMAG ist nunmehr das depotführende Institut auf Verlangen der Gesellschaft verpflichtet, sich gesondert anstelle des Aktionärs im Aktienregister eintragen zu lassen, wenn ein Aktionär seiner Eintragung widerspricht. [→ Rz. 32]

b) Aktienurkunden [→ Rz. 33]

Vorschriften über die **Form** von Aktienurkunden enthält § 13 AktG. Die Sat- **96** zung kann nur über § 13 AktG hinausgehende Anforderungen bestimmen. Unabhängig vom Gesetzeswortlaut wird verlangt, dass sich aus dem **Text** der Aktienurkunde die Verbriefung der an der Gesellschaft bestehenden Mitgliedschaftsrechte ergeben muss; gegebenenfalls durch Verwendung der Bezeichnung als Aktie. Ferner müssen die Aktienurkunden durch Serienzeichen und Nummern unterscheidbar sein.[45] Sollen Aktien z. B. zum Börsenhandel zugelassen werden und besteht der Anspruch auf Verbriefung, ist außerdem der **fälschungssichere Druck** der Aktienurkunden unter Einhaltung der hierzu

---

41) Leitfaden zu den Aktienindizes der Deutschen Börse AG vom 25.10.2005, Ziffer 1.7, Internet: http://www.deutsche-boerse.com; ausführlich auch *Senger/Vogelmann*, AG 2002, 193.
42) Siehe hierzu *Diekmann*, BB 1999, 1985; *Huep*, WM 2000, 1623, 1626.
43) Dazu *Noack*, ZIP 1999, 1993; *Huep*, WM 2000, 1623.
44) Beispielsweise Lufthansa AG und Allianz AG.
45) Vgl. mit weiteren Einzelheiten hierzu MünchKomm-*Heider*, AktG, § 13 Rz. 22 f.

erlassenen Vorschriften der Börsenzulassungsverordnung sowie der Druck-richtlinien der Börsen zwingend vorgeschrieben.[46]

97 Der in § 4 Abs. 3 enthaltene **Verbriefungsausschluss** ist gemäß § 10 Abs. 5 AktG gestattet. Diese Vorschrift ist zuletzt durch das Gesetz zur Kontrolle und Transparenz im Unternehmensbereich (KonTraG) dahin gehend geändert worden, dass – wie hier im Muster vorgesehen – der Ausschluss der Verbrie-fung insgesamt angeordnet werden kann. Dies bedeutet im Ergebnis, dass die Gesellschaft lediglich die nach § 9a DepotG vorgeschriebene Globalurkunde erstellen und hinterlegen muss, wenn sie die Girosammelverwahrfähigkeit her-stellen will. Nur börsennotierte Gesellschaften können die Globalaktie bei der Clearstream Banking AG hinterlegen, die Aktien verwaltet und verwahrt. Die Verwahrung bei Banken ist möglich (§ 5 Abs. 1 Satz 2 DepotG), wird aber sel-ten praktiziert. Bei der Hinterlegung lediglich einer **Globalurkunde** bleiben der Gesellschaft die bei börsennotierten Gesellschaften mit einer Vielzahl von Einzelaktionären verbundenen erheblichen Aufwendungen der Einzelverbrie-fung unter Berücksichtigung der Vorschriften der Druckausstattung erspart. Ferner wird es durch eine solche Regelung entbehrlich, bei späteren Satzungs-änderungen, die zur Unrichtigkeit der ausgegebenen Aktienurkunden führen, einen Aktientausch mit eventuellem Kraftloserklärungsverfahren gemäß § 73 AktG durchzuführen. Die Herstellung mindestens einer Globalurkunde ist er-forderlich, um bei Namensaktien die Führung des Aktienregisters zu ermögli-chen.

c) Ausgabe junger Aktien [→ Rz. 34]

98 Die im Muster unter § 4 Abs. 4 vorgesehene Abweichung von § 60 Abs. 3 AktG ist erforderlich, weil im Rahmen von Kapitalerhöhungen oftmals der Bedarf besteht, die jungen Aktien abweichend von der gesetzlichen Regelung, nämlich etwa am ganzen laufenden Geschäftsjahr, an einer Teilperiode des lau-fenden Geschäftsjahres oder an einem bereits abgeschlossenen Geschäftsjahr hinsichtlich des Gewinnes teilnehmen zu lassen.

d) Genehmigtes Kapital/Bedingtes Kapital

99 An dieser Stelle der Satzung könnte auch – was in diesem Muster jedoch nicht vorgesehen ist – gegebenenfalls ein bedingtes oder genehmigtes Kapital aufge-nommen werden (siehe hierzu Muster 8.3, Rz. 947 ff, und Muster 8.4, Rz. 1043 ff). Es ist zulässig, bereits bei Gründung der Gesellschaft ein ge-nehmigtes Kapital zu schaffen (§ 202 Abs. 1 AktG). Hinsichtlich eines beding-ten Kapitals (§ 192 Abs. 1 AktG) ist dies streitig.[47]

---

46) Vgl. § 8 BörsZulV und die Gemeinsamen Grundsätze der deutschen Wertpapierbörsen für den Druck von Wertpapieren vom 13.10.1991, zuletzt geändert am 17.4.2000, Inter-net: http://www.deutsche-boerse.com.

47) Siehe nur *Hüffer*, AktG, § 192 Rz. 7 m. w. N.

e) Sacheinlagen [→ Rz. 35]

Die fakultativ in § 4 Abs. 5 wiedergegebene Festsetzung der etwa erbrachten **100** Sacheinlagen ist in § 27 Abs. 1 AktG vorgeschrieben. Diese Satzungsfestsetzungen können gemäß § 27 Abs. 5 i. V. m. § 26 Abs. 4, 5 AktG auf die Dauer von 30 Jahren nicht aus der Satzung beseitigt werden. Das Erfordernis einer satzungsmäßigen Festsetzung von Sacheinlagen besteht nicht für Sacheinlagen, die im Zuge einer späteren Kapitalerhöhung eingebracht werden. Insofern reicht die Festsetzung der Sacheinlagen im Beschluss der Hauptversammlung (§ 183 Abs. 1 Satz 1 AktG). Entsprechende Formulierungen sind bei Entstehung der Gesellschaft nach den Vorschriften des Umwandlungsgesetzes aufzunehmen, die als Sachgründung zu behandeln sind (§§ 75, 125, 144, 197 UmwG).

3. Vorstand

a) Zusammensetzung und Geschäftsordnung

aa) Vorstandsmitglieder [→ Rz. 36 f]

Der Satzungsvorschlag hinsichtlich der **Zahl der Vorstandsmitglieder** in § 5 **101** Abs. 1 ist dazu angelegt, dem zur Bestellung der Vorstandsmitglieder berufenen Aufsichtsrat in Zukunft größtmögliche Flexibilität zu geben. Grundsätzlich kann der Vorstand aus einer Person bestehen. Das Gesetz schreibt jedoch in § 76 Abs. 2 AktG vor, dass ab der dort genannten Grundkapitalgröße von 3 Mio. Euro zwei Vorstände erforderlich sind, es sei denn, die Satzung bestimmt, dass der Vorstand aus einer Person besteht. Zwei Vorstände dürften aber in vielen Fällen auch bei kleinerer Grundkapitalziffer sinnvoll sein. Bei einer qualifiziert mitbestimmten Gesellschaft muss der Vorstand nach herrschender Meinung aus mindestens zwei Personen bestehen, da gemäß § 33 Abs. 1 Satz 1 MitbestG ein Arbeitsdirektor als gleichberechtigtes Mitglied des Vorstands zu bestellen ist. Ziffer 4.2.1 Satz 1 DCGK enthält schließlich die Empfehlung, dass der Vorstand aus mehreren Personen bestehen soll, so dass börsennotierte Gesellschaften, die hiervon abweichen, dies in ihrer Entsprechenserklärung gemäß § 161 AktG (Muster 6.1, Rz. 604 ff) offen legen müssen. Trotzdem ist die hier vorgeschlagene offene Formulierung zu bevorzugen, da es zumindest vorübergehend vorkommen kann, dass nur ein Vorstandsmitglied im Amt ist. Sie steht mit § 23 Abs. 3 Nr. 6 AktG in Einklang.[48] Dennoch droht in den Fällen, in denen die Zahl der gesetzlich vorgeschriebenen Vorstände unterschritten wird, zumindest partielle Handlungsunfähigkeit der

---

48) LG Köln, Urt. v. 10.6.1998 – 91 O 15/98, AG 1999, 137 f bezüglich der Wirksamkeit einer Bestimmung von Mindest- und/oder Höchstzahlen sowie bezüglich der Bestimmung der Zahl der Vorstände durch den Aufsichtsrat; BGH, Urt. v. 17.12.2001 – II ZR 288/99 – Sachsenmilch IV, ZIP 2002, 216 = AG 2002, 289, bezüglich der Bestimmung der Zahl der Vorstände durch den Aufsichtsrat.

Gesellschaft, soweit das Gesetz das Handeln des Vorstands als Kollegialorgan verlangt.[49] [→ Rz. 36]

102 Die in § 5 Abs. 2 Satz 2 vorgesehene Bestellung von **stellvertretenden Vorstandsmitgliedern** ist eine rein deklaratorische Bestimmung. § 94 AktG bestimmt, dass in rechtlicher Hinsicht kein Unterschied zwischen stellvertretenden und anderen Vorstandsmitgliedern besteht. Das stellvertretende Vorstandsmitglied tritt nur in der internen Hierarchie gemäß den Regelungen der Geschäftsordnung hinter anderen Vorständen zurück. Im Handelsregister wird auch das stellvertretende Vorstandsmitglied eingetragen; die Funktion als stellvertretendes Vorstandsmitglied ist im Handelsregister nicht eintragungsfähig. Der Aufsichtsrat ist lediglich ermächtigt, die Geschäftsführungsbefugnisse nach § 77 AktG einzuschränken. Aus optischen Gründen erfolgen in der Praxis relativ häufig Bestellungen von stellvertretenden Vorstandsmitgliedern. [→ Rz. 37]

103 § 5 Abs. 2 Satz 3 entspricht der gesetzlichen Regelung in § 84 Abs. 2 AktG, die die Möglichkeit zur Ernennung eines **Vorstandsvorsitzenden** eröffnet. Die Satzung kann aber die Ernennung eines Vorsitzenden weder vorschreiben noch verbieten.[50] Gemäß Ziffer 4.2.1 Satz 1 DCGK soll der Vorstand einen Vorsitzenden oder einen Sprecher haben, so dass börsennotierte Gesellschaften, die von dieser Empfehlung abweichen, dies in ihrer Entsprechungserklärung gemäß § 161 AktG offen legen müssen. [→ Rz. 37]

bb) Geschäftsordnung [→ Rz. 38]

104 Einen gesetzlichen Zwang zum Erlass einer Geschäftsordnung für den Vorstand gibt es nicht. § 77 Abs. 2 AktG regelt lediglich die Kompetenz für den Erlass einer Geschäftsordnung. Vor dem Hintergrund, dass Ziffer 4.2.1 Satz 2 DCGK empfiehlt, dass eine Geschäftsordnung die Geschäftsverteilung und die Zusammenarbeit im Vorstand regeln soll, sieht das Muster in § 5 Abs. 3 den Erlass einer Geschäftsordnung mit einem Geschäftsverteilungsplan zwingend vor. Die Regelung der Geschäftsverteilung unter mehreren Vorstandsmitgliedern ist auch wegen der damit verbundenen Haftungskanalisierung im Interesse der betroffenen Vorstände (vgl. Muster 4.3, Rz. 431).

105 Die Geschäftsordnung des Vorstands bietet sich schließlich zur Festlegung von Zustimmungsvorbehalten gemäß § 111 Abs. 4 Satz 2 AktG an (vgl. Muster 4.3, Rz. 431). Möglich ist aber neben einer Festsetzung in der Satzung auch die Festlegung durch einen besonderen Aufsichtsratsbeschluss oder in der Geschäftsordnung des Aufsichtsrats, die dann jedoch dem Vorstand bekannt gemacht werden muss. Zu beachten ist, dass nach der Neufassung dieser Vor-

---

49) BGH, Urt. v. 12.11.2001 – II ZR 255/99 – Sachsenmilch II, ZIP 2002, 172; siehe auch *Hüffer*, AktG, § 76 Rz. 23.
50) MünchKomm-*Hefermehl/Spindler*, AktG, § 84 Rz. 80 m. w. N.

schrift durch das Transparenz- und Publizitätsgesetz die Festlegung eines Katalogs zustimmungspflichtiger Geschäfte entweder in der Satzung oder durch den Aufsichtsrat nunmehr zwingend ist. Von einer Festlegung in der Satzung wurde in diesem Muster aus Gründen der Praktikabilität und Flexibilität abgesehen, da Änderungen dann jeweils nur durch satzungsändernden Beschluss möglich wären. [→ Rz. 38]

b) Vertretung der Gesellschaft [→ Rz. 39]

Die in § 6 vorgeschlagene abstrakte Vertretungsregelung schöpft die Spiel-   **106**
räume von § 78 Abs. 2 und Abs. 3 AktG aus und gibt dem Aufsichtsrat größtmögliche Flexibilität. Wegen der zwingenden Spezialvorschrift des § 112 AktG kann von den Beschränkungen des § 181 BGB nur in der Variante der Mehrvertretung befreit werden.

4. Aufsichtsrat

a) Zusammensetzung, Amtszeit, Amtsniederlegung

aa) Zahl der Aufsichtsratmitglieder/Mitbestimmung [→ Rz. 40]

§ 7 Abs. 1 schlägt eine Besetzung des Aufsichtsrats mit sechs Mitgliedern vor.   **107**
Nach § 95 Satz 1 AktG muss der Aufsichtsrat aus mindestens drei Mitgliedern bestehen, wobei die Satzung jedoch eine höhere, durch drei teilbare Zahl festsetzen kann. Ein Aufsichtsrat aus lediglich drei Mitgliedern ist gemäß § 108 Abs. 2 Satz 3 AktG nur beschlussfähig, wenn alle Mitglieder an der Beschlussfassung teilnehmen. Dies kann trotz der Erleichterungen gemäß § 108 Abs. 3 AktG (schriftliche Stimmbotschaft) in der Praxis zu Unzuträglichkeiten führen, so dass eine Mindestgröße von sechs Aufsichtsratmitgliedern empfehlenswert ist. § 95 Satz 3 AktG bestimmt jedoch Höchstzahlen von Aufsichtsratmitgliedern in Abhängigkeit von der Grundkapitalziffer.

Besonderheiten bezüglich Zahl und Zusammensetzung des Aufsichtsrats kön-   **108**
nen sich aus mitbestimmungsrechtlichen Regelungen ergeben. Es ist allerdings nicht vorgeschrieben, in der Satzung das jeweilige Mitbestimmungsstatut, das auf die Gesellschaft Anwendung findet, anzugeben. Dies wird aus Gründen der Transparenz gleichwohl oft gemacht. Zur Vertretung der Arbeitnehmer im Aufsichtsrat einer Aktiengesellschaft gilt: Bei Aktiengesellschaften, die nach dem 10. August 1994 durch Gründung oder Umwandlung entstanden sind und die weniger als 500 Arbeitnehmer beschäftigen, findet keine Mitbestimmung im Aufsichtsrat statt. Ab Erreichen dieser Arbeitnehmerzahl gilt die Drittelmitbestimmung nach dem Drittelbeteiligungsgesetz, wobei der Zurechnungstatbestand des § 2 DrittelbG zu beachten ist. Keiner Arbeitnehmermitbestimmung unterliegen Gesellschaften in Sonderlagen, nämlich ohne oder mit nicht mehr als vier Arbeitnehmern oder bei so genannten Tendenzunterneh-

men. Dies gilt auch für „alte" Aktiengesellschaften, nämlich solchen, die vor dem 10. August 1994 entstanden sind.

109   Für Gesellschaften, die regelmäßig mehr als 2 000 Arbeitnehmer beschäftigen, gilt das Mitbestimmungsgesetz 1976,[51] welches eine paritätische Mitbestimmung bei Doppelstimmrecht des von Aktionärsseite gestellten Aufsichtsratsvorsitzenden vorsieht. Ferner ist für Sonderlagen noch das Montanmitbestimmungsgesetz 1951[52] zu erwähnen.[53]

bb) Amtszeit [→ Rz. 41]

110   Die maximale Dauer der Amtszeit eines jeden Aufsichtsratsmitglieds ergibt sich aus § 102 Abs. 1 AktG. Der Satzungsvorschlag in § 7 Abs. 2 geht von dieser, im Ergebnis fünf Jahre dauernden, Amtszeit aus, sofern nicht die Hauptversammlung eine kürzere Amtsdauer festlegt. Die Wahl der Aufsichtsratsmitglieder der Arbeitnehmer, sofern erforderlich, erfolgt durch die Arbeitnehmer nach den Bestimmungen der einschlägigen Wahlordnungen zu den Mitbestimmungsgesetzen. Die Hauptversammlung ist insoweit nicht befugt, abweichende Wahlperioden festzulegen. Ansonsten ist es für die Aufsichtsratsmitglieder der Aktionäre zulässig und im Einzelfall auch sachlich geboten, differenzierte Amtsperioden festzulegen (so auch die Anregung in Ziffer 5.4.6 DCGK).

cc) Ersatzmitglieder [→ Rz. 42]

111   Die in § 7 Abs. 3 vorgesehene Bestellung von Ersatzmitgliedern für einzelne Aufsichtsratsmitglieder muss nicht notwendigerweise in der Satzung angesprochen werden. Die gesetzliche Möglichkeit zur Bestellung von Ersatzmitgliedern ergibt sich aus § 101 Abs. 3 AktG. Die Satzung kann die Bestellung von Ersatzmitgliedern weder vorschreiben noch verbieten.

dd) Amtsniederlegung [→ Rz. 43]

112   Das Bedürfnis einer Regelung der Niederlegung des Aufsichtsratsamtes, wie in § 7 Abs. 4 vorgesehen, besteht in der Praxis in hohem Maße. Die Amtsniederlegung ist gesetzlich nicht geregelt, wird aber allgemein als möglich erachtet. Eine Regelung in der Satzung mit den hier vorgeschlagenen Inhalten erscheint daher zulässig und ist üblich.[54] Die Frist soll der Gesellschaft eine angemes-

---

51) Gesetz über die Mitbestimmung der Arbeitnehmer (Mitbestimmungsgesetz – MitbestG 1976) vom 4.5.1976, BGBl I, 1153.

52) Gesetz über die Mitbestimmung der Arbeitnehmer in den Aufsichtsräten und Vorständen der Unternehmen des Bergbaus und der Eisen und Stahl erzeugenden Industrie (Montanmitbestimmungsgesetz) vom 21.5.1951, BGBl I, 347.

53) Einzelheiten der Mitbestimmung können hier nicht behandelt werden. Siehe hierzu die Übersicht bei *Hoffmann-Becking*, in: Münchener Handbuch, § 28 Rz. 1–35.

54) Vgl. *Hoffmann-Becking*, in: Münchener Handbuch, § 30 Rz. 48 f.

sene Reaktionszeit auf eine mögliche Unterbesetzung des Aufsichtsrats geben. Das Recht zur sofortigen Amtsniederlegung aus wichtigem Grund bleibt unberührt und kann auch durch die Satzung nicht beschränkt oder ausgeschlossen werden. Ansonsten endet das Aufsichtsratsamt durch Ende der Amtsperiode, Tod, Wegfall der Wählbarkeitsvoraussetzungen (§ 100 AktG bzw. Mitbestimmungsgesetz), Abberufung (§ 103 AktG) oder Umwandlungsvorgang.

b) Vorsitzender und Stellvertreter [→ Rz. 44 f]

§ 107 Abs. 1 AktG lässt eine Satzungsbestimmung über die Formalitäten der Wahl des Aufsichtsratsvorsitzenden und seines Stellvertreters zu. Da der Aufsichtsrat ohne Aufsichtsratsvorsitzenden kaum handlungsfähig ist, ist im Satzungsmuster vorgeschlagen, dass die Wahl in einer ersten Sitzung des Aufsichtsrats vorgenommen wird, die sich unmittelbar an die Hauptversammlung, in der die Mitglieder des Aufsichtsrats gewählt wurden, anschließt. **113**

Die Wahl erfolgt entsprechend den allgemeinen Bestimmungen des § 108 AktG mit einfacher Mehrheit der Aufsichtsratsmitglieder. Bei mitbestimmten Gesellschaften sind die näheren Bestimmungen des § 27 MitbestG 1976 zu beachten. **114**

c) Einberufung und Beschlussfassung [→ Rz. 46 ff]

Die Sitzungsfrequenz des Aufsichtsrats ist in § 110 Abs. 3 AktG für börsennotierte Gesellschaften zwingend, für nicht börsennotierte Aktiengesellschaften dispositiv geregelt. Danach sind mindestens zwei Sitzungen im Kalenderhalbjahr abzuhalten. Regeln über die Einberufung von Aufsichtsratssitzungen sind im Gesetz nur kursorisch enthalten (§ 110 Abs. 1, 2 AktG). Es empfiehlt sich daher, in der Satzung – so wie hier vorgeschlagen – eine Einberufungsfrist und die Form der Einberufung festzulegen. [→ Rz. 46] **115**

Die Regelungen zur Beschlussfähigkeit sind eine Wiedergabe der zwingenden Regelungen des Gesetzes in § 108 Abs. 2, 3 AktG. Die Zulässigkeit von Beschlussfassungen außerhalb von Sitzungen ergibt sich aus § 108 Abs. 4 AktG. Satzung oder Geschäftsordnung des Aufsichtsrats können vorsehen, dass ein Widerspruch gegen eine Beschlussfassung außerhalb einer Sitzung grundsätzlich oder auf Anordnung des Aufsichtsratsvorsitzenden unbeachtlich ist. Fehlt es an einer solchen Regelung, bleibt es beim Widerspruchsrecht. Ausführliche Regelungen, die gegebenenfalls auch in die Satzung übernommen werden können, finden sich im Muster einer Geschäftsordnung des Aufsichtsrats. Die in § 9 Abs. 4 des Musters vorgesehene Ermächtigung des Aufsichtsratsvorsitzenden, im Namen des Aufsichtsrats Willenserklärungen abzugeben, ist von praktischer Bedeutung, da nicht völlig klar ist, ob dem Vorsitzenden diese Be- **116** fugnis von Rechts wegen zusteht.[55] Im Übrigen ist daran zu erinnern, dass auch der Aufsichtsratsvorsitzende nur so weit ermächtigt ist, im Namen des Aufsichtsrats zu handeln, wie dies auf ausdrückliche Beschlüsse des Plenums oder der Ausschüsse zurückgeht. [→ Rz. 47 ff]

d) Geschäftsordnung und Änderungen der Satzungsfassung

aa) Geschäftsordnung [→ Rz. 52]

117 Das Aktiengesetz setzt die Zulässigkeit einer Geschäftsordnung voraus (§ 82 Abs. 2 AktG). Es ist allerdings nicht vorgeschrieben, dass sich der Aufsichtsrat eine solche gibt. Ziffer 5.1.3 DCGK empfiehlt jedoch, dass sich der Aufsichtsrat eine Geschäftsordnung gibt, so dass börsennotierte Gesellschaften, die hiervon abweichen sollten, dies in ihrer Entsprechenserklärung gemäß § 161 AktG offen legen müssen. Nachdem im Muster bereits relativ ausführliche Vorschriften über das Verfahren des Aufsichtsrats enthalten sind, dürfte sich hier die Geschäftsordnung auf Regelungen zur Bildung und Besetzung von Ausschüssen und – sofern dies nicht im Rahmen der Geschäftsordnung für den Vorstand vorgesehen ist – etwaige Zustimmungsvorbehalte nach § 111 Abs. 4 Satz 2 AktG beschränken. Ein Muster für eine ausführliche Geschäftsordnung des Aufsichtsrats findet sich bei Rz. 498 ff.

bb) Satzungsanpassung [→ Rz. 53]

118 Die in § 10 Abs. 2 enthaltene Ermächtigung zur Satzungsanpassung findet ihren gesetzlichen Niederschlag in § 179 Abs. 1 Satz 2 AktG. Die hier erteilte Ermächtigung zur Fassungsänderung erfasst nicht nur die sprachliche Anpassung, sondern auch den Fall, dass die Hauptversammlung den Aufsichtsrat generell oder für den konkreten Einzelfall zur Anpassung des Satzungstextes an eine dem Inhalt nach durch die Hauptversammlung beschlossene Satzungsänderung ermächtigt.[56] Hiervon wird in der Praxis häufig Gebrauch gemacht, etwa für den Fall der Anpassung der satzungsmäßigen Kapitalziffer bei Ausnutzung genehmigten Kapitals, an die Ausgabe von Bezugsaktien im Rahmen eines bedingten Kapitals oder bei sonstigen Kapitalmaßnahmen.

e) Vergütung des Aufsichtsrats

aa) Vergütung und Auslagenersatz [→ Rz. 54 ff]

119 Gemäß § 113 Abs. 1 Satz 2 AktG kann die Vergütung der Aufsichtsratsmitglieder nur durch die Hauptversammlung bewilligt oder in der Satzung festgesetzt werden. Auch wenn die Vergütungsbewilligung von Mal zu Mal durch

---

55) Für eine Berechtigung kraft Amtes aber *Mertens*, in: Kölner Komm. z. AktG, § 107 Rz. 46; Semler-*Semler*, Rz. F 133; unklar demgegenüber *Hüffer*, AktG, § 84 Rz. 25; a. A. *Hoffmann-Becking*, in: Münchener Handbuch, § 31 Rz. 87 m. w. N.
56) *Hüffer*, AktG, § 179 Rz. 11.

die Hauptversammlung bevorzugt wird, ist es üblich, dies in der Satzung aus Transparenzgründen festzuhalten. Der Anspruch auf Aufwendungsersatz folgt schon aus § 670 BGB.

Gemäß der Empfehlung in Ziffer 5.4.7 Abs. 2 DCGK sollen die Mitglieder des Aufsichtsrats neben einer festen, eine erfolgsorientierte Vergütung erhalten. Der erfolgsorientierte Vergütungsanteil gemäß § 11 Abs. 1 Buchst. b ist hier, wie in der Praxis üblich, als gewinnabhängige Vergütung auf die ausgeschüttete Dividende bezogen und unterfällt deswegen im Gegensatz zu einer auf den Jahresgewinn der Gesellschaft bezogenen Vergütung nicht den Einschränkungen des § 113 Abs. 3 AktG. Alternativ wäre auch eine Anknüpfung an das Konzernergebnis je Aktie möglich.[57] [→ Rz. 54]   **120**

Ziffer 5.4.7 Abs. 2 DCGK enthält darüber hinaus eine Anregung (von der Abweichungen im Rahmen der Entsprechenserklärung gemäß § 161 AktG nicht offen gelegt werden müssen) dahin gehend, dass die erfolgsorientierte Vergütung auch auf den langfristigen Unternehmenserfolg bezogene Bestandteile enthalten soll. Von aktienkursbasierten Vergütungsbestandteilen, insbesondere Aktienoptionen, für Aufsichtsratsmitglieder ist angesichts der neueren Rechtsprechung des Bundesgerichtshof grundsätzlich abzuraten.[58] § 11 Abs. 1 Buchst. c des Musters enthält dementsprechend eine auf das Ergebnis vor Steuern und Anteilen anderer Gesellschafter im Vergleich zu dem entsprechenden Durchschnitt der letzten drei Jahre bezogene Vergütung. [→ Rz. 55]   **121**

Die Staffelung der Vergütung gemäß § 11 Abs. 2 des Musters entspricht der Empfehlung in Ziffer 5.4.7 Abs. 1 Satz 3 DCGK. Danach sollen der Vorsitz und der stellvertretende Vorsitz im Aufsichtsrat sowie der Vorsitz und die Mitgliedschaft in den Ausschüssen berücksichtigt werden. [→ Rz. 56]   **122**

bb) D&O-Versicherung [→ Rz. 59]

Angesichts der stärkeren Fokussierung der breiten Öffentlichkeit auf das Haftungsrisiko von Aufsichtsratsmitgliedern einerseits und der hierfür in der Zwischenzeit auf dem Markt befindlichen D&O-Versicherungsangebote andererseits stellt sich die Frage nach dem Abschluss solcher Versicherungen zunehmend häufiger. Sie kann auch von Bedeutung sein, wenn es darum geht, überhaupt geeignete Persönlichkeiten zur Übernahme eines Aufsichtsratsamtes zu bewegen. Ob die in § 11 Abs. 5 vorgeschlagene Übernahme der Prämie einer Vermögensschadenhaftpflichtversicherung durch die Gesellschaft Vergütungsbestandteil und deswegen, wie hier vorgeschlagen, satzungsmäßig festzusetzen   **123**

---

57) Siehe beispielsweise Allianz AG, Beschlussvorschlag zu Tagesordnungspunkt 6 der Hauptversammlung am 4.5.2005.
58) BGH, Urt. v. 16.2.2004 – II ZR 316/02 – MobilCom, ZIP 2004, 613, dazu EWiR 2004, 413 (*Lenenbach*).

ist, ist streitig.[59] Für eine Einordnung als bloße Fürsorgeaufwendung, die einer Legitimation durch die Aktionäre nicht bedarf, spricht nunmehr ein Schreiben des Bundesministeriums der Finanzen vom 24. Januar 2002,[60] mit dem dieses von seiner früheren Auffassung abgerückt ist, sofern die D&O-Versicherung bestimmte Voraussetzungen erfüllt. Nur wenn diesen Vorgaben Genüge getan wird (teilweise wird zusätzlich noch die Vereinbarung eines Selbstbehalts verlangt), ist eine Festsetzung in der Satzung entbehrlich. In allen anderen Fällen sollte eine entsprechende Satzungsregelung erfolgen. Eine strenge Anwendung des § 113 Abs. 1 Satz 2 AktG verlangt, dass die Höhe der damit verbundenen Nebenleistung zugunsten der Aufsichtsratsmitglieder beziffert wird. Zu beachten ist, dass Ziffer 3.8 DCGK empfiehlt, dass ein angemessener Selbstbehalt vereinbart werden soll,[61] wenn die Gesellschaft für Vorstand und Aufsichtsrat eine D&O-Versicherung abschließt, so dass börsennotierte Gesellschaften, die von dieser Empfehlung abweichen, dies in der Entsprechenserklärung gemäß § 161 AktG (Muster 6.1, Rz. 604 ff) offen legen müssen.

cc) Steuerrecht [→ Rz. 60]

124 Die von der Gesellschaft gezahlten Aufsichtsratsvergütungen sind wegen § 10 Nr. 4 KStG nur zur Hälfte als Betriebsausgaben abzugsfähig. Diese Regelung wird bereits seit längerem als rechtspolitisch verfehlt betrachtet.[62] Von der beschränkten Abzugsfähigkeit sind außer der Grundvergütung auch die Tantieme und alle Sach- und sonstigen Nebenleistungen (einschließlich der D&O-Prämien) erfasst, nicht aber etwa gezahlte Umsatzsteuer, soweit die Gesellschaft ihrerseits zum Vorsteuerabzug berechtigt ist (Ausnahme: § 15 Abs. 2 UStG). Ob die Aufsichtsratsmitglieder verpflichtet sind, auf die Vergütung Umsatzsteuer abzuführen und in Rechnung zu stellen, hängt von ihrer persönlichen Situation (u. a. § 19 UStG) ab. § 11 Abs. 6 des Musters stellt klar, dass die Gesellschaft auch etwaige in Rechnung zu stellende Umsatzsteuer bezahlen darf, d. h. gesellschaftsrechtlich hierzu befugt ist.

---

59) Vergütungsbestandteil: *Feddersen*, AG 2000, 385, 395; *Hüffer*, AktG, § 113 Rz. 2; *Kästner*, AG 2000, 113, 116; *Lutter/Krieger*, S. 241; *Semler-Doralt*, Rz. M. 124; a. A. (Fürsorgeaufwendung, die einer Legitimation durch die Aktionäre nicht bedarf): *Vetter*, AG 2000, 453, 456; *Mertens*, AG 2000, 447, 450; *Schüppen/Sanna*, ZIP 2002, 550.

60) BMF-Schreiben vom 24.1.2002 – IV C 5 – S 2332 – 8/02, auszugsweise abgedruckt in AG 2002, 287.

61) Zur Angemessenheit des Selbstbehalts *Dreher/Görner*, ZIP 2003, 2321.

62) Siehe nur *Kästner*, DStR 2001, 422 m. w. N.; *Kantenwein*, in: Münchener Handbuch, § 49 Rz. 26 ff; für eine Abschaffung daher auch der Bericht der Regierungskommission Corporate Governance, 2001, Rz. 65.

5. Hauptversammlung

a) Ort und Einberufung [→ Rz. 61 ff]

§ 121 Abs. 5 Satz 1 AktG lässt eine Bestimmung des Hauptversammlungsortes **125** durch die Satzung zu. Hiervon sollte bei größeren, insbesondere börsennotierten Gesellschaften unbedingt Gebrauch gemacht werden, um etwaigen logistischen Engpässen bei der Wahl des Hauptversammlungslokalität begegnen zu können. Allerdings ist es laut Bundesgerichtshof nicht zulässig, die Wahl des Hauptversammlungsortes einem Gesellschaftsorgan zu überlassen. Möglich ist hier die Bestimmung mehrerer Orte oder die Festlegung bestimmter Kriterien, die zur Ortsauswahl führen.[63] [→ Rz. 61]

Die Bestimmung der Einberufungsfrist in § 12 Abs. 2 des Musters geht auf **126** § 123 Abs. 1 AktG zurück. Sie beträgt nach dem durch das am 1. November 2005 in Kraft getretene UMAG neu gefassten § 123 Abs. 1 AktG nunmehr nicht mehr einen Monat, sondern 30 Tage.[64] Die Frist ist von dem nicht mitzählenden Tag der Hauptversammlung zurückzurechnen (§ 123 Abs. 4 AktG). Sieht die Satzung eine Anmeldung vor, so tritt für die Berechnung der Einberufungsfrist an die Stelle des Tages der Versammlung der Tag, bis zu dessen Ablauf sich die Aktionäre vor der Versammlung anzumelden haben. Die gesetzliche Regelung legt nahe, dass der Tag der Anmeldung ebenso wie der Tag der Hauptversammlung bei der Berechnung der Einberufungsfrist nicht mitzählt. Aus Gründen der Rechtssicherheit und im Anschluss an die frühere Rechtslage, wonach bei der einmonatigen Einberufungsfrist der Tag der Hinterlegung und der Tag der Bekanntmachung der Einberufung nicht mitzählen, wird dies in dem Muster ausdrücklich so geregelt. [→ Rz. 62, 68]

Hinsichtlich des Fristendes stellt § 123 Abs. 4 Halbs. 2 AktG jetzt klar, dass **127** sich die Frist in Fällen, in denen der Endtag auf einen Sonnabend, Sonn- oder Feiertag nach § 193 BGB (maßgeblich ist der Sitz der Gesellschaft) fällt, grundsätzlich auf den wiederum von der Hauptversammlung zurückgerechneten vorhergehenden Werktag verlängert. Fällt das Fristende also beispielsweise auf den 3. Oktober (Tag der deutschen Einheit), so verlängert sich die Frist auf den 2. Oktober (vorausgesetzt, dieser ist kein Sonn- oder Feiertag oder Sonnabend). Zu beachten ist, dass die Berechnung der 30-Tage-Frist nicht nur an die Anmeldung, sondern aufgrund eines entsprechenden Verweises in § 123 Abs. 3 Satz 1 Halbs. 2 AktG auch an den Nachweis des Stimmrechts bei Inhaberaktien gemäß § 123 Abs. 2 AktG anknüpft. Im Normalfall wird die Gesellschaft verlangen, dass ihr Anmeldung und Nachweis zum selben Zeitpunkt

---

63) BGH, Urt. v. 8.11.1993 – II ZR 26/93, ZIP 1993, 1867 ff, 1869, dazu EWiR 1994, 111 (*Rittner*).

64) Eine verkürzte Einberufungspflicht von zwei Wochen besteht für die Hauptversammlung, die im Zusammenhang mit einem Angebot zum Erwerb von Wertpapieren einberufen wird (§ 16 Abs. 4 WpÜG).

(nach der gesetzlichen Regelung spätestens am siebten Tag vor der Hauptversammlung) zugehen, so dass eine Differenzierung nicht erforderlich ist. Wenn in der Satzung für Anmeldung und Nachweis abweichende Fristen festgelegt werden, gilt für den Beginn der Einberufungsfrist die längere Frist. [→ Rz. 62]

128 Bei größeren und börsennotierten Gesellschaften sollte von der Möglichkeit eines vor dem Hauptversammlungstag festzusetzenden Anmeldetags gemäß § 123 Abs. 2 AktG, der nunmehr für Inhaber- und Namensaktien gleichermaßen gilt, unbedingt Gebrauch gemacht werden, um der Gesellschaft hierdurch die Gelegenheit zu geben, die Hauptversammlung ordnungsgemäß vorzubereiten (Vorbereitung von Abstimmungshilfsmitteln, logistische Planung). Das Muster sieht in § 13 dementsprechend auch eine Anmeldung vor. [→ Rz. 65]

b) Teilnahmerecht [→ Rz. 64 ff]

129 Die Satzung kann für die Teilnahme an der Hauptversammlung und die Ausübung des Stimmrechts weitere Voraussetzungen festlegen. Nach der alten Fassung des § 123 AktG konnte die Satzung regeln, dass die Teilnahme an der Hauptversammlung und die Ausübung des Stimmrechts davon abhängig gemacht wird, dass sich die Aktionäre vor der Hauptversammlung anmelden und dass die Aktien bis zu einem bestimmten Zeitpunkt vor der Versammlung hinterlegt werden. Die Hinterlegung diente bei Inhaberaktien zur Legitimation des Aktionärs. Bei Namensaktien ergibt sich die Legitimation aus der Eintragung im Aktienregister (§ 67 Abs. 2 AktG).

130 Durch die Neufassung von § 123 Abs. 2 AktG im Rahmen des am 1. November 2005 in Kraft getretenen UMAG wurde das Hinterlegungserfordernis als Grundform der Hauptversammlungslegitimation für **Inhaberaktien** beseitigt. Grund dafür war zum einen, dass eine Hinterlegung in der Praxis kaum noch stattfand.[65] Denn insbesondere bei börsennotierten Aktiengesellschaften befinden sich die Aktien in der Regel als Globalurkunden in Girosammelverwahrung. Auch wenn der Einzelverbriefungsanspruch in der Satzung nicht gemäß § 10 Abs. 5 AktG ausgeschlossen wird, lassen die meisten Aktionäre die Aktien unter Einschaltung einer Depotbank bei einer Wertpapiersammelbank verwahren. In beiden Fällen kann eine körperliche Hinterlegung nicht stattfinden; sie wurde bereits in der Vergangenheit faktisch durch eine Depotbescheinigung ersetzt. Ein weiterer Grund für die Abschaffung der Hinterlegung war, dass der Begriff bei ausländischen Investoren zu der (irrigen) Vorstellung führte, eine Veräußerung der Aktien sei während der Hinterlegungsfrist nicht möglich, was die Attraktivität einer Anlage in deutschen Aktien oder jedenfalls die Teilnahme an den Hauptversammlungen eingeschränkt haben soll.[66]

---

65) Begründung RegE UMAG, BT-Drucks. 15/5092, S. 13.
66) Begründung RegE UMAG, BT-Drucks. 15/5092, S. 13.

Nach der Neufassung des § 123 AktG durch das UMAG gilt daher nunmehr bei börsennotierten Gesellschaften zwingend, dass jedenfalls ein in Textform erstellter Nachweis des Anteilsbesitzes durch das depotführende Institut ausreichend ist. Der Bestandsnachweis muss sich auf einen Stichtag, das so genannte *record date*, beziehen, das nach langen Diskussionen schließlich auf den Beginn des 21. Tages vor der Hauptversammlung festgelegt wurde.

131

Das *record date* bedeutet eine erhebliche Erleichterung für die Banken und die Gesellschaften, denn im Gegensatz zur Hinterlegung findet zwischen dem *record date* und dem Tag der Hauptversammlung keine Anpassung (*reconciliation*) mehr statt, wenn sich im Depot Bestandsveränderungen, etwa durch die Veräußerung oder den Erwerb der Aktien, ergeben. Aktionäre, die Aktien nach dem *record date* erwerben, sind somit nicht berechtigt an der Hauptversammlung teilzunehmen. Teilnahmeberechtigt bleibt vielmehr der Veräußerer, wenn er den Nachweis zum *record date* erbracht hat. Treuepflichten des Veräußerers sind bei Kleinbeteiligungen bzw. einem Erwerb über die Börse praktisch nicht relevant. Bei Paketkäufen wird man hingegen entweder eine Stimmrechtsausübungsregelung oder eine Vollmachtserteilung vorsehen. Hinsichtlich der Dividendenberechtigung gilt, dass maßgeblich die Aktionärsstellung zum Zeitpunkt der Hauptversammlung ist. Zu beachten ist, dass Handelsaktivitäten nach dem *record date* nur im Verhältnis zur Gesellschaft unbeachtlich sind. Die WpHG-Meldepflichten bestehen auch bei Erwerb nach dem *record date*.

132

Hinsichtlich des Problems eines Nachweises durch Bescheinigungen „dubioser Offshore-Banken" gilt, dass ausreichend nur der materiell und inhaltlich richtige Nachweis ist. Die Gesellschaft kann zweifelhafte Bescheinigungen prüfen und bei hinreichenden Verdachtsmomenten weitere Nachweise verlangen oder die Bescheinigung zurückweisen. Dabei ist jedoch zu bedenken, dass die unberechtigte Zurückweisung stets eine Anfechtungsbefugnis (§ 245 Nr. 1 AktG) begründet, während die unberechtigte Akzeptanz einer Bescheinigung nur zur Anfechtbarkeit führt, wenn ausgerechnet diese Stimmen den Ausschlag gegeben hätten. Die Bescheinigung muss der Gesellschaft unter der in der Einberufung hierfür mitgeteilten Adresse bis spätestens am siebten Tage vor der Versammlung zugehen, soweit die Satzung keine kürzere Frist vorsieht.
[→ Rz. 65]

133

Probleme entstehen schließlich, wenn die Aktien einer börsennotierten Gesellschaft (auch) in Einzel- oder Mehrfachurkunden verbrieft und nicht depotgeführt sind (**effektive Stücke**). Hier muss die Satzung weitere Legitimationsverfahren vorsehen. Es bietet sich dabei zum einen an, das Hinterlegungsverfahren wieder aufzunehmen. Bezüglich des Hinterlegungszeitpunkts scheint es zunächst nahe zu liegen, ebenfalls das *record date*, also spätestens den Beginn

134

des 21. Tages vor der Hauptversammlung heranzuziehen.[67] Nur so lässt sich zuverlässig die Gefahr einer Verdopplung der Stimmen vermeiden.[68] Dadurch verlängert sich allerdings für solche Aktien der umständliche und mit Kosten verbundene Hinterlegungszeitraum erheblich. Alternativ zu einem 21-tägigen Hinterlegungszeitraum und in Anknüpfung an das neue Konzept des *record date* könnte die Satzung, wie in dem Muster vorgeschlagen, vorsehen, dass es nur auf den Aktienbesitz am Beginn des 21. Tag vor der Hauptversammlung ankommt und der Nachweis hierüber durch eine entsprechende Bescheinigung nicht des depotführenden Instituts, sondern der Gesellschaft eines deutschen Notars oder eines Kreditinstituts gegen Vorlage der Aktien zu erbringen ist.[69] In beiden Fällen verbleiben Unsicherheiten bezüglich der Einberufungsfrist, die grundsätzlich an den Zeitpunkt der Anmeldung bzw. der Vorlage der stichtagsbezogenen Bescheinigung anknüpft, was bei effektiven Stücken dann aber zu einer Halbierung des Zeitraums führen würde, der dem Aktionär nach der Einberufung bleibt, um die Bedingungen für die Teilnahme an der Hauptversammlung zu erfüllen.[70] [→ Rz. 65]

135 Soweit die Gesellschaft **Namensaktien** ausgegeben hat, verändert sich durch das UMAG bezüglich der Teilnahmeberechtigung nichts. Vielmehr ist für das Recht zur Teilnahme an der Hauptversammlung und zur Stimmrechtsausübung an der Hauptversammlung in diesem Falle ausschließlich die Eintragung im Aktienregister maßgeblich (§ 67 Abs. 2 AktG). Für den im Muster geregelten Umschreibungsstopp im Aktienregister enthält § 67 Abs. 3 AktG keine näheren Vorgaben. Aus technischen Gründen erscheint eine kurzfristige Unterbrechung der Umschreibung vor der Hauptversammlung zwischen drei und sieben Tagen zulässig und angemessen.[71] Allerdings lässt § 123 Abs. 2 Satz 1 Halbs. 2 AktG auch ein Anmeldeerfordernis zu. Die Anmeldung dient insoweit nicht der Legitimation, sondern nur der Vorbereitung der Hauptversammlung und kann deswegen auch für Namensaktien vorgeschrieben werden. [→ Rz. 66]

136 Für **nicht börsennotierte Gesellschaften** gilt der zwingende Legitimationsnachweis durch Bescheinigung des depotführenden Instituts bezogen auf das

---

67) Dies legt auch § 16 EGAktG nahe, der für alte Hinterlegungsregeln bestimmt, dass für den Zeitpunkt der Hinterlegung oder der Ausstellung eines sonstigen Legitimationsnachweises auf den Beginn des 21. Tages vor der Versammlung abzustellen ist. Anders dagegen der Formulierungsvorschlag des Bundesrates, der von einer Hinterlegungsmöglichkeit bis zum siebten Tag auszugehen scheint: Stellungnahme Bundesrat zum RegE UMAG, BT-Drucks. 15/5092, S. 34.
68) *Simon/Zetzsche*, NZG 2005, 369, 374.
69) *Simon/Zetzsche*, NZG 2005, 369, 374.
70) Ungeklärt bleibt auch, wie nach dem neuen Recht bei der verkürzten Einberufung gemäß § 16 WpÜG im Hinblick auf das *record date* und gegebenenfalls die Hinterlegung zu verfahren ist.
71) Vgl. *Hüffer*, AktG § 67 Rz. 20.

record date bei Inhaberaktien nicht. Nicht börsennotierte Gesellschaften können daher die alten Hinterlegungsvorschriften beibehalten. Das Muster enthält daher für nicht börsennotierte Gesellschaften in einer Alternative zu § 13 Abs. 1 eine entsprechende Hinterlegungsklausel nach altem Recht. Sieht die Satzung eine Hinterlegung vor, so ist diese jedenfalls bei einem Notar oder bei einer Wertpapiersammelbank immer ausreichend (§ 123 Abs. 3 Satz 2 AktG). Ferner soll, auch ohne dass dies in der Satzung bestimmt ist, die Hinterlegung bei der Gesellschaft stets ausreichen. Die Satzung könnte weitere Hinterlegungsstellen vorschreiben. Sie kann Bestimmungen zum Inhalt der Hinterlegungsbescheinigungen enthalten und regeln, wann und wie der Nachweis der Hinterlegung zu erbringen ist.[72] [→ Rz. 67]

Sollte die Gesellschaft, was bei kleinen Aktiengesellschaften aus Kostengründen keineswegs selten ist, die Aktienrechte nicht verbrieft haben, empfiehlt sich ein Anmeldeverfahren, um die Hauptversammlung angemessen vorbereiten zu können. Eine Legitimationsregelung ist nicht zwingend erforderlich. Bei Gründungsaktionären oder den Zeichnern einer Kapitalerhöhung liegen der Gesellschaft selbst die für eine Legitimation erforderlichen Zeichnungsscheine vor. Bei einer rechtsgeschäftlichen Verfügung über die Aktien kann der Nachweis gegenüber der Gesellschaft nur durch Abtretungskurkunde(n) geführt werden. Grundsätzlich eröffnet § 123 Abs. 3 Satz 1 AktG nunmehr einen großen Spielraum für die Bestimmung neuer Formen des Nachweises. Dabei muss letztlich ein Ausgleich gefunden werden zwischen einerseits der Aufgabe der Verwaltung sicherzustellen, dass nur Personen an der Hauptversammlung teilnehmen, die tatsächlich Aktionäre sind, und andererseits dem Teilnahmerecht der Aktionäre, das nur im Rahmen des Erforderlichen reglementiert werden darf.
137

c) Vorsitz in der Hauptversammlung

aa) Bestimmung des Versammlungsleiters [→ Rz. 69]

Das Gesetz geht in § 130 Abs. 2 und § 129 Abs. 4 AktG davon aus, dass die Hauptversammlung einen Vorsitzenden hat. Weitere Bestimmungen über dessen Wahl und die sonstigen Befugnisse sind nicht enthalten. Wie allgemein üblich ist hier festgelegt, dass der Vorsitzende des Aufsichtsrats Versammlungsleiter ist.[73] Gerade bei börsennotierten Gesellschaften, wo die Leitung der Hauptversammlung in erfahrenen Händen liegen sollte, ist es angezeigt, Vertretungsregelungen in die Satzung aufzunehmen. Auf die mögliche und übliche Vertretung zunächst durch den stellvertretenden Vorsitzenden des Auf
138

---

72) Siehe nur *Hüffer*, AktG, § 123 Rz. 12.
73) Ein Mitglied des Vorstands oder der die Hauptversammlung protokollierende Notar dürfen nicht Versammlungsleiter sein, siehe *Hüffer*, AktG, § 129 Rz. 18; MünchKomm-*Kubis*, § 119 Rz. 101; *Zöllner*, in: Kölner Komm. z. AktG, § 119 Rz. 47.

sichtsrats wurde in dem Muster verzichtet und stattdessen bei einer Verhinderung des Aufsichtsratsvorsitzenden unmittelbar die Bestimmung eines Versammlungsleiters aus dem Kreis der Aufsichtsratmitglieder vorgesehen. Bei einer mitbestimmten Gesellschaft kann und sollte geregelt werden, dass Aufsichtsratmitglieder, die von der Arbeitnehmerbank gestellt werden, im Vertretungsfall nicht die Leitung übernehmen. Denkbar sind auch noch weiter verfeinernde Regeln, zum Beispiel auch, dass der Aufsichtsrat ermächtigt ist, aus seinem Kreis einen Stellvertreter zu bestimmen.

bb) Ablauf der Hauptversammlung [→ Rz. 70 f]

139   Auch über den Ablauf der Hauptversammlung enthält das Gesetz nur rudimentäre Vorschriften. Die im Muster aufgenommenen Bestimmungen entsprechen dem, was von Gesetzes wegen dem Versammlungsleiter an Befugnissen ohnehin zuwächst. Auch weitere Fragen der Versammlungsleitung sind durch Praxis und Rechtsprechung im Wesentlichen geklärt.[74] Insofern hat es sich nicht durchgesetzt, von der durch das KonTraG eingeführten Möglichkeit einer Geschäftsordnung der Hauptversammlung (§ 129 Abs. 1 Satz 1 AktG) (Muster 7.2, Rz. 697 ff) Gebrauch zu machen.[75] Durch das UMAG wurde in § 131 Abs. 2 AktG die Möglichkeit geschaffen, den Versammlungsleiter in der Satzung oder der Geschäftsordnung der Hauptversammlung zu ermächtigen, das Frage- und Rederecht des Aktionärs zeitlich angemessen zu beschränken, und in der Satzung oder der Geschäftsordnung Näheres dazu bestimmen. Die Beschränkung der Redezeit durch den Versammlungsleiter war bereits vor der gesetzlichen Neuregelung zulässig und gängige Praxis. Neu ist die Möglichkeit, auch das Fragerecht zu begrenzen. Die Neuregelung ist nicht unumstritten. Teilweise wird darin, insbesondere von den Aktionärsvereinigungen, eine nicht akzeptable Beschneidung der Rechte der Aktionäre gesehen. Der Versammlungsleiter muss den Ermächtigungsrahmen konkret ausfüllen. Die Beschränkungen müssen angemessen sein. Dabei kann sich der Versammlungsleiter nach der Begründung des Regierungsentwurfs zum UMAG davon leiten lassen, dass eine normale Hauptversammlung, in der keine tiefgreifenden unternehmensstrukturellen Maßnahmen zu erörtern sind, in 4–6 Stunden abgewickelt sein sollte.[76] Die vorgeschlagene Formulierung folgt der Praxis und verzichtet im Interesse der Flexibilität auf eine weitere Konkretisierung der Angemessenheit.[77]

---

74) Wegen weiterer Einzelheiten siehe Semler/Volhard-*Fischer*, § 11 Rz. 1 ff, und *Martens*, S. 26 ff; siehe Muster 7.3, Rz. 738.

75) Siehe hierzu *Hüffer*, AktG, § 129 Rz. 1a ff.

76) Begründung RegE UMAG, BT-Drucks. 15/5092, S. 17.

77) Ein Vorschlag für eine solche besondere Konkretisierung findet sich bei *Weißhaupt*, ZIP 2005, 1766, 1769.

cc) Bild- und Tonübertragungen [→ Rz. 72 f]

Gemäß § 118 Abs. 3 AktG, der durch das Transparenz- und Publizitätsgesetz **140** neu eingeführt wurde, kann in der Satzung (oder in der Geschäftsordnung der Hauptversammlung gemäß § 129 Abs. 1 AktG) die Möglichkeit der Übertragung der Hauptversammlung in Ton und Bild vorgesehen werden. Wenn Satzung oder Geschäftsordnung eine solche Übertragung vorsehen, können einzelne Aktionäre einer Übertragung ihres Beitrags nicht mehr widersprechen.[78] Eine Bekanntmachung hinsichtlich der Übertragung mit der Einberufung der Hauptversammlung wird nach der Begründung des Regierungsentwurfs „unbedingt empfohlen".[79] Die Satzung kann die Entscheidung, ob und wie übertragen wird, der Verwaltung überlassen. Für eine Entscheidung durch den Vorstand spricht, dass bereits im Vorfeld der Hauptversammlung die notwendigen organisatorischen Voraussetzungen getroffen werden müssen und in der Einberufung der Hauptversammlung die Form der Übertragung bekannt gegeben wird.[80] In der Praxis finden sich aber aus Gründen der Flexibilität, wie in dem Muster vorgesehen, vielfach auch Gestaltungen, nach denen die Entscheidung dem Versammlungsleiter übertragen wird. [→ Rz. 72]

Daneben eröffnet § 118 Abs. 2 AktG die Möglichkeit, in der Satzung für Auf- **141** sichtsratmitglieder eine Erleichterung vorzusehen, indem in bestimmten Fällen die Teilnahme eines Aufsichtsratsmitglieds im Wege der Ton- und Bildübertragung ermöglicht werden kann. Die meisten großen börsennotierten Aktiengesellschaften haben aber, soweit ersichtlich, von der Möglichkeit einer solchen Satzungsregelung keinen Gebrauch gemacht. Ausweislich der Regierungsbegründung hatte der Gesetzgeber vor allem ausländische Aufsichtsratsmitglieder nicht börsennotierter Aktiengesellschaften vor Augen. Wenn die fakultativ vorgeschlagene Satzungsregel aufgenommen wird, sollte sie daher jedenfalls restriktiv gehandhabt werden. [→ Rz. 73]

d) Stimmrecht/Beschlussfassung

aa) Stimmrecht [→ Rz. 74]

Bei Stückaktien gewährt zwingend jede Aktie eine Stimme. Alle Aktien sind, **142** anders als dies bei auf den Nennwert ausgestellten Aktien der Fall sein könnte, gleichgewichtig (§ 134 Abs. 1 AktG). Soweit das Gesetz neben der Stimmrechtsmehrheit auch eine Kapitalmehrheit verlangt (etwa § 179 Abs. 2, § 182 Abs. 1, § 193 Abs. 1, § 202 Abs. 2, § 293 Abs. 1 AktG und andere Fälle), wird die Kapitalmehrheit bei Stückaktien ebenso wie die Stimmmehrheit ermittelt.

---

78) *Hüffer*, AktG, § 118 Rz. 17; Begründung RegE TransPuG, BT-Drucks. 14/8769, S. 19 f.
79) Begründung RegE TransPuG, BT-Drucks. 14/8769, S. 19.
80) MünchKomm-*Kubis*, AktG, § 118 Rz. 96.

bb) Stimmrechtsvollmacht [→ Rz. 75]

143 Nach § 134 Abs. 3 Satz 2 AktG in der durch das Namensaktiengesetz geänderten Fassung kann die Satzung Erleichterungen für die Stimmrechtsvollmacht eines Aktionärs bestimmen. Grundsätzlich gilt die bislang schon bekannte Schriftform. Nunmehr kann die Satzung insbesondere auch die Erteilung einer Stimmrechtsvollmacht mittels E-Mail vorsehen. Im Interesse der Rechtssicherheit und für Dokumentationszwecke sollte es jedoch dabei verbleiben, dass die erteilten Vollmachten schriftlich nachgewiesen und zu den Unterlagen der Gesellschaft genommen werden können.

144 Von der Möglichkeit einer Erleichterung der Bevollmächtigung macht das Muster für die Vollmacht an den von der Gesellschaft benannten Stimmrechtsvertreter gemäß § 134 Abs. 3 Satz 3 AktG Gebrauch. Die Bestellung eines solchen Stimmrechtsvertreters durch den Vorstand wird durch Ziffer 2.3.3 DCGK empfohlen. Die in § 15 Abs. 2 des Musters vorgeschlagene Satzungsregel eröffnet der Gesellschaft die Möglichkeit einer Vollmachtserteilung auf elektronischem Wege, hält ihr aber die Entscheidung offen, ob und wie sie dies, insbesondere unter Berücksichtigung der technischen Möglichkeiten, tatsächlich umsetzt. Die technischen und administrativen Abläufe sind inzwischen allerdings so weit ausgereift, dass viele, insbesondere die großen börsennotierten Aktiengesellschaften von der Möglichkeit einer Vollmachts- und Weisungserteilung an den Stimmrechtsvertreter der Gesellschaft per E-Mail Gebrauch machen, teilweise können Weisungen auf diesem Wege sogar noch während der Hauptversammlung bis gegen Ende der Generaldebatte geändert werden.[81]

cc) Beschlussfassung [→ Rz. 76]

145 Von dem Erfordernis der qualifizierten Kapitalmehrheit (75 % des bei der Beschlussfassung vertretenen Grundkapitals) kann die Satzung in den meisten Fällen befreien. Hiervon wird in § 15 Abs. 3 des Musters Gebrauch gemacht. Allerdings wird bei pauschaler Ermäßigung der Mehrheit, wie hier formuliert, ein Verstoß gegen den Bestimmtheitsgrundsatz moniert, der für besondere Beschlüsse, z. B. Kapitalerhöhungen, die gesetzliche Regelung unberührt lasse.[82]

---

81) Z. B. Deutsche Telekom AG, Hauptversammlung 2003.
82) BGH, Beschl. v. 11.11.1985 – II ZB 5/85, BGHZ 96, 245 = ZIP 1986, 368, 369 f, für die Zweckänderung eines Vereins; *Hüffer*, AktG, § 179 Rz. 18; wie hier *Semler*, in: Münchener Handbuch, § 39 Rz. 32, und *Krieger*, in: Münchener Handbuch, § 56 Rz. 14.

6. Jahresabschluss

a) Jahresabschluss und ordentliche Hauptversammlung

aa) Vorlagepflichten und Fristen [→ Rz. 77]

Die Regelungen sind eine Wiedergabe ohnehin zwingenden Rechts. Die Fristen zur Aufstellung ergeben sich aus § 264 i. V. m. § 267 HGB für den Jahresabschluss und aus §§ 290, 293 HGB für den Konzernabschluss. Die Pflicht zur Vorlage des aufgestellten Abschlusses durch den Vorstand an den Abschlussprüfer folgt aus § 320 Abs. 1 HGB und an den Aufsichtsrat aus § 170 Abs. 1 AktG. Die Vorlage erfolgt an den Aufsichtsrat als Organ zu Händen des Aufsichtsratsvorsitzenden. Ist die Aktiengesellschaft – wie hier unterstellt – prüfungspflichtig, ist auch der Prüfungsbericht dem Aufsichtsrat vorzulegen, was jedoch nach § 321 Abs. 5 Satz 2 HGB durch den Abschlussprüfer geschieht. Gemäß § 171 AktG werden diese Unterlagen durch den Aufsichtsrat geprüft. Die Frist zur Einberufung der ordentlichen Hauptversammlung ist in § 175 Abs. 1 AktG enthalten.

146

bb) Feststellung des Jahresabschlusses und Billigung des Konzernabschlusses [→ Rz. 78 ff]

Bei der Aktiengesellschaft obliegt die Billigung und damit die Feststellung des Jahresabschlusses grundsätzlich dem Aufsichtsrat (§ 171 Abs. 2 Satz 4, § 172 AktG), soweit nicht Vorstand und Aufsichtsrat beschließen, die Feststellung des Jahresabschlusses der Hauptversammlung zu übertragen (§ 173 Abs. 1 AktG). Entsprechendes gilt für den Konzernabschluss, der zwar nicht festgestellt wird, aber gemäß § 171 Abs. 2 Satz 5 AktG vom Aufsichtsrat zu billigen ist. [→ Rz. 78]

147

Bei der Feststellung des Jahresabschlusses durch Vorstand und Aufsichtsrat enthält § 58 AktG Spielraum für Satzungsbestimmungen. Nach § 58 Abs. 2 Satz 1 AktG können Vorstand und Aufsichtsrat höchstens die Hälfte des Jahresüberschusses in andere Gewinnrücklagen einstellen. Die Satzung kann jedoch Vorstand und Aufsichtsrat ermächtigen (nicht jedoch verpflichten), einen kleineren oder einen größeren Teil des Jahresüberschusses, und zwar bis zu 100 %, in andere Gewinnrücklagen einzustellen, sofern die anderen Gewinnrücklagen die Hälfte des Grundkapitals hierdurch nicht übersteigen würden. Von dieser Möglichkeit geht das Satzungsmuster in § 16 Abs. 3 aus. Durch die vorgeschlagene Regelung wird die Kompetenz der Verwaltung gegenüber der Hauptversammlung nicht unerheblich gestärkt. Soll dem Ausschüttungsinteresse von Aktionären bzw. höherer Verantwortung der Hauptversammlung für die Rücklagen- und Ausschüttungspolitik Raum eingeräumt

148

werden, sollte von dieser Ermächtigung kein Gebrauch gemacht werden.[83)]
[→ Rz. 79, 82]

149 Gemäß dem durch das Transparenz- und Publizitätsgesetz neu eingeführten § 58 Abs. 5 AktG kann die Satzung regeln, dass die Barausschüttung durch eine Sachausschüttung ersetzt werden kann, wenn die Hauptversammlung dies beschließt.[84)] Da die Ausschüttung von Sachwerten, die nicht oder nur schwer verwertet werden können, problematisch sein kann, sieht das Muster in § 16 Abs. 2 Satz 3 eine Regelung vor, wonach nur Aktien börsennotierter Aktiengesellschaften ausgeschüttet werden dürfen, da bei diesen grundsätzlich von einer ausreichenden Fungibilität ausgegangen werden kann. [→ Rz. 80]

7. Sonstiges (Gründungsaufwand) [→ Rz. 83]

150 Grundsätzlich sind die Kosten, die mit der Gründung der Gesellschaft in Zusammenhang stehen, von den Gründern zu tragen, um sicherzustellen, dass der Aktiengesellschaft zumindest am Anfang das angemessene Grundkapital zur Verfügung steht. Nur wenn eine besondere Satzungsregelung dies vorsieht, kann der Gründungsaufwand auf die Gesellschaft übergewälzt werden (§ 26 Abs. 2 AktG). Gemeint sind hiermit alle Aufwendungen der Gesellschaft im Zusammenhang mit der Gründung und der Einlagenleistung, nämlich alle Gebühren, Honorare und Kosten. Nicht hierunter fallen allerdings die Kosten für die Ingangsetzung des Geschäftsbetriebs. Unter Gründerlohn wird die Tätigkeitsvergütung an Gründer oder Dritte bei der Gründung oder Vorbereitung hierzu verstanden. Ohne die entsprechende Festsetzung sind nicht nur die zugrunde liegenden Rechtsgeschäfte und Ausführungshandlungen (§ 26 Abs. 3 AktG) unwirksam, sondern es besteht auch ein Errichtungsmangel, der das Registergericht zu Ablehnung der Eintragung befugt (§ 38 Abs. 3 AktG). Die hier aufzunehmenden Festsetzungen können gemäß § 26 Abs. 4 AktG erst nach fünf Jahren geändert und gemäß § 26 Abs. 5 AktG erst nach frühestens 30 Jahren beseitigt werden.

151 Über § 197 UmwG gelten diese Vorschriften auch für den Fall des Formwechsels in eine Aktiengesellschaft. In diesem Falle muss hier, wie in der Alternative vorgeschlagen der Formwechselaufwand als Gründungsaufwand festgesetzt werden.

---

83) Vgl. hierzu *Hüffer*, AktG, § 58 Rz. 1 ff, 11 ff.
84) Ausführlich zur Sachdividende *Holzborn/Bunnemann*, AG 2003, 671, sowie speziell zu Bewertungsfragen *Waclawik*, WM 2003, 2266.

Muster 1.2: Satzung einer kleinen Aktiengesellschaft

I.   Mustertext [→ Rz. 194 ff]

§ 1

Firma, Sitz und Geschäftsjahr

(1) Die Gesellschaft führt die Firma … AG. [→ Rz. 194, 85]   **152**

(2) Sie hat ihren Sitz in … . [→ Rz. 194, 86]   **153**

(3) Geschäftsjahr ist das Kalenderjahr. Die Zeit von der Errichtung der Gesell-   **154**
schaft bis zum 31. 12. … bildet ein Rumpfgeschäftsjahr. [→ Rz. 194, 87]

§ 2

Gegenstand des Unternehmens

(1) Gegenstand des Unternehmens ist die Herstellung, der Vertrieb und die   **155**
Lieferung von…, einschließlich der Forschung und Entwicklung auf diesen
Gebieten. [→ Rz. 194, 89]

(2) Die Gesellschaft ist zu allen Geschäften und Maßnahmen berechtigt, die   **156**
geeignet erscheinen, dem Gegenstand des Unternehmens zu dienen. Sie kann
für diesen Zweck auch andere Unternehmen im In- und Ausland gründen, erwerben, veräußern und sich an ihnen beteiligen sowie Zweigniederlassungen
errichten. Sie kann ihren Betrieb ganz oder teilweise in verbundene Unternehmen ausgliedern. [→ Rz. 194, 91]

§ 3

Bekanntmachungen

Bekanntmachungen der Gesellschaft erfolgen nur im elektronischen Bundes-   **157**
anzeiger. [→ Rz. 194, 92]

§ 4

Gerichtsstand

Ausschließlicher Gerichtsstand für alle Streitigkeiten der Gesellschaft und ih-   **158**
rer Organe mit ihren Aktionären als solchen ist … [*Sitz der Gesellschaft*].
[→ Rz. 195]

§ 5

Höhe und Einteilung des Grundkapitals

(1) Das Grundkapital der Gesellschaft beträgt 50 000 Euro (in Worten: fünf-   **159**
zigtausend Euro) und ist eingeteilt in 50 000 nennbetragslose Stückaktien.
[→ Rz. 196]

160 (2) Die Aktien lauten auf den Namen. Dies gilt auch für junge Aktien aus einer künftigen Kapitalerhöhung, sofern der Erhöhungsbeschluss keine abweichende Bestimmung enthält. Bei einer Kapitalerhöhung kann die Gewinnbeteiligung neuer Aktien abweichend von § 60 Abs. 2 AktG bestimmt werden. [→ Rz. 197]

161 (3) Die Aktien dürfen nur mit Zustimmung der Gesellschaft übertragen werden. Die Zustimmung erteilt der Aufsichtsrat. [→ Rz. 200]

162 (4) Die Form der Aktienurkunden und der Gewinnanteils- und Erneuerungsscheine wird vom Vorstand bestimmt. Der Anspruch auf Einzelverbriefung ist ausgeschlossen. [→ Rz. 199]

§ 6

Vorstand

163 (1) Der Vorstand der Gesellschaft besteht aus einer oder mehreren Personen. Die Zahl der Vorstandsmitglieder bestimmt der Aufsichtsrat. [→ Rz. 194, 101 f]

164 (2) Die Vorstandsmitglieder werden vom Aufsichtsrat bestellt. Es können stellvertretende Vorstandsmitglieder bestellt werden. Der Aufsichtsrat kann einen Vorsitzenden des Vorstands sowie einen stellvertretenden Vorsitzenden des Vorstands ernennen. [→ Rz. 194, 103]

165 (3) Der Vorstand kann sich durch einstimmigen Beschluss aller Vorstandsmitglieder eine Geschäftsordnung geben, die auch die Geschäftsverteilung unter mehreren Vorstandsmitgliedern regeln kann. Die Geschäftsordnung und Geschäftsverteilung bedürfen der Zustimmung des Aufsichtsrats, falls nicht der Aufsichtsrat eine Geschäftsordnung für den Vorstand erlässt. [→ Rz. 194, 104 f]

§ 7

Zustimmungsvorbehalte

166 Außer in den gesetzlich vorgesehenen Fällen darf der Vorstand folgende Geschäfte nur mit der Zustimmung des Aufsichtsrats vornehmen:

a) Investitionsvorhaben, deren Umfang im Einzelfall mehr als 10 % des Grundkapitals beträgt;

b) Gründung, Erwerb oder Veräußerung von Unternehmen sowie Erwerb, Veräußerung oder Belastung von Beteiligungen an Unternehmen;

c) Abschluss von Unternehmensverträgen und Verträgen nach dem Umwandlungsgesetz, Eingliederungen sowie Beschlussfassung über derartige Maßnahmen bei Beteiligungsgesellschaften;

d) Ausgabe von Schuldverschreibungen;

e) Abschluss, Änderung oder Beendigung von Miet- oder Pachtverträgen, die eine Laufzeit von mehr als fünf Jahren oder einen Miet- oder Pachtzins von jährlich mehr als 10 000 Euro vorsehen;

f) Abschluss von Anstellungsverträgen mit Mitarbeitern, die ein Jahresgehalt von mehr als 50 000 Euro vorsehen;

g) sämtliche Geschäfte, deren Umfang im Einzelfall den Betrag von 50 000 Euro übersteigt oder die die Vermögens-, Finanz- oder Ertragslage der Gesellschaft oder deren Risikoexposition grundlegend verändern.

[→ Rz. 200]

Der Aufsichtsrat kann in der Geschäftsordnung für den Vorstand oder in einem gesonderten Beschluss anordnen, dass bestimmte weitere Geschäfte seiner vorherigen Zustimmung bedürfen. [→ Rz. 200]   **167**

§ 8
Vertretung der Gesellschaft

Die Gesellschaft wird durch zwei Vorstandsmitglieder oder durch ein Vorstandsmitglied in Gemeinschaft mit einem Prokuristen gesetzlich vertreten. Ist nur ein Vorstandsmitglied bestellt, vertritt es die Gesellschaft allein. Der Aufsichtsrat kann bestimmen, dass Vorstandsmitglieder einzelvertretungsbefugt sind. Der Aufsichtsrat kann Vorstandsmitgliedern gestatten, im Namen der Gesellschaft mit sich als Vertreter eines Dritten Rechtsgeschäfte vorzunehmen. [→ Rz. 194, 106]   **168**

§ 9
Aufsichtsrat

(1) Der Aufsichtsrat besteht aus drei Mitgliedern. [→ Rz. 201]   **169**

(2) Die Aufsichtsratsmitglieder werden für die Zeit bis zur Beendigung der Hauptversammlung gewählt, die über die Entlastung des Aufsichtsrats für das vierte Geschäftsjahr nach dem Beginn der Amtszeit beschließt. Das Geschäftsjahr, in dem die Amtszeit beginnt, wird nicht mitgerechnet. Die Hauptversammlung kann für von den Aktionären gewählte Mitglieder bei der Wahl eine kürzere Amtszeit bestimmen. Die Wahl des Nachfolgers eines vor Ablauf der Amtszeit ausgeschiedenen Mitglieds erfolgt, soweit die Hauptversammlung die Amtszeit des Nachfolgers nicht abweichend bestimmt, für den Rest der Amtszeit des ausgeschiedenen Mitglieds. [→ Rz. 201]   **170**

(3) Jedes Mitglied des Aufsichtsrats kann sein Amt durch eine an den Vorsitzenden des Aufsichtsrats oder an den Vorstand zu richtende schriftliche Erklärung unter Einhaltung einer Frist von zwei Wochen niederlegen. Aus   **171**

wichtigem Grund kann eine Niederlegung auch mit sofortiger Wirkung erfolgen. [→ Rz. 201]

172   (4) Jedes Mitglieds des Aufsichtsrats erhält nach Abschluss des Geschäftsjahres eine angemessene Vergütung, die durch Beschluss der Hauptversammlung festgestellt wird. Darüber hinaus werden den Aufsichtsratsmitgliedern die von ihnen getätigten baren Auslagen sowie die Mehrwertsteuer erstattet, soweit die Mitglieder des Aufsichtsrats berechtigt sind, die Mehrwertsteuer der Gesellschaft gesondert in Rechnung zu stellen. [→ Rz. 201]

§ 10
Vorsitzender und Stellvertreter

173   (1) Der Aufsichtsrat wählt im Anschluss an die Hauptversammlung, in der die Aufsichtsratsmitglieder gewählt worden sind, in einer ohne besondere Einberufung stattfindenden Sitzung aus seiner Mitte einen Vorsitzenden und einen Stellvertreter. Die Amtszeit des Vorsitzenden und des Stellvertreters entspricht, soweit bei der Wahl nicht eine kürzere Amtszeit bestimmt wird, ihrer Amtszeit als Mitglieder des Aufsichtsrats. [→ Rz. 201]

174   (2) Scheidet der Vorsitzende oder der Stellvertreter vor Ablauf der Amtszeit aus seinem Amt aus, so hat der Aufsichtsrat eine Neuwahl für die restliche Amtszeit des Ausgeschiedenen vorzunehmen. [→ Rz. 201]

§ 11
Einberufung und Beschlussfassung

175   (1) Die Sitzungen des Aufsichtsrats werden durch den Vorsitzenden mit einer Frist von vierzehn Tagen unter Mitteilung der Gegenstände der Tagesordnung schriftlich einberufen. Bei der Berechnung der Frist werden der Tag der Absendung der Einladung und der Tag der Sitzung nicht mitgerechnet. In dringenden Fällen kann der Vorsitzende die Frist abkürzen und mündlich, fernmündlich, per Telefax oder per E-Mail einberufen. [→ Rz. 201]

176   (2) Der Aufsichtsrat ist beschlussfähig, wenn alle Mitglieder an der Beschlussfassung teilnehmen. Die Beschlüsse bedürfen der Mehrheit der abgegebenen Stimmen. [→ Rz. 201]

177   (3) Abwesende Aufsichtsratsmitglieder können dadurch an der Beschlussfassung teilnehmen, dass sie durch andere Aufsichtsratsmitglieder schriftliche Stimmabgaben unter Bezugnahme auf die einzelnen Punkte der anstehenden Tagesordnung überreichen lassen. [→ Rz. 201]

178   (4) Außerhalb von Sitzungen sind Beschlussfassungen durch schriftliche, telefonische, per Telefax oder per E-Mail übermittelte Stimmabgaben zulässig

[*fakultativ: wenn nicht ein Mitglied innerhalb der vom Vorsitzenden zu bestimmenden Frist der Art der Abstimmung widerspricht*]. [→ Rz. 201]

(5) Der Vorsitzende des Aufsichtsrats ist ermächtigt, im Namen des Aufsichtsrats die zur Durchführung der Beschlüsse des Aufsichtsrats erforderlichen Willenserklärungen abzugeben. [→ Rz. 201]   **179**

§ 12
Geschäftsordnung und Änderung
der Satzungsfassung

(1) Im Rahmen der zwingenden gesetzlichen Vorschriften und der Bestimmungen dieser Satzung gibt sich der Aufsichtsrat eine Geschäftsordnung. [→ Rz. 201]   **180**

(2) Der Aufsichtsrat ist ermächtigt, Änderungen der Satzung zu beschließen, die nur deren Fassung betreffen. [→ Rz. 201]   **181**

§ 13
Hauptversammlung
Ort, Einberufung, Teilnahme

(1) Die Hauptversammlung findet am Sitz der Gesellschaft oder einer Gemeinde im Umkreis von 50 km statt. [→ Rz. 202]   **182**

(2) Die Hauptversammlung kann unter Mitteilung der Tagesordnung durch den Vorstand mittels eingeschriebenen Briefes mit einer Frist von mindestens dreißig Tagen vor dem letzten Anmeldetag (Absatz 3) einberufen werden; bei der Fristberechnung zählen der Tag der Einberufung und der letzte Anmeldetag nicht mit. [→ Rz. 202]   **183**

(3) Zur Teilnahme an der Hauptversammlung und zur Ausübung des Stimmrechts sind alle am Tage der Hauptversammlung im Aktienregister eingetragenen Aktionäre oder deren Bevollmächtigte berechtigt, die sich nicht später als am siebten Tag vor der Versammlung bei der Gesellschaft schriftlich angemeldet haben. Umschreibungen im Aktienregister finden innerhalb der letzten fünf Kalendertage vor der Hauptversammlung nicht statt. [→ Rz. 202]   **184**

(4) Fällt das Ende der Frist nach diesem § 13 auf einen Sonntag, einen am Sitz der Gesellschaft gesetzlich anerkannten Feiertag oder einen Sonnabend, so tritt an die Stelle dieses Tages der zeitlich vorhergehende Werktag. [→ Rz. 202]   **185**

§ 14

Vorsitz und Beschlussfassung

186 (1) Den Vorsitz in der Hauptversammlung führt der Vorsitzende des Aufsichtsrats, im Falle seiner Verhinderung ein von ihm bestimmter Stellvertreter aus dem Kreise der Aufsichtsratsmitglieder oder ein anderes Mitglied des Aufsichtsrats. Wenn diese den Vorsitz nicht übernehmen, wird der Versammlungsleiter unter Leitung eines Aufsichtsratsmitglieds durch die Hauptversammlung gewählt. Der Versammlungsleiter bestimmt die Reihenfolge, in der die Gegenstände der Tagesordnung verhandelt werden, sowie die Art und Reihenfolge der Abstimmungen. [→ Rz. 202]

187 (2) Jede Aktie gewährt in der Hauptversammlung eine Stimme. Das Stimmrecht beginnt, wenn auf die Aktien die gesetzliche Mindesteinlage geleistet ist. [→ Rz. 202]

188 (3) Die Beschlüsse der Hauptversammlung werden, soweit nicht zwingende gesetzliche Vorschriften entgegenstehen, mit einfacher Mehrheit der abgegebenen Stimmen und, sofern das Gesetz außer Stimmenmehrheit eine Kapitalmehrheit vorschreibt, mit der einfachen Mehrheit des bei der Beschlussfassung vertretenen Grundkapitals gefasst. [→ Rz. 203]

§ 15

Jahresabschluss und ordentliche Hauptversammlung

189 (1) Der Vorstand hat in den ersten drei Monaten des Geschäftsjahres den Jahresabschluss und – soweit hierzu eine gesetzliche Pflicht besteht – den Lagebericht für das vergangene Geschäftsjahr aufzustellen und dem Aufsichtsrat vorzulegen. [→ Rz. 204]

190 (2) Nach Eingang des Berichts des Aufsichtsrats über das Ergebnis seiner Prüfung hat der Vorstand unverzüglich die ordentliche Hauptversammlung einzuberufen, die innerhalb der ersten acht Monate eines jeden Geschäftsjahres stattzufinden hat. Sie beschließt über die Entlastung des Vorstands und des Aufsichtsrats sowie über die Verwendung des Bilanzgewinns. [→ Rz. 204]

191 (3) Stellen Vorstand und Aufsichtsrat den Jahresabschluss fest, sind sie ermächtigt, den Jahresüberschuss, der nach Abzug der in die gesetzliche Rücklage einzustellenden Beträge und eines Verlustvortrages verbleibt, bis zur Hälfte in andere Gewinnrücklagen einzustellen. [→ Rz. 205]

Fakultativ:

192 *(4) Im Rahmen der Gewinnverwendung kann die Hauptversammlung auch eine Sachdividende beschließen. Ausschüttungsfähig sind jedoch nur fungible Werte, die börsennotiert im Sinne des § 3 Abs. 2 AktG sind. [→ Rz. 205]*

§ 16
Gründungskosten

Die Gesellschaft trägt die mit der Gründung verbundenen Gerichts- und No-   **193**
tarkosten einschließlich der Kosten der Veröffentlichung bis zu einem Gesamtbetrag von ... Euro zuzüglich gesetzlicher Mehrwertsteuer. [→ Rz. 150]

II. Erläuterungen [→ Rz. 152 ff]

1. Vorbemerkung

Bei dem Muster handelt es sich um die Satzung einer kleinen oder mittel-   **194**
ständischen Gesellschaft, die sich der Rechtsform der Aktiengesellschaft –
vielleicht als Vorbereitung auf einen späteren Börsengang – bedienen will, für
überschaubare Zeit jedoch noch einen geschlossenen Anteilseignerkreis haben
wird. Der Begriff „kleine Aktiengesellschaft" ist keine gesetzliche Definition,
sondern lediglich das Schlagwort für die Aktienrechtsnovelle vom 2. August
1994, die zu einer gewissen Deregulierung des Aktienrechts geführt hat. Erleichterungen wurden insbesondere für den Fall geschaffen, dass der Aktiengesellschaft ihre sämtlichen Aktionäre namentlich bekannt sind.[85] Die „kleine" Aktiengesellschaft ist also lediglich hinsichtlich der Zahl ihrer Anteilseigner „klein", mit den Größenklassen des HGB für die „kleine Kapitalgesellschaft" gemäß § 267 Abs. 1 HGB hat sie nicht unmittelbar zu tun. Durch die
Aktienrechtsnovelle sind Erleichterungen geschaffen worden, die in dem Sat-
zungsentwurf ausgeschöpft werden. Im Folgenden sind in Ergänzung von
Muster 1.1 (Satzung einer börsennotierten AG, Rz. 85 ff) nur die für die kleine Aktiengesellschaft spezifischen Vorschläge kommentiert. Wegen der Kommentierung der gleich oder ähnlich lautenden Satzungsvorschläge im Übrigen
wird jeweils auf die entsprechende Erläuterung zu Muster 1.1 verwiesen.

2. Gerichtsstand [→ Rz. 158]

Die in § 4 enthaltene Gerichtsstandsregelung ist nur deklaratorischer Natur: **195**
Die im Aktiengesetz genannten Gerichtsstände für Streitigkeiten zwischen der
Gesellschaft und ihren Organen mit deren Aktionären sind als ausschließliche
Gerichtsstände vorgegeben (insbesondere § 246 Abs. 3 AktG). Nach herr-
schender Meinung ist es demzufolge auch nicht zulässig, durch Satzungsbe-
stimmung die Zuständigkeit eines Schiedsgerichts zu vereinbaren.[86]

---

85) Dazu ausführlich Seibert/Kiem-*Seibert*, Rz. 3 ff, und *Schüppen*, Rz. 1 ff.
86) Wegen der Einzelheiten und dem Verhältnis zur Neufassung von § 1066 ZPO: *Hüffer*,
    AktG, § 246 Rz. 19 ff; *Vetter*, DB 2000, 705.

3. Höhe und Einteilung des Grundkapitals [→ Rz. 159 ff]

196 Das in § 5 Abs. 1 genannte Grundkapital der Gesellschaft in Höhe von 50 000 Euro entspricht dem gesetzlichen Mindestkapital nach § 7 AktG. [→ Rz. 159]

197 Die Ausgabe von Namensaktien bei einer kleinen Aktiengesellschaft ist sinnvoll, um die Erleichterung für die Einberufung einer Hauptversammlung von § 67 Abs. 2, § 121 Abs. 4 AktG effektiv nutzen zu können. [→ Rz. 160]

198 Die nach dem Satzungsmuster ausgegebenen Namensaktien sind vinkuliert, d. h., sie dürfen nur mit Zustimmung der Gesellschaft übertragen werden (§ 68 Abs. 2 AktG). Gemäß § 68 Abs. 2 Satz 3 AktG kann die Satzung bestimmen, welches Gremium die Zustimmung erteilt. Bestimmt die Satzung nichts, erteilt der Vorstand die Zustimmung. Es bedarf genauer Abwägung im Einzelfall, welches Gremium zur Erteilung der Zustimmung berechtigt sein soll. Dabei ist zu berücksichtigen, dass die Erteilung der Zustimmung durch die Hauptversammlung sich wegen der damit verbundenen Formalien als lästig erweisen kann und überdies eine gewisse Publizität einzelner Aktienübertragungen nach sich zieht. Durch die Satzung können nähere Gründe bestimmt werden, aus denen die Zustimmung verweigert werden darf (§ 68 Abs. 2 Satz 4 AktG). Aus § 68 Abs. 2 Satz 1 AktG folgt, dass die Satzung auch bestimmte Übertragungsfälle von der Zustimmungspflicht freistellen kann. [→ Rz. 161]

199 Anders als bei großen, börsennotierten Gesellschaften (oben Rz. 97) könnte es sinnvoll sein, bei einer Gesellschaft mit einem bekannten Aktionärskreis von der Ermächtigung des § 10 Abs. 5 AktG nur insoweit Gebrauch zu machen, als die Satzung den Anspruch auf Einzelverbriefung der Aktien ausschließt. In diesem Falle haben die Aktionäre nach wie vor den Anspruch auf Verbriefung der von ihnen erhaltenen Aktien, jedoch wird der jeweilige Bestand in einer Urkunde (Sammelurkunde) zusammengefasst.[87] Es wäre auch zulässig, die Ausstellung von Einzelurkunden von einer Kostenübernahme abhängig zu machen oder den Anspruch auf Einzelverbriefung bei Aktien mit einem geringen Nennbetrag (beispielsweise 1 Euro) auszuschließen. Hierin liegt keine verbotene Ungleichbehandlung.[88] Die Gesellschaft ist auch bei Verbriefungsausschluss auf Verlangen des Aktionärs verpflichtet, eine Globalurkunde zu erstellen.[89] Sie kann dies tun, um die Girosammelverwahrfähigkeit oder die Führung eines Aktienregisters zu ermöglichen. Nach geltendem Recht darf die Gesellschaft jedoch eine Globalurkunde nicht selbst verwahren (§ 1 Abs. 1 Satz 2 Nr. 5 KWG).[90] [→ Rz. 162]

---

87) Zu den Möglichkeiten einer Globalsammelurkunde *Lauppe*, DB 2000, 807.

88) Weitere Einzelheiten siehe *Hüffer*, AktG, § 10 Rz. 10 f, 12.

89) *Hüffer*, AktG, § 10 Rz. 3; *Brändel*, in: Großkomm. z. AktG, § 10 Rz. 23 m. N.; a. A. *Schwennike*, AG 2001, 118, 119 ff.

90) Dazu *Schwennike*, AG 2001, 118, 119.

4. Zustimmungsvorbehalte [→ Rz. 166 f]

Für die hier vorgegebene Sachverhaltsgestaltung (oben Rz. 194) ist in § 7 des **200**
Musters ein Katalog zustimmungsbedürftiger Geschäfte aufgenommen. Die
Verpflichtung zur Festlegung eines solchen Katalogs entweder durch die Satzung oder durch den Aufsichtsrat folgt aus § 111 Abs. 4 Satz 2 AktG. Die
Aufnahme eines solchen Katalogs zustimmungsbedürftiger Geschäfte in die
Satzung bedeutet, dass Anpassungen auch nur im Wege der Satzungsänderung
vorgenommen werden können. Es ist daher stets zu überlegen, ob die gesetzliche Alternative, nämlich die Aufstellung eines solchen Kataloges durch Aufsichtsratsbeschluss bzw. Geschäftsordnung wegen der damit verbundenen
größeren Flexibilität zu bevorzugen ist. Allerdings liegt die Erlasszuständig-
keit dann beim Aufsichtsrat und nicht bei der Hauptversammlung. Die im
Muster genannten Geschäfte und Euro-Betragsgrenzen sind nur Vorschläge,
die der näheren Anpassung an den Einzelfall bedürfen (siehe hierzu auch die
Erläuterungen zu Muster 1.1, Rz. 117 f).

5. Aufsichtsrat [→ Rz. 169 ff]

Bei der hier zugrunde gelegten Fallgestaltung einer „kleinen" Aktiengesell- **201**
schaft (oben Rz. 197) ist ein nur dreiköpfiger Aufsichtsrat vorgeschlagen.
Hieraus folgt unter § 11 Abs. 2 des Musters, dass dieser Aufsichtsrat nur beschlussfähig ist, wenn alle Mitglieder an der Beschlussfassung teilnehmen
(zwingendes Recht gemäß § 108 Abs. 2 Satz 3 AktG).[91] Über die in dem
Muster vorgesehenen Regelungen hinaus könnte die Satzung auch noch Entsendungsrechte bestimmen. Bezüglich der weiteren Einzelheiten wird auf die
Erläuterungen zu Muster 1.1 (Rz. 107 ff) verwiesen.

6. Hauptversammlung [→ Rz. 182 ff]

Nach dem hier vorgestellten Muster sind lediglich Namensaktien ausgegeben, **202**
so dass in § 13 Abs. 3 die Eintragung im Aktienregister für die Berechtigung
zur Teilnahme an der Hauptversammlung und zur Ausübung des Stimmrechts
in Hauptversammlung maßgeblich ist. Ferner können aufgrund des Aktienregisters die Aktionäre gemäß § 121 Abs. 4 AktG durch eingeschriebenen Brief
unter Bekanntmachung der Tagesordnung zur Hauptversammlung eingeladen
werden. Dies wäre auch möglich, wenn keine Namensaktien ausgegeben sind,
die Aktionäre der Gesellschaft aber auf andere Weise zuverlässig bekannt sind.
Hierbei ergeben sich jedoch Risiken für die Wirksamkeit der Einladung, da
Entscheidungsspielräume darüber verbleiben, ob etwaige Irrtümer von den für
die Gesellschaft einladungsberechtigten Personen zu vertreten sind oder

---

91)   Dazu Seibert/Kiem-*Bommert*, Rz. 433 ff.

nicht.[92]) Deswegen wird in Zweifelsfällen geraten, von der Einberufung in den Gesellschaftsblättern (§ 121 Abs. 3 AktG) Gebrauch zu machen. Die hier in § 13 Abs. 2 vorgeschlagene Formulierung entspricht § 121 Abs. 4 AktG. Das Gesetz lässt auch bei bekanntem Aktionärskreis die Einladung per Bundesanzeiger zu. Satzungsspielraum besteht nicht. (Bezüglich der weiteren Einzelheiten wird auf die Erläuterungen zu Muster 1.1, Rz. 128 ff, verwiesen.)

203 Eine weitere Erleichterung, die die Novelle des Aktiengesetzes 1994 gebracht hat, besteht darin, dass bei nicht börsennotierten Gesellschaften die Hauptversammlung nicht notariell zu beurkunden ist, soweit keine Beschlüsse gefasst werden, für die das Gesetz eine Dreiviertelmehrheit oder eine größere Mehrheit bestimmt (§ 130 Abs. 1 Satz 3 AktG). Auch hierzu bedarf es jedoch keiner ausdrücklichen Satzungsbestimmung. Vielmehr ist die betreffende Gesellschaft frei, insoweit unter Inanspruchnahme der gesetzlichen Erleichterungen die Hauptversammlungsniederschrift durch den Aufsichtsratsvorsitzenden aufnehmen zu lassen (siehe Muster 7.5, Rz. 905 ff). [→ Rz. 188]

7. Jahresabschluss und ordentliche Hauptversammlung [→ Rz. 189 ff]

204 Die Regelung in § 15 des Musters geht davon aus, dass die Gesellschaft gemäß § 316 Abs. 1 HGB nicht prüfungspflichtig ist, weil es sich um eine kleine Kapitalgesellschaft i. S. d. § 267 Abs. 1 HGB handelt. Als kleine Kapitalgesellschaft muss die Gesellschaft den Jahresabschluss nach der gesetzlichen Regelung in § 264 Abs. 1 HGB erst innerhalb der ersten sechs Monate eines Geschäftsjahres aufstellen (§ 264 Abs. 1 Satz 3 HGB). Vor dem Hintergrund, dass die Aktionäre in der Regel aber doch ein Interesse an einer zügigen Erstellung des Jahresabschlusses haben, sieht das Muster allerdings vor, dass der Jahresabschluss innerhalb der ersten drei Monate des Geschäftsjahres aufzustellen ist. Einen Lagebericht braucht eine kleine Kapitalgesellschaft gemäß § 264 Abs. 1 Satz 3 HGB nicht aufstellen. Die vorgeschlagene Formulierung ist aber offen gewählt, so dass bei einem Überschreiten der Schwellenwerte keine Satzungsänderung erforderlich ist.

205 Ferner sind in dem Muster keine von § 58 Abs. 2 Satz 1 AktG abweichenden Bestimmungen über die Befugnis der Verwaltung, Teile des Jahresüberschusses in andere Gewinnrücklagen einzustellen, enthalten. Der Satzungsvorschlag in § 14 Abs. 3 des Musters gibt insoweit lediglich die im Falle keiner Satzungsregelung geltende gesetzliche Lage wieder. Bezüglich der Möglichkeit einer Sachdividende wird auf die Erläuterungen zu Muster 1.1 (Rz. 149) verwiesen.

---

92) Siehe *Hüffer*, AktG, § 121 Rz. 11c m. w. N.

Teil 2: Gründungsdokumente

Muster 2.1: Gründungsurkunde

I.   Mustertext [→ Rz. 217 ff]

Verhandelt zu …   206

am …

Vor mir, dem unterzeichnenden Notar …

mit dem Amtssitz in … [→ Rz. 217]

erschienen heute

1. …

2. …

3. … [→ Rz. 218]

Die Erschienenen sind dem Notar von Person bekannt/wiesen sich aus durch … .

Der Notar fragte zunächst nach einer Vorbefassung im Sinne von § 3 Abs. 1 Nr. 7 BeurkG und belehrte hierüber. Eine Vorbefassung wurde von den Erschienenen verneint.

Vertretungsverhältnisse

Der Erschienene zu 1. erklärte, nachstehend in eigenem Namen zu handeln.   207

Der Erschienene zu 2. erklärte, nachstehend nicht in eigenem Namen zu handeln, sondern aufgrund der als Anlage 1 dieser Niederschrift beigefügten notariell beglaubigten Vollmacht vom … für … .

Der Erschienene zu 3. erklärte, nachstehend nicht in eigenem Namen zu handeln, sondern in seiner Eigenschaft als alleinvertretungsberechtigter Geschäftsführer der … GmbH, eingetragen im Handelsregister des Amtsgerichts … unter HRB …, gemäß dem als Anlage 2 dieser Niederschrift beigefügten beglaubigten Handelsregisterauszug.

Dies vorausgeschickt, gaben die Erschienenen die nachstehenden Erklärungen   208
über die

Gründung einer Aktiengesellschaft

ab:

1. Wir errichten hiermit eine Aktiengesellschaft unter der Firma   209

… AG

mit dem Sitz in … .

Gründer dieser Aktiengesellschaft sind:

a) ...

b) ...

c) ...

[→ Rz. 221]

210 2. Wir stellen die Satzung in der wie aus der Anlage 3 dieser Niederschrift ersichtlichen Fassung fest. [→ Rz. 222]

211 3. Das Grundkapital der Gesellschaft beträgt 50 000 Euro und ist eingeteilt in 50 000 nennwertlose Stückaktien, welche auf den Namen lauten. Diese werden von den Erschienenen bzw. von den von ihnen Vertretenen zu einem Ausgabebetrag von 1 Euro je Aktie gegen sofort in voller Höhe fällige Bareinlage wie folgt übernommen:

... . [→ Rz. 223]

Alternativ (bei Bar- und Sacheinlagen):

212 *Diese werden von den Gründern gegen Einbringung der nachstehend festgesetzten Bar- und Sacheinlagen wie folgt übernommen:*

a) Der Erschienene zu 1., ..., übernimmt ... Aktien im Ausgabebetrag von je ... Euro, insgesamt also zum Ausgabebetrag von ... Euro, gegen sofort fällige Bareinlage in der Höhe von ... Euro,

b) der von dem Erschienenen zu 2. Vertretene, ..., übernimmt ... Aktien im Ausgabebetrag von je ... Euro, insgesamt also zum Ausgabebetrag von ... Euro, gegen die Einbringung von zwei Geschäftsanteilen an der ... GmbH im Nennbetrag von jeweils ... Euro und ... Euro (Gesamtnennbetrag von ... Euro), eingetragen im Handelsregister des Amtsgerichts ... unter HRB ...; [→ Rz. 224]

c) die von dem Erschienenen zu 3. Vertretene, die ... GmbH, übernimmt ... Aktien im Ausgabebetrag von je ... Euro, insgesamt also zum Ausgabebetrag von ... Euro, gegen die Einbringung der beim Deutschen Patentamt unter Nr. ... eingetragenen Wort- und Bildmarken „...". [→ Rz. 224]

Der Wert der als Sacheinlage einzubringenden GmbH-Geschäftsanteile an der ... GmbH sowie der einzubringenden Marken „..." wird in die Kapitalrücklagen der Gesellschaft nach § 272 Abs. 2 Nr. 1 HGB eingestellt, soweit er den Ausgabebetrag der hierfür gewährten Aktien übersteigt. Für die Zeit bis zur Eintragung der Gesellschaft in das Handelsregister wird der von dem Aufsichtsrat noch zu bestellende Vorstand nach Maßgabe der vom Aufsichtsrat noch festzulegenden Vertretungsbefugnisse unter Befreiung von den einschränkenden Vorschriften des § 181 BGB hiermit ausdrücklich bevollmächtigt, alle im Zusammenhang mit der Durchführung der Sacheinlagenvereinbarung erforderlichen Rechtsgeschäfte und Maßnahmen für die Gesellschaft in Gründung vorzunehmen. [→ Rz. 225]

4. Zu Mitgliedern des ersten Aufsichtsrats bestellen wir für die Zeit bis zur   **213**
   Beendigung der Hauptversammlung, die über die Entlastung für das am ...
   endende Rumpfgeschäftsjahr beschließen wird: [→ Rz. 230 ff]

   a) ... [*Name*], ... [*ausgeübter Beruf*], ... [*Wohnort*]

   b) ... [*Name*], ... [*ausgeübter Beruf*], ... [*Wohnort*]

   c) ... [*Name*], ... [*ausgeübter Beruf*], ... [*Wohnort*]

5. Zum Abschlussprüfer für das erste am ... endende Rumpfgeschäftsjahr be-   **214**
   stellen wir die ... Wirtschaftsprüfungsgesellschaft, Steuerberatungsgesellschaft, ... [*Ort*]. [→ Rz. 231]

6. Die Erschienenen bevollmächtigen hiermit den/die Notariatsangestellte/n   **215**
   ... und ..., unter Befreiung von den Beschränkungen des § 181 BGB alle
   notwendigen Änderungen und/oder Ergänzungen dieser Urkunde und ihrer Anlagen, insbesondere auch der Bestimmungen der Satzung, die die
   Firma und den Gegenstand des Unternehmens betreffen, vorzunehmen
   und alle erforderlichen Eintragungen in das Handelsregister anzumelden.
   Die Vollmacht erlischt mit der Eintragung der Gesellschaft im Handelsregister. [→ Rz. 232]

Diese Niederschrift nebst Anlage wurde den Erschienenen vom Notar vorge-   **216**
lesen, von den Erschienenen genehmigt und sodann von ihnen und dem Notar
eigenhändig wie folgt unterschrieben.

....

[*Unterschriften*]

II. Erläuterungen [→ Rz. 206 ff]

Die Gründung einer Aktiengesellschaft erfolgt durch **notariell zu beurkun-**   **217**
dende Satzungsfeststellung (§ 23 Abs. 1 AktG). In der Urkunde sind außerdem die in § 23 Abs. 2 AktG bestimmten Angaben zu machen. Die Form der
notariellen Beurkundung wird grundsätzlich durch eine ausländische Beurkundung nicht gewahrt. Ausnahmen gelten nur, soweit die Gleichwertigkeit der
Auslandsbeurkundung mit der deutschen Beurkundungsform bejaht werden
kann.[93)] [→ Rz. 206]

Praxistipp:

Im Allgemeinen wird die Gleichwertigkeit der österreichischen, niederländi-
schen und englischen Notare sowie der Notare in den schweizerischen Kanto-
nen Zürich, Zug, Luzern, Bern und Basel bejaht. Gleichwohl verbleiben auf-

---

93) Vgl. Einzelheiten bei *Hüffer*, AktG, § 23 Rz. 10,11; *Röhricht*, in: Großkomm. z. AktG,
   § 23 Rz. 49 ff; MünchKomm-*Pentz*, AktG, § 23 Rz. 30 ff, 35.

grund der widersprüchlichen Rechtsprechung erhebliche Unsicherheiten,[94] die im Zweifel dazu führen sollten, von einer ausländischen Beurkundung abzusehen. Soll trotzdem von der Amtstätigkeit eines ausländischen Notars Gebrauch gemacht werden, empfiehlt sich in jedem Falle die vorherige Kontaktaufnahme mit dem für die Eintragung der Gesellschaft zuständigen Amtsgericht/Handelsregister. Dies gilt nicht für die Unterschriftsbeglaubigung ausländischer Beteiligter, die nicht nur bei den deutschen Amtskonsulaten, sondern durch örtliche Notare eingeholt werden kann. Stets in Betracht kommt im Übrigen die Beurkundung im Ausland durch die deutschen Amtskonsulate gemäß §§ 10–13, 19, 24 KonsularG. Die von dem deutschen Konsul aufgenommenen Urkunden stehen den Urkunden, die von einem inländischen Notar aufgenommen wurden, gleich.

218 Die Satzungsfeststellung und die Gründung der Gesellschaft erfolgen **durch die Gründer** als erste Aktionäre der Gesellschaft. Seit 1994 ist auch bei Aktiengesellschaften die Einmanngründung durch nur einen Gründer zulässig (§ 2 AktG). Weitere Personen, insbesondere die zukünftigen Vorstände oder zukünftigen Aufsichtsräte, müssen an der Protokollierung nicht teilnehmen. Allerdings ist ihre Mitwirkung im weiteren Verlauf der Gründung an verschiedenen Stellen erforderlich, so dass zur Beschleunigung eines Gründungsvorgangs ein gemeinsamer Notartermin mit allen Beteiligten, nämlich Gründern, zukünftigen Vorstandsmitgliedern und zukünftigen Aufsichtsratsmitgliedern vereinbart werden sollte (zwecks Bestellung des ersten Vorstands durch den Aufsichtsrat, Abfassung der Gründungs- und Gründungsprüfungsberichte sowie notariell beglaubigter Unterzeichnung der Handelsregisteranmeldung). [→ Rz. 206]

219 Soweit sich die Gründer vertreten lassen, bedarf dies der Vorlage einer **notariell beglaubigten Vollmacht**, wie § 23 Abs. 1 Satz 2 AktG in Abweichung von § 167 Abs. 2 BGB ausdrücklich vorschreibt. Die Beglaubigung kann im Ausland durch deutsche Amtskonsulen oder durch ausländische Notare unter Wahrung der etwa zwischenstaatlich vorgeschriebenen Überbeglaubigungen erfolgen. Soweit Gründer durch gesetzliche Vertreter oder Prokuristen vertreten werden, genügt die Vorlage eines beglaubigten Registerauszuges. [→ Rz. 207]

220 Für den Inhalt der Gründungsvollmacht gelten keine besonderen Erfordernisse. Sie muss nur erkennen lassen, dass der Bevollmächtigte zur Vornahme einer Gründung berechtigt ist. Zum Schutz des Vollmachtgebers ist es allerdings weithin üblich, weitere Einzelheiten, etwa zu der Höhe des zu übernehmenden Kapitals oder zum Satzungsinhalt, in die Vollmachtsurkunde aufzunehmen. [→ Rz. 207]

221 Die in Nummer 1 enthaltene **namentliche Angabe der Gründer** ist gemäß § 23 Abs. 2 Nr. 1 AktG vorgeschrieben. Die weiteren Angaben haben nur

---

94) Siehe *Hüffer*, AktG, § 23 Rz. 11 m. w. N.

klarstellenden Charakter, da sie sich bereits als zwingender Satzungsinhalt aus § 23 Abs. 3 Nr. 1, 2 AktG ergeben. Die Feststellung der Satzung muss nicht in der Niederschrift erfolgen, es reicht die Beifügung in einer dem Beurkundungsgesetz entsprechenden Weise zur Niederschrift aus (§ 9 Abs. 1 Satz 2 BeurkG). [→ Rz. 209]

Nummer 2 enthält die gemäß § 23 Abs. 1 AktG vorgeschriebene **Feststellung der Satzung**. [→ Rz. 210] **222**

Die Angaben unter Nummer 3 des Musters zur **Aktienübernahme** ergeben sich aus § 23 Abs. 2 Nr. 2 AktG. Das Muster geht dabei von einer **Bargründung** und in der Alternative von einer Gründung gegen Bar- und Sacheinlagen aus. [→ Rz. 211] **223**

Sacheinlagen können gemäß § 27 Abs. 2 AktG nur Vermögensgegenstände sein, deren wirtschaftlicher Wert feststellbar ist; Verpflichtungen zu Dienstleistungen können nicht Sacheinlagen oder Sachübernahmen sein. Das Gesetz schreibt zwar nicht vor, dass in der Gründungsurkunde die Sacheinlagen im Einzelnen bestimmt werden. Die in dem Muster vorgesehene Formulierung begründet aber schuldrechtlich die Einbringungspflicht. Die übernommenen Sacheinlagen müssen außerdem jedenfalls gemäß § 27 Abs. 1 AktG in der Satzung im Einzelnen festgesetzt werden, wobei die Festsetzungen gemäß § 27 Abs. 5 i. V. m. § 26 Abs. 5 AktG mindestens dreißig Jahre Inhalt der Satzung bleiben müssen. Der Grund, sie bereits in der Gründungsurkunde anzusprechen, liegt in den außerdem in dem Muster enthaltenen Angaben über die Verwendung des sich hieraus ergebenden Agios sowie in der Vollmacht zur Abwicklung der entsprechenden Sacheinlagenverträge. Eine solche Vollmacht ist zwar nicht zwingend erforderlich, zu Klarstellungs- und Enthaftungszwecken jedoch ratsam. § 41 Abs. 3 AktG steht dem nicht entgegen. [→ Rz. 212] **224**

Hinsichtlich der **Bewertung der Sacheinlage** gilt das Verbot der Unterpari-Emission gemäß § 9 Abs. 1 AktG, die Aktien dürfen also nicht für einen geringeren Wert als den ihres Ausgabebetrags ausgegeben werden. Bewertungsstichtag für die Frage, ob die Sacheinlage wertmäßig dem Nennbetrag der übernommenen Aktien entspricht, ist der Tag der Anmeldung. Eine Überpari-Emission ist dagegen zulässig. Übersteigende Beträge sind, wie im Muster vorgesehen, der Kapitalrücklage gemäß § 272 Abs. 2 Nr. 1 HGB zuzuführen. Eine willkürliche Unterbewertung der Sacheinlage ist unzulässig. Eine Überbewertung begründet vor der Eintragung ein Eintragungshindernis gemäß § 38 Abs. 2 Satz 2 AktG, wenn nicht die Gesellschafter die Wertansätze berichtigen und die Einlage durch Geldleistung auffüllen. Nach der Eintragung **225** begründet eine Überbewertung einen Anspruch der Gesellschaft auf Ausgleich der Wertdifferenz durch Geldleistung (Differenzhaftung).[95] [→ Rz. 212]

226 Die außerdem in § 23 Abs. 2 Nr. 3 AktG verlangte **Angabe über den eingezahlten Betrag des Grundkapitals** bezieht sich lediglich auf die zum Zeitpunkt der Satzungsfeststellung tatsächlich erbrachten Einlagen.[96] Da das in der Regel nicht geschehen ist, bedarf es einer Angabe im Regelfalle nicht.

227 Gemäß § 30 AktG haben die Gründer den **ersten Aufsichtsrat** der Gesellschaft zu bestellen. Die Bestellung bedarf gemäß § 30 Abs. 1 Satz 2 AktG ebenfalls der notariellen Beurkundung. Eine Beurkundung zusammen mit der Satzungsfeststellung ist deswegen regelmäßig angezeigt und hier unter Nummer 4 des Musters vorgeschlagen. Ohne die Bestellung des Aufsichtsrats kann die Gründung nicht weiter vollzogen werden, da die Mitglieder des Aufsichtsrats wie auch der vom Aufsichtsrat zu bestellende Vorstand zwingend an der Gründung mitwirken müssen. Über die Angaben zu den Aufsichtsratmitgliedern, die anlässlich der Bestellung zu machen sind, bestimmt das Gesetz nichts, so dass normalerweise die Angabe des Namens ausreichend sein sollte. Im Hinblick auf die vom Gericht bekannt zu machenden Angaben zu Beruf und Wohnort der Mitglieder (§ 40 Abs. 1 Nr. 4 AktG) empfiehlt es sich jedoch, diese Angaben bereits hier aufzunehmen. [→ Rz. 213]

228 Die **Amtszeit der Mitglieder des ersten Aufsichtsrates** ist zwingend auf die Zeit bis zur Beendigung der Hauptversammlung, die über die Entlastung für das erste Voll- oder Rumpfgeschäftsjahr beschließt, beschränkt (§ 30 Abs. 3 AktG). Fasst die Hauptversammlung innerhalb der gesetzlichen Frist keinen Beschluss über die Entlastung, so endet die Amtszeit der Aufsichtsratsmitglieder dennoch spätestens mit Ablauf dieser Frist.[97] Die wirksame Wahl der Aufsichtsratsmitglieder setzt voraus, dass diese die Wahl auch annehmen, was in Muster 2.2, Rz. 227 ff (Protokoll der ersten Sitzung des Aufsichtsrats) festgehalten wird, aber gegebenenfalls bereits in der Gründungsurkunde erklärt und dokumentiert werden kann.

229 Bei der Bestellung des ersten Aufsichtsrats sind die **Mitbestimmungsregeln** noch nicht zu berücksichtigen. Vielmehr bestimmt § 30 Abs. 3 Satz 2 AktG, dass insoweit nach Ablauf der Amtsdauer des ersten Aufsichtsrats vom Vorstand das so genannte „Statusverfahren" der §§ 96–99 AktG einzuleiten ist. Im Falle einer Sachgründung durch Einlage oder Übernahme eines Unternehmens oder eines Unternehmensteils enthalten § 31 Abs. 1, 3 AktG hiervon abweichende Bestimmungen. [→ Rz. 213]

---

95) *Hüffer*, AktG, § 27 Rz. 28; a. A: MünchKomm-*Pentz*, AktG, § 27 Rz. 40, der auch vor der Eintragung nur von einer Differenzhaftung ausgeht.
96) *Hoffmann-Becking*, in: Münchener Handbuch, § 3 Rz. 9; *Röhricht*, in: Großkomm. z. AktG, § 23 Rz. 76; MünchKomm-*Pentz*, AktG, § 23 Rz. 62.
97) BGH, Urt. v. 24.5.2002 – II ZR 296/01, DB 2002, 1928.

Soweit die Satzung keine Vergütungsregel enthält, kann den Mitgliedern des **230** ersten Aufsichtsrats nur die Hauptversammlung eine **Vergütung** für ihre Tätigkeit bewilligen. Der Beschluss kann erst in der Hauptversammlung gefasst werden, die über die Entlastung der Mitglieder des ersten Aufsichtsrats beschließt.

Die Bestellung des **Abschlussprüfers** durch die Gründer in Form einer nota- **231** riellen Beurkundung ist ebenfalls in § 30 Abs. 1 Satz 1 AktG vorgeschrieben. Nach herrschender Meinung begründet die Nichterfüllung der Verpflichtung der Gründer zur Bestellung des ersten Abschlussprüfers keinen Errichtungsmangel i. S. d. § 38 Abs. 1 AktG.[98] Da auch die Prüfungspflichtigkeit der Gesellschaft erst zum eigentlichen Bilanzstichtag abschließend festgestellt werden kann und es sich ergeben mag, dass eine Prüfung überhaupt nicht erforderlich ist, da es sich um eine kleine Kapitalgesellschaft i. S. d. § 267 Abs. 1 HGB handelt, ist es nicht in jedem Falle geboten, bereits hier im Gründungsprotokoll die Prüferbestellung vorzunehmen. Sollte sich nachträglich herausstellen, dass eine Prüfung erforderlich ist, kann entweder (noch während des laufenden Geschäftsjahrs) eine außerordentliche Hauptversammlung dies beschließen oder es erfolgt eine gerichtliche Ersatzbestellung nach § 318 Abs. 4 HGB. [→ Rz. 214]

Eine **Vollmacht an Notariatsangestellte** wegen möglicher Satzungsergänzun- **232** gen oder -änderungen ist aus praktischen Gründen dringend angezeigt. Von ihr kann Gebrauch gemacht werden, falls wegen Schwierigkeiten mit der Firma oder Beanstandungen des Registergerichts Änderungen an der Satzung erforderlich sind. Soll die Behebung solcher etwaigen Beanstandungen völlig ohne Mitwirkung des Vorstands und des Aufsichtsrats erfolgen, ist daran zu denken, parallel auch eine entsprechende Vollmacht in die Handelsregisteranmeldung aufzunehmen (hierzu Muster 2.8, Rz. 337). [→ Rz. 215]

---

98) Siehe *Röhricht*, in: Großkomm. z. AktG, § 30 Rz. 28; *Hüffer*, AktG, § 30 Rz. 10.

Muster 2.2: Protokoll der ersten Sitzung des Aufsichtsrats mit der Bestellung des Vorstands

I.   Mustertext [→ Rz. 239 ff]

Niederschrift
über die erste Sitzung des Aufsichtsrats der … AG

233   Die laut Gründungsprotokoll vom … bestellten Mitglieder des ersten Aufsichtsrats der Gesellschaft treten nach Annahme ihrer Bestellung unter Verzicht auf alle Formen und Fristen der Einberufung zu einer Aufsichtsratssitzung zusammen und fassen einstimmig die folgenden Beschlüsse: [→ Rz. 239]

234   1. Zum Vorsitzenden des Aufsichtsrats wird Herr/Frau … gewählt. Zu seinem/ihrem Stellvertreter wird Herr/Frau … gewählt. Beide erklären die Annahme ihrer Wahl. [→ Rz. 240]

235   2. Zu Mitgliedern des ersten Vorstands der Gesellschaft werden für die Dauer von fünf Jahren ab dem heutigen Datum

Herr/Frau … [*Angabe von Wohnort und Geburtsdatum*]

und Herr/Frau … [*Angabe von Wohnort und Geburtsdatum*]

bestellt. [→ Rz. 241]

236   3. Satzungsgemäß wird die Gesellschaft durch zwei Vorstandsmitglieder oder durch ein Vorstandsmitglied in Gemeinschaft mit einem Prokuristen gesetzlich vertreten. Ist nur ein Vorstandsmitglied bestellt, vertritt es die Gesellschaft allein. Der Aufsichtsrat kann bestimmen, dass Vorstandsmitglieder einzelvertretungsbefugt sind, und ihnen gestatten, die Gesellschaft mit sich selbst als Vertreter eines Dritten zu vertreten. [→ Rz. 242]

237   Das hier bestellte Vorstandsmitglied … ist einzelvertretungsbefugt und berechtigt, im Namen der Gesellschaft mit sich selbst als Vertreter eines Dritten Rechtsgeschäfte vorzunehmen. Das hier bestellte Vorstandsmitglied … vertritt die Gesellschaft gemeinschaftlich mit einem anderen Vorstandsmitglied oder mit einem Prokuristen. [→ Rz. 243]

238   4. Die dem Aufsichtsrat vorliegenden Anstellungsverträge werden genehmigt. Der Aufsichtsratsvorsitzende wird ermächtigt, sie mit den Vorstandsmitgliedern abzuschließen. [→ Rz. 244]

… [*Ort*], den … [*Datum*]

…

[*Unterschriften der Aufsichtsratsmitglieder*]

II. Erläuterungen [→ Rz. 233 ff]

Die Niederschrift über die erste Sitzung des Aufsichtsrats mit der Bestellung des Vorstands ist gemäß § 37 Abs. 4 Nr. 3 AktG der Handelsregisteranmeldung beizulegen und deswegen Anmeldungsvoraussetzung. Unabhängig von Satzungsbestimmungen über die Form und Niederschrift von Aufsichtsratsprotokollen ergibt sich hieraus der Zwang zur **Schriftform**. Eine notarielle Beurkundung ist nicht erforderlich. [→ Rz. 233]   **239**

Die in Nummer 1 vorgesehene **Wahl eines Aufsichtsratsvorsitzenden** und seines Stellvertreters ergibt sich nicht aus den Gründungsvorschriften, sondern ist gemäß § 107 AktG zwingend vorgeschrieben. [→ Rz. 234]   **240**

> **Praxistipp:**
> Es bietet sich an, diesen notwendigen Wahlakt gleich in der ersten Aufsichtsratssitzung vorzunehmen.

Die Befugnis und die Verpflichtung zur **Bestellung des ersten Vorstands** ergibt sich aus § 30 Abs. 4 AktG. Der Bestellungsbeschluss ergeht gemäß § 108 AktG mit einfacher Mehrheit. Ohne die Bestellung des ersten Vorstands besteht ein Eintragungshindernis. [→ Rz. 235]   **241**

> **Praxistipp:**
> Es empfiehlt sich, die für die Handelsregisteranmeldung erforderlichen Daten, nämlich Wohnort und Geburtsdatum, gleich hier zu erfragen und aufzunehmen (§ 45 Nr. 7 HRV).

Die Bestellung der Vorstandsmitglieder schließt gegebenenfalls eine Bestimmung über die Vertretungsverhältnisse mit ein. Dies ist zulässig und erforderlich, wenn die Satzung dem Aufsichtsrat den entsprechenden Spielraum gibt. Unter Nummer 3 ist zunächst die satzungsmäßige Regelung aus Gründen der Klarstellung wiedergegeben. [→ Rz. 236]   **242**

Die individuellen Vertretungsbefugnisse sind im Anschluss daran festgelegt. Die Ermächtigung des Aufsichtsrats zur Übertragung der Einzelvertretungsbefugnis und zur Befreiung von § 181 BGB in der Variante der Mehrvertretung muss satzungsmäßig bestimmt sein (§ 78 Abs. 3 Satz 1 AktG).[99] [→ Rz. 237]   **243**

Der Aufsichtsrat beschließt über Abschluss und Inhalt der **Anstellungsverträge mit den Vorstandsmitgliedern**. Liegt ein solcher Beschluss vor, so kann, wie unter Nummer 4 vorgesehen, ein einzelnes Aufsichtsratmitglied, z. B. der Vorsitzende des Aufsichtsrats, zum Abschluss ermächtigt werden. [→ Rz. 239]   **244**

---

99) Die Befreiung von den einschränkenden Vorschriften des § 181 BGB in der Variante der Mehrvertretung (die In-sich-Vertretung ist wegen § 112 in der AG nicht zulässig) wird nach h. M. analog § 78 Abs. 3 Satz 1 AktG behandelt, siehe hierzu *Hüffer*, AktG, § 78 Rz. 6.

Muster 2.3: Antrag auf Bestellung gerichtlicher Gründungsprüfer

I. Mustertext [→ Rz. 252 ff]

245 An das Amtsgericht ... [→ Rz. 255]

Handelsregister Abteilung B

... [*Adresse*]

Neueintragung der ... AG

hier: Prüferbestellung

246 Die Unterzeichner sind als Mitglieder des ersten Vorstands der ... AG bestellt worden. Zum Nachweis dessen überreichen wir: [→ Rz. 256 f]

1. beglaubigte Fotokopie der Gründungsurkunde vom ... (UR-Nr. .../2006 des Notars ... in ...) mit der Errichtung der Gesellschaft, Feststellung ihrer Satzung, Übernahme der Aktien, Wahl des ersten Aufsichtsrats und Bestellung des ersten Abschlussprüfers;

2. beglaubigte Fotokopie der Niederschrift der ersten Sitzung des Aufsichtsrats mit unserer Bestellung zu Vorstandsmitgliedern.

247 Der Sitz der Gesellschaft ist nach diesen Unterlagen ... .

248 Ausweislich des Gründungsprotokolls und der entsprechenden Festsetzung in der Satzung haben die Gründer für die Gewährung von Aktien an der Gesellschaft u. a. Sacheinlagen zu erbringen. Diese bestehen aus ... . Außerdem ist ein Gründer zum Vorstand bestellt. Gemäß § 33 Abs. 2 Nr. 1 und Nr. 4 i. V. m. § 27 Abs. 1 Satz 1 AktG ist daher eine Prüfung durch einen vom Registergericht zu bestellenden Gründungsprüfer erforderlich.

249 Wir schlagen vor, die Wirtschaftsprüfungsgesellschaft/Steuerberatungsgesellschaft ..., ... [*Ort*], zum Gründungsprüfer zu bestellen. Eine Erklärung der ... Wirtschaftsprüfungsgesellschaft/Steuerberatungsgesellschaft über die Bereitschaft zur Übernahme des Amtes und zum Fehlen von Hinderungsgründen nach § 33 Abs. 5 AktG ist beigefügt. [→ Rz. 257]

250 Für die Gebühren des Gerichts ist ein Kostenvorschuss in Höhe von [*1 614*] Euro durch [*Kostenstempel*] eingezahlt. [→ Rz. 258]

251 ... [*Ort*], den ... [*Datum*]

...

[*Unterschrift des Vorstands*] [→ Rz. 259, 256]

II. Erläuterungen [→ Rz. 245 ff]

Gemäß § 33 Abs. 2 AktG hat neben der Gründungsprüfung durch die Mitglieder des Vorstands und des Aufsichtsrats (Muster 2.6, Rz. 313 ff) eine Prüfung des Gründungsvorgangs durch einen **gerichtlich bestellten Gründungsprüfer** stattzufinden, wenn

— ein Mitglied des Vorstands oder des Aufsichtsrats zu den Gründern gehört,

— bei der Gründung für Rechnung eines Mitglieds des Vorstands oder des Aufsichtsrats Aktien übernommen worden sind,

— ein Mitglied des Vorstands oder des Aufsichtsrats sich einen besonderen Vorteil oder für die Gründung oder ihre Vorbereitung eine Entschädigung oder Belohnung ausbedungen hat oder

— eine Gründung mit Sacheinlagen oder Sachübernahmen vorliegt.

Dieser Gründungsprüfer ist in der Regel ein Wirtschaftsprüfer oder eine Wirtschaftsprüfungsgesellschaft (vgl. § 33 Abs. 4 AktG), die durch das Gericht auf Antrag der Gründer oder des neu bestellten Vorstands bestellt werden. Bei einer reinen Bargründung oder wenn einer der Fälle des § 33 Abs. 2 Nr. 1–3 AktG nicht vorliegt, bedarf es der Gründungsprüfung durch einen gerichtlich bestellten Gründungsprüfer und mithin dieses Antrages nicht. Durch das Transparenz- und Publizitätsgesetz wurde außerdem in § 33 Abs. 3 AktG eine Regelung vorgesehen, die eine Erleichterung für so genannte kleine Aktiengesellschaften bezweckt: Handelt es sich um eine Bargründung, die gemäß § 33 Abs. 2 Nr. 1 oder 2 AktG prüfungspflichtig ist, kann der beurkundende **Notar anstelle eines gerichtlich bestellten Gründungsprüfers** die Prüfung vornehmen. Nur wenn die Gründer den Notar nicht beauftragen oder dieser den Auftrag nicht annimmt, ist auch in diesen Fällen der Antrag auf Bestellung eines gerichtlichen Gründungsprüfers erforderlich.

Das Muster geht davon aus, dass eine Prüfung durch gerichtlich bestellte Gründungsprüfer aufgrund einer **Sachgründung** entsprechend der Alternative in Muster 2.1, Rz. 206 ff (Gründungsurkunde) erforderlich ist. Gemäß § 33 Abs. 3 AktG ist der hiermit zu befassende Gründungsprüfer **durch das Gericht auf Antrag** zu bestellen. Dies muss möglichst in einem frühen Stadium des Gründungsvorganges, am besten unmittelbar nach Protokollierung der Gründungsurkunde, erfolgen, da mit der Bestellung des Gründungsprüfers und der Erstellung seines Berichts (§ 34 AktG) einige Zeit vergehen kann. Der Gründungsprüfungsbericht muss gemäß § 37 Abs. 4 Nr. 4 AktG zugleich mit der Handelsregisteranmeldung vorgelegt werden. [→ Rz. 248]

Zuständig für die Bestellung ist das **Amtsgericht – Handelsregister –** des am Sitz der zukünftigen Gesellschaft zuständigen Gerichtes (§ 145 Abs. 1 FGG). [→ Rz. 245]

252

253

254

255

256 Das Gesetz bestimmt nicht, durch wen der Antrag zu stellen ist. In der Literatur wird die Antragstellung durch die **Gründer** wie auch durch den **ersten Vorstand** für zulässig gehalten.[100] Die Antragstellung durch den ersten Vorstand wird in der Regel weniger praktische Probleme bereiten, so dass sie hier im Muster vorgeschlagen wird. Diese Vorgehensweise setzt allerdings voraus, dass außer der Errichtung der Gesellschaft durch Gründungsprotokoll auch die Bestellung des ersten Vorstands durch den Aufsichtsrat erfolgt ist und dem Gericht durch Beifügung entsprechender beglaubigter Abschriften nachgewiesen werden kann. Aus diesen Unterlagen ergibt sich auch die Zuständigkeit des Gerichts. [→ Rz. 251]

257 Es ist zulässig und weithin üblich, dem Gericht einen **Vorschlag für die Bestellung des Gründungsprüfers** zu unterbreiten. Das Gericht ist jedoch in der Auswahl der Prüfer und der Festlegung ihrer Anzahl frei. Es hat lediglich die in § 33 Abs. 4 und 5 AktG enthaltenen Vorschriften über die sachliche und über die persönliche Eignung der Prüfer zu beachten. Die vormals in § 33 Abs. 3 AktG vorgesehene Verpflichtung zur Anhörung der Industrie- und Handelskammer ist durch das Transparenz- und Publizitätsgesetz vom 19. Juli 2002 entfallen. Nach der Praxis der Registergerichte wird dem Vorschlag der Antragsteller gefolgt, soweit nicht im Einzelfalle spezielle Hinderungsgründe bekannt sind. § 33 Abs. 5 AktG verweist über § 143 Abs. 2 AktG auf die Bestellungshindernisse als Abschlussprüfer gemäß § 319 HGB. Es besteht keine Inkompatibilität zwischen erstem Abschlussprüfer und Gründungsprüfer. [→ Rz. 249]

Praxistipp:
Zur Beschleunigung der Entscheidung des Gerichtes empfiehlt es sich, die Erklärung der vorgeschlagenen Wirtschaftsprüfungsgesellschaft dem Antrag beizufügen, dass die Bereitschaft zur Übernahme des Amtes besteht und keine Hinderungsgründe vorliegen. Andernfalls wäre das Gericht gezwungen, eine entsprechende Stellungnahme bei dem vorgeschlagenen Prüfer selbst einzuholen. Wird außerdem ein Prüfer vorgeschlagen, der in fachlicher und persönlicher Hinsicht keine Probleme aufwirft, spricht nichts dagegen, wenn noch vor dem gerichtlichen Bestellungsbeschluss die etwa notwendigen Arbeiten durch den vorgeschlagenen Gründungsprüfer aufgenommen werden. Die Berichtsablieferung ist allerdings erst nach Vorlage des gerichtlichen Bestellungsbeschlusses möglich.

258 Die Kosten des Bestellungsverfahrens trägt die Gesellschaft, nicht der oder die Antragsteller. Für die Höhe der Gerichtskosten gelten §§ 30, 121 KostO. Im Muster wird ein Gegenstandswert von 500 000 Euro unterstellt und zu Beschleunigungszwecken vorgeschlagen, den sich hieraus ergebenden Gerichtskostenbetrag zu bevorschussen. Der Geschäftswert richtet sich nach § 30

---

100) MünchKomm-*Pentz*, AktG, § 33 Rz. 30 m. w. N.

Abs. 1 und 2 KostO. Dabei muss das Gericht beim externen Gründungsprüfer Art. 10 i. V. m. Art. 12 Abs. 1 Buchst. e der Gesellschaftssteuerrichtlinie[101] beachten; der Geschäftswert darf daher den tatsächlichen Aufwand nicht übersteigen. Bei einer Bevorschussung ist es deswegen geraten, vorher Erkundigungen einzuholen. [→ Rz. 250]

Der Antrag bedarf nur der Schriftform, eine Unterschriftsbeglaubigung ist nicht erforderlich. [→ Rz. 251]   **259**

---

101) Richtlinie 69/335/EWG des Rates vom 17.7.1969 betreffend die indirekten Steuern auf die Ansammlung von Kapital (Gesellschaftssteuerrichtlinie), ABl L 249/25.

Muster 2.4: Einbringungsvertrag

I. **Mustertext** [→ Rz. 282 ff]

260   Notarurkunde

Verhandelt zu …

am …

Vor mir, dem unterzeichnenden Notar …

mit dem Amtssitz in …

erschienen heute

1. …

2. …

3. …

4. …

Die Erschienenen sind dem Notar von Person bekannt/wiesen sich aus durch … .

Der Notar fragte zunächst nach einer Vorbefassung im Sinne von § 3 Abs. 1 Nr. 7 BeurkG und belehrte hierüber. Eine Vorbefassung wurde von den Erschienenen verneint.

I. Vertretungsverhältnisse

261   Der Erschienene zu 1. erklärte, nachstehend nicht in eigenem Namen zu handeln, sondern aufgrund der als Anlage 1 dieser Niederschrift beigefügten notariell beglaubigten Vollmacht vom … für … .

Der Erschienene zu 2. erklärte, nachstehend nicht in eigenem Namen zu handeln, sondern als alleinvertretungsberechtigter Geschäftsführer der … GmbH, eingetragen im Handelsregister des Amtsgerichts … unter HRB …, gemäß der als Anlage 2 dieser Niederschrift beigefügten beglaubigten Abschrift des Handelsregisterauszuges vom … (nachstehend nur „die GmbH" genannt).

Die Erschienenen zu 3. und 4. erklärten, nachstehend nicht im eigenen Namen zu handeln, sondern als gemeinsam vertretungsberechtigte Vorstandsmitglieder der in Gründung befindlichen … AG, … [*Ort*], ausweislich einer beglaubigten Abschrift des Gründungsprotokolls vom … des Notars … in … zu dessen UR-Nr. …/2006 und einer Niederschrift über die Sitzung des ersten Aufsichtsrats dieser Gesellschaft vom … . Die beglaubigten Abschriften des Gründungsprotokolls und der Niederschrift des Aufsichtsrats werden als Anlagen 3 und 4 zu dieser Niederschrift genommen.

II. Vertragliche Erklärungen

Dies vorausgeschickt, erklärten die Erschienenen: 262

Wir wollen einen Vertrag über die Einbringung von GmbH-Geschäftsanteilen an der ... GmbH, ... [*Ort*], und von Markenrechten schließen.

Die von den Erschienenen zu 1. und 2. Vertretenen haben mit notarieller Ur- 263 kunde vom ... (vgl. Anlage 3 zu dieser Niederschrift) als Gründer die ... AG in ... [*Ort*] mit errichtet. Sie haben dabei die Verpflichtung übernommen, von ihnen gehaltene Geschäftsanteile an der ... GmbH, ... [*Ort*], eingetragen im Handelsregister des Amtsgerichts ... unter HRB ..., und Markenrechte in die neu gegründete ... AG als Sacheinlage einzubringen. In Erfüllung dieser Verpflichtung wollen der vom Erschienenen zu 1. Vertretene und die vom Erschienenen zu 2. vertretene GmbH (nachstehend zusammen nur „die Einbringenden" genannt) einerseits und die von den Erschienenen zu 3. und 4. vertretene ... AG (nachstehend nur „die Gesellschaft" genannt) andererseits den nachfolgenden Vertrag über die Abtretung von Geschäftsanteilen an der ... GmbH, ... [*Ort*], und von Markenrechten gegen die Gewährung von Aktienrechten abschließen.

§ 1
Abtretung der Geschäftsanteile

(1) Der von dem Erschienenen zu 1. Vertretene ist mit zwei Geschäftsanteilen 264 im Nennbetrag von ... und im Nennbetrag von ... an der ... GmbH, ... [*Ort*], eingetragen im Handelsregister des Amtsgerichts ... unter HRB ... mit einem Stammkapital in Höhe von insgesamt ... Euro beteiligt [→ Rz. 286 ff].

Fakultativ:

Die unter Absatz 1 genannten Geschäftsanteile werden wie folgt geteilt: ... 265

Die ... GmbH hat den Teilungen der Geschäftsanteile gemäß Absatz 1 mit Schreiben vom ... zugestimmt, das dieser Niederschrift in beglaubigter Kopie als Anlage 5 beiliegt. [→ Rz. 286 ff]

(2) Die Geschäftsanteile sind voll eingezahlt und nicht mit irgendwelchen 266 Rechten Dritter belastet. Rückzahlungen von Stammeinlagen oder eigenkapitalersetzenden Mitteln sind nicht vorgenommen worden. [→ Rz. 286]

(3) Der von dem Erschienenen zu 1. Vertretene überträgt hiermit die von ihm 267 gehaltenen in § 1 Abs. 1 beschriebenen Geschäftsanteile mit Gewinnbezugsrecht ab dem ... auf die Gesellschaft. Die Gesellschaft nimmt die Abtretung hiermit an. [→ Rz. 286 ff]

(4) Gemäß § ... des Gesellschaftsvertrages der ... GmbH bedarf die Verfü- 268 gung über die Geschäftsanteile der Zustimmung der Gesellschafterversammlung. Diese Zustimmung ist mit der als Anlage 6 dieser Niederschrift beige-

fügten schriftlichen Beschlussfassung der Gesellschafterversammlung der … GmbH erfolgt. [→ Rz. 286 ff]

269 (5) Der amtierende Notar wird beauftragt, den Übergang der Geschäftsanteile gemäß § 16 GmbHG anzuzeigen. [→ Rz. 286, 288]

§ 2

Abtretung der Markenrechte

270 (1) Die GmbH tritt hiermit die von ihr angemeldeten Wort- und Bildmarken „…", eingetragen beim Deutschen Patentamt unter Nr. … (im Folgenden „die Marken" genannt) an die Gesellschaft ab. Die Gesellschaft nimmt die Abtretung an. [→ Rz. 286 ff]

271 (2) Die GmbH übergibt mit Vertragsunterzeichnung sämtliche in ihrem Besitz befindlichen, die Marken betreffenden Unterlagen, insbesondere den Schriftverkehr mit dem Deutschen Patentamt, anderen Zeicheninhabern und sonstigen Dritten bezüglich des Rechtsbestands der Marken, sowie alle Unterlagen betreffend die Verkehrsgeltung der Marken, insbesondere Verkehrsbefragungen. [→ Rz. 286 ff]

272 (3) Mit der Übertragung übergibt die GmbH an die Gesellschaft einen von beiden Parteien einvernehmlich ausgefüllten und von beiden Parteien unterschriebenen Antrag an das Deutsche Patentamt bei einer Marke einen Rechtsübergang einzutragen bzw. zu vermerken (Formblatt W 7616 des Deutschen Patentamts), der von der Gesellschaft unverzüglich beim Deutschen Patentamt unter Bezahlung der daraus entstehenden Gebühren eingereicht wird. [→ Rz. 286 ff]

273 (4) Die GmbH wird weder direkt noch indirekt den Rechtsbestand der Marken oder entsprechende Neuanmeldungen angreifen. [→ Rz. 287]

§ 3

Gegenleistung

274 (1) Die hier erfolgte Abtretung von Geschäftsanteilen an der … GmbH gemäß § 1 und der in § 2 beschriebenen Marken durch die Einbringenden an die Gesellschaft erfolgt infolge eines Sacheinlageversprechens, wonach die Einbringenden verpflichtet sind, diese Geschäftsanteile und Marken als Sacheinlage gegen Gewährung der von ihnen übernommenen Aktien an der Gesellschaft zu übertragen. Die von ihnen gezeichneten und übernommenen Aktien an der Gesellschaft ergeben sich aus der Gründungsurkunde, welche als Anlage 3 dieser Niederschrift beigefügt ist. [→ Rz. 289]

275 (2) Der den Ausgabebetrag der als Gegenleistung gewährten Aktien der Gesellschaft übersteigende Wert der übertragenen Geschäftsanteile und der Mar-

kenrechte wird in die Kapitalrücklage (§ 272 Abs. 2 Nr. 1 HGB) der Gesellschaft eingestellt. Nach übereinstimmender Feststellung der Parteien beträgt der Gesamtwert der nach § 1 Abs. 1 eingebrachten Geschäftsanteile … Euro und derjenige der eingebrachten Marken … Euro. [→ Rz. 290]

§ 4
Gewährleistung

(1) Der von dem Erschienenen zu 1. Vertretene gewährleistet der Gesellschaft für die jeweils von ihm übertragenen Geschäftsanteile nur den Bestand, die Volleinzahlung, die Übertragbarkeit der übertragenen Geschäftsanteile und die Wertangabe gemäß § 3 Abs. 2 dieser Vereinbarung. Eine weitergehende Gewährleistung wird nicht übernommen. Konkurrierende gesetzliche Ansprüche, insbesondere aus Pflichtverletzungen, sind, soweit gesetzlich zulässig, ausgeschlossen. [→ Rz. 291]

276

(2) Der Gesellschaft sind Registerstand und Benutzungslage der Marken bekannt. Der GmbH sind keine Widersprüche oder Löschungsanträge gegen die Marken bekannt. Sie hat auch keine Kenntnis davon, dass Antrag auf Löschung wegen Verfalls gemäß § 49 Abs. 1 MarkenG gestellt werden könnte. Die GmbH hat weder Lizenzen noch Sicherungsrechte an den Marken gewährt. Sie gewährleistet die Richtigkeit der Wertangabe gemäß § 3 Abs. 2 dieser Vereinbarung. Von der Richtigkeit dieser Zusicherung abgesehen, ist jede weitere Gewährleistung der GmbH für den Rechtsbestand und die wirtschaftliche Verwertbarkeit der Marken ausgeschlossen. [→ Rz. 291]

277

§ 5
Schlussbestimmungen

(1) Dieser Vertrag wird unwirksam, wenn die Eintragung der Gesellschaft im Handelsregister nicht bis zum … erfolgt ist. [→ Rz. 292]

278

(2) Alle mit diesem Vertrag verbundenen Kosten und Steuern trägt die Gesellschaft.

279

(3) Sollten einzelne oder mehrere Bestimmungen dieses Vertrages ganz oder teilweise unwirksam oder undurchführbar sein oder werden, wird die Wirksamkeit der übrigen Bestimmungen dieses Vertrages davon nicht berührt. Die Vertragsparteien verpflichten sich, unwirksame oder undurchführbare Bestimmungen durch solche zu ersetzen, die dem von den Vertragsparteien mit der unwirksamen oder undurchführbaren Bestimmung ursprünglich verfolgten wirtschaftlichen Ergebnis möglichst nahe kommen. Gleiches gilt für die Schließung eventueller Vertragslücken. Die vorstehenden Regelungen gelten sinngemäß auch, wenn die Unwirksamkeit einer Bestimmung auf einem in die-

280

sem Vertrag vorgeschriebenen Maß der Leistung oder Zeit (Frist oder Termin) beruht.

281   Diese Niederschrift nebst Anlagen wurde den Erschienenen vorgelegt, von ihnen genehmigt und von ihnen und dem Notar eigenhändig wie folgt unterzeichnet: [→ Rz. 284]

...

[*Unterschriften*]

II. Erläuterungen [→ Rz. 260 ff]

1. Vorbemerkung

282   Dieses Muster wird hier für die alternativ vorgesehene Gestaltung der Sachgründung aufgeführt. Zugrunde gelegt ist die Sachverhaltsgestaltung, die sich aus dem Gründungsprotokoll (Muster 2.1, Rz. 206 ff) ergibt. Eine entsprechende parallele Festsetzung der Sacheinlagen muss in der Satzung der Gesellschaft erfolgen (vgl. Rz. 100 ff). In dem Einbringungsvertrag wird die Verpflichtung zur Einbringung der in der Satzung zwingend festzusetzenden Einbringungsgegenstände noch einmal, jedoch in der Regel meist mit weitergehenden Details als in der Satzung begründet. Ferner enthält er, insoweit über die Satzungsfestsetzung hinausgehend, die dingliche Übertragung der zur Rede stehenden Einbringungsgegenstände, wenn die Einlageleistung nicht entsprechend § 36a Abs. 2 Satz 2 AktG zeitlich hinausgeschoben wird.

283   Der Sacheinlagenvertrag ist, sofern ein schriftlicher Vertrag vorliegt, gemäß § 37 Abs. 4 Nr. 2 AktG bei der **Handelsregisteranmeldung** vorzulegen. Er dient dem Registergericht zur Überprüfung der Erklärung gemäß § 37 Abs. 1 AktG. Fehlt ein schriftlicher Vertrag, so ist dies anzugeben. [→ Rz. 263]

284   Das Aktiengesetz sieht für den Einbringungsvertrag kein besonderes **Formerfordernis** vor; auch Schriftform ist nicht erforderlich.[102] Die Form des Einbringungsvertrages richtet sich vielmehr nach den Vorschriften, die für den jeweiligen Sacheinbringungsgegenstand gelten.

285   Da im Muster die Übertragung von GmbH-Geschäftsanteilen vorgesehen ist, ergibt sich die Form aus § 15 GmbHG.[103] Die hiermit verbundenen Kosten können es geraten sein lassen, die Verpflichtung zur Erbringung von Sacheinlagen bereits, wie im Muster 2.1 (Rz. 212 ff) vorgesehen, in dem Gründungsprotokoll aufzunehmen, denn dort beträgt die Höchstgebühr für die Beurkundung 5 000 Euro (§ 47 KostO). Demgegenüber gilt der Einbringungsvertrag

---

102) *Hüffer*, AktG, § 37 Rz. 10.
103) Wegen des einheitlichen Charakters des Einbringungsvertrages erstreckt sich die Formpflicht auch auf die Übertragung der Marken, siehe *Palandt/Heinrichs*, BGB, § 125 Rz. 7.

als zweiseitiges Rechtsgeschäft, das in diesem Falle nach § 39 Abs. 4 KostO zu bewerten ist. Gleichwohl wird in der Regel ein gesonderter Einbringungsvertrag geschlossen, um Raum für Nebenbestimmungen wie Gewährleistung usw. zu haben, die die Gründungsurkunde belasten würden.

2. Abtretung der Geschäftsanteile und Markenrechte [→ Rz. 268 ff]

In §§ 1 und 2 sind die für die dingliche Übertragung der einzubringenden Sachgegenstände jeweils erforderlichen Erklärungen enthalten. Ferner sind die Sacheinlagengegenstände hier noch einmal für den Zweck einer solchen dinglichen Übertragung ausreichend spezifiziert.   **286**

Die im Muster enthaltenen Erklärungen sind den jeweiligen Sacheinlagegegenständen anzupassen. Ist Gegenstand der Sacheinlage beispielsweise ein Grundstück, hat das Vollzugsgeschäft gemäß §§ 873, 925 BGB zu erfolgen, Forderungen und forderungsgleiche Rechte sind gemäß §§ 398, 413 BGB abzutreten. Die Übertragbarkeit der Marke folgt aus § 27 MarkenG. Die Übertragung erfolgt durch Abtretung (wegen weiterer Einzelheiten siehe §§ 31 ff MarkenV).   **287**

Der Vollzug wird hier als Folge der schuldrechtlichen Sacheinlagevereinbarung in dem Gründungsgeschäft verstanden. Dabei sind Tatbestand und rechtliche Natur des die Sacheinlageverpflichtung begründenden Geschäfts streitig.[104] Richtigerweise wird davon auszugehen sein, dass es sich um ein körperschaftsrechtlich geprägtes Rechtsgeschäft eigener Art handelt. Konsequenzen hat die rechtliche Einordnung insbesondere für Leistungsstörungen, insbesondere Rechts- oder Sachmängel der eingelegten Sachen.   **288**

3. Gegenleistung [→ Rz. 274 f]

Die Aufnahme der Gegenleistung in § 3 ist nur deklaratorischer Art. Es handelt sich nach der hier gewählten Konstruktion um ein Vollzugsgeschäft in Erfüllung der in der Gründungsurkunde eingegangenen Sacheinlageverpflichtung. Diese Verpflichtung wird hier wiederholt.   **289**

Von materieller Bedeutung ist allerdings die unter § 3 Abs. 2 enthaltene Festsetzung des Gesamtwerts und die weitere Festlegung, dass der den Nennwert der neuen Aktien übersteigende Wert als Rücklagen in die Gesellschaft einzustellen sind. Hierdurch wird erreicht, dass nicht lediglich der Mehrbetrag der Gesellschaft zusteht, sondern dass die Einbringenden für die Erreichung dieses Wertes der Gesellschaft gegenüber haften, auch wenn die Einbringung eines solchen Mehrwertes als Aufgeld (Agio) in der Gründungsurkunde nicht aus-   **290**

---

104) Vgl. etwa MünchKomm-*Pentz*, AktG, § 27 Rz. 16; *Hoffmann-Becking*, in: Münchener Handbuch, § 4 Rz. 4 m. w. N.

drücklich vereinbart wurde.[105] Eine solche Gewährleistung und Festsetzung eines den Nennbetrag der neuen Aktien übersteigenden Wertes ist jedoch nicht vorgeschrieben. Umgekehrt kann sogar vereinbart werden, dass der den Nennbetrag der zu gewährenden Aktien übersteigende Mehrwert dem Einbringenden durch die Gesellschaft in bar erstattet wird (gemischte Einlage).[106]

4. Gewährleistung [→ Rz. 276 f]

291 Die im Falle der Gründung von den Einbringenden versprochenen Gewährleistungen hinsichtlich der einzubringenden Sachgegenstände sind in der Regel beschränkt. Allerdings übernehmen die Einleger bereits nach der Gesetzeslage die uneingeschränkte Haftung für den Wert der Einlage zum geringsten Ausgabebetrag der Aktien (§ 9 Abs. 1 AktG). Insbesondere die Überbewertung der eingelegten Gegenstände ist Errichtungsmangel und nach § 38 Abs. 2 Satz 2 AktG Eintragungshindernis.[107] Eine Bareinzahlungspflicht soll nach herrschender Meinung auch entstehen, wenn Sacheinlagen, die wie hier unvertretbar sind, nicht einer bloßen Wertminderung unterliegen, sondern funktionsuntauglich sind.[108]

5. Schlussbestimmungen [→ Rz. 278 ff]

292 Die in § 5 Abs. 1 enthaltene Zeitbedingung ist zum Schutze der Einbringenden vorgesehen. Diese sollen die Verfügungsfreiheit über die eingebrachten Sachen wiedererlangen, wenn der Gründungsvorgang nicht bis zu einem hier festzusetzenden Zeitpunkt abgeschlossen ist. Sollte dieser Fall eintreten, muss entweder von einer Fortsetzung der Gründung abgesehen oder die Gründungsurkunde im Hinblick auf neue Einlagen oder den Verzicht von Sacheinlagen überhaupt modifiziert werden. Selbstverständlich könnten die Parteien des Sacheinlagenvertrages diese Zeitbestimmung auch nachträglich einvernehmlich modifizieren. Alle nachträglichen Änderungen der Sacheinlagenvereinbarung ziehen jedoch entsprechende Ergänzungen der Prüfungshandlungen des externen Gründungsprüfers, der Gründer und der Organe nach sich. Bei der Übertragung sämtlicher Geschäftsanteile einer Gesellschaft kann eventuell ein Hinweis auf anfallende Grunderwerbsteuer angezeigt sein.

---

105) Vgl. MünchKomm-*Pentz*, AktG, § 27 Rz. 57; *Hoffmann-Becking*, in: Münchener Handbuch, § 4 Rz. 8, 30; *Röhricht*, in: Großkomm. z. AktG, § 27 Rz. 105.

106) Die von der Rechtsprechung entwickelte Differenzhaftung erfasst nur den geringsten Ausgabebetrag der Aktien, BGH, Urt. v. 27.2.1975 – II ZR 111/72, BGHZ 64, 52, 62 = NJW 1975, 974 ff; BGH, Urt. v. 14.3.1977 – II ZR 156/75, BGHZ 68, 191, 195 = NJW 1977, 1196 ff. Die weitergehende Haftung für das Aufgeld ist streitig und sollte daher im Einbringungsvertrag vertraglich fixiert werden.

107) *Hütter*, AktG, § 27 Rz. 28; a. A. MünchKomm-*Pentz*, AktG, § 27 Rz. 40, der auch vor Eintragung nur von einer Differenzhaftung ausgeht.

108) Vgl. MünchKomm-*Pentz*, AktG, § 27 Rz. 57 f; vgl. Rz. 50 ff auch zu weiteren Folgen möglicher Leistungsstörungen, deren Darstellung den hier gegebenen Rahmen sprengen würde.

Muster 2.5: Gründungsbericht der Gründer

I.   Mustertext [→ Rz. 304 ff]

Als Gründer der ... AG mit dem Sitz in ... erstatten wir über den Hergang der **293**
Gründung folgenden Bericht: [→ Rz. 305]

1. Die Satzung der Gesellschaft wurde gemäß notariellem Gründungsproto- **294**
koll vom ... (UR-Nr. .../2006 des Notars ... in ...) festgestellt.

2. Gründer der Gesellschaft sind: **295**

   a) ...

   b) ...

   c) ...

Die Gesellschaft hat ein Grundkapital von 50 000 Euro, das in 50 000 nennwertlose Stückaktien eingeteilt ist, welche auf den Namen lauten.

Die Aktien wurden zum Ausgabebetrag von 1 Euro gegen Bareinlagen wie
folgt übernommen:

   a) ... [*Gründer*]: ... [*Anzahl*] Aktien zum Ausgabebetrag von ... Euro,

   b) ...

   c) ...

3. Auf die zu erbringenden Bareinlagen ist der eingeforderte Betrag in Höhe **296**
des Ausgabebetrags von 1 Euro je Anteil, insgesamt ... Euro, auf das
Konto der Gesellschaft bei der ... [*Bank*] in ... eingezahlt und steht, soweit
er nicht bereits zur Bezahlung der bei Gründung anfallenden Gebühren
verwendet wurde, gemäß der Bescheinigung der ... [*Bank*] in ... vom ...
endgültig zur freien Verfügung des Vorstands.

Alternativ (bei gemischten Bar- und Sacheinlagen):

Die Aktien wurden zum Ausgabebetrag von 1 Euro gegen Bareinlagen sowie **297**
gegen Einbringung von Geschäftsanteilen an der ... GmbH, ... [Ort], einge-
tragen im Handelsregister des Amtsgerichts ... unter HRB ... und von Mar-
kenrechten wie folgt übernommen:

   a) *... [Gründer]: ... [Anzahl] Aktien zum Ausgabebetrag von ... Euro ge-*
   gen Bareinlage,

   b) *... [Gründer]: ... [Anzahl] Aktien zum Ausgabebetrag von ... Euro ge-*
   gen ...,

   c) *... [Gründer]: ... [Anzahl] Aktien zum Ausgabebetrag von ... Euro ge-*
   gen ... .

3. *Auf die zu erbringenden Bareinlagen ist der eingeforderte Betrag in Höhe des*
Ausgabebetrags von 1 Euro je Anteil, insgesamt ... Euro auf das Konto der
Gesellschaft bei der ... [Bank] in ... eingezahlt und steht, soweit er nicht be-

reits zur Bezahlung der bei Gründung anfallenden Gebühren verwendet wurde, gemäß der Bescheinigung der ... [Bank] in ... vom ... endgültig zur freien Verfügung des Vorstands.

Die zu erbringenden Sacheinlagen sind durch notariell beurkundeten Vertrag vom ... (UR-Nr. .../2006 des Notars ... in ...) in voller Höhe erbracht.
[→ Rz. 306]

298   4. *Über die Angemessenheit der für die Übertragung der Geschäftsanteile und Markenrechten zu gewährenden Aktien machen wir folgende Angaben: ...*
[→ Rz. 309]

[Hier sind nähere Angaben zum Wert und der Bewertung der eingebrachten Sacheinlagen aufzuführen. Gemäß § 32 Abs. 2 Nr. 1–3 AktG sind insbesondere anzugeben die vorausgegangenen Rechtsgeschäfte, die auf den Erwerb durch die Gesellschaft hingezielt haben, die Anschaffungs- und Herstellungskosten aus den beiden letzten Jahren und bei Übernahme eines Unternehmens oder von Beteiligungen an Unternehmen die Betriebserträge aus den letzten beiden Geschäftsjahren. Falls keine Rechtsgeschäfte, die auf den Erwerb der Sacheinlagen durch die Gesellschaft hingezielt haben, vorausgegangen sind, ist ausdrücklich Fehlanzeige zu machen.]

299   5. Der Aufsichtsrat der Gesellschaft besteht nach § ... der Satzung aus drei Mitgliedern. [→ Rz. 310]

Alternativ:

300   5. *Der Aufsichtsrat der Gesellschaft ist nach Ansicht der Unterzeichner gemäß § 31 Abs. 1 AktG lediglich aus Mitgliedern der Aktionäre zusammengesetzt (§ 96 Abs. 1 letzte Variante AktG), da gemäß § 2 Abs. 2 DrittelbG eine Zurechnung der Mitarbeiter der ... GmbH in ... mangels Eingliederung oder Beherrschungsvertrags nicht stattfindet. [→ Rz. 310]*

Als Mitglieder des ersten Aufsichtsrats wurden von den Gründern bestellt:
[→ Rz. 310]

a) ...

b) ...

c) ...

301   6. Der Aufsichtsrat hat mit Beschluss vom ... die folgenden Mitglieder des ersten Vorstands bestellt: [→ Rz. 311]

a) ...

b) ...

302   7. Bei der Gründung wurde keine Aktie für die Rechnung eines Mitglieds des Vorstands oder des Aufsichtsrats übernommen. Weder ein Mitglied des Vorstands noch ein Mitglied des Aufsichtsrats hat sich einen besonderen

Vorteil oder für die Gründung oder ihre Vorbereitung eine Entschädigung oder Belohnung ausbedungen. [→ Rz. 312]

8. Die Gesellschaft hat gemäß § … ihrer Satzung die Gründungskosten in ge- **303** schätzter Höhe von bis zu … Euro übernommen.

… [*Ort*], den … [*Datum*]

…

[*Unterschriften der Gründer*]

II. Erläuterungen [→ Rz. 293 ff]

Der Gründungsbericht ist in § 32 AktG geregelt. Das hier wiedergegebene **304** Muster orientiert sich an der unter Muster 2.1 (Rz. 206 ff) vorgelegten Gründungsurkunde unter Einschluss der Alternative, die Sacheinlagen durch Einbringung von GmbH-Geschäftsanteilen und Markenrechten vorsieht (vgl. hierzu auch Sacheinlagenvertrag, Muster 2.4, Rz. 260 ff).

Die Pflicht zur Erstattung eines Gründungsberichtes obliegt den Gründern. **305** Der Bericht ist **persönlich** und in **Schriftform** zu erstatten, rechtsgeschäftliche Vertretung ist nicht zulässig. Da die Angaben des Gründungsberichts sich auf die Bestellung des Vorstands durch den ersten Aufsichtsrat mit erstrecken (vgl. § 32 Abs. 3 AktG), kann er erst **nach der Vorstandsbestellung** erstellt werden. Er muss **vor dem Gründungsprüfungsbericht** erfolgen, dessen Basis er ist. Für die Richtigkeit und Vollständigkeit der enthaltenen Angaben sind die Gründer gemäß § 399 Abs. 1 Nr. 2 AktG strafrechtlich und gegenüber der Aktiengesellschaft gemäß § 46 AktG zivilrechtlich haftbar. [→ Rz. 293]

Ein besonderer Schwerpunkt, insbesondere im Hinblick auf die soeben er- **306** wähnten strengen Haftungsvorschriften, ist auf die gesetzlich vorgeschriebenen **Angaben bei einer Sachgründung** zu legen. Die hierfür erforderlichen Angaben sind in § 32 Abs. 2 Satz 2 Nr. 1–3 AktG konkretisiert. Diese Angaben sind stets erforderlich bzw. gegebenenfalls durch Fehlanzeige ausdrücklich zu verneinen.

Anzugeben sind gemäß § 32 Abs. 2 Satz 2 Nr. 1 AktG zunächst die **vorausge-** **307** **gangenen Rechtsgeschäfte**, die auf den Erwerb durch die Gesellschaft hingezielt haben. Eine zeitliche Grenze gilt hierbei nicht. Zweck dieser Vorschrift ist, Zwischengeschäfte und sich hieraus etwa ergebende Zwischengewinne bei der Übertragung von Sacheinlagengegenständen, die letztlich der Gesellschaft zugewandt werden sollten, offen zu legen und der Überprüfung Dritter zugänglich zu machen.[109] [→ Rz. 296]

---

109) Vgl. zu weiteren Einzelheiten *Hüffer*, AktG, § 32 Rz. 5; *Kraft*, in: Kölner Komm. z. AktG, § 32 Rz. 13; *Röhricht*, in: Großkomm. z. AktG, § 32 Rz. 9; MünchKomm-*Pentz*, AktG, § 32 Rz. 18.

308 Außerdem sind gemäß § 32 Abs. 2 Satz 2 Nr. 2 AktG die **Anschaffungs- und Herstellungskosten** i. S. d. § 255 HGB der einzulegenden oder zu übernehmenden Vermögensgegenstände aus den letzten beiden Jahren anzugeben, damit gegebenenfalls Differenzen zwischen den Aufwendungen des Einlegers und der Gegenleistung der Gesellschaft festgestellt werden können. [→ Rz. 298]

309 Bei den unter § 32 Abs. 2 Satz 2 Nr. 3 AktG genannten **Betriebserträgen**, die beim Übergang eines Unternehmens auf die Gesellschaft anzugeben sind, handelt es sich nach heutiger Terminologie um die Jahresüberschüsse/Jahresfehlbeträge i. S. d. § 266 Abs. 3, § 275 Abs. 2 Nr. 20 bzw. Abs. 3 Nr. 19 HGB.[110] Gesetz und Literatur befassen sich nicht mit der Fragestellung, ab welchem Umfang die Übertragung von Anteilen an Unternehmen einer Unternehmenseinbringung insgesamt gleichzustellen ist. Der Gesetzeswortlaut befasst sich vielmehr nur mit der Einbringung eines Unternehmens als Sachgesamtheit. Vom Sinn und Zweck her wird aber die Verpflichtung zur Nennung der erzielten Jahresüberschüsse/Jahresfehlbeträge auch dann immer zu bejahen sein, wenn Beteiligungen an Unternehmen eingelegt werden, gleich welche Größenordnung diese haben. Denn lediglich die Angabe der Vergangenheitserträge ermöglicht eine sachgerechte Bewertung solcher Sacheinlagen. Eine Ausnahme mag man dort machen, wo Anteile einen börsenmäßig feststellbaren Wert haben, wie dies bei Aktien der Fall sein kann. [→ Rz. 298]

310 Die **Angaben zu den Mitgliedern des Aufsichtsrats** unter Nummer 5 gehören zu den für die Gesellschaft wesentlichen Umständen. Die in der Alternative vorgeschlagenen Angaben beruhen auf der Annahme, dass als Sacheinlage Geschäftsanteile geleistet worden sind, die die Mehrheit des Stammkapitals an einer GmbH mit mehr als 500 Mitarbeitern ausmachen. In diesem Falle wäre unter Umständen die Zurechnungsvorschrift des § 2 DrittelbG zu beachten. Diese oder dem jeweiligen Sachverhalt entsprechende andere Angaben dienen dem Registergericht zur Überprüfung der Einhaltung der §§ 30, 31 AktG. [→ Rz. 299 f]

311 Die **Angaben zu den Mitgliedern des Vorstands** unter Nummer 6 gehören ebenfalls zu den für die Entstehung der Gesellschaft wesentlichen Umständen. [→ Rz. 301]

312 Die unter Nummer 7 vorgesehenen Angaben zu **Aktienübernahmen durch Vorstands- oder Aufsichtsratsmitglieder** sind gleichfalls Pflichtangaben, die gegebenenfalls durch ausdrückliche Fehlanzeigen zu belegen sind. Haben Aktienübernahmen durch oder für Mitglieder des Vorstands oder des Aufsichtsrats stattgefunden, zieht dies nach § 33 Abs. 2 Nr. 1, 2 AktG eine externe Gründungsprüfung nach sich. In der Abgrenzung von Sondervorteilen gemäß § 26 Abs. 1 AktG, die berichtspflichtig sind, sind auch von der Gesellschaft zu übernehmende Gründungskosten (§ 26 Abs. 2 AktG) zu nennen. [→ Rz. 302]

---

110) Vgl. MünchKomm-*Pentz*, AktG, § 32 Rz. 25.

Muster 2.6: Gründungsprüfungsbericht des Vorstands und des Aufsichtsrats

I. Mustertext [→ Rz. 319 ff]

Wir, die unterzeichnenden Mitglieder des ersten Vorstands und des ersten Aufsichtsrats der ... Aktiengesellschaft mit Sitz in ..., haben den Hergang der Gründung geprüft. [→ Rz. 319]

313

Bei der Prüfung haben uns die folgenden Unterlagen vorgelegen:

314

1. Notarielle Urkunde vom ... über die Gründung der ... Aktiengesellschaft, die Feststellung ihrer Satzung, die Übernahme der Aktien durch die Gründer, die Bestellung des ersten Aufsichtsrats und die Bestellung des Abschlussprüfers (UR Nr.: .../2006 des Notars ... in ...);

2. Niederschrift über die erste Sitzung des Aufsichtsrats der Gesellschaft vom ... mit der Bestellung des ersten Vorstands;

3. Gründungsbericht der Gründer vom ... ;

4. Bescheinigung der ... [*Bank*] in ..., dass ... Euro auf das Konto der Gesellschaft eingezahlt wurden und endgültig zur freien Verfügung des Vorstands stehen. [→ Rz. 320]

Fakultativ:

5. *Bericht über die Prüfung des Jahresabschlusses und des Konzernabschlusses zum ... und des zusammengefassten Lageberichts der Gesellschaft und des Konzerns für das Geschäftsjahr ... der ... GmbH, ..., durch ..., Wirtschaftsprüfungsgesellschaft, ... [Ort], vom ... .*

   Notarielle Urkunde vom ... über die Einbringung von Geschäftsanteilen an ... GmbH und Markenrechten (UR Nr.: .../2006 des Notars ... in ...).
   [→ Rz. 320]

Der Hergang der Gründung entspricht nach unseren Feststellungen den gesetzlichen Vorschriften. Die Angaben der Gründer über die Übernahme der Aktien und über die Einlagen auf das Grundkapital sind zutreffend. Die Einzahlungen auf das Grundkapital sind geleistet. [→ Rz. 321]

315

Fakultativ (für den Fall von Sacheinlagen):

Die Festsetzungen zu den Sacheinlagen in der Satzung sind richtig und vollständig. Gegenstand der zu leistenden Sacheinlagen sind Geschäftsanteile im Gesamtnennwert von ... Euro an der ... GmbH in ..., eingetragen im Handelsregister des Amtsgerichts ... unter HRB ..., und Markenrechte. Der Wert dieser Sacheinlagen entspricht dem Nennbetrag der hierfür gewährten Aktien. Die Angaben der Gründer über den Wert der Sacheinlage halten wir aufgrund eigener Prüfung für zutreffend. [→ Rz. 322]

316

317 Die Satzung enthält keine Festsetzungen über besondere Vorteile für einzelne Aktionäre, Dritte oder über Entschädigungen oder Belohnungen für die Gründung oder ihre Vorbereitung. [→ Rz. 323]

318 Die Gesellschaft hat die auf ... Euro geschätzten Gründungskosten übernommen. Die Kosten sind angemessen und richtig festgesetzt.

... [*Ort*], den ... [*Datum*]

...

[*Unterschriften des Aufsichtsrats und des Vorstands*]

II. Erläuterungen [→ Rz. 313 ff]

319 Die Mitglieder des Vorstands und des Aufsichtsrats haben gemäß § 33 Abs. 1 AktG in jedem Falle den Hergang der Gründung zu prüfen. Außerdem hat in den in § 33 Abs. 2 AktG bestimmten Fällen eine Prüfung durch einen gerichtlich bestellten Gründungsprüfer bzw. durch den beurkundeten Notar zu erfolgen (vgl. hierzu Muster 2.3, Rz. 245 ff). [→ Rz. 313]

320 Aus § 34 Abs. 2 AktG ergibt sich, dass über die Prüfung jeweils ein **schriftlicher Bericht** zu erstatten ist. Der Bericht ist persönlich zu erstatten, Vertretung ist unzulässig. Üblich und zulässig ist, dass Vorstand und Aufsichtsrat in einer gemeinsamen Urkunde berichten.[111)] Dagegen muss der Bericht des externen durch das Gericht eingesetzten Gründungsprüfers bzw. des Notars (sofern eine solche Prüfung erforderlich ist) in einem gesonderten und nach Erstellung des Berichtes der Verwaltungsmitglieder aufzustellenden Prüfungsbericht erfolgen (§ 34 Abs. 2 Satz 1 AktG). Ein besonderes Muster für den Bericht eines externen Gründungsprüfers ist hier nicht vorgesehen, er inhaltlich dem Bericht der Verwaltungsmitglieder entspricht. [→ Rz. 314]

321 Den **Umfang der Gründungsprüfung** regelt § 34 AktG. Dort sind allerdings nicht alle, sondern nur die wesentlichen Prüfungsgegenstände aufgeführt. Prüfungsgegenstand sind deswegen sämtliche Vorgänge, die mit der Gründung zusammenhängen, insbesondere Feststellung und Inhalt der Satzung, Bestellung von Vorstand und Aufsichtsrat sowie Abschlussprüfer, der Gründungsbericht und dessen Inhalt sowie die Einhaltung aller sonstigen Formvorschriften und Genehmigungserfordernisse. [→ Rz. 315]

322 Einen Schwerpunkt wird die Prüfung der externen Gründungsprüfer im Falle der **Sachgründungen** auf die Werthaltigkeit der Sacheinlagen setzen, wobei insbesondere bei der Einbringung von Unternehmen entsprechende Darlegungen zur Unternehmensbewertung regelmäßig aufgenommen werden. Die

---

111) *Hüffer*, AktG, § 34 Rz. 4; *Röhricht*, in: Großkomm. z. AktG, § 34 Rz. 10.

Gründungsprüfung der Verwaltungsmitglieder kann sich an dieser Stelle jedoch zur Vermeidung überflüssiger Wiederholungen auf die Prüfung der entsprechenden Angaben in dem Gründungsbericht beschränken (vgl. Muster 2.5, Rz. 293 ff). [→ Rz. 316]

Ein weiterer Prüfungs- und Berichtsschwerpunkt sind der Gründungsaufwand   **323**
und etwaige Sondervorteile. [→ Rz. 319]

Praxistipp:
In der Praxis empfiehlt sich bei Sachgründungen eine abgestimmte Erstellung des Gründungsberichts und des Gründungsprüfungsberichts in enger Zusammenarbeit mit dem gerichtlich bestellten Gründungsprüfer.

Der Bericht der Gründungsprüfer ist gemäß § 34 Abs. 3 AktG dem **Register-**   **324**
gericht und zusätzlich dem **Vorstand einzureichen**. Die Übergabe des Berichts an die Gründer ist empfehlenswert, jedoch nicht vorgeschrieben. Der Bericht des Vorstands und des Aufsichtsrats über den Hergang der Gründung gemäß § 33 Abs. 1 AktG wird durch § 34 Abs. 3 AktG nicht geregelt. Diese Berichte sind gemäß § 37 Abs. 4 Nr. 4 AktG zusammen mit der Anmeldung einzureichen.[112]

---

112) MünchKomm-*Pentz*, AktG, § 34 Rz. 33 ff.

Muster 2.7: Kostenaufstellung

I. Mustertext [→ Rz. 327 ff]

325 Gemäß § ... der Satzung der in Gründung befindlichen

... Aktiengesellschaft, ... [Ort],

hat die Gesellschaft Gründungskosten in geschätzter Höhe von bis zu ... Euro
übernommen. [→ Rz. 327]

326 Diese setzen sich wie folgt zusammen:

1. Kosten des Notars für die Beurkundung der Errichtung der
Gesellschaft, zahlbar an ...   ... Euro

2. Kosten für die Anmeldung der Gesellschaft zum Handelsregister, zahlbar an ...   ... Euro

3. Kosten für die Beschaffung und Beurkundung der Vollmach-
ten, wie in der Gründungsurkunde erwähnt, zahlbar an ...   ... Euro

Fakultativ:

*Kosten des Notars für den Einbringungsvertrag der GmbH-Ge-
schäftsanteile an der ... GmbH, zahlbar an ...*   *... Euro*

4. Gerichtskosten für die Eintragung der Gesellschaft im Handelsregister, einschließlich Kosten der Bekanntmachung, ge-
schätzt, zahlbar an ...   ... Euro

Fakultativ:

*Kosten für die gerichtliche Bestellung des Gründungsprüfers,
zahlbar an ...*   *... Euro*

*Honorar des Gründungsprüfers, ..., Wirtschaftsprüfungsgesellschaft/
Steuerberatungsgesellschaft, ... [Ort], zahlbar an ...*   *... Euro*

[→ Rz. 328]

Gesamtsumme: **... Euro**

... [Ort], den ... [Datum]

...

[Unterschriften des Vorstands] [→ Rz. 329]

II. Erläuterungen [→ Rz. 325 f]

Die Verpflichtung zur Aufstellung einer **Kostenaufstellung** und deren Einreichung zum Handelsregister als Anlage zur Anmeldung (Muster 2.8, Rz. 330) ergibt sich aus § 37 Abs. 4 Nr. 2 Halbs. 2 AktG. Hiernach muss der in der Satzung nur als Gesamtbetrag festgesetzte Gründungsaufwand im Einzelnen nach Art, Höhe und Empfänger aufgeschlüsselt werden. Soweit der Gründungsaufwand noch nicht in voller Höhe angefallen ist (was häufig der Fall sein wird), reicht eine Schätzung der Höhe nach. Belege müssen nicht beigefügt werden. Ebenso wie bei der Festsetzung des Gründungsaufwandes in der Satzung empfiehlt sich, die Beträge großzügig zu schätzen. Nicht festgesetzte Beträge dürfen von der Gesellschaft nicht übernommen werden. Umgekehrt muss von den Gründern getragener Aufwand hier ebenso wenig wie in der Satzung erwähnt werden. [→ Rz. 325]

327

Wie in dem Muster vorgesehen, sollte sich die Kostenaufstellung regelmäßig auf die mit der Gründung verbundenen **Notariats-, Gerichts- und Prüfungskosten** erstrecken. Darüber hinaus sind, soweit die entsprechenden Kosten durch die Gesellschaft getragen werden, auch **Rechtsberatungskosten** aufzuführen. Nach den hier zugrunde liegenden Gründungsmustern kommen hingegen **Kosten für den Druck und die Herstellung von Aktien** nicht in Betracht. Entstehen außer den Kosten der Veröffentlichungen durch das Registergericht weitere **Veröffentlichungskosten**, sind diese gesondert aufzuführen. [→ Rz. 326]

328

Eine **Unterzeichnung** der Kostenaufstellung ist nicht vorgesehen. Es empfiehlt sich jedoch, der Übung der Praxis folgend, sie durch die Unterschrift des Vorstands zu bestätigen. Diese Unterschrift kann privatschriftlich geleistet werden, sie bedarf nicht der notariellen Beglaubigung. [→ Rz. 326]

329

Muster 2.8: Handelsregisteranmeldung

I.   Mustertext [→ Rz. 340 ff]

330   An das

Amtsgericht ...

Handelsregister Abteilung B

[*Adresse*]

Neueintragung der ... Aktiengesellschaft

331   Wir, die unterzeichnenden Gründer, Mitglieder des Vorstands und Mitglieder des Aufsichtsrats, melden die vorbezeichnete Gesellschaft mit Sitz in ... zur Eintragung in das Handelsregister an. [→ Rz. 340]

1.   Gründer der Gesellschaft sind [→ Rz. 340]

a)   ... [*Name*], ... [*Wohnort/Sitz*]

b)   ... [*Name*], ... [*Wohnort/Sitz*]

c)   ... [*Name*], ... [*Wohnort/Sitz*]

2.   Der Vorstand besteht aus:

a)   ... [*Name*], ... [*Geburtsdatum*], ... [*Wohnort*]

b)   ... [*Name*], ... [*Geburtsdatum*], ... [*Wohnort*]

3.   Dem ersten Aufsichtsrat der Gesellschaft gehören an:

a)   ... [*Name*], ... [*ausgeübter Beruf*], ... [*Wohnort*]

b)   ... [*Name*], ... [*ausgeübter Beruf*], ... [*Wohnort*]

c)   ... [*Name*], ... [*ausgeübter Beruf*], ... [*Wohnort*]

332   4.   Das Grundkapital der Gesellschaft beträgt 50 000 Euro und ist in 50 000 nennwertlose Stückaktien eingeteilt, welche auf den Namen lauten.

Die Aktien der Gesellschaft sind gegen Bareinlagen übernommen worden. Auf die Aktien ist der eingeforderte Betrag in Höhe des Ausgabebetrages von je 1 Euro, insgesamt 50 000 Euro, auf das Konto der Gesellschaft bei der ... [*Bank*] in ... wie folgt eingezahlt:

a)   ... [*Gründer*]: ... [*Anzahl*] Aktien zum Ausgabebetrag von ... Euro,

b)   ...

c)   ...

Der eingezahlte Betrag von insgesamt ... Euro steht, soweit er nicht bereits zur Bezahlung der bei der Gründung anfallenden Gebühren verwendet wurde, endgültig zur freien Verfügung des Vorstands. [→ Rz. 340]

Alternativ (bei Bar- und Sacheinlagen):

4. *Die Aktien der Gesellschaft sind gegen Bar- und Sacheinlagen übernommen worden.*   **333**

   Auf die von dem Gründer ... übernommen Aktien gegen Bareinlage ist der eingeforderte Betrag in Höhe des Ausgabebetrages von je 1 Euro, insgesamt ... Euro, auf das Konto der Gesellschaft bei der ... [Bank] in ... eingezahlt. Der eingezahlte Betrag von insgesamt ... Euro steht, soweit er nicht bereits zur Bezahlung der bei der Gründung anfallenden Gebühren verwendet wurde, endgültig zur freien Verfügung des Vorstands.

   Die Sacheinlagen, nämlich die Geschäftsanteile an der ... GmbH, ... [Ort], eingetragen im Handelsregister des Amtsgerichts ... unter HRB ..., und Markenrechte im Gesamtwert von ... Euro, sind durch notariellen Vertrag vom ... (UR Nr.: .../2006 des Notars ... in ...) in vollem Umfange geleistet worden und stehen zur freien Verfügung des Vorstands. Ihr Gesamtwert entspricht dem Gesamtausgabebetrag der hierfür ausgegebenen Aktien. Das Gewinnbezugsrecht an den Anteilen steht der Gesellschaft rückwirkend für die Zeit vom ... zu. Die mit der Einbringung verbundenen Kosten gehen zu Lasten der Gesellschaft. Die Ausgabe der Aktien ist zum Ausgabebetrag von je ... Euro, insgesamt ... Euro, erfolgt. [→ Rz. 342]

5. Die Gesellschaft wird durch zwei Vorstandsmitglieder oder durch ein Vorstandsmitglied in Gemeinschaft mit einem Prokuristen gesetzlich vertreten. Ist nur ein Vorstandsmitglied bestellt, vertritt es die Gesellschaft allein. Der Aufsichtsrat kann bestimmen, dass Vorstandsmitglieder einzelvertretungsbefugt sind. Der Aufsichtsrat kann Vorstandsmitgliedern gestatten, im Namen der Gesellschaft mit sich selbst als Vertreter eines Dritten Rechtsgeschäfte vorzunehmen.   **334**

   Das Vorstandsmitglied ... ist einzelvertretungsbefugt und berechtigt, im Namen der Gesellschaft mit sich selbst als Vertreter eines Dritten Rechtsgeschäfte vorzunehmen. Das Vorstandsmitglied ... vertritt die Gesellschaft gemeinschaftlich mit einem anderen Vorstandsmitglied oder einem Prokuristen. [→ Rz. 343]

6. Die Mitglieder des Vorstands, Herr/Frau ... und Herr/Frau..., versichern, dass sie nicht wegen einer Insolvenzstraftat (Bankrott, Verletzung der Buchführungspflicht, Schuldnerbegünstigung, Gläubigerbegünstigung, §§ 283–283d StGB) rechtskräftig verurteilt worden sind und dass ihnen die Ausübung eines Berufes, Berufszweiges, Gewerbes oder Gewerbezweiges weder durch gerichtliches Urteil noch durch vollziehbare Entscheidung einer   **335**

Verwaltungsbehörde untersagt worden ist und dass sie über ihre uneingeschränkte Auskunftspflicht hierüber gegenüber dem Registergericht sowie
darüber, dass falsche Angaben oder das Verschweigen erheblicher Umstände insoweit gemäß § 399 Abs. 1 Nr. 6 AktG strafbar sind, durch den die
Unterschrift auf dieser Handelsregisteranmeldung beglaubigenden Notar
belehrt worden sind und dass sie nicht als Betreute Einwilligungsvorbehal-
ten (§ 1903 BGB) unterliegen. [→ Rz. 344]

336   Die Vorstandsmitglieder zeichnen ihre Unterschriften wie folgt:

...

[Unterschriften des Vorstands]

337   7. Die Mitarbeiter/innen des Notars ... und ... werden bevollmächtigt, und
zwar jede(r) für sich allein und unter Befreiung von § 181 BGB, mit dem
Recht zur Untervollmacht, ohne Auftrag und Haftung, alle Erklärungen in
dieser Urkunde zu berichtigen, zu ergänzen und zu ändern. Diese Vollmacht darf nur zur Erklärung vor dem Notar und seinem Sozius oder seinem Stellvertreter verwendet werden. Sie erlischt mit der Eintragung der
Gesellschaft in das Handelsregister.

338   8. Die Geschäftsräume der Gesellschaft befinden sich

... *[Adresse]* [→ Rz. 345]

339   9. Der Anmeldung fügen wir die folgenden Unterlagen bei:

a) Notarielle Urkunde vom ... über die Gründung der ... Aktiengesellschaft, die Feststellung ihrer Satzung, die Übernahme der Aktien durch
die Gründer, die Bestellung des ersten Aufsichtsrats und die Bestellung
des Abschlussprüfers (UR Nr.: .../2006 des Notars ... in ...);

b) Niederschrift über die erste Sitzung des Aufsichtsrats der Gesellschaft
vom ... mit der Bestellung des ersten Vorstands;

c) Gründungsbericht der Gründer vom ...;

d) Prüfungsbericht der Mitglieder des Vorstands und des Aufsichtsrats
vom ...;

Fakultativ (für den Fall einer externen Gründungsprüfung):

*Prüfungsbericht des gerichtlich bestellten Gründungsprüfers, der ... Wirt-
schaftsprüfungsgesellschaft/Steuerberatungsgesellschaft, ... [Ort], vom ...;*

oder:

Prüfungsbericht des Notars ... in ... vom ...;

e) Bescheinigung der ... *[Bank]* in ... vom ... über die Einzahlung von ...
Euro auf das Konto der Gesellschaft und darüber, dass die eingezahlten
Beträge endgültig zur freien Verfügung des Vorstands stehen, insbeson-

dere keine Gegenrechte der Bank und keine ihr aus der Kontoführung bekannten Rechte Dritter bestehen;

Alternativ bzw. fakultativ (für den Fall von Sacheinlagen):

e) *Notarielle Urkunde vom ... über die Einbringung von Geschäftsanteilen an der ... GmbH und Markenrechten (UR Nr.: .../2006 des Notars ... in ...);*

f) Berechnung der Gründungskosten. [→ Rz. 346 f]

... [*Ort*], den ... [*Datum*]

...

[*Unterschriften sämtlicher Gründer, Vorstände und Aufsichtsräte mit Unterschriftsbeglaubigung*]

II. Erläuterungen [→ Rz. 330 ff]

Die Handelsregisteranmeldung orientiert sich an der unter Muster 2.1, Rz. 206 vorgelegten Gründungsurkunde unter Einschluss der Alternative, die Sacheinlagen durch Einbringung von GmbH-Geschäftsanteilen und Markenrechten vorsieht. Sie ist gemäß § 36 Abs. 1 AktG von sämtlichen Gründern sowie sämtlichen Mitgliedern des Vorstands und des Aufsichtsrats vorzunehmen. Sie bedarf gemäß § 12 HGB der notariellen Beglaubigung. Eine Vertretung der Anmeldeverpflichteten ist nicht möglich (mit Ausnahme organschaftlicher Vertretung für an der Gründung teilnehmende juristische Personen oder andere Gesellschaften). Mit der sich hieraus ergebenden Vielzahl von Mitwirkenden an der Handelsregisteranmeldung sind gewisse logistische Probleme verbunden. [→ Rz. 331]

340

Praxistipp:

Es ist jedoch möglich, die Handelsregisteranmeldung an verschiedenen Orten und zu verschiedenen Zeiten notariell beglaubigen zu lassen, sofern der hierbei verwendete Text identisch ist. Es ist auch möglich, die Unterschriftsbeglaubigung im Zusammenhang mit der Gründung entgegenzunehmen, den beglaubigenden Notar jedoch anzuweisen, die Handelsregisteranmeldung erst nach Vorliegen aller gesetzlich vorgeschriebenen Anlagen (vgl. § 37 AktG) und Eintritt der Voraussetzungen nach § 36 Abs. 2 AktG bei dem zuständigen Handelsregister einzureichen. Der maßgebliche Zeitpunkt für die Richtigkeit der Erklärungen ist nämlich derjenige des Eingangs der Anmeldung bei dem Registergericht.[113]

---

113) Unstreitig, siehe *Röhricht*, in: Großkomm z. AktG, § 37 Rz. 9; MünchKomm-*Pentz*, AktG, § 37 Rz. 14.

341   Die unter Nummer 1–3 enthaltenen **Angaben zu Gründern, Vorstand und Aufsichtsrat** sind nicht eigentliche Anmeldungsbestandteile, sondern dienen der Übersicht und der Kontrolle des Registergerichts darüber, wer anmeldeverpflichtet ist. Die entsprechenden Angaben ergeben sich jedoch bereits aus der Gründungsurkunde und aus dem Protokoll über die Bestellung des ersten Vorstands (vgl. § 45 Nr. 4 HRV). [→ Rz. 331]

342   Die unter Nummer 4 zum **Grundkapital und zur Übernahme der Aktien** vorgesehenen Erklärungen enthalten die in § 37 Abs. 1 AktG vorgeschriebenen Angaben. Bei Sacheinlagen ergeben sich die zu erklärenden Sachverhalte aus § 36 Abs. 2 AktG. Bei mehreren Gründern ist der von jedem einzeln eingezahlte Betrag aufzuführen. Soweit der eingezahlte Betrag bereits verbraucht ist, was nach Wegfall des Vorbelastungsverbotes zulässig ist, ist dies im Einzelnen anzugeben. Bei Anschaffungen sind Erklärungen und Belege zur wertgleichen Deckung erforderlich.[114] [→ Rz. 332 f]

343   Unter Nummer 5 ist die nach § 37 Abs. 3 AktG vorgeschriebene Anmeldung der **Vertretungsbefugnis der Vorstandsmitglieder** enthalten. Die Vertretungsbefugnis ist abstrakt anzumelden, so wie sie sich aus der Satzung ergibt. Angegeben werden muss auch eine etwa in der Satzung enthaltene Ermächtigung an den Aufsichtsrat, die Einzelvertretung oder gemischte Gesamtvertretung ermöglicht, sowie die Befreiung von dem Verbot des § 181 BGB (unter Berücksichtigung der Schranken des § 112 AktG). Sofern durch die Satzung oder durch Beschluss des Aufsichtsrats einzelnen Vorstandsmitgliedern von anderen Vorstandsmitgliedern abweichende Vertretungsbefugnisse erteilt worden sind, sind diese konkret anzumelden. [→ Rz. 334]

344   Die unter Nummer 6 enthaltene **Versicherung über das Fehlen von Bestellungshindernissen** folgt aus § 37 Abs. 2 AktG, das Erfordernis zur Zeichnung der Unterschrift zur Hinterlegung bei dem Registergericht aus § 37 Abs. 5 AktG. Im Falle des § 53 Abs. 2 BZRG ist keine Berufung auf § 53 Abs. 1 BZRG möglich. [→ Rz. 335]

345   Aus § 24 Abs. 2 HRV ergibt sich die Notwendigkeit, die **Geschäftsanschrift** der neu gegründeten Gesellschaft mitzuteilen. [→ Rz. 338]

346   In der Praxis bedeutsam für die Abwicklung der Handelsregisteranmeldung ist die **Beifügung der erforderlichen Unterlagen**, die unter Nummer 9 aufgezählt sind. Hierbei handelt es sich zunächst um den in § 37 Abs. 1 Satz 3 AktG vorgeschriebenen ganz wesentlichen Nachweis der Einzahlung durch Bankbestätigung. Dieser ist allerdings nur erforderlich, wenn die Einzahlung auf ein Bankkonto der Gesellschaft erfolgt ist. Andernfalls ist ein Nachweis zur

---

114) Wegen der Einzelheiten hierzu siehe: *Hüffer*, AktG, § 36 Rz. 11 ff; Münchkomm-*Pentz*, AktG, § 37 Rz. 29 f; *Röhricht*, in: Großkomm. z. AktG, § 37 Rz. 17, und § 36 Rz. 81 ff, 85 ff, 88 ff (zum Prinzip der wertgleichen Deckung).

Überzeugung des Registergerichts zu erbringen. In der Praxis allgemein üblich und wegen des durch die Bankbestätigung einfach zu führenden Einzahlungsnachweises empfehlenswert ist die Einzahlung auf ein für die Gesellschaft in Gründung einzurichtendes Konto. [→ Rz. 339]

Der **Inhalt der Bankbestätigung** ist wegen der damit verbundenen eigenen Haftung des Bankinstitutes (§ 37 Abs. 1 Satz 4 AktG) Gegenstand der BGH-Rechtsprechung geworden.[115] Seitdem ist im Wesentlichen anerkannt, dass die Bankbestätigung sich nur darauf zu erstrecken hat, dass der Vorstand über die eingezahlten Beträge gegenüber der Bank frei verfügen kann, insbesondere keine Gegenrechte der Bank bestehen oder bei der Bank bekannte Pfändungen Dritter vorhanden sind. Die Tragweite der Erklärung der Bank ist dabei auf die Umstände beschränkt, die ihr aus ihrer konkreten Rolle in dem betreffenden Gründungsvorgang bekannt sind.[116] Die größeren Geschäftsbanken kennen die Anforderungen und stellen die Bescheinigungen von sich aus zutreffend aus. Sollten Zweifel bestehen, empfiehlt es sich, den Inhalt der Bescheinigung vorher abzustimmen. [→ Rz. 339]

347

Ferner sind die in § 37 Abs. 4 AktG bezeichneten **Unterlagen im Original oder in beglaubigter Abschrift** beizufügen. Aus den unter § 37 Abs. 4 Nr. 5 AktG genannten Unterlagen ergibt sich das Erfordernis, dem Registergericht etwa erforderliche behördliche Genehmigungen nachzuweisen, wobei es sich in der Praxis insbesondere um Genehmigungserfordernisse nach dem Kreditwesengesetz oder der Gewerbeordnung handelt.[117] Sofern der Unternehmensgegenstand der Gesellschaft unter die Handwerksordnung fällt, stellt auch die Eintragung in die Handwerksrolle eine gemäß dieser Vorschrift nachzuweisende staatliche Genehmigung dar.[118]

348

---

115) BGH, Urt. v. 18.2.1991 – II ZR 104/90, BGHZ 113, 335, 350 = ZIP 1991, 511, 516 f = NJW 1991, 1754, dazu EWiR 1991, 1213 *(Frey)*; BGH, Urt. v. 13.7.1992 – II ZR 263/91, BGHZ 119, 177 = ZIP 1992, 1387 = NJW 1992, 3300.

116) *Butzke*, ZGR 1993, 474; *Röhricht*, in: Großkomm. z. AktG, § 37 Rz. 23 ff, 27; ähnlich MünchKomm-*Pentz*, AktG, § 37 Rz. 34 f; enger *Hüffer*, AktG, § 37 Rz. 3a.

117) Vgl. *Hüffer*, AktG, § 37 Rz. 14; weitere Genehmigungserfordernisse bei MünchKomm-*Pentz*, AktG, § 37 Rz. 34.

118) MünchKomm-*Pentz*, AktG, § 37 Rz. 85; *Röhricht*, in: Großkomm. z. AktG, § 37 Rz. 57.

Teil 3: Mitteilungen und Bekanntmachungen zum Aktienbesitz

Muster 3.1: Mitteilung über den Anteilsbesitz an einer börsennotierten Aktiengesellschaft nach § 21 Abs. 1 WpHG

I. Mustertext [→ Rz. 352 ff]

Y-SA   **349**

... [*Anschrift*]

Frankreich [→ Rz. 354]

An die
Bundesanstalt für Finanzdienstleistungsaufsicht
– Sektor Wertpapieraufsicht/Asset Management –
Lurgiallee 12

60439 Frankfurt am Main [→ Rz. 355]

und die

X-AG

... [*Anschrift*] [→ Rz. 355]

Mitteilung gemäß § 21 Abs. 1, § 22 Abs. 1, § 24 WpHG [→ Rz. 357]

Sehr geehrte Damen und Herren,

gemäß § 21 Abs. 1 WpHG teilen wir Ihnen mit, dass unser Stimmrechtsanteil   **350**
an der X-AG am ... die Schwelle von ... [*5, 10, 25, 50 oder 75*] % überschritten
hat. Unser Stimmrechtsanteil beträgt nunmehr ... %. Dies entspricht ...
Stimmen. Davon sind uns ... % der Stimmenrechte gemäß § 22 Abs. 1 Satz 1
Nr. ... WpHG zuzurechnen. [→ Rz. 357 ff]

Ferner teilen wir Ihnen unter Inanspruchnahme von § 24 WpHG analog mit,   **351**
dass der Stimmrechtsanteil der Y-Holding AG ... [*Anschrift*], an welcher uns
die Mehrheit der Stimmrechte zusteht, an der X-AG am ... die Schwelle von
... [*5, 10, 25, 50 oder 75*] % überschritten hat und nunmehr ... %, entsprechend ... Stimmen, beträgt. [→ Rz. 363]

Mit freundlichen Grüßen

...

Y-SA

II. Erläuterungen

1. Einleitung [→ Rz. 349 ff]

352 Bei börsennotierten Aktiengesellschaften müssen Aktionäre, deren Stimmrechtsanteile die in § 21 Abs. 1 WpHG genannten Prozentgrenzen erreichen, über- oder unterschreiten, dies der Gesellschaft bei Gefahr des Stimmrechtsausschlusses melden. Gleichzeitig muss die Mitteilung an die Bundesanstalt für Finanzdienstleistungsaufsicht (BaFin), Sektor Wertpapieraufsicht/Asset Management, gerichtet werden. Die Gesellschaft ihrerseits ist sodann verpflichtet, den ihr gemeldeten Stimmrechtsanteil in einem überregionalen Börsenpflichtblatt zu veröffentlichen. Die Mitteilungs- und Veröffentlichungspflicht dient der Transparenz im Wertpapierhandel und soll informierte Anlageentscheidungen der Marktteilnahme ermöglichen.[119] Das **Muster** betrifft die Meldung eines ausländischen Mutterunternehmens (der Y-SA) über unmittelbare und mittelbare gehaltene Beteiligungen des Mutterunternehmens sowie eines Tochterunternehmens (die Y-Holding AG) an der X-AG nach § 21 Abs. 1, § 22 Abs. 1, § 24 WpHG.

2. Meldepflichten

353 Die Meldepflichten bei Erreichen **bestimmter Stimmrechtsanteile** gemäß §§ 21 ff WpHG gelten für Anteile an Aktiengesellschaften mit Sitz in der Bundesrepublik Deutschland, deren Aktien im Inland, in einem Mitgliedstaat der Europäischen Union oder in einem anderen Mitgliedstaat des europäischen Wirtschaftsraums (EWR) an einem organisierten Markt (§ 2 Abs. 5 WpHG)[120] notiert sind. Das sind in Deutschland Gesellschaften, deren Aktien im amtlichen Markt (§§ 30 ff BörsG) oder im geregelten Markt (§§ 49 ff BörsG) notiert werden; nicht hingegen solche, deren Aktien lediglich in dem auf privatrechtlicher Grundlage eingerichteten Handel im Freiverkehr (§ 57 BörsG) gehandelt werden. Die Meldepflicht erstreckt sich damit auch auf Beteiligungen an Gesellschaften, die im Start Up Market der Hanseatischen Wertpapierbörse Hamburg, einem Handelssegment mit Zulassung zum geregelten Markt, notiert sind. Nicht erfasst sind hingegen Unternehmen im neuen Entry Standard, der ein Teilbereich des an der Frankfurter Wertpapierbörse eingerichteten Freiverkehrs ist. Keine Meldepflicht gemäß §§ 21 ff WpHG besteht außerdem bei Stimmrechtsveränderungen an Gesellschaften mit Sitz im

---

119) Muster und Hinweise der BaFin zu den Mitteilungs- und Veröffentlichungspflichten (in der Fassung vom 11.11.2005) finden sich unter www.bafin.de.

120) Die Definition des organisierten Markts entspricht derjenigen des „geregelten Markts" i. S. d. Art. 1 Nr. 13 der Wertpapierdienstleistungsrichtlinie 93/22/EWG vom 10.5.1993, ABl L 141/27. Bis zum Inkrafttreten des Wertpapiererwerbs- und Übernahmegesetzes (WpÜG) am 1.1.2002 galt die Meldepflicht nur für Gesellschaften, deren Aktien im amtlichen Markt (§§ 30 ff BörsG) gehandelt wurden.

Ausland und an Gesellschaften mit Sitz im Inland, die nur in Nicht-EU/EWR-Staaten zum Börsenhandel zugelassen sind.

Meldepflichtig ist jeder Aktionär, der den Tatbestand von § 21 Abs. 1, § 22   **354**
WpHG erfüllt. Anders als nach den aktienrechtlichen Mitteilungsvorschriften ist der Personenkreis der Meldepflichtigen nicht auf Unternehmen beschränkt; auch Privataktionäre und Konsortien,[121] Insolvenzverwalter[122] und Gesamt-handsgemeinschaften (insbesondere GbR, Erbengemeinschaften etc.), die die Aktien im Gesamthandsvermögen halten, können zur Mitteilung der Entwick-lung ihres Stimmrechtsanteils verpflichtet sein. [→ Rz. 349]

Die Meldepflicht besteht sowohl gegenüber der **Bundesanstalt für Finanz-**   **355**
dienstleistungsaufsicht als auch gegenüber der Gesellschaft. Die Meldung hat **unverzüglich** zu erfolgen, spätestens innerhalb von sieben Kalendertagen ab dem Zeitpunkt, zu dem der Meldepflichtige Kenntnis von der Schwellenwert-berührung hatte oder hätte haben müssen. [→ Rz. 349]

3. Sanktionen

Die Einhaltung der in §§ 21 ff WpHG vorgeschriebenen Melde- und Mittei-   **356**
lungspflichten ist doppelt sanktioniert: einmal als **Bußgeldtatbestand** gemäß § 39 WpHG, zum anderen ist der Meldepflichtige für die Dauer einer nicht er-füllten Meldepflicht gemäß § 28 WpHG mit dem **Verlust der Rechte** aus den ihm gehörenden oder zuzurechnenden Aktien bedroht. Dieser Rechtsverlust betrifft alle Rechte aus Aktien, d. h. sowohl Verwaltungs- als auch Vermögens-rechte mit Ausnahme der Ansprüche auf Bezugsrechte bei einer Kapitalerhö-hung aus Gesellschaftsmitteln.[123] In den Konzernzurechnungsfällen des § 22 Abs. 1 Satz 1 Nr. 1 WpHG ruhen bei einem Verstoß gegen die Mitteilungs-pflicht, etwa durch unvollständige Mitteilungen hinsichtlich der (un-)mittelbar beteiligten Tochterunternehmen, sämtliche Stimmrechte, die das herrschende Unternehmen hält bzw. die ihm zuzurechnen sind.[124] Sie leben, ebenso wie die sonstigen Rechte aus den Aktien, grundsätzlich erst wieder auf, wenn der Meldepflichtige seine zuvor verletzte(n) Meldepflicht(en) nacherfüllt hat. Le-diglich die Ansprüche auf Dividenden und Liquidationserlös können durch eine Nachmeldung rückwirkend wieder hergestellt werden, soweit die Verlet-zung der Meldepflicht nicht vorsätzlich erfolgte (§ 28 Satz 2 WpHG).

---

121) OLG Köln, Urt. v. 27.9.2001 – 18 U 49/01, ZIP 2001, 2089 = AG 2002, 89.
122) VG Frankfurt, Urt. v. 29.1.2004 – 9 E 4228/03, ZIP 2004, 469; zum Kreis der Melde-pflichtigen allgemein: *Hüffer*, AktG, Anh. § 22 Rz. 4; *Assmann/Schneider*, WpHG, § 21 Rz. 5 ff.
123) *Assmann/Schneider*, WpHG, § 28 Rz. 41; zur parallelen Problematik bei § 20 Abs. 7 AktG siehe *Hüffer*, in: Festschrift Boujong, S. 277, 285; *ders.*, AktG, § 20 Rz. 16 m. w. N.
124) LG Hamburg, Urt. v. 23.1.2002 – 411 O 9/01, AG 2002, 525, 526 f; *Assmann/Schneider*, WpHG, § 28 Rz. 43 ff.

4. Form und Inhalt der Mitteilung [→ Rz. 350]

357 Gesetzlich ist für die Meldung die **Schriftform** vorgeschrieben. Sie kann auch in elektronischer Form übermittelt werden (§ 126 Abs. 3, § 126a BGB). Telefax reicht zur Wahrung der Schriftform ebenfalls aus.[125] Es empfiehlt sich, die Meldung als eine Sache nach § 21 WpHG zu kennzeichnen. Die Mitteilung hat unverzüglich spätestens jedoch innerhalb von sieben Kalendertagen zu erfolgen. Maßgeblich ist der Zeitpunkt des Zugangs (§ 130 BGB) bei den Empfängern; Verzögerungen hat der Meldepflichtige zu vertreten.[126]

358 Eine vollständige **Meldung nach § 21 Abs. 1 WpHG** verlangt die Angabe

– des Erreichens, Überschreitens oder Unterschreitens der im Gesetz genannten Schwellenwerte für die Stimmrechtsanteile (5, 10, 25, 50 oder 75 %); bei Überschreiten mehrerer Schwellenwerte jedenfalls des Schwellenwerts, der dem ursprünglichen Stimmrechtsanteil am nächsten lag;

– des genau hierdurch erreichten Stimmrechtsanteils (auch wenn der 5 %-Anteil unterschritten wird); [127]

– des Namens und des Sitzes sowie der kompletten Anschrift des Meldepflichtigen und

– des Tages, an dem eine der genannten Schwellen erreicht, überschritten oder unterschritten wurde; maßgeblich ist hierbei jeweils der Zeitpunkt des dinglichen Rechtsübergangs. [→ Rz. 350]

359 Auch ein nur kurzfristiger **Durchgangserwerb** ist zu melden. Der genau erreichte Stimmrechtsanteil kann nicht immer mit Prozentangaben präzise berechnet werden. In diesen Fällen empfiehlt es sich – wie hier vorgeschlagen – zusätzlich zu leicht fassbaren Prozentangaben (zwei Stellen hinter dem Komma)[128] die absolute Zahl der gehaltenen Stimmrechte anzugeben. Entscheidend sind die Stimmrechtsanteile. Der Umfang der Beteiligung am Grundkapital der Gesellschaft ist (im Unterschied zu den Meldepflichten nach §§ 20 f AktG) nicht maßgeblich. Stimmrechtslose Vorzugsaktien sind also nicht meldepflichtig, es sei denn, das Stimmrecht lebt wieder auf (§ 140 Abs. 2 AktG).

360 Da es nicht nur auf die direkte Stimmrechtsbeteiligung ankommt, sondern auch auf die Möglichkeit eines Aktionärs, auf die Stimmrechtsausübung eines anderen Einfluss zu nehmen, sind auch **zuzurechnende Stimmrechte** anzugehen, und zwar gemäß § 22 Abs. 4 WpHG für jeden der Zurechnungstatbestände des § 22 Abs. 1 und 2 WpHG getrennt.[129] [→ Rz. 350]

---

125) BaFin, Hinweise zu den Mitteilungs- und Veröffentlichungspflichten gemäß §§ 21 ff WpHG vom 19.5.2004, i. d. F. v. 11.11.2005, veröffentlicht unter www.bafin.de.

126) *Assmann/Schneider*, WpHG, § 21 Rz. 86; krit. *Hüffer*, AktG, Anh § 22, Rz. 11.

127) BaFin, Hinweise zu den Mitteilungs- und Veröffentlichungspflichten gemäß §§ 21 ff WpHG vom 19.5.2004, i. d. F. v. 11.11.2005, veröffentlicht unter www.bafin.de.

128) LG München I, Beschl. v. 14.8.2003 – 5 HKO 13413/03, ZIP 2004 167.

129) Vgl. zu insoweit unvollständiger Mitteilung LG Hamburg, Urt. v. 23.1.2002 – 411 O 01/01, AG 2002, 525, 526 f.

Praxistipp:

Im Bereich der Meldepflichten nach §§ 21 ff WpHG ist wegen der strengen Sanktionen unbedingte Genauigkeit und Vollständigkeit erforderlich. In Zweifelsfällen gilt, dass besser zu viel als zu wenig gemeldet werden sollte. Sind komplizierte Erwerbstatbestände (etwa Kapitalerhöhungen) oder Zurechnungs- oder Konzerntatbestände involviert, empfiehlt sich die Inanspruchnahme anwaltlicher Hilfe.

§ 21 Abs. 1 WpHG geht in den Zurechnungsfällen des § 22 Abs. 1 und 2 WpHG grundsätzlich von einer **doppelten Meldepflicht** aus. Dies führt dazu, dass im Grundsatz mehrere Personen hinsichtlich desselben Stimmrechtsanteils meldepflichtig sein können, nämlich die eine Person, weil sie Aktionär ist, die andere, weil ihr Stimmrechte zugerechnet werden. In Treuhandverhältnissen besteht eine doppelte Meldepflicht des Treuhänders und der dahinter stehenden Gesellschaften gemäß § 22 Abs. 1 Nr. 2 bzw. 6 WpHG; verstößt der Treuhänder gegen seine Meldepflicht, so verliert der Anteilseigner seine Rechte aber nur in Fällen der Verwaltungstreuhand gemäß § 22 Abs. 1 Nr. 2 WpHG (vgl. § 28 Satz 1 WpHG).[130] Kein Fall der Verwaltungstreuhand liegt vor, wenn die Anteile über ein Spezial-Sondervermögen i. S. d. § 91 InvG gehalten werden, für das die Miteigentumslösung gewählt worden ist: Hier ist der Anleger selbst meldepflichtig gemäß § 21 Abs. 1 WpHG, weil ihm die Anteile gehören. Wegen ihrer gesetzlichen Ermächtigung zur Ausübung des Stimmrechts nach eigenem Ermessen ist auch die Kapitalanlagegesellschaft gemäß § 22 Abs. 1 Nr. 6 (und nicht etwa Nr. 2) WpHG meldepflichtig; eventuelle Verstöße wirken daher nicht zu Lasten des Anlegers.[131] Eine Ausnahme von der doppelten Meldepflicht gilt für Fälle der Sicherheitsübertragung nach § 22 Abs. 1 Nr. 3 WpHG.

361

Dem Meldepflichtigen werden auch Stimmrechte eines Dritten zugerechnet, mit dem der Meldepflichtige oder sein Tochterunternehmen sein Verhalten in Bezug auf die börsennotierte Gesellschaft aufgrund einer Vereinbarung oder in sonstiger Weise abstimmt. Dieser Zurechnungstatbestand des so genannten *acting in concert* ist identisch mit § 30 WpÜG. Ein *acting in concert* liegt beispielsweise im Falle eines Zusammenwirkens zum Zwecke des Erwerbs von Aktien an der Gesellschaft oder zum Zwecke des abgestimmten Haltens und Verwaltens bzw. der Veräußerung der Beteiligung vor.[132] Nicht erfasst ist hingegen die Vereinbarung über die Ausübung von Stimmrechten im Einzelfall.

362

---

130) LG München II, Beschl. v. 6.5.2004 – 4 HKO 929/04, AG 2005, 52, 53 f; wegen Einzelheiten zu Treuhandverhältnissen siehe *Assmann/Schneider*, WpHG, § 22 Rz. 51 ff, 119 ff.

131) OLG Stuttgart, Urt. v. 10.11.2004 – 20 U 16/03, NZG 2005, 432.

132) *Assmann/Schneider*, WpHG, § 22 Rz. 154 ff; *Schockenhoff/Schumann*, ZGR 2005, 568. Aus der Rechtsprechung zum *acting in concert* (zu § 30 WpÜG): OLG München, Urt. v. 27.4.2005 – 7 U 2792/04, ZIP 2005, 856 = BB 2005, 1411; OLG Frankfurt/M., Beschl. v. 25.6.2004 – WpÜG 5, 6 und 8/03, ZIP 2004, 1309 = NZG 2004, 865; OLG Stuttgart, Urt. v. 10.11.2004 – 20 U 16/03, ZIP 2005, 2232 = AG 2005, 125.

363 Im Muster ist der Fall einer **Konzernzurechnung** nach § 22 Abs. 1 Nr. 2 WpHG dargestellt, die der **Verfahrensvereinfachung nach § 24 WpHG** unterfällt. Nach dieser Vorschrift muss das Unternehmen, das die Aktien selbst hält, nicht melden, wenn das Mutterunternehmen, dem die Aktien zugerechnet werden, meldet. Da die zusammengefasste Meldung mehrere Einzelmeldungen gemäß § 21 Abs. 1 WpHG ersetzen soll, sind in ihr sämtliche betroffenen Tochterunternehmen mit Firma, Anschrift, den jeweiligen Stimmrechtsanteilen, Zurechnungstatbeständen und betroffenen Schwellenwerten aufzuführen. Das Muster geht von einem grenzüberschreitenden Sachverhalt aus. Dem Wertpapierhandelsgesetz selbst und den Kommentierungen hierzu lässt sich nicht eindeutig entnehmen, dass § 24 WpHG bei grenzüberschreitenden Sachverhalten anwendbar ist. Da jedoch die Vorschriften über die Konzernrechnungslegung innerhalb der Europäischen Union harmonisiert sind (vgl. § 291 HGB), ist davon ausgehen. In der Praxis wird eine analoge Anwendung des § 24 WpHG toleriert. Alternativ zu mehreren Einzelmeldungen bzw. der Meldung gemäß § 24 WpHG wäre auch die – nicht im Gesetz geregelte – Abgabe einer gemeinsamen Mitteilung durch mehrere Meldepflichtige zulässig.[133] [→ Rz. 351]

Praxistipp:
Die Meldepflichten nach § 21 WpHG werden nicht nur durch das Erreichen, Überschreiten oder Unterschreiten der dort genannten Schwellen ausgelöst, sondern notwendigerweise auch aufgrund einer erstmaligen Notierung von Aktien einer Gesellschaft in einem organisierten Markt durch erstmalige Zulassung der Aktien oder durch den Wechsel vom Freiverkehr in den amtlichen oder den geregelten Markt. Dieser ursprünglich nicht geregelte Fall ist durch das Dritte Finanzmarktförderungsgesetz nunmehr in § 21 Abs. 1a WpHG angesprochen und betrifft Aktionäre mit einer Beteiligung von 5 % und mehr. Insoweit kommt es auf die zum Zeitpunkt der Zulassung, der sich aus dem Zulassungsbeschluss ergibt, gehaltenen Stimmrechte an.

364 Abschließend sei darauf hingewiesen, dass auf schriftlichen Antrag an die Bundesanstalt für Finanzdienstleistungsaufsicht sowohl Stimmrechte bei der Berechnung der Stimmrechtsanteile nach § 21 Abs. 1 WpHG ausgenommen als auch Veröffentlichungspflichten nach § 25 Abs. 1 WpHG erleichtert werden können (§§ 23, 25 Abs. 4 WpHG). Es empfiehlt sich eher, von diesen Antragsmöglichkeiten Gebrauch zu machen, als die Veröffentlichungspflichten auf die leichte Schulter zu nehmen oder sich in Zweifelsfällen gegen eine Anwendbarkeit des Gesetzes zu entscheiden.

---

133) BaFin, Hinweise zu den Mitteilungs- und Veröffentlichungspflichten gemäß §§ 21 ff WpHG vom 19.5.2004, i. d. F. v. 11.11.2005, veröffentlicht unter www.bafin.de.

Muster 3.2: Bekanntmachung der betroffenen börsennotierten Aktiengesellschaft nach § 25 Abs. 1 WpHG

I. Mustertext [→ Rz. 366 ff]

X-AG, ... [*Ort*]   **365**

Veröffentlichung nach § 25 Abs. 1 WpHG

(1) Die Y-SA, Paris, Frankreich, hat uns nach § 21 Abs. 1 WpHG mitgeteilt, dass ihr Stimmrechtsanteil an unserer Gesellschaft am ... die Schwelle von ... [*5, 10, 25, 50 oder 75*] % überschritten hat. Ihr Stimmrechtsanteil beträgt nunmehr ... %. Dies entspricht ... Stimmen. Davon sind ihr ... % der Stimmrechte gemäß § 22 Abs. 1 Satz 1 Nr. ... zuzurechnen.

(2) Die Y-SA, Paris, Frankreich, hat uns darüber hinaus unter Inanspruchnahme von § 24 WpHG analog mitgeteilt, dass der Stimmrechtsanteil der Y-Holding AG, ... [*Ort*], an welcher ihr die Mehrheit der Stimmrechte zusteht, an unserer Gesellschaft am ... die Schwelle von ... [*5, 10, 25, 50 oder 75*] % überschritten hat und nunmehr ... %, entsprechend ... Stimmen, beträgt.

... [*Ort*], im ... [*Monat*] ... [*Jahr*]

X-AG

Der Vorstand

II. Erläuterungen [→ Rz. 365]

Die börsennotierte Gesellschaft, die eine Stimmrechtsmitteilung gemäß § 21   **366**
Abs. 1 oder 1a WpHG erhalten hat, muss gemäß § 25 WpHG diese **unverzüglich**, spätestens jedoch nach neun Kalendertagen, in einem überregionalen **Börsenpflichtblatt** veröffentlichen. Die Gesellschaft muss sodann der Bundesanstalt für Finanzdienstleistungsaufsicht unverzüglich einen **Beleg über die Veröffentlichung** übersenden. Die früher darüber hinaus vorgeschriebene Hinweisbekanntmachung auf die Veröffentlichung im Börsenpflichtblatt im Bundesanzeiger ist durch das Dritte Finanzmarktförderungsgesetz vom 24. März 1998 weggefallen. Die zur Veröffentlichung in Betracht kommenden Börsenpflichtblätter sind bei der jeweiligen Börse gemeldet und gemäß § 31 Abs. 4 Satz 1 BörsG bekannt gemacht. Allerdings stellt das Gesetz ausdrücklich auf überregionale Börsenpflichtblätter ab, so dass nicht jedes der von den Regionalbörsen zum Börsenpflichtblatt benannten Publikationsorgane in Betracht kommt. Als überregionale Börsenpflichtblätter erkennt die Bundesanstalt derzeit die Börsenzeitung, die Financial Times Deutschland, die Frank-

furter Allgemeine Zeitung, die Frankfurter Rundschau, das Handelsblatt, die Süddeutsche Zeitung und Die Welt – nicht aber den Bundesanzeiger – an.[134]

367   Der **Inhalt der Veröffentlichung** nach § 25 Abs. 1 WpHG richtet sich strikt nach dem, was der Gesellschaft vom Meldepflichtigen mitgeteilt worden ist. Zulässig sind nur redaktionelle Korrekturen. Nachweise darf die Gesellschaft nicht verlangen, diese Befugnis steht nach § 27 WpHG nur der Bundesanstalt für Finanzdienstleistungsaufsicht zu. Ist die der Gesellschaft zugegangene Mitteilung derart unvollständig, dass sich aus ihr kein für eine Veröffentlichung hinreichender, kapitalmarktrechtlicher Informationskern ergibt (dahin gehend, dass ein Meldepflichtiger eine Meldeschwelle erreicht, über- oder unterschritten hat), liegt eine „Nichtmeldung" vor, die für die Gesellschaft keine Veröffentlichungspflicht auslöst. Enthält die Meldung jedoch einen kapitalmarktrechtlichen Informationskern, ist sie aber im Übrigen unvollständig, so muss die Gesellschaft zunächst den/die Meldepflichtigen zur Ergänzung auffordern, dann jedoch innerhalb der ihr auferlegten Neuntagesfrist gegebenenfalls auch unvollständig veröffentlichen. Auch inhaltlich unrichtige oder irreführende Meldungen sind grundsätzlich unverändert und innerhalb der Neuntagesfrist zu veröffentlichen, es sei denn, dass die Bundesanstalt für Finanzdienstleistungsaufsicht die Gesellschaft auf deren Antrag hin von der Veröffentlichungspflicht befreit hat.[135]

368   Erwähnenswert ist, dass nach dem Wortlaut von § 25 Abs. 1 WpHG eine Veröffentlichung der vollständigen Anschrift des Meldepflichtigen nicht erforderlich ist. Die Angabe des Wohnortes bei natürlichen Personen bzw. des Gesellschaftssitzes bei Gesellschaften ist vielmehr ausreichend.

369   Zu beachten ist die Bekanntgabepflicht bei dem **Erwerb oder der Veräußerung eigener Aktien** gemäß § 25 Abs. 1 Satz 3 WpHG. Sie ersetzt zugleich die Mitteilung nach § 21 Abs. 1 WpHG, die in dieser Sonderkonstellation überflüssig wäre. Dies gilt entsprechend, wenn durch Einziehung eigener Aktien Schwellenwerte unterschritten werden. Bei der Berechnung des Grundkapitals bleibt die Tatsache, dass der Gesellschaft aus diesen Aktien keine Stimmrechte zustehen, außer Betracht.

370   Kommt die Gesellschaft ihrer Veröffentlichungspflicht nicht oder nicht ordnungsgemäß nach, kann die Bundesanstalt für Finanzdienstleistungsaufsicht die Veröffentlichung auf Kosten der Gesellschaft selbst vornehmen (§ 28 Abs. 3 WpHG). Außerdem kann sie der Gesellschaft ein Bußgeld auferlegen (§ 39 WpHG).

---

134) BaFin, Muster einer Mitteilung und Veröffentlichtung vom 19.5.2004, i. d. F. v. 11.11.2005, veröffentlichtunter www.bafin.de.

135) Zum Inhalt der Veröffentlichung siehe *Assmann/Schneider*, WpHG, § 25 Rz. 9 ff.

Die Bundesanstalt für Finanzdienstleistungsaufsicht unterhält auf ihrer Inter-   **371**
net-Homepage (www.bafin.de) eine jedermann zugängliche Datenbank, in der
die ihr mitgeteilten bedeutenden Stimmrechtsanteile gemäß §§ 21 ff WpHG
aufgeführt sind. Der Disclaimer der Bundesanstalt, wonach die Datenbank in
keinem Fall als Nachweis dafür dienen kann, dass die Mitteilungspflichten erfüllt oder nicht erfüllt wurden, ist ernst zu nehmen, da es hier aufgrund der
Bearbeitung durch die BaFin durchaus zu Abweichungen zwischen tatsächlich
eingegangenen und veröffentlichten Mitteilungen kommen kann.

Muster 3.3: Belegübersendung nach § 25 Abs. 3 WpHG

I. Mustertext [→ Rz. 373 ff]

372   X-AG [*Name und Anschrift der AG*]

An die
Bundesanstalt für Finanzdienstleistungsaufsicht
– Sektor Wertpapieraufsicht/Asset Management –
Lurgiallee 12

60439 Frankfurt am Main

Veröffentlichung gemäß § 25 Abs. 1 WpHG

Sehr geehrte Damen und Herren,

anbei erhalten sie gemäß § 25 Abs. 3 WpHG ein Belegexemplar unserer Veröffentlichung in ... [Name des überregionalen Börsenpflichtblattes] vom ... .

Mit freundlichen Grüßen

...

X-AG

II. Erläuterungen [→ Rz. 372]

373   Gemäß § 25 Abs. 3 WpHG ist die Gesellschaft verpflichtet, der Bundesanstalt für Finanzdienstleistungsaufsicht unverzüglich nach Erscheinen der Meldung einen Beleg über die veranlasste Veröffentlichung zu übersenden. Dies kann beispielsweise durch Beilage des entsprechenden Exemplars des Börsenpflichtblatts geschehen; nicht ausreichen dürften die bloße Übersendung einer Kopie des Korrekturabzugs,[136] des Veröffentlichungsauftrags oder der Rechnung.[137]

374   In § 25 Abs. 4 WpHG sind Sachverhalte genannt, unter welchen die Gesellschaft von der Bundesanstalt für Finanzdienstleistungsaufsicht die Befreiung von der Veröffentlichungspflicht verlangen kann.

---

136) OLG Frankfurt/M., Beschl. v. 22.4.2003 – WpÜG-Owi 3/02, ZIP 2003, 2117 = NJW 2003, 2111 (zum vergleichbaren Fall des § 27 Abs. 3 WpÜG).
137) *Assmann/Schneider*, WpHG, § 25 Rz. 33.

Die Bundesanstalt erstellt auf der Basis der veröffentlichten Stimmrechtsantei-   **375**
le eine allgemein zugängliche konsolidierte Übersicht über die Stimmrechtsanteile an deutschen Gesellschaften, die zum Handel an einem organisierten
Markt zugelassen sind. Die Daten werden auf der Grundlage der Veröffentli-
chungsbelege aktualisiert, die die börsennotierten Gesellschaften übersandt
haben (oben Rz. 371).

Muster 3.4: Mitteilung über den Aktienbesitz an einer nicht börsennotierten Aktiengesellschaft nach § 20 AktG

I.   **Mustertext** [→ Rz. 379 ff]

376 **Variante 1: Erwerb einer unmittelbaren Beteiligung** [→ Rz. 381]

Y-GmbH

… [*Anschrift*]

An die X-AG

… [*Anschrift*]

Mitteilung über den Erwerb einer Beteiligung gemäß § 20 Abs. 1 AktG

Sehr geehrte Damen und Herren,

gemäß § 20 Abs. 1 AktG teilen wir Ihnen mit, dass unsere Beteiligung an Ihrer Gesellschaft unmittelbar mehr als den vierten Teil der Aktien erreicht hat.

Mit freundlichen Grüßen

…

X-GmbH

377 **Variante 2: Erwerb einer Beteiligung kraft Zurechnung** [→ Rz. 381]

Z-AG

… [*Anschrift*]

An die Y-AG

… [*Anschrift*]

Mitteilung über den Erwerb einer Beteiligung gemäß § 20 Abs. 1 i. V. m. § 16 Abs. 4 AktG

Sehr geehrte Damen und Herren,

die X-GmbH hat eine Beteiligung an Ihrer Gesellschaft von mehr als 25 % des Grundkapitals erreicht. Die Geschäftsanteile der X-GmbH stehen im Eigentum unserer Gesellschaft. Gemäß § 20 Abs. 1 i. V. m. § 16 Abs. 4 AktG teilen wir Ihnen mit, dass uns damit mehr als der vierte Teil der Aktien an Ihrer Gesellschaft gehört.

Mit freundlichen Grüßen

…

Z-AG

Variante 3: Verlust einer Mehrheitsbeteiligung kraft Zurechnung   378
[→ Rz. 381]

Z-AG

… [*Anschrift*]

An die Y-AG

… [*Anschrift*]

Mitteilung über den Wegfall einer Mehrheitsbeteiligung gemäß § 20 Abs. 5 AktG

Sehr geehrte Damen und Herren,

wir teilen Ihnen gemäß § 20 Abs. 5 AktG mit, dass wir nicht mehr über eine Mehrheitsbeteiligung an Ihrer Gesellschaft verfügen. Uns gehört jedoch weiterhin mehr als der vierte Teil der Aktien Ihrer Gesellschaft, da uns die von der von uns abhängigen X-GmbH gehaltenen Aktien gemäß § 20 Abs. 1 i. V. m. § 16 Abs. 4 AktG zuzurechnen sind.

Mit freundlichen Grüßen

…

Z-AG

II. Erläuterungen [→ Rz. 376 ff]

Die Mitteilungs- und Publizitätspflicht aus § 20 AktG soll den anderen Aktio-   379
nären, Gläubigern und der Öffentlichkeit Kenntnis von Mehrheits- und Marktverhältnissen verschaffen und Rechtssicherheit bezüglich der Rechtsnormen gewähren, die an das Vorliegen einer Mehrheitsbeteiligung anknüpfen. Mit Inkrafttreten des Dritten Finanzmarktförderungsgesetzes vom 24. März 1998 ist das bisherige Nebeneinander der Meldepflichten nach §§ 21 ff WpHG und § 20 AktG beseitigt worden. Gemäß § 20 Abs. 8 AktG gelten nunmehr

die Meldepflichten nach § 20 AktG nicht mehr für diejenigen Gesellschaften mit Sitz im Inland, deren Aktien am organisierten Markt (amtlicher oder geregelter Handel) einer inländischen oder EU-/EWR-Börse zugelassen sind. Die Mitteilungspflichten nach § 20 AktG betreffen demnach **sämtliche anderen nicht börsennotierten Gesellschaften mit Sitz im Inland**, insbesondere auch solche, deren Anteile im Freiverkehr (§ 57 BörsG) gehandelt werden.

380   Die **Sanktionen** zur Einhaltung der Veröffentlichungspflichten nach § 20 AktG sind in Absatz 7 enthalten und sind nunmehr denjenigen in § 28 WpHG angeglichen. Insofern kann auf die obigen Ausführungen (Rz. 356) verwiesen werden. Als Ordnungswidrigkeit ist der in § 405 Abs. 3 Nr. 5 AktG genannte Fall der Ausübung von Stimmrechten entgegen § 20 Abs. 7 AktG sanktioniert.

381   **Variante 1** des Musters (Rz. 376) betrifft die Meldung aufgrund des Erwerbs einer unmittelbaren Beteiligung von mehr als 25 % des Grundkapitals an einer nicht börsennotierten AG. **Variante 2** (Rz. 377) des Musters betrifft die Meldung aufgrund des Erwerbs einer Beteiligung kraft Zurechnung von mehr als 25 % des Grundkapitals an einer nicht börsennotierten Aktiengesellschaft. In **Variante 3** (Rz. 378) des Musters geht es um die Meldung aufgrund des Verlusts einer Mehrheitsbeteiligung kraft Zurechnung an einer nicht börsennotierten AG.

382   Die Erfüllung der Mitteilungspflichten setzt, wie in § 21 WpHG, die Einhaltung der **Schriftform** voraus; Telefaxübermittlung reicht.[138] Besondere Anforderungen an den **Inhalt der Mitteilung** stellt § 20 AktG nicht; aus ihr muss für die betroffene Aktiengesellschaft als Mitteilungsempfängerin lediglich ersichtlich sein, welchem Unternehmen die Beteiligung zusteht bzw. zuzurechnen ist und ob eine Mitteilung nach Absatz 1, 3, 4 oder 5 des § 20 AktG vorliegt.[139] Nicht erforderlich ist die Angabe der genauen Beteiligungshöhe und ihrer Zusammensetzung in Zurechnungsfällen. Im Gegensatz zu § 21 Abs. 1 WpHG verlangt § 20 Abs. 1 AktG die „unverzügliche" Meldung.[140] Ein Nachweis der Beteiligung ist nur auf Aufforderung zu erbringen (§ 22 AktG). Anderweitige Kenntnis ersetzt die Mitteilung nicht.[141]

383   Im Übrigen unterscheiden sich die Meldepflichten nach § 20 AktG jedoch erheblich von den kapitalmarktrechtlichen Meldepflichten der §§ 21 ff WpHG. **Meldepflichtig** gemäß § 20 AktG sind nur Unternehmen, nicht Aktionäre oh-

---

138) BGH, Urt. v. 1.7.1987 – IVb ZR 97/85, BGHZ 101, 225, 230 = NJW 1987, 2673; *Hüffer*, AktG, § 20 Rz. 8; *Windbichler*, in: Großkomm. z. AktG, § 20 Rz. 140.
139) *Hüffer*, AktG, § 20 Rz. 8.
140) Auch § 21 Abs. 1 Satz 1 WpHG verlangt seinem Wortlaut nach eine „unverzügliche" Meldung, setzt zugleich aber eine Frist „spätestens innerhalb von sieben Kalendertagen".
141) *Hüffer*, AktG, § 20 Rz. 8; KG, Beschl. v. 14.6.1990 – 2 W 1088/90, ZIP 1990, 925 f = AG 1990, 500 f, dazu EWiR 1990, 845 *(Günther)*; LG Berlin, Beschl. v. 11.9.1978 – 98 T 18/78, AG 1979, 109; LG Oldenburg, Urt. v. 21.10.1993 – 11 O 4033/92, AG 1994, 137.

ne Unternehmenseigenschaft.[142] Die **Schwellenwerte** knüpfen an die **Kapital-anteile** von 25 % und 50 %, nicht jedoch an die Stimmrechte an. Die Stimm-rechte können nur im Kontext der Mehrheitsbeteiligung gemäß § 20 Abs. 4 i. V. m. § 16 Abs. 1 AktG relevant werden. Dies bedeutet, dass es auf die Ak-tiengattung nicht ankommt und dass auch stimmrechtslose Vorzugsaktien eine Mitteilungspflicht auslösen können. § 20 Abs. 5 AktG ordnet ausdrücklich die Mitteilungspflicht beim Wegfall bestehender mitteilungspflichtiger Beteiligun-gen an.

Erheblich abweichend von der kapitalmarktrechtlichen Mitteilungspflicht sind die **Zurechnungen**, die § 20 AktG eröffnet. Zunächst erfasst § 20 Abs. 1 Satz 2 AktG den Fall des Haltens durch abhängige Unternehmen oder für Rechnung (§ 16 Abs. 4 AktG). Sodann werden in § 20 Abs. 2 Nr. 1 und 2 AktG die Konstellationen eines bestehenden Übereignungsanspruchs oder einer Abnahmepflicht erfasst. Hierunter fallen insbesondere Optionen und Rechte aus bindenden Angeboten. Bei dem Entstehen solcher Mitteilungs-pflichten findet keine Absorption statt, so dass herrschendes und abhängiges oder sonstiges drittes Unternehmen ohne Rücksicht auf weitere Meldepflich-ten aufgrund von Zurechnungen selbst meldepflichtig sind.[143]   384

Der Erwerb einer 25 % der Anteile übersteigenden Beteiligung ohne Anwen-dung der Zurechnungsvorschriften nach § 20 Abs. 2 AktG ist gemäß § 20 Abs. 3 AktG gesondert meldepflichtig, wenn der Erwerber eine Kapitalgesell-schaft ist. Hintergrund dieser gesonderten Meldepflicht sind die besonderen Rechtsfolgen, die der Gesetzgeber an das Vorliegen einer wechselseitigen Be-teiligung zwischen Kapitalgesellschaften mit Sitz im Inland knüpft (vgl. § 19 Abs. 1 i. V. m. § 328 AktG: Mitteilungspflichten und Ausübungsbeschränkun-gen). Der Gesetzeswortlaut des § 20 Abs. 3 AktG ist daher einschränkend so zu verstehen, dass die gesonderte Meldepflicht nur Kapitalgesellschaften mit Sitz im Inland trifft. Es ist streitig, ob sie im Falle der Börsennotierung gemäß § 20 Abs. 8 AktG entfällt, wie es nach dem Wortlaut des Gesetzes der Fall sein müsste.[144] Eine Verfahrenserleichterung wie § 24 WpHG ist im Aktiengesetz nicht vorgesehen. In der vorgestellten Variante 2 muss also die konzernzuge-hörige GmbH auch selbst melden.   385

---

142) Der Begriff Unternehmen ist im Aktiengesetz in § 15 enthalten, jedoch nicht definiert. Maßgeblich ist die neben der Beteiligung an der Aktiengesellschaft bestehende anderwei-tige wirtschaftliche Interessenbindung. Die Rechtsform ist ohne Belang, erfasst also auch Privatpersonen. Schwierigkeiten bei der Normanwendung gibt es insbesondere bei Stimmrechtskonsortien, Gesellschaften bürgerlichen Rechts, insbesondere in der Konstellation familiär verbundener Aktionäre, vgl. *Hüffer*, AktG, § 15 Rz. 9 ff; *Koppensteiner*, in: Kölner Komm. z. AktG, § 15 Rz. 38; MünchKomm-*Bayer*, AktG, § 15 Rz. 29; BGH, Urt. v. 18.6.2001 – II ZR 212/99, ZIP 2001, 1323 = BB 2001, 1597, dazu EWiR 2001, 1079 *(Kort)*.

143) BGH, Urt. v. 24.7.2000 – II ZR 168/99, ZIP 2000, 1723; siehe auch *Hüffer*, AktG, § 20 Rz. 3 m. w. N.

144) Vgl. dazu *Windbichler*, in: Großkomm. z. AktG, § 20 Rz. 33.

Muster 3.5: Bekanntmachung der betroffenen nicht börsennotierten Aktiengesellschaft nach § 20 Abs. 6 AktG

I.   Mustertext [→ Rz. 387]

386   Y-AG, … [*Ort*]

Bekanntmachung gemäß § 20 Abs. 6 AktG

Die Z-AG, … [*Ort*], hat uns mit Schreiben vom … gemäß § 20 Abs. 1 AktG mitgeteilt, dass ihr unmittelbar mehr als der vierte Teil der Aktien an der Y-AG gehört.

… [*Ort*]… [*Datum*]

Der Vorstand

II.   Erläuterungen [→ Rz. 386]

387   Die Pflicht der betroffenen Gesellschaft zur Veröffentlichung einer Beteiligung, die ihr gemeldet worden ist, folgt aus § 20 Abs. 6 AktG. Die Veröffentlichung muss unverzüglich in den Gesellschaftsblättern, in der Regel also nur im elektronischen Bundesanzeiger erfolgen. Bis zu einem eventuellen Nachweis der mitgeteilten Beteiligung, den die Gesellschaft gemäß § 22 AktG verlangen kann, darf nicht gewartet werden.

Muster 3.6: Mitteilung nach § 21 AktG

I.   Mustertext [→ Rz. 389 f]

Y-AG   **388**

... [*Anschrift*]

An die

X-GmbH

... [*Anschrift*]

Mitteilung über den Erwerb einer Beteiligung gemäß § 21 Abs. 1 AktG

Sehr geehrte Damen und Herren,

gemäß § 21 Abs. 1 AktG teilen wir Ihnen mit, dass wir zu mehr als dem vierten Teil am Stammkapital Ihrer Gesellschaft beteiligt sind.

Mit freundlichen Grüßen

...

Y-AG

II. Erläuterungen [→ Rz. 388]

Im Unterschied und ergänzend zu § 20 AktG, der Mitteilungspflichten von   **389**
Unternehmen betreffend ihre Beteiligung an einer Aktiengesellschaft regelt,
statuiert § 21 AktG spezielle Mitteilungspflichten einer Aktiengesellschaft betreffend ihre **Beteiligungen an anderen Kapitalgesellschaften**. Danach ist eine
Aktiengesellschaft bei Erreichen und Unterschreiten einer Beteiligung von
mehr als dem vierten Teil der Anteile an einer anderen Kapitalgesellschaft
(AG, KGaA, GmbH) verpflichtet, dies dem Unternehmen, an dem die Beteiligung besteht, mitzuteilen (§ 21 Abs. 1, 3 AktG). Sie wird außerdem meldepflichtig mit Erwerb oder Verlust einer Mehrheitsbeteiligung nach § 16 Abs. 1
AktG (oder den hierzu geltenden Zurechnungsregeln) an einem anderen Unternehmen beliebiger Rechtsform (§ 21 Abs. 2, 3 AktG). Die Vorschrift ist
durch die Neuregelung der Sanktionen im Rahmen des Dritten Finanzmarktförderungsgesetzes an die Bestimmungen des § 20 Abs. 7 AktG angelehnt
worden und bedarf verschärfter Beachtung. Sind auf beiden Seiten Aktien-

gesellschaften beteiligt, so können Mitteilungspflichten sowohl nach § 20 Abs. 1 und 3 AktG als auch nach § 21 Abs. 1 AktG begründet sein.[145]

390 § 21 AktG ist nur anwendbar auf Aktiengesellschaften mit Sitz in der Bundesrepublik Deutschland und bezieht sich lediglich auf Beteiligungen an deutschen Gesellschaften. Maßgeblich ist insoweit der Verwaltungssitz. Die Meldepflichten gelten gemäß § 21 Abs. 5 AktG ferner nicht für börsennotierte Gesellschaften i. S. v. § 21 Abs. 2 WpHG. Hierfür gilt § 21 Abs. 1 WpHG bereits unmittelbar. Bei wechselseitig beteiligten Unternehmen sind die weitergehenden Mitteilungspflichten gemäß § 328 Abs. 3 AktG zu beachten. Im Übrigen kann für die Anwendung von § 21 AktG auf die Ausführungen zu § 20 AktG (oben Rz. 379 ff) verwiesen werden. Veröffentlichungspflichten der Kapitalgesellschaften bzw. des anderen Unternehmens, die Empfänger einer solchen Mitteilung sind, sind nicht vorgesehen.[146]

Praxistipp:
Die einer Aktiengesellschaft nach § 21 AktG auferlegten Meldepflichten werden häufig übersehen. Sie entstehen regelmäßig bei dem Erwerb von Beteiligungen oder bei einer Konzernumstrukturierung bzw. Holdingbildung (gegebenenfalls auch durch Maßnahmen nach dem Umwandlungsgesetz), ohne dass die Beteiligten hieran denken. Im Hinblick darauf, dass nach ständiger Rechtsprechung jede anderweitig erlangte Kenntnis der anderen Kapitalgesellschaft bzw. des anderen Unternehmens bestehende Mitteilungspflichten nicht ersetzt, insbesondere also auch nicht die Ausübung von Stimmrechten, Anhangsangaben zum Jahresabschluss (§ 285 Nr. 11 HGB) oder Beteiligungslisten oder sonstige Registrierungen von Anteilsbesitz (§ 40 GmbHG, § 67 AktG) ausreichen, ist eine gesonderte Mitteilung jedenfalls empfehlenswert.[147]

---

145) MünchKomm-*Bayer*, AktG, § 21 Rz. 5; a. A. *Hüffer*, AktG, § 20 Rz. 1, der von einem Vorrang der Mitteilungspflicht nach § 20 AktG ausgeht.
146) Zu weiteren Einzelheiten siehe MünchKomm-*Bayer*, AktG, § 21 Rz. 1 ff.
147) Anderweitige Kenntnis: BGH, Urt. v. 22.4.1991 – II ZR 231/90, BGHZ 114, 203, 213 = ZIP 1991, 719, 722 = NJW 1991, 2765, dazu EWiR 1991, 745 *(Krieger)*; KG AG 1990, 500, 501; *Windbichler*, in: Großkomm. z. AktG, § 20 Rz. 54; *Koppensteiner*, in: Kölner Komm. z. AktG, § 20 Rz. 7, 16; MünchKomm-*Bayer*, AktG, § 20 Rz. 10; siehe auch oben Rz. 382.

Teil 4: Vorstand

Muster 4.1: Bestellung und Abberufung von Vorstandsmitgliedern

I. Mustertext [→ Rz. 397 ff]

Protokoll (Auszug)

über die Sitzung des Aufsichtsrats der ... AG in ... am ...

391

Anwesenheit: ...

Der Vorsitzende stellte die ordnungsgemäße Einladung und die Beschlussfähigkeit fest.

Die festgelegte und mit der Einladung übersandte Tagesordnung wurde wie folgt erledigt:

...

zu TOP ...

Widerruf der Bestellung und Kündigung des Anstellungsvertrages des Vorstandsmitglieds ... [*Vorname, Name*].

392

Der Aufsichtsrat hat in geheimer Abstimmung einstimmig beschlossen:

a) Die Bestellung von Herrn ... [*Vorname, Name*], geboren am ..., als Mitglied des Vorstands wird mit sofortiger Wirkung [*alternativ: mit Wirkung zum ...*] widerrufen. Der Anstellungsvertrag zwischen der Gesellschaft und Herrn ... [*Vorname, Name*] wird mit sofortiger Wirkung [*alternativ: mit Wirkung zum ...*] gekündigt. [→ Rz. 397 f]

... [*Eventuell Gründe ausführen.*] [→ Rz. 400]

393

b) Der Vorsitzende des Aufsichtsrats wird ermächtigt, den Widerruf der Bestellung und die Kündigung des Anstellungsvertrags Herrn ... mitzuteilen. [→ Rz. 402 f]

394

zu TOP ...

Bestellung und Ernennung von sowie Abschluss von Anstellungsverträgen mit zwei neuen Vorstandsmitgliedern:

a) Herr ... [*Vorname, Name*], geboren am ..., und Herr ... [*Vorname, Name*], geboren am ..., werden für die Dauer von fünf Jahren zu Vorstandsmitgliedern der ... AG bestellt. Ihre Amtszeit beginnt mit ihrer Bestellung [*alternativ: am ...*]. Gemäß § ... der Satzung vertreten sie die Gesellschaft gemeinschaftlich mit den anderen Mitgliedern des Vorstands oder mit einem Prokuristen. Ist einer von ihnen alleiniger Vorstand, so vertritt er die Gesellschaft allein. [→ Rz. 404]

395

b) Die dem Aufsichtsrat vorliegenden Anstellungsverträge werden genehmigt. [*Alternativ: Der Abschluss der Anstellungsverträge mit den neuen Vorstandsmitgliedern wird dem Präsidialausschuss übertragen.*] Der Aufsichtsratsvor-

396

sitzende wird ermächtigt, die Anstellungsverträge mit den Vorstandsmitgliedern abzuschließen. [→ Rz. 408]

... [*Ort*], den ... [*Datum*]

...

[*Unterschriften des Vorsitzenden und des Protokollführers*]

II. Erläuterungen [→ Rz. 391 ff]

1. Beschlussfassung

397 Die Bestellung und Abberufung der Vorstandsmitglieder sowie der Abschluss und die Kündigung oder Aufhebung der Anstellungsverträge **obliegt ausschließlich dem Aufsichtsrat** der Aktiengesellschaft (§ 84 Abs. 1 AktG). Über die Bestellung und die Abberufung muss in jedem Fall der Gesamtaufsichtsrat beschließen. Das Handeln eines Ausschusses oder des Vorsitzenden ohne Beschluss des gesamten Aufsichtsrats reicht nicht. Allerdings kann die Vorbereitung der Bestellung sowie die Festlegung der Bedingungen des Anstellungsvertrags, wie in der Alternative vorgeschlagen, einschließlich der Vergütung einem Aufsichtsratsausschuss nach § 107 Abs. 3 AktG übertragen werden (vgl. auch die entsprechende Anregung für börsennotierte Gesellschaften in Ziffer 5. 1. 2 Abs. 1 Satz 3 DCGK). Die Empfehlung in Ziffer 5.1.2 Abs. 1 Satz 2 DCGK, wonach der Aufsichtsrat gemeinsam mit dem Vorstand für eine langfristige Nachfolgeplanung sorgen soll, zielt insbesondere auf einen möglichen unternehmensinternen Führungskräftenachwuchs ab.

398 Das im Muster wiedergegebene Prozedere der **Abstimmung** richtet sich nach der Geschäftsordnung des betreffenden Aufsichtsrats. Eine geheime Abstimmung ist nicht zwingend vorgeschrieben.[148] Bei paritätisch mitbestimmten Gesellschaften sind die zwingenden gesetzlichen Mehrheitsvorschriften und Verfahrensregeln des § 27 MitbestG zu beachten. Ansonsten reicht eine einfache Mehrheit nach Köpfen für die Beschlussfassung des Aufsichtsrats in Personalangelegenheiten aus. Auch die Satzung kann für Entscheidungen, die dem Aufsichtsrat kraft Gesetzes obliegen, keine qualifizierte Mehrheit festlegen. Anders jedoch, wenn die Aufgabe dem Aufsichtsrat kraft Satzung obliegt. Dies gilt insbesondere für Zustimmungsbeschlüsse zu Geschäftsführungsmaßnahmen des Vorstands gemäß § 111 Abs. 4 AktG. Gegebenenfalls sind aber auch zwingende mitbestimmungsrechtliche Regelungen zu beachten.

---

148) *Hüffer*, AktG, § 108 Rz. 5.

2. Abberufung und Kündigung des Anstellungsvertrags

Im Muster sind beispielhaft ein Abberufungs- und ein Bestellungsbeschluss enthalten. Beruht die Beendigung des Vorstandsamtes, was nicht selten der Fall ist, auf einer **Amtsniederlegung**, ist anstelle eines Aufsichtsratsprotokolls ein entsprechendes Schreiben des Vorstandsmitgliedes als Eintragungsgrundlage vorzubereiten und dem Handelsregister (in beglaubigter Kopie) einzureichen (§ 81 Abs. 1 AktG).   **399**

Im Aktienrecht bedarf gemäß § 84 Abs. 3 Satz 1 AktG nicht nur die **Kündigung** des befristeten Anstellungsvertrages, sondern auch der **Widerruf der Organbestellung** eines **wichtigen Grundes**. Für die Wirksamkeit des Beschlusses ist allerdings eine Begründung nicht notwendigerweise in das Aufsichtsratsprotokoll aufzunehmen. Ebenso wenig ist eine vorherige Anhörung des betroffenen Vorstandsmitgliedes erforderlich.[149] Zur Wirksamkeit des Beschlusses ist es, neben den Anforderungen an einen formal wirksam zustande gekommenen Aufsichtsratsbeschluss, nur erforderlich, dass der Widerrufswille hinreichend deutlich wird. [→ Rz. 393]   **400**

Allerdings ist es aus verschiedenen praktischen Gründen dringend angezeigt, dass der Aufsichtsrat die Gründe für den Widerruf (insbesondere auch für die regelmäßig damit verbundene Kündigung des Anstellungsvertrages) ausreichend dokumentiert und festhält. Denn einerseits müssen entsprechend § 626 Abs. 2 Satz 3 BGB auch für den bloßen Widerruf der Bestellung die Gründe hierfür auf Verlangen dem betroffenen Vorstand mitgeteilt werden und andererseits unterliegt die Widerrufsentscheidung der uneingeschränkten gerichtlichen Kontrolle.[150] Wegen der Zweiwochenfrist des § 626 Abs. 2 BGB für die Wirksamkeit der Kündigung eines Anstellungsvertrages ist es weiterhin ratsam, an dieser Stelle auch über die Zeitpunkte der Kenntniserlangung der zur Kündigung führenden Sachverhalte Feststellungen aufzunehmen. Mögliche Widerrufsgründe, die zugleich auch als Gründe für die fristlose Kündigung eines befristeten Anstellungsvertrages herhalten können, sind in § 84 Abs. 3 Satz 2 AktG beispielhaft, also nicht abschließend angeführt. Wurde im Anstellungsvertrag eine schriftliche Mitteilung der Kündigungsgründe vereinbart, ist die Kündigungserklärung formnichtig, wenn sie zwar schriftlich ausgefertigt wurde, die Kündigungsgründe aber nur schlagwortartig bezeichnet werden. Zu beachten ist auch, dass ein wichtiger Grund für den Widerruf der Bestellung nicht zwangsläufig auch eine außerordentliche Kündigung des Anstellungsvertrags rechtfertigt. [→ Rz. 393]   **401**

Gemäß § 84 Abs. 3 Satz 4 AktG ist der **Widerruf wirksam**, bis seine Unwirksamkeit rechtskräftig festgestellt wird. Nach allgemeiner Meinung bezieht sich   **402**

---

149) Semler/v. Schenck-*Fonk*, § 9 Rz. 295.
150) Zur entsprechenden Anwendbarkeit des § 626 Abs. 2 BGB siehe *Mertens*, in: Kölner Komm. z. AktG, § 84 Rz. 94, 96; *Wiesner*, in: Münchener Handbuch, § 20 Rz. 51.

diese Bestimmung lediglich auf einen Streit über das Vorliegen des wichtigen Grundes. Hingegen endet die Bestellung nicht, wenn der dem Widerruf zugrunde liegende Aufsichtsratsbeschluss gänzlich fehlt oder einem Verfahrensmangel unterliegt.[151] [→ Rz. 394]

Praxistipp:

Bei einem Streit über das Vorliegen eines wichtigen Grundes ist zu bedenken, dass aufgrund der Dauer des gerichtlichen Verfahrens ein formwirksam beschlossener Widerruf der Bestellung jedenfalls wirksam bleibt und damit eine Entscheidung in der Sache entbehrlich wird, wenn die Bestellung zwischenzeitlich durch Zeitablauf endet. Für Folgefragen, insbesondere des finanziellen Ausgleichs, ist aber letztlich eine Klärung dennoch erforderlich.

403 Widerruf der Bestellung und Kündigung des Anstellungsvertrages werden im Verhältnis zu dem betroffenen Vorstandsmitglied erst durch **Zugang der entsprechenden Willenserklärung** des Gesamtaufsichtsrats wirksam (§ 130 Abs. 1 Satz 1 BGB). Wie im Muster vorgesehen, ist es erforderlich, für die Übermittlung der Willenserklärung ein Mitglied des Aufsichtsrats oder den Aufsichtsratsvorsitzenden zu ermächtigen, da sich in Fällen der Bestellung und Abberufung von Vorstandsmitgliedern nur so die notwendige Rechtsklarheit bei der Vertretung der Aktiengesellschaft gegenüber ihrem Vorstand gewährleisten lässt. Eine Abschrift des Aufsichtsratsprotokolls mit dem Widerrufs- und Ermächtigungsbeschluss als Vollmachtsnachweis sollte der Erklärung des Aufsichtsratsvorsitzenden beigefügt werden, um zu vermeiden, dass der Empfänger der Kündigung diese zurückweist, weil ihm eine Ermächtigungsurkunde nicht vorgelegt wurde.[152] [→ Rz. 394]

3. Bestellung und Abschluss des Anstellungsvertrags [→ Rz. 395 f]

404 Bei der **Bestellung neuer Vorstandsmitglieder** muss sich der Beschluss zu ihrer **Amtsdauer** und ihren **Vertretungsverhältnisse** äußern. Es ist zulässig, anstatt des Tages der Bestellung einen späteren Wirksamkeitszeitpunkt der Bestellung zu bestimmen. Die Handelsregisteranmeldung kann dann freilich erst zu dem gegebenen Zeitpunkt erfolgen. Gemäß der Anregung in Ziffer 5.1.2 Abs. 2 Satz 1 DCGK für börsennotierte Gesellschaften sollte die maximal mögliche Bestelldauer von fünf Jahren (§ 84 Abs. 1 Satz 1 AktG) bei der Erstbestellung eines Vorstandsmitglieds die Ausnahme sein, um das Risiko bezüglich der Eignung des berufenen Vorstandsmitglieds und eventueller mit einem vorzeitigen Ausscheiden verbundener Abfindungszahlungen zu begrenzen. [→ Rz. 395]

---

151) Siehe nur *Hüffer*, AktG, § 84 Rz. 31 m. w. N.

152) Ausführlich zur Vertretung der Aktiengesellschaft gegenüber dem Vorstand unter Stellungnahme zu der bislang umstrittenen Frage der ausdrücklichen Ermächtigung und deren Nachweises: OLG Düsseldorf, Urt. v. 17.11.2003 – I-15 U 225/02, AG 2004, 321.

Eine **wiederholte Bestellung** ist zulässig, jedoch frühestens ein Jahr vor Ablauf der Amtszeit (§ 84 Abs. 1 Satz 3 AktG). Diese gesetzliche Regelung lässt sich zwar dadurch umgehen, dass das betreffende Vorstandsmitglied vor diesem Zeitpunkt im Einvernehmen mit dem Aufsichtsrat sein Amt niederlegt, um im unmittelbaren Anschluss daran für die Dauer von weiteren fünf Jahren bestellt zu werden. Ziffer 5.1.2 Abs. 2 Satz 2 DCGK enthält jedoch eine Empfehlung, wonach von dieser Möglichkeit nur bei Vorliegen besonderer Umstände Gebrauch gemacht werden soll. Börsennotierte Gesellschaften, die von dieser Empfehlung abweichen oder abgewichen sind, müssen dies in ihrer Entsprechenserklärung gemäß § 161 AktG offen legen.

405

In Ziffer 5.1.2 Abs. 1 Satz 6 DCGK wird ferner die Festlegung einer Altersbegrenzung für Vorstandsmitglieder empfohlen. In der Praxis findet sich eine solche Festlegung häufig bereits in den Anstellungsverträgen mit den Vorstandsmitgliedern. Möglich ist auch eine entsprechende Festlegung in der Satzung oder in der Geschäftsordnung für den Vorstand.[153]

406

Die **Zuweisung bestimmter Geschäftsbereiche** an die neuen Vorstandsmitglieder kann, muss aber nicht mit dem neuen Bestellungsbeschluss verknüpft sein. Fragen der Geschäftsverteilung sind in der Regel der Geschäftsordnung des Vorstands zugewiesen. Soweit in paritätisch mitbestimmten Gesellschaften der Arbeitsdirektor bestellt wird, ist die Zuständigkeit für Arbeit und Soziales zwingend und sollte als solche im Bestellungsbeschluss des Aufsichtsrats Niederschlag finden (§ 33 Abs. 2 Satz 2 MitbestG).[154] Gegebenenfalls wäre auch über die Ernennung des Vorstandsvorsitzenden zu beschließen.

407

Die im Muster vorgesehene **Genehmigung der Anstellungsverträge** mit neuen Vorstandsmitgliedern kann statt durch das gesamte Plenum des Aufsichtsrats auch, wie in der Alternative vorgesehen, durch den Aufsichtsratsausschuss (Personalausschuss/Präsidialausschuss, siehe Rz. 525 ff) erfolgen (§ 107 Abs. 3 Satz 3 AktG und Ziffer 5.1.2 Abs. 1 Satz 3 DCGK). In beiden Fällen ist es ratsam, durch Beschluss den Aufsichtsratsvorsitzenden ausdrücklich zu ermächtigen, die entsprechenden Anstellungsverträge mit den Vorstandsmitgliedern abzuschließen (§ 112 AktG). [→ Rz. 396]

408

Änderungen der Zusammensetzung des Vorstands oder seiner Vertretungsbefugnis sind gemäß § 81 AktG zum **Handelsregister** anzumelden (siehe hierzu das nachfolgende Muster 4.2, Rz. 410). Gemäß § 81 Abs. 2 AktG ist als Eintragungsgrundlage eine Urkunde beizufügen. Dies ist bei der Bestellung und Abberufung von Vorstandsmitgliedern regelmäßig das Beschlussprotokoll des Aufsichtsrats. Dabei reicht es aus, wie hier vorgeschlagen, einen Protokollauszug vorzulegen, wenn das Protokoll zugleich weitere, nicht dem Register vor-

409

---

153) MünchKomm-*Semler*, AktG, § 161 Rz. 406; *Hüffer*, AktG, § 23 Rz. 38.
154) Dazu *Hüffer*, AktG, § 84 Rz. 23.

zulegende Inhalte aufweist. Der Protokollauszug sollte den Protokolleingang und den Protokollausgang und die vollständige Protokollierung des Beschlusses zu den Vorstandsangelegenheiten enthalten. Ebenso wie bei dem vollständigen Protokoll reicht es aus, wenn der Protokollauszug vom Vorsitzenden des Aufsichtsrats und von dem durch den Aufsichtsrat bestellten Protokollführer unterzeichnet ist. Die Geschäftsordnung des Aufsichtsrats mag anderes bestimmen und wäre zu beachten.

Muster 4.2: Anmeldung des Vorstands beim Handelsregister

I. Mustertext [→ Rz. 416 ff]

Amtsgericht …   **410**

– Handelsregister –

… [*Anschrift*]

… [*Name der Gesellschaft*] Aktiengesellschaft

– HRB … –

Zur Eintragung in das Handelsregister wird angemeldet: [→ Rz. 416 f]   **411**

a) Herr … [*Vorname, Name*] ist nicht mehr Vorstandsmitglied.

b) Zu neuen Vorstandsmitgliedern wurden bestellt:

  … [*Vorname, Name*], geboren am … ,

  wohnhaft: … [*Adresse*]

  … [*Vorname, Name*], geboren am … ,

  wohnhaft: … [*Adresse*]

Jeder von ihnen vertritt die Gesellschaft gemeinsam mit einem anderen Vor-   **412**
standsmitglied oder zusammen mit einem Prokuristen. Ist einer von ihnen alleiniger Vorstand, so vertritt er die Gesellschaft allein. [→ Rz. 418 f]

Die Vorstandsmitglieder versichern, dass keine Umstände vorliegen, die ihrer   **413**
Bestellung nach § 76 Abs. 3 Satz 2–4 AktG entgegenstehen. Sie versichern,
dass sie weder wegen einer Straftat nach §§ 283–283d StGB (Bankrott, Verletzung der Buchführungspflicht, Gläubigerbegünstigung) verurteilt sind, noch
ihnen die Ausübung eines Berufes, Berufszweiges, Gewerbes oder Gewerbezweiges durch gerichtliches Urteil oder durch vollziehbare Entscheidung einer
Verwaltungsbehörde untersagt worden ist, noch dass sie als Betreute Einwilli-
gungsvorbehalten unterliegen (§ 1903 BGB).

Die Vorstandsmitglieder wurden durch den diese Anmeldung beglaubigenden   **414**
Notar über ihre unbeschränkte Auskunftspflicht hierüber gegenüber dem Registergericht belehrt. [→ Rz. 420]

Die neuen Vorstandsmitglieder zeichnen ihre Unterschrift wie folgt: **415**
[→ Rz. 422]

… [*Unterschrift 1*]

… [*Unterschrift 2*]

… [*Ort*], den … [*Datum*]

...

[*Vorstand*]

[*Beglaubigungsvermerk*]

II. Erläuterungen [→ Rz. 410 ff]

416   Die Verpflichtung zur Anmeldung von Änderungen im Vorstand und der Vertretungsbefugnis seiner Mitglieder zum Handelsregister ergibt sich aus § 81 AktG (für die **Anlagen** zur Anmeldung siehe oben Rz. 409). Die Eintragung ist stets nur deklaratorisch, hat also auf die Wirksamkeit des entsprechenden Aufsichtsratsbeschlusses keine Auswirkungen. [→ Rz. 411]

417   Für die Anmeldung der Beendigung einer Vorstandsbestellung reicht die Feststellung, dass die Bestellung beendet ist. Die Art der Amtsbeendigung oder die **Gründe** hierfür müssen nicht angemeldet werden. Bei Neubestellungen ist außer dem Namen und dem Wohnort auch das Geburtsdatum zur Identifizierung anzugeben (§ 43 Nr. 4 HRV).[155] [→ Rz. 411]

418   Ferner sind die **Vertretungsverhältnisse** anzumelden. Unterscheiden sich diese hinsichtlich der angemeldeten Vorstandsmitglieder, so sind entsprechende Spezifikationen vorzunehmen. Anzumelden sind insbesondere auch Einzelvertretungsmacht sowie die Befreiung von dem Verbot der Mehrvertretung, soweit der Aufsichtsrat aufgrund entsprechender Satzungsermächtigung dies beschlossen haben sollte. Einzelermächtigungen innerhalb der Vorstandsmitglieder bzw. deren Widerruf gemäß § 78 Abs. 4 AktG sind nicht eintragungspflichtig oder -fähig. [→ Rz. 412]

419   Ferner kann Gegenstand der Anmeldung und mithin einer Handelsregisteranmeldung die Bestellung zum **Vorstandsvorsitzenden** sein (vgl. insoweit ausdrücklich § 43 Nr. 4 HRV). Gleiches gilt für die Bestellung zum stellvertretenden Vorstandsvorsitzenden, wobei keine einheitliche Handhabe der Registerrichter zur Eintragung dieser Position besteht.[156] Nicht anmelde- und mithin eintragungsfähig ist die Bestellung zum Vorstandssprecher. Hierbei handelt es sich lediglich um eine von der Geschäftsordnung für den Vorstand abgeleitete sitzungsleitende und repräsentierende Funktion.[157]

420   Die Belehrung über Bestellungshindernisse nach § 76 Abs. 3 Satz 3, 4 AktG sowie die Verpflichtung zur Zeichnung der Namensunterschrift folgen aus § 81 Abs. 3, 4 AktG (im Falle des § 53 Abs. 2 BZRG keine Berufung auf § 53 Abs. 1 BZRG). [→ Rz. 414 f]

---

155) Zum Inhalt der Eintragung siehe MünchKomm-*Pentz*, AktG, § 39 Rz. 13.
156) Vgl. *Hüffer*, AktG, § 94 Rz. 3; MünchKomm-*Hefermehl/Spindler*, AktG, § 81 Rz. 4.
157) *Hüffer*, AktG, § 84 Rz. 22; *Mertens*, in: Kölner Komm. z. AktG, § 84 Rz. 89.

Die **Zuständigkeit** zur Handelsregisteranmeldung obliegt den Vorstandsmit-   **421**
gliedern (§ 81 Abs. 1 AktG). Es genügt das Handeln in vertretungsberechtigter Zahl gegebenenfalls auch in unechter Gesamtvertretung, also unter Mitwirkung eines Prokuristen.[158] Ausgeschiedene Vorstandsmitglieder können
nicht anmelden. Neubestellte Vorstände können sich selbst anmelden.

Die Anmeldung sowie die Zeichnung der Unterschriften sind gemäß   **422**
§ 12 Abs. 1 HGB entweder persönlich durch die Vorstandsmitglieder beim
Registergericht vorzunehmen oder dort in öffentlich beglaubigter **Form** einzureichen. Bevollmächtigung bei der Anmeldung ist zulässig, sofern die Vollmacht öffentlich beglaubigt wurde (§ 12 Abs. 2 Satz 1 HGB). Dies gilt nicht
für die Versicherung hinsichtlich des Fehlens von Bestellungshindernissen,
welche eine höchstpersönliche Erklärung darstellt. [→ Rz. 415]

> **Praxistipp:**
> Auf die Anmeldung mittels Vollmacht wird man daher in der Regel verzichten.
> Die Beglaubigung der Anmeldung durch ausländische Notare wirft wegen § 81
> Abs. 3, § 37 Abs. 2 AktG das Problem auf, dass die vorgeschriebene Belehrung
> über die Bestellungshindernisse nur durch einen deutschen Notar oder das Ge-
> richt erfolgen kann. Jedoch steht einer schriftlichen, notariellen Belehrung über
> die Bestellungshindernisse nichts im Wege. Hierauf ist dann in der Anmeldung
> Bezug zu nehmen.

---

158) Siehe nur *Hüffer*, AktG, § 78 Rz. 17.

Muster 4.3: Geschäftsordnung für den Vorstand

I.   Mustertext [→ Rz. 457 ff]

Geschäftsordnung für den Vorstand der
... AG

423   Der Aufsichtsrat der Gesellschaft hat in seiner Sitzung vom ... folgende Geschäftsordnung für den Vorstand erlassen:

§ 1

Allgemeines

424   Die Aufgaben, Befugnisse und Pflichten der Mitglieder des Vorstands ergeben sich aus den Gesetzen, der Satzung, dieser Geschäftsordnung, dem Geschäftsverteilungsplan sowie den Dienstverträgen der Mitglieder des Vorstands. Die Vorstandsmitglieder sind der Gesellschaft gegenüber verpflichtet, die Beschränkungen einzuhalten, die sich hieraus ergeben, die der Aufsichtsrat für den Umfang der Geschäftsführung festgesetzt hat oder die sich aus einem Beschluss der Hauptversammlung ergeben. [→ Rz. 460]

§ 2

Gesamtverantwortung und Geschäftsführung
einzelner Mitglieder des Vorstands

425   (1) Die Mitglieder des Vorstands führen die Geschäfte gesamtverantwortlich. Unbeschadet dieser Gesamtverantwortung des Vorstands handelt jedes Vorstandsmitglied in dem ihm zugewiesenen Aufgabenbereich eigenverantwortlich. Die Aufgabenbereiche der Vorstandsmitglieder ergeben sich aus dem Geschäftsverteilungsplan. [→ Rz. 461]

426   (2) Die Vorstandsmitglieder arbeiten kollegial zusammen. Sie unterrichten sich gegenseitig über wichtige Angelegenheiten in ihren Aufgabenbereichen. Jedes Mitglied des Vorstands ist berechtigt und verpflichtet, sich den erforderlichen Überblick über die Aufgabenbereiche der anderen Vorstandsmitglieder zu verschaffen und bei schwerwiegenden Bedenken bezüglich der Angelegenheit eines anderen Geschäftsbereichs eine Beschlussfassung des Gesamtvorstands herbeizuführen, wenn die Bedenken nicht durch eine Aussprache mit dem betreffenden anderen Vorstandsmitglied behoben werden können. [→ Rz. 463]

427   (3) Werden die Aufgabenbereiche mehrerer Vorstandsmitglieder berührt, entscheiden die betroffenen Vorstandsmitglieder gemeinsam. Einigen sich die Vorstandsmitglieder nicht über die erforderlichen Maßnahmen und Handlungen, ist eine Beschlussfassung des gesamten Vorstands herbeizuführen, soweit

nicht nach pflichtgemäßem Ermessen eine sofortige Maßnahme zur Vermeidung drohender Nachteile für die Gesellschaft zu ergreifen ist. [→ Rz. 464]

(4) Über alle Angelegenheiten von grundsätzlicher und wesentlicher Bedeutung entscheiden alle Mitglieder des Vorstands gemeinsam. Dies sind insbesondere, nicht jedoch ausschließlich: [→ Rz. 464] **428**

– Angelegenheiten, für die das Gesetz, die Satzung oder diese Geschäftsordnung eine Entscheidung des Gesamtvorstands vorsieht,

– Angelegenheiten, die der Zustimmung des Aufsichtsrats unterliegen,

– Aufstellung des Jahresabschlusses und des Lageberichts der Gesellschaft [*fakultativ: und des Konzerns*],

– grundsätzliche organisatorische Fragen, grundsätzliche Fragen der Geschäftspolitik und der Investitions- und Finanzplanung der Gesellschaft,

– Risikomanagement,

– Einberufung der Hauptversammlung und Entscheidungen über Anträge bzw. Vorschläge des Vorstands zur Beschlussfassung durch die Hauptversammlung,

– Maßnahmen und Geschäfte eines Geschäftsbereichs, die für die Gesellschaft [*fakultativ: und den Konzern*] von außergewöhnlicher Bedeutung sind oder mit denen ein außergewöhnliches Risiko verbunden ist,

– Angelegenheiten auf Antrag eines Vorstandsmitglieds.

§ 3
Geschäftsverteilung

(1) Die Aufgabenverteilung des Vorstands wird in einem Geschäftsverteilungsplan geregelt. Der Geschäftsverteilungsplan enthält auch Regelungen, nach denen sich die Vorstandsmitglieder bei Abwesenheit vertreten. [→ Rz. 465] **429**

(2) Für Erlass, Änderung oder Aufhebung des Geschäftsverteilungsplans ist ein einstimmiger Beschluss des Gesamtvorstands sowie die Zustimmung des Aufsichtsrats erforderlich. Der Zustimmungsbeschluss des Aufsichtsrats bedarf der Mehrheit von drei Vierteln der abgegebenen Stimmen. Kommt ein einstimmiger Beschluss des Vorstands nicht zustande, hat der Vorstandsvorsitzende den Aufsichtsrat zu ersuchen, die Geschäftsverteilung zu regeln. [→ Rz. 465] **430**

§ 4

Zustimmungsbedürftige Geschäfte

431 (1) Der Vorstand bedarf bei folgenden Geschäften der vorherigen Zustimmung des Aufsichtsrats: [→ Rz. 466 ff]

– Festlegung von Business-, Investitions- und Finanzrahmenplänen;

– Erwerb und Veräußerung von Unternehmen und Unternehmensbeteiligungen, soweit sie nicht durch den Finanzrahmenplan gedeckt sind;

– Errichtung und Aufhebung von Zweigniederlassungen;

– wesentliche Veränderungen der Produktions- und Absatzstruktur, namentlich Stilllegung, Verlagerung, Erwerb, Veräußerung oder Verpachtung wesentlicher Betriebe oder Betriebsteile, Aufnahme und Aufgabe wesentlicher Märkte (z. B. UK, Frankreich, etc.);

– Kreditaufnahme und sonstige Finanzgeschäfte, soweit sie nicht durch den Investitions- und Finanzrahmenplan gedeckt sind und der Geschäftswert im Einzelfall 50 000 Euro übersteigt oder ein Betrag von 500 000 Euro in einer auf das Geschäftsjahr gerechneten Gesamtsumme erreicht wird;

– Aufnahme von Anleihen und Ausgabe von Schuldverschreibungen, soweit sie im Einzelfall einen Betrag von 50 000 Euro übersteigen;

– Fremdwährungsgeschäfte oder Geschäfte in so genannten Finanzderivaten, die über die normale fristengerechte geschäftsbedingte Absicherung gegen Währungsrisiken hinausgehen oder soweit sie im Einzelfall einen Betrag von 50 000 Euro übersteigen;

– Gewährung von Darlehen und Krediten, Übernahme von Bürgschaften, Garantien oder ähnlichen Gewährleistungen oder Haftungen außerhalb des gewöhnlichen Geschäftsverkehrs, sofern das Geschäft nicht in einem vom Aufsichtsrat genehmigten Budgetplan vorgesehen ist;

– Abschluss, Änderung und Aufhebung von Unternehmensverträgen, soweit diese nicht der Zustimmung der Hauptversammlung unterliegen;

– Abschluss, Änderung oder Beendigung von Verträgen über Gewährung oder Übernahme von Lizenzen, Warenzeichen, Know-how (ausgenommen im täglichen Softwaregeschäft), Patenten, Gebrauchs- oder Geschmacksmustern und ähnlichen Rechten;

– Übertragung und Belastung von Patenten des Unternehmens;

– Übernahme von Verpflichtungen für Investitionen und einmalige Betriebsmittelausgaben, die den Betrag von 150 000 Euro übersteigen;

– Erwerb, Veräußerung, Belastung oder Verpfändung von Grundstücken, Gebäuden oder grundstücksgleichen Rechten;

- Abschluss von Miet- und Pachtverträgen für eine längere Dauer als ein Jahr, soweit der jährliche Zins 125 000 Euro übersteigt;

- Einstellung von Mitarbeitern mit Gesamt-Jahresbezügen (einschließlich garantierter Sondervergütung, jedoch ohne Mitarbeiterbeteiligungsprogramm) von mehr als 100 000 Euro sowie Anhebung solcher Bezüge von Beschäftigten der Gesellschaft auf einen Betrag oberhalb dieser Grenze;

- Zusage von Ruhegehältern sowie Festlegung allgemeiner Regeln für Ruhegehälter;

- Erteilung und Widerruf von Prokuren und Generalvollmachten sowie Bestellung und Abberufung von Geschäftsführern in Tochter- und/oder Beteiligungsgesellschaften;

- Einleitung von Rechtsstreitigkeiten mit einem Streitwert von über 100 000 Euro;

- Abschluss von Vergleichen und Erlass von Forderungen, sofern der Verzicht der Gesellschaft 100 000 Euro übersteigt;

- Zusage oder Gewährung von Spenden sowie Unterstützungen mit einem Betrag von über 100 000 Euro;

- Erteilung von Weisungen, Zustimmungen, die Vornahme von Stimmabgabe oder die Mitwirkung auf andere Weise bei Maßnahmen in verbundenen Unternehmen, bei Veränderungen der Produktions- und Absatzstruktur jedoch nur, wenn die Maßnahme auch zustimmungspflichtig wäre, falls das verbundene Unternehmen ein rechtlich unselbständiger Teil des Unternehmens der Gesellschaft wäre. [→ Rz. 469]

(2) Im Falle der Verweigerung der Zustimmung des Aufsichtsrats beschließt die Hauptversammlung auf Antrag des Vorstands über die Zustimmung. [→ Rz. 470]   432

(3) Der Aufsichtsrat ist befugt, den Kreis der zustimmungsbedürftigen Geschäfte zu erweitern oder einzuschränken. [→ Rz. 467]   433

§ 5
Vorstandsvorsitzender und Stellvertreter

(1) Besteht der Vorstand aus mehreren Mitgliedern, ernennt der Aufsichtsrat einen Vorstandsvorsitzenden und dessen Stellvertreter. [→ Rz. 471]   434

(2) Dem Vorstandsvorsitzenden obliegt es, auf die Einheitlichkeit der Geschäftsführung hinzuwirken, die Tätigkeit der einzelnen Vorstandsmitglieder zu koordinieren, Sitzungen des Vorstands einzuberufen sowie die Gesellschaft nach außen zu repräsentieren. [→ Rz. 472]   435

436 (3) Der Vorsitzende ist von den anderen Mitgliedern des Vorstands über alle wesentlichen Vorgänge und den Gang der Geschäfte in ihrem Ressort laufend zu unterrichten. Er kann jederzeit Auskünfte über einzelne Angelegenheiten verlangen und bestimmen, dass er von bestimmten Arten von Geschäften zu unterrichten ist. [→ Rz. 472]

437 (4) Bei Verhinderung des Vorsitzenden nimmt der stellvertretende Vorsitzende des Vorstands die Rechte und Pflichten des Vorsitzenden wahr.

§ 6
Sitzungen und Beschlüsse des Vorstands

438 (1) Die Mitglieder des Vorstands treffen sich nach Bedarf in regelmäßigen Abständen, nach Möglichkeit mindestens zweimal im Monat. Die Sitzungen dienen der Beschlussfassung über Angelegenheiten der Geschäftsführung sowie der gegenseitigen Unterrichtung über alle wichtigen Vorgänge aus den einzelnen Aufgabenbereichen. Die Sitzungen werden vom Vorstandsvorsitzenden möglichst unter Mitteilung der Tagesordnung einberufen. [→ Rz. 473]

439 (2) Sobald ein Mitglied des Vorstands dies unter Mitteilung des Beratungsgegenstands verlangt, ist durch den Vorstandsvorsitzenden eine Sitzung des Gesamtvorstands einzuberufen oder ein Gegenstand in die Tagesordnung einer Sitzung aufzunehmen. Beruft der Vorstandsvorsitzende die Sitzung nicht binnen angemessener Frist ein oder nimmt er den Beratungsgegenstand nicht auf, kann das betreffende Vorstandsmitglied selbst die Sitzung einberufen. [→ Rz. 473]

440 (3) Beschlüsse des Vorstands werden in der Regel in Sitzungen gefasst. Sie können jedoch auf Anordnung des Vorsitzenden auch außerhalb von Sitzungen schriftlich, mündlich, fernmündlich, durch E-Mail, mittels Telefax oder mittels sonstiger gebräuchlicher Kommunikationsmittel, insbesondere per Videokonferenz, gefasst werden, wenn kein Mitglied des Vorstands diesem Verfahren unverzüglich widerspricht. Mündliche oder fernmündliche Stimmabgaben sind schriftlich zu bestätigen.

441 (4) Die Leitung der Vorstandssitzungen und die Festlegung der Abstimmungsform bei Beschlussfassungen außerhalb von Sitzungen obliegen dem Vorstandsvorsitzenden. [→ Rz. 473]

442 (5) Grundsätzlich sollen alle Mitglieder an Sitzungen des Vorstands teilnehmen. Sofern Mitglieder des Vorstands dennoch abwesend sind, können sie an den Beschlussfassungen des Vorstands dadurch teilnehmen, dass sie ihre Stimme schriftlich, mündlich, fernmündlich, durch E-Mail oder mittels Telefax abgeben. Mündliche oder fernmündliche Stimmabgaben sind schriftlich zu bestätigen. Besteht der Vorstand aus mehr als zwei Mitgliedern, ist er beschlussfähig, wenn alle Mitglieder ordnungsgemäß eingeladen wurden und die Mehr-

heit der Mitglieder an der Beschlussfassung teilnimmt. Besteht der Vorstand aus zwei Mitgliedern, so ist er nur beschlussfähig, wenn beide Mitglieder an der Beschlussfassung teilnehmen. [→ Rz. 478, 475]

(6) Beschlüsse des Vorstands sollen möglichst einstimmig gefasst werden. Besteht der Vorstand aus mehr als zwei Mitgliedern und ist Einstimmigkeit nicht zu erzielen, werden die Beschlüsse des Vorstands mit einfacher Stimmenmehrheit gefasst. Besteht der Vorstand aus zwei Mitgliedern, ist Einstimmigkeit herbeizuführen. Bei Stimmengleichheit gilt der Beschluss als nicht gefasst. [→ Rz. 474]   **443**

Kommt ein Beschluss wegen Stimmengleichheit nicht zustande, so ist jedes Vorstandsmitglied berechtigt, den Beschlussgegenstand dem Aufsichtsrat mit der Bitte um Stellungnahme vorzulegen. [→ Rz. 474]   **444**

Alternativ (nur bei mehr als zweigliedrigem Vorstand):

Bei Stimmengleichheit gibt die Stimme des Vorstandsvorsitzenden den Ausschlag. Dem Stellvertreter des Vorstandsvorsitzenden steht dieser Stichentscheid nicht zu. [→ Rz. 474]   **445**

(7) Die Durchführung der Beschlüsse obliegt dem nach dem Geschäftsverteilungsplan zuständigen Vorstandsmitglied.   **446**

(8) Über jede Sitzung des Vorstands oder Beschlussfassung außerhalb von Sitzungen ist eine Niederschrift anzufertigen, aus der sich der Ort, der Tag der Sitzung oder Beschlussfassung, die Teilnehmer, die Tagesordnung und der Inhalt der Beschlüsse des Vorstands ergeben. Die Niederschrift wird vom Leiter der Sitzung oder der Beschlussfassung unterzeichnet und allen Mitgliedern des Vorstands in Abschrift unverzüglich übermittelt. Sie gilt als genehmigt, wenn kein Mitglied des Vorstands in der nächsten, dem Zugang folgenden Vorstandssitzung widerspricht. [→ Rz. 476]   **447**

§ 7
Zusammenarbeit mit dem Aufsichtsrat

(1) Vorstand und Aufsichtsrat arbeiten zum Wohle des Unternehmens eng zusammen. Der Vorstand stimmt die strategische Ausrichtung des Unternehmens mit dem Aufsichtsrat ab und erörtert mit ihm in regelmäßigen Abständen den Stand der Strategieumsetzung. [→ Rz. 473]   **448**

(2) Der Vorstand informiert den Aufsichtsrat regelmäßig, zeitnah und umfassend über alle für das Unternehmen [*fakultativ: und den Konzern*] relevanten Fragen der Planung, der Geschäftsentwicklung, der Risikolage und des Risikomanagements. Er geht dabei auf Abweichungen des Geschäftsverlaufs von der Planung und die Gründe hierfür ein. Dem Vorstandsvorsitzenden obliegt die Federführung im Verkehr mit dem Aufsichtsrat und dessen Mitgliedern. Er hält mit dem Vorsitzenden des Aufsichtsrats regelmäßig Kontakt. Der Vor-   **449**

standsvorsitzende informiert den Vorsitzenden des Aufsichtsrats unverzüglich über wichtige Ereignisse, die für die Beurteilung der Lage und der Entwicklung sowie für die Leitung des Unternehmens von wesentlicher Bedeutung sind. [→ Rz. 477]

450 (3) Die Berichterstattung an den Aufsichtsrat über die in § 90 AktG genannten Gegenstände obliegt dem Gesamtvorstand und wird vom Vorstandsvorsitzenden koordiniert. Die Vorstandsberichte sind in aller Regel schriftlich vorzulegen, wenn nicht im Einzelfall wegen der Dringlichkeit mündliche Berichterstattung genügt oder geboten ist. [→ Rz. 477]

451 (4) Der Vorstand hat dem Aufsichtsrat grundsätzlich monatlich einen Bericht über die in § 90 AktG genannten Berichtsgegenstände des Unternehmens [*fakultativ: und vierteljährlich Berichte über den Konzern*] vorzulegen. Die Vorstandsberichte sind in aller Regel schriftlich vorzulegen, wenn nicht im Einzelfall wegen der Dringlichkeit mündliche Berichterstattung genügt oder geboten ist. Der Vorstand erstellt zum ... [*31. März und zum 30. September*] eines Jahres ein Risiko-Reporting. Der Vorstand hat dem Aufsichtsrat außerdem jeweils in der ersten Sitzung eines Geschäftsjahres eine Unternehmensplanung für das kommende Geschäftsjahr einschließich eines Investitions- und Finanzrahmenplans sowie in einer weiteren Sitzung des Geschäftsjahres eine Grobplanung für die drei folgenden Geschäftsjahre vorzulegen. [→ Rz. 477]

452 (5) Der Vorstand nimmt an den Sitzungen des Aufsichtsrats teil, sofern der Aufsichtsrat nichts anderes beschließt. [→ Rz. 477]

§ 8
Interessenkonflikte/Nebentätigkeiten

453 (1) Jedes Vorstandsmitglied legt Interessenkonflikte dem Aufsichtsrat gegenüber unverzüglich offen und informiert die anderen Vorstandsmitglieder hierüber. [→ Rz. 479]

454 (2) Geschäfte eines Vorstandsmitglieds mit der Gesellschaft sind nach § 112 AktG durch den Aufsichtsrat der Gesellschaft abzuschließen. Wesentliche Geschäfte (Wertgrenze 100 000 Euro), die eine dem Vorstandsmitglied nahe stehende Person (Ehepartner, eingetragener Lebenspartner, Verwandter 1. Grades) oder ein Unternehmen, auf das ein Mitglied des Vorstands oder eine ihm nahe stehende Person maßgeblichen Einfluss ausüben kann, mit der Gesellschaft [*fakultativ: oder einem Konzernunternehmen*] abschließt, bedürfen der vorherigen Zustimmung des Aufsichtsrats. Der Antrag auf Zustimmung ist von dem betreffenden Vorstandsmitglied an den Aufsichtsrat zu richten. In dem Zustimmungsantrag soll dargelegt werden, dass das Geschäft branchenüblichen Standards entspricht. [→ Rz. 479]

(3) Die Ausübung von Nebentätigkeiten, insbesondere die Übernahme von Aufsichtsratsmandaten durch ein Vorstandsmitglied, bedarf der vorherigen Zustimmung des Aufsichtsrats. [→ Rz. 480] · **455**

(4) Das betreffende Vorstandsmitglied unterrichtet den Vorstandsvorsitzenden unverzüglich über einen Antrag auf Zustimmung gemäß vorstehenden Absätzen 2 oder 3 und über die Entscheidung des Aufsichtsrats. · **456**

II. Erläuterungen

1. Vorbemerkung [→ Rz. 423 ff]

Der Erlass einer Geschäftsordnung ist gesetzlich **nicht zwingend** vorgeschrieben. Ziffer 4.2.1 Satz 2 DCGK enthält jedoch vor dem Hintergrund, dass ein mehrköpfiger Vorstand empfohlen wird (Ziffer 4.2.1 Satz 1 DCGK) und eine Geschäftsordnung in der Praxis anerkanntermaßen dem internen Ablauf der Vorstandsarbeit dienlich ist, eine Empfehlung dahin gehend, dass eine Geschäftsordnung die Geschäftsverteilung und die Zusammenarbeit im Vorstand regeln soll. Börsennotierte Gesellschaften, die von dieser Empfehlung abweichen, müssen dies in ihrer Entsprechenserklärung gemäß § 161 AktG offen legen. Für mitbestimmte Gesellschaften legt § 13 Abs. 2 Satz 2 MitbestG fest, dass, soweit ein Arbeitsdirektor zu bestellen ist, dessen Arbeitsbereich im Vorstand durch eine Geschäftsordnung näher abzugrenzen ist. · **457**

Das Aktiengesetz selbst enthält lediglich eine rudimentäre Regelung betreffend die Geschäftsordnung für den Vorstand einer Aktiengesellschaft. In § 77 Abs. 2 AktG ist nur die Frage der **Erlasskompetenz** angesprochen. Danach kann sich der Vorstand selbst eine Geschäftsordnung geben, wenn und solange nicht der Aufsichtsrat eine Geschäftsordnung erlässt. Bei entsprechender Satzungsregelung ist die Zustimmung des Aufsichtsrats zur Geschäftsordnung und Geschäftsverteilung erforderlich (vgl. Satzung Muster 1.1, Rz. 38). Der Vorstand ist nicht befugt, sich eine Geschäftsordnung zu geben, wenn die Satzung dies zwingend dem Aufsichtsrat zugewiesen hat. Ferner ist aus § 77 Abs. 2 Satz 2 AktG ersichtlich, dass bereits die Satzung Einzelfragen der Geschäftsordnung verbindlich regeln darf. Nach richtiger Ansicht sollte neben diesem durch Satzung regelbaren Bereich ein Kernbereich organisatorischer Selbstbestimmung des Vorstands bzw. des Aufsichtsrats unberührt bleiben.[159] · **458**

Erfolgt der Erlass der Geschäftsordnung durch den Aufsichtsrat, bedarf es hierfür eines Aufsichtsratsbeschlusses, der entsprechend zu protokollieren ist. Die auf dieser Grundlage erlassene Geschäftsordnung bedarf keiner Unterschrift des Aufsichtsratsvorsitzenden oder eines weiteren Aufsichtsratsmit- · **459**

---

159) Vgl. hierzu *Hüffer*, AktG, § 77 Rz. 20 m. w. N.; *Mertens*, in: Kölner Komm. z. AktG, § 77 Rz. 44.

gliedes. Wird die Geschäftsordnung durch den Vorstand selbst erlassen, bedarf sie hierzu gemäß § 77 Abs. 2 Satz 3 AktG eines einstimmigen Vorstandsbeschlusses, der nach herrschender Meinung zumindest schriftlich niederzulegen ist. Einer eigenhändigen Unterzeichnung durch sämtliche Vorstandsmitglieder im Sinne der Wahrung des Schriftformerfordernisses des § 126 BGB bedarf es jedoch auch hier nicht.[160)]

2. Allgemeines [→ Rz. 424]

460   Für den **Inhalt** einer Geschäftsordnung des Vorstands gibt es keine gesetzlichen Vorgaben und nur wenige gesetzliche Grenzen. Es ist üblich, wenn auch nur mit deklaratorischer Wirkung, an dieser Stelle die verschiedenen Quellen, die die Geschäftsführungsbefugnis des Vorstands betreffen, aufzuführen. Soweit hier Beschlüsse der Hauptversammlung aufgeführt sind, ergibt sich die Bindungswirkung schon aus § 83 Abs. 2 AktG. Über Geschäftsführungsmaßnahmen beschließt die Hauptversammlung nur in den gesetzlich bestimmten Fällen oder wenn der Vorstand dies verlangt (§ 111 Abs. 4 Satz 3, § 119 Abs. 2 AktG).

3. Gesamtverantwortung und Geschäftsführung einzelner Mitglieder des Vorstands [→ Rz. 425 ff]

461   Die in § 2 niedergelegten Regelungen über die Zusammenarbeit mehrerer Vorstände bei einem mehrköpfigen Vorstand behandeln das Spannungsverhältnis aufgrund der sich aus dem in § 3 dieses Musters (Rz. 429 f) näher geregelten Geschäftsverteilungsplan ergebenden Bereichsverantwortlichkeit einerseits und der gesetzlich verankerten Gesamtverantwortung der Vorstände aus § 77 Abs. 1 Satz 1 AktG andererseits. Von der **Gesamtleitung des Vorstands** kann nur durch die Satzung oder eine Geschäftsordnung des Vorstands abgewichen werden, wie in § 2 Abs. 1 des Musters vorgesehen. Grundsätzlich ist eine Festlegung der Ressortverteilung im Rahmen der Geschäftsordnung vorzuziehen, da diese flexibler ist als die Satzung. [→ Rz. 425]

462   Eine ausdrückliche schriftliche (nicht schon eine rein faktische) Ressortverteilung führt zu einer erheblichen Begrenzung der Haftungsrisiken der Vorstandsmitglieder.[161)]

463   Jedoch ist im Interesse der gesetzlich ohnehin bestehenden Gesamtverantwortung, die bei Geschäftsverteilung in eine Aufsichtspflicht der Vorstandsmitglieder untereinander umschlägt, in § 2 Abs. 2 eine **wechselseitige Informa-**

---

160) *Wiesner*, in: Münchener Handbuch, § 22 Rz. 20; *Hüffer*, AktG, § 77 Rz. 21.
161) Ausführlich hierzu Lücke-*Schnabel/Lücke*, § 6 Rz. 32 ff und 396 ff. m. w. N.

tions- und Einsichtsgabepflicht verankert.[162) Auch wenn es für die Wahrnehmung der Aufsichtspflicht in der Regel ausreichend ist, die Tätigkeiten und
Vorkommnisse in den anderen Geschäftsbereichen kontinuierlich zu verfolgen, so ist ein Vorstandsmitglied, das den Verdacht hat, dass im Geschäftsbe-
reich eines anderen Vorstandsmitglieds Missstände auftreten, verpflichtet, sich
einzuschalten.[163) [→ Rz. 426]

Eine weitere Gestaltungsgrenze für die Geschäftsverteilung sind solche   **464**
Handlungen und Verantwortlichkeiten, die **zwingend** dem Gesamtvorstand
zugewiesen sind. Diese sind in § 2 Abs. 4 wiedergegeben. Dabei ist grundsätzlich von einer **Gesamtentscheidung und -verantwortung** auszugehen, soweit
das Gesetz Aufgaben dem Vorstand als Kollegialorgan zuweist (§§ 83, 90, 91,
92; §§ 98, 104; § 110 Abs. 1; § 118 Abs. 2; § 119 Abs. 2, § 121 Abs. 2; §§ 161,
170 und § 245 Nr. 4 AktG) und soweit es um die Ausübung der Befugnisse
geht, die dem Vorstand in Bezug auf andere Gesellschaftsorgane, d. h. im Verhältnis zur Hauptversammlung und zum Aufsichtsrat, zustehen. Aus dem
Prinzip der eigenverantwortlichen Unternehmensleitung gemäß § 76 Abs. 1
AktG folgt, dass Fragen der Unternehmensplanung, -koordination, -kontrolle
und der Besetzung der leitenden Mitarbeiter zwingend Aufgabe des Gesamt-
organs bleiben.[164) Über die hiernach vom Gesamtvorstand zu entscheidenden
Maßnahmen ist grundsätzlich ein **Vorstandsbeschluss** herbeizuführen.
[→ Rz. 427 f]

4. Geschäftsverteilung [→ Rz. 429 f]

Die konkrete Festlegung der Geschäftsverteilung sollte, wie in § 3 vorgeschla-   **465**
gen, an die Zustimmung des Aufsichtsrats gekoppelt werden, auch wenn wie
bei der Geschäftsordnung eine vorrangige Erlasskompetenz des Vorstands besteht, wenn der Aufsichtsrat nicht tätig wird. Der Aufsichtsrat wird bei der
Bestellung von Vorstandsmitgliedern immer einen bestimmten Aufgabenbereich im Blick haben, in den ohne ihn nicht eingegriffen werden sollte. Soweit
mitbestimmte Gesellschaften gemäß § 33 MitbestG einen Arbeitsdirektor zu
bestellen haben, sind dessen Kompetenzen bei der Zuweisung der Geschäftsverteilung zwingend zu beachten. Nach der Rechtsprechung wird hierunter
der Kernbereich der Personal- und Sozialfragen des Unternehmens verstanden,
womit die Bereiche der Personalplanung und -entwicklung, -verwaltung, Ge-
hälter, Soziales, Gesundheitsfürsorge, Arbeitsschutz, Weiterbildung und Al-

---

162) Zur Aufsichtspflicht siehe *Hüffer*, AktG, § 77 Rz. 15; *Wiesner*, in: Münchener Handbuch,
§ 22 Rz. 14; *Hopt*, in: Großkomm. z. AktG, § 93 Rz. 62 ff, jeweils m. w. N.
163) *Hüffer*, AktG, § 77 Rz. 15; MünchKomm-*Hefermehl/Spindler*, AktG, § 77 Rz. 28.
164) Siehe nur *Hüffer*, AktG, § 77 Rz. 18, § 76 Rz. 8.

tersfürsorge gemeint sind.[165] Weitere Funktionen können dem Arbeitsdirektor zugewiesen werden. Schwierigkeiten ergeben sich bei divisionalen Organisationsformen und im Konzern.[166]

5. Zustimmungsbedürftige Geschäfte [→ Rz. 431 ff]

466 Gemäß § 111 Abs. 4 Satz 2 AktG haben die Satzung oder der Aufsichtsrat **zwingend** zu bestimmen, dass bestimmte Arten von Geschäften nur mit Zustimmung des Aufsichtsrats vorgenommen werden können. Die frühere bloße gesetzliche Ermächtigung ist durch das Transparenz- und Publizitätsgesetz in eine Verpflichtung geändert worden. Ziffer 3.3 DCGK greift diese gesetzliche Regelung auf und legt konkretisierend fest, dass zu den zustimmungspflichtigen Geschäften Entscheidungen oder Maßnahmen gehören, die die Vermögens- Finanz- oder Ertragslage des Unternehmens grundlegend verändern. [→ Rz. 431]

467 Neben der Festlegung eines Katalogs zustimmungsbedürftiger Geschäfte in der Satzung durch einen entsprechenden Hauptversammlungsbeschluss kann die Festlegung auch durch den Aufsichtsrat erfolgen. Dies kann, wie hier vorgeschlagen, in der Geschäftsordnung des Vorstands geschehen, wenn diese vom Aufsichtsrat erlassen wurde, anderenfalls in einem der Geschäftsordnung beigefügten vom Aufsichtsrat beschlossenen Katalog.[167] Möglich ist auch eine Festlegung in einem schlichten Aufsichtsratsbeschluss oder, wie vielfach üblich, in der Geschäftsordnung des Aufsichtsrats, wobei der betreffende Beschluss bzw. die Geschäftsordnung dann dem Vorstand bekannt gemacht werden muss. Im Verhältnis Satzung/Aufsichtsrat gilt, dass der Aufsichtsrat tätig werden muss, soweit die Satzung keine Festlegungen enthält, und dass der Aufsichtsrat Festlegungen der Satzung nicht beseitigen, aber gegebenenfalls um weitere Vorbehalte ergänzen kann.[168]

468 Der hier vorgeschlagene Katalog zustimmungsbedürftiger Geschäfte ist sehr ausführlich und dient nur als Anhaltspunkt für eine im Einzelfall vorzunehmende Gestaltung. Dies gilt insbesondere für die vorgeschlagenen Betragsgrenzen. Der Zustimmungsvorbehalt darf sich nur auf Rechtsgeschäfte und konkrete interne Leitungsmaßnahmen (Budgetierung, Planung) beziehen. Unbestimmbare Zustimmungsvorbehalte („alle wesentlichen Geschäfte") sind unzulässig. Auch darf der Kreis der zustimmungsbedürftigen Rechtsgeschäfte

---

165) BGH, Urt. v. 14.11.1983 – II ZR 33/83, BGHZ 89, 48, 59 = ZIP 1984, 55, 58 f = NJW 1984, 733; OLG Frankfurt/M., Urt. v. 23.4.1985 – 5 U 194/84, AG 1986, 262, 263; LG Frankfurt/M., Urt. v. 26.4.1984 – 3/6 O 210/83, AG 1984, 276, 277.

166) *Raiser*, MitbestG, § 33 Rz. 17, 18.

167) *Semler/v. Schenck-Kropf*, § 8 Rz. 21 ff.

168) *Hüffer*, AktG, § 111 Rz. 17a.

nicht so weit gefasst sein, dass der Vorstand praktisch nicht mehr zur eigenständigen Geschäftsführung in der Lage ist.[169]

Der Einzelüberprüfung bedürfen auch die im letzten Spiegelstrich von § 4 **469** Abs. 1 genannten Entscheidungen bei Geschäften von Konzernunternehmen. § 111 Abs. 4 AktG enthält insoweit keine Vorgaben. Ohne eine ausdrückliche Bestimmung soll als Ergebnis einer objektiven Auslegung gelten, dass Maßnahmen vergleichbarer Bedeutung in Konzernunternehmen ebenfalls der Zustimmung unterliegen. Um damit etwa verbundene Zweifelsfragen auszuschließen, wird im Falle einer konzernleitenden Aktiengesellschaft die ausdrückliche Erstreckung auf Konzernunternehmen empfohlen.[170]

Die Erteilung der Zustimmung kann (im Gegensatz zur Festlegung des Kata- **470** logs der Zustimmungsvorbehalte) auch einem Ausschuss übertragen werden.

6. Vorstandsvorsitzender und Stellvertreter [→ Rz. 434 ff]

Gemäß § 84 Abs. 2 AktG kann, gemäß der Empfehlung in Ziffer 4.2.1 Satz 1 **471** DCGK soll, der Aufsichtsrat einen Vorstandsvorsitzenden ernennen, wenn der Vorstand aus mehreren Personen besteht. Börsennotierte Gesellschaften, die von dieser Empfehlung abweichen, müssen dies in ihrer Entsprechenserklärung gemäß § 161 AktG offen legen. Das Muster geht davon aus, dass ein Vorstandsvorsitzender durch den Aufsichtsrat ernannt wird und entsprechende Aufgaben, insbesondere die Leitung der Vorstandssitzungen wahrnimmt. Will sich der Aufsichtsrat die Entscheidung, ob er einen Vorstandsvorsitzenden bestellt, offen halten, so muss das Muster entsprechend angepasst werden. Es empfiehlt sich aber, dass dann zumindest im Geschäftsverteilungsplan festgelegt wird, wem die Einberufung und Leitung der Vorstandssitzungen obliegt. Unterbleibt eine solche Festlegung, können die Vorstandsmitglieder selbst einstimmig ein für Einberufung und Sitzungsleitung zuständiges Mitglied (Vorstandssprecher) bestimmen. Einen Vorstandsvorsitzenden kann der Vorstand selbst hingegen nicht ernennen.[171] [→ Rz. 434]

Die Rechtsstellung des Vorstandsvorsitzenden ist im Aktiengesetz nicht näher **472** beschrieben. Seine Aufgabe wird im Allgemeinen dahin gehend verstanden, dass er den Vorstand als Kollegialorgan nach außen hin repräsentiert und im Übrigen im Innenverhältnis durch Koordination und Sitzungsleitung tätig wird. Darüber hinaus wird eine besondere Überwachungspflicht der Ressort-

---

169) *Hüffer*, AktG, § 111 Rz. 18; *Mertens*, in: Kölner Komm. z. AktG, § 111 Rz. 67; *Hoffmann-Becking*, in: Münchener Handbuch, § 29 Rz. 39.
170) Ausführlich zur konzernweiten Geltung von Zustimmungsvorbehalten: MünchKomm-*Semler*, AktG, § 111 Rz. 414 ff.
171) MünchKomm-*Hefermehl/Spindler*, AktG, § 84 Rz. 80.

tätigkeit einzelner Vorstandsmitglieder vertreten.[172] Absätze 2 und 3 von § 5 entsprechen dieser Rechtslage und sind insoweit weitgehend deklaratorischen Inhalts. Absatz 4 beschreibt schließlich entsprechend der Empfehlung in Ziffer 5.2 Abs. 3 DCGK die Schnittstellenfunktion des Vorstandsvorsitzenden zum Aufsichtsrat und unterstreicht die vom DCGK angestrebte, in der Praxis aber im Hinblick auf die Gewaltenteilung in der Aktiengesellschaft nicht ganz unproblematische[173] enge Zusammenarbeit zwischen Vorstand und Aufsichtsrat. [→ Rz. 435 f]

7. Sitzungen und Beschlüsse des Vorstands [→ Rz. 438 ff]

473 Besteht der Vorstand aus mehreren Personen, so fasst er seine Entscheidungen durch einen **Beschluss**, und zwar in der Regel in Vorstandssitzungen, die auch in Form von Video- oder Internetkonferenzen stattfinden können. Eine Form für die Beschlussfassung ist nicht vorgeschrieben, so dass eine mündliche, auch fernmündliche oder schriftliche Stimmabgabe, auch durch Telefax oder E-Mail, möglich ist. Die in § 6 Abs. 1–3 vorgeschlagenen Verfahrensweisen für Vorstandssitzungen und Vorstandsbeschlüsse beruhen nicht auf gesetzlichen Bestimmungen. Vielmehr sind hier nach Zweckmäßigkeitsgesichtspunkten Verfahrensregeln aufgestellt, die teilweise denen ähneln, die in Aufsichtsräten verwendet werden. Für die Vorstandsarbeit ist aber größere Flexibilität angezeigt. Es dürfte sich hier um den bereits angesprochenen Kernbereich organisatorischer Selbstbestimmung der Vorstandsarbeit handeln, der anderweitig nicht geregelt werden darf (oben Rz. 465). Je größer eine Gesellschaft ist und je mehr Vorstandsmitglieder sie hat, desto mehr wird an dieser Stelle auf Förmlichkeiten und ihre Einhaltung zu achten sein. [→ Rz. 438 ff]

474 Aus § 77 Abs. 1 Satz 1 AktG folgt grundsätzlich das **Einstimmigkeitsprinzip**. Die Geschäftsordnung kann, wie hier in § 6 Abs. 6 vorgesehen, abweichende Mehrheiten bestimmen, wodurch die Handlungsfähigkeit des Vorstands erhöht wird. Insoweit gelten jedoch die Einschränkungen von § 77 Abs. 1 Satz 2 Halbs. 2 AktG: Es kann nicht bestimmt werden, dass ein oder mehrere Vorstandsmitglieder im Falle des Widerstands der Mehrheit der Vorstandsmitglieder ihre Meinung durchsetzen. Aus diesem Grunde wird es auch für unzulässig gehalten, dass bei einem zweigliedrigen Vorstand der Vorstandsvorsitzende einen Stichentscheid hat, was ansonsten zulässig ist.[174] [→ Rz. 443 ff]

---

172) Siehe hierzu etwa *Bezzenberger*, ZGR 1996, 661; *Hüffer*, AktG, § 84 Rz. 21; *Wiesner*, in: Münchener Handbuch, § 24 Rz. 3 und (zur Abgrenzung zum Vorstandssprecher) Rz. 4 ff.

173) Pfitzer/Oser-*Pfitzer/Höreth*, S. 153 f.

174) OLG Karlsruhe, Urt. v. 23.5.2000 – 8 U 233/99 – DGF-Stoess AG, ZIP 2000, 1578 = AG 2001, 93, dazu EWiR 2000, 1085 *(Pötter)*; OLG Hamburg, Beschl. v. 20.5.1985 – 2 W 49/84, AG 1985, 251, dazu EWiR 1985, 931 *(Meyer-Landrut)*; MünchKomm-*Hefermehl/Spindler*, AktG, § 77 Rz. 14; *Hüffer*, AktG, § 77 Rz. 11; *Wiesner*, in: Münchener Handbuch, § 22 Rz. 9.

Die in § 6 Abs. 5 enthaltenen Bestimmungen über die Beschlussfähigkeit des **475**
Vorstands sollen der Einhaltung dieser Rechtslage dienen. Für eine wirksame
Beschlussfassung ist die **Einladung aller Mitglieder** unter Bezeichnung des
Gegenstands der Beschlussfassung erforderlich. [→ Rz. 442]

Die in § 6 Abs. 8 vorgesehene **Protokollierung** aller Vorstandsentscheidungen **476**
ist zu Dokumentations- und Enthaftungszwecken dringend empfehlenswert.
[→ Rz. 447]

8. Zusammenarbeit mit dem Aufsichtsrat [→ Rz. 448 ff]

Ausführliche Feststellungen, Empfehlungen und Anregungen zum Zusam- **477**
menwirken von Vorstand und Aufsichtsrat einer börsennotierten Gesellschaft
finden sich im DCGK unter Ziffer 3 und sind in dem Muster unter § 7 aufge-
griffen. Soweit börsennotierte Gesellschaften von den Empfehlungen abweichen, müssen sie dies in ihrer Entsprechenserklärung gemäß § 161 AktG offen
legen. Deklaratorische Bedeutung haben dabei die Bestimmungen, die in § 90
AktG zwingend geregelt sind. Die Berichterstattung an den Aufsichtsrat gehört zu der Kompetenz des Gesamtvorstands. Die besonderen Aufgaben des
Vorstandsvorsitzenden im Rahmen der Information und Berichterstattung
sind in § 5 Abs. 4 (Rz. 437) beschrieben.

9. Interessenkonflikte/Nebentätigkeiten [→ Rz. 453 ff]

§ 8 enthält Regelungen, mit denen die entsprechenden Empfehlungen des **478**
DCGK für börsennotierte Gesellschaften umgesetzt werden. Weder müssen
die zugrunde liegenden Empfehlungen von den Gesellschaften zwingend befolgt werden (dann ist allerdings eine Offenlegung im Rahmen der Entsprechenserklärung gemäß § 161 AktG erforderlich), noch muss deren Umsetzung
ausdrücklich in der Geschäftsordnung geregelt werden. Es genügt vielmehr deren tatsächliche Befolgung. Möglich sind auch entsprechende Regelungen in
den Anstellungsverträgen der Vorstandsmitglieder. Sofern die Gesellschaft die
entsprechenden Empfehlungen beachten will, kann eine ausdrückliche Festlegung, wie in diesem Muster vorgesehen, im Rahmen der Geschäftsordnung im
Sinne einer Informations- und Hinweisfunktion jedoch sinnvoll sein.

§ 8 Abs. 1 und 2 entspricht der Empfehlung in Ziffer 4.3.4 DCGK betreffend **479**
mögliche **Interessenkonflikte**, die in § 88 AktG nur teilweise, aber nicht abschließend geregelt sind. Erfolgt eine Regelung in der Geschäftsordnung nicht,
so geht doch jedes Vorstandsmitglied eine entsprechende Verpflichtung ein,
wenn es im Rahmen der Entsprechenserklärung eine persönliche Erklärung
abgibt, der Offenlegungsempfehlung zu entsprechen.[175] [→ Rz. 454]

---

175) Ringleb/Kremer/Lutter/v. Werder-*Ringleb*, Rz. 592.

480   Die Regelung in § 8 Abs. 3 entspricht der Empfehlung in Ziffer 4.3.5 DCGK und erfasst auch **Nebentätigkeiten**, die nicht unter das Verbot des § 88 AktG fallen. In vielen Anstellungsverträgen mit Vorstandsmitgliedern dürfte bereits eine entsprechende Regelung enthalten sein. [→ Rz. 455]

Teil 5: Aufsichtsrat

Muster 5.1: Wahl der Aufsichtsratsmitglieder – Auszug aus der Einladung zur Hauptversammlung

I. Mustertext [→ Rz. 484 ff]

TOP ...

Wahlen zum Aufsichtsrat

Der Aufsichtsrat der Gesellschaft setzt sich nach den Vorschriften der §§ 95 ff   **481**
AktG i. V. m. § 7 Abs. 1 Nr. 1 MitbestG zusammen und besteht gemäß § ...
der Satzung aus sechs Mitgliedern, die von der Hauptversammlung gewählt
werden, und sechs Arbeitnehmervertretern. Die Aufsichtsratsmitglieder ...
[*Name*] und ... [*Name*] haben ihr Aufsichtsratsmandat mit Wirkung zum ...
niedergelegt. Ferner ist das Mitglied des Aufsichtsrats ... [*Name*] am ... verstorben und damit aus dem Aufsichtsrat ausgeschieden. [→ Rz. 484]

Der Aufsichtsrat schlägt der Hauptversammlung vor, für die restliche Amts-   **482**
zeit, die bis zur Beendigung derjenigen Hauptversammlung dauert, die für das
am ... endende Geschäftsjahr beschließt, als Nachfolger der ausgeschiedenen
Aufsichtsratsmitglieder jeweils im Wege der Einzelwahl die nachstehenden
Personen zu wählen: [→ Rz. 492]

a) Herrn ... [Name, Wohnort, Beruf];

   Herr ... ist bei folgenden inländischen Gesellschaften in den gesetzlich zu
   bildenden Aufsichtsräten vertreten: ...

   Darüber hinaus übt Herr ... vergleichbare Mandate in folgenden in- und
   ausländischen Wirtschaftsunternehmen aus: ... [→ Rz. 489 ff]

b) Frau ... [*Name, Wohnort, Beruf*];

   Frau ... ist bei folgenden inländischen Gesellschaften in den gesetzlich zu
   bildenden Aufsichtsräten vertreten: ... [→ Rz. 489 ff]

c) Herrn Dr. ... [*Name, Wohnort, Beruf*], keine weiteren Aufsichtsratsmanda-
   te nach § 125 Abs. 1 Satz 3 AktG. [→ Rz. 489 ff]

Die Hauptversammlung ist an Wahlvorschläge nicht gebunden. [→ Rz. 487]   **483**

II. Erläuterungen [→ Rz. 481 ff]

1. Vorbemerkung

Das Muster versteht sich als Ergänzung einer aus anderen Tagesordnungspunk-   **484**
ten bestehenden Hauptversammlungseinladung. Aufsichtsratswahlen können
dabei sowohl in außerordentlichen als auch ordentlichen Hauptversammlun-

gen vorgenommen werden. Die Art der Bekanntmachung der Tagesordnung und der Einladung zur Hauptversammlung richtet sich nach § 121 Abs. 3 oder Abs. 4 AktG (dazu Muster 7.1, Rz. 659 ff).

2. Wahlvorschlag des Aufsichtsrats [→ Rz. 482]

485 Gemäß § 124 Abs. 3 Satz 1 AktG ist zur Wahl von Aufsichtsräten lediglich ein **Vorschlag des Aufsichtsrats** und nicht auch des Vorstands zu unterbreiten. Dieser entscheidet hierüber (in der Regel zusammen mit den sonstigen Beschlussvorschlägen für eine Hauptversammlung) durch ordentlichen Aufsichtsratsbeschluss. Es ist zulässig, diese Beschlussfassung einem Aufsichtsratsausschuss zu überlassen (vgl. § 107 Abs. 3 Satz 2 AktG).

486 Gesetzlicher Inhalt des Wahlvorschlags ist zunächst die Angabe der Vorschriften, nach denen sich der Aufsichtsrat zusammensetzt, und ob die Hauptversammlung an Wahlvorschläge gebunden ist (§ 124 Abs. 3 Satz 1 AktG). Im Rahmen der **Zusammensetzung** anzugeben ist der Status quo der geltenden Mitbestimmungsregelung, wie sich aus § 96 Abs. 2 AktG ergibt (hierzu Muster 5.5, Rz. 602 f). Sollte zum Zeitpunkt der Hauptversammlungseinladung ein Statusverfahren nach § 97 Abs. 1 oder §§ 98, 99 AktG eingeleitet, zum Zeitpunkt der Hauptversammlung jedoch abgeschlossen sein und zu einer anderen Zusammensetzung des Aufsichtsrats geführt haben, ist diese Zusammensetzung bei der Wahl der Aufsichtsratsmitglieder maßgeblich.[176] Dies ist der Hauptversammlung in der Versammlung dann anzugeben. Im Übrigen bedarf es in der Hauptversammlungsbekanntmachung nur der Angabe der gesetzlichen Vorschriften, nach welchen sich der Aufsichtsrat zusammensetzt, nicht auch der Wiedergabe des Inhalts dieser gesetzlichen Vorschriften.

487 **Bindende Wahlvorschläge** gibt es nur gemäß §§ 6, 8 MontanmitbestG.[177] In allen anderen Fällen ist eine ausdrückliche Fehlanzeige erforderlich, wie hier im Formular vorgesehen. Entsendungsrechte, durch welche die Zusammensetzung des Aufsichtsrats beeinflusst werden kann, brauchen in der Einladung nicht erwähnt zu werden.[178]

488 Bei Vorschlägen zur Wahl sind neben § 100 Abs. 1 und 2 Nr. 1–3, § 105 AktG außerdem die zahlreichen Empfehlungen bezüglich der Zusammensetzung des Aufsichtsrats in Ziffer 5.4 DCGK zu beachten. Abweichungen von den Empfehlungen sind zwar möglich, müssen aber von börsennotierten Aktiengesellschaften gemäß § 161 AktG in der jährlichen Entsprechenserklärung offen gelegt werden. Zu den Empfehlungen gehört gemäß Ziffer 5.4.1 DCGK, dass

---

176) MünchKomm-*Kubis*, AktG, § 124 Rz. 26; *Hüffer*, AktG, § 124 Rz. 8; *Werner*, in: Großkomm. z. AktG, § 124 Rz. 29 (Fn. 32).
177) Siehe nur *Hüffer*, AktG, § 124 Rz. 14.
178) *Hüffer*, AktG, § 124 Rz. 8 m. w. N.

dem Aufsichtsrat jederzeit Mitglieder angehören sollen, die über die zur ordnungsgemäßen Wahrnehmung der Aufgaben erforderlichen Kenntnisse, Fähigkeiten und fachlichen Erfahrungen verfügen. Auch sollen die internationale Tätigkeit des Unternehmens, potentielle Interessenkonflikte und eine festzulegende Altersgrenze für Aufsichtsratsmitglieder beachtet werden. Weiter ist darauf zu achten, dass dem Aufsichtsrat nach der Empfehlung in Ziffer 5.4.2 DCGK nicht mehr als zwei ehemalige Mitglieder des Vorstands angehören und Aufsichtsratsmitglieder keine Organfunktion oder Beratungsaufgaben bei wesentlichen Wettbewerbern des Unternehmens ausüben sollen. Dem Aufsichtsrat soll eine nach seiner Einschätzung ausreichende Anzahl unabhängiger Mitglieder angehören (Ziffer 5.4.2 DCGK). Durch die Vorgabe unberührt bleibt aber der Grundsatz, dass die Vertretung des Mehrheitsaktionärs im Aufsichtsrat zulässig und die Vertretung von Minderheitsaktionären im Aufsichtsrat nicht zwingend ist.[179] Die Entscheidungszuständigkeit bezüglich der Unabhängigkeit liegt bei mitbestimmten Gesellschaften ausschließlich bei den Aufsichtsratsmitgliedern der Anteilseigner.[180] Der Wechsel eines bisherigen Vorstandsmitglieds, insbesondere des Vorstandsvorsitzenden, in den Vorsitz des Aufsichtsrats oder eines Aufsichtsratsausschusses, soll nicht die Regel sein und in der Hauptversammlung besonderes begründet werden (Ziffer 5.4.4 Satz 2 DCGK). Für die Beschlussfassung über die Begründung sind nach der Ratio von § 124 Abs. 3 Satz 4 AktG allein die Aufsichtsratsmitglieder der Anteilseigner zuständig.[181] Auch soll ein solcher Wechsel nicht die Regel sein (Ziffer 5.4.4 Satz 1 DCGK), so dass gegebenenfalls eine besondere Begründung angezeigt ist, warum ein solcher Wechsel ausnahmsweise gerechtfertigt erscheint.

3. Angaben zu den vorgeschlagenen Kandidaten [→ Rz. 482]

Zum weiteren Inhalt des Wahlvorschlages bestimmt § 124 Abs. 3 Satz 3 AktG lediglich, dass außer den **Namen** der vorgeschlagenen Kandidaten auch der ausgeübte **Beruf** und **Wohnort** anzugeben sind. Als Beruf ist die konkrete berufliche Haupttätigkeit anzugeben. Diese Angabe soll der Hauptversammlung ermöglichen, sich ein Urteil über die Geeignetheit des Kandidaten zu bilden. Eine möglichst präzise Angabe, gegebenenfalls auch des Arbeitgebers, ist deswegen auch im Hinblick auf die Bestimmungen in Ziffer 5.4 DCGK anzustreben, nicht zuletzt um möglichen Anfechtungsklagen keine Ansatzpunkte zu bieten. Sehr allgemeine Berufsangaben, wie „Rechtsanwalt" oder „Dipl.-Ing.", können demnach unzureichend sein.

489

---

179) *Vetter*, BB 2005, 1689, 1691.
180) *Vetter*, BB 2005, 1689, 1691.
181) *Vetter*, BB 2005, 1689, 1691, 1693 f.

490 Darüber hinaus ist es vielfach üblich geworden, die **Angaben gemäß § 125 Abs. 1 Satz 3 AktG,** die an sich erst für die Mitteilungen an die Banken und Aktionärsvereinigungen vorgeschrieben sind, bereits in der Tagesordnung zu veröffentlichen. Danach ist bei börsennotierten Gesellschaften auch eine Angabe über die Mitgliedschaft in anderen gesetzlich zu bildenden Aufsichtsräten zu machen. Als Sollvorschrift sind auch Angaben zur Mitgliedschaft in vergleichbaren in- und ausländischen Kontrollgremien von Wirtschaftsunternehmen vorgeschrieben. Bei solchen Mandaten kann es sich insbesondere um Verwaltungs- und Beiräte zu Unternehmen handeln, die nicht karitativ oder wissenschaftlich tätig sind.

491 Da diese Angaben nicht nur dazu dienen, bestehende personelle Verflechtungen offen zu legen, sondern auch dazu, der Hauptversammlung eine Überprüfung der Höchstzahlregelung nach § 100 Abs. 2 Nr. 1 AktG zu ermöglichen, ist es zur Vermeidung von Nachfragen angezeigt, Konzernmandate und Vorsitze gesondert anzugeben (vgl. insoweit § 100 Abs. 2 Satz 2, 3 AktG).

492 Bezüglich der Wahl der Aufsichtsratsmitglieder empfiehlt Ziffer 5.4.3 DCGK nach einer entsprechenden Ergänzung im Rahmen der letzten Kodexänderung vom 2. Juni 2005 nunmehr die **Einzelwahl.** Bislang war bei Aufsichtsratswahlen in der Praxis die so genannte Listen- oder Blockwahl üblich, bei der über alle Kandidaten en bloc abgestimmt wurde. Die Empfehlung greift einer zum Zeitpunkt der Kodexänderung noch nicht rechtskräftigen Entscheidung des LG München vor.[182] Das Gericht hatte entschieden, dass die Blockwahl des Aufsichtsrats anfechtbar ist, wenn ein in der Hauptversammlung anwesender Aktionär die Einzelwahl beantragt. Da das Aktiengesetz vom Grundsatz der Einzelabstimmung ausgehe, sei eine Blockabstimmung allenfalls unter der Voraussetzung zulässig, dass alle anwesenden Aktionäre mit diesem Verfahren einverstanden sind. Die Entscheidung überraschte, da nach der bislang herrschenden Meinung in Literatur und Rechtsprechung der Versammlungsleiter zunächst unter Hinweis darauf, dass die Annahme des Listenwahlvorschlags zugleich die Ablehnung des Antrags auf Einzelwahl bedeute, zunächst den Listenwahlvorschlag zur Abstimmung stellen konnte. In der Praxis ist vor dem Hintergrund dieser Empfehlung und der unsicheren Rechtslage nach der Entscheidung des LG München I[183] zu erwarten, dass Aufsichtsratswahlen künftig von vornherein nur noch im Wege der Einzelwahl durchgeführt werden.[184]

---

182) LG München I, Urt. v. 15.4.2004 – 5HK O 10813/03, ZIP 2004, 853 = BB 2004, 958, dazu EWiR 2004, 521 *(Just)*; siehe dazu auch *Fuhrmann*, ZIP 2004, 2081.

183) LG München I, Urt. v. 15.4.2004 – 5HK O 10813/03, BB 2004, 958.

184) So hat die MAN AG in ihrer Hauptversammlung am 3.6.2005 im Rahmen der Aufsichtsratswahl über jedes Mitglied einzeln abstimmen lassen. Die Bayerische Hypo- und Vereinsbank AG hat in ihrer Einladung zur Hauptversammlung am 12.5.2005 bereits angekündigt, dass die Wahl der Aufsichtsratsmitglieder im Wege der Einzelwahl erfolgt.

Ziffer 5.4.3 Satz 3 DCGK empfiehlt weiter, dass **Kandidatenvorschläge** für den Aufsichtsratsvorsitz den Aktionären bekannt gegeben werden sollen. Eine solche Mitteilung ist nicht unproblematisch, da über den Aufsichtsratsvorsitz erst der neue Aufsichtsrat entscheidet. In der Praxis wird der alte Aufsichtsrat bei seiner Beschlussfassung über die Kandidatenvorschläge zugleich eine Empfehlung an die Mitglieder des neuen Aufsichtsrats bezüglich des Aufsichtsratsvorsitzes abgeben und dies dann im Rahmen der Tagesordnung, spätestens aber in der Hauptversammlung, bekannt machen. Hierfür kommt beispielsweise folgende Formulierung in Betracht:

493

> „Der Deutsche Corporate Governance Kodex in der gültigen Fassung vom 2. Juli 2005 empfiehlt in Ziffer 5.4.3 Satz 3, den Aktionären die Kandidatenvorschläge für den Aufsichtsratsvorsitz bekannt zu geben. Dementsprechend teilt der Aufsichtsrat mit, dass er die Wahl von Herrn/Frau … zum Vorsitzenden/zur Vorsitzenden des Aufsichtsrats in seiner künftigen Zusammensetzung empfiehlt. Der Aufsichtsrat in seiner zukünftigen Zusammensetzung ist bei der Wahl des Vorsitzenden an diese Empfehlung nicht gebunden."

Muster 5.2: Bekanntmachung über den Wechsel von Aufsichtsrats-mitgliedern

I. Mustertext [→ Rz. 496 f]

Bekanntmachung gemäß § 106 AktG
der ... AG
WKN .../ISIN ...

494 Die bisherigen Aufsichtsratsmitglieder ... [*Name*] und ... [*Name*] haben ihr Aufsichtsratsmandat mit Wirkung zum ... niedergelegt. Ferner ist das bisherige Mitglied des Aufsichtsrats ... [*Name*] am ... verstorben und damit aus dem Aufsichtsrat ausgeschieden.

495 Durch Beschluss der Hauptversammlung der Gesellschaft am ... sind für die restliche Amtszeit, die bis zur Beendigung derjenigen Hauptversammlung dauert, die für das am ... endende Geschäftsjahr beschließt, als Nachfolger der ausgeschiedenen Aufsichtsratsmitglieder die nachstehenden Personen gewählt worden: [→ Rz. 496]

a) Herr... [*Name, Beruf, Wohnort*];

b) Frau... [*Name, Beruf, Wohnort*];

c) Herr Dr. ... [*Name, Beruf, Wohnort*].

... [*Ort*] im ... [*Monat, Jahr*]

... AG

Der Vorstand

II. Erläuterungen [→ Rz. 494 f]

496 Das Muster schließt an den Auszug aus der Einladung zur Hauptversammlung betreffend die Wahl von Aufsichtsratsmitgliedern (Muster 5.1, Rz. 481 ff) an. Gemäß § 106 AktG hat der Vorstand jeden Wechsel der Aufsichtsratsmitglieder **unverzüglich** in den Gesellschaftsblättern bekannt zu machen. Die Wiederwahl durch die Hauptversammlung nach Ablauf der Amtsperiode eines Aufsichtsratsmitglieds ist kein Wechsel. Die in der Praxis zwar nicht unübliche Bekanntmachung der vollständigen Besetzung eines Aufsichtsrats nach Aufsichtsratswahlen ist daher, soweit kein Wechsel stattfand, nicht erforderlich.

497 Der Vorstand ist gemäß § 106 AktG zudem verpflichtet, die Bekanntmachung, d. h. Belegexemplare der Gesellschaftsblätter, in denen die Bekanntmachung erfolgte (in der Regel also ein Ausdruck des elektronischen Bundesanzeigers), **zum Handelsregister einzureichen**. Schriftform genügt, da es sich nicht um eine Anmeldung zur Eintragung gemäß § 12 HGB handelt.

Muster 5.3: Geschäftsordnung für den Aufsichtsrat

I.   Mustertext [→ Rz. 542 ff]

Geschäftsordnung
für den Aufsichtsrat der
... AG

Der Aufsichtsrat der Gesellschaft hat sich durch Beschluss vom ... gemäß § ...   **498**
der Satzung folgende Geschäftsordnung gegeben:

§ 1

Allgemeines

Der Aufsichtsrat ist verpflichtet, unter Einhaltung der bestehenden Gesetze   **499**
und der Satzung sowie dieser Geschäftsordnung in Zusammenarbeit mit dem
Vorstand zum Wohle und im Interesse der Gesellschaft zu arbeiten.
[→ Rz. 549]

§ 2

Vorsitzender und Stellvertreter

(1) Unter Vorsitz des an Lebensjahren ältesten Aufsichtsratsmitglieds wählt   **500**
der Aufsichtsrat in seiner ersten, ohne besondere Einladung stattfindenden
Sitzung nach der Hauptversammlung, in der die Aufsichtsratsmitglieder der
Aktionäre gewählt worden sind, aus seiner Mitte einen Vorsitzenden und einen
Stellvertreter. [→ Rz. 550 ff]

Ergänzend (bei mitbestimmten Gesellschaften):

Für die Durchführung der Wahl gilt § 27 Abs. 1 und 2 MitbestG.

(2) Scheiden während der Amtsdauer des Aufsichtsrats der Vorsitzende oder   **501**
der Stellvertreter aus ihrem Amt aus, so hat der Aufsichtsrat unverzüglich eine
Neuwahl für die restliche Amtszeit des Ausgeschiedenen vorzunehmen.

§ 3

Einberufung

(1) Der Aufsichtsrat soll einmal im Kalendervierteljahr, er muss zweimal im   **502**
Kalenderhalbjahr einberufen werden. [→ Rz. 554]

(2) Der Aufsichtsrat wird von dem Vorsitzenden einberufen. Die Einberufung   **503**
kann schriftlich, fernmündlich per Telefax oder per E-Mail erfolgen. Der Vorsitzende bestimmt Tagungsort, Tagungszeit, Tagesordnung sowie die Art der
Abstimmung. Die Einladung soll in der Regel unter Einhaltung einer Frist von
zwei Wochen erfolgen. Der Vorsitzende kann die Einladungsfrist in dringen

den Fällen abkürzen. Die Einladung gibt die einzelnen Punkte der Tagesordnung vollständig an. Der Aufsichtsrat kann nur über die Gegenstände der Tagesordnung beschließen. Beschlüsse zu dem Tagesordnungspunkt „Verschiedenes" oder „Sonstiges" werden nicht gefasst. [→ Rz. 556]

504 (3) Ist ein Tagesordnungspunkt nicht ordnungsgemäß angekündigt worden, darf hierüber nur beschlossen werden, wenn vor der Beschlussfassung kein Aufsichtsratsmitglied widerspricht. Abwesenden Aufsichtsratsmitgliedern ist in einem solchen Fall Gelegenheit zu geben, binnen einer vom Vorsitzenden zu bestimmenden angemessenen Frist der Beschlussfassung zu widersprechen oder ihre Stimme schriftlich abzugeben. Der Beschluss wird erst wirksam, wenn die abwesenden Aufsichtsratsmitglieder innerhalb der bestimmten Frist nicht widersprochen haben. [→ Rz. 556]

§ 4
Sitzungen und Beschlussfassungen

505 (1) Sitzungen des Aufsichtsrats werden vom Vorsitzenden des Aufsichtsrats geleitet. Der Vorsitzende bestimmt die Reihenfolge, in der die Punkte der Tagesordnung verhandelt werden, sowie die Art der Abstimmung. [→ Rz. 557]

506 (2) Beschlüsse des Aufsichtsrats werden in der Regel in Sitzungen gefasst. Der Aufsichtsrat kann seine Beschlüsse jedoch auch außerhalb von Sitzungen schriftlich, fernmündlich, per Telefax oder per E-Mail oder mittels sonstiger gebräuchlicher Kommunikationsmittel, insbesondere per Videokonferenz, fassen, sofern der Aufsichtsratsvorsitzende dies anordnet. Ein Widerspruchsrecht der einzelnen Aufsichtsratsmitglieder besteht nicht. Für die Abgabe von Stimmen im Rahmen eines solchermaßen gefassten Beschlusses gilt § 108 Abs. 3 AktG entsprechend. Fernmündliche Stimmabgaben sind schriftlich zu bestätigen. [→ Rz. 557]

507 (3) Der Aufsichtsrat ist beschlussfähig, wenn alle Mitglieder des Aufsichtsrats ordnungsgemäß geladen sind und mindestens die Hälfte der nach Gesetz oder Satzung vorgeschriebenen Mitgliederzahl an der Beschlussfassung teilnimmt. Abwesende Aufsichtsratsmitglieder können dadurch an der Beschlussfassung des Aufsichtsrats teilnehmen, dass sie gemäß § 108 Abs. 3 AktG schriftliche Stimmabgaben überreichen lassen. Der Sitzungsleiter kann festlegen, dass abwesende Aufsichtsratsmitglieder ihre Stimme nachträglich schriftlich in einer von ihm zu bestimmenden angemessenen Frist abgeben können, wenn kein anwesendes Mitglied dem widerspricht. [→ Rz. 558]

508 (4) Beschlüsse des Aufsichtsrats werden, soweit keine abweichende gesetzliche Bestimmung besteht, mit einfacher Mehrheit der abgegebenen Stimmen gefasst. Ergibt eine Abstimmung im Aufsichtsrat Stimmengleichheit, so muss

der Aufsichtsrat auf Verlangen eines seiner Mitglieder unmittelbar im Anschluss an die erste Abstimmung eine erneute Abstimmung über denselben Gegenstand durchführen. Ergibt sich auch bei dieser Abstimmung Stimmengleichheit, so zählt die Stimme des Vorsitzenden doppelt. Das Gleiche gilt, wenn der Aufsichtsratsvorsitzende gemäß § 108 Abs. 3 AktG schriftliche Stimmabgaben überreichen lässt. Dem Stellvertreter steht die zweite Stimme nicht zu. [→ Rz. 559]

(5) Der Aufsichtsratsvorsitzende gibt die vom Aufsichtsrat beschlossenen Willenserklärungen im Namen des Aufsichtsrats ab. [→ Rz. 560]   **509**

(6) Über jede Sitzung des Aufsichtsrats oder Beschlussfassung außerhalb von Sitzungen ist eine Niederschrift anzufertigen, die vom Vorsitzenden der Sitzung zu unterzeichnen ist. Bei Beschlussfassungen außerhalb von Sitzungen ist die Niederschrift vom Vorsitzenden des Aufsichtsrats zu unterzeichnen. Der Sitzungsleiter bestellt den Protokollführer und bestimmt den Inhalt der Niederschrift über die Verhandlungen und Beschlüsse des Aufsichtsrats. In der Niederschrift sind Ort und Tag der Sitzung oder der Beschlussfassung, die Teilnehmer, die Gegenstände der Tagesordnung und der wesentliche Inhalt der Verhandlung und die Beschlüsse des Aufsichtsrats festzuhalten. Je eine Ausfertigung der Niederschrift ist den Mitgliedern des Aufsichtsrats unverzüglich zuzuleiten. Das Original ist zu den Akten der Gesellschaft zu nehmen. Der Aufsichtsratsvorsitzende kann ausnahmsweise anordnen, dass über einzelne Punkte der Tagesordnung eine besondere Niederschrift aufgenommen wird, die ausschließlich zu den Akten der Gesellschaft zu nehmen ist; alle Mitglieder des Aufsichtsrats sind jedoch berechtigt, diese Niederschrift einzusehen. Die Niederschrift ist in der nächsten Sitzung des Aufsichtsrats durch Beschluss zu genehmigen. [→ Rz. 561]   **510**

(7) An den Sitzungen des Aufsichtsrats nehmen die Mitglieder des Vorstands teil, sofern der Aufsichtsratsvorsitzende im Einzelfall keine abweichende Anordnung trifft. Der Aufsichtsratsvorsitzende kann weitere Personen im Einzelfall zur Aufsichtsratssitzung zulassen, insbesondere gilt das für einen vom Aufsichtsratsvorsitzenden zu bestellenden Protokollführer, wenn dieser nicht dem Aufsichtsrat angehört. Sofern nach diesen Bestimmungen Dritte an Aufsichtsratssitzungen oder Sitzungen seiner Ausschüsse teilnehmen, die nicht von Berufs wegen zur Verschwiegenheit verpflichtet sind, ist eine gesonderte Verschwiegenheitserklärung vom Aufsichtsratsvorsitzenden einzuholen. Gegen die Entscheidung des Aufsichtsratsvorsitzenden über die Zulassung von Sitzungsteilnehmern steht jedem Mitglied des Aufsichtsrats das Recht auf Beschlussfassung des Aufsichtsrats über die Zulassung zu. [→ Rz. 562]   **511**

§ 5

Verschwiegenheitspflicht und Verantwortlichkeit
der Aufsichtsratsmitglieder/Interessenkonflikte/Altersgrenze

512 (1) Die Mitglieder des Aufsichtsrats sind an Aufträge und Weisungen nicht gebunden und dürfen solche nicht annehmen. [→ Rz. 563]

513 (2) Die Mitglieder des Aufsichtsrats haben – auch nach dem Ausscheiden aus dem Amt – über vertrauliche Angaben und Geheimnisse der Gesellschaft, namentlich Betriebs- und Geschäftsgeheimnisse, die ihnen durch ihre Tätigkeit im Aufsichtsrat bekannt werden, Stillschweigen zu bewahren. Sie sind insbesondere zur Verschwiegenheit über erhaltene vertrauliche Berichte und vertrauliche Beratungen verpflichtet. Beabsichtigt ein Mitglied des Aufsichtsrats, Angaben zu Gegenständen weiterzugeben, die es nicht für vertraulich hält, von denen es aber weiß oder den Umständen nach annehmen muss, dass sie von der Gesellschaft, von mit ihr verbundenen Unternehmen oder Beteiligungsgesellschaften als vertraulich angesehen werden könnten, so ist es verpflichtet, zuvor den Aufsichtsratsvorsitzenden, im Falle seiner Verhinderung seinen Stellvertreter, über seine Absichten zu unterrichten und, wenn dieser eine Stellungnahme des Aufsichtsrats für erforderlich hält, diese abzuwarten. [→ Rz. 563]

514 (3) Bei Beendigung des Amtes hat ein Aufsichtsratsmitglied die in seinem Besitz befindlichen Schriftstücke, Sitzungsprotokolle etc. dem Vorsitzenden des Aufsichtsrats auf Aufforderung zurückzugeben. [→ Rz. 564]

515 (4) Die Mitglieder des Aufsichtsrats stellen sicher, dass die von ihnen eingeschalteten Mitarbeiter die Verschwiegenheitspflichten in gleicher Weise einhalten. [→ Rz. 564]

516 (5) Aufsichtsratsmitglieder, die ihre Pflicht verletzen, sind der Gesellschaft zum Ersatz des daraus entstehenden Schadens als Gesamtschuldner verpflichtet. [→ Rz. 565]

517 (6) Jedes Aufsichtsratsmitglied ist dem Unternehmensinteresse verpflichtet. Es darf bei seinen Entscheidungen weder persönliche Interessen verfolgen noch Geschäftschancen, die dem Unternehmen zustehen, für sich nutzen. Jedes Aufsichtsratmitglied legt Interessenkonflikte, insbesondere solche, die aufgrund einer Beratung oder Organfunktion bei Kunden, Lieferanten, Kreditgebern oder sonstigen Geschäftspartnern entstehen können, dem Aufsichtsrat gegenüber unverzüglich offen. Der Aufsichtsrat wird in seinem Bericht an die Hauptversammlung über aufgetretene Interessenkonflikte und deren Behandlung informieren. Wesentliche und nicht nur vorübergehende Interessenkonflikte in der Person eines Aufsichtsratsmitglieds sollen zur Beendigung des Mandats z. B. im Wege der Amtsniederlegung führen. [→ Rz. 566]

(7) Berater- und sonstige Dienstleistungs- und Werkverträge eines Aufsichts- **518**
ratsmitglieds mit der Gesellschaft bedürfen der Zustimmung des Aufsichtsrats. § 114 AktG bleibt unberührt. [→ Rz. 567]

(8) Kein Aufsichtsratsmitglied darf Organfunktionen oder Beratungsaufgaben **519**
bei wesentlichen Wettbewerbern der Gesellschaft ausüben. [→ Rz. 567]

(9) Zur Wahl als Mitglied des Aufsichtsrats der Gesellschaft sollen in der Re- **520**
gel nur Personen vorgeschlagen werden, die das 70. Lebensjahr noch nicht
vollendet haben. [→ Rz. 568]

§ 6
Ausschüsse

(1) Der Aufsichtsrat kann aus seiner Mitte AusschüsseAusschüsse bilden. **521**
Aufgaben, Befugnisse und Verfahren der Ausschüsse bestimmt der Aufsichtsrat. Den Ausschüssen können, soweit gesetzlich zulässig, auch Entschei-
dungsbefugnisse des Aufsichtsrats übertragen werden. [→ Rz. 569]

(2) Soweit keine abweichenden gesetzlichen Bestimmungen bestehen, gelten **522**
für die Sitzungen und die Beschlussfassungen von Aufsichtsratsausschüssen
die vorstehenden Bestimmungen des § 4 Abs. 1, 2, 3, 4 und 6 sinngemäß.
[→ Rz. 570]

(3) Die Ausschussvorsitzenden berichten dem Aufsichtsrat regelmäßig über **523**
die Beratungen und Beschlüsse der jeweiligen Ausschüsse. [→ Rz. 571]

Ergänzend (bei mitbestimmten Gesellschaften): **524**

*(4) Der Aufsichtsrat wählt unmittelbar nach der Wahl des Aufsichtsratsvorsitzen-
den und seines Stellvertreters zur Wahrnehmung der in § 31 Abs. 3 MitbestG genannten Aufgaben den in § 27 Abs. 3 MitbestG bezeichneten Ausschuss. Diesem
Ausschuss gehören der Aufsichtsratsvorsitzende, sein Stellvertreter sowie je ein von
den Aufsichtsratsmitgliedern der Arbeitnehmer und von den Aufsichtsratsmitgliedern der Anteilseigner mit der Mehrheit der abgegebenen Stimmen zu wählende
Mitglieder an. [→ Rz. 571]*

§ 7
Präsidialausschuss

(1) Der Aufsichtsrat bildet einen Präsidialausschuss. Der Präsidialausschuss **525**
besteht aus dem Aufsichtsratvorsitzenden und seinem Stellvertreter sowie
einem weiteren vom Aufsichtsrat zu wählenden Mitglied. *[Alternativ (bei mitbestimmten Gesellschaften): Der Präsidialausschuss besteht aus den vier Mitgliedern des nach § 27 Abs. 3 MitbestG gebildeten Ausschusses].* [→ Rz. 572]

Vorsitzender des Präsidialausschusses ist der Vorsitzende des Aufsichtsrats. **526**
[→ Rz. 572]

527 (2) Der Präsidialausschuss hat die Aufgabe, Fragen, die möglicherweise umgehende Maßnahmen des Vorstands erfordern, zu beraten. Er unterstützt den Aufsichtsratsvorsitzenden, insbesondere bei der Vorbereitung von Sitzungen sowie der regelmäßigen Effizienzprüfung des Aufsichtsrats. Außerdem bereitet der Präsidialausschuss die Personalentscheidungen des Aufsichtsrats vor. Er beschließt anstelle des Aufsichtsrats über

a) den Abschluss, die Änderung und die Beendigung der Anstellungsverträge mit den Mitgliedern des Vorstands,

b) sonstige Rechtsgeschäfte gegenüber Vorstandsmitgliedern nach § 112 AktG,

c) die Einwilligung zu anderweitigen Tätigkeiten eines Vorstandsmitglieds nach § 88 AktG,

d) die Gewährung von Darlehen an den in §§ 89, 115 AktG genannten Personenkreis,

e) die Zustimmung zu Verträgen mit Aufsichtsratsmitgliedern nach § 114 AktG.

[→ Rz. 572]

§ 8
Prüfungsausschuss

528 (1) Der Aufsichtsrat bildet einen Prüfungsausschuss, dem … [*drei*] vom Aufsichtsrat zu wählende Aufsichtsratsmitglieder angehören. Der Prüfungsausschuss wählt seinen Vorsitzenden. [→ Rz. 573]

529 (2) Der Prüfungsausschuss bereitet die Beauftragung des Abschlussprüfers vor. Vorzubereiten sind insbesondere Fragen der Vergütung und der erforderlichen Unabhängigkeit des Abschlussprüfers sowie des Prüfungsschwerpunkts der Abschlussprüfung. [→ Rz. 574]

530 (3) Der Prüfungsausschuss bereitet die Entscheidung des Aufsichtsrats über die Feststellung des Jahresabschlusses und die Billigung des Konzernabschlusses vor. Zu diesem Zweck obliegt ihm eine Vorprüfung des Jahresabschlusses, des Konzernabschlusses, des zusammengefassten Lagebericht der Gesellschaft und des Konzerns sowie des Vorschlags für die Gewinnverwendung. An den Verhandlungen des Prüfungsausschusses hat der Abschlussprüfer teilzunehmen. Der Prüfungsausschuss bereitet ferner die Verhandlungen und Beschlüsse des Aufsichtsrats über Fragen der Rechnungslegung und des Risikomanagements vor. [→ Rz. 574]

531 (4) Die Mitglieder des Prüfungsausschusses nehmen den Jahresabschluss, den Konzernabschluss, den zusammengefassten Lagebericht der Gesellschaft und des Konzerns sowie den Vorschlag für die Verwendung des Bilanzgewinns

über den Vorsitzenden des Aufsichtsrats vom Vorstand entgegen. Der Prüfungsbericht des Abschlussprüfers wird ihnen direkt vom Abschlussprüfer über den Vorsitzenden des Aufsichtsrats zugeleitet. [→ Rz. 575]

§ 9
Zustimmungsbedürftige Geschäfte

[Zum möglichen Inhalt eines Katalogs zustimmungsbedürftiger Geschäfte, der auch im Rahmen der Geschäftsordnung des Aufsichtsrats festgelegt werden kann, siehe Muster 4.3, Rz. 466 ff] [→ Rz. 576]   **532**

§ 10
Informationspflichten

(1) Der Aufsichtsrat achtet auf eine ausreichende Informationsversorgung des Aufsichtsrats, insbesondere darauf, dass der Vorstand seine in § 90 AktG genannten Berichtspflichten erfüllt. [→ Rz. 577]   **533**

(2) Die Berichterstattung obliegt dem Vorsitzenden des Vorstands, alle Mi4tglieder des Vorstands haben den Vorsitzenden in dieser Aufgabe zu unterstützen. Der Vorstand hat dem Aufsichtsrat grundsätzlich monatlich einen schriftlichen Bericht über die in § 90 AktG genannten Berichtsgegenstände des Unternehmens und vierteljährlich schriftliche Berichte über den Konzern vorzulegen. Das Schriftformerfordernis entfällt, wenn im Einzelfall wegen der Dringlichkeit mündliche Berichterstattung genügt oder geboten ist. [→ Rz. 577]   **534**

(3) Im Rahmen der Berichterstattung nach Absatz 1 ist der Aufsichtsrat in seinen Sitzungen regelmäßig über die beabsichtigte Geschäftspolitik und andere grundsätzliche Fragen des Unternehmens (insbesondere Absatz-, Vermögens-, Finanz- und Ertragslage) zu unterrichten. Über alle Angelegenheiten von wesentlicher Bedeutung – insbesondere auch über auftretende Mängel im vom Vorstand gemäß § 91 Abs. 2 AktG einzurichtenden Überwachungssystem – hat der Vorsitzende des Vorstands dem Aufsichtsrat bzw. dem Vorsitzenden des Aufsichtsrats unverzüglich schriftlich oder mündlich zu berichten. [→ Rz. 577]   **535**

(4) Der Vorstand erstellt zum *[31. März und zum 30. September]* eines Jahres ein Risiko-Reporting. [→ Rz. 577]   **536**

(5) Der Vorstand hat dem Aufsichtsrat außerdem jeweils in der ersten Sitzung eines Geschäftsjahres eine Unternehmensplanung für das kommende Geschäftsjahr einschließlich eines Investitions- und Finanzrahmenplans sowie in einer weiteren Sitzung des Geschäftsjahres eine Grobplanung für die drei folgenden Geschäftsjahre vorzulegen. [→ Rz. 579]   **537**

§ 11

Zusammenarbeit mit dem Abschlussprüfer

538 (1) Der Aufsichtsrat erteilt dem Abschlussprüfer den Prüfungsauftrag für den Jahres- und den Konzernabschluss gemäß § 290 HGB unverzüglich nach der Wahl des Abschlussprüfers durch die Hauptversammlung. Über die Auftragserteilung ist ein Beschluss des Gesamtaufsichtsrats herbeizuführen. Der Aufsichtsrat kann den Vorsitzenden des Aufsichtsrats ermächtigen, in Vollzug dieses Beschlusses den Vertrag mit dem Abschlussprüfer abzuschließen. [→ Rz. 579]

539 (2) Die Vorlagen gemäß § 171 Abs. 1 AktG und Prüfungsberichte sind jedem Aufsichtsratsmitglied oder, soweit der Aufsichtsrat dies beschlossen hat, nur den Mitgliedern des Prüfungsausschusses auszuhändigen. [→ Rz. 579]

540 (3) Der Aufsichtsrat hat den Jahresabschluss, den Konzernabschluss, den zusammengefassten Lagebericht der Gesellschaft und des Konzerns sowie den Vorschlag für die Verwendung des Bilanzgewinns zu prüfen. Ein vorbereitender Bericht des Prüfungsausschusses kann Grundlage der Prüfung sein, ist jedoch seinerseits vom Gesamtaufsichtsrat zu überprüfen. Der Aufsichtsrat hat über das Ergebnis der Prüfung schriftlich an die Hauptversammlung zu berichten. Der Inhalt dieser Berichtspflicht bestimmt sich nach § 171 Abs. 2 AktG. [→ Rz. 579]

541 (4) Der Abschlussprüfer hat an den Verhandlungen des Prüfungsausschusses und – soweit dies der Aufsichtsrat beschlossen hat – auch an den Verhandlungen des Gesamtaufsichtsrats über die in § 171 Abs. 1 AktG genannten Vorlagen teilzunehmen und über die wesentlichen Ergebnisse seiner Prüfung zu berichten. [→ Rz. 579]

II. Erläuterungen [→ Rz. 498 ff]

1. Vorbemerkung

542 Das Muster enthält den Vorschlag einer eher ausführlichen Geschäftsordnung für den Aufsichtsrat einer börsennotierten Aktiengesellschaft, wobei Regelungsvorschläge für Besonderheiten, die sich aus dem Mitbestimmungsrecht ergeben können, an den betreffenden Stellen des Musters in Alternativen bzw. Ergänzungen vorgesehen sind. Insbesondere für dieses Muster gilt, dass es an die Größe und die Bedürfnisse der jeweiligen Gesellschaft angepasst und gegebenenfalls gekürzt werden sollte.

543 Noch weniger als für die Geschäftsordnung des Vorstands finden sich Regelungen im Aktiengesetz zur Geschäftsordnung des Aufsichtsrats. Lediglich aus § 82 Abs. 2 AktG ergibt sich, dass der Gesetzgeber den Erlass einer Geschäftsordnung für den Aufsichtsrat als zulässig voraussetzt. Ziffer 5.1.3

DCGK enthält jedoch für börsennotierte Gesellschaften eine Empfehlung dahin gehend, dass der Aufsichtsrat von der gesetzlich eingeräumten Möglichkeit Gebrauch macht und sich eine Geschäftsordnung geben soll.

Der Erlass einer solchen Geschäftsordnung ist für Aktiengesellschaften aller Art und Größenordnung auch unabhängig von der Empfehlung des DCGK dringend angezeigt. Der Erlass einer solchen Geschäftsordnung muss auch außerhalb des Geltungsbereichs des DCGK als Maßstab **ordnungsgemäßer Geschäftsführung** gewertet werden.[185] Der Zweck der Geschäftsordnung liegt darin, einen verlässlichen Rahmen für die interne Arbeit des Aufsichtsrats zu geben, der insbesondere ordnungsgemäße Beschlussfassungen ermöglicht. Die konkrete Festlegung der Geschäftsordnung liegt im eigenen Interesse des Aufsichtsrats, da dadurch eine Haftungsbegrenzung erreicht wird. In der Regel enthält bereits die Satzung Einzelregelungen zur Geschäftsordnung des Aufsichtsrats und bestimmt weiterhin, dass sich der Aufsichtsrat eine eigene Geschäftsordnung gibt (Muster 1.1, Rz. 52).

Mangels sonstiger gesetzlicher Regelungen liegt die **Erlasskompetenz** der Geschäftsordnung als Ausfluss der Autonomie des Aufsichtsrats zur Regelung seiner inneren Angelegenheiten ausschließlich beim Aufsichtsrat selbst. Dies gilt auch, wenn die Satzung den Erlass einer Geschäftsordnung nicht vorsieht.[186] Die Erlasskompetenz ist dort beschränkt, wo in der Satzung der Aktiengesellschaft bereits Einzelregelungen enthalten sind oder das Gesetz zwingende Vorgaben macht (§ 107 Abs. 2, § 110 AktG). Allerdings darf die Satzung nicht solche Verfahrensfragen selbst regeln, die das Gesetz dem Aufsichtsrat zur autonomen Regelung vorbehalten hat (§ 107 Abs. 1 AktG: Wahl des Vorsitzenden und seines Stellvertreters, § 107 Abs. 3 AktG: Bildung und Besetzung von Ausschüssen). Darüber hinaus ist es empfehlenswert, durch die Satzung keine allzu detaillierte Regelung zur Geschäftsordnung vorzunehmen, weil damit ein erheblicher Flexibilitätsverlust einhergeht.

Der Erlass der Geschäftsordnung erfolgt durch **Beschluss des Aufsichtsrats** mit einfacher Kopfmehrheit. Eine andere Mehrheit ist nur erforderlich, falls die Satzung (nicht auch die Geschäftsordnung selbst) andere Mehrheiten vorschreibt. § 77 Abs. 2 Satz 3 AktG, der für den Erlass von Vorstandsgeschäftsordnungen einstimmige Beschlussfassung des Vorstands verlangt, gilt nicht entsprechend.[187] Mit derselben Mehrheit kann der Aufsichtsrat seine Geschäftsordnung ändern oder aufheben. Schriftform ergibt sich über § 107 Abs. 2 Satz 1 AktG, wonach jeder Beschluss des Aufsichtsrats protokollmäßig niederzulegen ist. Ein darüber hinausgehendes Unterschriftserfordernis gibt es nicht.

544

545

546

---

185) Siehe nur *Feddersen*, AG 2000, 385, 390, 394.
186) *Hüffer*, AktG, § 107 Rz. 23; Semler/v. Schenck-*Siebel*, § 3 Rz. 58.
187) *Hüffer*, AktG, § 107 Rz. 23; *Hoffmann-Becking*, in: Münchener Handbuch, § 31 Rz. 4.

547 Die **Geltungsdauer** einer einmal erlassenen Geschäftsordnung ist unbefristet, also auch über die Amtsdauer der erlassenden Mitglieder hinaus, solange nicht ein neuer Beschluss des Aufsichtsrats ergeht. Ein Eingriff durch die Hauptversammlung ist nur in Form einer Satzungsänderung oder -ergänzung denkbar.

548 Das hier vorgeschlagene Muster enthält Regelungen, die sehr detailliert sind und möglicherweise in der Satzung der betreffenden Gesellschaft bereits geregelt sind. Dann bedarf es im Rahmen der Geschäftsordnung keiner Wiederholung. Sie wäre aber unschädlich und ist in der Praxis oft vorzufinden. Im Muster sind auch Bestimmungen zwingenden Rechtes wiedergegeben oder angesprochen in dem Bestreben, den Aufsichtsratsmitgliedern die Regeln für die interne Zusammenarbeit anhand eines Dokuments geschlossen an die Hand zu geben. [→ Rz. 498]

2. Allgemeines [→ Rz. 499]

549 Die unter § 1 enthaltene Aufzählung ist deklaratorisch und soll lediglich zusammenfassen, aus welchen Rechtsquellen sich die Pflichten des Aufsichtsrats ergeben.

3. Vorsitzender und Stellvertreter [→ Rz. 500 f]

550 Nach § 107 Abs. 1 AktG hat der Aufsichtsrat einen Vorsitzenden und mindestens einen Stellvertreter zu wählen (siehe auch Rz. 113). Für das Wahlverfahren gilt in dem hier gewählten Fall einer mitbestimmten Gesellschaft § 27 Abs. 1 und 2 MitbestG. Die Satzung oder die Geschäftsordnung des Aufsichtsrats kann auch vorsehen, dass weitere Stellvertreter gewählt werden.

551 Dem Aufsichtsratsvorsitzenden kommt eine Fülle von Aufgaben zu, die teils gesetzlich geregelt sind, teils zweckmäßigerweise durch Satzung und Geschäftsordnung festgelegt werden. An dieser Stelle seien nur erwähnt: die Empfangszuständigkeit (teilweise gesetzlich, § 90 Abs. 2 Satz 1 AktG) für Berichte des Vorstands und die Verpflichtung, empfangene Informationen an die übrigen Mitglieder des Aufsichtsrats weiterzuleiten, die Einberufung (§ 110 Abs. 1 AktG), Leitung und Protokollierung von Aufsichtsratssitzungen (§ 107 Abs. 2 AktG) mit den in den Fällen des Mitbestimmungsgesetzes gegebenen Doppelstimmrechten nach § 29 Abs. 1, § 31 MitbestG, die Mitgliedschaft im Vermittlungsausschuss nach § 27 Abs. 3 MitbestG und in anderen Ausschüssen und deren Leitung sowie die aktive und passive Vertretung des Aufsichtsrats (unter der Voraussetzung entsprechender Ermächtigung bei der Aktivvertretung).

552 Daneben obliegt dem Aufsichtsratsvorsitzenden regelmäßig durch entsprechende Satzungsbestimmung die Leitung der Hauptversammlung der Gesell-

schaft (siehe auch Rz. 138) und nicht zuletzt damit auch eine gewisse Repräsentationsfunktion für das Gesamtunternehmen.[188] Es bedarf keiner besonderen Betonung, dass die Rolle des Aufsichtsratsvorsitzenden wesentlicher Faktor für den Erfolg oder Misserfolg der Entwicklung eines Unternehmens und das Funktionieren der Corporate Governance in einem Unternehmen ist. Ziffer 5.2 DCGK widmet sich ausführlich den Aufgaben und Befugnissen des Aufsichtsratsvorsitzenden. [→ Rz. 500]

4. Einberufung [→ Rz. 502 ff]

Die Vorschriften der Geschäftsordnung in § 3 zum Einberufungsverfahren sind für den Aufsichtsrat selbst bindend. Die Nichteinhaltung von durch die Geschäftsordnung aufgestellten Regeln führt zur Mangelhaftigkeit der entsprechenden Aufsichtsratsbeschlüsse.[189]

553

Regelungen über die Einberufung des Aufsichtsrats enthält § 110 AktG. § 3 Abs. 1 des Musters gibt den zwingenden Sitzungsturnus in § 110 Abs. 3 AktG wieder, wie er nach der Neufassung dieser Vorschrift durch das Transparenz- und Publizitätsgesetz im Grundsatz sowohl **für nicht börsennotierte wie auch** für **börsennotierte Gesellschaften** gilt. In nicht börsennotierten Gesellschaften steht dieser Turnus aber zur Disposition des Aufsichtsrats und kann durch entsprechenden Beschluss auf eine Sitzung im Kalenderhalbjahr reduziert werden. Die Einberufung obliegt, wie sich aus § 110 Abs. 1 AktG ergibt, grundsätzlich dem Aufsichtsratsvorsitzenden. [→ Rz. 502]

554

Die Sonderfälle der **Einberufung auf Verlangen** des Vorstands oder eines Aufsichtsratsmitglieds (§ 110 Abs. 1 Satz 1 bzw. Abs. 2 AktG) sind zwingendes Recht und können durch Geschäftsordnungsbestimmung nicht abbedungen oder modifiziert werden und werden daher im Muster auch nicht wiedergegeben.

555

Die Geschäftsordnung kann aber, wie in § 3 Abs. 2 des Musters vorgesehen, die weiteren **Modalitäten der Einberufung** festlegen. Die hier vorgeschlagenen Modalitäten entsprechen der Praxis und sind zweckmäßig. Hinzuweisen ist insbesondere darauf, dass § 110 Abs. 1 Satz 2 AktG keine gesetzliche Frist für die Einberufung von Aufsichtsratssitzungen enthält, sondern sich lediglich auf den in § 110 Abs. 1 Satz 1 AktG geregelten Fall bezieht.[190] Im Muster ist eine **Einladungsfrist** von im Regelfall zwei Wochen vorgesehen. Bei Fristen über zwei Wochen müsste eine Ausnahme für den Fall des § 110 Abs. 1 Satz 2 AktG getroffen werden. Aus praktischen Gründen sollte – wie hier – vorgese-

556

---

188) Zu Einzelheiten der Aufgaben des Aufsichtsratsvorsitzenden siehe Semler/v. Schenck-*Siebel*, § 4 Rz. 1 ff.
189) *Mertens*, in: Kölner Komm. z. AktG, § 107 Rz. 170 m. w. N.
190) Siehe nur *Hüffer*, AktG, § 110 Rz. 3.

hen werden, dass die Frist durch Festlegung des Aufsichtsratsvorsitzenden verkürzt werden kann. [→ Rz. 503]

5. Sitzungen und Beschlussfassungen [→ Rz. 505 ff]

557   Die gesetzlichen Regelungen zum Beschlussverfahren im Aufsichtsrat sind rudimentär. § 4 Abs. 2 Satz 1 des Musters reflektiert die Neufassung von § 108 Abs. 4 AktG und legt dabei das im Gesetz selbst nicht erwähnte Prinzip der **Beschlussfassung in Sitzungen** als Grundsatz fest. § 4 Abs. 2 Satz 3 des Musters schließt entsprechend der in § 108 Abs. 4 AktG durch das Transparenz- und Publizitätsgesetz eröffneten Möglichkeiten ein Widerspruchsrecht der Aufsichtsratsmitglieder gegen eine vom Aufsichtsratsvorsitzenden angeordnete **Beschlussfassung außerhalb von Sitzungen** aus. [→ Rz. 506]

558   In § 4 Abs. 3 des Musters ist der durch § 28 MitbestG vorgegebenen Regelung zur Beschlussfähigkeit Rechnung getragen. Die Satzung kann hier nicht die Beschlussfähigkeit nach unten absenken, wie es nach § 108 Abs. 2 Satz 2 AktG möglich wäre. [→ Rz. 507]

559   § 4 Abs. 4 des Musters reflektiert das **Doppelstimmrecht des Vorsitzenden** gemäß § 29 Abs. 2 MitbestG. Ansonsten gilt grundsätzlich einfache (Kopf-)Mehrheit für die Beschlussfassung. Dies wird als gesetzliche Regel dem § 108 Abs. 1 AktG entnommen, so dass Satzung und Geschäftsordnung bei gesetzlichen Aufgaben (nicht jedoch bei durch Satzung zugewiesenen) hiervon nicht abweichen dürfen.[191] Abweichende gesetzliche Mehrheiten finden sich in § 124 Abs. 2 AktG und §§ 27, 32 MitbestG. [→ Rz. 508]

560   § 4 Abs. 5 des Musters enthält eine pauschale **Ermächtigung des Aufsichtsratsvorsitzenden**, vom Aufsichtsratsplenum beschlossene Willenserklärungen im Namen des Aufsichtsrats abzugeben. Hierbei handelt es sich praktischerweise um Beschlüsse im Zusammenhang mit der Bestellung und Abberufung von Vorstandsmitgliedern und deren Anstellungsverträgen (siehe hierzu auch Rz. 404 ff). Bei solchen Beschlüssen handelt es sich um Rechtshandlungen des Aufsichtsrats gemäß § 84 Abs. 1 AktG (sowie in Fällen des § 112 AktG auch bei weiteren Geschäften mit den Vorstandsmitgliedern) im Namen der Gesellschaft. Sie werden jeweils erst mit Zugang gemäß § 130 AktG gegenüber nicht anwesenden Vorstandsmitgliedern wirksam. [→ Rz. 509]

561   Zur **Protokollierung** der Aufsichtsratssitzungen enthält § 107 Abs. 2 AktG zwingende Vorschriften zum Inhalt des Protokolls. Gesetzlich zwingend vorgeschrieben ist zwar, dass das Protokoll vom Vorsitzenden (ist der Vorsitzende oder sein Stellvertreter nicht anwesend, vom Sitzungsleiter, der die Ver-

---

191) MünchKomm-*Geßler*, AktG, § 108 Rz. 132; *Hüffer*, AktG, § 108 Rz. 8.

antwortung für die Richtigkeit und Vollständigkeit des Protokolls trägt)[192] zu unterzeichnen und den übrigen Aufsichtsratsmitgliedern auszuhändigen ist. Hiervon macht das Muster in § 4 Abs. 6 aber eine Ausnahme für besondere Niederschriften, die lediglich zu den Akten der Gesellschaft zu nehmen und mit einem bloßen Einsichtsrecht der Aufsichtsratsmitglieder belegt sind. Diese Handhabung ist für besonders vertrauliche Aufsichtsratsbeschlussfassungen, etwa im Zusammenhang mit Personalangelegenheiten, gedacht. Nach herrschender Meinung dürfte sie jedoch das aus § 107 Abs. 2 Satz 4 AktG herrührende Herausgabeverlangen eines Aufsichtsratsmitgliedes nicht ausschließen.[193] [→ Rz. 510]

§ 4 Abs. 7 des Musters reflektiert im Wesentlichen die gesetzlichen Bestimmungen in § 109 AktG. Ergänzend ist der Protokollführer behandelt. Absatz 7 Satz 3 will ebenfalls über die gesetzlichen Vorschriften hinaus dafür Sorge tragen, dass Dritte, die nicht der gesetzlichen Verschwiegenheitspflicht für Aufsichtsratsmitglieder oder beruflichen Verschwiegenheitspflichten unterliegen, gesondert zur Verschwiegenheit verpflichtet werden. [→ Rz. 511]   **562**

6. Verschwiegenheit und Verantwortlichkeit der Aufsichtsratsmitglieder/ Interessenkonflikte/Altersgrenze [→ Rz. 512 ff]

Die in § 5 Abs. 1 und 2 aufgenommenen Bestimmungen sind die Wiedergabe ohnehin geltenden Rechts. § 116 AktG verweist für die Sorgfaltspflichten und Verantwortlichkeit der Aufsichtsratsmitglieder auf die Bestimmungen des § 93 AktG für Vorstandsmitglieder und damit auch auf die entsprechenden **Verschwiegenheitsverpflichtungen** (§ 93 Abs. 1 Satz 2 AktG). Außerdem wurde durch das Transparenz- und Publizitätsgesetz in § 116 Abs. 1 AktG ein neuer Satz 2 eingefügt, der die Pflicht zur Verschwiegenheit weiter verdeutlicht. Ziffer 3.5 DCGK hebt die Bedeutung einer umfassenden Wahrung der Vertraulichkeit für die offene Diskussion zwischen Vorstand und Aufsichtsrat besonders hervor. [→ Rz. 512 f]   **563**

Eine zulässige Konkretisierung der Verschwiegenheitspflicht enthält § 5 Abs. 3, wonach bei Beendigung des Amtes die in Ausführung des Amtes erhaltenen schriftlichen Unterlagen an die Gesellschaft auf Aufforderung zurückzugeben sind. § 5 Abs. 4 hält, entsprechend der Formulierung in Ziffer 3.5 Abs. 2 DCGK, ausdrücklich fest, dass sich die Sicherstellung der Vertraulichkeit auch auf eventuell eingeschaltete Mitarbeiter bezieht. [→ Rz. 514 f]   **564**

§ 5 Abs. 5 des Musters enthält ebenfalls eine Wiedergabe geltenden Rechts. Gemäß § 116 AktG, der auf die sinngemäß anwendbaren § 93 Abs. 2–6 AktG   **565**

---

192) MünchKomm-*Semmler*, AktG, § 107 Rz. 188; *Mertens*, in: Kölner Komm. z. AktG, § 107 Rz. 76.
193) Vgl. *Hüffer*, AktG, § 107 Rz. 14; *Mertens*, in: Kölner Komm. z. AktG, § 107 Rz. 80.

verweist, können auch Aufsichtsratsmitglieder unter den dort festgelegten Voraussetzungen schadensersatzpflichtig sein (zur D&O-Versicherung siehe Rz. 123). [→ Rz. 516]

566 Möglich und im Muster in § 5 Abs. 6–8 vorgesehen ist die Regelung der Behandlung von eventuell auftretenden konkreten **Interessenkonflikten**. Entsprechend den Empfehlungen in Ziffern 5.5.2 und 5.5.3 DCGK zielt Absatz 6 zunächst auf eine Transparenz durch Offenlegung eines Interessenkonfliktes gegenüber dem Aufsichtsrat, damit sodann eine der Situation entsprechenden Handhabe offen diskutiert werden kann. Börsennotierte Gesellschaften, die von dieser Empfehlung abweichen, müssen dies in ihrer Entsprechenserklärung gemäß § 161 AktG offen legen. Weder in der Literatur noch in der Rechtsprechung ist allerdings abschließend geklärt, wann Pflichtenkollisionen vorliegen und wie sie aufzulösen sind.[194] Es hängt daher vom jeweiligen Einzelfall ab, ob mit Stimmverbot, Verbot zur Teilnahme an der Willensbildung, Pflicht zur Stimmenthaltung oder nur mit der Pflicht, bestimmten Beratungen oder Beschlussfassungen fernzubleiben, zu reagieren ist. Als Ultima Ratio kommt auch die Niederlegung bzw. die Abberufung aus dem Aufsichtsratsamt gemäß § 103 Abs. 3 AktG in Betracht. Die in Ziffer 5.5.3 DCGK empfohlene Berichterstattung an die Hauptversammlung soll dieser als Informationsgrundlage für eine Entlastung dienen. Auch hier gilt, dass börsennotierte Gesellschaften, die von dieser Empfehlung abweichen, dies in ihrer Entsprechenserklärung gemäß § 161 AktG offen legen müssen. Eine auf wesentliche Punkte beschränkte zusammenfassende Berichterstattung ist ausreichend. [→ Rz. 517]

567 § 5 Abs. 7 und 8 enthält entsprechend den Empfehlungen in Ziffer 5.4.2 DCGK (deklaratorische) Bestimmungen darüber, dass die Aufsichtsratsmitglieder keine Interessen im Widerspruch zu den Interessen der Gesellschaft verfolgen dürfen oder Geschäftschancen, die der Gesellschaft oder ihren Konzernunternehmen zustehen, an sich ziehen dürfen und keine Organfunktionen oder Beratungsaufgaben bei wesentlichen Wettbewerbern der Gesellschaft ausüben dürfen. Für Geschäfte zwischen der Gesellschaft und Aufsichtsratsmitgliedern wird auf die Genehmigungspflicht des Aufsichtsrats (§ 114 AktG, Ziffer 5.5.4 DCGK) verwiesen. [→ Rz. 518 f]

568 Die Altersgrenze für Mitglieder des Aufsichtsrats gemäß der Empfehlung in Ziff. 5.4.1 DCGK kann in der Geschäftsordnung des Aufsichtsrats festgelegt werden. In Betracht kommt auch eine Festlegung durch einen Beschluss des Aufsichtsrat oder durch eine entsprechende Satzungsbestimmung. Unternehmen, die von dieser Empfehlung abweichen, müssen dies in ihrer Entsprechenserklärung gemäß § 161 AktG offen legen. [→ Rz. 520]

---

194) Vgl. Semler/v. Schenck-*Marsch-Barner*, § 12 Rz. 79 ff, S. 729 ff.

7. Ausschüsse [→ Rz. 521 ff]

In der Satzung kann die Bildung von Ausschüssen nicht vorgeschrieben wer-   **569**
den. Gemäß § 107 Abs. 3 AktG kann der Aufsichtsrat aus seiner Mitte Ausschüsse zur Vorbereitung und Ausführung von Aufsichtsratsbeschlüssen bilden. Der Aufsichtsrat kann unter Beachtung des Vorbehaltskatalogs in § 107
Abs. 3 Satz 2 AktG auch beschließende Ausschüsse einrichten, die jedoch im
Hinblick auf § 108 Abs. 2 Satz 3 AktG mindestens drei Mitglieder haben müssen. Für nicht beschließende, bloße Vorbereitungsgremien sind auch zwei
Mitglieder ausreichend.[195] Ziffer 5.3.1 DCGK empfiehlt abhängig von den
spezifischen Gegebenheiten des Unternehmens die Bildung von Ausschüssen
zur Steigerung der Effizienz des Aufsichtsrats. Insbesondere wird in Ziffer 5.3.2 DCGK die Einrichtung eines Prüfungsausschusses empfohlen (unten
Rz. 606). Börsennotierte Gesellschaften, die von diesen Empfehlungen abweichen, etwa weil ihr Aufsichtsrat ohnehin nur aus drei Personen besteht, müssen dies in ihrer Entsprechenserklärung gemäß § 161 AktG offen legen.
[→ Rz. 521]

§ 6 des Musters beschäftigt sich insbesondere unter Berücksichtigung der **mit-**   **570**
bestimmungsrechtlichen Besonderheiten mit der Einrichtung von Ausschüssen, einschließlich der Einrichtung des nach § 27 MitbestG vorgeschriebenen
Ausschusses. Im Übrigen entspricht es der uneinschränkbaren Organisations-
autonomie des Aufsichtsrats, weitere Ausschüsse einzurichten. Für deren Sitzungen und Beschlussfassung verweist § 6 Abs. 2 auf die Regeln für das Plenum. [→ Rz. 522]

In § 6 Abs. 2 des Musters ist zulässigerweise vorgesehen, dass dies auch für   **571**
das Doppelstimmrecht des Vorsitzenden gilt.[196] In dem Muster nicht erwähnt
ist, dass dem Aufsichtsrat Zustimmungsrechte nach § 32 MitbestG zustehen.
Es wäre möglich, diese Entscheidungen einem Ausschuss zuzuweisen, da es
sich nicht um einen nach § 107 Abs. 3 AktG zwingend dem Plenum vorbehal-
tenen Beschlussgegenstand handelt. Wegen § 32 Abs. 1 Satz 2 MitbestG müssen dem fraglichen Ausschuss jedoch mindestens mehr als drei Mitglieder (bei
einem zwölfköpfigen Aufsichtsrat) angehören.[197] [→ Rz. 523 f]

---

195) *Hüffer*, AktG, § 107 Rz. 17.
196) St. Rspr.; siehe BGH, Urt. v. 25.2.1982 – II ZR 123/81, BGHZ 83, 106 = ZIP 1982, 434;
      BGH, Urt. v. 25.2.1982 – II ZR 102/81, BGHZ 83, 144 = ZIP 1982, 440; *Hüffer*, AktG,
      § 107 Rz. 22 m. w. N.
197) *Lutter/Krieger*, § 5 Rz. 199; *Hoffmann-Becking*, in: Münchener Handbuch, § 24 Rz. 52;
      Raiser, MitbestG, § 32 Rz. 21.

8. Präsidialausschuss [→ Rz. 525 ff]

572   Die Aufgaben des Präsidialausschusses variieren je nach den Bedürfnissen und Anforderungen des Aufsichtsrats.[198] Das Muster beschreibt in § 7 Abs. 2 Satz 2 einen typischen Aufgabenbereich. Die regelmäßige Prüfung der Effizienz des Aufsichtsrats wird gemäß Ziffer 5.6 DCGK empfohlen. Zusätzlich wäre es möglich, dem Präsidialausschuss noch weitergehende Aufgaben zu übertragen, die in den sonstigen Spezialausschüssen des Aufsichtsrats nicht angesiedelt werden können. Zum Beispiel könnte eine Eilkompetenz für unaufschiebbare Maßnahmen eingeräumt werden, die ansonsten in die Kompetenz des Plenums fiele. Die Aufgaben in Absatz 2 Satz 2 sind eigentlich Aufgaben eines Personalausschusses, der in dem Muster jedoch – wie in der Praxis nicht selten – mit dem Präsidialausschuss zusammengelegt wurde. Die vorgeschlagene Alternative für mitbestimmte Gesellschaften führt hier aufgrund der identischen personellen Besetzung dazu, dass der Mitbestimmungsausschuss nach § 27 MitbestG gemäß § 6 des Musters mit dem so genannten Präsidialausschuss zusammengelegt wird. Es handelt sich im Ergebnis also um einen Personalausschuss, der auch die Aufgaben nach § 31 Abs. 3 MitbestG mit übernimmt.

9. Prüfungsausschuss [→ Rz. 528 ff]

573   Die Einrichtung eines Prüfungsausschusses wird für börsennotierte Gesellschaften in Ziffer 5.3.2 DCGK mit dem dort umrissenen Aufgabenbereich empfohlen.[199] Er entlastet den Gesamtaufsichtsrat, bei der zeitnahen Wahrnehmung seiner durchaus umfangreichen Aufgaben im Rahmen der Abschlussprüfung, wobei der Ausschuss in Anbetracht der zwingenden Beschlusszuständigkeit des Gesamtaufsichtsrats in erster Linie vorbereitend tätig wird. Dennoch wird nur bei größeren Aufsichtsräten die Einrichtung eines besonderen Prüfungsausschusses, wie hier im Muster in § 8 vorgesehen, ratsam sein; er kann dann jedoch eine große Erleichterung bedeuten, insbesondere wenn in diesem Ausschuss eine besondere Fachkenntnis für die Vorabprüfung der von den Abschlussprüfern vorgelegten Unterlagen besteht.

574   Hinsichtlich der Person des Vorsitzenden regen Ziffern 5.3.2 Satz 2 und 5.2. Abs. 2 Satz 2 DCGK an, dass dieser kein ehemaliges Vorstandsmitglied der Gesellschaft und auch nicht der Aufsichtsratsvorsitzende sein sollte. Im Rahmen der letzten Kodexänderung vom 2. Juni 2005 wurde außerdem eine Empfehlung dahin gehend aufgenommen, dass der Vorsitzende des Prüfungsausschusses über besondere Kenntnisse und Erfahrungen in der Anwendung von Rechnungslegungsgrundsätzen und interner Kontrollverfahren verfügen sollte.

---

198) Semler/v. Schenck-*Siebel*, § 6 Rz. 135 ff.

199) Zu den Aufgaben und der Zusammensetzung von Prüfungsausschüssen *Scheffler*, ZGR 2003, 236.

Bestimmte förmliche Qualifikationen dürften damit nicht gemeint sein. Erforderlich sind aber fundierte Kenntnisse der Buchführung und Rechnungslegung sowie gegebenenfalls auch der internationalen Konzernrechnungslegung und Kenntnisse in der Anwendung der unterschiedlichen Bilanzierungs- und Bewertungsmethoden und der bilanziellen Wahlrechte sowie des Risikomanagements.[200)] Letztlich stellt die Empfehlung nur eine Erinnerung an die ohnehin geltenden Sorgfaltpflichten der Aufsichtsrats- und Ausschussmitglieder dar,[201)] so dass die Erklärung einer Abweichung auch vor dem Hintergrund einer möglichen Haftung des Ausschussvorsitzenden und der übrigen Aufsichtsratsmitglieder im Schadensfall kaum in Betracht kommen dürfte.

Durch die Änderungen des Aktiengesetzes im Rahmen des KonTraG ist insbesondere bestimmt worden, dass dem Aufsichtsrat die Aufgabe der **Beauftragung des Abschlussprüfers** zukommt (§ 318 Abs. 1 Satz 4 HGB). Ferner sind die Vorschriften über die Prüfung des Jahresabschlusses und des Prüfberichts des Abschlussprüfers durch den Aufsichtsrat verschärft worden (§ 171 Abs. 1 AktG). Hierauf wollen die im Muster enthaltenen Vorschläge zu §§ 8 und 11 hinweisen, dies im Wesentlichen durch die Wiederholung der einschlägigen Gesetzesbestimmungen.   **575**

10. Zustimmungsbedürftige Geschäfte [→ Rz. 532]

Der Aufsichtsrat muss nach § 111 Abs. 4 Satz 2 AktG einen Katalog zustimmungsbedürftiger Geschäfte begründen, sofern die Satzung keinen solchen Katalog enthält. Dies kann über die hier in § 9 vorgesehene Aufnahme in die Geschäftsordnung des Aufsichtsrats hinaus in verschiedener Weise geschehen. Zulässig ist es auch, hierüber einen schlichten Aufsichtsratsbeschluss zu fassen oder einen solchen Katalog in die Geschäftsordnung des Vorstands (dazu Rz. 466) oder in den Anstellungsvertrag eines jeden Vorstandsmitgliedes aufzunehmen. Zulässig wäre es schließlich, die Satzung hierüber bestimmen zu lassen. Dies ist jedoch bei notwendigen Anpassungen des Kataloges wenig praktisch (wegen des Inhalts des Katalogs und der weitergehenden Erläuterungen siehe oben Rz. 466).   **576**

11. Informationspflichten [→ Rz. 537 ff]

Ziffer 3.4 Satz 1 DCGK betont, dass die ausreichende Informationsversorgung des Aufsichtsrats gemeinsame Aufgabe von Vorstand und Aufsichtsrat ist. Die Absätze 1, 2 und 5 von § 10 des Musters entsprechen dabei den ge-   **577**

---

200) Eine Orientierung kann der ausführliche Anforderungskatalog für die Qualifikation des Financial Expert im Sinne von Section 407 (a) Sarbanes Oxley Act (veröffentlicht im Internet unter www.sec.gov/rules/final/33-8177.htm) sein, dem die neue Kodexempfehlung offenbar nachempfunden ist; siehe auch *Vetter*, BB 2005, 1689.

201) *Vetter*, BB 2005, 1689.

setzlichen Informationspflichten nach § 90 AktG. Die Berichtspflichten unter Absatz 3 und 4 heben u. a. auf das durch das KonTraG neu eingeführte Risikomanagement gemäß § 91 Abs. 2 AktG ab. Es handelt sich hierbei um die gesetzliche Konkretisierung von Organisationsanforderungen an den Vorstand der Gesellschaft, wobei diese nicht auf börsennotierte Gesellschaften beschränkt sind. Es ist nicht eindeutig, ob eine zwingende Berichtspflicht des Vorstands über das insoweit einzurichtende Risikomanagement besteht. Da durch § 317 Abs. 4 HGB jetzt sichergestellt ist, dass diese Vorstandspflicht besonderer Prüfungsschwerpunkt der Abschlussprüfung ist, könnte man annehmen, dass dem Aufsichtsrat insoweit eine besondere Überwachungspflicht nicht obliegt.[202] Im Muster ist demgegenüber vorsorglich und entsprechend der Formulierung in Ziffer 3.4 DCGK eine entsprechende Berichtspflicht des Vorstands gegenüber dem Aufsichtsrat vorgesehen.

578 Weitere und häufigere Informationspflichten als im Muster vorgeschlagen können – bis zur Grenze des Missbrauchs – vom Aufsichtsrat entsprechend den Besonderheiten der Gesellschaft (beispielsweise auch im Rahmen einer gesonderten Informationsordnung) festgelegt werden (vgl. auch Ziffern 3.4 und 5.3 DCGK).

12. Zusammenarbeit mit dem Abschlussprüfer [→ Rz. 538 ff]

579 Auch hier handelt es sich im Wesentlichen um die Wiedergabe bereits zwingenden Rechts. Aufgrund der Tatsache, dass die fraglichen Vorschriften jedoch durch das KonTraG und das Transparenz- und Publizitätsgesetz noch nicht allzu lange in Kraft sind, erscheint es in besonderem Maße sinnvoll, diese zum Gegenstand der Geschäftsordnung zu machen. Der gemäß § 8 des Musters eingerichtete Prüfungsausschuss ist nach § 11 Abs. 3 des Musters (Rz. 540) zu einer Vorprüfung der Jahresabschlussunterlagen aufgerufen.

580 Die Berichterstattung an die Hauptversammlung ist in jüngster Zeit verstärkt in das Blickfeld von Rechtsprechung und Literatur gerückt. Der Inhalt des Berichts des Aufsichtsrats ergibt sich im Wesentlichen aus § 172 Abs. 2 AktG, daneben sind gegebenenfalls Angaben zu den Empfehlungen in Ziffer 5.4.6 und 5.5.3 DCGK zu machen. Der Bericht darf Art und Umfang der Überwachungstätigkeit, die zu den zentralen Aufgaben des Aufsichtsrats im Kompetenzgefüge einer Aktiengesellschaft gehört, nicht nur formelhaft behandeln. Dem Bericht muss auch mit der erforderlichen Klarheit zu entnehmen sein, dass der Aufsichtsrat prüfend tätig geworden ist.[203] Andererseits dürfen die

---

202) So *Hommelhoff/Mattheus*, AG 1998, 249, 252 f.
203) LG München I, Urt. v. 10.3.2005 – 5 HKO 18110/04, ZIP 2005, 1031; zur erhöhten Berichtsintensität bei wirtschaftlichen Schwierigkeiten der Gesellschaft: OLG Stuttgart, Urt. v. 15.3.2006 – 20 U 25/05, bislang unveröffentlicht; LG Berlin, Urt. v. 13.12.2004 – 101 O 124/04, DB 2005, 1320, speziell zum Abhängigkeitsbericht.

Anforderungen an den Bericht aber auch nicht überspannt werden, wenn die Entwicklung des Unternehmens entsprechend den Plänen und Erwartungen der Verwaltung verläuft und die finanzielle Situation der Gesellschaft gesichert ist.[204] Sind die Voraussetzungen einer hinreichend konkreten Berichterstattung über die Überwachungstätigkeit des Aufsichtsrats nicht erfüllt, ist der Entlastungsbeschluss anfechtbar.

---

204) *Vetter*, ZIP 2006, 257, 262; *Maser/Bäumker*, AG 2005, 906.

Muster 5.4: Statusverfahren

I. Mustertext [→ Rz. 582 ff]

581 ... AG

... [*Ort*]

Bekanntmachung über die Zusammensetzung des Aufsichtsrats

Der Vorstand der Gesellschaft ist der Ansicht, dass der Aufsichtsrat der Gesellschaft, der sich derzeit gemäß § ... der Satzung aus ... [*Anzahl*] von der Hauptversammlung gewählten Mitgliedern zusammensetzt, nicht nach den für ihn maßgeblichen gesetzlichen Vorschriften zusammengesetzt ist. Der Aufsichtsrat ist nach Auffassung des Vorstands nach Maßgabe von § 101 Abs. 1 AktG i. V. m. § 4 Abs. 1 DrittelbG zu zwei Dritteln aus von der Hauptversammlung gewählten Mitgliedern und zu einem Drittel aus von den Arbeitnehmern zu wählenden Mitgliedern zusammenzusetzen. Der Aufsichtsrat wird demzufolge zukünftig aus [*vier*] Mitgliedern, die von der Hauptversammlung zu wählen sind, und [*zwei*] Mitgliedern, die von den Arbeitnehmern zu wählen sind, zusammengesetzt, wenn nicht Antragsberechtigte nach § 98 Abs. 2 AktG innerhalb eines Monats nach Veröffentlichung dieser Bekanntmachung im elektronischen Bundesanzeiger das nach § 98 Abs. 1 AktG zuständige Gericht, vorliegend das LG ... [*Ort*], anrufen.

... [*Ort*], den ... [*Datum*]

...

[*Unterschrift des Vorstands*]

II. **Erläuterungen** [→ Rz. 581]

582 Das Muster befasst sich mit dem Fall, dass die auf eine Aktiengesellschaft anzuwendenden Mitbestimmungsregeln betreffend die Zusammensetzung des Aufsichtsrats einer Änderung unterliegen. Dabei kann es zum einen zu dem Fall kommen, dass eine bisher mitbestimmungsfreie Aktiengesellschaft durch dauerhaftes Überschreiten der maßgeblichen Arbeitnehmerzahl in den Bereich der Drittelmitbestimmung nach dem Drittelbeteiligungsgesetz oder in den Bereich der paritätischen Mitbestimmung nach dem Mitbestimmungsgesetz von 1976 gerät. Umgekehrt kann es durch ein nachhaltiges Unterschreiten der maßgeblichen Beschäftigtenzahl auch zu einer Entwicklung in umgekehrter Richtung, bis hin zum Fall der so genannten arbeitnehmerlosen Aktiengesellschaft mit weniger als fünf ständigen Arbeitnehmern, kommen. Dargestellt ist der wohl praktisch häufigste Fall des **Hereinwachsens in die Drittelmitbestimmung** nach dem Drittelbeteiligungsgesetz.

Das so genannte **Statusverfahren** bei einer Änderung des auf die Gesellschaft **583** anzuwendenden Mitbestimmungsmodells zur Zusammensetzung des Aufsichtsrats ist in §§ 97–99 AktG geregelt. Maßgeblich für das Grundverständnis dieser Regelung ist das in § 96 Abs. 2 AktG statuierte **Kontinuitätsprinzip.** Danach hat grundsätzlich die bisher geltende mitbestimmungsrechtliche Regelung Anwendung zu finden, solange nicht, unter Berücksichtigung der in §§ 97 ff AktG angeordneten Verfahrensschritte, eine andere Mitbestimmungsregelung Platz greift. Die Kontinuität betrifft auch die konkrete personelle Zusammensetzung.[205)]

Das Kontinuitätsprinzip und das Statusverfahren sind **nicht** dadurch berührt, **584** dass sich **bei unveränderten mitbestimmungsrechtlichen Regeln** die Zahl des Aufsichtsrats vergrößert oder verkleinert. Eine solche Änderung ist allein nach den Regeln über eine Satzungsänderung (§§ 179 ff AktG) abzuwickeln. Maßgeblich für das Inkrafttreten solcher Satzungsänderungen ist gemäß § 181 Abs. 3 AktG die Eintragung der entsprechenden Satzungsänderung im Handelsregister.[206)]

Praxistipp:

Das Verfahren betreffend die neue Zusammensetzung des Aufsichtsrats kann grundsätzlich entweder durch die nach § 97 Abs. 1 AktG angesprochene Bekanntmachung des Vorstands (siehe Muster) ausgelöst werden oder unmittelbar durch Anrufung des Landgerichtes gemäß § 98 Abs. 1 AktG durch einen der in § 98 Abs. 2 AktG genannten Antragsberechtigten. In der Praxis erfolgt zwischen Betriebsrat und Vorstand eine vorherige Abstimmung über die richtigerweise anzuwendenden Regeln, so dass streitige Auseinandersetzungen selten sind. Der Vorstand ist daher gut beraten, wenn er vor Veröffentlichung der Bekanntmachung den Inhalt der Bekanntmachung mit dem Betriebsrat und schon vorhandenen Aufsichtsratsmitgliedern der Arbeitnehmer abstimmt.

Zuständig für die Veröffentlichung einer Bekanntmachung nach § 97 Abs. 1 **585** AktG ist der Vorstand. Eine Mitwirkung des Aufsichtsrats ist weder vorgeschrieben noch zulässig. Bei einem mehrköpfigen Vorstand ist eine förmliche, und zwar einstimmige Beschlussfassung (§ 77 Abs. 1 AktG) oder mit der sonst durch die Geschäftsordnung oder Satzung vorgeschriebenen Mehrheit erforderlich.

Der Vorstand muss, falls er der Ansicht ist, dass der Aufsichtsrat nicht nach **586** den richtigen gesetzlichen Regelungen zusammengesetzt ist, **unverzüglich**, d. h. ohne schuldhaftes Zögern, handeln. Dies lässt eine Konsultation mit dem Aufsichtsrat, gegebenenfalls dem Betriebsrat sowie externen Beratern sicher-

---

205) OLG Düsseldorf, Beschl. v. 10.10.1995 – 19 W 5/95 AktE, ZIP 1995, 1752 = NJW 1996, 677 = AG 1996, 87, dazu EWiR 1995, 1145 *(Wank)*.
206) Anders BAG, Beschl. v. 3.10.1989 – 1 ABR 12/88, WM 1990, 633, 636; wie hier jedoch die h. M. OLG Hamburg, Beschl. v. 26.8.1988 – 11 W 53/88, ZIP 1988, 1191 f = WM 1988, 1487; *Hüffer,* AktG, § 97 Rz. 3; *Mertens,* in: Kölner Komm. z. AktG, § 97 Rz. 40; *Hoffmann-Becking,* in: Münchener Handbuch, § 28 Rz. 54, jeweils m. w. N.

lich zu. Im Übrigen ist die Einhaltung dieser Frist nicht sanktioniert, allerdings riskiert ein zögernder Vorstand die Einleitung eines gerichtlichen Verfahrens nach § 98 Abs. 1 und 2 AktG. Umgekehrt darf die Bekanntmachung erst erfolgen, wenn die Voraussetzungen der für einen Wechsel maßgeblichen Vorschriften tatsächlich eingetreten sind.

Praxistipp:
In der Praxis wird nicht selten versucht, den Zeitpunkt der Bekanntmachung davon abhängig zu machen, wann die nächste ordentliche Hauptversammlung stattfindet, um damit zu verhindern, dass vor Stattfinden einer solchen Hauptversammlung die Ämter der bisherigen Aufsichtsratsmitglieder enden (§ 97 Abs. 2 Satz 2, 3 AktG). Auch die Rücksichtnahme auf ein sich erfahrungsgemäß länger hinziehendes Wahlverfahren der Arbeitnehmerseite kommt als Motiv vor. Letzteres kann in Abstimmung mit dem Betriebsrat schon vorher eingeleitet werden. Im Übrigen bleiben jedoch rechtliche Ungewissheiten, die in der Regel eine derartige Vorgehensweise nicht empfehlenswert erscheinen lassen.

587 Die **Bekanntmachung** muss in den Gesellschaftsblättern, mindestens also im elektronischen Bundesanzeiger (§ 25 AktG) erfolgen. Außerdem muss sie gemäß § 97 Abs. 1 Satz 1 AktG durch Aushang in sämtlichen Betrieben der Gesellschaft einschließlich der inländischen Konzernunternehmen veröffentlicht werden. Der Fristlauf nach § 97 Abs. 2 AktG wird jedoch lediglich durch die Bekanntmachung im elektronischen Bundesanzeiger ausgelöst. Der Inhalt ergibt sich aus § 97 Abs. 2 Satz 2, 3 AktG. Es ist darüber hinaus nicht unüblich, zu präzisieren, welches konkrete Zusammensetzungsverhältnis bezogen auf die Größe des betreffenden Aufsichtsrats sich aus dem neuen Mitbestimmungsmodell ergeben wird.

588 Die **Rechtsfolgen** einer unangefochten gebliebenen Bekanntmachung sind in § 97 Abs. 2 AktG geregelt. Es ist daran zu denken, dass nach Ablauf von **sechs Monaten** nach der Bekanntmachung nicht allein die Aufsichtsratsämter enden, sondern auch die Bestimmungen der Satzung über die Zusammensetzung des Aufsichtsrats, die Zahl der Aufsichtsratsmitglieder sowie deren Wahl, Abberufung und Entsendung automatisch außer Kraft treten, soweit sie den künftig anzuwendenden gesetzlichen Regelungen widersprechen.

589 Wenn ein fristgerechter Antrag auf gerichtliche Entscheidung gestellt wird, tritt diese Entscheidung an die Stelle der Bekanntmachung des Vorstands. Bis zur rechtskräftigen Entscheidung bleibt es bei der bisherigen Zusammensetzung des Aufsichtsrats.

590 Anlässlich der Hauptversammlung, die einer Bekanntmachung nach § 97 Abs. 1 AktG folgt, ist deswegen außer einer Aufsichtsratsneuwahl auch darauf zu achten, dass die **Satzung den neuen Bestimmungen entsprechend** angepasst wird. Das Gesetz lässt hier abweichend von § 179 Abs. 2 AktG die einfache Stimmmehrheit genügen (§ 97 Abs. 2 Satz 4 AktG). Nach § 124 Abs. 3 Satz 4 AktG bedarf diese Beschlussfassung jedoch in keinem Fall der Mitwir-

kung der Arbeitnehmervertreter in einem mitbestimmten Aufsichtsrat. Dadurch ist sichergestellt, dass die Arbeitnehmervertreter auf die Wahl der Aufsichtsratsmitglieder der Aktionäre keinen Einfluss nehmen können.

Die **Amtszeit** der neu gewählten Aufsichtsratsmitglieder beginnt erst mit der Eintragung der Satzungsänderungen im Handelsregister. Falls sich diese verzögert und die Gesellschaft auf Aufsichtsratsbeschlüsse angewiesen ist, bleibt, da die bisherigen Aufsichtsratsmitglieder bereits mit Ende der Hauptversammlung aus dem Amt geschieden sind, nur eine gerichtliche Bestellung nach § 104 AktG (dazu Muster 5.5, Rz. 592 ff). Das gerichtliche Notbestellungsverfahren kann auch für die Arbeitnehmervertreter in Anspruch genommen werden, wenn deren Wahlvorgang vor Abhaltung der maßgeblichen Hauptversammlung, in welcher die Aktionäre ihre Aufsichtsratsmitglieder wählen, noch nicht abgeschlossen ist.[207]

591

---

207) Weitere Einzelheiten zu dem gerichtlichen Verfahren nach § 98, 99 AktG sowie zum möglichen Nebeneinander einer Anzeige des Vorstands und dem gerichtlichen Verfahren siehe *Hoffmann-Becking*, in: Münchener Handbuch, § 28 Rz. 59 ff.

Muster 5.5: Notbestellung gemäß § 104 AktG

I. Mustertext [→ Rz. 596 ff]

592   Amtsgericht…

– Registergericht –

… [*Anschrift*]

… [*Name der Gesellschaft*] AG

HRB …

593   Als gemeinsam zur Vertretung berechtigte Vorstandsmitglieder der … AG in … beantragen wir,

Herrn/Frau … [*Wohnort, ausgeübter Beruf*]

gemäß § 104 Abs. 2 i. V. m. Abs. 3 AktG bis zur nächsten Hauptversammlung der Gesellschaft zum Mitglied des Aufsichtsrats unserer Gesellschaft zu bestellen.

594   Der Aufsichtsrat der Gesellschaft besteht gemäß § … der Satzung aus zwölf Mitgliedern, die gemäß den anwendbaren Bestimmungen des Mitbestimmungsgesetzes 1976 je zur Hälfte von der Hauptversammlung und den Arbeitnehmern gewählt sind. Das Aufsichtsratsmitglied …[*Name*] hat durch die Ihnen als Kopie zu Ihrer Kenntnis beigefügten Niederlegungserklärung vom … mit Wirkung zum … sein Amt als Aufsichtsrat unserer Gesellschaft niedergelegt. Dem Aufsichtsrat gehören damit weniger Mitglieder als die durch die Satzung festgesetzte Zahl an, und das für seine Zusammensetzung maßgebende zahlenmäßige Verhältnis zwischen Arbeitnehmervertretern und Aktionärsvertretern ist derzeit nicht gegeben. Gemäß § 104 Abs. 2 Satz 2 i. V. m. § 104 Abs. 3 Nr. 2 AktG hat das Gericht auf Antrag des Vorstands in diesen Fällen den Aufsichtsrat ohne Ablauf der dreimonatigen Wartefrist zu ergänzen.

595   Herr/Frau … ist bereit, das Amt zu übernehmen. Eine entsprechende Erklärung sowie eine Erklärung darüber, dass keine Bestellungshindernisse i. S. d. § 100 AktG vorliegen, sind diesem Schreiben beigefügt. [→ Rz. 596 ff]

… [*Ort*], den … [*Datum*]

…

[*Unterschrift des Vorstands*]

II. Erläuterungen [→ Rz. 592 ff]

Es kann vorkommen, dass der Aufsichtsrat durch das Ausscheiden eines **596** Mitgliedes unterbesetzt ist, ohne dass eine schnelle Nachwahl durch eine in Kürze bevorstehende Hauptversammlung zu erwarten ist. In diesem Fall ermöglicht § 104 AktG dem Vorstand sowie gegebenenfalls den Arbeitnehmerorganisationen, bei dem zuständigen Amtsgericht – Registergericht – einen Antrag auf Bestellung eines Aufsichtsratsmitgliedes zu stellen. In der Praxis wird hiervon relativ häufig Gebrauch gemacht. Im vorgestellten Muster wird von dem Fall ausgegangen, dass ein paritätisch mitbestimmter Aufsichtsrat durch das Ausscheiden eines Aktionärsvertreters nicht mehr die Sollmitgliederzahl aufweist.

Die Ergänzung des Aufsichtsrats durch das Registergericht erfolgt nur auf An- **597** trag. **Antragsberechtigt** ist grundsätzlich der Vorstand, der gegebenenfalls verpflichtet ist, einen entsprechenden Antrag zu stellen (§ 104 Abs. 1 Satz 2 AktG). In Fällen eines mitbestimmten Aufsichtsrats wie hier sind auch die in § 104 Abs. 1 Satz 3 Nr. 1–7 AktG Genannten antragsberechtigt. Falls der Vorstand bei Gericht die Bestellung von Arbeitnehmervertretern beantragt, was in der Praxis häufig vorkommt, empfiehlt es sich, im Antrag darauf hinzuweisen, dass die Antragstellung in Abstimmung mit einer der für die Arbeitnehmerseite antragsberechtigten Stelle erfolgt ist.

Der Antrag auf Ergänzung des Aufsichtsrats bedarf nur der **Schriftform**, eine **598** Beglaubigung ist nicht erforderlich. Er wird von den Vorstandsmitgliedern in vertretungsberechtigter Zahl, bei unechter Gesamtvertretung auch durch ein Vorstandsmitglied und einen Prokuristen gestellt.

Es ist üblich, dem Gericht eine konkrete Person zur Bestellung vorzuschlagen. **599** Das Gericht ist an diesen **Vorschlag** nicht gebunden, wird sich in der Regel jedoch daran halten. Der Antrag auf gerichtliche Bestellung muss aber schlüssig erkennen lassen, dass der vorgeschlagene Kandidat im Hinblick auf seine Kenntnisse, Fähigkeiten und Erfahrungen einem Mindeststandard genügt. Darüber hinaus hat das Registergericht die Voraussetzungen von § 100 Abs. 1 und 2 Nr. 1–3 und § 105 AktG zu beachten.[208]

Das Gericht ist nicht gehindert, den Aufsichtsrat, den Vorgeschlagenen selbst **600** oder sonstige Dritte zu dem Wahlvorschlag anzuhören. Eine Auswahlbeschränkung enthält § 104 Abs. 4 Satz 3 AktG im Hinblick auf gesetzliche oder satzungsmäßige Voraussetzungen.

Praxistipp:
Nicht vorgeschrieben, aber der Beschleunigung des Verfahrens dienlich ist die im Formular vorgeschlagene Beifügung einer Einverständniserklärung der zur

---

208) OLG Schleswig, Urt. v. 26.4.2004 – 2 W 46/04, ZIP 2004, 1143 = BB 2004, 1187, dazu EWiR 2004, 949 (Lenz).

Bestellung vorgeschlagenen Person und eine Erklärung über das Nichtvorliegen von Bestellungshindernissen.

601 Ziffer 5.4.3 Satz 2 DCGK enthält die Empfehlung, dass ein Antrag auf Bestellung eines Aufsichtsratsmitglieds bis zur nächsten Hauptversammlung **befristet** sein soll. Solche Befristungen waren in der Praxis bislang zwar möglich, aber nicht zwingend. Das Muster trägt der Empfehlung bei der Formulierung des Antrags Rechnung. Börsennotierte Gesellschaften, die hiervon abweichen, müssen dies in ihrer Entsprechenserklärung gemäß § 161 AktG offen legen.

602 In der dem Muster zugrunde liegenden **Fallgestaltung** ist das Gericht zur Ergänzung des Aufsichtsrats ohne weitere Begründung verpflichtet. Dies ergibt sich aus § 104 Abs. 2 Satz 3 i. V. m. Abs. 3 Nr. 2 AktG, wonach **bei einem nach dem Mitbestimmungsgesetz 1976 paritätisch zusammengesetzten Aufsichtsrat** stets ein dringender Fall für die gerichtliche Ergänzung des Aufsichtsrats gegeben ist, wenn einem Aufsichtsrat nicht alle Mitglieder angehören, aus denen er nach Gesetz oder Satzung zu bestehen hat (Sollstärke). Eine Verpflichtung des Gerichts zur Ergänzung des Aufsichtsrats besteht auch, wenn die Beschlussfähigkeit nicht mehr gegeben ist (§ 104 Abs. 1 Satz 1 AktG). Die Beschlussfähigkeit richtet sich nach § 108 Abs. 2 AktG in Verbindung mit der Satzung, bei mitbestimmten Gesellschaften auch nach § 28 MitbestG 1976. Ferner ist das Gericht zur Ergänzung verpflichtet, wenn das **für die Zusammensetzung des Aufsichtsrats maßgebliche Zahlenverhältnis** wiederherzustellen ist. Dies gilt aber nur, soweit die zur Beschlussfähigkeit nötige Zahl der Aufsichtsratsmitglieder unter Wahrung des Verhältnisses nicht mehr gegeben ist. Ein solcher Fall kann auch bei einem drittelparitätischen Aufsichtsrat nach dem Drittelbeteiligungsgesetz vorliegen (§ 104 Abs. 4 Satz 1, 2 AktG).

603 In allen übrigen Fällen gilt **§ 104 Abs. 2 AktG**: Danach kann das Gericht eine Ergänzung nur vornehmen, wenn dem Aufsichtsrat länger als **drei Monate** weniger Mitglieder als die vorgeschriebene Anzahl angehören. Soll vorher eine Ergänzung stattfinden, ist dem Gericht darzulegen, dass ein dringender Fall gegeben ist. Dabei wird als dringend angesehen, wenn für den Bestand oder die Struktur der Aktiengesellschaft wichtige Entscheidungen anstehen. Hierunter sollen nicht nur strukturelle Entscheidungen, sondern auch bevorstehende Beschlüsse über die Bestellung oder die Abberufung von Vorstandsmitgliedern fallen.[209] [→ Rz. 592]

---

209) Vgl. *Hüffer*, AktG, § 104 Rz. 7; *Mertens*, in: Kölner Komm. z. AktG, § 104 Rz. 13.

Teil 6: Corporate Governance

Muster 6.1: Entsprechenserklärung

I. Mustertext [→ Rz. 608 ff]

Entsprechenserklärung gemäß § 161 AktG der
... AG
zum Deutschen Corporate Governance Kodex

Vorstand und Aufsichtsrat der ... AG erklären, dass die ... AG den Empfehlungen der Regierungskommission Deutscher Corporate Governance Kodex in der Kodexfassung vom ... *[Datum der für die letzte Entsprechenserklärung maßgeblichen Kodexfassung]* seit Abgabe ihrer letzten Entsprechenserklärung am ... entsprochen hat und entspricht. [→ Rz. 610, 612 f]

604

Fakultativ (bei zwischenzeitlicher Kodexänderung):

Vorstand und Aufsichtsrat der ... AG erklären, dass die ... AG den Empfehlungen der Regierungskommission Deutscher Corporate Governance Kodex in der Kodexfassung vom ... [Datum der für die letzte Entsprechenserklärung maßgeblichen Kodexfassung] seit Abgabe ihrer letzten Entsprechenserklärung am ... bis zum [Datum der Bekanntmachung der neuen Kodexfassung] sowie in der Kodexfassung vom [Datum der aktuellen Kodexfassung], bekannt gemacht am ... [Datum der Bekanntmachung der neuen Kodexfassung], seit dem ... [Tag nach dem Datum der Bekanntmachung der neuen Kodexfassung] entsprochen hat und entspricht.] [→ Rz. 611]

605

Hiervon galten bzw. gelten die nachfolgend aufgeführten Ausnahmen: [→ Rz. 609, 616]

606

1. Es erfolgte in der Vergangenheit keine individualisierte Angabe der Vorstandsgehälter (Ziffer 4.2.4 Satz 2). Seit dem 1. Juli 2005 gibt es für den individualisierten Ausweis der Vorstandsgehälter eine gesetzliche Regelung im Rahmen des Gesetzes über die Offenlegung der Vorstandsvergütung (VorstOG). Das Gesetz greift erstmals für nach dem 31. Dezember 2005 beginnende Geschäftsjahre. Nachdem nunmehr eine gesetzliche Grundlage für eine individualisierte Angabe der Vorstandsgehälter besteht, werden wir diese zukünftig entsprechend ausweisen.

2. Da der Aufsichtsrat der Gesellschaft aus nur drei Mitgliedern bestand und besteht, wurden und werden keine Ausschüsse gebildet (Ziffer 5.3).

3. Die Hauptversammlung vom ... hat eine Satzungsänderung bezüglich der Vergütung des Aufsichtsratsvorsitzenden beschlossen, so dass die in der Entsprechenserklärung vom ... zur damaligen Ziffer 5.4.5 (jetzt Ziffer 5.4.7) erklärte Abweichung entfallen ist.

4. Die Zwischenberichte und der Konzernabschluss wurden und werden nicht innerhalb von 45 bzw. 90 Tagen nach Ende des Berichtszeitraums der Öffentlichkeit zugänglich gemacht (Ziffer 7.1.1).

5. …

…

… *[Ort]*, den … *[Datum]*

… AG

607 Der Vorstand   Der Aufsichtsrat [→ Rz. 614]

II. Erläuterungen [→ Rz. 604 ff]

608 Gemäß § 161 AktG, der durch das Transparenz- und Publizitätsgesetz neu in das Aktiengesetz eingeführt wurde, sind Vorstand und Aufsichtsrat einer **börsennotierten Gesellschaft** verpflichtet, einmal jährlich zu erklären, ob den vom Bundesministerium der Justiz im amtlichen Teil des elektronischen Bundesanzeiger (unter www.ebundesanzeiger.de) bekannt gemachten Empfehlungen der „Regierungskommission Deutscher Corporate Governance Kodex" entsprochen wurde und wird oder welche Empfehlungen nicht angewendet wurden oder werden (Entsprechenserklärung). Der **Deutsche Corporate Governance Kodex** (DCGK) wurde von der Regierungskommission aufgrund eines Auftrags des Bundesjustizministeriums vom 6. September 2001 erarbeitet und wird in regelmäßigen Abständen geprüft und angepasst. Derzeit gilt der DCGK in der Fassung vom 2. Juni 2005, die vom Bundesministerium der Justiz am 20. Juli 2005 im elektronischen Bundesanzeiger veröffentlicht wurde.

609 Der Kodex gibt zum einen **geltendes Gesetzesrecht** wieder, das von den Unternehmen in jedem Fall zu beachten ist. Daneben enthält der Kodex **Empfehlungen**, die durch das Wort „soll", und **Anregungen**, die durch die Wörter „kann" oder „sollte" gekennzeichnet sind. Weder Empfehlungen noch Anregungen müssen von den Unternehmen befolgt werden. Im Falle der Empfehlungen ist ein Abweichen jedoch von börsennotierten Gesellschaften in der jährlichen Entsprechenserklärung offen zu legen. Im Übrigen richtet sich der Kodex zwar in erster Linie an börsennotierte Gesellschaften; auch nicht börsennotierten Gesellschaften wird aber die Beachtung empfohlen (Kodex-Präambel, vorletzter Absatz). Zur Abgabe einer Entsprechenserklärung sind Letztere allerdings nicht verpflichtet.

610 Die Erklärung ist **für die Vergangenheit und für die Zukunft** abzugeben. Nur für die erste Entsprechenserklärung, die im Jahr 2002 abzugeben war, war eine vergangenheitsbezogene Erklärung gemäß § 15 EGAktG noch nicht erforderlich. Auch wenn sich dies aus dem Gesetzeswortlaut nicht ergibt, besteht bei unterjährigen **Änderungen der Unternehmenspraxis** (im Gegensatz zu unterjährigen Kodexänderungen, siehe unten Rz. 611) nach Ansicht der wohl meisten Autoren und der Regierungsbegründung eine **Pflicht zur Aktualisierung** der Entsprechenserklärung.[210] Praktisch lässt sich dies entweder durch die Abgabe einer neuen Entsprechenserklärung oder durch eine zusätzliche Korrekturerklärung erreichen. Letztere bietet den Vorteil, dass der Jahresturnus einer umfassenden Entsprechenserklärung beibehalten werden kann. Ist die Veränderung geeignet, den Börsenpreis der zugelassenen Wertpapiere zu beeinflussen, so ist darüber hinaus eine Ad-hoc-Mitteilung gemäß § 15 WpHG erforderlich. [→ Rz. 604]

Bei einer unterjährigen **Änderung des Corporate Governance Kodex** trifft Gesellschaften, die ihre Entsprechenserklärung bereits vor der Bekanntmachung der neuen Kodexfassung im elektronischen Bundesanzeiger abgegeben haben, keine Rechtspflicht zu einer weiteren Abgabe der Erklärung während des Jahres. Begründen lässt sich dies damit, dass die Entsprechenserklärung sich stets auf eine bestimmte Fassung des im elektronischen Bundesanzeiger bekannt gemachten Kodex bezieht, die – wie in dem Muster vorgesehen – in der Erklärung auch angegeben werden sollte. Damit ist ohne weiteres erkennbar, auf welche Kodexfassung sich die Erklärung bezieht.[211] Eine andere Frage ist, wie bei der nächsten Entsprechenserklärung nach einer Kodexänderung zu verfahren ist. Für den zukunftsbezogenen Teil der Erklärung ist zweifelsfrei auf die neue Kodexfassung abzustellen. Für den vergangenheitsbezogenen Teil wird einerseits vertreten, dass allein die alte Fassung maßgeblich ist;[212] nach anderer Meinung soll es ausschließlich auf die neue Fassung[213] ankommen. Richtig ist eine differenzierende Darstellung, die sich auch in der Praxis durchzusetzen scheint.[214] Danach ist im vergangenheitsbezogenen Teil der Entsprechenserklärung für den Zeitraum vor Bekanntmachung der neuen Kodexfassung und für den Zeitraum nach der Bekanntmachung zu unterscheiden. Denn erst wenn die Kodexfassung bekannt gemacht wurde, sind die geänderten oder neuen Empfehlungen von Vorstand und Aufsichtsrat zu beachten und Abweichungen offen zu legen. Umgekehrt würde es ein falsches Bild von dem Unternehmen vermitteln, wenn auch nach Bekanntmachung des neuen Standards Vorstand und Aufsichtsrat die Empfehlungen nicht umsetzen und

611

---

210) Begründung RegE TransPuG, BT-Drucks. 14/8769, S. 21; Mitteilung des Bundesministeriums der Justiz vom 10.6.2003, veröffentlicht unter www.bmj.de. So im Ergebnis auch die herrschende Meinung, vgl. *Strieder*, DCGK, S. 170; *Hüffer*, AktG, § 161 Rz. 20; MünchKomm-*Semler*, AktG, § 161 Rz. 114 ff mit Hinweisen zum Streitstand.

211) Mitteilung des Bundesministeriums der Justiz vom 10.6.2003, veröffentlicht unter www.bmj.de.

212) *Seibt*, AG 2003, 465, 477; *Ihrig/Wagner*, BB 2003, 1625.

213) *Vetter*, BB 2005, 1689, 1694 m. w. N.

214) *Fischer*, BB 2006, 337, 338.

gleichwohl keine Abweichung offen legen müssten. Das Muster schlägt daher fakultativ eine entsprechend differenzierte Erklärung vor. [→ Rz. 605]

612 Die Erklärung ist **jährlich** abzugeben, der Abstand zwischen zwei Entsprechenserklärungen darf also nicht mehr als 12 Monate betragen. Ein Gleichlauf mit dem Jahresabschluss bietet sich an. [→ Rz. 604]

613 Emittenten, die neu an einer Börse gelistet sind, müssen ihre erste Entsprechenserklärung **spätestens ein Jahr nach dem Börsengang** veröffentlichen,[215] im Sinne einer guten Corporate Governance dürfte aber eine – dann entsprechend § 15 EGAktG aber ausschließlich zukunftsbezogene – Entsprechenserklärung bereits unmittelbar nach dem Börsengang sein.

614 Die Erklärung ist **von dem Vorstand und dem Aufsichtsrat** der börsennotierten Gesellschaft abzugeben, wobei jedes Kollegialorgan selbständig über die Entsprechenserklärung beschließt.[216] Mehrheitsbeschluss ist möglich; bei Empfehlungen, die an das einzelne Organmitglied gerichtet sind, bedarf es auch deren Individualzustimmung, die sich aus einer einstimmigen Beschlussfassung ableiten lässt oder bei Vorstandsmitgliedern auch aus dem Anstellungsvertrag ergeben kann. Im Rahmen der Beschlussfassung des Aufsichtsrats muss der Gesamtaufsichtsrat beschließen, eine Übertragung der Beschlussfassung an einen Ausschuss ist nicht zulässig. Die Beschlussfassungen von Vorstand und Aufsichtsrat zur Entsprechenserklärung bedürfen, sofern sich eine Pflicht zur Niederschrift nicht bereits aus den Geschäftsordnungen ergibt, angesichts ihrer Bedeutung der Schriftform. Es besteht kein Einigungszwang zwischen den Organen, gegebenenfalls müssen zwei unterschiedliche Erklärungen abgegeben werden. Bei Einigkeit ist, wie in dem Muster vorgesehen, eine gemeinsame Erklärung möglich und üblich. [→ Rz. 607]

615 Die Entsprechenserklärung ist gemäß den Vorgaben in § 161 Satz 2 AktG den Aktionären **dauerhaft zugänglich zu machen**. In der Praxis geschieht dies, wie in Ziffer 6.8 DCGK empfohlen, fast ausnahmslos über die Internetseite des Unternehmens. Hat das Unternehmen keine Internetseite, bleibt nur die Bekanntmachung der Erklärung in den Gesellschaftsblättern und ein Bereithalten der Erklärung bei der Hauptverwaltung der Gesellschaft.[217] Nach der letzten Änderung des DCGK vom 2. Juni 2005 enthält Ziffer 3.10 Satz 3 DCGK nunmehr zusätzlich eine Empfehlung dahin gehend, dass nicht mehr aktuelle Entsprechenserklärungen zum Kodex von der Gesellschaft **fünf Jahre** lang auf ihrer Internetseite zugänglich sein sollen.

616 Die **Begründung oder Erläuterung eventueller Abweichungen von den Empfehlungen des Kodex** ist gesetzlich nicht vorgeschrieben, liegt aber im In-

---

215) *Strieder*, DCGK, S. 166.
216) MünchKomm-*Semler*, AktG, § 161 Rz. 88.
217) *Hüffer*, AktG, § 161 Rz. 23.

teresse des Unternehmens und ist in der Praxis üblich. Gemäß der Empfehlung in Ziffer 3.10 Satz 2 DCGK sollen eventuelle Abweichungen aber jedenfalls im Rahmen der ebenfalls empfohlenen Berichterstattung von Vorstand und Aufsichtsrat im jährlichen Geschäftsbericht der Gesellschaft erläutert werden. Einer verbreiteten Praxis folgend wird dieser Bericht nach der jüngsten Änderung des Kodex nunmehr explizit als „Corporate Governance Bericht" bezeichnet, in dem auch weitere für die Corporate Governance relevante Inhalte aufzunehmen sind (Ziffern 5.4.7 Abs. 3 Satz 1; 6.6 Abs. 3 und 7.1.3 DCGK; siehe hierzu auch Rz. 621 ff). Im Gegensatz zu den Abweichungen von Kodex-Empfehlungen müssen Abweichungen von **Kodex-Anregungen** nicht offen gelegt werden und eine Stellungnahme zu den Anregungen im Geschäftsbericht wird in Ziffer 3.10 Satz 3 DCGK nur angeregt. In der Praxis finden sich hier auch nur vereinzelt Stellungnahmen in der Entsprechenserklärung bzw. im Geschäftsbericht.

Die Entsprechenserklärung ist im Rahmen der Jahresabschlusspublizität **beim Registergericht einzureichen** (§ 325 Abs. 1 Satz 1 HGB). Außerdem gehört die Tatsache, dass eine Entsprechenserklärung abgegeben und für die Aktionäre zugänglich gemacht wurde, zu den **Pflichtangaben im Anhang** des Jahresabschlusses und gegebenenfalls auch des Konzernabschlusses (§§ 285, 314 HGB). Nur insofern, nicht jedoch inhaltlich, unterliegt die Erklärung auch der Kontrolle durch den Abschlussprüfer. **617**

Wird die Entsprechenserklärung nicht oder nicht richtig abgegeben oder nicht dauerhaft zugänglich gemacht, so stellt dies eine Pflichtverletzung dar, und die **Organmitglieder haften der Gesellschaft** für einen daraus entstehenden Schaden nach den allgemeinen Regeln. Da ein Schaden und die Kausalität der Pflichtverletzung hierfür kaum nachweisbar sein dürften, ist eine praktische Relevanz der Haftung kaum zu erwarten. **618**

Eine **Haftung der Gesellschaft und der Organmitglieder gegenüber Gläubigern oder Aktionären** ist zwar grundsätzlich etwa gemäß § 826 BGB denkbar, dürfte in der Praxis aber ebenfalls an dem Nachweis eines Vermögensschadens und der Kausalität der falschen Entsprechenserklärung scheitern.[218] **619**

Geben Vorstand und Aufsichtsrat keine Entsprechenserklärung ab, so stellt dies einen mit bis zu 25 000 Euro **bußgeldbewehrten Verstoß** gegen Rechnungslegungsvorschriften (§§ 285, 314 HGB) dar. Außerdem kann bei fehlender oder falscher Entsprechenserklärung aufgrund des Verstoßes gegen § 161 AktG und damit gegen geltendes Recht die Entlastung verweigert oder ein Entlastungsbeschluss gemäß § 243 Abs. 1 AktG angefochten werden. **620**

---

218) *Hüffer*, AktG, § 161 Rz. 25 ff.

Muster 6.2: Auszug aus dem Geschäftsbericht

I.   **Mustertext** [→ Rz. 638 ff]

Corporate Governance Bericht [→ Rz. 641 ff]

621   Über die Corporate Governance der ... AG berichten Vorstand und Aufsichtsrat wie folgt:

Gute und verantwortungsvolle Governance nimmt in der ... AG einen hohen Stellenwert ein. Den Empfehlungen des Deutschen Corporate Governance Kodex folgt die ... AG bis auf wenige Ausnahmen. [→ Rz. 641]

622   (...) **Entsprechenserklärung** [→ Rz. 641]

Vorstand und Aufsichtsrat haben am ... die folgende Entsprechenserklärung gemäß § 161 AktG zu den Empfehlungen der Regierungskommission Corporate Governance abgegeben:

[Wiedergabe des Wortlauts der Entsprechenserklärung und – soweit die Entsprechenserklärung hierzu keine Erläuterungen enthält – eine Begründung der Abweichungen.]

623   (...) **Vergütung der Aufsichtsratsmitglieder** [→ Rz. 642]

Die Vergütung des Aufsichtsrats ist in § ... der Satzung der Gesellschaft geregelt. Danach erhalten die Mitglieder des Aufsichtsrats außer dem Ersatz ihrer Auslagen eine feste, nach Ablauf des Geschäftsjahrs zahlbare Vergütung in Höhe von ... Euro je Geschäftsjahr mit einer Dauer von zwölf Monaten sowie eine erfolgsbezogene Vergütung in Höhe von ... Euro je Prozent Gewinnanteil, der nach dem Gewinnverwendungsbeschluss der Hauptversammlung über ... % des Grundkapitals der Gesellschaft hinaus an die Aktionäre ausgeschüttet wird. Diese Vergütung erhöht sich für den Vorsitzenden auf das Doppelte und für den Stellvertreter auf das Eineinhalbfache. Außerdem erhält jedes Mitglied eines Ausschusses auf die Vergütung einen Zuschlag von 25 %, der Vorsitzende des Ausschusses erhält einen Zuschlag von 50 %. Die Zuschläge für die Tätigkeit in Ausschüssen sind der Höhe nach auf den Betrag, der der einfachen Vergütung entspricht, beschränkt.

624   Die individuelle Vergütung der einzelnen Aufsichtsratsmitglieder, jeweils aufgegliedert nach Bestandteilen, ergibt sich aus folgender Übersicht:

Vergütung des Aufsichtsrats ... [Geschäftsjahr]

Aufsichtsratmitglied	Feste Vergütung	Erfolgs-bezogene Vergütung	Vergütung der Ausschuss-tätigkeit	Insgesamt
... [Name]	...	...	...	...
... [Name]	...	...	...	...

...

(...) Vergütung der Aufsichtsratsmitglieder für persönlich erbrachte Leistungen [→ Rz. 644]

Für persönlich erbrachte Leistungen außerhalb der Aufsichtsratstätigkeit, insbesondere Beratungs- und Vermittlungsleistungen, wurden keine Vergütungen gezahlt oder Vorteile gewährt. Ausgenommen ist die Vergütung der betrieblichen Arbeitnehmervertreter aus ihrem Arbeitsvertrag.   **625**

(...) Vergütungssystem des Vorstands [→ Rz. 652 ff]

Die Struktur und die Höhe der Vergütung für die Vorstandsmitglieder werden   **626** vom Aufsichtsrat festgelegt. Die Struktur des Vergütungssystems wird regelmäßig beraten und überprüft. Jedes Vorstandsmitglied bezieht eine seinem Tätigkeits- und Verantwortungsbereich angemessene und wettbewerbsfähige Vergütung. Die Vergütung der Vorstandsmitglieder hat dementsprechend einen fixen und einen variablen Bestandteil. Das fixe Gehalt wird in zwölf Monatsraten ausgezahlt und orientiert sich jeweils am Aufgabenbereich des betreffenden Vorstandsmitglieds. Der variable Anteil beträgt ca. 25 % der Gesamtbezüge. Die variablen Vergütungsbestandteile beziehen sich auf die Ergebnisentwicklung des Unternehmens und die individuellen Zielvereinbarungen mit dem Vorstand, die auch Positionen mit mittelfristiger Anreizwirkung enthalten. Kriterien für die Höhe der Vergütung bilden insbesondere die Aufgaben des jeweiligen Mitglieds des Vorstands, seine persönliche Leistung, die Leistung des Vorstands insgesamt sowie die wirtschaftliche Lage, der Erfolg und die Zukunftsaussichten des Unternehmens unter Berücksichtigung seines Vergleichsumfelds. Daneben gibt es als Komponente mit langfristiger Anreizwirkung ein Aktienoptionsprogramm. [→ Rz. 654]

Das Aktienoptionsprogramm und das Tantiemesystem haben Risikocharakter,   **627** so dass es sich hierbei nicht um eine gesicherte Vergütung handelt. Der Optionsplan basiert auf anspruchsvollen, relevanten Vergleichsparametern; eine nachträgliche Änderung der Erfolgsziele oder der Vergleichsparameter ist nach den Planbedingungen ausgeschlossen. Sämtliche Vergütungen für Tätigkeiten im Interessensbereich der Gesellschaft (gesellschaftsgebundene Mandate) werden auf die Vergütung angerechnet. [→ Rz. 654]

(...) Vergütung der Vorstandsmitglieder

Vergütung des Vorstands ... [Geschäftsjahr] [→ Rz. 652, 656 ff]   **628**

Vorstands-mitglied	Feste Vergütung	Variable Vergütung	Sonstige Vergütungs-bestandteile	Gewährte Aktien-optionen	Insgesamt
... [*Name*]	...	...	...		...
... [*Name*]	...	...	...		...

...

(...) Meldepflichtige Wertpapiergeschäfte gemäß § 15a WpHG [→ Rz. 645]

629 Gemäß § 15a WpHG sind die Vorstands- und Aufsichtsratmitglieder der Gesellschaft oder sonstige Personen mit Führungsaufgaben, die regelmäßig Zugang zu Insiderinformationen haben und zu wesentlichen unternehmerischen Entscheidungen befugt sind, sowie bestimmte mit ihnen in enger Beziehung stehende Personen verpflichtet, den Erwerb oder die Veräußerung von Aktien der Gesellschaft oder von sich darauf beziehenden Finanzinstrumenten, insbesondere Derivaten, offen zu legen, soweit jeweils der Wert der innerhalb eines Kalenderjahrs getätigten Geschäfte die Summe von 5 000 Euro erreicht oder übersteigt.

630 Der Gesellschaft wurden im Geschäftsjahr ... folgende Geschäfte gemeldet:

Handels-tag (Datum)	Name	Funktion	Bezeich-nung Wert-papier	WKN/ ISIN	Geschäfts-art	Stückzahl	Kurs/ Preis in Euro
...	...	...	...	...	...	...	...

(...) Aktienbesitz von Vorstand und Aufsichtsrat [→ Rz. 647]

631 Am 31. Dezember 2005 waren ... Aktien der Gesellschaft oder sich darauf beziehende Finanzinstrumente (... % der von der Gesellschaft ausgegebenen Aktien) im Besitz des Vorstands.

Am 31. Dezember 2005 waren ... Aktien der Gesellschaft oder sich darauf beziehende Finanzinstrumente (... % der von der Gesellschaft ausgegebenen Aktien) im Besitz des Aufsichtsrats.

(...) Aktienoptionsprogramme und ähnliche wertpapierorientierte Anreizsysteme [→ Rz. 648]

632 *[Konkrete Angaben zu Umfang, Vergleichsparametern, Begünstigten, Laufzeiten und Ausübungspreisen.]*

...

Bericht des Aufsichtsrats [→ Rz. 649]

...

633 Kein Aufsichtsratsmitglied hat während des vergangenen Geschäftsjahres an weniger als der Hälfte der Aufsichtsratssitzungen teilgenommen. [→ Rz. 649]

Alternativ: Ein Aufsichtsratsmitglied konnte im Geschäftsjahr (gegebenenfalls: aufgrund der Kürze seiner Amtszeit) an weniger als der Hälfte der Aufsichtsratssitzungen teilnehmen.

...

Interessenkonflikte einzelner Aufsichtsratsmitglieder sind dem Aufsichtsrat nicht bekannt geworden. [→ Rz. 650]

...

Anhang zum Konzernabschluss [→ Rz. 651]

(...) Beziehung zu Aktionären, die nahe stehende Personen sind [→ Rz. 651]

Die ... GmbH ist an der ... AG mit ... % beteiligt. Mit der ... GmbH bestan-   **634**
den im vergangenen Geschäftsjahr die folgenden Geschäftsbeziehungen:

[Erläuterung der Beziehungen gemäß den anwendbaren Rechnungslegungsvorschriften und Ziffer 7.1.5 DCGK.]

(...) Vergütung der Aufsichtsratsmitglieder für persönlich erbrachte Leistungen [→ Rz. 651, 644]

[Zur Formulierung siehe Corporate Governance Bericht (oben Rz. 625)]   **635**

Lagebericht [→ Rz. 652]

(...) Vergütungssystem des Vorstands [→ Rz. 652 ff]

[Zur Formulierung siehe Corporate Governance Bericht (oben Rz. 626 f)]   **636**

(...) Vergütung der Vorstandsmitglieder [→ Rz. 652, 656 ff]

[Individualisierter Ausweis der Vergütung der Vorstandsmitglieder aufgeteilt nach   **637**
Fixum, erfolgsbezogenen Komponenten und Komponenten mit langfristiger Anreizwirkung, siehe Corporate Governance Bericht (oben Rz. 628)]

...

II. Erläuterungen [→ Rz. 621 ff]

1. Einleitung

Der Deutsche Corporate Governance Kodex enthält eine Reihe von **Empfeh-**   **638**
lungen zu Angaben im Geschäftsbericht, die in dem Muster zusammengestellt sind. Nach der letzten Kodexänderung empfiehlt die Regierungskommission jetzt ausdrücklich einen gesonderten **Corporate Governance Bericht** innerhalb des nicht testatpflichtigen Teils des Geschäftsbericht. Dieser soll zusammenhängend über alle wesentlichen Aspekte guter Unternehmensführung berichten. Allerdings wurden nur einige, nicht jedoch alle für die Corporate Governance relevanten Informationen durch die jüngste Kodexänderung in den Corporate Governance Bericht verwiesen. So sollen beispielsweise gemäß Ziffer 5.4.7 die Bezüge der Aufsichtsratsmitglieder im Corporate Governance Bericht, gezahlte Vergütungen und gewährte Vorteile für von dem einzelnen Aufsichtsratsmitglied persönlich erbrachte Leistungen jedoch im Anhang zum Konzernabschluss individualisiert veröffentlicht werden.

639 Ob durch die Veröffentlichung der Angaben an den unterschiedlichen Stellen des Geschäftsberichts letztlich der Transparenz gedient wird, erscheint zweifelhaft. Im Sinne einer besseren Transparenz ist es zu empfehlen und wird daher in dem Muster vorgeschlagen, sämtliche für die Corporate Governance relevanten Angaben auch im Corporate Governance Bericht darzustellen, und zwar entweder vollständig oder doch wenigstens durch Verweis auf eine andere Stelle im Geschäftsbericht, an der sich die Information finden lässt. Dies mag zu Wiederholungen führen. Dem Anleger wird das Auffinden der relevanten Angaben aber vereinfacht. Letztlich wird es in Zukunft wegen der Vielzahl von sich teilweise überschneidenden Offenlegungspflichten aufgrund unterschiedlicher Rechtsgrundlagen (seien es Rechnungslegungsvorschriften, Empfehlungen zur Corporate Governance oder börsenrechtliche Vorgaben, wie etwa jüngst das jährliche Dokument gemäß § 10 WpPG) kaum vermeidbar sein, dass bestimmte Informationen der börsennotierten Aktiengesellschaft mehrfach darzustellen sind.

640 Soweit in dem Muster ein konkreter Wortlaut vorgeschlagen wird, handelt es sich lediglich um Formulierungsanregungen, die selbstverständlich an die Bedingungen und Bedürfnisse der Gesellschaft anzupassen sind. Auch hier gilt, dass die Gesellschaft nicht verpflichtet ist, die Empfehlungen des Kodex zu befolgen; börsennotierte Gesellschaften müssen dies dann aber in ihrer jährlichen Entsprechenserklärung gemäß § 161 AktG offen legen.

2. Corporate Governance Bericht [→ Rz. 621 ff]

641 Gemäß Ziffer 3.10 DCGK sollen Vorstand und Aufsichtsrat jährlich im Geschäftsbericht **über die Corporate Governance des Unternehmens berichten**. Hierzu gehört auch die Erläuterung eventueller Abweichungen von den Empfehlungen des DCGK. Dabei kann auch zu Kodexanregungen Stellung genommen werden. Soweit bereits die Entsprechenserklärung, wie üblich (siehe hierzu auch Muster 6.1, Rz. 606), Erläuterungen der Abweichungen enthält, genügt die – in der Praxis gebräuchliche – Wiedergabe der Entsprechenserklärung im Rahmen des Berichts zur Corporate Governance. Eine weitere, ausführlichere Darstellung insbesondere unternehmensspezifischer Aspekte der Corporate Governance ist nicht zuletzt unter dem Gesichtspunkt der *Investor Relations* natürlich möglich, wobei die Gliederung des Deutschen Corporate Governance Kodex hier als Anregung dienen kann.

642 Nicht mehr im Anhang des Konzernabschlusses, sondern im Corporate Governance Bericht soll nach der jüngsten Kodexänderung der über § 285 Nr. 9 HGB hinausgehende individualisierte Ausweis der **Vergütung der Aufsichtsratsmitglieder** gemäß Ziffer 5.4.7 Abs. 3 DCGK erfolgen. In der Praxis stößt diese Empfehlung auf weniger Vorbehalte als der individualisierte Ausweis der Vorstandsvergütung, da die Vergütung des Aufsichtsrats ohnehin von der Hauptversammlung festzulegen und damit transparent ist. [→ Rz. 623]

Problematisch ist die Umsetzung der Empfehlung einer auf den langfristigen **643** Unternehmenserfolg bezogenen Vergütung durch aktienkursbasierte Vergütungsbestandteile geworden.[219)] Als Alternative finden sich in der Praxis Berechnungsmodelle, die an die langfristige Entwicklung bestimmter Unternehmenskennzahlen (z. B. EBT über die letzten vier Jahre) anknüpfen. In der Hauptversammlungssaison 2005 haben viele Unternehmen ihre Aufsichtsratsvergütung entsprechend angepasst (siehe auch den Formulierungsvorschlag in Muster 1.1, Rz. 55).

Etwas unsystematisch sollen die vom Unternehmen (konzernweit) an die Mit- **644** glieder des Aufsichtsrats gezahlten **Vergütungen für** von dem betreffenden Aufsichtsratsmitglied **erbrachte Leistungen**, insbesondere Beratungs- und Vermittlungsleistungen, gemäß Ziffer 5.4.7 Abs. 3 Satz 2 DCGK weiterhin im Anhang des Konzernabschlusses angegeben werden. Es dürfte sich hierbei um ein redaktionelles Versehen handeln. Im Interesse der Transparenz sollten die Angaben, wie im Muster vorgesehen, entweder sowohl im Corporate Governance Bericht als auch im Anhang gemacht oder jedenfalls ein entsprechender Verweis in den Bericht aufgenommen werden. Die Regelung selbst knüpft an § 114 AktG an, der die Zustimmungspflichtigkeit von Dienstverträgen mit bzw. Vergütung der Gesellschaft an ein Aufsichtsratsmitglied regelt. [→ Rz. 625]

Bis zu seiner jüngsten Änderung enthielt der DCGK die Empfehlung, Anga- **645** ben zu den im Laufe des Geschäftsjahres veröffentlichten **Directors' Dealings** im Anhang des Konzernabschlusses zu machen. Da in der neuen Kodexfassung die Empfehlung, dass „sämtliche vorstehenden Angaben" im Corporate Governance Bericht enthalten sein sollen, in einem separaten Absatz aufgenommen wurde, ist davon auszugehen, dass dies auch die Directors' Dealings gemäß Ziffer 6.6 Abs. 1 DCGK umfasst, so dass hier weiterhin, und zwar jetzt im Rahmen des Corporate Governance Berichts, eine zusammenfassende Darstellung einen Überblick über alle im jeweiligen Geschäftsjahr erfolgten Directors' Dealings verschaffen soll. [→ Rz. 629 f]

Die Verpflichtung zur Mitteilung und Veröffentlichung so genannter **Di-** **646** **rectors' Dealings** ergibt sich aus der gesetzlichen Regelung in § 15a WpHG, der im Rahmen des Anlegerschutzverbesserungsgesetzes (AnSVG) deutlich erweitert wurde und nunmehr nicht nur Vorstands- und Aufsichtsratsmitglieder, sondern sämtliche Personen, die bei einem Emittenten Führungsaufgaben wahrnehmen, sowie natürliche und juristische Personen, die mit ihnen in einer engen Beziehung stehen, erfasst. Personen mit Führungsaufgaben sind nach

---

219) BGH, Urt. v. 16.2.2004 – II ZR 316/02 – Mobilcom AG, ZIP 2004, 613 (m. Bespr. *Meyer/Ludwig*, S. 940) = DB 2004, 496, zur Unzulässigkeit der Gewährung von Aktienoptionen an Aufsichtsratsmitglieder bei einer Bedienung mit zurückgekauften Aktien der Gesellschaft (§ 71 Abs. 1 Nr. 8 AktG), dazu EWiR 2004, 413 *(Lenenbach)*.

der Neuregelung persönlich haftende Gesellschafter oder Mitglieder eines Leitungs-, Verwaltungs- oder Aufsichtsorgans des Emittenten sowie sonstige Personen, die regelmäßig Zugang zu Insiderinformationen haben und zu wesentlichen unternehmerischen Entscheidungen ermächtigt sind. In Rahmen der jüngsten Änderung des DCGK am 2. Juni 2005 wurde Ziffer 6.6 Abs. 1 DCGK an die neue Gesetzeslage angepasst. [→ Rz. 629 f]

647 Der Kodex empfiehlt weiterhin die Angabe des stichtagsbezogenen relevanten direkten und indirekten **Aktienbesitzes** oder der sich auf die Aktien der Gesellschaft beziehenden Finanzinstrumente der Organmitglieder, wobei der Detaillierungsgrad der Angaben in Abhängigkeit von der Größe des Anteilsbesitzes in Ziffer 6.6 Abs. 2 Satz 2 und 3 DCGK geregelt ist. Auf eine Erweiterung in Anlehnung an die Neuregelung von § 15a WpHG durch das Anlegerschutzverbesserungsgesetz auf sämtliche Personen, die Führungsaufgaben wahrnehmen, wurde hier aber verzichtet. [→ Rz. 631]

648 Nach der jüngsten Änderung des DCGK soll schließlich auch nicht mehr der Konzernabschluss, sondern der Corporate Governance Bericht gemäß Ziffer 7.1.3 DCGK weitere Angaben zu **Aktienoptionsprogrammen** und ähnlichen wertpapierorientierten Anreizsystemen der Gesellschaft enthalten. Hiermit sind sämtliche Aktienoptionsprogramme (auch z. B. zugunsten von Mitarbeitern) gemeint und nicht nur solche, die Vorstand und Aufsichtsrat betreffen.

3. Bericht des Aufsichtsrats [→ Rz. 633]

649 In der Praxis ist teilweise die im Muster vorgeschlagene Negativfeststellung zu der Empfehlung in Ziffer 5.4.8 DCGK anzutreffen, wonach es im Bericht des Aufsichtsrats vermerkt werden soll, wenn ein Aufsichtsratsmitglied an **weniger als der Hälfte der Aufsichtsratssitzungen** in einem Geschäftsjahr teilgenommen hat. Sollte über eine fehlende Teilnahme zu berichten sein, so muss der Name des Aufsichtsratsmitglieds nicht genannt werden; die Angabe eines Grundes ist unter Umständen anzuraten.

650 Gemäß Ziffer 5.5.3 DCGK soll der Aufsichtsrat in seinem Bericht an die Hauptversammlung über aufgetretene **Interessenkonflikte** sowohl auf der Anteilseigner- als auch auf der Arbeitnehmerseite, insbesondere solche, die aufgrund einer Beratung oder Organfunktion bei Kunden, Lieferanten, Kreditgebern oder sonstigen Geschäftspartnern entstehen können, und deren Behandlung informieren. Soweit über einen Interessenkonflikt und dessen Behandlung zu berichten ist, genügt eine zusammenfassende, nicht individualisierte Darstellung, die sich auf die wesentlichen Kernpunkte begrenzt[220] (siehe auch allgemein zum Bericht des Aufsichtsrats die Erläuterungen zu Muster 5.3, Rz. 580).

---

220) *Strieder*, DCGK, S. 127.

4. Anhang zum Konzernabschluss [→ Rz. 634 f]

Im Konzernabschluss ist nach der Empfehlung in Ziffer 7.1.5 DCGK die Be- **651**
ziehung zu Aktionären zu erläutern, die im Sinne der anwendbaren Rechnungslegungsvorschriften als **nahe stehende Personen** zu qualifizieren sind.
Welche Aktionäre nahe stehende Personen i. S. v. Ziffer 7.1.5 DCGK sind,
ergibt sich aus den anwendbaren Rechnungslegungsvorschriften. Sofern das
Unternehmen, wie in Ziffer 7.11 DCGK empfohlen, den Konzernabschluss
nach internationalen Rechnungslegungsvorschriften aufstellt, ergeben sich
ausdrückliche Regelungen zu den *Related Party Disclosures* aus aus IAS 24 und
US-GAAP FAS 57. Für deutsche kapitalmarktorientierte Unternehmen, die
ihren Konzernabschluss nach dem HGB aufstellen, ist für Geschäftsjahre, die
nach dem 30. Juni 2002 begonnen haben, der Deutsche Rechnungslegungs-
standard Nr. 11 (DRS 11 – Berichterstattung über Beziehungen zu nahe stehenden Personen) einschlägig, der allerdings nicht die Bindungswirkung von
Gesetzesrecht hat. Offen ist, ob im Rahmen von Ziffer 7.1.5 DCGK nur – wie
es der Wortlaut der Empfehlung nahe legt – die Beziehung zu solchen Personen zu erläutern ist oder auch – was aussagekräftiger wäre – die einzelnen Ge-
schäftsvorfälle darzustellen sind. Sofern ein Unternehmen nach IAS/US-
GAAP bilanziert, genügt aber jedenfalls die umfassende Darstellung entsprechend den Vorgaben dieser Rechnungslegungsstandards (zu den Angaben zur
Vergütung der Aufsichtsratsmitglieder für persönlich erbrachte Leistungen
siehe oben Rz. 644).

5. Lagebericht [→ Rz. 636 f]

Die Darstellung der **Grundzüge des Vergütungssystems** und der individuali- **652**
sierte Ausweis der Vorstandsvergütung waren zunächst ausschließlich in den
Ziffern 4.2.3 und 4.2.4 DCGK geregelt. Insbesondere die Angabe der individuellen Vergütung der einzelnen Vorstände, die zunächst nur als Anregung,
dann als Empfehlung im DCGK geregelt war, war und ist überaus umstritten.
Während zwar über zwei Drittel der DAX-Unternehmen dieser Empfehlung
folgten, lag die Akzeptanz bei den börsennotierten Unternehmen insgesamt
nur bei rund einem Drittel.[221] Der Gesetzgeber sah sich hier zum Handeln
aufgerufen, wobei sich durchaus die Frage stellt, inwieweit dies mit dem Konzept der Freiwilligkeit und des *comply or explain*, auf dem der DCGK aufbaut,
vereinbar ist und ob die Empfehlung des DCGK bei einer etwas längeren Zeit
zur Meinungsbildung in den Unternehmen, nicht auch auf freiwilliger Basis zu
einer höheren Akzeptanz geführt hätte. Jedenfalls ist am 1. Juli 2005 das Vorstandsvergütungs-Offenlegungsgesetz (VorstOG) in Kraft getreten. **Börsennotierte Aktiengesellschaften** sind nach der entsprechenden Änderung von
§ 285 Nr. 9 Sätze 5–9 und von § 314 Abs. 1 Nr. 6 Sätze 5–9 HGB erstmals für

---

221) Kodex Report 2005, abgedruckt bei *Werder/Talaulicar*, DB 2005, 841.

das nach dem 31. Dezember 2005 beginnende Geschäftsjahr (Art. 59 EGHGB) verpflichtet, im **Anhang** des Jahresabschlusses bzw. des Konzernabschlusses die Vorstandsbezüge nicht nur pauschal bezogen auf die Gesamtbezüge, sondern **individualisiert auszuweisen,** und zwar jeweils aufgeschlüsselt nach erfolgsunabhängigen Komponenten (Festgehalt), erfolgsbezogenen Komponenten (Tantiemen) und Komponenten mit langfristiger Anreizwirkung (Aktienoptionen, Phantom Stocks etc.). Außerdem ist anzugeben, welche Leistungen dem Vorstandsmitglied für den Fall der vorzeitigen Beendigung seiner Tätigkeit zugesagt worden sind. [→ Rz. 936 ff]

653 Soweit sich die gesetzliche Regelung mit dem DCGK überschneidet oder über diesen hinausgeht, geht die gesetzliche Regelung vor. Der DCGK enthält aber auch noch über die gesetzliche Regelung hinausgehende Elemente, die entweder beachtet werden müssen oder zu denen die Abweichungen im Rahmen der Entsprechenserklärung offen gelegt werden müssen.

654 Hinsichtlich der konkreten Ausgestaltung des **Vergütungsberichts** befindet sich die Unternehmenspraxis noch in der Entwicklung. Dem trägt der Gesetzgeber dadurch Rechnung, dass er die gesetzliche Regelung als Sollvorschrift gefasst hat. Nach Vorstellung des Gesetzgebers fallen unter die Angaben zur Vergütungsstruktur im Einzelnen Erläuterungen zum Verhältnis der erfolgsunabhängigen und erfolgsbezogenen Komponenten sowie der Komponenten mit langfristiger Anreizwirkung. Dabei soll auch auf die einzelnen Parameter der Erfolgsbindung der Vergütung eingegangen werden. Es sollen ferner Angaben zu den Bedingungen gemacht werden, an die Aktienoptionen, sonstige Bezugsrechte auf Aktien und ähnliche Bezugsrechte geknüpft sind. Schließlich sollen die für Bonusleistungen vereinbarten Bedingungen angegeben werden.[222] Zu beachten ist schließlich, dass nach der Entwurfsbegründung Angaben dann nicht erfolgen müssen, wenn diese zu einer Veröffentlichung sensibler Geschäftsgeheimnisse führen würden (z. B. die Umsatzsteigerung in bestimmten Geschäftsfeldern).[223] Der Gesetzgeber geht davon aus, dass sich die Unternehmen bei dem Vergütungsbericht an den Empfehlungen der EU-Kommission orientieren werden[224] und im Übrigen weitere Vorgaben im DCGK gemacht werden könnten. Bislang sieht Ziffer 4.2.3 Abs. 3 DCGK eine Empfehlung vor, wonach die Grundzüge des Vergütungssystems im Geschäftsbericht zu erläutern sind, und verlangt in diesem Zusammenhang in

---

222) Begründung zum Entwurf eines Vorstandsvergütungs-Offenlegungsgesetzes, BT-Drucks. 15/5577, S. 8; Beschlussempfehlung und Bericht des Rechtsausschusses zum Entwurf eines Vorstandsvergütungs-Offenlegungsgesetzes, BT-Drucks. 15/5860, S. 10.

223) Begründung zum Entwurf eines Vorstandsvergütungs-Offenlegungsgesetzes, BT-Drucks. 15/5577, S. 8.

224) Abschnitt II Nr. 3.3 der Empfehlung der EU-Kommission zur Einführung einer angemessenen Regelung für die Vergütung von Mitgliedern der Unternehmensleitung börsennotierter Gesellschaften vom 14.12.2004, ABl L 385/55, 57, veröffentlicht unter http://europa.eu.int/eur-lex/de/index.html.

weitgehender Übereinstimmung mit der Entwurfsbegründung auch die Darstellung der konkreten Ausgestaltung eines Aktienoptionsplans oder vergleichbarer Gestaltungen mit Angaben zum Wert von Aktienoptionen.

Veröffentlicht eine börsennotierte Gesellschaft keinen Vergütungsbericht, was **655** auch nach dem Inkrafttreten des Vorstandsvergütungs-Offenlegungsgesetzes durchaus möglich ist, da es sich nur um eine Sollvorschrift handelt, so muss sie dies also jedenfalls in der Entsprechenserklärung gemäß § 161 AktG offen legen. Unberührt von der gesetzlichen Änderung bleibt auch die Empfehlung in Ziffer 4.2.3 Abs. 3 DCGK, die Grundzüge des Vergütungssystems sowie die konkrete Ausgestaltung eines Aktienoptionsplans oder vergleichbarer Gestaltungen für Komponenten mit langfristiger Anreizwirkung und Risikocharakter auf der **Internetseite** der Gesellschaft in allgemein verständlicher Form bekannt zu machen.

Soweit bei einer börsennotierten Gesellschaft – wovon in dem vorgeschlagenen **656** Muster ausgegangen wird – auch die **individuelle Vergütung der einzelnen Vorstandsmitglieder** gemäß § 285 Abs. 1 Nr. 9 HGB angegeben wird, können diese Angaben ebenfalls im Lagebericht im Zusammenhang mit der Darstellung des Vergütungssystems erfolgen. Alternativ wären die Angaben zur individuellen Vergütung der Vorstandsmitglieder im Anhang des Jahres- bzw. Konzernabschlusses zu machen. Die Angaben müssen jedoch im Anhang erfolgen, wenn kein Vergütungsbericht erstellt wird.

Durch die gesetzliche Regelung ist die Empfehlung in Ziffer 4.2.4 DCGK **657** überholt, die einen individualisierten Ausweis der Vorstandsvergütung im Anhang des Konzernabschlusses vorsah. Da diese Empfehlung aber weiterhin Bestand hat, müssen Aktiengesellschaften, die von einem *opt out* gemäß § 286 Abs. 5, § 314 Abs. 2, letzter Satz HGB Gebrauch machen (siehe hierzu Muster 8.2, Rz. 936), die damit automatisch verbundene Abweichung von der Empfehlung in der Entsprechenserklärung gemäß § 161 AktG offen legen.

Im Gegensatz zu der Auflistung des Beteiligungsbesitzes gemäß § 313 Abs. 2 **658** Nr. 4 HGB, die auch nicht veröffentlicht, sondern nur zum Handelsregister eingereicht werden muss (§ 325 Abs. 3 HGB), erfasst die Empfehlung in Ziffer 7.1.4 DCGK betreffend die Veröffentlichung einer **Liste von Drittunternehmen** alle Beteiligungen des Unternehmens, die für dieses von nicht untergeordneter Bedeutung, d. h. wirtschaftlich bedeutsam, sind. Die Bestimmung, was wirtschaftlich bedeutsam ist, obliegt dem Unternehmen; feste Schwellenwerte hat der Kodex bewusst nicht vorgesehen.

Teil 7: Hauptversammlung

Muster 7.1: Einladung zur ordentlichen Hauptversammlung

I.   Mustertext [→ Rz. 675 ff]

... AG   **659**

... [*Ort*]

Wertpapierkennnummern/ISIN

... [*Stammaktien*]

... [*nicht börsennotierte Stammaktien*]

... [*Vorzugsaktien*]

Hiermit laden wir die Aktionäre unserer Gesellschaft zu der am ... [*Wochen-*   **660**
tag, Datum, Uhrzeit] in ... [*Örtlichkeit, Adresse*] stattfindenden ordentlichen
Hauptversammlung ein. [→ Rz. 680]

Tagesordnung

(1) Vorlage des festgestellten Jahresabschlusses der ... AG und des gebillig-   **661**
ten Konzernabschlusses für das Geschäftsjahr ... zum ... [*Datum*] mit dem
zusammengefassten Lagebericht der Gesellschaft und des Konzerns und des
Berichts des Aufsichtsrats.
[→ Rz. 681]

(2) Beschlussfassung über die Verwendung des Bilanzgewinns für das Ge-   **662**
schäftsjahr ... . [→ Rz. 682 f]

Ausgehend von einem Jahresüberschuss von ... Euro und nach der Einstellung
in andere Gewinnrücklagen von ... Euro ergibt sich ein Bilanzgewinn von ...
Euro. Vorstand und Aufsichtsrat schlagen vor, den Bilanzgewinn wie folgt zu
verwenden:

Je ... Euro Dividende für ... [*Anzahl*] nennbetragslose Stammaktien	... Euro
Je ... Euro Dividende für ... [*Anzahl*] nennbetragslose Vorzugsaktien	... Euro
Einstellung in die Gewinnrücklagen	... Euro
Vortrag auf neue Rechnung	... Euro
Bilanzgewinn	... Euro

663 **(3) Beschlussfassung über die Entlastung der Mitglieder des Vorstands für das Geschäftsjahr ... . [→ Rz. 686]**

Vorstand und Aufsichtsrat schlagen vor, den Mitgliedern des Vorstands für das Geschäftsjahr ... Entlastung zu erteilen.

664 **(4) Beschlussfassung über die Entlastung der Mitglieder des Aufsichtsrats für das Geschäftsjahr ... . [→ Rz. 686]**

Vorstand und Aufsichtsrat schlagen vor, den Mitgliedern des Aufsichtsrats für das Geschäftsjahr ... Entlastung zu erteilen.

665 **(5) Wahl des Abschlussprüfers für das Geschäftsjahr ... [*neues Geschäftsjahr*]. [→ Rz. 687]**

Der Aufsichtsrat schlägt vor, die ... Wirtschaftsprüfungsgesellschaft, ... [*Ort*], zum Abschlussprüfer für das Geschäftsjahr ... [*neues Geschäftsjahr*] zu wählen.

Teilnahmebedingungen [→ Rz. 688]

666 Zur Teilnahme an der Hauptversammlung und zur Ausübung des Stimmrechts sind diejenigen Aktionäre [*fakultativ bei Vorzugsaktien: und nur zur Teilnahme sind diejenigen Vorzugsaktionäre*] berechtigt, die sich zur Hauptversammlung angemeldet und der Gesellschaft ihren Anteilsbesitz nachgewiesen haben. Der Nachweis des Anteilsbesitzes muss durch eine von dem depotführenden Institut in Textform erstellte und in deutscher oder englischer Sprache abgefasste Bescheinigung, bezogen auf den Beginn des ... [*Datum des 21. Tages vor der Hauptversammlung*], erfolgen. Die Anmeldung und der Nachweis des Anteilsbesitzes müssen der Gesellschaft unter der nachfolgend genannten Adresse spätestens am ... [*Datum des siebten Tages*] *vor der Hauptversammlung* zugehen: [→ Rz. 688, 691]

... AG

c/o ... Bank

... [*Anschrift der Bank*]

Telefax: ...

E-Mail: ... [→ Rz. 689]

Nach Eingang des Nachweises des Anteilsbesitzes bei der Gesellschaft werden den Aktionären Eintrittskarten für die Hauptversammlung übersandt. Um den rechtzeitigen Erhalt der Eintrittskarten sicherzustellen, bitten wir die Aktionäre, frühzeitig für die Übersendung des Nachweises Sorge zu tragen. [→ Rz. 688 ff]

Alternativ (bei Namensaktien): [→ Rz. 692]

667 *Zur Teilnahme an der Hauptversammlung und zur Ausübung des Stimmrechts sind diejenigen Aktionäre berechtigt, die im Aktienregister eingetragen sind und sich spätestens am siebten Tag vor der Hauptversammlung angemeldet haben. Die*

Anmeldung zur Teilnahme an der Hauptversammlung muss der Gesellschaft unter der nachfolgend genannten Adresse spätestens am siebten Tag vor der Hauptversammlung zugehen.

… AG

… *[Straße]*

… *[Ort]*

Telefax: …

E-Mail: …

Stimmrechtsvertretung [→ Rz. 693]

Aktionäre, die nicht persönlich an der Hauptversammlung teilnehmen möchten, können ihr Stimmrecht in der Hauptversammlung auch durch einen Bevollmächtigten, z. B. durch ein Kreditinstitut, eine Vereinigung von Aktionären oder eine andere Person ihrer Wahl ausüben lassen. [→ Rz. 693]

668

Fakultativ (bei Stimmrechtsvertretern): [→ Rz. 693]

Als besonderen Service bieten wir unseren Aktionären an, von der Gesellschaft benannte, weisungsgebundene Stimmrechtsvertreter bereits vor der Hauptversammlung mit der Stimmrechtsausübung zu bevollmächtigen. Aktionäre, die den von der Gesellschaft benannten Stimmrechtsvertretern eine Vollmacht erteilen wollen, benötigen hierzu eine Eintrittskarte zur Hauptversammlung. Die Vollmachten sind schriftlich zu erteilen. Soweit die von der Gesellschaft benannten Stimmrechtsvertreter bevollmächtigt werden, müssen diesen in jedem Fall schriftliche Weisungen für die Ausübung des Stimmrechts erteilt werden. Ohne diese Weisungen ist die Vollmacht ungültig. Entsprechende Vordrucke erhalten Sie zusammen mit der Eintrittskarte.

669

Alternativ (bei Namensaktien und satzungsmäßigem Anmeldeerfordernis): [→ Rz. 693]

Entsprechende Vordrucke sind in den Unterlagen enthalten, die den Aktionären übersandt werden. Wir bitten darum, die ausgefüllten Vollmachts- und Weisungsvordrucke bis zum … an die … AG, … [Adresse], zurückzusenden.

670

Unterlagen [→ Rz. 694]

Vom Tage der Einberufung der Hauptversammlung an können die Aktionäre den Jahresabschluss, den Konzernabschluss, den zusammengefassten Lagebericht der Gesellschaft und des Konzerns für das Geschäftsjahr … sowie den Bericht des Aufsichtsrats in den Geschäftsräumen der Gesellschaft in … *[PLZ, Ort, Straße]* einsehen. Auf Verlangen wird jedem Aktionär unverzüglich und kostenlos eine Abschrift dieser Unterlagen erteilt. Die Unterlagen werden auch in der Hauptversammlung zur Einsichtnahme ausgelegt und vom Tage

671

der Einberufung der Hauptversammlung an im Internet unter der Adresse http://www. ... veröffentlicht.

Fakultativ (bei entsprechender Satzungsregelung zur Übertragung der Hauptversammlung):

Übertragung der Hauptversammlung [→ Rz. 694]

672 *Alle Aktionäre unserer Gesellschaft [fakultativ : sowie die interessierte Öffentlichkeit] können auf Anordnung des Vorstands die Hauptversammlung am ... ab ... Uhr in voller Länge [alternativ: die Eröffnung der Hauptversammlung sowie die Rede des Vorstandsvorsitzenden] auf der Webseite der Gesellschaft (www. ...) im Internet verfolgen. Die Eröffnung der Hauptversammlung durch den Versammlungsleiter sowie die Rede des Vorstandsvorsitzenden stehen auch nach der Hauptversammlung als Aufzeichnung zur Verfügung.*

Gegenanträge und Wahlvorschläge [→ Rz. 695]

673 Gegenanträge und Wahlvorschläge von Aktionären zu einem bestimmten Tagesordnungspunkt sind ausschließlich zu richten an:

... AG

– Gegenanträge –

... *[Straße]*

... *[Ort]*

Telefax: ...

E-Mail: ...

Gegenanträge und Wahlvorschläge von Aktionären, die unter vorstehender Adresse bis spätestens zwei Wochen vor dem Tag der Hauptversammlung eingegangen sind, werden unter den Voraussetzungen der §§ 126, 127 AktG unverzüglich im Internet unter der Adresse http://www. ... zugänglich gemacht. Anderweitig adressierte Gegenanträge und Wahlvorschläge werden nicht berücksichtigt.

... *[Ort]*, den ... *[Datum]*

...

[Unterschrift des Vorstands]

Fakultativ (für den Sonderfall des § 128 Abs. 2 Satz 8 AktG): [→ Rz. 696]

Angaben nach § 128 Abs. 2 AktG

674 *Vorstände oder Mitarbeiter von Kreditinstituten im Aufsichtsrat der Gesellschaft*

...

Vorstände oder Mitarbeiter der Gesellschaft im Aufsichtsrat von Kreditinstituten

...

186

Kreditinstitute, die einem Konsortium angehörten, das die innerhalb eines Zeitraums von fünf Jahren letzte Emission von Wertpapieren der Gesellschaft übernommen hat:

...

II. Erläuterungen [→ Rz. 659 ff]

Bei dem hier vorgeschlagenen Text handelt es sich um die Einladung nebst Tagesordnung zu der ordentlichen Hauptversammlung einer Aktiengesellschaft. Mit der Form der Einberufung befasst sich § 121 AktG. § 124 Abs. 1 AktG bestimmt, dass zugleich mit der Einberufung auch die Tagesordnung bekannt zu machen ist.

675

1. Form und Frist der Einberufung [→ Rz. 660]

Für die Form der Einberufung gilt, dass sie gemäß § 121 Abs. 3 AktG in Verbindung mit der Satzung aufgrund der Neuregelung in § 25 Satz 1 AktG durch das Transparenz- und Publizitätsgesetz regelmäßig im **elektronischen Bundesanzeiger** als dem Pflichtgesellschaftsblatt bekannt zu machen ist, sowie daneben gegebenenfalls in weiteren Gesellschaftsblättern, sofern die Satzung solche bestimmt.

676

Wenn die Aktionäre der Gesellschaft namentlich bekannt sind, kann die Hauptversammlung gemäß § 121 Abs. 4 AktG stattdessen mit **eingeschriebenem Brief** einberufen werden, wenn die Satzung nichts anderes bestimmt. Die Satzung kann also die Einberufung weiter erleichtern. Sichere Kenntnis über die Aktionäre und deren Anschriften hat die Gesellschaft nur dann, wenn Namensaktien ausgegeben sind, weil sich die Gesellschaft in diesem Fall gemäß § 67 Abs. 2 AktG auf das von ihr geführte Aktienregister verlassen darf. Dies gilt auch, wenn Namensaktien mit Blanko-Indossament ausgegeben und damit börsenumlauffähig ausgestaltet sind. Hier kann sich die Gesellschaft bis zu einer Änderung des Aktienregisters stets auf den dort angegebenen Stand verlassen. Bei Inhaberaktien kommt es auf die Umstände des Einzelfalles an, um zu beurteilen, ob die Einladung mittels eingeschriebenen Briefs zweckmäßig ist. Bei zweifelhaften Verhältnissen empfiehlt es sich, hiervon nicht Gebrauch zu machen. Bei Einladung durch eingeschriebenen Brief ist eine Unterschrift gesetzlich nicht erforderlich. Sie ist gleichwohl empfehlenswert. Für die Einberufung bedarf es eines Vorstandsbeschlusses, der abweichend von § 77 Abs. 1 AktG mit einfacher Mehrheit gefasst werden kann (§ 121 Abs. 2 AktG).

677

Die Hauptversammlung muss gemäß § 175 Abs. 1 Satz 2 AktG **innerhalb der ersten acht Monate des kommenden Geschäftsjahres**, also soweit das Geschäftsjahr dem Kalenderjahr entspricht, bis Ende August des Folgejahres, stattfinden. Allerdings ist die Einhaltung dieser Frist nicht sanktioniert. Es

678

kann allenfalls zur Einleitung eines Zwangsgeldverfahrens nach § 407 Abs. 1 AktG kommen. Ferner kann es bei verspäteter Dividendenausschüttung theoretisch zu Schadensersatzansprüchen gegen die Vorstandsmitglieder kommen.

679 Die **Einberufungsfrist** beträgt nach dem durch das UMAG neu gefassten § 123 Abs. 1 AktG nunmehr nicht mehr einen Monat, sondern 30 Tage (Näheres zur Fristberechnung in den Erläuterungen des Satzungsmusters 1.1, Rz. 126 ff).

2. Inhalt der Einberufung [→ Rz. 661 ff]

680 Für den Inhalt der Einberufung (nicht der Tagesordnung) ist § 121 Abs. 3 Satz 2 AktG maßgeblich. Danach muss die Einberufung mindestens **die Firma**, den **Sitz** der Gesellschaft, **Zeit** und **Ort** der Hauptversammlung sowie die **Bedingungen** angeben, von denen die **Teilnahme** an der Hauptversammlung und die Ausübung des Stimmrechts abhängen. Die Einhaltung dieser Anforderungen ist gemäß § 241 Nr. 1 AktG mit der Nichtigkeit gleichwohl gefasster Beschlüsse sanktioniert. Informationshalber werden außerdem für alle ausgegebenen Aktien die Wertpapierkennnummern sowie daneben die seit dem 22. April 2003 eingeführten International Securities Identification Numbers (ISIN) angegeben. Fakultativ ist weiterhin eine Wegbeschreibung zum Versammlungsort.

3. Tagesordnung [→ Rz. 661 f]

681 Die im Einzelnen vorgeschlagenen Punkte der Tagesordnung sind diejenigen einer ordentlichen Hauptversammlung nach § 175 AktG. Zu beachten ist, dass der Konzernabschluss und –lagebericht durch das Transparenz- und Publizitätsgesetz aufgewertet wurden und nunmehr durch den Aufsichtsrat zu billigen sind, so dass der Hauptversammlung neben dem festgestellten Jahresabschluss nun auch der gebilligte Konzernabschluss vorzulegen ist. [→ Rz. 661]

682 Der Beschluss über die **Verwendung des Bilanzgewinnes** gemäß TOP 2 des Musters setzt zunächst voraus, dass der vorgelegte Jahresabschluss einen verteilungsfähigen Bilanzgewinn aufweist. Hierbei geht das Muster davon aus, dass die Feststellung des Jahresabschlusses durch den Aufsichtsrat erfolgt ist (§ 172 AktG). Haben Vorstand und Aufsichtsrat beschlossen, die Feststellung des Jahresabschlusses der Hauptversammlung zu überlassen oder hat der Aufsichtsrat den Jahresabschluss nicht gebilligt, fällt die Feststellungskompetenz an die Hauptversammlung (§ 173 Abs. 1 AktG). Für diesen Fall enthalten § 173 Abs. 2 und 3 und § 175 Abs. 3 AktG Sondervorschriften. Liegt kein Bilanzgewinn vor, muss die Hauptversammlung nicht beschließen. Der Verlust wird gemäß § 266 Abs. 3 A IV, § 268 Abs. 1 HGB „automatisch" vorgetragen.

Einzelheiten über die Verwendung des Jahresüberschusses sind in § 58 AktG **683**
geregelt. Bei Feststellung des Jahresabschlusses durch Vorstand und Aufsichtsrat bestimmt § 58 Abs. 2 AktG, dass die Hauptversammlung an die
durch diese Organe vorgenommenen Einstellungen in die Gewinnrücklagen
gebunden ist. Allerdings kann der Hauptversammlung vorgeschlagen werden,
über die verbleibenden, als Bilanzgewinn ausgewiesenen Beträge nicht durch
Verteilung an die Aktionäre, sondern durch weitere Einstellung in die Gewinnrücklagen oder als Gewinnvortrag zu entscheiden (§ 58 Abs. 3 AktG). Die
Grenze des § 254 AktG bleibt zu beachten. Im Muster ist nebst einer Verteilung an Stamm- und Vorzugsaktien zur vollständigen Verwendung des ausgewiesenen Bilanzgewinnes vorgeschlagen, eine verbleibende Spitze auf neue
Rechnung vorzutragen. Die Verteilung der ausgeschütteten oder der auszu-
schüttenden Dividende auf Stamm- und Vorzugsaktien richtet sich nach den
entsprechenden Satzungsregelungen über den Dividendenvorzug. Der Divi-
dendenbetrag wird üblicherweise pro Aktie angegeben. Der Anspruch des Aktionärs auf Gewinnbeteiligung ist regelmäßig auf eine Geldleistung gerichtet.
Durch das Transparenz- und Publizitätsgesetz wurde aber die Möglichkeit eröffnet, in der Satzung die Zulässigkeit von Sachdividenden vorzusehen (siehe
hierzu auch die Erläuterungen in Muster 1.1, Rz. 149).

Es ist möglich, aber gesetzlich nicht vorgeschrieben, in der Hauptversamm- **684**
lungseinladung Angaben über die **steuerliche Behandlung** der ausgeschütteten
Dividenden zu machen. [→ Rz. 662]

Mit den **Entlastungsbeschlüssen** (TOP 3 und 4 des Musters) befasst sich **685**
§ 120 AktG. Für die Entlastungsbeschlüsse schreibt § 120 Abs. 3 AktG die
Verbindung mit der Verhandlung über den Bilanzgewinn und die gleichzeitige
Vorlage der Unterlagen nach § 175 Abs. 2 AktG vor. Anders als im GmbH-
Recht bestimmt § 120 Abs. 2 Satz 2 AktG ausdrücklich, dass ein Entlastungsbeschluss keinen Verzicht auf Ersatzansprüche bedeutet. Gleichwohl wird
dem Entlastungsbeschluss von den Betroffenen eine relativ hohe Bedeutung
beigemessen. Außer der Möglichkeit, die Entlastung zu verweigern, kann die
Verwaltung auch vorschlagen, die Entlastung auf eine kommende Hauptversammlung zu vertagen, wenn dies aufgrund der Umstände des Falles geboten
ist. In diesem Falle ist bei dem nachgeholten Entlastungsbeschluss an eine erneute Vorlage der zugrunde liegenden Abschlüsse zu denken (§ 120 Abs. 3
Satz 2 AktG). Die Verweigerung der Entlastung bedeutet nicht notwendigerweise zugleich den Vertrauensentzug gemäß § 84 Abs. 3 Satz 2 3. Fall AktG.
Wenn dies gewollt ist, ist eine klare Beschlussformulierung erforderlich.

Über die Entlastung der Vorstandsmitglieder einerseits und der Aufsichts- **686**
ratsmitglieder andererseits ist getrennt abzustimmen, und zwar üblicherweise
für jedes Gremium insgesamt (en bloc). § 120 Abs. 1 Satz 2 AktG bestimmt,
in welchen Fällen über die Entlastung der Mitglieder von Vorstand und Aufsichtsrat ausnahmsweise nicht en bloc, sondern im Wege der Einzelabstim-

mung zu entscheiden ist. Vorstand und Aufsichtsrat können jedoch auch selbst Einzelentlastungen vorschlagen. Darüber hinaus wird teilweise vertreten, dass auch der Versammlungsleiter die Einzelentlastung von sich aus anordnen darf.[225] [→ Rz. 663]

687 Die **Wahl des Abschlussprüfers** (TOP 5) muss nicht zwingend auf der ordentlichen Hauptversammlung gemäß § 175 AktG erfolgen; es ist jedoch zweckmäßig, dieses miteinander zu verbinden. Der Abschlussprüfer wird Jahr für Jahr erneut gewählt (§ 318 Abs. 1 HGB). Gemäß § 318 Abs. 1 Satz 3 HGB soll der Abschlussprüfer jeweils vor Ablauf des zu prüfenden Geschäftsjahrs gewählt werden. Andernfalls ist eine gerichtliche Ersatzbestellung nach § 318 Abs. 4 HGB zu betreiben. Der Beschlussvorschlag für die Wahl des Abschlussprüfers ist nur durch den Aufsichtsrat, nicht auch durch den Vorstand zu unterbreiten.[226] Die Wahl des Abschlussprüfers ist üblicherweise der letzte Tagesordnungspunkt einer Hauptversammlung, so dass weitere optionale Tagesordnungspunkte (siehe etwa Sonderbeschlüsse in Teil 8, Rz. 925 ff) gegebenenfalls davor einzufügen wären. Den Prüfungsauftrag erteilt der Aufsichtsrat, der insoweit die Gesellschaft vertritt (§ 111 Abs. 2 Satz 3 AktG). [→ Rz. 665]

4. Teilnahmebedingungen [→ Rz. 666 ff]

688 Die anzugebenden **Teilnahmebedingungen** ergeben sich aus § 123 Abs. 2–4 AktG in Verbindung mit den jeweiligen Satzungsbestimmungen. Im Muster sind die entsprechenden Angaben, wie üblich, am Schluss enthalten. Durch das UMAG haben sich insbesondere für Inhaberaktien grundlegende Änderungen ergeben, da hier das Hinterlegungserfordernis als Grundform der Hauptversammlungslegitimation beseitigt wurde. An seine Stelle ist der Nachweis durch eine Bescheinigung des depotführenden Instituts, bezogen auf ein so genanntes *record date* zu Beginn des 21. Tages vor der Versammlung, getreten (siehe im Einzelnen Rz. 132).

689 Der Gesetzgeber ging offenbar davon aus, dass der stichtagsbezogene Nachweis direkt an die Aktionäre versandt würde, die dann den Nachweis bei der Gesellschaft einreichen; er machte aber zur Ausgestaltung des neuen An-

---

225) Dafür: Obermüller/Werner/Winden-*Butzke*, Rz. I 29, S. 339 f; nur auf Antrag eines HV-Teilnehmers: *Zöllner*, in: Kölner Komm. z. AktG, § 120 Rz. 18; *Hüffer*, AktG, § 120 Rz. 10; MünchKomm-*Kubis*, AktG, § 120 Rz. 1; dagegen: *Martens*, S. 81; zum Ganzen siehe auch Semler/Volhard-*Volhard*, § 18 Rz. 16.

226) BGH, Urt. v. 25.11.2002 – II ZR 49/01 – Hypo-Vereinsbank, ZIP 2003, 290 = BB 2003, 462, dazu EWiR 2003, 199 (*Bayer/Fischer*): es ist auch nicht ausreichend, dass bei einem Beschlussvorschlag von Aufsichtsrat und Vorstand der Vorstand vor Beginn der Abstimmung erklärt, der Wahlvorschlag werde nur vom Aufsichtsrat, nicht aber vom Vorstand unterbreitet, und dass der Versammlungsleiter anschließend nur über den Vorschlag des Aufsichtsrates abstimmen lässt.

melde- und Legitimationsprozesses keine Vorgaben, sondern erwartet, dass sich die Wirtschaft hier auf Standards einigt.[227)]

Praxistipp:

Gerade bei großen Publikumsgesellschaften mit vielen Aktionären ist eine Bearbeitung der Nachweise durch die Gesellschaft kaum zu bewältigen. Üblicherweise wird daher für die Entgegennahme der Berechtigungsnachweise, wie in dem Muster vorgesehen, eine Bank angegeben, die über die erforderliche EDV zur Bearbeitung und zum Abgleich der Nachweise verfügt und der Gesellschaft dann eine entsprechend aufbereitete Liste zur Verfügung stellt. Es empfiehlt sich in jedem Fall, das Anmelde- und Legitimationsverfahren im Einzelnen mit der Bank abzustimmen.

Zu beachten ist, dass nach der **Übergangsvorschrift in § 16 EGAktG** für Gesellschaften, die ihre Satzung noch nicht an das UMAG angepasst haben, neben die zwingende gesetzliche Mindestvoraussetzung einer stichtagsbezogenen Depotbescheinigung als Legitimationsnachweis die bisherige Satzungsregel für die Teilnahme an der Hauptversammlung oder die Ausübung des Stimmrechts tritt. Die bisherige Satzungsregel gilt weiter, jedoch mit der Maßgabe dass für den Zeitpunkt der Hinterlegung oder der Ausstellung eines sonstigen Legitimationsnachweises auf den Beginn des 21. Tages vor der Versammlung abzustellen ist. Faktisch müssen die Aktien also bereits am 22. Tag vor der Hauptversammlung hinterlegt werden. Dies führt zu einer Verlängerung der Hinterlegungsfrist um zwei Wochen und zu einer Vorverlagerung des Einberufungstermins um zwei Wochen mit entsprechenden Folgen für den Terminplan im Vorfeld der Hauptversammlung (insbesondere Aufsichtsratssitzung, Erstellung des Jahresabschlusses etc.). Ob nach Einführung des *record date* bei der Hinterlegung weiterhin eine Bestandsüberwachung, also eine Anpassung bei Verfügungen der Aktionäre (*reconciliation*) stattfindet, ist mit der Bank zu klären; unter Umständen ist hier ein besonderer Auftrag der Gesellschaft erforderlich. Hinsichtlich der Bescheinigung über die Hinterlegung sollte, auch bei anders lautender Satzungsregelung, wie bei der stichtagsbezogenen Bankbescheinigung eine Vorlage spätestens am 7. Tag vor der Hauptversammlung verlangt werden, da insoweit die neuen Regelungen in § 123 Abs. 2 und 3 die Satzungsregeln überlagern.

690

Für den in der Fakultative berücksichtigten Fall einer Gesellschaft, die Stammaktien und **Vorzugsaktien** ausgegeben hat, ist gesondert darauf hinzuweisen, dass die Vorzugsaktionäre zwar Teilnahme- und Rederecht, jedoch (vorbehaltlich eines Wiederauflebens des Stimmrechts nach § 140 Abs. 2 AktG) kein Stimmrecht haben. [→ Rz. 666]

691

---

227) Begründung RegE UMAG, BT-Drucks. 15/5092, S. 28, und Rechtsausschuss zum RegE UMAG, BT-Drucks. 15/5693, S. 30.

692 Wenn die Gesellschaft nur **Namensaktien** ausgegeben hat, sieht die Satzung in der Regel einen bestimmten Stichtag vor der Hauptversammlung vor, der für die Teilnahme an der Hauptversammlung und die Rechtsausübung maßgeblich ist (Muster 1.1, Rz. 66). In der Zeit zwischen diesem Stichtag und der Hauptversammlung erfolgen keine Umschreibungen des Aktienregisters. Außerdem ist mit Blick auf § 125 Abs. 1 Satz 2 AktG der für die späteren Mitteilungen vorgeschriebene Hinweis auf die Vertretungsmöglichkeiten enthalten. Dies ermöglicht der Gesellschaft, bei dem Versand nach § 125 Abs. 1 AktG hiervon gesondert die Einladung unverändert zu verwenden. Das Muster ist in diesem Fall entsprechend anzupassen. [→ Rz. 667]

5. Stimmrechtsvertretung [→ Rz. 668 ff]

693 Gemäß § 134 Abs. 3 Satz 2 AktG gilt für die **Vollmacht** die **schriftliche Form**, wenn die Satzung keine Erleichterung bestimmt, soweit nicht ein Kreditinstitut, eine Aktionärsvereinigung oder eine andere der in § 135 AktG genannten Personen bevollmächtigt wird. Die Benennung eines von der Gesellschaft benannten, weisungsgebundenen Stimmrechtsvertreters (*„proxy voting"*) ist nicht zwingend. Jedoch ist in Ziffer 2.3.3 Satz 3 DCGK eine entsprechende Empfehlung enthalten, so dass eine Abweichung der börsennotierten Aktiengesellschaft hiervon in der Entsprechenserklärung gemäß § 161 AktG offen zu legen ist. Die ausdrückliche Weisungserteilung für den von der Gesellschaft benannten Stimmrechtsvertreter ergibt sich aus einer entsprechenden einschränkenden Auslegung von § 134 Abs. 3 Satz 3 AktG. Die Stimmrechtsvertreter werden vom Vorstand benannt. Häufig handelt es sich um Mitarbeiter des Hauptversammlungsdienstleisters oder einer Bank. Als Stimmrechtsvertreter kommen aber auch Angestellte der Gesellschaft in Betracht, da diese insoweit ausschließlich den ausdrücklichen Weisungen der Aktionäre unterliegen. Ein **Kreditinstitut** darf das Stimmrecht für Aktien, die ihm nicht gehören und als deren Inhaber es nicht im Aktienregister eingetragen ist, nur ausüben, wenn es bevollmächtigt ist (§ 135 Abs. 1 AktG). Das Kreditinstitut hat den Aktionär jährlich und deutlich hervorgehoben auf die jederzeitige Möglichkeit des Widerrufs und auf andere Vertretungsmöglichkeiten hinzuweisen. Die Vollmachtserklärung ist vom Kreditinstitut nachprüfbar festzuhalten. Bei Namensaktien und satzungsmäßigem Anmeldeerfordernis ist gegebenenfalls darauf hinzuweisen, dass ein im Aktienregister eingetragenes Kreditinstitut das Stimmrecht für Aktien, die ihm nicht gehören, nur aufgrund einer Ermächtigung ausüben kann.

6. Unterlagen und Übertragung der Hauptversammlung [→ Rz. 671 f]

694 Die **Auslegung von Unterlagen** für die ordentliche Hauptversammlung ist in § 175 Abs. 2 AktG geregelt. Die Veröffentlichung dieser Unterlagen (ein-

schließlich der Tagesordnung) auf der Internetseite der Gesellschaft wird in Ziffer 2.3.1 Satz 2 DCGK empfohlen, so dass eine Abweichung von börsennotierten Gesellschaften im Rahmen der Entsprechenserklärung gemäß § 161 AktG offen zu legen ist. Bei besonderen Beschlussfassungen über bestimmte Strukturmaßnahmen sind jeweils zusätzliche Auslegungspflichten zu beachten. Eine Satzungsregel zur Übertragung der Hauptversammlung findet sich in Muster 1.1, Rz. 72, mit weiteren Erläuterungen unter Rz. 140 f [→ Rz. 672]

7. Gegenanträge und Wahlvorschläge [→ Rz. 673]

Nach der Neuregelung im Rahmen von § 126 AktG durch das Transparenz-   **695**
und Publizitätsgesetz müssen **Gegenanträge** nicht mehr nach § 125 Abs. 1 AktG den Aktionären mitgeteilt, sondern diesen nur noch „zugänglich gemacht" werden. Dies geschieht üblicherweise durch das kostengünstige Einstellen auf der Internetseite der Gesellschaft. Dort wäre auch eine Begründung oder eine etwaige Stellungnahme der Gesellschaft zu veröffentlichen. Publizitätspflichtige Gegenanträge können nach der Neuregelung jetzt aber bis zwei Wochen vor der Hauptversammlung eingereicht werden.

8. Angaben nach § 128 Abs. 2 Satz 8 AktG [→ Rz. 674]

Gemäß § 128 Abs. 2 Satz 8 AktG ist die Gesellschaft in den Fällen verpflich-   **696**
tet, auf personelle Verflechtungen, Beteiligungsbesitz und Emissionstätigkeit hinzuweisen, in denen das Kreditinstitut seine Abstimmungsvorschläge nur zugänglich zu machen, also nicht mitzuteilen braucht, weil es Namensaktien verwahrt, ohne im Aktienregister eingetragen zu sein.

Muster 7.2: Geschäftsordnung für die Hauptversammlung

I. Mustertext [→ Rz. 719 ff]

§ 1

Allgemeines

697 Für die Einberufung und Durchführung der Hauptversammlung gelten die Vorschriften des Aktiengesetzes, der Satzung der Gesellschaft und die Geschäftsordnung. [→ Rz. 725 f]

§ 2

Ort der Hauptversammlung

698 (1) Die Hauptversammlung findet am   der Gesellschaft, einer Gemeinde im Umkreis von 50 km oder einem deutschen Börsenplatz statt. Sie soll in der Regel am Sitz der Gesellschaft stattfinden. [→ Rz. 727]

699 (2) Eine Verlegung der Hauptversammlung von den in der Einberufung der Hauptversammlung genannten Räumen nach Beginn der Hauptversammlung ist zulässig, wenn dies aus zwingenden Gründen erforderlich ist, die Hauptversammlungsteilnehmer hierüber zuverlässig unterrichtet werden und die neuen Räume von den Hauptversammlungsteilnehmern innerhalb kurzer Zeit zu erreichen sind. [→ Rz. 728]

§ 3

Leitung der Hauptversammlung

700 (1) Den Vorsitz in der Hauptversammlung führt der Vorsitzende des Aufsichtsrats oder im Falle seiner Verhinderung ein von ihm bestellter Vertreter aus dem Kreise der Aufsichtsratsmitglieder. Wenn sowohl der Vorsitzende des Aufsichtsrats als auch der von ihm bestellte Stellvertreter verhindert sind, wird der Versammlungsleiter unter Leitung eines Aufsichtsratsmitgliedes durch die Hauptversammlung gewählt. [→ Rz. 729]

701 (2) Dem Versammlungsleiter obliegt die Leitung der Hauptversammlung. Er hat die Aufgabe, die Hauptversammlung unter Behandlung aller Tagesordnungspunkte sachgerecht und zügig zu erledigen. Er ist hierbei an die Vorgaben des Gesetzes und der Satzung gebunden. [→ Rz. 729]

702 (3) Der Versammlungsleiter eröffnet und schließt die Hauptversammlung. Er kann nach seinem pflichtgemäßen Ermessen die Unterbrechung der Hauptversammlung anordnen. Die Entscheidung über eine Vertagung der Hauptversammlung obliegt der Hauptversammlung. [→ Rz. 729]

§ 4
Übertragung/Aufzeichnung der Hauptversammlung

(1) Die Hauptversammlung kann vollständig oder teilweise in Ton und Bild übertragen werden, wenn der Versammlungsleiter dies im Einzelfall beschließt. Die Übertragung kann auch in einer Form erfolgen, zu der die Öffentlichkeit uneingeschränkten Zugang hat. Die Form der Übertragung ist mit der Einberufung bekannt zu geben. [→ Rz. 730]

703

Alternativ (wenn keine Möglichkeit zur Übertragung in der Satzung oder der Geschäftsordnung geschaffen wurde):

704

Den einzelnen Teilnehmern ist die Erstellung eigener Notizen und stenographischer Aufzeichnungen gestattet, jedoch ist die Benutzung von Tonband- oder Videogeräten gleich welcher Art zum Zwecke der Aufzeichnung in der Hauptversammlung untersagt. Sollte ein Teilnehmer bei einer vom Versammlungsleiter angeordneten Aufzeichnung verlangen, dass seine Beiträge nicht aufgezeichnet werden, ist dies zu berücksichtigen. [→ Rz. 729]

(2) Soweit von der Gesellschaft eine stenographische Aufzeichnung der Hauptversammlung erstellt wird, wird der Versammlungsleiter die Versammlung hierüber unterrichten. Jeder Teilnehmer ist berechtigt, die von ihm gestellten Fragen und sonstigen Beiträge sowie hierauf bezogene Antworten der Verwaltung auf besondere schriftliche Anforderung hin und gegen einen pauschalen Kostenbeitrag von 50 Euro zu erhalten. [→ Rz. 729]

705

§ 5
Ordnungsmaßnahmen

(1) Dem Versammlungsleiter obliegt zur Abwehr von Störungen die Ordnungsbefugnis in der Hauptversammlung. Ihm steht das Hausrecht zu. [→ Rz. 731]

706

(2) Im Rahmen seiner Ordnungsbefugnis obliegt es dem Versammlungsleiter unter Berücksichtigung des Grundsatzes der Verhältnismäßigkeit und der Gleichbehandlung der Aktionäre, die zur ordnungsgemäßen Durchführung der Hauptversammlung im Einzelfall geeigneten Ordnungsmaßnahmen zu ergreifen. [→ Rz. 731]

707

(3) Als generelle Maßnahmen kommen insoweit unter anderem in Betracht die Beschränkung der Redezeit, der Schluss der Rednerliste sowie der Schluss der Debatte. Der Versammlungsleiter kann das Frage- und Rederecht des Aktionärs zeitlich angemessen beschränken; er kann insbesondere einen zeitlichen Rahmen für den ganzen Hauptversammlungsverlauf, für einzelne Tagesordnungspunkte oder für den einzelnen Redner festsetzen. [→ Rz. 732]

708

709   (4) Im Rahmen von Ordnungsmaßnahmen gegen einzelne Hauptversammlungsteilnehmer stehen dem Versammlungsleiter unter anderem die Abmahnung und die Erteilung von Anordnungen, insbesondere die Beschränkung der Redezeit im Einzelfall, der Wortentzug sowie schließlich der Saalverweis zur Verfügung. [→ Rz. 732]

§ 6
Abhandlung der Tagesordnung

710   (1) Der Versammlungsleiter ist an die bekannt gemachte Tagesordnung gebunden. Eine Absetzung von Tagesordnungspunkten oder deren Vertagung bedürfen eines Beschlusses der Hauptversammlung. Der Versammlungsleiter kann jedoch die Reihenfolge der zu behandelnden Tagesordnungspunkte ändern. [→ Rz. 733]

711   (2) Über die Behandlung von Anträgen sowie die Reihenfolge ihrer Abstimmung bestimmt der Versammlungsleiter, soweit es nicht um Geschäftsordnungsanträge geht, die auf eine in die Zuständigkeit der Hauptversammlung fallende Beschlussfassung gerichtet sind. [→ Rz. 734]

712   (3) Der Versammlungsleiter erteilt in der Hauptversammlung das Wort und bestimmt die Reihenfolge der Wortmeldungen. Er ist befugt, eine Generaldebatte anzuordnen. [→ Rz. 734]

713   (4) Der Versammlungsleiter legt die Art und Reihenfolge der Abstimmung fest. Eine Verlesung von in der Hauptversammlungseinladung bekannt gemachten Beschlussanträgen und damit im Zusammenhang stehender Urkunden ist nicht erforderlich. Der Hauptversammlungsleiter ist frei, einzelne Abstimmungsvorgänge zusammenzufassen. Es obliegt ausschließlich seiner Entscheidung, welches Abstimmungsverfahren angewendet wird und welche technischen Hilfsmittel hierbei herangezogen werden. Der Versammlungsleiter hat die Art und das Ergebnis der Abstimmung sowie die Feststellung über die Beschlussfassung zu verkünden. [→ Rz. 734]

§ 7
Teilnahme an der Hauptversammlung

714   (1) Das Recht der Aktionäre zur Teilnahme an der Hauptversammlung und zur Ausübung des Stimmrechtes richtet sich ausschließlich nach dem Aktiengesetz und der Satzung. Über Streitigkeiten in diesem Zusammenhang entscheidet ausschließlich der Versammlungsleiter. [→ Rz. 735]

715   (2) Zur Teilnahme an der Hauptversammlung jederzeit berechtigt sind die Mitglieder des Vorstands und des Aufsichtsrats, der Abschlussprüfer der Gesellschaft sowie diejenigen Personen, welche die Verwaltung der Gesellschaft

zur Abwicklung der Hauptversammlung benötigt oder in diesem Zusammenhang beauftragt hat (insbesondere der Notar und dessen Mitarbeiter, Stimmenzähler, Ordnungskräfte, eigene Mitarbeiter, von der Gesellschaft benannte externe Stimmrechtsvertreter sowie externe Berater). [→ Rz. 736]

(3) Darüber hinaus kann der Versammlungsleiter Gäste und Pressevertreter zur Teilnahme an der Hauptversammlung zulassen. [→ Rz. 736]   716

(4) Dem Versammlungsleiter obliegt die Anordnung der im Einzelfall erforderlichen Sicherheitskontrollen. [→ Rz. 736]   717

§ 8
Salvatorische Klausel

Sollten eine oder mehrere Bestimmungen dieser Geschäftsordnung ganz oder   718
teilweise unwirksam sein oder werden, so bleibt die Gültigkeit der anderen Bestimmungen hiervon unberührt. [→ Rz. 718]

II. Erläuterungen [→ Rz. 697 ff]

1. Vorbemerkung

Das KonTraG hat durch Einführung von § 129 Abs. 1 Satz 1 AktG bestimmt,   719
dass die Hauptversammlung sich mit einer Dreiviertelmehrheit des bei der Beschlussfassung vertretenen Grundkapitals eine Geschäftsordnung geben kann, die sich mit der Vorbereitung und der Durchführung der Hauptversammlung befasst. Nach der Regierungsbegründung sollte die Geschäftsordnung dazu beitragen, die Hauptversammlung als „Forum für eine inhaltliche Auseinandersetzung über die Geschäftspolitik, die Arbeit der Verwaltung und die in der Verantwortung der Hauptversammlung liegenden unternehmensstrukturellen Maßnahmen" zu verfestigen. Die Geschäftsordnung sollte „zur Konzentration auf eine inhaltliche Sachdebatte und im Ergebnis auf eine Verbesserung der Kontrolle durch die Eigentümer in der Hauptversammlung hinwirken".[228)]

Diese Ziele konnten rechtstechnisch mit der Befugnis der Hauptversammlung   720
zum Erlass einer Geschäftsordnung nicht erreicht werden, da trotz nur sporadischer Regelung der Hauptversammlungsabwicklung im Gesetz alle entscheidenden Fragen letztlich entweder durch das Gesetz geregelt oder der Satzung der Gesellschaft vorbehalten sind. Die dem Hauptversammlungsleiter zustehenden Rechte und Pflichten betreffend die Abwicklung der Hauptversammlung stehen ihm kraft gesetzlich vorausgesetzten Amtes (§ 129 Abs. 4, § 130

---

228) Begründung RegE KonTraG, BT-Drucks. 13/9712, S. 19 f, abgedruckt in: ZIP 1997, 2059, 2064.

Abs. 3 AktG) zu und sind daher ebenfalls durch die Geschäftsordnung zu respektieren.[229]

721 Angesichts dieser Rechtslage beschränkt sich der Nutzen einer Geschäftsordnung der Hauptversammlung auf die **Zusammenfassung und Beschreibung** einer ohnehin bestehenden Rechtslage. Von zweifelhaftem Wert ist es außerdem, dass durch Festlegung von Einzelheiten dem Hauptversammlungsleiter die zur Bewältigung der Situationen vor Ort notwendige **Flexibilität genommen** wird. Ein für jede Hauptversammlung aktualisierter Leitfaden (siehe Muster 7.3, Rz. 738) bietet hier letztlich für den Versammlungsleiter eine größere Sicherheit und ermöglicht die Anpassung, insbesondere an neue Rechtsprechung und Gesetze.[230] Soweit eine Geschäftsordnung der Information der Aktionäre über den Ablauf der Hauptversammlung dienen soll, bietet sich stattdessen auch ein entsprechendes **Merkblatt für die Aktionäre** an. Insgesamt verwundert es daher nicht, dass in der Literatur überwiegend von dem Erlass einer Geschäftsordnung für die Hauptversammlung abgeraten wird und in der Praxis hiervon, soweit ersichtlich, kaum Gebrauch gemacht worden ist.[231] Durch den jüngsten Versuch des Gesetzgebers im Rahmen des UMAG, die Hauptversammlung zu straffen und zu konzentrieren, ist die Geschäftsordnung zwar erneut in das Blickfeld gerückt, sie hat aber jedenfalls bislang an praktischer Bedeutung nicht zugenommen.[232]

722 Obwohl die Geschäftsordnung der Hauptversammlung gerade keinen Satzungscharakter hat, schreibt § 129 Abs. 1 Satz 1 AktG vor, dass zu ihrem Erlass die Beschlussfassung der Hauptversammlung einer Mehrheit, die **mindestens drei Viertel des vertretenen Grundkapitals** umfasst, bedarf. Gemäß § 130 Abs. 1 Satz 1 und 3 AktG bedarf die Beschlussfassung notarieller Beurkundung. Diese Voraussetzungen gelten auch für jede Änderung der Geschäftsordnung. Für die Aufhebung reicht die einfache Mehrheit aus. Für die Ankündigung einer entsprechenden Beschlussfassung gilt § 124 Abs. 2 Satz 2 AktG entsprechend mit der Folge, dass mindestens der wesentliche Inhalt der Geschäftsordnung bekannt zu machen ist.[233]

723 Eine **Durchbrechung der Geschäftsordnung** im Einzelfall bedarf ebenfalls einer qualifizierten Mehrheit. Hierbei ist allerdings in jedem Einzelfall zu prüfen, ob die fragliche Regelung nicht auf höherrangigem Recht, nämlich Gesetz

---

229) BGH, Urt. v. 11.11.1965 – II ZR 122/63, BGHZ 44, 245; *Hüffer*, AktG, § 129 Rz. 1b, c; *Martens*, S. 20 f; *Schaaf*, ZIP 1999, 1339; a. A. *Bachmann*, AG 1999, 210 f.

230) Semler/Volhard-*Volhard*, § 43 Rz. 11.

231) *Hüffer*, AktG, § 129 Rz. 1a; *Schaaf*, ZIP 1999, 1339, 1341; *Martens*, S. 21; *Kuhnt*, in: Festschrift Lieberknecht, S. 45; *Bezzenberger*, ZGR 1998, 352, 362 ff.

232) In jüngerer Zeit: D. Logistics Aktiengesellschaft, Hauptversammlung 2004; OdeonFilm AG, Hauptversammlung 2005; Deutsche Balaton AG, Hauptversammlung 2004.

233) *Hüffer*, AktG, § 129 Rz. 1d, e; *Bachmann*, AG 1999, 210, 212.

oder Satzung beruht. Auch die Durchbrechung von Satzungsbestimmungen mit nur punktueller Wirkung soll nach weit verbreiteter Literaturmeinung ganz oder wenigstens teilweise den Vorschriften von § 179 AktG unterliegen.[234] Für ad hoc beschlossene Durchbrechungen bleibt daher wenig Raum. Im Übrigen wird die Verletzung von Geschäftsordnungsregeln durch die Hauptversammlung zur Anfechtung entsprechend gefasster Beschlüsse führen. Dies ist ohnedies dort der Fall, wo die Geschäftsordnung der Hauptversammlung nur Bestimmungen des Aktiengesetzes und der Satzung reflektiert. Dort, wo der verbleibende (geringe) eigenständige Regelungsgehalt der Geschäftsordnung liegt, wäre es aber mit dem vom Gesetz verfolgten Zweck nicht vereinbar, wenn eine Verletzung nicht sanktioniert würde.[235]

Durch das Gesetz ist eine **Publizität** der Geschäftsordnung der Hauptversammlung, abgesehen von der Veröffentlichung bei ihrer Beschlussfassung, nicht vorgesehen, insbesondere keine Satzungspublizität. Es wird sich aber anbieten, um die gewünschten Zwecke zu erreichen, die Geschäftsordnung zu drucken und für die Aktionäre vorrätig zu halten (eventuell auch über das Internet).   **724**

2. Allgemeines [→ Rz. 697]

Dem Charakter der Geschäftsordnung für die Hauptversammlung entsprechend ist in dem hier vorgeschlagenen Muster darauf verzichtet worden, Komplexe deskriptiv wiederzugeben, die in die ausschließliche Zuständigkeit des Aktiengesetzes fallen. Dies betrifft Fragen des Rede-, Auskunfts-, und Fragerechts der Aktionäre, der Niederschrift und des Teilnehmerverzeichnisses, des Teilnahme-, Stimm- und Antragsrechts der Aktionäre sowie der Fristenlage bei der Einberufung der Hauptversammlung.[236] Das Muster 7.2 versucht sich demgegenüber entsprechend dem Gesetzeswortlaut auf Fragen der Vorbereitung (nicht Einladung) und Durchführung der Hauptversammlung zu beschränken.   **725**

Wegen des Inhalts der Geschäftsordnung kann auf der Grundlage der vorstehenden Ausführungen im Wesentlichen auf die Erläuterungen zu den entsprechenden Satzungsbestimmungen (Muster 1.1, Rz. 25 ff) verwiesen werden. Im Einzelnen sind noch folgende kurze Hinweise zu geben.   **726**

---

234) *Hüffer*, AktG, § 179 Rz. 8 m. w. N.

235) Vgl. Semler/Volhard-*Volhard*, § 43 Rz. 11; a. A. *Hüffer*, AktG, § 129 Rz. 1g, der in diesen Fällen eine Anfechtbarkeit nur bei gleichzeitiger Verletzung von § 53a AktG anerkennen will; gegen eine Anfechtung generell *Bachmann*, AG 1999, 210, 214.

236) So aber in einem von *Schaaf*, ZIP 1999, 1339, 1342 ff, veröffentlichten Muster für die Geschäftsordnung der Hauptversammlung. Für eine Lockerung von § 23 Abs. 5 AktG für ergänzende oder ausführende Bestimmungen: *Bachmann*, AG 1999, 210, 212.

3. Ort der Hauptversammlung [→ Rz. 698 f]

727 In § 2 Abs. 1 Satz 1 des Musters kann nur die Satzungsbestimmung über den Ort der Hauptversammlung wiedergegeben werden (siehe hierzu auch Muster 1.1, Rz. 61). § 121 Abs. 5 AktG enthält einen mit § 23 Abs. 5 AktG zwingenden Satzungsvorbehalt. § 2 Abs. 1 Satz 2 des Musters ist der Vorschlag einer eigenständigen Regelung der Geschäftsordnung, die aber nur Appellcharakter haben kann. Die Einberufung der Hauptversammlung erfolgt nämlich, ohne dass die Hauptversammlung hierauf Einfluss nehmen könnte, durch den Vorstand (§ 121 Abs. 2 AktG) oder durch das Gericht entsprechend § 122 Abs. 1 i. V. m. Abs. 3 AktG oder durch den Aufsichtsrat gemäß § 111 Abs. 3 AktG. Allein diesen Einberufungsberechtigten obliegt die Wahl des Hauptversammlungsortes im Rahmen der satzungsmäßigen oder gesetzlichen Bestimmungen. [→ Rz. 698]

728 Dagegen ist eine mögliche Verlegung des Hauptversammlungsraumes nach Einberufung der Hauptversammlung eine Frage, die in die Kompetenz des Hauptversammlungsleiters fällt, wenn die Hauptversammlung schon begonnen hat. Sollte es sich um eine Verlegung des Hauptversammlungsraumes vor Beginn der Hauptversammlung handeln, handelt es sich um eine Maßnahme, die in die Kompetenz des jeweiligen Einberufungsorgans fällt. Eine Änderung des Hauptversammlungsortes, der nach § 121 Abs. 3 AktG bindend festzulegen ist, darf damit in keinem Falle verbunden sein. [→ Rz. 699]

4. Leitung der Hauptversammlung [→ Rz. 700 ff]

729 Die in § 3 enthaltenen Vorschläge zur Leitungsbefugnis des Versammlungsleiters sind deklaratorischer Natur (siehe hierzu auch Muster 1.1, Rz. 69 ff). Wegen weiterer Einzelheiten des Leitungsrechts darf auf die Kommentierung zu dem Hauptversammlungsleitfaden (Muster 7.3, Rz. 814 ff) verwiesen werden. Es ist nicht angezeigt, durch die Geschäftsordnung nähere Vorgaben zu machen, wie das Ziel der Leitungsbefugnis, nämlich die sachgerechte und zügige Erledigung der Tagesordnungspunkte, in Diskussion und Abstimmungsverfahren umgesetzt wird. Sachgerecht ist es vielmehr, dem Versammlungsleiter hierzu keine Vorgaben zu machen, um die notwendige Flexibilität zur Anpassung an verschiedene Situationen zu bewahren.

5. Übertragung/Aufzeichnung der Hauptversammlung [→ Rz. 703 ff]

730 Gemäß § 118 Abs. 3 AktG, der durch das Transparenz- und Publizitätsgesetz neu eingeführt wurde, kann in der Satzung oder – wie hier – in der Geschäftsordnung der Hauptversammlung die Möglichkeit der Übertragung der Hauptversammlung in Wort und Bild vorgesehen werden (siehe hierzu auch Muster 1.1, Rz. 69 ff). Wenn Satzung oder Geschäftsordnung eine solche Übertragung vorsehen, können einzelne Aktionäre einer Übertragung ihres

Beitrags nicht mehr widersprechen.[237] In § 4 des Musters ist über die gesetzliche und satzungsmäßige Sachlage hinaus vorgesehen, dass der Versammlungsleiter die Hauptversammlung stets darüber unterrichtet, ob von der Gesellschaft eine Aufzeichnung gefertigt wird. Dies wäre von Gesetzes wegen bei einer lediglich stenografischen Aufzeichnung nicht erforderlich. Ob die Geschäftsordnung für die Hauptversammlung einen Kostenbeitrag für die auszugsweise Aushändigung solcher Aufzeichnungen an Aktionäre (wie vom Bundesgerichtshof bei Erstellung eines Tonbandprotokolls verlangt wird)[238] festsetzen kann, ist noch ungeklärt. Da andernfalls ein erhebliches Streitpotential über die sachgerechte Zuordnung von Kosten besteht, ist dies aber wenigstens als ein Versuch zu werten, eine klare Abwicklungsgrundlage zu finden. Angesichts des Aufwands, der mit dem Recht des Aktionärs auf auszugsweise Abschriften verbunden ist, sind solche Protokolle oder Aufzeichnungen in der Praxis seltener geworden.[239]

6. Ordnungsmaßnahmen [→ Rz. 706 ff]

Hinsichtlich der in § 5 angesprochenen Ordnungsmaßnahmen (siehe hierzu auch Muster 1.1, Rz. 69 ff) gilt grundsätzlich dasselbe, wie zu den einzelnen Leitungsmaßnahmen, nämlich dass es sich nicht empfiehlt, durch allzu genaue Beschreibungen die ansonsten gegebene Flexibilität einzugrenzen. Die Ordnungsbefugnis des Versammlungsleiters ergibt sich gegenüber den Aktionären aufgrund des Mitgliedschaftsverhältnisses und gegenüber sonstigen Gästen aufgrund des Hausrechts des Versammlungsleiters. [→ Rz. 706 f]   **731**

Die in § 5 Abs. 3 und 4 beschriebenen Ordnungsmaßnahmen sind denn auch ausdrücklich nur als Beispiele gekennzeichnet. Dem Grundsatz der Verhältnismäßigkeit würde es entsprechen, wenn die dort aufgeführten Maßnahmen in der Reihenfolge ihrer Nennung stufenweise angewandt werden. § 5 Abs. 3 Satz 1 setzt die durch das UMAG aufgrund einer entsprechenden Ergänzung des § 131 Abs. 2 AktG geschaffene Möglichkeit um, im Rahmen der Satzung oder der Geschäftsordnung den Versammlungsleiter zu einer angemessenen Begrenzung nicht nur der Rede-, sondern auch der Fragezeit zu ermächtigen. [→ Rz. 708 f]   **732**

7. Abhandlung der Tagesordnung [→ Rz. 710 ff]

Die in § 6 behandelten Themen gehören zur Leitungsbefugnis des Versammlungsleiters (siehe hierzu auch Muster 1.1, Rz. 69). § 6 Abs. 1 ist deklaratorischer Natur und dient der Abgrenzung von gesetzlich der Hauptversammlung   **733**

---

237) *Hüffer*, AktG, § 118 Rz. 17; Begründung RegE TransPuG, BT-Drucks. 14/8769, S. 19 f.
238) BGH, Urt. v. 19.9.1994 – II ZR 248/92, BGHZ 127, 107 = ZIP 1994, 1597 = NJW 1994, 3094, dazu EWiR 1995, 13 *(Hirte)*; *Semler*, in: Münchener Handbuch, § 36 Rz. 50.
239) Semler/Volhard-*Volhard*, § 15 Rz. 93 ff.

zustehenden bzw. in der Leitungsmacht des Versammlungsleiters stehenden Maßnahmen.[240] [→ Rz. 710]

734 § 6 Abs. 2 und 3 betrifft Kompetenzen, die dem Versammlungsleiter von Gesetzes wegen zustehen. Eine Beschränkung durch die Hauptversammlungsgeschäftsordnung wäre nicht möglich. Dies gilt auch für die Kompetenzen im Hinblick auf die Art und Form der Abstimmung, wobei hier zur Klarstellung einige Leitungskompetenzen besonders angesprochen sind. Die Verpflichtung zur Feststellung und Verkündung des Ergebnisses ergibt sich indirekt aus § 130 Abs. 2 AktG. [→ Rz. 711 ff]

8. Teilnahme an der Hauptversammlung [→ Rz. 714 ff]

735 Die Geschäftsordnung der Hauptversammlung kann keine materiellen Bestimmungen über das Recht zur Teilnahme an der Hauptversammlung enthalten (siehe hierzu auch Muster 1.1, Rz. 65 f). Auch die Bestimmung in § 7 Abs. 1, dass der Versammlungsleiter über Streitigkeiten in diesem Zusammenhang entscheidet, ist lediglich klarstellender Natur. [→ Rz. 714]

736 Das Gleiche gilt für die Bestimmungen des § 7 Abs. 2–4. Die unter Absatz 2 genannten Personenkreise bedürften an sich einer förmlichen Zulassung zur Hauptversammlung durch den Versammlungsleiter, was in der Praxis jedoch konkludent geschieht. Insofern sind diese Bestimmungen informativer und klarstellender Natur. [→ Rz. 715 ff]

9. Salvatorische Klausel [→ Rz. 718]

737 Die salvatorische Klausel kann nur den Fall der Teilunwirksamkeit (§ 139 BGB) regeln. Die sonst üblichen Bestimmungen über ersatzweise greifende Regelungen, die dem Sinn und Zweck der unwirksamen oder fehlenden Bestimmungen entsprechen, werden aufgrund des bei der Beschlussfassung über eine solche Geschäftsordnung geltenden Bestimmtheitsgrundsatzes, der durch die analog anzuwendende Bestimmung von § 124 Abs. 2 Satz 2 AktG gilt, nicht möglich sein.[241]

---

240) Zur Abgrenzung der Kompetenzen insoweit siehe *Semler*, in: Münchener Handbuch, § 36 Abs. 46 f.

241) Anders der Mustervorschlag von *Schaaf*, ZIP 1999, 1339, 1344.

Muster 7.3: Leitfaden für den Leiter der Hauptversammlung

I. Mustertext [→ Rz. 814 ff]

(1) Begrüßung [→ Rz. 814 f]	Sehr geehrte Aktionäre und Aktionärsvertreter, meine sehr verehrten Damen und Herren, mein Name ist … . Als Vorsitzender des Aufsichtsrats eröffne ich die ordentliche Hauptversammlung der … AG. Ich begrüße Sie auch im Namen des Vorstands und meiner Aufsichtsratskollegen recht herzlich und darf Ihnen für Ihr Erscheinen danken.	738
§ 176 Abs. 2[242)] [→ Rz. 817]	Ich begrüße auch Herrn … von der … Wirtschaftsprüfungsgesellschaft aus … [*Ort*], die gemäß dem letztjährigen Hauptversammlungsbeschluss für das Geschäftsjahr … als Abschlussprüfer tätig war. Mein Gruß gilt weiter Herrn Notar … aus … [*Ort*], der die Niederschrift über die heutige Hauptversammlung aufnehmen wird. Ich begrüße schließlich auch die Vertreter der Presse und die Gäste.	739
[→ Rz. 816]	Seit der letzten Hauptversammlung haben sich weder im Aufsichtsrat noch im Vorstand personelle Änderungen ergeben. Einleitend darf ich Ihnen die Mitglieder unseres Aufsichtsrats, die heute allesamt anwesend sind, im Einzelnen vorstellen. Vertreter der Anteilseigner im Aufsichtsrat sind außer mir selbst: Herr … [*Name, Beruf, Position*], aus … [*Ort*], … Vertreter der Arbeitnehmer sind: Herr … [*Name, Beruf, Position*], aus … [*Ort*], als stellvertretender Aufsichtsratsvorsitzender, sowie Herr … [*Name, Beruf, Position*], aus … [*Ort*], … .	740

---

242) Paragraphen ohne Bezeichnung sind solche des Aktiengesetzes.

Die Mitglieder des Vorstands sind ebenfalls vollständig anwesend. Ich darf auch sie Ihnen im Einzelnen
vorstellen:

Herr … [*Name, Beruf, Position*] – Herr … ist in unserer Gesellschaft verantwortlich für …,

…

741	**(2) Festlegung des Versammlungsraums** [→ Rz. 818 ff]	Vor Eintritt in die Tagesordnung möchte ich die notwendigen Formalitäten erledigen und einige Hinweise zum Ablauf der Versammlung geben: Ich darf vorab darauf hinweisen, dass der Versammlungsraum nicht nur dieser Saal, sondern auch das Foyer bis zur Ein- und Ausgangskontrolle am Abmeldeschalter ist. Die Beschallung erstreckt sich auf den Saal sowie das Foyer mit seinen Nebenräumen. Die Abgabe von Stimmabschnitten, zu der ich jeweils ausdrücklich aufrufen werde, ist aber nur hier im Saal unter notarieller Aufsicht möglich.
742	**(3) Feststellung der form- und fristgerechten Einberufung** [→ Rz. 821] § 121 Abs. 3,	Die Einladung zur heutigen Hauptversammlung ist durch Bekanntgabe im elektronischen Bundesanzeiger am … ordnungsgemäß und rechtzeitig erfolgt. Ein Ausdruck der Bekanntgabe liegt dem anwesenden Notar vor und kann am Wortmeldetisch eingesehen werden.
743	§ 124 Abs. 1–3, §§ 125, 175 Abs. 2	Der Vorstand hat binnen 12 Tagen nach der Bekanntmachung der Hauptversammlung im elektronischen Bundesanzeiger den Kreditinstituten und den Aktionärsvereinigungen, die in der letzten Hauptversammlung Stimmrechte für Aktionäre ausgeübt oder die die Mitteilung verlangt haben, ebenso wie Aktionären, die die Mitteilung verlangt haben, die Einberufung der Hauptversammlung und die Bekanntmachung der Tagesordnung zugeleitet.

[→ Rz. 822]

Seit Bekanntgabe der Einladung lag der Geschäftsbericht für das Geschäftsjahr ... mit dem Jahresabschluss der Gesellschaft und dem Konzernabschluss nebst dem zusammengefassten Lagebericht der Gesellschaft und des Konzerns und dem Bericht des Aufsichtsrats sowie dem Vorschlag für die Gewinnverwendung in den Geschäftsräumen der Gesellschaft zur Einsicht aus und wurde zusammen mit der Tagesordnung auf der Internetseite der Gesellschaft veröffentlicht. Außerdem wurden die Unterlagen jedem Aktionär auf Verlangen kostenlos in Abschrift übersandt.

Sämtliche dieser Unterlagen befinden sich auch in der Ihnen heute ausgehändigten Mappe und liegen im Foyer zu Ihrer Verfügung aus.

Ziffer 2.3.1 DCGK,
§§ 126, 127
[→ Rz. 822]

Innerhalb der Frist des § 126 AktG sind der Gesellschaft keine Gegenanträge von Aktionären zugegangen. Wahlvorschläge oder Anträge zur Erweiterung der Tagesordnung sind ebenfalls nicht eingegangen. Es bleibt damit bei den angegebenen Tagesordnungspunkten.

Den genauen Wortlaut der Tagesordnung wollen Sie bitte dem Ihnen zugesandten Material und den ausliegenden Mappen entnehmen. Weitere Exemplare der Tagesordnung liegen auch im Foyer aus.

[→ Rz. 822]

Ich stelle damit fest, dass die heutige Hauptversammlung form- und fristgerecht einberufen ist.

(4) Präsenz
§ 129 Abs. 1, 4
[→ Rz. 823 f]

Das Verzeichnis der anwesenden Aktionäre und Aktionärsvertreter wird zur Zeit fertig gestellt; sobald die Präsenz feststeht, werde ich sie Ihnen vor der ersten Abstimmung bekannt geben und die Präsenzliste am Wortmeldetisch zur Einsichtnahme auslegen.

744

(5) Änderung der Präsenz
[→ Rz. 824]

Präsenzänderungen werden bis zum Ende der Hauptversammlung in Nachträgen festgehalten, die ebenfalls zur Einsichtnahme am Wortmeldetisch ausgelegt werden.

745

746 § 134 Abs. 3, 4 [→ Rz. 825]	Aktionäre und Aktionärsvertreter, die die Hauptversammlung **vorübergehend** bis zum Beginn der Abstimmung verlassen wollen, werden gebeten, ihre Stimmabschnittsbogen am Abmeldeschalter in der Eingangshalle abzugeben und den anhängenden Präsenzkontrollabschnitt zu behalten. Dieser legitimiert nach Rückkehr zum erneuten Empfang des Stimmabschnittsbogens und zum Wiedereintritt in die Hauptversammlung sowie zur Teilnahme an den Abstimmungen.
747 [→ Rz. 825]	Aktionäre und Aktionärsvertreter, die die Hauptversammlung **endgültig** verlassen wollen oder aus sonstigen Gründen ihr Stimmrecht bei den Abstimmungen nicht selbst ausüben wollen, werden gebeten, einen anderen Hauptversammlungsteilnehmer mit der Wahrnehmung ihrer Stimmrechte schriftlich zu bevollmächtigen. Dazu müssen Sie den Abschnitt mit der Vollmacht auf dem Stimmabschnittsbogen ausfüllen und die unterschriebene Vollmacht den Mitarbeitern am Abmeldeschalter übergeben. Den Restbogen mit den Stimmabschnitten händigen Sie bitte dem Bevollmächtigten aus.
748 [→ Rz. 825]	*Fakultativ (bei von der Gesellschaft benanntem Stimmrechtsvertreter):* *Außerdem bietet die Gesellschaft Ihnen an, Ihre Stimmen durch einen von der Gesellschaft benannten* **Stimmrechtsvertreter** *vertreten zu lassen, der verpflichtet ist, ausschließlich gemäß Ihren Weisungen abzustimmen. Die Gesellschaft hat in diesem Jahr Frau ... und Herrn ..., beide Mitarbeiter unseres Hauptversammlungsdienstleisters ..., als Stimmrechtsvertreter benannt. Um die Stimmrechtsvertreter zu bevollmächtigen, füllen Sie bitte die am Abmeldeschalter ausliegenden Vollmachts- und Weisungsvordrucke aus und übergeben den Stimmabschnittsbogen den Mitarbeitern am Abmeldeschalter.*

Sollten Sie **keinen Bevollmächtigten** bestimmen wollen, so teilen Sie dies bitte den Mitarbeitern am Abmeldeschalter mit und geben Sie dort den Stimmbogen ab, damit Ihre Präsenz ausgetragen und das Teilnehmerverzeichnis berichtigt werden kann. 749

Wenn Sie hinsichtlich der Vollmachtserteilung weitere Informationen benötigen, können Sie sich gerne an unsere Mitarbeiter am Abmeldeschalter wenden.

Im Übrigen wird während eines Abstimmungsvorganges die Eingangs- und Ausgangskontrolle geschlossen, damit die Präsenz während der Abstimmung unverändert bleibt. Wenn Sie während dieser Zeit dennoch die Hauptversammlung verlassen müssen, bitten wir Sie, einem anderen Versammlungsteilnehmer [*fakultativ: oder dem Stimmrechtsvertreter*] Vollmacht zur Wahrnehmung Ihrer Stimmrechte zu erteilen. 750

(6) Bekanntgabe der Abstimmungsart

§ ... Satzung
[→ Rz. 826]

Es obliegt mir nach der Satzung unserer Gesellschaft, die Art und Reihenfolge der Abstimmung sowie das Verfahren bei Wahlen festzulegen. Ich bitte Sie, hierzu folgende **Hinweise** zu beachten. 751

[→ Rz. 826]

Die Abstimmungen erfolgen – soweit ich nichts anderes ankündige – durch Einsammeln der Ihnen ausgegebenen Stimmabschnitte. 752

[→ Rz. 827]

Fakultativ (bei konzentriertem Sammelvorgang):
Zur Vereinfachung und Beschleunigung der Abstimmung und der Auszählung werden wir nach Schluss der Debatte einen konzentrierten Abstimmungsvorgang vornehmen. Das bedeutet, dass die Stimmabschnitte in einem Sammelgang eingesammelt werden. 753

[→ Rz. 827]

Die Stimmabschnitte werden nur hier im Saal eingesammelt. Bitte kommen Sie rechtzeitig vor Beginn der Abstimmung wieder in diesen Raum zurück, falls Sie einen Stimmabschnitt abgeben wollen. 754

755 [→ Rz. 831] Das Abstimmungsergebnis wird nach dem Subtraktionsverfahren ermittelt, d. h. die Ja-Stimmen werden nicht besonders festgestellt, sondern ergeben sich aus der Differenz zwischen der Gesamtzahl der an der jeweiligen Abstimmung teilnehmenden Stimmen einerseits und den Nein-Stimmen bzw. den Stimmenthaltungen andererseits.

756 [→ Rz. 831] *Alternativ (bei Additionsverfahren):*

Das Abstimmungsergebnis wird nach dem Additionsverfahren ermittelt. Das bedeutet, dass sowohl die Ja-Stimmen als auch die Nein-Stimmen eingesammelt und ausgezählt werden. Die Enthaltungen werden nicht gesondert erfasst, da sie keinen Einfluss auf das Abstimmungsergebnis haben. Wer keinen Stimmabschnitt abgibt, nimmt nicht an der Abstimmung teil bzw. enthält sich der Stimme. Die Präsenz ist beim Additionsverfahren also nicht Grundlage zur Ermittlung des Abstimmungsergebnisses.

757 Die Einzelheiten werde ich vor der ersten Abstimmung bekannt geben. Ich behalte mir ausdrücklich vor, gegebenenfalls ein anderes Abstimmungsverfahren anzuordnen, wenn dies zweckmäßig erscheint.

758 Sollten Sie mehrere Eintrittskarten erhalten haben, bitte ich Sie zu prüfen, ob Sie alle Eintrittskarten gegen den Erhalt von Stimmabschnittsbogen abgegeben haben, damit alle von Ihnen vertretenen Aktien für die Präsenz erfasst werden und an der Abstimmung teilnehmen können.

759 **(7) Generaldebatte**
§ ... Satzung
[→ Rz. 833]

Es obliegt mir nach der Satzung der Gesellschaft ebenfalls, die Reihenfolge, in der die Gegenstände der Tagesordnung verhandelt werden, zu bestimmen.

Im gemeinsamen Interesse einer zügigen Abwicklung unserer Hauptversammlung wird die Diskussion über **alle Punkte der Tagesordnung** im Anschluss an den Bericht des Vorstands zu **Punkt 1** der Tagesordnung in Form einer Generaldebatte stattfinden.

Wenn alle Fragen beantwortet sind und keine weiteren Wortmeldungen mit Zusatzfragen mehr vorliegen, wird die Debatte geschlossen und im Anschluss daran ohne weitere Aussprache einzeln nacheinander über alle Tagesordnungspunkte einschließlich etwaiger Gegenanträge abgestimmt.

(8) Wortmeldungen

[→ Rz. 834]

Ich bitte diejenigen Aktionäre und Aktionärsvertreter, die sich zu einzelnen oder allen Punkten der Tagesordnung zu Wort melden wollen, sich am Wortmeldetisch unter Angabe ihres Namens und Vorlage ihres Stimmabschnittsbogens anzumelden. Geben Sie bitte dazu ein Wortmeldeformular ausgefüllt und unterzeichnet ab. Die Wortmeldeformulare liegen für Sie am Wortmeldetisch bereit.

760

Ich rufe die Aktionäre und Aktionärsvertreter, die ihre Redebeiträge angemeldet haben, in der zeitlichen Reihenfolge ihrer Wortmeldungen auf, es sei denn, dass sachliche Gründe eine andere Reihenfolge notwendig oder zweckmäßig machen.

(9) Bild- und Tonaufzeichnungen

[→ Rz. 835]

Ich darf zusätzlich darauf hinweisen, dass der Ablauf der Hauptversammlung nicht auf Tonband oder Video aufgenommen wird. Die Kameras, die Sie sehen, dienen der Übertragung auf die Leinwand hinter mir und die Monitore in den Nebenräumen. Ich bitte um Ihr Verständnis, dass auch für Sie, die Teilnehmer an der Hauptversammlung, Bild- und Tonbandaufzeichnungen nicht gestattet sind. Es erfolgt auch keine stenografische Aufzeichnung durch die Gesellschaft.

761

§ 118 Abs. 3

[→ Rz. 838]

Alternativ (bei entsprechender Satzungsgrundlage zur Übertragung der Hauptversammlung):

762

Die gesamte Hauptversammlung wird [alternativ: Die Eröffnung der Hauptversammlung sowie die Rede des Vorstandsvorsitzenden werden] gemäß § ... der Satzung unserer Gesellschaft für alle Aktionäre [fakultativ: und die interessierte Öffentlichkeit] in voller Länge im Internet übertragen. Die Eröffnung der Hauptversammlung durch mich als den Versammlungsleiter sowie die Rede des Vorstandsvorsitzenden stehen auch nach der Hauptversammlung als Aufzeichnung zur Verfügung.

Anmerkung:

Eventuell Aufforderung an Kamerateams/Fotografen der Presse, ihre Aufnahmen jetzt zu beenden.

Bei dieser Gelegenheit darf ich noch die Anwesenden, die ein Mobiltelefon bei sich tragen, bitten, dieses während des Aufenthaltes hier im Versammlungssaal auszuschalten.

763	**(10) Eintritt in die Tagesordnung** [→ Rz. 839]	Meine Damen und Herren, nach Erledigung der Formalien kommen wir nun zur Tagesordnung.
764	**TOP 1** § 120 Abs. 3 Satz 2, §§ 176, 124 Abs. 3 Satz 1, §§ 170, 171	Ich beginne mit **Punkt 1 der Tagesordnung:** **Vorlage des festgestellten Jahresabschlusses der … AG und des gebilligten Konzernabschlusses zum … mit dem zusammengefassten Lagebericht der Gesellschaft und des Konzerns sowie des Berichts des Aufsichtsrats für das Geschäftsjahr … .**
765		Der Jahresabschluss zum … unserer Gesellschaft und der Konzernabschluss sind unter Einbeziehung der Buchführung und des zusammengefassten Lageberichts der Gesellschaft und des Konzerns von der als Abschlussprüfer bestellten … Wirtschaftsprüfungsgesellschaft, … [*Ort*], geprüft und mit dem uneingeschränkten Bestätigungsvermerk versehen worden. Der Wortlaut des zusammengefassten Bestätigungsvermerks ist Bestandteil des Geschäftsberichts und dort auf Seite … abgedruckt.
766	§§ 171, 176 Abs. 1 Satz 2 [→ Rz. 839]	Der Aufsichtsrat hat den Jahresabschluss, den Konzernabschluss sowie den zusammengefassten Lagebericht der Gesellschaft und des Konzerns und den Vorschlag des Vorstands über die Verwendung des Bilanzgewinns geprüft und über das Ergebnis der Prüfung schriftlich der Hauptversammlung berichtet. Den Bericht des Aufsichtsrats finden Sie in dem Ihnen vorliegenden Geschäftsbericht auf den Seiten … bis … . Der Aufsichtsrat hat den Prüfungsbericht der Abschlussprüfer erörtert und zustimmend zur Kenntnis genommen.

§ 172 [→ Rz. 839]	Der Aufsichtsrat hat den Jahresabschluss und den Konzernabschluss in seiner Sitzung vom …, an der auch die Abschlussprüfer der … Wirtschaftsprüfungsgesellschaft teilgenommen und über ihre Prüfung berichtet haben, gebilligt. **Der Jahresabschluss der … AG ist damit festgestellt und der Konzernabschluss gebilligt.** Der Aufsichtsrat hat sich dem Gewinnverwendungsbeschluss des Vorstands angeschlossen.	767
[→ Rz. 839]	Alle Unterlagen haben seit Einberufung dieser Hauptversammlung entsprechend den aktienrechtlichen Bestimmungen in den Geschäftsräumen der Gesellschaft zur Einsicht ausgelegen und sind auf der Internetseite der Gesellschaft veröffentlicht sowie jedem Aktionär auf Anforderung zugesandt worden. Ich gehe davon aus, dass jeder Aktionär den Geschäftsbericht des Geschäftsjahres … vorliegen hat. Sollte dies nicht der Fall sein, sind im Foyer noch Exemplare verfügbar.	768
Ziffer 4.2.3 DCGK [→ Rz. 839]	Entsprechend Ziffer 4.2.3 des Deutschen Corporate Governance Kodex darf ich Sie an dieser Stelle auch über die Grundzüge des Vergütungssystems des Vorstands und deren Veränderungen informieren: [*Es folgt eine entsprechende Darstellung der Grundzüge des Vergütungssystems.*] Im Übrigen verweise ich an dieser Stelle auf die Seiten … und … im Geschäftsbericht. Dort finden Sie ausführliche Erläuterungen über das Vergütungssystem des Vorstands.	769
TOP 2–5 § 176 Abs. 1 Satz 2 [→ Rz. 839]	Zur Erläuterung der Ihnen vorliegenden Vorlagen und Beschlussvorschläge darf ich nunmehr dem Vorstandsvorsitzenden der Gesellschaft, Herrn …, das Wort erteilen und rufe insoweit auch die übrigen Tagesordnungspunkte 2–5 auf. [*Es folgen die Ausführungen des Vorstands.*] Herr …, ich danke Ihnen für Ihre Ausführungen.	770

Meine Damen und Herren,

ich glaube, in Ihrem Sinne zu handeln, wenn ich auch in Ihrem Namen dem Vorstand und allen Mitarbeitern der … AG für die besonderen Anstrengungen im abgelaufenen Geschäftsjahr danke. [*Fakultativ: In den Dank möchte ich auch ausdrücklich den Betriebsrat einbeziehen.*] Ich bitte den Vorstand, den Dank an die Mitarbeiterinnen und Mitarbeiter weiterzugeben.

771 **(11) Eintritt in die Diskussion**

§ 131

[→ Rz. 840]

Ich eröffne jetzt – wie angekündigt – zu allen Tagesordnungspunkten die Aussprache. Ich darf noch einmal darauf hinweisen, dass alle Punkte der Tagesordnung und alle Anträge in dieser Aussprache behandelt werden sollen.

772

Ich bitte die Diskussionsredner, nach Aufruf an das Rednerpult zu kommen und von dort aus zu sprechen, damit sie im gesamten Präsenzbereich zu hören sind. Die Redezeit ist grundsätzlich nicht begrenzt. Damit alle Aktionäre, die das Wort wünschen, auch tatsächlich zu Wort kommen und die Hauptversammlung in einem angemessenen Zeitrahmen stattfinden kann, appelliere ich an Sie alle, sich möglichst kurz zu fassen und Ihre Ausführungen im Rahmen der Tagesordnung zu halten.

773 [→ Rz. 841]

Ich behalte mir vor, die Redezeit auf ein angemessenes Maß zu beschränken und gegebenenfalls die Rednerliste zu schließen, wenn dies notwendig ist, um bei sehr vielen Wortmeldungen die Erledigung der Tagesordnung in einer zumutbaren Versammlungsdauer sicherzustellen.

774 [→ Rz. 842]

Alternativ (bei entsprechender Satzungsgrundlage zur Beschränkung des Rede- und Fragerechts):

Ich behalte mir gemäß § … der Satzung unserer Gesellschaft vor, gegebenenfalls das Frage- und Rederecht zu beschränken, insbesondere einen zeitlich angemessenen Rahmen für den Hauptversammlungsverlauf, für den einzelnen Tagesordnungspunkt und für den einzelnen Redner zu setzen, um die Erledigung der Tagesordnung in einer zumutbaren Versammlungsdauer sicherzustellen.

[→ Rz. 842]   Es haben sich bis jetzt ... [*Anzahl*] Redner zu Wort   **775**
gemeldet. Ich bitte, soweit darüber hinaus das Wort
gewünscht wird, um Ihre schriftliche Wortmeldung,
falls das noch nicht geschehen ist.

Um etwaige Wiederholungen zu vermeiden, werden   **776**
wir die gestellten Fragen zunächst sammeln und dann
gegebenenfalls blockweise beantworten.

Ich erteile Herrn/Frau ... das Wort.   **777**

[*Es folgt der Redebeitrag.*]

Ich danke für Ihren Diskussionsbeitrag.

Nunmehr erteile ich Herrn/Frau ... das Wort.

[*Es folgt der Redebeitrag.*]

Ich danke für Ihren Diskussionsbeitrag.

...

Werden weitere Wortmeldungen gewünscht?

...

[*Nach ca. 5–10 Wortmeldungen:*]

[→ Rz. 844]   Meine Damen und Herren, ich unterbreche an dieser   **778**
Stelle die Debatte, um dem Vorstand und Aufsichts-
rat Gelegenheit zu geben, zu den bisherigen Aktio-
närsbeiträgen und Fragen Stellung zu nehmen.

[*Es folgen die Ausführungen der einzelnen Vorstandsmitglieder.*]

Meine Herren, ich danke Ihnen für Ihre Ausführungen und setzte nunmehr die Debatte fort und erteile
Herrn/Frau ... das Wort.

...

Anmerkung: **779**

*Eventuell bei schwierigen und vielen Fragen in Abstim-
mung mit dem Vorstandsvorsitzenden Einlegung einer
Pause von ca. 15 Minuten. Bitte an die Versammlungsteilnehmer, den Versammlungsraum nicht zu verlassen.*

*Bei Überschreitung zumutbarer Redezeiten, Störaktio-
nen, Geschäftsordnungsfragen etc., siehe SONDER-
AGENDEN.*

[*Nach Erledigung aller Wortmeldungen:*]

780 [→ Rz. 845]

Ich danke den Aktionären und Aktionärsvertretern für ihre Ausführungen und bitte nun den Vorstand, im Einzelnen auf die gestellten Fragen einzugehen [*fakultativ: und zu gestellten Sachanträgen die Vorschläge der Verwaltung bekannt zu geben und zu begründen*].

Fakultativ (falls Fragen und Anträge durch den Aufsichtsratsvorsitzenden zu beantworten sind):

Vorab erlaube ich mir, zu den Fragen und Anträgen Stellung zu nehmen, die den Aufsichtsrat oder die Geschäftsordnung und Leitung dieser Versammlung betreffen.

Bei etwa notwendigen Auskunftsverweigerungen und Antrag auf Protokollierung von Fragen siehe SONDERAGENDEN.

781 [→ Rz. 846]

Meine Damen und Herren,

der Vorstand und der Aufsichtsrat haben zu Ihren Fragen [*und Anträgen*] Stellung genommen. Werden hierzu noch Wortmeldungen gewünscht?

…

Ich erteile Herrn/Frau … das Wort.

[*Es folgt der Redebeitrag.*]

…

Werden weitere Wortmeldungen gewünscht?

782 [→ Rz. 846]

Da dies nicht der Fall ist, gehe ich davon aus, dass **Tagesordnungspunkt 1 ausreichend erläutert** und alle von Aktionären und Aktionärsvertretern zu sämtlichen Tagesordnungspunkten gestellten Fragen hinreichend beantwortet sind und auch keine weiteren Fragen und Wortmeldungen mehr bestehen.

Ich schließe nunmehr die Generaldebatte zu allen Tagesordnungspunkten.

783

Zugleich stelle ich fest, dass Punkt 1 der Tagesordnung betreffend die Vorlage des festgestellten Jahresabschlusses zum … und des gebilligten Konzernabschlusses mit dem zusammengefassten Lagebericht der Gesellschaft und des Konzerns und des Berichts des Aufsichtsrats und des Vorstands für das Geschäftsjahr … erledigt ist.

(12) Abstimmung

§ 173

[→ Rz. 847]

Wir kommen nunmehr zur Abstimmung über die **784**
Tagesordnungspunkte 2 bis 5.

Inzwischen liegt mir auch das Verzeichnis der er- **785**
schienenen und vertretenen Aktionäre vor, das zugleich die Präsenz der an der Abstimmung teilnehmenden Stimmen und des Kapitals angibt.

[Text wird zum Verlesen vorgelegt.]

Das Verzeichnis wird in Kopie zur Einsicht für alle
Aktionäre am Wortmeldetisch ausgelegt. Das Original
nimmt die Gesellschaft in Verwahrung.

Ebenso werde ich mit eventuellen Nachträgen zur
Präsenz verfahren.

Meine Damen und Herren,

ich möchte Ihnen nun zunächst, wie angekündigt, das **786**
Abstimmungsverfahren erläutern.

Abstimmungs-
verfahren

[→ Rz. 847, 826]

Abstimmungsberechtigt sind alle Aktionäre. Ich darf **787**
daran erinnern, dass die Abgabe der Stimmabschnitte
nur hier im Saal möglich ist. Wie ich Ihnen bereits zu
Beginn der Versammlung mitgeteilt habe, werde ich
über die einzelnen Tagesordnungspunkte unter Verwendung der Ihnen vorliegenden Stimmabschnitte abstimmen lassen. Die Auswertung erfolgt durch Barcodeleser unter Aufsicht des Notars.

[→ Rz. 847, 831]

Das Abstimmungsergebnis wird nach dem Subtrak- **788**
tionsverfahren ermittelt. Das heißt, wer für einen Antrag oder einen Vorschlag der Verwaltung stimmen
möchte, braucht keinen Stimmabschnitt abzugeben.
Sein Verhalten wird als Ja-Stimme gewertet.

Wer gegen einen Antrag oder einen Vorschlag der **789**
Verwaltung stimmen oder sich der Stimme enthalten
will, muss von dem ihm in die Hand gegebenen Bogen
mit den Stimmabschnitten den Stimmabschnitt mit
der Nummer, die dem jeweiligen Tagesordnungspunkt entspricht und auf die ich auch jeweils noch
einmal hinweisen werde, abtrennen. Wer mit „Nein"
stimmen will, gibt seinen Stimmabschnitt in den so
gekennzeichneten – roten – Stimmkasten, wer mit

„Enthaltung" stimmen will, bedient sich des entsprechend gekennzeichneten – grünen – Stimmkastens. Wer mit „Ja" stimmen will, braucht, wie bereits erwähnt, keinen Stimmabschnitt abzugeben.

790 [→ Rz. 847, 832]   *Alternativ (bei Additionsverfahren):*

Wie bereits erwähnt, werden wir nach dem Additionsverfahren abstimmen. Es werden also sowohl die Ja- als auch die Nein-Stimmen festgestellt und gezählt.

Wer mit „Ja" oder „Nein" an der Abstimmung teilnehmen will, muss von dem ihm in die Hand gegebenen Bogen mit den Stimmabschnitten den Stimmabschnitt mit der Nummer, die dem jeweiligen Tagesordnungspunkt entspricht und die ich auch jeweils noch einmal ansagen werde, abtrennen.

Wer mit „Ja" stimmen will, gibt seinen Stimmabschnitt in den so gekennzeichneten – schwarzen – Stimmkasten, wer mit „Nein" stimmen will, bedient sich des entsprechend gekennzeichneten – roten – Stimmkastens.

Wer keinen Stimmabschnitt abgibt, nimmt an der Abstimmung nicht teil. Enthaltungen haben keinen Einfluss auf das Abstimmungsergebnis.

791 [→ Rz. 827]   *Fakultativ (bei konzentriertem Sammelvorgang):*

Wie angekündigt, werden wir zur Vereinfachung und Beschleunigung der Abstimmung einen konzentrierten Abstimmungsvorgang vornehmen.

Das heißt, es erfolgt in einem Arbeitsgang das Einsammeln der Stimmabschnitte zu sämtlichen Tagesordnungspunkten. Die Stimmabschnitte werden dann unter notarieller Aufsicht ausgezählt. Die Stimmabschnitte sind so präpariert, dass neben der Stimmenzahl auch die Nummer des Stimmabschnitts erkannt wird.

792 [→ Rz. 848]   Bitte beachten Sie noch einmal, dass die Abgabe von Stimmabschnitten nur hier im Saal möglich ist.

Ich komme damit zur Abstimmung über die einzelnen Tagesordnungspunkte und bitte alle Aktionäre und Aktionärsvertreter, die mit „Nein" oder „Enthaltung" stimmen wollen, sich jetzt hier in den Saal zu begeben. Wer keinen Stimmabschnitt abgibt, stimmt mit „Ja". Ich darf Sie bitten, den Saal während des Abstimmungsvorganges nicht zu verlassen. **793**

TOP 2   Ich darf jetzt Punkt 2 der Tagesordnung: **794**

„Beschlussfassung über die Verwendung des Bilanzgewinns"

aufrufen.

Vorstand und Aufsichtsrat schlagen vor, den Bilanzgewinn für das Geschäftsjahr … in Höhe von … Euro wie in der Ihnen vorliegenden Tagesordnung angegeben zu verwenden.

Wir kommen zur Abstimmung.

Ich bitte alle diejenigen Aktionäre und Aktionärsvertreter, die gegen den Vorschlag der Verwaltung stimmen oder sich der Stimme enthalten wollen, den Stimmabschnitt Nr. 2 in den roten Stimmkasten – für „Nein" – oder in den grünen Stimmkasten – für „Enthaltung" – zu werfen. Wenn Sie für den Vorschlag der Verwaltung stimmen wollen, müssen Sie keinen Stimmabschnitt abgeben.

Ich bitte die Stimmeinsammler, jetzt in Aktion zu treten.

[Sammelvorgang]

Hatte jeder Gelegenheit, seine Nein- oder Enthaltungsstimme abzugeben?

[Kurze Pause, Blick in den Saal]

Ich sehe, dass das der Fall ist, und schließe hiermit die Abstimmung zu TOP 2.

Alternativ (bei konzentriertem Sammelvorgang):

Bitte halten Sie für diese Abstimmung den Stimmabschnitt Nr. 2 bereit.

795 **TOP 3**

[→ Rz. 851]

Während die eingesammelten Stimmabschnitte jetzt zur Auszählung gebracht werden, darf ich bereits Punkt 3 der Tagesordnung

„Beschlussfassung über die Entlastung der Mitglieder des Vorstands für das Geschäftsjahr …"

aufrufen.

Vorstand und Aufsichtsrat schlagen vor, dem Vorstand für den vorgenannten Zeitraum Entlastung zu erteilen.

796 **§ 136**

[→ Rz. 851]

Vor der Beschlussfassung weise ich auf das **Stimmrechtsverbot des § 136 AktG** hin. Mitglieder des Vorstands, die Aktien der Gesellschaft besitzen, dürfen demnach das Stimmrecht weder aus eigenen noch aus fremden Aktien ausüben, soweit es um ihre eigene Entlastung geht. Ebenso wenig dürfen Dritte das Stimmrecht aus Aktien ausüben, die den zu entlastenden Mitgliedern des Vorstands gehören. Ich teile mit, dass die zu Entlastenden schon vor der Hauptversammlung dafür Sorge getragen haben, dass bei dem Entlastungsbeschluss entsprechend verfahren wird.

797 [→ Rz. 852]

Ich werde über die Entlastung en bloc abstimmen lassen, so dass jeder, der nur einem Vorstand die Entlastung verweigern möchte, insgesamt mit „Nein" stimmen muss.

798 **§ 120**

[→ Rz. 853]

Anmerkung:

Falls verlangt war, über die Entlastung eines einzelnen Vorstands gesondert abzustimmen (§ 120 Abs. 1 AktG): siehe SONDERAGENDEN.

Wir kommen zur Abstimmung.

Ich bitte alle diejenigen Aktionäre und Aktionärsvertreter, die gegen den Vorschlag der Verwaltung stimmen, also die Entlastung des Vorstands verweigern oder sich der Stimme enthalten wollen, den Stimmabschnitt Nr. 3 in den roten Stimmkasten – für „Nein" – oder in den grünen Stimmkasten – für „Enthaltung" – zu werfen.

Ich bitte die Stimmeinsammler, jetzt in Aktion zu treten.

[Sammelvorgang]

Hatte jeder Gelegenheit, seine Nein- oder Enthaltungsstimme abzugeben?

[Kurze Pause, Blick in den Saal]

Ich sehe, das ist der Fall, und schließe die Abstimmung zu TOP 3.

Alternativ (bei konzentriertem Sammelvorgang):

Bitte halten Sie für diese Abstimmung den Stimmabschnitt Nr. 3 bereit.

Bevor ich nun zur Abstimmung über TOP 4 komme, möchte ich das inzwischen vorliegende Ergebnis zur Gewinnverwendung (TOP 2) bekannt geben: 799

[Verlesung des Ergebnisblattes zu TOP 2]

TOP 4	Wir kommen jetzt zu **Tagesordnungspunkt 4**	800
[→ Rz. 851]	**„Beschlussfassung über die Entlastung des Aufsichtsrats für das Geschäftsjahr ....“**	
	Vorstand und Aufsichtsrat schlagen vor, dem Aufsichtsrat für das Geschäftsjahr ... Entlastung zu erteilen.	
[→ Rz. 851]	Bevor ich den Antrag der Verwaltung zur Abstimmung stelle, weise ich auch hier auf das **Stimmrechtsverbot des § 136 AktG** der Aufsichtsratsmitglieder hin. Es gilt hierfür das von mir soeben zum Stimmrechtsverbot der Vorstandsmitglieder Ausgeführte entsprechend.	801
[→ Rz. 852]	Die Abstimmung wird auch hier im En-bloc-Verfahren erfolgen, so dass jeder, der nur einem Aufsichtsratsmitglied die Entlastung verweigern möchte, insgesamt mit Nein stimmen muss.	802
§ 120 Abs. 1 Satz 2	*Anmerkung:*	803
[→ Rz. 853]	*Falls verlangt war, über die Entlastung eines einzelnen Aufsichtsratsmitglieds gesondert abzustimmen (§ 120 Abs. 1 AktG): siehe SONDERAGENDEN.*	

804   Ich bitte alle diejenigen Aktionäre und Aktionärsvertreter, die gegen den Vorschlag der Verwaltung stimmen, also den Aufsichtsratsmitgliedern die Entlastung verweigern oder sich der Stimme enthalten wollen, den Stimmabschnitt Nr. 4 in den roten Stimmkasten – für „Nein" – oder in den grünen Stimmkasten – für „Enthaltung" – zu werfen.

Ich bitte die Stimmeinsammler, jetzt in Aktion zu treten.

[Sammelvorgang]

Hatte jeder Gelegenheit, seine Nein- oder Enthaltungsstimme abzugeben?

[Kurze Pause, Blick in den Saal]

Ich sehe, das ist der Fall, und schließe die Abstimmung zu TOP 4.

Alternativ (bei konzentriertem Sammelvorgang):

Bitte halten Sie für diese Abstimmung den Stimmabschnitt Nr. 4 bereit.

805   Bevor wir zu **TOP 5** kommen, hier das Ergebnis der Abstimmung zu TOP 3 – Entlastung des Vorstands:

[Verlesung des Ergebnisblattes zu TOP 3]

806   **TOP 5**   Wir kommen nunmehr mit Punkt 5 als letztem Punkt der Tagesordnung zur

„Wahl des Abschlussprüfers und Konzernabschlussprüfers für das Geschäftsjahr ..."

Der Aufsichtsrat schlägt vor, die ... Wirtschaftsprüfungsgesellschaft in ... zum Abschlussprüfer für das Geschäftsjahr ... *[neues Geschäftsjahr]* zu wählen.

807   §§ 317, 318, 316 HGB   *Anmerkung:*

Falls ein Aktionär einen anderen als den von der Verwaltung vorgeschlagenen Abschlussprüfer vorschlägt: siehe SONDERAGENDEN.

Ich bitte alle diejenigen Aktionäre und Aktionärsvertreter, die gegen den Vorschlag der Verwaltung stimmen oder sich der Stimme enthalten wollen, den Stimmabschnitt Nr. 5 in den roten Stimmkasten – für „Nein" – oder in den grünen Stimmkasten – für „Enthaltung" – zu werfen.

808

Ich bitte die Stimmeinsammler, jetzt in Aktion zu treten.

[Sammelvorgang]

Hatte jeder Gelegenheit, seine Nein- oder Enthaltungsstimme abzugeben?

[Kurze Pause, Blick in den Saal]

Ich sehe, das ist der Fall, und schließe die Abstimmung zu TOP 5.

Während nunmehr die Auszählung zu dieser letzten Abstimmung erfolgt, kann ich Ihnen, sehr geehrte Damen und Herren, das Ergebnis der Abstimmung zu Tagesordnungspunkt 4 bekannt geben:

809

[Verlesung des Ergebnisblattes zu TOP 4]

Ich bitte nunmehr noch um ein wenig Geduld, bis das Ergebnis zur letzten Abstimmung zu Tagesordnungspunkt 5 vorliegt.

810

…

Nunmehr liegt mir das Ergebnis der Abstimmung zu Punkt 5, nämlich der Prüferwahl, vor, das ich wie folgt bekannt gebe:

[Verlesung des Ergebnisblattes zu TOP 5]

[→ Rz. 827, 850]

Alternativ (bei konzentriertem Sammelvorgang):

811

Bitte halten Sie für diese Abstimmung den Stimmabschnitt Nr. 5 bereit. Ich gehe davon aus, dass Sie nunmehr Ihre Stimmabschnitte mit den Nummer 2 bis 5 bereit gelegt haben und bitte jetzt die Stimmeinsammler, in Aktion zu treten. Bitte benutzen Sie für die Abgabe von Nein-Stimmen den roten Kasten und für die Abgabe von Enthaltungen den grünen Stimmkasten. Wenn Sie mit „Ja" stimmen wollen, müssen Sie keine Stimmabschnitte abgeben.

Ich bitte die Stimmeinsammler, jetzt in Aktion zu treten.

[Sammelvorgang]

Hatte jeder Gelegenheit, seine Nein- oder Enthaltungs-stimme abzugeben?

[Kurze Pause, Blick in den Saal]

Ich sehe, das ist der Fall, und schließe die Abstimmung zu den Tagesordnungspunkten 2 bis 5.

Ich bitte nunmehr noch um ein wenig Geduld während die eingesammelten Stimmabschnitte ausgezählt werden.

...

Nunmehr liegt mir das Ergebnis der Abstimmung zu den Tagesordnungspunkten 2 bis 5 gemäß der Ihnen vorlie-genden Hauptversammlungseinladung vor, das ich wie folgt bekannt gebe:

[Verlesung des Ergebnisblattes]

812

Ich stelle noch einmal zusammenfassend fest und verkünde, dass alle Tagesordnungspunkte gemäß der Ihnen vorliegenden Hauptversammlungseinla-dung mit der jeweils erforderlichen einfachen Mehr-heit der abgegebenen Stimmen gefasst worden sind.

813 **(13) Schluss-bemerkung**

[→ Rz. 854 f]

Meine Damen und Herren,

wir sind damit am Ende der Tagesordnung der or-dentlichen Hauptversammlung für das Geschäftsjahr ... angelangt.

Hiermit schließe ich die Hauptversammlung .

Ich darf Ihnen allen für Ihre Aufmerksamkeit, Ihre Fragen und Ihre Beteiligung danken. Mein Dank gilt auch den Mitarbeiterinnen und Mitarbeitern hinter den Kulissen, die zum reibungslosen Ablauf dieser Hauptversammlung beigetragen haben.

Die ordentliche Hauptversammlung für das Ge-schäftsjahr ... wird voraussichtlich im ... [*Monat, Jahr*] stattfinden. Das genaue Datum steht bislang noch nicht fest.

Abschließend darf ich Sie im Namen der Gesellschaft zu einem kleinen Imbiss in das Foyer einladen.

Wir wünschen Ihnen allen einen guten Nachhause-weg!

II. Erläuterungen [→ Rz. 738 ff]

1. Vorbemerkung

In Anbetracht der vielen vom Versammlungsleiter einer Hauptversammlung **814** zu beachtenden Formalien ist es üblich, ihm als Sprechzettel hierfür einen so genannten Leitfaden an die Hand zu geben. Dieser enthält einen wörtlich zu verlesenden Ablauf der gesamten Hauptversammlung bezogen auf die jeweils zur Beschlussfassung anstehende Tagesordnung. Die Gesellschaften oder ihre Berater halten diesen Text vor und passen ihn von Jahr zu Jahr einerseits der Tagesordnung, andererseits den Erfahrungen der Vorjahre sowie geänderten rechtlichen Rahmenbedingungen an. Das vorliegende Muster enthält den Leitfaden für die ordentliche Hauptversammlung einer börsennotierten, jedoch kleineren Aktiengesellschaft.

Zum Leitfaden gehören regelmäßig außerdem eine ganze Anzahl von **Sonder-** **815** **agenden**, die sich mit speziellen Situationen befassen. Auf den Abdruck solcher Sonderagenden, auf die in dem Muster in einigen Stellen verwiesen wird, wird hier aus Platzgründen verzichtet.[243] Auch wenn dergleichen Sonderagenden selten benötigt werden, ist es ratsam, sie zur Hand zu haben, da in der Belastung der Hauptversammlungssituation auch erfahrene Versammlungsleiter für das damit vermittelte Korsett der rechtlichen Rahmenbedingungen dankbar sein werden. Im Übrigen sind die Versammlungsleiter je nach persönlicher Neigung und Sprachgewandtheit nicht daran gehindert – dies gilt auch für den eigentlichen Leitfaden –, sich vom Wortlaut der vorgeschriebenen Formulierungen zu befreien. Dies ist ohne weiteres empfehlens- und wünschenswert, solange die notwendigen Kernaussagen, die am linken Rand sowie im Text des Leitfadens durch Fettdruck hervorgehoben sind, korrekt angesprochen werden.

2. Vorstellung der Organmitglieder, des Notars und des Abschlussprüfers

Die Vorstellung der **Mitglieder des Aufsichtsrats oder des Vorstands im Ein-** **816** **zelnen** in der Eröffnung der Versammlung sollte sich danach richten, ob es insoweit seit der letzten Hauptversammlung personelle Veränderungen gegeben hat. Auch bei der ersten Hauptversammlung nach einem Börsengang sollten alle Organmitglieder vorgestellt werden. Bei den Aufsichtsräten ist im Hinblick auf § 125 Abs. 1 Satz 3 AktG auch ein Hinweis auf die Mitgliedschaft in anderen gesetzlich zu bildenden Aufsichtsräten oder vergleichbaren Gremien angezeigt. Soweit einzelne Aufsichtsrats- oder (weniger ratsam) Vorstandsmitglieder fehlen, steht dies der Wirksamkeit der zu fassenden Beschlüsse

---

243) Hierzu sei auf Semler/Volhard-*Volhard*, § 50, sowie auf *Obermüller/Werner/Winden*, Anhang 3, verwiesen.

nicht entgegen (§ 118 Abs. 2 AktG ist nur Sollvorschrift). Das Fehlen sollte kurz entschuldigt werden. [→ Rz. 740]

817 Ferner entspricht es gängiger Praxis, den vom Vorstand **bestellten Notar** sowie den anwesenden **Vertreter des Abschlussprüfers** namentlich vorzustellen (zur Mitwirkung eines Notars siehe § 130 Abs. 1 AktG sowie Muster 7.4, Rz. 856 ff). Die Anwesenheit des Abschlussprüfers ist nach § 176 Abs. 2 AktG zwingend, wenn die Hauptversammlung den Jahresabschluss feststellt. Der Abschlussprüfer ist aber nicht verpflichtet, den Aktionären Auskünfte zu erteilen. Soweit die Anwesenheit des Abschlussprüfers nicht gesetzlich vorgeschrieben ist, steht ihm von Gesetzes wegen kein Teilnahmerecht zu. Es ist jedoch beanstandungsfrei und zweckmäßig, ihn als Gast zuzulassen.[244] Sonstige Mitarbeiter und Berater der Gesellschaft, die an der Hauptversammlung mitwirken (und oft auch auf dem Podium vertreten sind), werden in der Regel nicht namentlich vorgestellt. [→ Rz. 739]

3. Festlegung des Versammlungsraums [→ Rz. 741]

818 Die Festlegung des Versammlungsraums ist in mehrfacher Hinsicht von rechtlicher Bedeutung. Bei jeder Hauptversammlung wird damit der Raum oder Kreis der Räumlichkeiten bezeichnet, der durch eine Zu- und Ausgangskontrolle abgegrenzt ist. Die Kontrolle des Ein- und Ausgangs ermöglicht das gesetzlich vorgeschriebene Teilnehmerverzeichnis (§ 129 Abs. 1 Satz 2 AktG). [→ Rz. 741]

819 Des Weiteren ist die Festlegung des Versammlungsraums auch mit der korrekten Feststellung der Präsenz verbunden. Diese ist bei der Anwendung des so genannten Subtraktionsverfahrens (näher hierzu unten Rz. 831) für die Ermittlung des Abstimmungsergebnisses wesentliche Grundlage. Fehler der Präsenzerfassung wirken sich bei Anwendung des Subtraktionsverfahrens unmittelbar auf das Beschlussergebnis aus und sind daher ein Anfechtungsrisiko.[245] Um das Teilnehmerverzeichnis von häufigen Zu- und Abgängen möglichst zu entlasten, empfiehlt es sich, den Versammlungsraum auf die den eigentlichen Saal umgebenden Nebenräume (etwa Foyer, Bewirtungsbereich, Ausstellungsräume, Toiletten) auszudehnen, so dass es zu Präsenzveränderungen erst bei endgültigem oder vorläufigem Verlassen dieses weiter gefassten Versammlungsraums kommt.

820 Da beim Subtraktionsverfahren diejenigen, die an den Abstimmungen nicht durch Abgabe einer Nein- oder Enthaltungsstimme teilnehmen, eine Ja-Stimme abgeben, ist es zwingend erforderlich, auf den Beginn einer Abstimmung auch in den Nebenräumen hinzuweisen. Eine umfassende jederzeitige Ton-

---

244) Vgl. Semler/Volhard-*Bärwaldt*, § 10 Rz. 54.
245) OLG Hamm, Urt. v. 27.5.2003 – 27 U 106/02, AG 2004, 38.

übertragung des Hauptversammlungsablaufs in sämtliche Nebenräume ist deswegen erforderlich. Demgegenüber reicht es jedoch aus, wenn die Möglichkeit zur Abgabe von Stimmabschnitten nur im Hauptsaal der Hauptversammlung eingeräumt wird, wenn dies die Menge der Teilnehmer und die Gestaltung der Räumlichkeiten zulässt (andernfalls muss für eine Stimmeinsammlung unter Aufsicht von Mitarbeitern des Notars auch in anderen Teilen der Versammlungsräumlichkeiten Sorge getragen werden).[246)] Da die Erstellung des Teilnehmerverzeichnisses bei größeren Hauptversammlungen längere Zeit in Anspruch nimmt, ist der für die Grundlagen dieses Verzeichnisses wichtige Hinweis auf die Festlegung des Versammlungsraums gleich am Anfang der Versammlung dringend angezeigt.

4. Vorbereitung der Hauptversammlung [→ Rz. 742 f]

Üblich, aber gesetzlich nicht vorgeschrieben, ist der **Hinweis auf die Veröffentlichung der Einladung** mit der Tagesordnung im elektronischen Bundesanzeiger als Beleg für die Ordnungsgemäßheit und Rechtzeitigkeit der Einberufung der Hauptversammlung. Die Beifügung des Einberufungsbelegs zum Hauptversammlungsprotokoll ist in § 130 Abs. 3 Satz 1 AktG vorgeschrieben. [→ Rz. 742]

821

Es ist an dieser Stelle sodann üblich, auf Unterlagen hinzuweisen, die im Vorfeld der Hauptversammlung und in der Hauptversammlung ausgelegt wurden. Auch auf eine Veröffentlichung der Unterlagen und der Tagesordnung auf der Internetseite der Gesellschaft gemäß der Empfehlung in Ziffer 2.3.1 DCGK kann in diesem Zusammenhang hingewiesen werden. Ein Hinweis auf innerhalb (dann mit Veröffentlichungspflicht) der Frist des § 126 AktG eingegangene Gegenanträge oder nach dieser Frist eingegangene Beschlussvorschläge von Aktionären ist ebenfalls angebracht. Eine Verlesung der ausliegenden Unterlagen ist gesetzlich nicht vorgeschrieben, würde die Versammlungsteilnehmer ermüden und ist deswegen regelmäßig nicht angezeigt. Obwohl vielfach noch üblich, sollte auch eine dahin gerichtete rhetorisch angebrachte Frage des Versammlungsleiters unterbleiben. [→ Rz. 743]

822

5. Teilnehmerverzeichnis und Vollmachtserteilung [→ Rz. 744 ff]

In der Hauptversammlung ist ein **Verzeichnis der erschienenen oder vertretenen Aktionäre** und ihrer Vertreter aufzunehmen, und zwar unter Angabe ihres Namens und Wohnorts (§ 129 Abs. 1 Satz 2 AktG). Außerdem ist der Umfang (bei Nennbetragsaktien also der Betrag und bei Stückaktien die Anzahl) der gehaltenen oder vertretenen Aktien und die Gattung anzugeben. Be-

823

---

246) Zur Zulässigkeit dieser Aufforderung siehe *Martens*, S. 41; Semler/Volhard-*Fischer*, § 11 Rz. 204; *Steiner*, § 13 Rz. 49; a. A. *Stützle/Walgenbach*, ZHR 155 (1991), 516, 535.

sondere Bedeutung kommt dem Teilnehmerverzeichnis beim Subtraktionsverfahren zu, da die darin dokumentierte Präsenz als Berechnungsgrundlage für die Ermittlung der Ja-Stimmen dient, weswegen das Teilnehmerverzeichnis dann auch oftmals als Präsenzliste bezeichnet wird. Das Teilnehmerverzeichnis ist auch aufzustellen, wenn alle Aktionäre erschienen oder vertreten sind (Vollversammlung).[247] Die Präsenz wird üblicherweise verkündet und bekannt gegeben. [→ Rz. 744]

824 Nach der Neufassung von § 129 Abs. 4 Satz 1 AktG durch das Namensaktiengesetz sind das Teilnehmerverzeichnis und seine Nachträge den Aktionären nicht mehr zur Einsicht auszulegen, sondern lediglich zugänglich zu machen, so dass während der Hauptversammlung auf eine Papierform verzichtet und stattdessen ein elektronisches Teilnehmerverzeichnis geführt werden kann, das auf einem oder mehreren Bildschirmen eingesehen werden kann. Auch bei der Papierform muss es sich bei stark besuchten Hauptversammlungen um mehrere Ausfertigungen des Verzeichnisses handeln, um eine angemessene Einsichtnahme zu ermöglichen. Das Teilnehmerverzeichnis muss spätestens vor der ersten Abstimmung aufgestellt und ausgelegt sein. Verlassen Aktionäre oder Aktionärsvertreter die Hauptversammlung vorzeitig oder erscheinen sie erst später, so ist das Teilnehmerverzeichnis zu aktualisieren, und zwar bis zum Ende der Hauptversammlung. Ebenso ist es nach der Neufassung durch das Namensaktiengesetz nicht mehr erforderlich, dass das Teilnehmerverzeichnis vom Leiter der Hauptversammlung unterzeichnet wird. Die Publizität des Teilnehmerverzeichnisses nach der Hauptversammlung wird nicht mehr über das Handelsregister, sondern durch ein Einsichtsrecht der Aktionäre bis zu zwei Jahren nach der Hauptversammlung erreicht (§ 129 Abs. 4 AktG). [→ Rz. 745 ff]

825 Kommt es zur **Vollmachtserteilung**, findet keine Präsenzänderung, sondern lediglich ein Wechsel der Berechtigung statt. Vollmachten müssen schriftlich vorgelegt werden, wenn die Satzung keine Erleichterung bestimmt. Erschwernisse sind unzulässig (§ 134 Abs. 3 Satz 2 AktG). Es ist, wie hier vorgeschlagen, vielfach üblich und wird gemäß Ziffer 2.3.3 DCGK empfohlen, für abgehende Hauptversammlungsteilnehmer an der Ausgangskontrolle einen Mitarbeiter der Gesellschaft oder einen von der Gesellschaft beauftragten Externen bereitzustellen, der den Aktionären als Stimmrechtsvertreter zur Verfügung steht (so genanntes *proxy voting*). Hierzu enthält § 134 Abs. 3 Satz 3 AktG weitere Bestimmungen.[248] Wie in dem Muster vorgesehen, ist insbesondere darauf zu achten, dass dem von der Gesellschaft benannten Stimmrechtsver-

---

247) *Hüffer*, AktG, § 129 Rz. 5.
248) *Hüffer*, AktG, § 134 Rz. 26 ff; zu den durch das NaStraG geänderten Bedingungen für Stimmrechtsvollmachten siehe *Noack*, ZIP 2001, 57, 61 ff; *Hüther*, AG 2001, 68, 70 ff; *Bunke*, AG 2002, 57.

treter ausdrücklich schriftliche Weisungen erteilt werden, da andernfalls die Stimmrechte nicht vertreten werden können.[249] [→ Rz. 748]

6. Bekanntgabe der Abstimmungsart [→ Rz. 751 ff, 786 ff]

Soweit dem Versammlungsleiter durch die Satzung die Befugnis erteilt wird, **Art und Reihenfolge der Abstimmung** festzulegen, wird unter Bezugnahme hierauf durch den Versammlungsleiter das Abstimmungsverfahren bestimmt. Wie bei kleineren und mittleren Aktiengesellschaften üblich, ist hier das Verfahren unter Anwendung eines Abstimmungsbogens (mit Stimmabschnitten) für jeden einzelnen Tagesordnungspunkt und eine Reihe von Blanko-Coupons für etwaige zusätzliche Abstimmungen zugrunde gelegt.[250] Andere Abstimmungsarten sind beispielsweise die Abstimmung durch Handaufheben oder die Funkabstimmung per Televoter.[251] Diese Einzelheiten sind bereits weit im Vorfeld der Hauptversammlung durch den Vorstand gegebenenfalls unter Zuhilfenahme externer Dienstleister abgestimmt und vorbereitet. Der Versammlungsleiter kann jedoch kraft seines Amtes auch eine andere Abstimmungsart ad hoc vorschreiben. [→ Rz. 752, 789]

826

Das Muster geht davon aus, dass die entsprechenden Stimmabschnitte jeweils im Anschluss an die Abstimmung zu dem entsprechenden Tagesordnungspunkt eingesammelt werden. Ferner kann der Versammlungsleiter an dieser Stelle, wie in der Alternative vorgesehen, auch eine **„konzentrierte Abstimmung"** anordnen, wobei über alle Beschlussgegenstände auf einmal durch Einsammeln der entsprechenden Stimmabschnitte abgestimmt wird. [→ Rz. 753, 791]

827

Praxistipp:
Bei größeren Hauptversammlungen hat sich die Anordnung einer „konzentrierten Abstimmung" bewährt, da in diesen Fällen mit dem Einsammeln der Stimmabschnitte zugleich für alle Abstimmungsvorgänge erhebliche Zeit gespart werden kann. Allerdings ist dabei auf eine besonders sorgfältige Erfassung der Stimmabschnitte zu achten und entsprechende Kapazitäten sind bereitzustellen.[252]

Im Rahmen der Abstimmungen zu den einzelnen Tagesordnungspunkten werden in den Alternativen entsprechende Formulierungen vorgeschlagen. Bei einer größeren Zahl von Abstimmungen sollten die Zuordnungsansagen

828

---

249) *Hüffer*, AktG, § 134 Rz. 26b; *Bunke*, AG 2002, 57, 60; a. A. *Bachmann*, AG 2001, 635, 638 f.

250) Zu weiteren Einzelheiten und sonstigen Abstimmungsverfahren vgl. Semler/Volhard-*Fischer*, § 11 Rz. 194; Abdruck entsprechender Muster bei *Obermüller/Werner/Winden*, Anhang G.

251) Z. B. Hauptversammlung der Commerzbank AG 2004.

252) Zum konzentrierten Abstimmungsverfahren siehe *Steiner*, § 13 Rz. 52; Semler/Volhard-*Fischer*, § 11 Rz. 199 f, 148; *Zöllner*, ZGR 1974, 1, 20.

wiederholt oder die Zuordnung sollte als Übersicht projiziert werden.
[→ Rz. 794, 798, 804, 811]

829 Teilweise wird als konzentrierte Abstimmung auch der Vorgang bezeichnet, dass mehrere Abstimmungsvorgänge zu einer Abstimmung unter einem Stimmabschnitt zusammengefasst werden (so genannte Blockabstimmung). Dies ist jedoch nur zulässig, wenn zwischen den betroffenen Beschlussgegenständen ein enger Sachzusammenhang besteht.[253] Ein solcher enger Sachzusammenhang kann beispielsweise vorliegen, wenn mehrere inhaltlich zusammengehörende Satzungsänderungen beschlossen werden, oder bei einer bedingten Kapitalerhöhung verbunden mit der Ermächtigung zur Ausgabe von Optionsanleihen oder Wandelinstrumenten i. S. v. § 221 AktG.

830 In den übrigen Fällen ist eine Blockabstimmung unzulässig, weil befürchtet wird, dass dieses Verfahren für die Aktionäre zu unübersichtlich ist. Zudem wird verlangt, dass der Versammlungsleiter in diesen Fällen ausdrücklich auf das gewählte Beschlussverfahren hinweist und insbesondere darauf, dass jeder Aktionär, der gegen nur einen Teil der zum einheitlichen Beschluss anstehenden Beschlussgegenstände stimmen möchte, insgesamt mit „Nein" stimmen muss. Nach einer neueren Entscheidung des Bundesgerichtshofs ist es ferner erforderlich, dass kein anwesender Aktionär Einwände gegen diese Verfahrensweise erhebt.[254] Das grundsätzlich erhöhte Anfechtungsrisiko, nämlich das Risiko des Ausstrahlens des Fehlers eines Teilbeschlusses auf die restlichen Beschlussgegenstände, wird dadurch eingegrenzt, dass in diesen Fällen eine Teilanfechtung und damit Teilnichtigerklärung durch das Prozessgericht für zulässig gehalten wird.[255]

831 Zu den Befugnissen des Versammlungsleiters gehört auch die Festlegung des Verfahrens, nach welchem das Stimmergebnis ermittelt wird. Das Muster 7.3 geht von der Anwendung des **Subtraktionsverfahrens**[256] aus, bei dem lediglich die Nein-Stimmen und die Enthaltungen gezählt werden. Ausgangsgröße für die rechnerische Ermittlung der Ja-Stimmen des Abstimmungsergebnisses ist die Präsenz gemäß dem Teilnehmerverzeichnis. Von ihr werden zunächst die Enthaltungen, sodann die Nein-Stimmen abgezogen, woraus sich die Zahl der Ja-Stimmen ergibt. Wer mit „Ja" stimmt, braucht also nichts zu unternehmen und braucht insbesondere keinen Stimmabschnitt abzugeben. Auf die

---

253) Semler/Volhard-*Fischer*, § 11 Rz. 201 ff; *Martens*, S. 92.

254) BGH, Urt. v. 21.7.2003 – II ZR 109/02, ZIP 2003, 1788 = DB 2003, 2115, dazu EWiR 2003, 1113 (*Radlmayr*), betreffend die Zustimmung zu mehreren Unternehmensverträgen.

255) Vgl. dazu *Zöllner*, in: Kölner Komm. z. AktG, § 148 Rz. 38 ff; *Schmidt*, in: Großkomm. z. AktG, § 243 Rz. 68, 69 m. w. N.; *Hüffer*, AktG, § 241 Rz. 36 (zur Nichtigkeit).

256) Zur Zulässigkeit des Subtraktionsverfahrens *Semler*, in: Münchener Handbuch, § 39 Rz. 35; *Hüffer*, AktG, § 131 Rz. 23, 24; Semler/Volhard-*Fischer*, § 11 Rz. 223 ff; *Steiner*, § 13 Rz. 48 ff; zu den Voraussetzungen des Subtraktionsverfahrens OLG Hamm, Urt. v. 27.5.2003 – 27 U 106/02, AG 2004, 38.

hiermit verbundene Fiktion muss von dem Hauptversammlungsleiter ausdrücklich und mehrfach hingewiesen werden. Im Muster wird vorgeschlagen, die Erläuterung oder Einzelheiten des Abstimmungsverfahrens unmittelbar vor Beginn des TOP 2 vorzunehmen. Der Vorteil des Subtraktionsverfahrens liegt in dem geringen Zeitaufwand, da die Ja-Stimmen nicht eingesammelt werden. Nachteile bestehen zum einen angesichts der erhöhten Sorgfalt, die für eine zuverlässige Präsenzfeststellung erforderlich ist. Zum anderen wird teilweise eine Beeinflussung der Meinungsbildung vermutet, da nur derjenige, der abweicht, sich nach außen bekennen muss. [→ Rz. 755, 788]

Praxistipp:
Sollten aufgrund der konkreten Hauptversammlungsräumlichkeit Zweifel an einer ordnungsgemäßen, ständigen Präsenzfeststellung bestehen, ist es empfehlenswert, das in dem Muster unter Rz. 756 und 790 als Alternative vorgesehene Additionsverfahren anzuwenden, wonach die zu einem Beschlussantrag abgegebenen Ja- und Nein-Stimmen jeweils getrennt gezählt werden. Enthaltungen brauchen bei diesem Verfahren nicht mitgezählt werden, da sie als nicht abgegeben gelten und auch bei der Ermittlung des vertretenen Grundkapitals außer Betracht bleiben.

Der Übersichtlichkeit halber wurde im Rahmen der Darstellung des Einsammelvorgangs auf entsprechende alternative Formulierungen verzichtet. Hier wäre also gegebenenfalls eine Anpassung erforderlich. **832**

7. Generaldebatte [→ Rz. 759 f]

Es steht unzweifelhaft im ausschließlichen Entscheidungsermessen des Versammlungsleiters, die **Art und Weise der Aussprache** der Aktionäre zu bestimmen. Im Formular ist die weithin übliche **Generaldebatte** vorgesehen, die die gesamte Aussprache zu allen Tagesordnungspunkten zusammenfasst. Dies ist schon deswegen zweckmäßig, weil insbesondere die professionellen Aktionärsvertreter ihre vorbereiteten Redebeiträge zu allen Tagesordnungspunkten halten wollen und sie bei einer an das Ende einer längeren Hauptversammlung verlegten Debatte über einen Tagesordnungspunkt möglicherweise der Hauptversammlung nicht mehr beiwohnen könnten. Auch bei anderen Rednern hat es sich in den Fällen einer Aufspaltung der Debatte als schwierig erwiesen, die entsprechende Disziplin durchzusetzen. Mit der Generaldebatte ist zudem für den Versammlungsleiter ein klarer Debattenschluss verbunden, bei dem er verbindlich feststellen lassen kann, ob noch Fragen der Aktionäre bestehen und ob alle bisher gestellten Fragen vollständig beantwortet worden sind. [→ Rz. 759] **833**

Es ist üblich, Aktionäre, die sich zu Wort melden wollen, um schriftliche Wortmeldungen zu bitten. Dies ermöglicht dem Versammlungsleiter die korrekte Vorstellung und Ansprache der einzelnen Aktionärsredner; von der Anmeldungsreihenfolge wird man aber absehen können. [→ Rz. 760] **834**

8. Bild- und Tonaufzeichnungen [→ Rz. 761 f]

835 Ein Hinweis des Versammlungsleiters auf etwa von der Verwaltung verwendete automatisierte Ton- oder Bildaufnahmen ist wegen der strafrechtlich geschützten Vertraulichkeit des nicht öffentlich gesprochenen Wortes verbindlich. In diesem Falle haben einzelne Hauptversammlungsteilnehmer das unentziehbare Recht, für ihre Ausführungen auf einer Abschaltung solcher Aufzeichnungen zu bestehen. Der Versammlungsleiter ist dagegen rechtlich nicht verpflichtet, eine etwa von der Verwaltung veranlasste stenografische Aufzeichnung des Hauptversammlungsverlaufes bekannt zu geben. Gleichwohl sollte, soweit eine solche Aufzeichnung nicht erfolgt, ein entsprechender klarstellender Hinweis gegeben werden.[257]

836 Ein solcher klarstellender Hinweis empfiehlt sich auch deswegen, weil nach einer Entscheidung des Bundesgerichtshofs die Aktionäre bei Aufzeichnungen der Aktiengesellschaft (auch stenografischen Aufzeichnungen) einen Anspruch auf Wiedergabe ihrer Redebeiträge und der hierauf bezogenen Antworten der Verwaltung haben.[258]

837 Von der Bild- und Tonaufzeichnung zu unterscheiden ist die weiterhin an dieser Stelle im Formular angesprochene Bild- und Tonübertragung der Hauptversammlung in Nebenräume. Diese ist dann zulässig, wenn die Hauptversammlung in mehreren Räumen stattfindet. Der Aktionär kann die Unterbrechung dieser Übertragung nicht verlangen.[259] [→ Rz. 761]

838 Hinsichtlich der Bild- und Tonübertragung nach außen eröffnet der durch das Transparenz- und Publizitätsgesetz angefügte § 118 Abs. 3 AktG einen Regelungsspielraum für die Satzung oder die Geschäftsordnung (vgl. Formulierungsvorschlag in Muster 1.1, Rz. 72). Soweit diese eine Übertragung zulassen, besteht kein Widerspruchsrecht des einzelnen Aktionärs.[260] [→ Rz. 762]

9. Eintritt in die Tagesordnung und die Diskussion [→ Rz. 763 ff]

839 Die weiteren einleitenden Bemerkungen des Aufsichtsratsvorsitzenden als Versammlungsleiter folgen den gesetzlichen Vorschriften der §§ 172–176 AktG. Gemäß § 176 Abs. 1 Satz 2 AktG hat auch der Vorsitzende des Aufsichtsrats zu Beginn der Hauptversammlung den Bericht des Aufsichtsrats zu erläutern. Angesichts der zunehmend ausführlichen Fassung der schriftlichen, in der Hauptversammlung auszulegenden Aufsichtsratsberichte ist für eine

---

257) § 201 Abs. 1 Nr. 1 StGB; siehe dazu *Martens*, S. 52 ff, zum stenografischen Protokoll S. 46 ff; *Hüffer*, AktG, § 130 Rz. 33.

258) BGH, Urt. v. 19.9.1994 – II ZR 248/92, BGHZ 127, 107 = ZIP 1994, 1597, 1598, dazu EWiR 1995, 13 (*Hirte*).

259) *Martens*, S. 52 f.

260) Zur Verfassungsmäßigkeit von § 118 Abs. 3 AktG: LG Frankfurt/M., Urt. v. 7.1.2004 – 3-13 O 79/03, NZG 2005, 520.

weitergehende mündliche Erläuterung wenig Raum. Sie erfolgt in der Praxis nicht. Die Rede des Vorstands dient einerseits ebenfalls den Verpflichtungen des § 176 Abs. 1 Satz 2 AktG zur Erläuterung der Abschlussvorlagen und andererseits, wenn wie hier vorgeschlagen, die Debatte zusammengefasst alle Tagesordnungspunkte behandelt, einer Vorstellung etwa weiterer Vorschläge der Verwaltung. An dieser Stelle bietet sich auch der mündliche Bericht über die Grundzüge des Vergütungssystems gemäß der Empfehlung zu Ziffer 4.2.3. DCGK an. [→ Rz. 763 ff]

Bei den folgenden Formulierungsvorschlägen des Musters betreffend den Ablauf der Aussprache besteht sehr weitgehende Leitungsbefugnis des Versammlungsleiters. In welcher Reihenfolge der Versammlungsleiter Redner aufruft, wann er für Fragenbeantwortung unterbricht und in welcher Weise durch den Vorstand Fragen zusammenfassend beantwortet werden, kann nicht allgemein verbindlich vorgegeben werden. Zur Sicherung einer sachorientierten und zeitgerechten Abhandlung der Hauptversammlung kann es je nach Verlauf der Hauptversammlung in dieser Phase notwendig sein, dass der Versammlungsleiter von seinen Ordnungsbefugnissen Gebrauch macht. Hierauf weisen die an dieser Stelle angesprochenen Sonderagenden hin. [→ Rz. 771 ff]   **840**

Auch bei Hauptversammlungen, welche erwartungsgemäß in einem Zeitraum von wenigen Stunden beendet werden, ist es angezeigt und üblich, die Redner zu bitten, ihr Rederecht in zeitlich angemessener Weise auszuüben. Dem Versammlungsleiter stehen kraft seiner Leitungsbefugnis die Mittel der individuellen und konkreten Redezeitbeschränkung zur Verfügung, welche hier im Formular angedeutet werden. Bei einer entsprechenden Ermächtigung in Satzung oder Geschäftsordnung gemäß dem durch das UMAG ergänzten § 131 Abs. 2 AktG kommt darüber hinaus eine Beschränkung der Fragezeit in Betracht. Es wird nicht empfohlen, von vornherein die Rede- oder gegebenenfalls Fragezeit auf eine bestimmte Zeit festzusetzen und dies gar durch Stoppuhren oder Lichtanlagen zu kontrollieren, sofern nicht besondere Umstände vorliegen (beispielsweise aufgrund der Vielzahl der eingegangenen Wortmeldungen), die bereits zu Beginn der Aussprache eine Überschreitung der Hauptversammlungszeit für den Vorsitzenden absehbar machen.[261] [→ Rz. 773]   **841**

Grundsätzlich gilt, dass der Versammlungsleiter seine Leitungs- und Ordnungsbefugnisse nach den Grundsätzen der Verhältnismäßigkeit und der Gleichbehandlung der Aktionäre auszuüben hat. Die Leitungsbefugnis umfasst die generelle und individuelle Rede- und gegebenenfalls auch Fragezeitbeschränkung, die Unterbindung der missbräuchlichen Ausübung des Fragerechts, die Anordnung des Schlusses der Rednerliste und der Debatte. Die Befugnis zur Abwehr von Störungen (Ordnungsbefugnis) umfasst das Recht der   **842**

---

261) LG Köln, Urt. v. 6.7.2005 – 82 O 150/04 – Felten & Guilleaume, DB 2005, 2067 m. w. N.

Abmahnung, des Wortentzugs und des Saalverweises einschließlich der körperlichen Entfernung aus dem Saal als letzte Maßnahme.[262] Verhältnismäßigkeitsgrundsatz und Gleichbehandlungsgebote gebieten beispielsweise, vor Schluss der Debatte die Redezeit generell zu beschränken, so dass noch mehrere Redner gleich lang zu Wort kommen.[263]

843   Eine zu beachtende Besonderheit ergibt sich bei Anträgen zur Geschäftsordnung. Es ist nicht richtig, dass Wortmeldungen hierzu in jedem Falle vorrangig wären. Zutreffend ist aber, dass Geschäftsordnungsanträge, die die Kompetenz der Hauptversammlung (also nicht etwa die ausschließliche Kompetenz des Versammlungsleiters) betreffen, zeitlich vor Sachanträgen beschieden werden müssen, da andernfalls die Verfahrensentscheidung obsolet sein könnte. Verfahrensanträge, die in die Kompetenz der Hauptversammlung fallen, sind etwa die Abberufung des Versammlungsleiters aus wichtigem Grund,[264] Anträge auf Vertagung sowie die Unterbrechung einer eröffneten und Fortsetzung einer bereits geschlossenen Hauptversammlung sowie die Absetzung oder Vertagung einzelner Tagesordnungspunkte. Ferner ist ein echter Geschäftsordnungsantrag der Antrag auf Einzelentlastung der Aufsichtsrats- oder Vorstandsmitglieder. Im Übrigen hängt es von den Regelungen der Satzung der betreffenden Gesellschaft ab, ob weitere Verfahrensfragen der Hauptversammlung oder dem Versammlungsleiter zur ausschließlichen Entscheidung zugewiesen sind.[265]

844   Nach dem hier unter Muster 1.1 vorgeschlagenen Satzungsmuster (Rz. 25 ff) ist die Befugnis zu einer vorübergehenden Unterbrechung der Hauptversammlung ebenfalls dem Versammlungsleiter zugewiesen, um eine ansonsten bestehende Streitfrage auszuschließen.[266] [→ Rz. 778 f]

Praxistipp:

Eine Unterbrechung ist nach Möglichkeit zu vermeiden, weil damit in der Regel die Aufstellung eines neuen Teilnehmerverzeichnisses verbunden ist. Soll, wie hier im Formular vorgeschlagen, bei der Beantwortung einzelner Fragen eine kurze Beratung zwischen Vorstand und Aufsichtsrat stattfinden, ist es besser,

262) Zum Saalverweis als Ultima Ratio: LG Köln, Urt. v. 6.7.2005 – 82 O 150/04 – Felten & Guilleaume, DB 2005, 2067. Wegen der Einzelheiten der Leitungs- und Ordnungsbefugnisse des Versammlungsleiters vgl. *Martens*, S. 56 ff; *Semler*, in: Münchener Handbuch, § 36 Rz. 39 ff; Semler/Volhard-*Fischer*, § 11 Rz. 63 ff; *Hüffer*, AktG, § 129 Rz. 19 ff.
263) LG München, Urt. v. 14.10.1999 – 5 HK O 8024/98, DB 2000, 267.
264) LG Frankfurt/M., Urt. v. 11.1.2005 – 3-5 O 100/04, ZIP 2005, 1176 = BB 2005, 1071; LG Köln, Urt. v. 6.7.2005 – 82 O 150/04 – Felten & Guilleaume, DB 2005, 2067.
265) Vgl. zu Geschäftsordnungsanträgen Semler/Volhard-*Fischer*, § 11 Rz. 103 ff; *Martens*, S. 76.
266) *Zöllner*, in: Kölner Komm. z. AktG, § 119 Rz. 68 Semler/Volhard-*Fischer*, § 11 Rz. 67; weitergehend für abschließende Kompetenz des Versammlungsleiters *Semler*, in: Münchener Handbuch, § 36 Rz. 47; *Hüffer*, AktG, § 129 Rz. 19.

lediglich eine Pause anzukündigen und die Teilnehmer zu bitten, den Versammlungsbereich (Hauptversammlungssaal einschließlich Nebenräumen) nicht zu verlassen.

Im Rahmen der Aussprache ist von dem Versammlungsleiter schließlich zu beachten, dass einige Fragen kraft zwingender Kompetenz des Aufsichtsrats vom Aufsichtsratsvorsitzenden zu beantworten sind. Dies betrifft einerseits Fragen der Aufsichtsratsarbeit, zum anderen Fragen zu den Vertragsverhältnissen der Vorstandsmitglieder (§ 112 AktG). [→ Rz. 780] **845**

Von erheblicher rechtlicher Bedeutung ist sodann die Feststellung durch den Versammlungsleiter, dass alle von den Aktionären gestellten Fragen beantwortet sind und dass weitere Fragen und Wortmeldungen der Aktionäre nicht vorliegen und somit die Generaldebatte geschlossen werden kann. Diese Feststellung schließt, selbst wenn später noch Widerspruch zu Protokoll gegeben werden sollte, eine Anfechtungsklage, gestützt auf die angebliche Verletzung des Fragerechts, aus, wenn sie ohne Widerspruch aus dem Kreise der Versammlungsteilnehmer bleibt.[267) [→ Rz. 781 f] **846**

10. Abstimmungen [→ Rz. 784 ff]

Gemäß § 129 Abs. 4 AktG muss das Teilnehmerverzeichnis spätestens vor der ersten Abstimmung erstellt und zur Einsicht für alle Teilnehmer ausgelegt werden (Rz. 785). Vor Eintritt in die anschließenden Abstimmungen ist sodann noch einmal in Einzelheiten das anzuwendende Abstimmungsverfahren zu erläutern. Das Formular geht vom Subtraktions- und als Alternative vom Additionsverfahren aus (oben Rz. 881 f). Im Übrigen ist eine Anpassung des Leitfadens an die von der Gesellschaft verwendeten Abstimmungshilfsmittel nötig, wobei es sehr unterschiedlicher Erläuterungen bedarf, je nachdem, ob manuelle, schriftliche oder elektronische Verfahren eingesetzt werden.[268) Der in Rz. 787 enthaltene Hinweis auf die Abstimmungsberechtigung aller Aktionäre ist nur bei Vorhandensein mehrerer Aktiengattungen erforderlich. Wenn Vorzugsaktien ohne Stimmrecht ausgegeben sind und das Stimmrecht nicht gemäß § 140 Abs. 2 AktG aufgelebt ist, ist hier der Hinweis auf die Stimmberechtigung nur der Stammaktionäre angebracht. [→ Rz. 787] **847**

Da für die folgenden Abstimmungsschritte zu den einzelnen Tagesordnungspunkten jeweils Zeit zur Auszählung der eingesammelten Stimmabschnitte benötigt wird, ist im hier vorgeschlagenen Ablauf vorgesehen, dass jeweils nach Einsammeln der Stimmabschnitte für einen Tagesordnungspunkt und **848**

---

267) LG Mainz, Beschl. v. 13.7.1987 – 10 H O 141/86, AG 1988, 169; LG Braunschweig, Urt. v. 6.4.1990 – 22 O 97/89, AG 1991, 36, 37, dazu EWiR 1990, 949 (Günther); LG Heidelberg, Urt. v. 24.9.1997 – O 62/96 KfH II, ZIP 1997, 1787 = AG 1998, 47, 50, dazu EWiR 1997, 1059 (Kort); Semler/Volhard-Volhard, § 44 Rz. 10.
268) Wegen der Einzelheiten siehe Semler/Volhard-Pickert, § 11 Rz. 243 ff.

während der Auszählung der nächste Tagesordnungspunkt aufgerufen und zur Abstimmung gebracht wird. [→ Rz. 799, 805, 809]

849 Die Ergebnisse der Abstimmungen treffen dann, je nach Geschwindigkeit des Auszählens, während des Einsammelns der Stimmabschnitte ein und können dann sofort verlesen werden, womit die zum Schluss sich anstauende Wartezeit wiederum verkürzt werden kann. Die Verlesung und Verkündung der Beschlussergebnisse ist als förmlicher Akt zu verstehen, der gemäß § 130 Abs. 2 AktG auch ausdrücklich in das Notarprotokoll (Muster 7.4, Rz. 856 ff, 858) aufzunehmen ist.

850 Die Ergebnisse werden dem Versammlungsleiter üblicherweise auf einem bereits vorbereiteten Ergebnisblatt überreicht, in welches das Auszählteam nur die Auszählergebnisse eingetragen hat. Diese Ergebnisblätter müssen jedoch so eindeutig formuliert werden, dass unzweifelhaft ist, zu welchem Tagesordnungspunkt und mit welchem Beschlussergebnis abgestimmt wurde.

11. Entlastungsbeschlüsse [→ Rz. 795 ff, 800 ff]

851 Bei den Entlastungsbeschlüssen von Vorstand und Aufsichtsrat ergeben sich mehrere Besonderheiten, auf die der Versammlungsleiter hinzuweisen verpflichtet ist. Das sind zum einen die sich aus § 136 Abs. 1 AktG ergebenden Stimmrechtsverbote, die zweckmäßigerweise bereits im Vorfeld geklärt und erfasst worden sind. Wenn vom Stimmrechtsverbot betroffene Aktien an der Abstimmung teilnehmen, müssen diese für den entsprechenden Entlastungsbeschluss bei Anwendung des Subtraktionsverfahrens von der Präsenz abgesetzt werden, um dadurch zuverlässig zu verhindern, dass sie an der Abstimmung teilnehmen. Bei Anwendung beider Verfahren, also Subtraktions- oder Additionsverfahren, kann außerdem durch ausdrückliche Enthaltung dem Stimmrechtsverbot Rechnung getragen werden. Der Notar sollte mit der Verwaltung bereits vor der Hauptversammlung klären und dem Anmeldeverzeichnis entnehmen können, welche Stimmen betroffen sein könnten. Üblich ist außerdem, dass die Gesellschaften bei ihren Organmitgliedern zeitig vor der Hauptversammlung anfragen, ob sie beabsichtigen, eigene Aktien auf der kommenden Hauptversammlung zu vertreten und in diesem Zusammenhang auf das Stimmrechtsverbot hinweisen. [→ Rz. 796, 801]

852 Weitere Besonderheit bei den Entlastungsbeschlüssen ist, dass in der Regel so genannte En-bloc-Beschlüsse gefasst werden, d. h., es wird einheitlich über die Entlastung sämtlicher Organmitglieder abgestimmt. Eine solche zusammengefasste Abstimmung ist wegen gegebenen Sachzusammenhangs grundsätzlich zulässig, hat aber zur Folge, dass jeder, der nur gegen die Entlastung eines Organmitgliedes stimmen will, insgesamt mit „Nein" stimmen muss. Dies sollte der Versammlungsleiter ausdrücklich ankündigen. [→ Rz. 797, 802]

Wenn ein oder mehrere Hauptversammlungsteilnehmer unter Berufung auf § 120 Abs. 1 AktG Einzelentlastung beantragen, muss ermittelt werden, ob dieser Antrag auf der Grundlage eines behaupteten Minderheitenquorums entsprechend § 120 Abs. 1 Satz 2 AktG beruht, was dann nachzuweisen ist, oder ob es sich um einen Antrag auf einen Geschäftsordnungsbeschluss handelt, die Hauptversammlung möge im Wege einer Mehrheitsentscheidung über die Einzelentlastung entscheiden.[269] [→ Rz. 798, 803]

853

12. Schluss der Versammlung [→ Rz. 813]

Nach der Erledigung der Tagesordnung, d. h. nach der Beschlussfassung und der Verkündung des Ergebnisses der Beschlussfassung zu allen angekündigten Tagesordnungspunkten, kann und muss der Hauptversammlungsleiter die Hauptversammlung schließen. Nach Schluss der Hauptversammlung können keine Erklärungen zu Protokoll des Notars, insbesondere keine Widersprüche zur Beschlussfassung mehr abgegeben werden (vgl. § 245 Nr. 1 AktG). Der die Hauptversammlung beurkundende Notar vermerkt die Schließung der Hauptversammlung und die Uhrzeit. Es ist umstritten, ob die Hauptversammlung aus eigener Machtvollkommenheit die Fortsetzung der Hauptversammlung nach der Schließung durch den Versammlungsleiter beschließen kann.[270]

854

Die Schließung der Hauptversammlung sollte vor Ende des Tages erfolgen, zu dem die Hauptversammlung eingeladen worden ist, andernfalls droht wegen Verletzung von § 121 Abs. 3 AktG Anfechtungsgefahr. Dies berechtigt den Versammlungsteilnehmer unter Berücksichtigung der für das Abstimmungsprozedere benötigten Zeit gegen 21.00 Uhr eines Hauptversammlungstages die Rednerliste zu schließen und nach Erledigung der anstehenden schon angemeldeten Redebeiträge und etwa noch bestehender Fragen das Abstimmungsverfahren einzuleiten. Bei mutmaßlich sehr langwierigen Hauptversammlungen hat es sich als möglich, aber im Hinblick auf die dann bestehenden Schwierigkeiten, auf eine straffe Hauptversammlung hinzuwirken, nicht als empfehlenswert erwiesen, eine Hauptversammlung vorsorglich auf zwei hintereinander folgende Kalendertage einzuladen.[271]

855

---

269) Zur umstrittenen Frage der Zulässigkeit von Einzelentlastungsbeschlüssen aufgrund Anordnung des Versammlungsleiter *Rollin*, NZG 2004, 804.

270) Vgl. *Martens*, S. 96 f m. w. N., *Zöllner*, in: Kölner Komm. z. AktG, § 119 Rz. 69, Semler/Volhard-*Fischer*, § 11 Rz. 319.

271) *Hüffer*, AktG, § 121 Rz. 17; *Zöllner*, in: Kölner Komm. z. AktG, § 119 Rz. 70; *Semler*, in: Münchener Handbuch, § 36 Rz. 47; zur Verpflichtung einer Einberufung auf zwei Tage bei schwerwiegenden, existenziellen Entscheidungen: LG Mainz, Urt. v. 14.4.2005 – 12 HK O 82/04, AG 2005, 894.

Muster 7.4: Notarielles Protokoll der Hauptversammlung

I. **Mustertext** [→ Rz. 895 ff]

856 Urkundenrolle Nr. .../2006

Niederschrift über die ordentliche Hauptversammlung der ... Aktiengesellschaft, ... [Ort]

Der unterzeichnende Notar ... mit dem Amtssitz in ..., begab sich heute um ... Uhr auf Ersuchen des Vorstands der ... Aktiengesellschaft, ... [Ort], in die Geschäftsräume der Gesellschaft, ... [*Angabe der genauen Räumlichkeiten mit Anschrift*], um die Niederschrift über die dorthin einberufene ordentliche Hauptversammlung der eingangs bezeichneten Aktiengesellschaft (nachfolgend auch die „Gesellschaft" genannt) aufzunehmen. [→ Rz. 895]

857 Eine Vorbefassung des Notars im Sinne von § 3 Abs. 1 Nr. 7 BeurkG liegt nach Kenntnis des unterzeichnenden Notars nicht vor.

858 Der Notar traf am Versammlungsort an: [→ Rz. 896]

I. Vom Aufsichtsrat der Gesellschaft, dem

   a) ...

   b) ...

   c) ...

   ...

   angehören: die zu Buchst. a–... Genannten. [*Fakultativ: die abwesenden Aufsichtsratsmitglieder hatten sich entschuldigt.*]

II. Vom Vorstand der Gesellschaft, dem

   a) ...

   b) ...

   c) ...

   ...

   angehören: die zu Buchst. a–... Genannten.

III. Von den Aktionären der Gesellschaft: die gemäß dem in der Versammlung ausliegenden Teilnehmerverzeichnis (samt Nachträgen 1–...) aufgeführten Aktionäre und Aktionärsvertreter.

859 Der Vorsitzende des Aufsichtsrats, Herr ... (nachfolgend der „Vorsitzende" genannt), eröffnete um ... Uhr die ordentliche Hauptversammlung der Gesellschaft. [→ Rz. 897]

860 Nach Begrüßung der Teilnehmer, Information über die Änderungen im Aufsichtsrat und Vorstand und nach Vorstellung der Mitglieder des Aufsichtsrats und des Vorstands gab der Vorsitzende bekannt, dass der Versammlungsraum

der Saal und das Foyer ist und die Beschallung sich auf den Saal sowie auf das Foyer mit seinen Nebenräumen erstreckt. Die Abgabe von Stimmabschnitten, zu der jeweils ausdrücklich aufgerufen werde, sei nur im Saal unter notarieller Aufsicht möglich. [→ Rz. 900]

Der Vorsitzende stellte fest, dass die Einladung zur heutigen Hauptversammlung mit der Tagesordnung durch Bekanntgabe im elektronischen Bundesanzeiger vom … ordnungsgemäß und rechtzeitig erfolgte. Ein Ausdruck der Bekanntgabe im Bundesanzeiger lag dem anwesenden Notar vor und konnte eingesehen werden. Darin ist, wie der beurkundende Notar hiermit bescheinigt, die Einladung zur heutigen Hauptversammlung mit dem als **Anlage 1** zu dieser Niederschrift ersichtlichen Inhalt veröffentlicht worden. Der Vorsitzende wies darauf hin, dass der Vorstand binnen 12 Tagen nach der Bekanntmachung der Hauptversammlung im elektronischen Bundesanzeiger die Einberufung der Hauptversammlung und die Bekanntmachung der Tagesordnung den Kreditinstituten und den Aktionärsvereinigungen, die in der letzten Hauptversammlung Stimmrechte für Aktionäre ausgeübt haben oder die die Mitteilung verlangt haben, ebenso wie Aktionären, die die Mitteilung verlangt haben, zugeleitet hat. Der Geschäftsbericht für das Geschäftsjahr … mit dem Jahresabschluss der Gesellschaft und dem Konzernabschluss nebst dem zusammengefassten Lagebericht der Gesellschaft und des Konzerns sowie dem Bericht des Aufsichtsrats und dem Gewinnverwendungsvorschlag hätten auch seit Veröffentlichung der Einladung in den Geschäftsräumen der Gesellschaft ausgelegen, seien auf der Internetseite der Gesellschaft veröffentlicht und den Aktionären auf Verlangen zugesandt worden. Geschäftsberichte befänden sich auch in der den Teilnehmern ausgehändigten Mappe. [→ Rz. 900]

861

Der Vorsitzende stellte fest, dass der Gesellschaft innerhalb der Frist des § 126 AktG keine Gegenanträge von Aktionären zugegangen sind. Es seien auch keine Wahlvorschläge oder Anträge auf Erweiterung der Tagesordnung eingegangen. [→ Rz. 900]

862

Der Vorsitzende stellte sodann fest, dass die Hauptversammlung damit form- und fristgerecht einberufen worden ist. [→ Rz. 900]

863

Der Vorsitzende stellte weiter fest, dass die Präsenz noch nicht abschließend ermittelt sei, dass er sie jedoch vor der ersten Abstimmung bekannt geben und zur Ansicht auslegen werde. [→ Rz. 900 f]

864

Er bat die Aktionäre und die Aktionärsvertreter beim vorläufigen Verlassen der Hauptversammlung ihren Stimmabschnittsbogen am Abmeldeschalter abzugeben und den Präsenzkontrollabschnitt zum Wiedereintritt zu behalten und beim endgültigen Verlassen der Hauptversammlung entweder eine schriftliche Vollmacht auf eine andere anwesende Person auszustellen [*fakultativ: oder den von der Gesellschaft benannten Stimmrechtsvertreter Vollmacht und Weisungen zu erteilen*] oder das Verlassen am Ausgang anzuzeigen, damit das

865

Teilnehmerverzeichnis berichtigt werden könne. [*Fakultativ bei Stimmrechts-vertreter: Vollmachts- und Weisungsvordrucke seien am Abmeldeschalter erhält-lich*]. [→ Rz. 900]

866 Unter Hinweis darauf, dass nach der Satzung die Art und Reihenfolge der Ab-stimmung in der Hauptversammlung vom Vorsitzenden zu bestimmen ist, legte der Vorsitzende fest, dass die Abstimmung durch Einsammeln der aus-gegebenen Stimmabschnitte im Saal erfolgt. Das Abstimmungsergebnis werde nach dem Subtraktionsverfahren ermittelt, d. h. die Ja-Stimmen würden nicht besonders festgestellt, sondern ergäben sich aus der Differenz zwischen der Gesamtzahl der an der jeweiligen Abstimmung teilnehmenden Stimmen einerseits und den Nein-Stimmen bzw. den Stimmenthaltungen andererseits. Einwände hiergegen wurden nicht erhoben. [→ Rz. 897]

867 Ferner legte der Vorsitzende fest, dass die Diskussion im Anschluss an den Bericht des Vorstands zu Punkt 1 der Tagesordnung auch auf die weiteren Tages-ordnungspunkte 2–5 erstreckt und im Anschluss daran über die einzelnen Tages-ordnungspunkte getrennt und nacheinander abgestimmt werde. [→ Rz. 906]

868 Der Vorsitzende wies darauf hin, dass der Ablauf der Hauptversammlung nicht auf Tonband aufgenommen wird und keine Videoaufnahme erfolgt. Teil-nehmern an der Hauptversammlung wurden Bild- und Tonbandaufzeichnun-gen nicht gestattet. Ein stenographisches Protokoll werde nicht angefertigt. [→ Rz. 900]

869 Die Tagesordnung wurde wie folgt erledigt:

Punkt 1 der Tagesordnung:

Vorlage des festgestellten Jahresabschlusses der ... AG und des gebilligten Konzernabschlusses zum ... mit dem zusammengefassten Lagebericht der Ge-sellschaft und des Konzerns sowie des Berichts des Aufsichtsrats für das Ge-schäftsjahr ... .

870 Der festgestellte Jahresabschluss und der gebilligte Konzernabschluss zum ..., mit dem zusammengefassten Lagebericht der Gesellschaft und des Konzerns sowie der Bericht des Aufsichtsrats für das Geschäftsjahr ... lagen der Haupt-versammlung vor. Der Vorsitzende gab bekannt, dass der Jahresabschluss und der Konzernabschluss für das Geschäftsjahr ... unter Einbeziehung der Buch-führung und des zusammengefassten Lageberichts von der ... Wirtschaftsprü-fungsgesellschaft mit dem Sitz in ... geprüft worden sind.

871 Der Vorsitzende gab weiter bekannt, dass die Unterlagen den uneingeschränk-ten Bestätigungsvermerk des Abschlussprüfers enthalten.

872 Der Aufsichtsrat habe den Jahresabschluss, den Konzernabschluss sowie den zusammengefassten Lagebericht der Gesellschaft und des Konzerns und den Vorschlag des Vorstands über die Verwendung des Bilanzgewinns geprüft und über das Ergebnis der Prüfung schriftlich der Hauptversammlung berichtet.

Der Aufsichtsrat habe den Prüfungsbericht der Abschlussprüfer erörtert und zustimmend zur Kenntnis genommen. Er habe schließlich den Jahresabschluss und den Konzernabschluss gebilligt. Der Jahresabschluss der Gesellschaft sei damit festgestellt. Der Aufsichtsrat habe sich dem Gewinnverwendungsbeschluss des Vorstands angeschlossen. Der Vorsitzende verwies auf den auf Seiten ... bis ... des Geschäftsberichts abgedruckten Bericht des Vorstands und auf den Bericht des Aufsichtsrats auf den Seiten ... bis ... des ausliegenden Geschäftsberichts.

Der Vorsitzende erklärte, dass diese Unterlagen entsprechend den aktienrechtlichen Bestimmungen in den Geschäftsräumen der Gesellschaft zur Einsicht der Aktionäre ausgelegen hätten, auf der Internetseite der Gesellschaft verfügbar gewesen und den Aktionären auf Anforderung zugesandt worden seien; sie sind dieser Niederschrift in originalunterzeichneten Exemplaren als Anlagen 2a, 2b und 2c beigefügt. **873**

Der Vorsitzende des Vorstands der Gesellschaft, Herr ..., erläuterte sodann die ausliegenden Vorlagen und die Beschlussvorschläge der Verwaltung. **874**

Aussprache

Der Vorsitzende eröffnete sodann die Aussprache zu allen Tagesordnungspunkten. Mehrere Aktionäre meldeten sich zu Wort. Der Aufsichtsratsvorsitzende und Mitglieder des Vorstands beantworteten die von den Aktionären gestellten Fragen und Auskunftsersuchen. **875**

Der Vorsitzende vergewisserte sich durch Frage an die Teilnehmer, dass keine Wortmeldungen oder Fragen mehr vorliegen und alle gestellten Fragen beantwortet sind. Gegen diese Feststellung erhob sich in der Versammlung kein Widerspruch. Er schloss daraufhin um ... Uhr die Generaldebatte zu allen Tagesordnungspunkten und stellte fest, dass Punkt 1 der Tagesordnung betreffend die Vorlage des Jahresabschlusses und des Konzernabschlusses zum ... mit dem zusammengefassten Lagebericht sowie mit den Berichten des Aufsichtsrats und des Vorstands für das Geschäftsjahr ... erledigt ist. **876**

Der Vorsitzende ging sodann zur Abstimmung über die Beschlussvorschläge zu den Tagesordnungspunkten 2–5 über und gab um ... Uhr die zwischenzeitlich ermittelte Präsenz der Hauptversammlung wie folgt bekannt: Vom Grundkapital der Gesellschaft in Höhe von ... Euro, eingeteilt in ... auf den Inhaber lautenden Stückaktien, sind vertreten ... Stückaktien mit ebenso vielen Stimmen entsprechend ... % des Gesamtgrundkapitals. **877**

Das Teilnehmerverzeichnis wurde vor der ersten Abstimmung zur Einsicht am Wortmeldetisch ausgelegt und blieb während der weiteren Dauer der Hauptversammlung dort ausgelegt. **878**

Der Vorsitzende erläuterte sodann noch einmal das Abstimmungsverfahren und wies darauf hin, dass die Abstimmung unter Verwendung von Stimmab- **879** schnitten erfolge, die unter Aufsicht des Notars durch Barcodeleser ausgewertet würden, und dass das Abstimmungsergebnis nach dem Subtraktionsverfahren ermittelt werde. Er wies darauf hin, dass infolge des angewandten Subtraktionsverfahrens diejenigen Aktionäre und Aktionärsvertreter, die mit „Ja" stimmen wollten, keine Stimme abzugeben hätten. Die Nein-Stimmen und die Enthaltungsstimmen würden durch das Einsammeln von Stimmabschnitten ermittelt, die in die von den Stimmzählern durchgereichten Stimmkästen, die mit „Nein" und „Enthaltung" deutlich gekennzeichnet waren, einzuwerfen sind. Die Stimmabgabe sei nur im Saal selbst möglich. Der Vorsitzende bat alle Aktionäre und Aktionärsvertreter, die mit „Nein" oder „Enthaltung" stimmen und an der Abstimmung teilnehmen wollten, ausdrücklich, sich aus dem Foyer in den Saal zu begeben und den Saal während der jetzt folgenden Abstimmungsvorgänge nicht zu verlassen. Er schritt sodann zur Abstimmung.

Punkt 2 der Tagesordnung:

Beschlussfassung über die Verwendung des Bilanzgewinns

880   Der Vorsitzende stellte den Vorschlag von Vorstand und Aufsichtsrat, den Bilanzgewinn für das Geschäftsjahr … von … Euro gemäß dem in der Einladung bekannt gemachten Beschlussvorschlag zu verwenden, zur Abstimmung.

881   Die Hauptversammlung stimmte bei unveränderter Präsenz unter Verwendung der Stimmabschnitte Nr. 2 ab. Die Stimmabschnitte wurden eingesammelt und die Abstimmung nach Abgabe aller Stimmabschnitte geschlossen. Die Stimmen wurden durch Barcodeleser unter notarieller Aufsicht ausgezählt. [→ Rz. 897]

Punkt 3 der Tagesordnung:

Beschlussfassung über die Entlastung des Vorstands für das Geschäftsjahr … .

882   Der Vorsitzende wies auf § 136 AktG für die Beschlussfassung hin und erläuterte den Hintergrund. Die betroffenen Stimmen waren dem Notar gemeldet und wurden von der Zahl der anwesenden Stimmen für diese Abstimmung abgezogen. Der Vorsitzende erläuterte das Verfahren der En-bloc-Abstimmung. Gegen das Verfahren wurden kein Widerspruch erhoben. Die Hauptversammlung stimmte bei unveränderter Präsenz unter Verwendung der Stimmabschnitte Nr. 3 ab. Die Stimmabschnitte wurden eingesammelt und die Abstimmung wurde nach Einsammeln aller Stimmabschnitte geschlossen. Die Stimmen wurden durch Barcodeleser unter notarieller Aufsicht ausgezählt. [→ Rz. 897]

883   Der Vorsitzende gab sodann das Ergebnis der Abstimmung und die Feststellung des zu Punkt 2 der Tagesordnung gefassten Beschlusses wie folgt bekannt: Die Hauptversammlung stimmte dem in der Einladung bekannt gemachten Vorschlag zur Gewinnverwendung mit … Ja-Stimmen gegen … Nein-

Stimmen bei … Enthaltungen, also mit einer Stimmenmehrheit von … % zu. [→ Rz. 898]

Punkt 4 der Tagesordnung:

Beschlussfassung über die Entlastung des Aufsichtsrats für das Geschäftsjahr … .

Der Vorsitzende wies auch hier auf das Stimmrechtsverbot des § 136 AktG und das En-bloc-Abstimmungsverfahren hin. Gegen das Verfahren wurde kein Widerspruch erhoben. Vom Stimmrechtsverbot betroffene Stimmen waren dem Notar gemeldet. Sie nahmen an der Abstimmung über die Entlastung nicht teil, indem diese Stimmen von den stimmberechtigten Stimmen insgesamt abgezogen wurden. **884**

Die Hauptversammlung stimmte bei unveränderter Präsenz unter Verwendung der Stimmabschnitte Nr. 4 ab. Die Stimmabschnitte wurden eingesammelt und die Abstimmung wurde nach Einsammeln aller Stimmabschnitte geschlossen. Die Stimmen wurden durch Barcodeleser unter notarieller Aufsicht ausgezählt. [→ Rz. 897] **885**

Der Vorsitzende gab das Ergebnis der Abstimmung zu Tagesordnungspunkt 3 bekannt und stellte fest, dass die Hauptversammlung den Mitgliedern des Vorstands für das Geschäftsjahr … die Entlastung erteilt hat, und zwar mit … Ja-Stimmen gegen … Nein-Stimmen bei … Enthaltungen, also mit einer Stimmenmehrheit von … %. [→ Rz. 898] **886**

Punkt 5 der Tagesordnung:

Wahl des Abschlussprüfers für das Geschäftsjahr …

Der Vorsitzende stellte den Vorschlag des Aufsichtsrats, als Abschlussprüfer für das Geschäftsjahr … die … Wirtschaftsprüfungsgesellschaft mit dem Sitz in … zu wählen, zur Abstimmung. Die Hauptversammlung stimmte bei unveränderter Präsenz unter Verwendung der Stimmabschnitte Nr. 5 ab. Die Stimmabschnitte wurden eingesammelt und die Abstimmung wurde nach Einsammeln aller Stimmabschnitte geschlossen. Die Stimmen wurden durch Barcodeleser unter notarieller Aufsicht ausgezählt. [→ Rz. 897] **887**

Der Vorsitzende gab das Ergebnis zu Tagesordnungspunkt 4 bekannt und stellte fest, dass die Hauptversammlung den Mitgliedern des Aufsichtsrats für das Geschäftsjahr … die Entlastung erteilt hat, und zwar mit … Ja-Stimmen gegen … Nein-Stimmen bei … Enthaltungen, also mit einer Stimmenmehrheit von … %. [→ Rz. 898] **888**

Nachdem auch das Stimmergebnis zu Tagesordnungspunkt 5 vorlag, gab der Vorsitzende dies bekannt und stellte fest, dass entsprechend dem Vorschlag des Aufsichtsrats die … Wirtschaftsprüfungsgesellschaft als Abschlussprüfer für das Geschäftsjahr … gewählt sei, und zwar mit … Ja-Stimmen gegen … **889**

Nein-Stimmen bei ... Enthaltungen, also mit einer Stimmenmehrheit von ... %. [→ Rz. 898]

890 Abschließend stellte der Vorsitzende nochmals fest, dass alle Beschlüsse zu den einzelnen Tagesordnungspunkten gemäß der den Teilnehmern vorliegenden Hauptversammlungseinladung mit den jeweils erforderlichen gesetzlichen und satzungsmäßigen Mehrheiten gefasst worden sind.

891 Nachdem keine weiteren Wortmeldungen mehr vorlagen, war damit die Tagesordnung erledigt, und der Vorsitzende schloss die Versammlung um ... Uhr. [→ Rz. 897]

892 Über den Verlauf der Versammlung wird von mir, dem protokollierenden Notar, ausdrücklich festgestellt:

(1) Die Tagesordnung und die sonstigen vom Vorsitzenden genannten Unterlagen lagen während der gesamten Dauer der Hauptversammlung aus.

(2) Das Teilnehmerverzeichnis ist vor der ersten Abstimmung ausgelegt worden und lag während der verbleibenden Dauer der Hauptversammlung aus.

(3) Alle Abstimmungen erfolgten in der festgelegten Abstimmungsform durch Abgabe von Stimmabschnitten, die mit einem Barcode präpariert waren, und unter Anwendung des Subtraktionsverfahrens und mit den festgestellten Abstimmungsergebnissen. Die Auszählung erfolgte mittels Barcodeleser, die Auswertung erfolgte mit Hilfe eines EDV-Systems. Ich, der protokollierenden Notar, habe mich vor Beginn der Versammlung von der ordnungsgemäßen Funktion der eingesetzten EDV überzeugt.

(4) Die Ergebnisse der Abstimmung und der Beschlussfassungen wurden von dem Vorsitzenden festgestellt und bekannt gegeben.

(5) Um die Aufnahme von weiteren Fragen als denjenigen, die in der Niederschrift protokolliert sind, wurde nicht ersucht.

(6) Widersprüche zur Niederschrift ergaben sich nicht.

893 Hierüber Niederschrift mit den Anlagen: [→ Rz. 902]

– Ausdrucke aus dem elektronischen Bundesanzeiger vom ... (Anlage 1),

– festgestellter Jahresabschluss und gebilligter Konzernabschluss zum ..., mit dem zusammengefassten Lagebericht der Gesellschaft und des Konzerns sowie der Bericht des Aufsichtsrats für das Geschäftsjahr ... (Anlage 2a, 2b, 2c).

894 ... [Ort], den ... [Datum]

Notar ... [Name] [→ Rz. 903]

...

[Unterschrift des Notars]

II. Erläuterungen [→ Rz. 856 ff]

Gemäß § 130 Abs. 1 Satz 1 AktG ist über die Hauptversammlung eine **Nie-** **895**
derschrift aufzunehmen, die regelmäßig durch einen **Notar** zu erstellen ist.
Eine **vom Vorsitzenden des Aufsichtsrats** erstellte Niederschrift reicht aus,
solange bei einer nicht börsennotierten Gesellschaft keine Beschlüsse gefasst
werden, für die das Gesetz eine Mehrheit von drei Vierteln des vertretenen
Grundkapitals (satzungsmäßige Abweichungen bleiben ohne Auswirkungen)
vorschreibt (§ 130 Abs. 1 Satz 3 AktG; siehe Muster 7.5, Rz. 870 ff). Im Muster wird die Hauptversammlung einer börsennotierten Gesellschaft und mithin
eine notarielle Niederschrift vorgestellt. [→ Rz. 856]

Wenn ein Notar tätig wird, handelt es sich um eine Tatsachenbeurkundung   **896**
nach § 36 ff BeurkG, wobei allerdings die aktiengesetzlichen Bestimmungen
als Spezialnormen vorrangig zu beachten sind.[272] Ansonsten gelten für die
Beurkundungstätigkeit des Notars die einschlägigen Vorschriften des Standes-
rechts, nämlich zur örtlichen Zuständigkeit die §§ 10, 11 BNotO und zum
Ausschluss der Beurkundungstätigkeit § 3 BeurkG.[273] [→ Rz. 858]

Die Niederschrift über die Hauptversammlung ist kein Wortprotokoll, son-   **897**
dern ein **Beschlussprotokoll**. Es muss gemäß § 130 Abs. 2 AktG zwingend
Ort und Tag der Hauptversammlung, Name des Notars sowie Art und Ergebnis der Abstimmung sowie die Feststellung des Vorsitzenden über das Beschlussergebnis enthalten. Bei den Angaben zu der Art der Abstimmung ist
anzugeben, welche Stimmen abgegeben wurden, wie und wo sie abgegeben
wurden und wie die Auszählung erfolgte. Falls unterschiedliche Aktiengattungen oder Stimmkraft bestanden oder Stimmverbote vorlagen, ist dies gesondert anzugeben. Das Protokoll muss geschrieben werden; Tonbandaufzeich-
nung ist unzulässig. Eine formularmäßige Vorbereitung ist hingegen möglich
und zweckmäßig. [→ Rz. 858]

Hinsichtlich des Ergebnisses der **Abstimmungen** muss die Zahl der Nein- und   **898**
der Ja-Stimmen, im Falle des Subtraktionsverfahrens auch die der Enthaltungen angegeben werden. Die Ja-Stimmen brauchen in diesem Falle nicht gesondert angegeben zu werden (also das Ergebnis der rechnerischen Ermittlung),
jedoch ist dies vielfach üblich und wird von einer etwa eingesetzten EDV so
ausgewiesen. Aufgabe des Notars ist es dabei nur, das von ihm wahrgenom-
mene bzw. ihm mitgeteilte Abstimmungsergebnis zu protokollieren.[274] Entsprechend der gesetzlich vorgesehenen Funktionstrennung hat der Versamm-

---

272) Vgl. *Hüffer*, AktG, § 130 Rz. 11; OLG Düsseldorf, Urt. v. 28.3.2003 – 16 U 79/02, ZIP
    2003, 1147 = NZG 2003, 816, dazu EWiR 2003, 737 *(Sustmann)*.
273) Vgl. hierzu ausführlich Semler/Volhard-*Volhard*, § 15 Rz. 21 ff.
274) Semler/Volhard-*Volhard*, § 15 Rz. 26 ff; OLG Düsseldorf, Urt. v. 28.3.2003 – 16 U
    79/02, ZIP 2003, 1147 = NZG 2003, 816.

lungsleiter und nicht der Notar die Aufgabe, das Abstimmungsergebnis zu ermitteln. [→ Rz. 856]

899 Ferner gibt es **zwingende Protokollinhalte** und eine Reihe von Spezialvorschriften. Hier sind zunächst die in § 130 Abs. 1 Satz 2 AktG genannten **Minderheitsverlangen** zu erwähnen, also das wirksame Verlangen nach Einzelabstimmung, Wahlvorschläge von Aktionären bzw. die Geltendmachung von Ersatzansprüchen wegen Pflichtverletzung. Ferner enthalten § 131 Abs. 5 AktG (**Verweigerung der Auskunft** und Grund der Verweigerung) und § 245 AktG (**Widerspruch zu Protokoll als Anfechtungsvoraussetzung**) Protokollierungsverpflichtungen. Für zwingend wird man ferner die Protokollierung von sämtlichen **geschäftsordnungsleitenden Anordnungen** des Versammlungsleiters halten müssen.

900 **Weitere** hier enthaltene **Protokollinhalte** wie die Begrüßung, Erläuterung zum Ablauf, Angaben zum Teilnehmerverzeichnis und zum Ablauf der Aussprache sind nicht gesetzlich vorgeschrieben, jedoch üblich und zweckmäßig. Sie erhöhen die Anschaulichkeit des Protokolls und des damit festgehaltenen Lebenssachverhaltes und können in Einzelfällen für spätere Anfechtungsklagen von klarstellender Bedeutung sein. [→ Rz. 867 f]

901 Inwieweit den Notar über die aktienrechtlichen Wirksamkeitsvoraussetzungen für das notarielle Protokoll hinaus Prüfungs- und Überwachungspflichten, beispielsweise in Bezug auf die Präsenzerfassung, die Erstellung des Teilnehmerverzeichnisses, des Abstimmungsverfahrens und der Ermittlung des Abstimmungsergebnisses, treffen, ist im Einzelnen umstritten; grundsätzlich ist er verpflichtet, auf Verstöße gegen Gesetz oder Satzung hinzuweisen.[275)]

902 § 130 Abs. 3 AktG beschreibt, welche **Anlagen** dem notariellen Protokoll beigefügt, d. h. fest mit ihm verbunden werden müssen. Es handelt sich hierbei um die Belege der Einberufung (§ 121 Abs. 3 AktG), wenn diese nicht im vollständigen Wortlaut in der Niederschrift aufgenommen sind. Als Anlage ist üblicherweise auch der Jahresabschluss nebst Lagebericht und Bericht des Aufsichtsrats jeweils im Original mit Unterschriften von Vorstand, Aufsichtsrat und Abschlussprüfer vorgesehen. Das Teilnehmerverzeichnis muss nicht mehr als Anlage beigefügt werden. Mit der Einreichung der Niederschrift gemäß § 130 Abs. 5 AktG zum Handelsregister erfüllt die Aktiengesellschaft damit zugleich ihre Hinterlegungsvorschriften nach §§ 325 ff HGB. Bei sehr umfangreichen Unterlagen sollte aus Praktikabilitätsgründen jedoch eine getrennte Einreichung bevorzugt werden. In einer Vielzahl von gesetzlich beschriebenen Fällen sind überdies von der Hauptversammlung beschlossene

---

275) Vgl. *Hüffer*, AktG, § 130 Rz. 12; Semler/Volhard-*Volhard*, § 15 Rz. 26 ff; OLG Düsseldorf, Urt. v. 28.3.2003 – 16 U 79/02, ZIP 2003, 1147 = NZG 2003, 816, 819 m. w. N.

Verträge als Anlage der Niederschrift beizufügen (§ 52 Abs. 2 Satz 6, § 293g Abs. 2 Satz 2 AktG, § 13 Abs. 3 Satz 2 UmwG). [→ Rz. 893]

Schließlich bedarf die Niederschrift nach § 130 Abs. 4 Satz 1 AktG der eigen-   **903**
händigen **Unterschrift** des Notars. Das in dieser Weise unterzeichnete Origi-
nalprotokoll bleibt gemäß § 25 Abs. 1 BNotO in der Verwahrung des Notars.
Der Gesellschaft und sonstigen Dritten werden Ausfertigungen bzw. beglaubigte Abschriften erteilt. Bis zur Erteilung von beglaubigten Abschriften oder
Ausfertigungen sind **Protokollberichtigungen** ohne Einschränkungen zulässig, da beurkundungsrechtlich der Abschluss einer Hauptversammlungsniederschrift erst dann eingetreten ist, wenn die Urkunde mit dem Willen des
Notars, insbesondere durch Erteilung von Ausfertigungen, in den Rechtsver-
kehr gelangt. Er kann darüber hinaus am Ort der Hauptversammlung eine Urkunde errichten und später in seiner Geschäftsstelle über den identischen von
ihm beobachteten Sachverhalt eine weitere Urkunde errichten, so dass auch
diese wirksam ist.[276)] Anschließend sind Berichtigungen nur noch entsprechend § 319 ZPO zulässig, soweit es sich um Schreib-, Rechnungsfehler oder
sonstige offensichtliche Unrichtigkeiten handelt. Durch einen entsprechenden
Nachtragsvermerk müssen all diejenigen, die bereits Ausfertigungen oder Abschriften erhalten haben, benachrichtigt werden (§ 44 Abs. 2 Satz 1 BeurkG).
[→ Rz. 894]

Der Vorstand ist gemäß § 120 Abs. 5 AktG verpflichtet, unverzüglich nach   **904**
der Hauptversammlung eine öffentlich beglaubigte Abschrift der Niederschrift und ihrer Anlagen zum **Handelsregister** einzureichen.

---

276) LG Frankfurt/M., Urt. v. 21.12.2005 – 3/9 O 98/03, ZIP 2006, 335 m. w. N.

Muster 7.5: Privatschriftliches Protokoll der Hauptversammlung

I. Mustertext [→ Rz. 919 ff]

905 Niederschrift

über die ordentliche Hauptversammlung der ... AG, ... [*Ort*]

am ... in den Geschäftsräumen der Gesellschaft, ... [*Anschrift*]

906 Es waren anwesend:

    I.   Vom Aufsichtsrat:

        a) ...

        b) ...

        c) ...

    II. Vom Vorstand:

        a) ...

        b) ...

    III. Die in dem als **Anlage 1** beigefügten Teilnehmerverzeichnis aufgeführten Aktionäre und Aktionärsvertreter.

907 Der Vorsitzende des Aufsichtsrats, Herr ..., übernahm den Vorsitz der Versammlung und eröffnete sie um ... Uhr.

908 Er stellte fest, dass sämtliche nennbetragslosen Stückaktien vertreten waren. Das Teilnehmerverzeichnis wurde für die Dauer der Hauptversammlung zur Einsichtnahme ausgelegt. [→ Rz. 921 f]

909 Sämtliche Erschienenen erklärten, dass sie auf die Einhaltung aller für die Einberufung einer Hauptversammlung geltenden gesetzlichen und satzungsmäßigen Frist- und Formvorschriften verzichten (§ 121 Abs. 6 AktG).

910 Der Vorsitzende stellte fest, dass die Tagesordnung den Erschienenen bekannt ist. Er bestimmte, dass durch Handaufheben abgestimmt werden solle. Die Tagesordnung wurde wie folgt erledigt:

911 **(1) Vorlage des festgestellten Jahresabschlusses zum ... mit dem Lagebericht und des Berichts des Aufsichtsrats für das Geschäftsjahr ... .**

Der Vorstand legte der Hauptversammlung den mit dem uneingeschränkten Bestätigungsvermerk der ... Wirtschaftsprüfungsgesellschaft, ... [*Ort*], versehenen, durch den Aufsichtsrat gebilligten und mithin gemäß § 172 AktG festgestellten Jahresabschluss zum ... mit dem Lagebericht und den Bericht des Aufsichtsrats für das Geschäftsjahr ... vor. Kopien dieser Vorlagen sind als **Anlage 2** dieser Niederschrift beigefügt.

(2) Beschlussfassung über die Verwendung des Bilanzgewinns für das Geschäftsjahr ...   912

Vorstand und Aufsichtsrat hatten vorgeschlagen, den Bilanzgewinn von ... Euro für das Geschäftsjahr ... wie folgt zu verwenden:

Je ... Euro Dividende für ... [*Anzahl*] nennbetragslose Stammaktien	... Euro
Je ... Euro Dividende für ... [*Anzahl*] nennbetragslose Vorzugsaktien	... Euro
Einstellung in die Gewinnrücklagen	... Euro
Vortrag auf neue Rechnung	... Euro
Bilanzgewinn	... Euro

Die Hauptversammlung beschloss durch Handaufheben einstimmig ohne Enthaltungen die vorgeschlagene Gewinnverwendung.

(3) Beschlussfassung über die Entlastung der Mitglieder des Vorstands für das Geschäftsjahr ...   913

Vorstand und Aufsichtsrat hatten vorgeschlagen, dem Vorstand für das Geschäftsjahr ... Entlastung zu erteilen.

Die Hauptversammlung beschloss durch Handaufheben einstimmig ohne Enthaltungen die vorgeschlagene Entlastung.

(4) Beschlussfassung über die Entlastung der Mitglieder des Aufsichtsrats für das Geschäftsjahr ...   914

Vorstand und Aufsichtsrat hatten vorgeschlagen, dem Aufsichtsrat für das Geschäftsjahr ... Entlastung zu erteilen.

Die Hauptversammlung beschloss durch Handaufheben einstimmig ohne Enthaltungen die vorgeschlagene Entlastung.

(5) Wahl des Abschlussprüfers für das Geschäftsjahr ...   915

Der Aufsichtsrat hatte vorgeschlagen, die ... Wirtschaftsprüfungsgesellschaft, ... [*Ort*], zum Abschlussprüfer für das Geschäftsjahr ... zu wählen.

Die Hauptversammlung wählte durch Handaufheben einstimmig ohne Enthaltungen den vorgeschlagenen Abschlussprüfer.

Sämtliche Beschlüsse wurden von dem Vorsitzenden mit dem angegebenen   916
Abstimmungsergebnis festgestellt und verkündet.

Nach Erledigung der Tagesordnung schloss der Vorsitzende die Versammlung   917
um ... Uhr.

... [*Ort*], den ... [*Datum*] [→ Rz. 923]   918

[*Unterschrift des Aufsichtsratsvorsitzenden*]

247

II. Erläuterungen [→ Rz. 905 ff]

919 § 130 Abs. 1 Satz 3 AktG eröffnet die Möglichkeit, eine Hauptversammlung ohne Notar durchzuführen, wenn es sich um die Hauptversammlung einer nicht börsennotierten Gesellschaft (Legaldefinition in § 3 Abs. 2 AktG) handelt und keine Beschlüsse gefasst werden, für die das Gesetz (satzungsmäßige Abweichungen sind unbeachtlich) eine Dreiviertel- oder größere Mehrheit bestimmt. Ob der Gesetzgeber damit die im Aktiengesetz häufiger vorkommende Kapitalmehrheit oder die eher seltenere Stimmenmehrheit gemeint hat, ergibt sich aus dem Wortlaut der Vorschrift nicht. Nach einigen Literaturmeinungen soll eine notarielle Beurkundung nicht erforderlich sein, wenn das Gesetz lediglich eine qualifizierte Stimm-, nicht jedoch eine qualifizierte Kapitalmehrheit vorschreibt (z. B. im Falle der Abberufung von Aufsichtsratsmitgliedern nach § 103 Abs. 1 Satz 2 AktG oder bei der Zustimmung zu Maßnahmen, denen der Aufsichtsrat die Zustimmung verweigert hat, § 111 Abs. 4 Satz 4 AktG).[277] Aus Vorsichtsgründen sollte aber auch in diesen Fällen eine notarielle Beurkundung vorgesehen werden.[278] In jedem Fall erforderlich ist eine notarielle Beurkundung in den Fällen, in denen das Gesetz eine Kapitalmehrheit verlangt, damit sind die wichtigsten Grundlagenbeschlüsse – insbesondere die Satzungsänderung (§ 179 Abs. 2 AktG), die Kapitalerhöhung (§ 182 Abs. 1 Satz 1 AktG), die Ausgabe von Schuldverschreibungen (§ 221 Abs. 1 Satz 2 AktG), die Zustimmung zu Unternehmensverträgen (§ 293 Abs. 1 Satz 2 AktG), der Eingliederungsbeschluss (§ 319 Abs. 2 Satz 2 AktG), der Squeeze-out-Beschluss (§ 327a Abs. 1 Satz 1 AktG) sowie die Zustimmung zur Verschmelzung (§ 65 Abs. 1 Satz 1 UmwG) – von § 130 Abs. 1 Satz 3 AktG ausgenommen.

920 Ob bei Holzmüller-Beschlüssen eine privatschriftliche Protokollierung ausreichend ist, ist umstritten. Die überwiegende Meinung lehnte bislang eine notarielle Beurkundungspflicht ab.[279] Ob dies im Lichte der aktuellen „Gelatine"-Entscheidung des Bundesgerichtshofs[280] noch haltbar ist, erscheint fraglich. Die Entscheidung stützt das Zustimmungserfordernis in Abweichung von der bisherigen Rechtsprechung nicht mehr auf § 119 Abs. 2 AktG, sondern auf eine „offene Rechtsfortbildung", die hinsichtlich der qualitativen Kriterien an das Heranreichen der Maßnahme an eine Satzungsänderung anknüpft und dementsprechend auch eine qualifizierte Mehrheit für den Hauptversammlungsbeschluss verlangt. Aus Gründen der Vorsicht wird daher in diesen Fällen

---

277) So *Hüffer*, AktG, § 130 Rz. 14b; MünchKomm-*Kubis*, AktG, § 130 Rz. 24; *Hoffmann-Becking*, ZIP 1995, 1, 7.

278) Semler/Volhard-*Volhard*, § 15 Rz. 4 und zu Fußn. 9.

279) Übersicht bei MünchKomm-*Kubis*, AktG, § 130, Rz. 25; gegen die Notwendigkeit eines notariellen Protokolls *Hüffer*, AktG, § 130 Rz. 14c m. w. N.

280) BGH, Urt. v. 26.4.2004 – II ZR 155/02 – Gelatine, BGHZ 159, 30 = ZIP 2004, 993 (m. Anm. *Altmeppen*) = AG 2004, 384, dazu EWiR 2004, 573 *(Just)*.

künftig eine notarielle Beurkundung angezeigt sein (zum Beschlussvorschlag an die Hauptversammlung siehe Rz. 1122). In der Praxis empfiehlt sich die privatschriftliche Niederschrift grundsätzlich nur bei einfachen, harmonischen Hauptversammlungen mit klarer Beschlusslage.

Die Beifügung des Teilnehmerverzeichnisses zum Protokoll ist zwar nicht (mehr) gesetzlich vorgeschrieben, empfiehlt sich aber gerade beim privatschriftlichen Protokoll aus Gründen der Klarheit und der Rechtssicherheit.   **921**

Das Muster geht davon aus, dass sämtliche Aktionäre der Gesellschaft an der Hauptversammlung teilnehmen, d. h. entweder selbst erschienen sind oder sich vertreten lassen (so genannte Vollversammlung). Auch Vorzugsaktionäre müssen erschienen oder vertreten sein. Die Vollversammlung kann auf die Einhaltung sämtlicher gesetzlicher Form- und Fristvorschriften verzichten, wenn kein Aktionär dem widerspricht (§ 121 Abs. 6 AktG). Ob Vorstand und Aufsichtsrat von der Hauptversammlung unter Mitteilung der Tagesordnung benachrichtigt werden müssen, ist umstritten,[281] notwendig ist ihre Teilnahme an der Vollversammlung aber jedenfalls nicht. Auch bei einer Vollversammlung muss ein Teilnehmerverzeichnis erstellt werden. [→ Rz. 908]   **922**

Die privatschriftliche Niederschrift muss trotz des Gesetzeswortlauts in § 130 Abs. 1 Satz 3 AktG von dem jeweiligen Versammlungsleiter unterzeichnet werden, auch wenn dieser nicht der Aufsichtsratsvorsitzende ist.[282] [→ Rz. 918]   **923**

Die Niederschrift muss gemäß § 130 Abs. 5 AktG unverzüglich nach der Hauptversammlung vom Vorstand mit den erforderlichen Anlagen zum Handelsregister eingereicht werden.   **924**

---

281) MünchKomm-*Kubis*, AktG, § 121, Rz. 66 m. w. N.
282) *Hüffer*, AktG, § 130 Rz. 14e; Semler/Volhard-*Volhard*, § 15 Rz. 91; MünchKomm-*Kubis*, AktG, § 130 Rz. 30.

Teil 8: Beschlussvorschläge an die Hauptversammlung in Sonderfällen

Muster 8.1: Satzungsänderung

I. Mustertext [→ Rz. 926 ff]

TOP …: Beschlussfassung über die Umstellung des Geschäftsjahres und Satzungsänderung 925

Vorstand und Aufsichtsrat schlagen vor zu beschließen:

a) Das Geschäftsjahr der Gesellschaft wird umgestellt. Es wird von dem bisherigen Zeitraum gemäß § … der Satzung der Gesellschaft, d. h. vom 1. 4. bis 31. 3., auf den 1. 1. zum 31.12. eines jeden Jahres verschoben. [→ Rz. 930]

b) Durch die Umstellung des Geschäftsjahrs entsteht vom 1. 4. … bis zum 31. 12. … ein Rumpfgeschäftsjahr. [→ Rz. 930, 935]

c) § … der Satzung wird geändert und wie folgt neu gefasst:

„Das Geschäftsjahr der Gesellschaft ist das Kalenderjahr." [→ Rz. 930 f]

II. Erläuterungen [→ Rz. 925]

1. Grundlagen

Die Satzungsänderung ist in §§ 179–181 AktG generell geregelt. Darüber hinaus befassen sich zahlreiche Sondervorschriften mit speziellen Satzungsänderungen, insbesondere den Kapitalmaßnahmen nach §§ 182 ff, 222 ff AktG, die §§ 179 ff AktG verdrängen. Für Unternehmensverträge bestimmen §§ 291 ff, 293 Abs. 1 Satz 4 AktG, dass die Bestimmungen des Gesetzes über Satzungsänderungen nicht anzuwenden sind. Stellvertretend für alle Fälle einer Satzungsänderung ist nachstehend die Änderung des Geschäftsjahrs behandelt, dessen Angabe notwendiger und materieller Satzungsinhalt ist. 926

Eine **Satzungsänderung** i. S. d. §§ 179 ff AktG ist jede Änderung, auch die bloße Korrektur, von Satzungsbestimmungen, die ihrem Gehalt nach so genannte **materielle Satzungsbestandteile** sind.[283)] Dies sind zum einen die gemäß § 23 Abs. 3 und 4 AktG zwingend in die Satzung aufzunehmenden Bestimmungen sowie sämtliche Angaben und Regelungen zu den Kapitalverhältnissen der Gesellschaft und ihren Beziehungen zu den Gründern oder Aktionären (§ 23 Abs. 2 AktG). Ferner sind solche Regelungen notwendiger und materieller Bestandteil, die gemäß § 23 Abs. 5 AktG nach den Bestimmungen des Aktiengesetzes ausdrücklich als vom Gesetz abweichende Satzungsbe- 927

---

283) Vgl. nur *Hüffer*, AktG, § 179 Rz. 4 f m. w. N.

stimmungen zugelassen sind. Als materieller Satzungsbestandteil gilt nach herrschender Meinung auch die Bestimmung des Geschäftsjahres.[284]

928 Nicht den Regelungen über die Satzungsänderung unterfällt die Aufhebung oder Änderung von lediglich **formellen Satzungsbestimmungen**, d. h. solchen Bestimmungen, die zwar in der Satzung aufgenommen sind, jedoch nicht zu den die Grundlagen der Gesellschaft und die Beziehungen zu ihren Aktionären betreffenden Bestimmungen gehören, mithin regelmäßig nur schuldrechtlicher Natur sind.

> **Praxistipp:**
> Die Abgrenzung zwischen formellen und materiellen Satzungsbestandteilen kann im Einzelfall unklar und problematisch sein. Es empfiehlt sich im Zweifelsfall, die Regelungen über Satzungsänderungen gemäß §§ 179 ff AktG einzuhalten. Als weitere Empfehlung folgt hieraus, die Satzung möglichst von Bestimmungen freizuhalten, die nicht notwendigerweise Satzungsbestandteil sein müssen, sondern etwa Gegenstand einer Aktionärsvereinbarung sein können.

929 Die Hauptversammlung kann schließlich gemäß § 179 Abs. 1 Satz 2 AktG den Aufsichtsrat ermächtigen, Satzungsänderungen vorzunehmen, die nur die Fassung, d. h. die sprachliche Form und nicht den Inhalt, betreffen. Eine solche Ermächtigung ist in der Praxis sinnvoll und in dem Satzungsmuster 1.1, Rz. 53 vorgesehen.

2. Beschlussinhalt [→ Rz. 925]

930 Der im Muster vorgestellte Beschluss besteht aus drei Bestandteilen, nämlich zu Buchstaben a und b aus der Geschäftsjahresumstellung und zu Buchstabe c aus der entsprechenden Satzungsänderung, d. h. der Neufassung der einschlägigen Satzungsbestimmung. Konstitutive Bedeutung hat dabei lediglich der Beschluss unter Buchstabe c, der die eigentliche Satzungsänderung enthält. Trotzdem empfiehlt es sich hier der Klarheit und des besseren Verständnisses halber, die Umstellung des Geschäftsjahres und die Einführung des entsprechenden Rumpfgeschäftsjahres ausdrücklich zu beschließen. In anderen Fällen von Satzungsänderungen kann es sich empfehlen, dem eigentlichen Beschluss über die Neufassung von Satzungsbestimmungen eine kurze Begründung und Erläuterung voranzustellen.

931 Gemäß § 124 Abs. 2 Satz 2 AktG ist der Wortlaut der vorgeschlagenen Satzungsänderung in der Einladungsbekanntmachung zur Hauptversammlung wiederzugeben. Dem wird das Muster durch den Beschlussvorschlag zu Buchstabe c gerecht.

---

284) Vgl. *Hüffer*, AktG, § 23 Rz. 3; *Röhricht*, in: Großkomm. z. AktG, § 23 Rz. 15; *Zöllner*, in: Kölner Komm. z. AktG, § 179 Rz. 112; MünchKomm-*Pentz*, AktG, § 23 Rz. 40; a. A. *Hüffer*, in: Großkomm. z. HGB, § 240 Rz. 44 m. w. N.

Der Beschluss der Hauptversammlung bedarf gemäß § 179 Abs. 2 Satz 1 AktG **932**
einer **Mehrheit** von **mindestens drei Vierteln** des bei der Hauptversammlung
anwesenden Grundkapitals. Die Satzung darf jedoch dieses Erfordernis absenken (soweit nicht die Änderung des Unternehmensgegenstandes ansteht). Der
Beschluss bedarf außerdem der Mehrheit der abgegebenen Stimmen (Grundsatz der einfachen Stimmenmehrheit nach § 133 Abs. 1 AktG). Ein Unter-
schied zwischen Kapitalmehrheit und Stimmenmehrheit tritt in der Praxis
kaum mehr auf. Die unterschiedlichen Bezugsgrößen wurden relevant bei
Höchststimmrechten gemäß § 134 Abs. 1 Satz 2 AktG (die nach dem
KonTraG nur noch bei nicht börsennotierten Gesellschaften zulässig sind, § 5
Abs. 7 EGAktG) sowie Mehrstimmrechten (die aufgrund von § 5 Abs. 1
EGAktG spätestens am 1. Juni 2003 erloschen sind). In den Fällen von § 97
Abs. 2 Satz 4, § 98 Abs. 4 Satz 2 AktG, § 113 Abs. 1 Satz 4, § 237 Abs. 4
Satz 2, § 4 Abs. 1 Satz 1 und § 5 Abs. 2 Satz 2 EGAktG stellt das Gesetz be-
sondere Mehrheitserfordernisse auf, die zu beachten sind.

Kommt es durch eine Satzungsänderung zu einer **Veränderung zum Nachteil** **933**
einer Aktiengattung, bedarf der Beschluss der Hauptversammlung zu seiner
Wirksamkeit der Zustimmung der benachteiligten Aktionäre im Wege eines
Sonderbeschlusses, der ebenfalls mit den eben geschilderten Mehrheiten gefasst werden kann (§ 179 Abs. 3 AktG). In den praktisch relevanten Fällen ist
das Erfordernis eines Sonderbeschlusses bereits spezialgesetzlich festgelegt,
etwa bei Kapitalerhöhungen (§ 182 Abs. 2 AktG), Kapitalherabsetzungen
(§ 222 Abs. 2 AktG) oder bei der Ausgabe neuer Vorzugsaktien (§ 141 Abs. 2
AktG). Für die Einführung oder Erweiterung von Nebenverpflichtungen oder
die nachträgliche Einführung der Vinkulierung bleibt § 180 AktG unberührt.
In diesen Fällen muss jeder betroffene Aktionär individuell seine Zustimmung
erteilen, so dass eine derartige Maßnahme bei börsennotierten Publikumsgesellschaften praktisch nicht in Betracht kommt.

Die **Wirksamkeit** der Satzungsänderung tritt gemäß § 181 Abs. 3 AktG erst **934**
ein, wenn sie im Handelsregister der Gesellschaft eingetragen ist. Die Hauptversammlung ist darüber hinaus frei, eine Satzungsänderung befristet zu beschließen oder den Beschluss über die Satzungsänderung unter eine Bedingung
zu stellen. Letzteres kann technisch auch dadurch erreicht werden, dass die
Hauptversammlung den Vorstand anweist, den Änderungsbeschluss nur unter
bestimmten Voraussetzungen anzumelden.[285] Solche Bedingungen dürfen
dem Vorstand aber keinen eigenen Entscheidungsspielraum geben. Die Bedingung eines Hauptversammlungsbeschlusses muss mindestens so gefasst sein,
dass bei Eintragung der beschlossenen Satzungsänderung kein ungewisses Er-

---

285) Beispielhaft sei auf die Vorratsbeschlüsse in der HV-Saison 2005 zur Anpassung der Satzungen an das UMAG hingewiesen. Der Vorstand wurde hier regelmäßig angewiesen, die
entsprechenden Satzungsänderungen erst dann zum Handelsregister anzumelden, wenn
das Gesetz mit dem in der Tagesordnung näher beschriebenen Inhalt in Kraft getreten ist.

eignis mehr Voraussetzung für die Wirksamkeit der Satzungsbestimmung ist.[286]

Praxistipp:

Um die Diskussion eines vor Handelsregisteranmeldung erfolgten Bedingungs-eintritts nicht mit dem Registerrichter führen zu müssen, empfiehlt es sich, den Weg der unechten Bedingung über eine Anweisung an den Vorstand zu wählen, mit der Einschränkung, dass hier kein eigener Ermessensspielraum für den Vorstand eingeräumt werden darf.

935 Bei dem hier gegebenen Fall der Änderung des Geschäftsjahres ist außerdem das Problem der **Rückwirkung** zu beachten. Eine rückwirkende Satzungsände-rung ist generell insoweit unzulässig, als Dritte auf den bisher bestehenden Rechtszustand vertraut haben. Hierbei kann es sich einerseits um Aktionäre, andererseits aber auch um außenstehende Dritte handeln. Da die mit dem Ge-schäftsjahr zwingend verbundene abschnittsweise Bilanzierung im allgemeinen Drittinteresse ist, wird eine rückwirkende Änderung für unzulässig gehal-ten.[287] Hieraus folgt zutreffenderweise, dass die Änderung der Satzung mit der Umstellung des Geschäftsjahres vor Ende des durch die Umstellung des Geschäftsjahres eintretenden Rumpfgeschäftsjahres im Handelsregister erfolgt sein muss Sollte aufgrund des Hauptversammlungstermins absehbar sein, dass diese Frist nicht gewahrt werden kann, kann es sich empfehlen, die Wirksam-keit der Geschäftsjahresumstellung für einen späteren Zeitpunkt zu beschlie-ßen und den Vorstand anzuweisen, die Satzungsänderung erst nach Beendi-gung des laufenden Geschäftsjahres anzumelden.

---

286) Siehe *Hüffer*, AktG, § 179 Rz. 25 f m. w. N.; Semler/Volhard-*Schröer*, § 21 Rz. 4.
287) *Hüffer*, AktG, § 179 Rz. 28; OLG Schleswig, Beschl. v. 17.5.2000 – 2 W 69/00, NJW-RR 2000, 1425.

Muster 8.2: Verzicht auf individualisierte Offenlegung der Vorstandsvergütung

I. Mustertext [→ Rz. 938 ff]

TOP ...: Beschlussfassung über den Verzicht auf eine individualisierte Offenlegung der Vorstandsbezüge 936

Das Gesetz über die Offenlegung der Vorstandsvergütungen (VorstOG) vom 3. August 2005 hat eine Verpflichtung zur individualisierten Offenlegung der Vorstandsvergütung bei börsennotierten Aktiengesellschaften im Anhang des Jahresabschlusses und des Konzernabschlusses eingeführt. Die entsprechenden Bestimmungen (§ 285 Satz 1 Nr. 9 Buchst. a HGB und § 314 Abs. 1 Nr. 6 Buchst. a HGB) gelten bereits für das nach dem 31. Dezember 2005 beginnende Geschäftsjahr. Die Hauptversammlung kann gemäß § 286 Abs. 5 HGB beschließen, dass diese Angaben unterbleiben. Die Beschlussfassung der Hauptversammlung bedarf einer Mehrheit von mindestens drei Vierteln des bei der Beschlussfassung vertretenen Grundkapitals. Sie kann höchstens für einen Zeitraum von fünf Jahren erfolgen.

Vorstand und Aufsichtsrat schlagen vor zu beschließen: 937

Die in § 285 Satz 1 Nr. 9 Buchstabe a Satz 5 bis 9 und § 314 Abs. 1 Nr. 6 Buchstabe a Satz 5 bis 9 des Handelsgesetzbuches (HGB) verlangten Angaben unterbleiben in den Jahresabschlüssen und Konzernabschlüssen der Gesellschaft für die Geschäftsjahre ... [*2006 bis 2010*] einschließlich, längstens aber bis zum ... [*Datum, max. 5 Jahre*].

II. Erläuterungen [→ Rz. 936 f]

1. Einführung

Am 1. Juli 2005 ist das Vorstandsvergütungs-Offenlegungsgesetz (VorstOG) in Kraft getreten. **Börsennotierte Aktiengesellschaften** sind nach der entsprechenden Änderung von § 285 Nr. 9 Sätze 5–9, § 314 Abs. 1 Nr. 6 Sätze 5–9 HGB erstmals für das nach dem 31. Dezember 2005 beginnende Geschäftsjahr (Art. 59 EGHGB) verpflichtet, im **Anhang** des Jahresabschlusses bzw. des Konzernabschlusses die Vorstandsbezüge nicht nur pauschal bezogen auf die Gesamtbezüge, sondern **individualisiert auszuweisen,** und zwar jeweils aufgeschlüsselt nach erfolgsunabhängigen Komponenten (Festgehalt), erfolgsbezogenen Komponenten (Tantiemen) und Komponenten mit langfristiger Anreizwirkung (Aktienoptionen, Phantom Stocks etc.). Außerdem ist anzugeben, welche Leistungen dem Vorstandsmitglied für den Fall der Beendigung seiner Tätigkeit zugesagt worden sind und welche Leistungen dem einzelnen Vorstandsmitglied von einem Dritten im Hinblick auf seine Tätigkeit als Vorstandsmitglied zugesagt oder im Geschäftsjahr gewährt worden sind. Enthält 938 der Jahresabschluss weitergehende Angaben zu bestimmten Bezügen, so sind auch diese anzugeben.

939 Die Regelung basiert auf einer zunächst als Anregung, dann als Empfehlung gefassten Bestimmung in Ziffer 4.2.4. des Deutschen Corporate Governance Kodex, der aber nur vergleichsweise wenige Unternehmen gefolgt sind (hierzu ausführlich oben Rz. 652).

940 Des Weiteren sind gemäß der neu eingeführten Regelung in § 289 Abs. 2 Nr. 5, § 315 Abs. 2 Nr. 4 HGB bei börsennotierten Gesellschaften die **Grundzüge des Vergütungssystems** im Lagebericht und im Konzernlagebericht darzulegen. Soweit dabei auch die erforderlichen Angaben zu den individuellen Vorstandsbezügen gemacht werden, können diese Angaben im Anhang unterbleiben. Ziffer 4.2.3 DCGK enthält darüber hinaus noch die Empfehlung, die Grundzüge des Vergütungssystems auch auf der **Internetseite** der Gesellschaft in allgemein verständlicher Form bekannt zu machen.

941 **Nicht börsennotierte Gesellschaften** treffen diese Verpflichtungen nicht. Für sie bleibt es bei der Regelung, dass Angaben gemäß § 285 Satz 1 Nr. 9 Buchst. a und b HGB unterbleiben können, wenn sich anhand dieser Angaben die Bezüge eines individuellen Vorstandsmitglieds feststellen lassen. Für den Konzernabschluss verweist § 314 Abs. 2 HGB auf diese Regelung. Bei den nicht börsennotierten Gesellschaften sind kleine Gesellschaften (§ 267 Abs. 1 HGB) von den Angaben gemäß § 285 Satz 1 Nr. 9 HGB ohnehin befreit (§ 288 Satz 1 HGB).

2. Beschlussfassung [→ Rz. 936 f]

942 In dem durch das Vorstandsvergütungs-Offenlegungsgesetz neu aufgenommenen § 286 Abs. 5 HGB ist vorgesehen, dass die Hauptversammlung börsennotierter Gesellschaften beschließen kann, dass die individuellen Angaben zur Vergütung jedes einzelnen Vorstandsmitgliedes unterbleiben. Einige Gesellschaften haben von der Möglichkeit dieses so genannten *opt out* bereits Gebrauch gemacht.[288] Angesichts der Ablehnung der entsprechenden Empfehlung in Ziffer 4.2.4 DCGK bleibt abzuwarten, wie viele Gesellschaften zukünftig ähnliche Beschlüsse fassen.

943 Gegen eine individualisierte Offenlegung sprechen noch nicht geklärte verfassungsrechtliche Probleme angesichts des mit der Offenlegung verbundenen Eingriffs in die Privatsphäre der einzelnen Vorstandsmitglieder, und zwar auch vor dem Hintergrund des Datenschutzes,[289] die Gefahr einer erleichterten

---

288) Einladung zur Hauptversammlung der Sixt AG am 15.7.2005, veröffentlicht im elektronischen Bundesanzeiger vom 1.6.2005; weitere Gesellschaften (z. B. Porsche AG, Kamps AG, W. E. T. AG) folgten in der HV-Saison 2006.
289) *Augsberg*, ZRP 2005, 105.

Abwerbung einzelner Leistungsträger[290]) sowie – bei einer an der individuellen Leistung der Vorstandsmitglieder orientierten Vergütung – das Problem einer aus einer Offenlegung resultierenden unerwünschten Nivellierung der Bezüge.[291]) Diese Nachteile sind gegen die erwarteten Vorteile abzuwägen. Hier wird zum einen eine Kontrolle der Vorstandsgehälter durch die Aktionäre erwartet, verbunden mit einer Dämpfung des Vergütungsniveaus (obwohl in den USA durch die individuelle Offenlegung offenbar eher ein gegenteiliger Effekt ausgelöst wurde).[292]) Ein weiterer Vorteil der Offenlegung könnte in der Vermittlung wichtiger Informationen für potentielle Investoren und damit möglicherweise verbundene Kursgewinne bestehen. Abgesehen davon, dass dieser Zusammenhang nicht unbestritten ist,[293]) dürften Investoren aber eher an zukunftsbezogenen Informationen über das Vergütungssystem interessiert sein,[294]) wie es § 289 Abs. 2 Nr. 5 und § 325 Abs. 2 Nr. 4 HGB jetzt auch vorsehen.

Zu bedenken ist schließlich, dass auch Beschlussfassungen möglich sind, die eine individualisierte Offenlegung nicht vollständig ablehnen, im Einzelnen aber hinter den gesetzlichen Vorgaben zurückbleiben. Ein Kompromiss könnte bei größeren Vorständen beispielsweise darin bestehen, nur die Bezüge des am höchsten bezahlten Vorstandsmitglieds bzw. des Vorstandsvorsitzenden individualisiert auszuweisen.[295]) Diesen Weg sind einige Unternehmen bereits im Rahmen der Kodexempfehlung gegangen. **944**

Der Beschluss kann sich **höchstens auf fünf Jahre** ab dem Beschluss der Hauptversammlung beziehen. Es empfiehlt sich angesichts nicht vorhersehbarer Ereignisse im Zusammenhang mit dem Jahresabschluss (z. B. Änderungen des Geschäftsjahres), zusätzlich zu dem Abschlusszeitraum, wie bei anderen zeitlich befristeten Hauptversammlungsbeschlüssen, ein konkretes Datum (fünf Jahre nach dem Datum der betreffenden Hauptversammlung) anzugeben, bis zu dem der Beschluss Bestand hat. Der Beschluss bedarf einer **Mehrheit von mindestens drei Vierteln** des bei der Beschlussfassung vertretenen Grundkapitals. Bei der Beschlussfassung sind die Vorstandsmitglieder, soweit sie gleichzeitig Aktionäre sind, vom Stimmrecht gemäß § 136 AktG ausgeschlossen (§ 286 Abs. 5 Satz 3 HGB). Wie stets beim **Stimmrechtsverbot** ist auch hier zu beachten, dass eine Zurechnung stattfinden kann, wenn die Aktien einer Drittgesellschaft gehören und das betroffene Vorstandsmitglied auf **945**

290) *Mutter*, AG-Report 2005, R 333.
291) *Thüsing*, ZIP 2005, 1389, 1390 f.
292) *Baums*, ZHR 169 (2005), 299, 305 f.
293) *Sünner*, Börsenzeitung vom 27.4.2005, S. 8.
294) *Baums*, ZHR 169 (2005), 299, 307.
295) *Baums*, ZHR 169 (2005), 299.

diese als Organmitglied oder als Gesellschafter maßgeblichen Einfluss ausüben kann.[296)]

946　Da Ziffer 4.2.4 DCGK auch in der Fassung vom 2. Juni 2005 weiterhin die Empfehlung einer individualisierten Offenlegung enthält, müssen Aktiengesellschaften den Gebrauch von der gesetzlich vorgesehenen Möglichkeit eines *opt out* in der **Entsprechenserklärung** gemäß § 161 AktG offen legen (siehe hierzu auch oben Rz. 652 f).

---

296) Näher zur Zurechnungsproblematik *Hüffer*, AktG, § 136 Rz. 8 ff.

Muster 8.3: Reguläre Kapitalerhöhung

Variante 1: Kapitalerhöhung mit unmittelbarem Bezugsrecht

I. Mustertext [→ Rz. 955 ff]

TOP …: Beschlussfassung über eine Kapitalerhöhung gegen Bareinlagen und Satzungsänderung   947

Vorstand und Aufsichtsrat schlagen vor zu beschließen:

a) Das Grundkapital der Gesellschaft wird gegen Bareinlagen von 10 000 000   948
Euro um bis zu 5 000 000 Euro auf bis zu 15 000 000 Euro erhöht, durch
Ausgabe von bis zu 5 000 000 neuen, auf den Inhaber lautenden Stückaktien. Die neuen Aktien werden zu einem Ausgabebetrag von 20 Euro je
neuer Aktie ausgegeben. [→ Rz. 957 f]

Die neuen Aktien werden den Aktionären im Verhältnis 2 : 1 zum Bezug   949
angeboten (d. h. für 2 alte Aktien kann eine neue Aktie bezogen werden).
[→ Rz. 963]

Die Frist für die Annahme des Bezugsangebots beträgt zwei Wochen nach   950
Bekanntmachung des Bezugsangebots. Die neuen Aktien sind ab dem …
gewinnberechtigt. [→ Rz. 964, 965]

b) Der Vorstand ist ermächtigt, mit Zustimmung des Aufsichtsrats weitere   951
Einzelheiten der Kapitalerhöhung und ihrer Durchführung festzulegen. Er
ist insbesondere ermächtigt, die Bedingungen festzulegen, zu denen nach
Ablauf der für alle Aktionäre geltenden Bezugsfrist Aktionäre über ihr Bezugsrecht hinaus sowie Dritte die nicht gezeichneten Aktien zum Ausgabebetrag zeichnen und beziehen können. [→ Rz. 957, 967]

Alternativ zu Buchst. a Satz 2 des Musters: 952

*Der Vorstand ist ferner berechtigt, den Ausgabebetrag der neuen Aktien best-
möglich unter Berücksichtigung der aktuellen Kursentwicklung, nicht jedoch
unter 1 Euro je neuer Aktie festzusetzen.* [→ Rz. 960 f]

Der Beschluss über die Erhöhung des Grundkapitals wird ungültig, wenn   953
nicht bis zum Ablauf des … neue Aktien mit einem anteiligen Grundkapital von mindestens 1 000 000 Euro gezeichnet sind. [→ Rz. 957]

c) Der Aufsichtsrat wird ermächtigt, die Fassung von § … der Satzung ent-   954
sprechend der Durchführung der Kapitalerhöhung anzupassen.
[→ Rz. 968]

II. Erläuterungen [→ Rz. 947 ff]

1. Vorbemerkung

955 Die Beschlussfassung über die Erhöhung des Grundkapitals durch Ausgabe neuer Aktien ist eine Satzungsänderung. Sie kann auf verschiedenem Wege erfolgen:

(1) Unmittelbar durch Hauptversammlungsbeschluss (Muster 8.3, Varianten 1–4),

(2) durch Schaffung so genannten genehmigten Kapitals, durch das die Hauptversammlung Vorstand und Aufsichtsrat ermächtigt, in einem bestimmten Rahmen eine Kapitalerhöhung vorzunehmen (Muster 8.4, Rz. 1012), oder

(3) durch Schaffung so genannten bedingten Kapitals, wodurch die Hauptversammlung das Kapital bedingt für die Zwecke der Bedienung von Umtausch- oder Bezugsrechten auf Aktien erhöht (Muster 8.5, Rz. 1043).

2. Unmittelbares Bezugsrecht und Rahmen der Kapitalerhöhung [→ Rz. 948 ff]

956 Das Muster enthält die Beschlussbestimmungen für den vom Gesetz als Regelfall der Kapitalerhöhung angesehenen Sachverhalt, der dadurch gekennzeichnet ist, dass die Aktionäre ein unmittelbares Bezugsrecht erhalten. Dieser Fall ist gegenüber der Einräumung eines mittelbaren Bezugsrechts durch Zwischenschaltung einer Bank mit garantiertem Kapitalerhöhungsbetrag (vgl. Varianten 2, 3 und 4, Rz. 970, 983 und 997) selten geworden, insbesondere bei börsennotierten Gesellschaften, bei denen die Abwicklung der Bezugsrechte ohne Zwischenschaltung eines Kreditinstituts abwicklungstechnisch ohnehin undenkbar ist. Bei Gesellschaften mit einem starken Großaktionär kann jedoch auf die Platzierungshilfe der Kreditinstitute mitunter verzichtet werden und das unmittelbare Bezugsrecht eine erwägenswerte Variante darstellen (vgl. auch Rz. 976).

957 Entscheidendes Merkmal des hier vorgestellten Kapitalerhöhungsbeschlusses ist die **Angabe eines Rahmens**, um den das Grundkapital erhöht wird. Damit ist es grundsätzlich möglich, die Kapitalerhöhung zur Durchführung in dem Umfang anzumelden, in dem neue Aktien von den Aktionären innerhalb der Bezugsfrist oder von außenstehenden Dritten nach Ablauf der für die Altaktionäre geltenden Bezugsfrist gezeichnet worden sind. Würde der Betrag der Kapitalerhöhung nicht als Höchstbetrag, sondern als fester Betrag beschlossen werden, würde eine Minderzeichnung dazu führen, dass die Durchführung der

Kapitalerhöhung nicht eingetragen werden kann.[297] Um nicht die Kapitalerhöhung mit einem unzureichenden neuen Kapital durchzuführen, ist im Beschlussmuster am Ende von Buchstabe b (Rz. 953) eine **Mindestgrenze** und eine Frist bestimmt, innerhalb deren diese gezeichnet sein muss.[298] Es ist jedoch nicht erforderlich, einen Mindestbetrag zu benennen, z. B. wenn feststeht, dass ein Großaktionär die auf ihn fallenden Bezugsaktien zeichnen wird. Demgegenüber ist es sinnvoll, **Durchführungsfristen** zu benennen. Andernfalls müsste der Vorstand die Kapitalerhöhung unverzüglich in Angriff nehmen und binnen angemessener Frist durchführen ohne eigenes Ermessen hierbei zu haben. Über die Angemessenheitsgrenze gibt es jedoch keine gesetzliche Bestimmung; es werden in der Praxis unterschiedliche Fristen genannt, die zwischen zwei und vier Monaten schwanken. Um dieser Beurteilungsschwierigkeit zu entgehen, ist es empfehlenswert, eine Durchführungsfrist ausdrücklich festzusetzen, die nach allgemeiner Meinung jedoch (um die Grenze zum genehmigten Kapital nicht zu verwischen) nicht länger als sechs Monate sein sollte.[299]

3. Art und Zahl bzw. Nennbetrag der auszugebenden Aktien [→ Rz. 948]

Obligatorischer Inhalt des Hauptversammlungsbeschlusses ist die **Art** (Inhaber- oder Namensaktien) sowie Zahl bzw. Nennbetrag der neu auszugebenden Aktien. Dies folgt aus § 23 Abs. 3 Nr. 4 und 5 AktG. Bei **Stückaktien** ist die **Zahl** der neu auszugebenden Aktien anzugeben. Ihre Stückelung ist identisch mit der Stückelung der bestehenden Aktien, d. h. der rechnerische Anteil der neuen und alten Aktien an dem neuen Grundkapital ist gleich. Werden **Nennwertaktien** ausgegeben, so ist der **Nennbetrag** der neu auszugebenden Aktien anzugeben. Werden unterschiedliche oder andere Gattungen von Aktien ausgegeben, so ist dies ebenfalls zahlenmäßig festzulegen. Auf die gegebenenfalls unterschiedlich bestehenden Bezugsrechte und die Frage, ob das Verhältnis von Gattungen untereinander verschoben ist, ist hierbei zu achten (§ 179 Abs. 3 AktG, bei Vorzügen § 141 AktG).

958

4. Ausgabebetrag und Bezugsrecht [→ Rz. 948, 952]

Die Angabe des Betrags, zu dem die neuen Aktien an die Aktionäre ausgegeben werden sollen, ist erforderlich, wenn die Aktien über dem gesetzlichen

959

---

297) Allg. Ansicht, RG, Urt. v. 30.5.1903 – Rep. I 21/03, RGZ 55, 65, 67; *Wiedemann*, in: Großkomm. z. AktG, § 182 Rz. 55; *Hüffer*, AktG, § 182 Rz. 12; MünchKomm-*Peifer*, AktG, § 182 Rz. 36; Semler/Volhard-*Schröer*, § 22 Rz. 4.

298) Vgl. hierzu OLG Hamburg, Urt. v. 29.10.1999 – 11 U 71/99, AG 2000, 326, dazu EWiR 2000, 893 *(Rottnauer)*; *Hüffer*, AktG, § 182 Rz. 12.

299) *Lutter*, in: Kölner Komm. z. AktG, § 182 Rz. 17; *Krieger*, in: Münchener Handbuch, § 56 Rz. 23; Semler/Volhard-*Schröer*, § 22 Rz. 12; ohne Fristangaben für enge Begrenzung: *Wiedemann*, in: Großkomm. z. AktG, § 182 Rz. 56; *Hüffer*, AktG, § 182 Rz. 14.

Mindestwert ausgegeben werden sollen (§ 182 Abs. 3 AktG). Das Gesetz schreibt in § 9 Abs. 1 AktG lediglich vor, dass die neuen Aktien **nicht für einen geringeren als den Nennbetrag** oder den auf die einzelne Stückaktie entfallenden anteiligen Betrag des Grundkapitals ausgegeben werden dürfen (geringster Ausgabebetrag). Gemäß § 9 Abs. 2 AktG kann die Ausgabe jedoch ohne weiteres **zu einem höheren Betrag** erfolgen. Trifft die Hauptversammlung hierzu keinerlei Bestimmungen, ist alles streitig: Vertreten wird die Verpflichtung zur Ausgabe zu pari, bis zur bestmöglichen Ausgabe über pari, teilweise differenziert danach, ob ein Bezugsrechtsausschluss vorliegt oder nicht.[300] Im Muster ist alternativ unter Buchstabe a ein fester über dem kleinsten anteiligen Grundkapital- bzw. dem kleinsten Nennbetrag (§ 8 Abs. 2 und 3 AktG) liegender Betrag von 20 Euro genannt. [→ Rz. 948]

960   Da die Gesellschaft in der Regel ein Interesse daran haben wird, einen möglichst hohen Ausgabepreis für die neuen Aktien zu erzielen, weil sie sich mit jedem Betrag über den gesetzlichen Mindestwert hinaus günstig finanziert, nämlich durch die Hereinnahme von Kapital, welches weder dividenden- noch zinspflichtig ist, ist eine Beschränkung auf die Angabe eines fixen Ausgabebetrags selten sinnvoll. Vielmehr kann die Hauptversammlung einen Mindest- oder Höchstbetrag angeben, die nähere Bestimmung der Höhe des Ausgabebetrags aber entweder dem Vorstand allein oder dem Vorstand und Aufsichtsrat gemeinsam überlassen.

961   Zulässig ist es auch, der Verwaltung aufzugeben, ein bestimmtes Berechnungsverfahren oder den Börsenkurs zum Zeitpunkt der Durchführung der Kapitalerhöhung zu berücksichtigen.[301] Angesichts der zunehmend großen Kursschwankungen am Aktienmarkt und unter Berücksichtigung der Tatsache, dass die Einladung zur Hauptversammlung im Durchschnitt sechs Wochen vor dem Hauptversammlungstag und damit lange vor der Durchführung der Kapitalerhöhung liegt, kann ein möglichst kapitalmarktnahes Aufgeld nur erzielt werden, wenn, wie in der Alternative unter Buchstabe b vorgeschlagen, eine Ermächtigung zur Ausgabe entsprechend dem Börsenkurs beschlossen wird. Eine Ausgabe unter dem gesetzlichen geringsten Ausgabebetrag (§ 9 Abs. 1 AktG) sollte ausdrücklich ausgeschlossen werden. In diesen Fällen muss der Vorstand dann mit der Bezugsbekanntmachung den konkreten Ausgabebetrag festsetzen und bekannt machen. Die Neufassung von § 186 Abs. 2 Satz 2 und Abs. 5 Satz 2 AktG durch das Transparenz- und Publizitätsgesetz kommt dieser Praxis entgegen. Ist das Bezugsrecht der Aktionäre ausgeschlossen,

---

300) Siehe nur *Hüffer*, AktG, § 182 Rz. 25 m. w. N.
301) Allg. Ansicht: *Wiedemann*, in: Großkomm. z. AktG, § 182 Rz. 63; *Hüffer*, AktG, § 182 Rz. 22.

steht § 255 Abs. 2 AktG einer Ausgabe unter dem angemessenen inneren Wert der neuen Aktien unter Beachtung der Börsenlage entgegen.[302] [→ Rz. 952]

Bei einem Bezugsrechtsausschluss sind im Übrigen die Voraussetzungen gemäß § 186 Abs. 3 und 4 zu beachten. Hinzuweisen ist in diesem Zusammenhang auf die Problematik des **faktischen Bezugsrechtsausschlusses**, der z. B. bei einer überhöhten Festsetzung des Ausgabebetrages angenommen wird. Maßstab soll dabei der innere Wert der Aktie sein, der unabhängig vom aktuellen Börsenkurs ist, d. h. unter Umständen auch über diesem liegen kann.[303] In solchen Fällen der tatsächlichen Erschwernis des Bezugsrechts sind die besonderen Voraussetzungen des Bezugsrechtsausschlusses gemäß § 186 Abs. 3 und 4 AktG einzuhalten. **962**

In der hier vorgestellten Variante ist das Bezugsrecht der Aktionäre in vollem Umfange gewahrt. Es ist der Klarheit halber als zahlenmäßiges Verhältnis ausgedrückt, welches sich aus der Relation des Kapitalerhöhungsbetrages zum bestehenden Kapital ergibt. [→ Rz. 949] **963**

Die Angabe der **Bezugsfrist** ist nicht gesetzlich vorgeschrieben, sie kann auch in dem Bezugsangebot veröffentlicht werden. Die hier genannte Frist von zwei Wochen ist die gesetzliche Mindestfrist nach § 186 Abs. 1 Satz 2 AktG. [→ Rz. 950] **964**

5. Dividendenberechtigung [→ Rz. 950]

Die Angabe des Zeitpunkts, ab welchem die neuen Aktien dividendenberechtigt sind, ist ebenfalls fakultativ, aber üblich. Würde der Hauptversammlungsbeschluss diesen Zeitpunkt nicht bestimmen, wären die Aktien von dem Zeitpunkt an gewinnberechtigt, an dem die Durchführung der Kapitalmaßnahme im Handelsregister eingetragen bzw. die volle Einzahlung erfolgt ist (§ 60 Abs. 2 Satz 3 AktG). Die Hauptversammlung kann jedoch den Beginn der Dividendenberechtigung auf einen späteren oder früheren Zeitpunkt verlegen. Zur Erhöhung des Zeichnungsanreizes ist eine Dividendenberechtigung unter Berücksichtigung des gesamten laufenden Geschäftsjahres oft zu beobachten. § 60 Abs. 3 AktG steht einer solchen Verlegung der Dividendenberechtigung nicht entgegen, da der Beschluss über die Kapitalerhöhung selbst Satzungsänderung ist. Darüber hinaus finden sich jedoch in vielen Satzungen entsprechende klarstellende Bestimmungen (siehe auch § 4 Abs. 4 des Satzungsmusters 1.1, Rz. 34). Durch eine derartige Satzungsbestimmung ist insbesondere **965**

---

302) BGH, Urt. v. 27.9.1956 – II ZR 144/55, BGHZ 21, 354, 357 = NJW 1956, 1753; BGH, Urt. v. 13.3.1978 – II ZR 142/76, BGHZ 71, 40, 51 = NJW 1978, 1316; MünchKomm-*Peifer*, AktG, § 182 Rz. 47; *Lutter*, in: Kölner Komm. z. AktG, § 182 Rz. 23; *Hüffer*, AktG, § 182 Rz. 23; *Krieger*, in: Münchener Handbuch, § 56 Rz. 25.

303) Vgl. hierzu im Einzelnen *Wiedemann*, in: Großkomm. z. AktG, § 186 Rz. 176 f; *Hüffer*, AktG, § 186 Rz. 43; *Gross*, AG 1993, 449, 454 ff m. w. N.

im Falle des Bezugsrechtsausschlusses (wo zweifelhaft ist, ob die Altaktionäre der rückwirkenden Dividendenberechtigung der neuen Aktien nicht gesondert zustimmen müssen) sichergestellt, dass die neuen Aktien am gesamten Betrag des laufenden Geschäftsjahrs teilnehmen können.[304]

6. Einzahlung

966 Grundsätzlich ist vor Eintragung der Durchführung der Kapitalerhöhung lediglich ein Viertel des Nennbetrags bzw. anteiligen Betrages des Grundkapitals sowie das gesamte Agio einzuzahlen (§ 188 Abs. 2 Satz 1, § 36 Abs. 2, §§ 36a, 37 Abs. 1 AktG). Die Hauptversammlung könnte durch Beschluss festlegen, wann der Rest einzuzahlen ist. Bestimmt der Hauptversammlungsbeschluss nichts, haben die Aktionäre nach ausdrücklicher Aufforderung durch den Vorstand den verbleibenden Betrag einzuzahlen (§ 63 Abs. 1 AktG). Im Fall der Kapitalerhöhung mit unmittelbarem Bezugsrecht sollte aus Gründen der Zweckmäßigkeit und um eine zweite Bekanntmachung zu vermeiden, von vornherein in der Aufforderung des Vorstands zur Ausübung des Bezugsrechts gemäß § 186 Abs. 2 AktG die volle Einzahlung gefordert werden.

7. Nachbezug [→ Rz. 951]

967 Im hier vorgeschlagenen Muster ist weiterhin die Frage des Nachbezugs ausdrücklich angesprochen. Es handelt sich hierbei um die Regelung der **Verwertung** derjenigen **Bezugsrechte**, die nicht innerhalb der festgesetzten Bezugsfrist von den Altaktionären im Rahmen ihres Bezugsrechts gezeichnet worden sind. Dem Vorstand soll hier ausdrücklich die Ermächtigung gegeben sein, die Aktien innerhalb einer von ihm selbst festzusetzenden Nachfrist Aktionären über ihr gesetzliches Bezugsrecht hinaus oder Dritten anzubieten.[305] Die Hauptversammlung kann im Beschluss die Nachfrist für die Zeichnung solcher Aktien bestimmen. Im Muster ist durch die Festsetzung einer Durchführungsfrist für die Kapitalerhöhung insgesamt gewährleistet, dass die Nachfrist nicht unangemessen lang durch den Vorstand hinausgezögert werden kann. Im Übrigen ist der Vorstand gehalten, bei der Verwertung dieser Aktien das Gleichbehandlungsgebot und die Interessen der Gesellschaft zu beachten. Wenigstens ist, wie bereits im Beschluss formuliert, der gleiche Ausgabebetrag zu verlangen. Unter Umständen ist eine Nachbezugsfrist für alle Aktionäre einzuräumen, wenn Anhaltspunkte für ein entsprechendes Zeichnungsinteresse bestehen.

---

304) Vgl. hierzu *Hüffer*, AktG, § 60 Rz. 9; *Lutter*, in: Kölner Komm. z. AktG, § 60 Rz. 17.
305) *Hüffer*, AktG, § 186 Rz. 16; *Krieger*, in: Münchener Handbuch, § 56 Rz. 66 m. w. N; wegen weiterer Einzelheiten zur Bezugsrechtsemission siehe *Schlitt/Seiler*, WM 2003, 2175.

8. Satzungsanpassung [→ Rz. 954]

Da in der hier gewählten Variante nicht feststeht, bis zu welchem Umfang **968**
Aktien gezeichnet werden, ist die notwendige Satzungsänderung (§ 23 Abs. 3
Nr. 3 und 4), die mit der **Änderung der Grundkapitalziffer** verbunden ist, an
den Aufsichtsrat zu delegieren und erst mit der Durchführung der Kapitalerhöhung zum Handelsregister anzumelden.

9. Mehrheiten

Der Beschluss der Hauptversammlung bedarf gemäß § 182 Abs. 1 Satz 1 AktG **969**
außer der Stimmenmehrheit nach § 133 Abs. 1 AktG einer Mehrheit, die mindestens **drei Viertel des bei der Hauptversammlung vertretenen Grundkapitals** umfasst. Für die Ausgabe von Vorzugsaktien bzw. bei der Ausschließung
des Bezugsrechts kann die Satzung hiervon nicht abweichen (§ 182 Abs. 1
Satz 2, § 186 Abs. 3 Satz 2 AktG). Ansonsten kann die Satzung die erforderliche Kapitalmehrheit abweichend, auf mindestens die Hälfte, höchstens Einstimmigkeit, festsetzen. Hat die Satzung allerdings nur pauschal bestimmt,
dass anstelle der gesetzlichen Mehrheitserfordernisse bei der Kapitalmehrheit
andere Mehrheiten gelten sollen, soll dies nach der Rechtsprechung und herrschenden Meinung nicht für spezielle Fälle wie die Kapitalerhöhung gelten.
Sind mehrere Aktiengattungen vorhanden, bedarf es eines Sonderbeschlusses
der jeweiligen Aktionäre (§ 182 Abs. 2 AktG). Allerdings ist dieses nur auf
mehrere Gattungen stimmberechtigter Aktien bezogen, so dass das Vorhandensein von stimmrechtslosen Vorzugsaktien keinen Sonderbeschluss erfordert.

Variante 2: Kapitalerhöhung mit mittelbarem Bezugsrecht

I.   Mustertext [→ Rz. 976 ff]

970   **TOP …: Beschlussfassung über eine Erhöhung des Grundkapitals gegen Bareinlage unter Gewährung eines mittelbaren Bezugsrechts und Satzungsänderung**

Vorstand und Aufsichtsrat schlagen vor zu beschließen:

971   a) Das Grundkapital der Gesellschaft wird gegen Bareinlagen von 10 000 000 Euro um 5 000 000 Euro auf 15 000 000 Euro erhöht, durch Ausgabe von 5 000 000 neuen, auf den Inhaber lautenden Stückaktien. Die neuen Aktien werden zu einem Ausgabebetrag von 1 Euro je Aktie ausgegeben. [→ Rz. 978]

972   Die neuen Aktien werden den Aktionären im Wege des mittelbaren Bezugsrechts angeboten. Sie werden von einem Bankenkonsortium unter der Führung der … Bank mit der Verpflichtung gezeichnet und übernommen, sie den Aktionären im Verhältnis 2 : 1 zum Bezug anzubieten. [→ Rz. 979]

973   Die Frist für die Annahme des Bezugsrechtsangebots wird zwei Wochen nach Bekanntmachung des Bezugsrechtsangebots betragen. Die neuen Aktien sind ab dem … gewinnberechtigt. [→ Rz. 978]

974   b) Der Vorstand ist ermächtigt, mit Zustimmung des Aufsichtsrats weitere Einzelheiten der Kapitalerhöhung und ihrer Durchführung festzusetzen, insbesondere den Bezugspreis, zu welchem die Aktionäre die neuen Aktien von dem Bankenkonsortium erwerben können. Der Bezugspreis soll entsprechend den zum Zeitpunkt der Bekanntmachung des Bezugsangebotes geltenden Marktverhältnissen festgesetzt werden. Das Bankenkonsortium wird verpflichtet, den über den Ausgabekurs hinaus erzielten Mehrerlös, nach Abzug der entstehenden Kosten, an die Gesellschaft abzuführen. Der Vorstand wird weiter ermächtigt, mit Zustimmung des Aufsichtsrats die näheren Bedingungen festzulegen, zu denen diejenigen neuen Aktien, für die Aktionäre ihr Bezugsrecht nicht ausüben, durch das Bankenkonsortium anderen Aktionären über ihr Bezugsrecht hinaus oder Dritten angeboten werden können. [→ Rz. 980 f]

975   c) § … der Satzung wird wie folgt neu gefasst:

„Das Grundkapital der Gesellschaft beträgt 15 000 000 Euro und ist eingeteilt in 15 000 000 Stückaktien." [→ Rz. 982]

II. Erläuterungen [→ Rz. 970 ff]

1. Einschaltung einer Bank: Gründe und Kosten

Abweichend von der Variante 1 (Rz. 947) wird in dem hier vorgestellten Mus-   976
ter die geplante Kapitalerhöhung nicht durch ein unmittelbares Bezugsrecht
der Aktionäre, sondern unter Zwischenschaltung eines Bankinstitutes oder
-konsortiums abgewickelt. Bei der Kapitalerhöhung unter Zwischenschaltung
eines Bankinstitutes oder -konsortiums hat die Gesellschaft die **Garantie, dass
sämtliche neue Aktien gezeichnet werden** und die Bank das Risiko der Weiterplatzierung bei den Aktionären übernimmt. Dieses ist natürlich für die Gesellschaft mit einem erheblich **höheren Kostenaufwand** verbunden. Während
die notwendige Mitwirkung der Bank bei einem unmittelbaren Bezugsrecht
sich darauf beschränkt, die wertpapiermäßige Abwicklung zu begleiten, ist für
die Übernahme des Platzierungsrisikos eine Provision zu veranschlagen, deren
Höhe vom Platzierungsrisiko und sonstigen Umständen des Einzelfalles abhängig ist. So mag die Provision niedriger ausfallen, wenn das Bankenkonsortium eine Platzierungsgarantie durch einen Großaktionär oder sonstigen Dritten
erhält, die nach Ablauf der für alle Aktionäre geltenden Bezugsfrist greift. In
diesem Falle könnte aber auch der Weg nach Muster 8.3, Variante 1 gewählt
werden und möglicherweise zu einer noch größeren Kostenersparnis führen.

2. Abwicklung

Die Abwicklung der Kapitalerhöhung durch Einschaltung eines Bankenkon-   977
sortiums unter gleichzeitiger Wahrung des Bezugsrechts der Aktionäre ist in
§ 186 Abs. 5 AktG geregelt. Solange die neuen Aktien von einem Kreditinstitut oder sonstigen Unternehmen i. S. v. § 186 Abs. 5 Satz 1 AktG mit der
Verpflichtung gezeichnet und übernommen werden, sie den Aktionären zum
Bezug anzubieten, gilt dies nicht als Ausschluss des Bezugsrechts. Es bedarf
daher für diese Variante weder eines ausdrücklichen Ausschlusses des Bezugsrechts noch eines Vorstandsberichts nach § 186 Abs. 4 AktG. Folgt die Abwicklung nicht unter Einschaltung eines im Kreditwesengesetz näher definier-
ten Instituts, das zum Emissionsgeschäft berechtigt ist, sondern durch einen
sonstigen Dritten, insbesondere etwa auch einen Großaktionär, sind diese
Voraussetzungen hingegen einzuhalten.[306] Allerdings kann dann die Begründung des Vorstandsberichts relativ knapp ausfallen, wenn sich der Großaktionär entsprechend den Bedingungen des § 186 Abs. 5 AktG zur Wahrung des
Bezugsrechts an die Aktionäre verpflichtet und die Gewähr für eine ordnungsgemäße Abwicklung bietet. Auch über diese Konstruktion kann in Einzelfällen
die kostenträchtige Einschaltung eines Kreditinstitutes vermieden werden.
Denkbar ist auch, einem Großaktionär ein unmittelbares Bezugsrecht einzu-

---

306) OLG Düsseldorf, Urt. v. 24.3.2000 – 16 U 70/99 – Nordhäuser Tabakfabriken AG, ZIP
    2000, 2025 = AG 2001, 51 f; *Schlitt/Seiler*, WM 2003, 2175.

räumen und das mittelbare Bezugsrecht unter Einschaltung eines Kreditinstitutes nur für die Bedienung außenstehender Aktionäre vorzusehen, was wegen der damit verbundenen Volumenverminderung ebenfalls eine erhebliche Kostenersparnis bedeuten kann.

3. Weiterer Beschlussinhalt [→ Rz. 971 ff]

978 Die Entscheidung darüber, ob und in welchem Umfang den Aktionären ein **mittelbares Bezugsrecht** angeboten wird, muss zwingend von der Hauptversammlung getroffen werden. Es ist nicht möglich, die Entscheidung hierüber an Vorstand und Aufsichtsrat zu delegieren.[307] Anders als bei der unmittelbaren Kapitalerhöhung kann hier wegen der Platzierungsgarantie des Kreditinstituts ein **fixer Kapitalerhöhungsbetrag** beschlossen werden (Rz. 971). Wegen der sonstigen notwendigen Beschlussinhalte (Art der auszugebenden Aktien, Bezugsfrist, Dividendenberechtigung) siehe oben Rz. 958, 964 ff.

4. Ausgabebetrag und Bezugspreis/Übernahmevertrag [→ Rz. 971 ff]

979 Die nach § 186 Abs. 5 AktG der Bank aufzuerlegende Verpflichtung zur Weiterplatzierung der Aktien an die Altaktionäre unter Wahrung ihres Bezugsrechts wird im **Übernahmevertrag** zwischen der Gesellschaft und dem Bankenkonsortium oder dem einzelnen Kreditinstitut verankert. Diese Pflicht muss als Vertrag zugunsten der Aktionäre so ausgestaltet sein, dass die Aktionäre einen direkten Anspruch gegen das Kreditinstitut haben (Vertrag zugunsten Dritter).[308] [→ Rz. 972]

980 Der Übernahmevertrag mit der Bank muss ferner abschließend den **Bezugspreis** festlegen, den die bezugsberechtigten Aktionäre an das Kreditinstitut zu zahlen haben. Diese Festlegung kann nicht dem Kreditinstitut überlassen werden. Einzusetzen ist entweder der Betrag, den die Hauptversammlung bereits abschließend festgelegt hat, oder der von Vorstand und Aufsichtsrat im Rahmen einer entsprechend erteilten Ermächtigung (und sicherlich nach Beratung mit dem Kreditinstitut) festgelegte Betrag.[309] Dabei ist es zulässig, wie hier vorgeschlagen, die neuen Aktien durch das Kreditinstitut lediglich pari (d. h. zum gesetzlichen Mindestwert) zeichnen zu lassen, den von den Aktionäre ge-

---

307) OLG Hamburg, Urt. v. 29.10.1999 – 11 U 71/99, DB 2000, 762, dazu EWiR 2000, 893 *(Rottnauer)*; *Wiedemann*, in: Großkomm. z. AktG, § 186 Rz. 198; *Hüffer*, AktG, § 186 Rz. 45.

308) BGH, Urt. v. 22.4.1991 – II ZR 231/90, BGHZ 114, 203, 208 = ZIP 1991, 719 = NJW 1991, 2765, dazu EWiR 1991, 745 *(Krieger)*; BGH, Urt. v. 13.4.1992 – II ZR 277/90, BGHZ 118, 83, 96 = ZIP 1992, 995 = NJW 1992, 2222; BGH, Urt. v. 5.4.1993 – II ZR 195/91, BGHZ 122, 180, 186 = ZIP 1993, 667 = NJW 1993, 1983, dazu EWiR 1993, 1045 *(Lutter)*; OLG Düsseldorf, Urt. v. 24.3.2000 – 16 U 70/99 – Nordhäuser Tabakfabriken AG, ZIP 2000, 2025 = AG 2001, 51 f; *Hüffer*, AktG, § 186 Rz. 47.

309) *Hüffer*, AktG, § 186 Rz. 48; *Lutter*, in: Kölner Komm. z. AktG, § 186 Rz. 111; *Krieger*, in: Münchener Handbuch, § 56 Rz. 90.

forderten Bezugspreis jedoch höher, im Zweifel entsprechend den aktuell geltenden Kapitalmarktbedingungen, festzusetzen.[310] Die inzwischen ganz herrschende Praxis geht beanstandungsfrei von diesem Modell aus.
[→ Rz. 974]

Da sich hierbei das Kreditinstitut verpflichten muss, den über eine eigene angemessene Vergütung hinausgehenden Mehrerlös, d. h. die Differenz zwischen dem Nennbetrag bzw. dem anteiligen Betrag des Grundkapitals einerseits und dem festgesetzten Kaufpreis andererseits an die Gesellschaft abzuführen, fließt der Gesellschaft wie bei einem von vornherein festgesetzten und von dem Kreditinstitut einzuzahlenden Ausgabebetrag (Anteil des Betrages am Grundkapital bzw. Nennwert zuzüglich Agio) der volle wirtschaftliche Gegenwert der Kapitalerhöhung zu. Auch dieser Erlös ist bilanziell als Kapitalrücklage nach § 272 Abs. 2 Nr. 1 HGB auszuweisen.[311] Der Vorteil für das zwischengeschaltete Kreditinstitut liegt darin, dass eigene Mittel kurzfristig und nur in Höhe von einem Viertel des anteiligen Grundkapitalbetrags bzw. des Nennwerts gebunden werden. Soweit die auf diese Weise bepreisten, neuen Aktien von den bezugsberechtigten Aktionären nicht bezogen werden, bleibt das Kreditinstitut verpflichtet, diese Aktien nach Weisung der Gesellschaft und weiterhin bestens sowie unter Berücksichtigung des Gleichbehandlungsgrundsatzes der Aktionäre zu verwerten. Insbesondere ein Selbsteintritt des Kreditinstitutes ist nur unter Berücksichtigung dieser Gesichtspunkte möglich.[312] [→ Rz. 974]

5. Satzungsanpassung [→ Rz. 975]

Da bei der Kapitalerhöhung und der Inanspruchnahme des mittelbaren Bezugsrechts die Durchführung der Kapitalerhöhung in dem von der Hauptversammlung beschlossenen Umfang feststeht, kann als Beschlussinhalt zugleich die Neufassung der Satzung unter Berücksichtigung der Kapitalerhöhung beschlossen werden. Dem wird der Beschlussvorschlag unter Buchstabe c gerecht.

981

982

---

310) H. M., siehe *Wiedemann*, in: Großkomm. z. AktG, § 186 Rz. 202; *Lutter*, in: Kölner Komm. z. AktG, § 186 Rz. 107; *Hüffer*, AktG, § 186 Rz. 48; *Krieger*, in: Münchener Handbuch, § 56 Rz. 90; a. A. MünchKomm-*Peifer*, AktG, § 186 Rz. 109; *Immenga*, in: Festschrift Beusch, S. 413, 419 ff; *Schippel*, in: Festschrift Steindorff, S. 249, 254; *Schlitt/ Seiler*, WM 2003, 2175, 2182; a. A. BayObLG, Beschl. v. 27.2.2002 – 3Z BR 35/02, ZIP 2002, 1484 = AG 2002, 518.

311) Habersack/Mülbert/Schlitt-*Schumacher*, § 7 Rz. 1.

312) *Wiedemann*, in: Großkomm. z. AktG, § 186 Rz. 209; *Krieger*, in: Münchener Handbuch, § 56 Rz. 91; *Lutter*, in: Kölner Komm. z. AktG, § 186 Rz. 113.

Variante 3: Bezugsrechtsausschluss zum Zwecke des Börsengangs

I. Mustertext [→ Rz. 989 ff]

983 **TOP …: Beschlussfassung über die Erhöhung des Grundkapitals im Rahmen des Börsengangs der Gesellschaft gegen Bareinlagen unter Ausschluss des gesetzlichen Bezugsrechts der Aktionäre sowie Satzungsänderung**

Vorstand und Aufsichtsrat schlagen vor zu beschließen:

984 a) Das Grundkapital der Gesellschaft wird gegen Bareinlagen von 10 000 000 Euro um 5 000 000 Euro auf 15 000 000 Euro erhöht, durch Ausgabe von 5 000 000 neuen, auf den Inhaber lautenden Stückaktien. Die neuen Aktien werden zu einem Ausgabebetrag von 1 Euro je Aktie ausgegeben. Die neuen Aktien sind ab dem … gewinnberechtigt. [→ Rz. 978]

985 b) Das Bezugsrecht der Aktionäre wird ausgeschlossen. Zur Zeichnung der 5 000 000 neuen Aktien wird ausschließlich die … Bank mit der Maßgabe zugelassen, dass sie diese Aktien an einer deutschen oder europäischen Börse zu einem noch festzulegenden Verkaufspreis, welcher der vorherigen Zustimmung durch einen Beschluss des Aufsichtsrats bedarf, platziert oder Mehrzuteilungen im Rahmen von solchen Platzierungen abdeckt und den über den Ausgabebetrag hinaus erzielten Mehrerlös nach Abzug der entstehenden Kosten an die Gesellschaft abzuführen hat. Der Beschluss über die Erhöhung des Grundkapitals wird ungültig, wenn die neuen Aktien nicht bis zum Ablauf des … gezeichnet wurden. [→ Rz. 990 ff, 996]

986 Der Vorstand wird ermächtigt, die weiteren Einzelheiten der Kapitalerhöhung und ihrer Durchführung mit vorheriger Zustimmung des Aufsichtsrats festzulegen.

987 c) § … der Satzung wird wie folgt neu gefasst:

„Das Grundkapital der Gesellschaft beträgt 15 000 000 Euro und ist eingeteilt in 15 000 000 Stückaktien.“

Fakultativ (bei einstimmiger Beschlussfassung in Vollversammlung):

988 d) *Auf einen Vorstandsbericht nach § 186 Abs. 4 Satz 2 AktG sowie das Recht zur Anfechtung dieses Beschlusses wird ausdrücklich verzichtet.* [→ Rz. 991, 994]

II. Erläuterungen [→ Rz. 983 ff]

1. Einleitung

989 Die Kapitalerhöhung dient dazu, die für den Börsengang erforderlichen Aktien zu schaffen. Neben der dargestellten regulären Kapitalerhöhung kommt hierfür auch die Kapitalerhöhung aus genehmigtem Kapital gemäß §§ 220 ff AktG in Betracht. Letztere bietet organisatorische Vorteile, weil der Vorstand mit Zustimmung des Aufsichtsrats über die Kapitalerhöhung entscheidet. Bei

einem geschlossenen Kreis der Altaktionäre fällt dies aber nicht unbedingt entscheidend ins Gewicht. Dem Muster liegt als Sachverhalt zugrunde, dass eine Gesellschaft mit einem geschlossenen Aktionärskreis beabsichtigt, sich durch die Börseneinführung ihrer Aktien einen neuen Kapitalmarkt zu erschließen. Daher soll das Bezugsrecht der Aktionäre im Rahmen der Kapitalerhöhung ausgeschlossen und zur Zeichnung der neuen Aktien ausschließlich eine Bank zugelassen werden, die dann die Aktien an einer deutschen Börse platzieren soll.

2. Bezugsrechtsausschluss/Mehrheitserfordernisse [→ Rz. 985]

Um die neuen Aktien bei neuen Investoren platzieren zu können, ist hier zum Zwecke des Börsengangs – im Gegensatz zu den bisher behandelten Varianten 1 und 2 (Rz. 947 ff und 970 ff) – **der vollständige Ausschluss des Bezugsrechts der Altaktionäre** vorgesehen. Dies bedarf grundsätzlich der Einhaltung der Bedingungen des Bezugsrechtsausschlusses nach § 186 Abs. 3 und 4 AktG.   **990**

Die **Mehrheitserfordernisse** des § 186 Abs. 3 Satz 3 AktG (einfache Stimmenmehrheit und Kapitalmehrheit von mindestens drei Vierteln des bei der Beschlussfassung vertretenen Grundkapitals) sowie die ausdrückliche Festsetzung des Ausschlusses gemäß § 186 Abs. 4 Satz 1 AktG sind unverzichtbar. Demgegenüber kann auf den schriftlichen **Vorstandsbericht**, in dem dieser der Hauptversammlung den Grund für den teilweisen oder vollständigen Ausschluss des Bezugsrechts und dem Ausgabebetrag darlegen muss, verzichtet werden, weil das Fehlen eines solchen Berichtes oder die unzureichende Begründung nur Anfechtungsrechte der Aktionäre begründen und nicht Prüfungsgegenstand des Registergerichts sind. Erforderlich ist dann aber, dass alle Aktionäre in einer **Vollversammlung** auf den Bericht verzichten. Da in der Phase des Börsengangs die Aktiengesellschaften in der Regel noch einen geschlossenen Aktionärskreis aufweisen, wird es in dieser Konstellation in der Praxis folglich häufig nicht zu einem Vorstandsbericht kommen, wenn sämtliche Aktionäre in der Hauptversammlung anwesend oder vertreten sind (Vollversammlung) und dem Verzicht zustimmen. Die Beschlussfassung in der Hauptversammlung wird zweckmäßigerweise durch einen ausdrücklichen Anfechtungsverzicht abgesichert. Dies ist im vorgestellten Muster unter Buchstabe d formuliert. [→ Rz. 988]   **991**

Neben diesen formellen Voraussetzungen ist in materieller Hinsicht erforderlich, dass der Ausschluss des Bezugsrechts **sachlich gerechtfertigt** ist. Dies ergibt sich zwar nicht aus dem Gesetz, entspricht aber aus Gründen des Minderheitenschutzes der allgemeinen Meinung.[313] Ein Bezugsrechtsausschluss ist grundsätzlich sachlich gerechtfertigt, wenn er im Gesellschaftsinteresse   **992**

---

313) *Hüffer*, AktG, § 186 Rz. 25 m. w. N.

liegt sowie geeignet, erforderlich und verhältnismäßig ist.[314] So kann insbesondere die geplante Zulassung von Aktien der Gesellschaft an einer Wertpapierbörse einen sachlichen Grund für den Bezugsrechtsausschluss darstellen.[315] [→ Rz. 985]

993 Ob der sachlich rechtfertigende Grund nur insoweit gegeben ist, als andernfalls die für eine erstmalige Börseneinführung erforderliche Zahl an Aktien nicht geschaffen werden kann, ist allerdings streitig.[316] Bei einer **Auslandsplatzierung** hat der Bundesgerichtshof den Bezugsrechtsausschluss für sachlich gerechtfertigt gehalten, wenn damit der Aktionärskreis durch Gewinnung privater und institutioneller Anleger im Ausland erweitert werden soll, eine breite Streuung der aus der Kapitalerhöhung hervorgegangenen Aktien vorgenommen und der Ausgabekurs an den aktuellen Börsenkurs angelehnt wird.[317] Bei der Inlandsplatzierung ist zwar Voraussetzung einer Zulassung zum amtlichen Markt (gleich ob Prime oder General Standard) nach § 9 BörsZulV, dass die Aktien der Gesellschaft im Publikum ausreichend gestreut sind. Dies rechtfertigt den Bezugsrechtsausschluss, wenn weitere Umstände hinzutreten, die ein **überwiegendes Interesse** der Gesellschaft begründen, für die konkret anstehende Finanzierung den Kapitalmarkt zu nutzen.[318] Dazu kann beispielsweise die Zielsetzung gehören, sich den Kapitalmarkt langfristig zu erschließen, um auch in Zukunft die Möglichkeit der erleichterten Kapitalbeschaffung zu haben. Ob die Möglichkeit, bei einer Emission mit Bezugsrechtsausschluss einen höheren Ausgabekurs zu erzielen, oder die Erwartung, dass die Altaktionäre nur eine geringe Zeichnungsbereitschaft haben, als sachlich rechtfertigender Grund herangezogen werden kann, ist umstritten.[319] [→ Rz. 985]

994 Um etwa bestehende Zweifel bei einer Erstplatzierung, wie hier im Muster angesprochen, auszuschließen, sollte daher im Hauptversammlungsbeschluss auch deswegen ausdrücklich auf das Anfechtungsrecht verzichtet werden. [→ Rz. 988]

995 Gerade im Fall der erstmaligen Börsennotierung, wo ein Marktpreis der einzuführenden Aktien noch nicht bekannt ist, muss der Hauptversammlungsbe-

---

314) *Hüffer*, AktG, § 186 Rz. 26 ff m. w. N.

315) So ausdrücklich für eine Auslandsplatzierung bei einer größeren Aktiengesellschaft BGH, Urt. v. 7.3.1994 – II ZR 52/93 – Deutsche Bank, BGHZ 125, 239, 242 ff = ZIP 1994, 529 = AG 1994, 276, dazu EWiR 1994, 425 *(Wiedemann)*; dazu *Bungert*, WM 1995, 1, 2 ff; *MünchKomm-Peifer*, AktG, § 186 Rz. 96; *Krieger*, in: Münchener Handbuch, § 56 Rz. 72; *Hüffer*, AktG, § 186 Rz. 31, jeweils m. w. N.

316) *Krieger*, in: Münchener Handbuch, § 56 Rz. 72; *Wiedemann*, in: Großkomm. z. AktG, § 186 Rz. 159.

317) BGH, Urt. v. 7.3.1994- II ZR 52/93 – Deutsche Bank, BGHZ 125, 239 = ZIP 1994, 529 = AG 1994, 276.

318) Z. B. langfristige Erschließung des Kapitalmarkts: *Hüffer*, AktG, § 186 Rz. 31; *Marsch-Barner/Schäfer-Busch*, § 39 Rz. 80; *Wiedemann*, in: Großkomm. z. AktG, § 186 Rz. 159.

319) Habersack/Mülbert/Schlitt-*Krause*, § 5 Rz. 18 ff.; *Hüffer*, AktG, § 186 Rz. 33.

schluss einer kurzfristigen Festlegung des **Platzierungspreises** Raum geben. Es ist deswegen entsprechend den Ausführungen zu Variante 2 (Rz. 980 f) vorgesehen, die neuen Aktien lediglich zum geringsten Ausgabebetrag (anteiliger Betrag des Grundkapitals) an das Bankenkonsortium auszugeben, wobei dieses verpflichtet ist, den durch die Weiterplatzierung zu einem höheren Verkaufspreis erzielten Mehrerlös nach Abdeckung seiner Kosten an die Gesellschaft abzuführen. [→ Rz. 985]

3. Mehrzuteilung [→ Rz. 985]

Die unter Buchstabe b des Musters vorgeschlagenen Mehrzuteilungen sprechen eine in der Praxis übliche Gestaltung an, wonach dem Emissionskonsortium für den Fall einer Nachfragesteigerung eine bestimmte Menge zusätzlicher Aktien zur Platzierung an die Hand gegeben sind (so genannter „Greenshoe"). Stammen diese Aktien nicht aus den Beständen der Altaktionäre, so dass diesen der entsprechende Mehrerlös zugute kommt, sondern sollen weitere neue Aktien zugunsten der Gesellschaft platziert werden, sollte die Mehrerlösabführung an die Gesellschaft sichergestellt werden. Um schnell handlungsfähig zu sein, können die benötigten zusätzlichen Aktien im Wege einer Wertpapierleihe von den Altaktionären zur Verfügung gestellt werden. Die Rückgabe erfolgt dann durch im Wege eines genehmigten Kapitals später ausgegebene, artgleiche Aktien, wenn nicht die Emissionsbank die zurückzugebenden Aktien bei entsprechenden Marktverhältnissen an der Börse zurückkaufen kann.[320)]

996

---

320) Zu den weiteren Einzelheiten Schwark-*Heidebach*, § 37 BörsG Rz. 11 ff; Habersack/Mülbert/Schlitt-*Herfs*, § 4 Rz. 88; *Busch*, AG 2002, 203, 231.

Variante 4: Gemischte Bar-/Sachkapitalerhöhung

I.   Mustertext [→ Rz. 1004 ff]

997 **TOP ...: Beschlussfassung über die Erhöhung des Grundkapitals gegen Bar-/Sacheinlagen unter Ausschluss des gesetzlichen Bezugsrechts der Aktionäre sowie Satzungsänderung**

Vorstand und Aufsichtsrat schlagen vor zu beschließen:

998   1. Das Grundkapital der Gesellschaft wird von 10 000 000 Euro um 10 000 000 Euro auf 20 000 000 Euro erhöht durch Ausgabe von 10 000 000 neuen, auf den Inhaber lautenden Stückaktien. Die neuen Aktien sind ab dem ... gewinnberechtigt. Sie werden gegen Bareinlagen und gegen Sacheinlagen ausgegeben. [→ Rz. 978, 999]

999   a) Von den neuen Aktien wird die X-GmbH, ... [*Ort*], unter Ausschluss des Bezugsrechts der Aktionäre entsprechend ihrem Bestand von 6 000 000 Aktien am derzeitigen Kapital der Gesellschaft 6 000 000 Aktien, d. h. Aktien im Verhältnis 1 : 1 zeichnen und übernehmen. Die X-GmbH überträgt dafür als Sacheinlage mit einem Einbringungswert von ... Euro die volleingezahlten Geschäftsanteile in einem Nennbetrag von ... Euro und ... Euro an der Y-GmbH mit dem Sitz in ..., eingetragen in Handelsregister des Amtsgerichts ... unter HRB ..., mit Wirkung zum ... und Gewinnbezugsrecht ab dem ... auf die Gesellschaft. [→ Rz. 1005 ff]

1000   b) Weitere 4 000 000 neue Aktien werden gegen Bareinlage im Verhältnis 1 : 1 ausgegeben. Die X-GmbH ist hinsichtlich ihres Bestandes von 6 000 000 Aktien am bisherigen Kapital vom Bezugsrecht ausgeschlossen. Den übrigen Aktionären werden die Aktien im Wege des mittelbaren Bezugsrechts angeboten. Die Aktien werden von einem Bankenkonsortium unter Führung der ... [*Bank*] mit der Verpflichtung übernommen, sie den übrigen Aktionären im Verhältnis 1 : 1 zum Bezug anzubieten. Die Frist zur Annahme des Bezugsrechtsangebots wird zwei Wochen betragen. [→ Rz. 1007, 964]

1001   2. a) Der Vorstand wird ermächtigt, mit Zustimmung des Aufsichtsrats die weiteren Einzelheiten der Kapitalerhöhung und ihrer Durchführung und die Bedingungen für die Ausgabe der Aktien festzusetzen. Der Vorstand wird angewiesen, den Ausgabebetrag der neuen Aktien unter Berücksichtigung der aktuellen Marktsituation bestmöglich, nicht jedoch unter dem geringsten Ausgabebetrag festzusetzen.

1002   b) Wird durch Entscheidung des Vorstands über den Ausgabekurs der neuen Aktien der Gesamtausgabebetrag der für die Sacheinlage herzugebenden neuen Aktien und damit der Einbringungswert der Sacheinlage überschritten, ist die X-GmbH, ... [*Ort*], verpflichtet, den über den

Wert der Sacheinlage von … Euro hinausgehenden Betrag der hierfür bezogenen Aktien in bar an die Gesellschaft nachzuentrichten. Liegt der Gesamtausgabebetrag der hiernach gegen Sacheinlagen auszugebenden Aktien unter dem Einbringungswert, so wird in Höhe der Differenz für die X-GmbH eine Forderung gegen die Gesellschaft begründet.
[→ Rz. 1010 f]

3. § … der Satzung wird wie folgt neu gefasst: 1003

„Das Grundkapital der Gesellschaft beträgt 20 000 000 Euro und ist eingeteilt in 20 000 000 Stückaktien." [→ Rz. 982]

II. Erläuterungen [→ Rz. 997 ff]

1. Einführung

Dieses Muster einer Kapitalerhöhung betrifft zunächst den Fall der reinen   1004
Sacheinlage, d. h. der Kapitalerhöhung mit einem denknotwendigen Bezugsrechtsausschluss. Dabei wird hier der Fall der Sacheinlage durch eine bereits als Großaktionärin an der Gesellschaft beteiligte GmbH (Kapitalanteil 60 %), hier X-GmbH genannt, behandelt, die Geschäftsanteile an einer weiteren, hier Y-GmbH genannten Gesellschaft einlegt. Um den in diesem Falle besonders kritischen Verwässerungseffekt zu Lasten der außenstehenden Aktionäre abzufedern, wird vorgeschlagen, parallel eine Barkapitalerhöhung durchzuführen, die nur den außenstehenden Aktionären offen steht und die hinsichtlich der Bedingungen (insbesondere des Ausgabebetrags) dem wirtschaftlichen Wert der Sacheinlage gleichsteht (so genannte gemischte Bar-/Sachkapitalerhöhung).[321]

2. Festsetzung der Sacheinlage [→ Rz. 999]

In Nummer 1 Buchst. a des Musters sind zunächst die nach § 183 AktG vor   1005
geschriebenen Inhalte einer **Erhöhung gegen Sacheinlage** aufzunehmen. Es müssen der Gegenstand der Sacheinlage, der Sacheinleger und die Anzahl der auf die Sacheinlage zu gewährenden Aktien (bei nennbetragslosen Stückaktien, ansonsten der Nennbetrag der zu gewährenden Aktien) in dem Beschluss festgesetzt werden. Diese Festsetzungen sind zusammen mit dem Beschlusstext gemäß § 124 Abs. 1 AktG bekannt zu machen. Im hier vorgeschlagenen Beschlusstext ist außerdem, was gesetzlich nicht vorgeschrieben ist, der Gesamteinbringungswert der Sacheinlage beziffert. Im Zusammenhang mit dem

---

321) *Gross*, AG 1993, 449, 453 ff, *Lappe*, BB 2000, 313, 316, sowie Semler/Volhard-*Schröer*, § 23 Rz. 15 m. w. N., sind sogar der Ansicht, dass es in diesem Fall sowohl eines förmlichen Bezugsrechtsausschlusses als auch eines Vorstandsberichts nicht bedarf. Aus Gründen der Sicherheit wird hier jedoch empfohlen, diese Formalien einzuhalten.

Beschlussvorschlag unter Nummer 2 des Musters (Rz. 1002) soll so erreicht werden, dass der Sacheinleger eine volle Haftung für diesen Sacheinbringungswert übernimmt, obwohl sich die gesetzliche Differenzhaftung nur auf den Wert der Sacheinlage bis zum geringsten Ausgabebetrag erstreckt.

1006 Es ist in der Literatur streitig, ob die von der Rechtsprechung für die Sachgründung entwickelte Differenzhaftung[322] auch ein über den geringsten Ausgabewert (§ 9 Abs. 1 AktG) hinausgehendes Agio (Aufgeld) erfasst.[323] Aus diesem Grunde ist es dringend empfohlen, bei einer ausdrücklich gewünschten Differenzhaftung unter Einschluss des Agios für eine entsprechende eindeutige, zumindest rechtsgeschäftliche Haftung durch Festsetzungen im Einbringungsvertrag, im Zeichnungsschein und schließlich auch bereits im Hauptversammlungsbeschluss als Grundlage der vorgenannten Dokumente zu sorgen. Dabei dienen diese Festsetzungen bereits im Hauptversammlungsbeschluss auch der Erleichterung der Argumentation in der Hauptversammlungsdurchführung, da den Aktionären im Regelfall weder der Einbringungsvertrag noch die Zeichnungsscheine vorgelegt werden oder zum Zeitpunkt der Beschlussfassung bekannt sind.

3. Bezugsrechtsausschluss [→ Rz. 1000]

1007 Der Bezugsrechtsausschluss bei Einlegung einer Sacheinlage muss **ausdrücklich festgesetzt** werden (§ 186 Abs. 4 Satz 1 AktG). Der Beschluss über den Ausschluss des Bezugsrechts bedarf neben den für die Kapitalerhöhung aufgestellten Erfordernissen einer Mehrheit von mindestens drei Vierteln des bei der Beschlussfassung vertretenen Grundkapitals. Der Bezugsrechtsausschluss bedarf einer **sachlichen Rechtfertigung**, die Gegenstand des **Vorstandsberichts** nach § 186 Abs. 4 Satz 2 AktG sein muss. Dabei ist die sachliche Rechtfertigung anhand vernünftiger kaufmännischer Erwägungen danach zu prüfen, ob seitens der Gesellschaft ein dringendes Interesse am Erwerb des fraglichen Sacheinlagegegenstandes besteht.[324] Außerdem dürfen andere Möglichkeiten zum Erwerb des Sacheinlagegegenstandes und andere Möglichkeiten zur Aufrechterhaltung der Beteiligungsquote der Nichtsacheinleger (wie etwa hier durch die parallele Barerhöhung) nicht gegeben sein.[325] Dies bedeutet, dass ein Erwerb einer Unternehmensbeteiligung, der Aktien an der

---

322) BGH, Urt. v. 27.2.1975 – II ZR 111/72, BGHZ 64, 52, 62; BGH, Urt. v. 14.3.1977 – II ZR 156/75, BGHZ 68, 191, 195.

323) Bejahend: *Krieger*, in: Münchener Handbuch, § 56 Rz. 46; verneinend: *Hüffer*, AktG, § 183 Rz. 21; *Lutter*, in: Kölner Komm. z. AktG, § 183 Rz. 66; MünchKomm-*Peifer*, AktG, § 183 Rz. 72; streitig auch zu § 27 AktG und zu § 9 GmbHG.

324) So die grundlegende Entscheidung BGH, Urt. v. 13.3.1978 – II ZR 142/76 – Kali & Salz, BGHZ 71, 40, 45 ff = NJW1978, 1316 ff.

325) *Krieger*, in: Münchener Handbuch, § 56 Rz. 74; *Lutter*, in: Kölner Komm. z. AktG, § 186 Rz. 78 ff; *Hüffer*, AktG, § 186 Rz. 34 ff.

Käuferin als Gegenleistung vorsieht, in der Regel den Bezugsrechtsausschluss rechtfertigt.

Demgegenüber ist beispielsweise die Umwandlung von Forderungen gegen die Gesellschaft in Kapital in der Regel dann nicht zu rechtfertigen, wenn die notwendigen Mittel auch auf andere Weise, insbesondere durch eine Kapitalerhöhung gegen Bareinlagen, beschafft werden könnte. Hier kann ein Sanierungsfall jedoch zu abweichenden Beurteilungen führen. Die Vielzahl der gegen unmittelbare Kapitalerhöhung mit Sacheinlage geführten Anfechtungsklagen und die schwer zu präjudizierende Tiefe der gerichtlichen Kontrolle haben Kapitalerhöhungen gegen Sacheinlage selten werden lassen. Sie werden in der Regel über genehmigtes Kapital abgewickelt, nachdem der Bundesgerichtshof die Erfordernisse an die Darlegung der Notwendigkeit des Erwerbs einer Unternehmensbeteiligung in diesem Falle stark erleichtert hat.[326)]

1008

Im hier vorgeschlagenen Muster ist die unmittelbare Kapitalerhöhung gegen Sacheinlage deswegen ein vertretbarer Weg, weil den außenstehenden Aktionären zur Wahrung ihrer Beteiligungsquote eine **parallele Barkapitalerhöhung** angeboten wird. Unter diesen Umständen wird überwiegend eine Sachkapitalerhöhung regelmäßig für sachlich gerechtfertigt und damit fast gerichtlich überprüfungsfrei gehalten.[327)] Diesem Zweck der Aufrechterhaltung der wechselseitigen Beteiligungsquoten dient der wechselseitige Bezugsrechtsausschluss der Bar- und der Sacheinleger. Während unter Nummer 1 Buchst. a (Rz. 999) des Musters dem einlegenden Großaktionär entsprechend einer angenommenen Beteiligungsquote von 60 % am Kapital ein Bezugsrecht für die von ihm eingebrachte Sacheinlage eingeräumt wird, wird dementsprechend für die verbleibenden 40 %-Kapitalerhöhung gegen Bareinlage das Bezugsrecht des Großaktionärs ausgeschlossen. Das Bezugsverhältnis beträgt bei beiden Aktionärsgruppen im hier wiedergegebenen Muster 1 : 1. Das Bezugsrecht der außenstehenden Aktionäre gegen Bareinlage wird durch Einräumung eines mittelbaren Bezugsrechts unter Einschaltung eines Bankenkonsortiums gewahrt. Insoweit kann auf die Erläuterung zu der vorstehenden Variante 2 (Rz. 978 ff) verwiesen werden.

1009

4. Einbringungswert [→ Rz. 1001 f]

Der **Festlegung des Einbringungswertes der Sacheinlage** kommt in der vorliegenden Konstellation besondere Bedeutung zu. Ein Verwässerungseffekt zu

1010

---

326) BGH, Urt. v. 23.6.1997 – II ZR 132/93 – Siemens/Nold, BGHZ 136, 133 = ZIP 1997, 1499 = NJW 1997, 2815, dazu EWiR 1997, 1013 *(Hirte)*, und nachstehend Muster 8.4, Rz. 1012.

327) *Lutter*, in: Kölner Komm. z. AktG, § 186 Rz. 64; *Schockenhoff*, S. 65 ff; *Hüffer*, AktG, § 186 Rz. 34; *Gross*, AG 1993, 449; MünchKomm-*Bayer*, AktG, § 203 Rz. 134; *Krieger*, in: Münchener Handbuch, § 56 Rz. 74; *Maier-Raimer*, in: Festschrift Bezzenberger, S. 253 f.

Lasten der außenstehenden Aktionäre wird nur dann vermieden, wenn das von ihnen über dem geringsten Ausgabewert der neuen Aktien hinaus zu zahlende Aufgeld dem Aufgeld, das der sacheinlegende Großaktionär erbringt, wertmäßig entspricht. Ein unter dem Platzierungspreis für den Barteil liegender Gesamteinbringungswert des Sachteils, jeweils bezogen auf die einzelne neue Aktie, kann zu einer Anfechtung nach § 255 Abs. 2 AktG führen. Für die Verwaltung der Aktiengesellschaft empfiehlt es sich daher, den Wert der Sacheinlage durch einen Wirtschaftsprüfer ermitteln zu lassen und der Hauptversammlung gegenüber offen zu legen. Das Muster geht davon aus, dass zum Zeitpunkt der Beschlussfassung der Hauptversammlung der endgültige Ausgabebetrag für die Bartranche noch nicht feststeht, sondern aufgrund der Marktgegebenheiten erst kurzfristig festgelegt werden soll. Deshalb ist unter Nummer 2 des Musters (Rz. 1001) eine Regelung zur Anpassung des Bareinbringungswertes an den Sacheinbringungswert enthalten. Danach soll sich der Sacheinleger verpflichten, bei der Festlegung eines höheren Platzierungspreises je Aktie gegen Bareinlage im Vergleich zum Einbringungswert je Aktie für die Sacheinlage den Fehlbetrag in bar nachzuschießen.

1011   Im umgekehrten Fall, dass nämlich die Festlegung des Platzierungspreises für die Bartranche zu einem verhältnismäßig geringeren Wert als dem Sacheinbringungswert führt, soll dem Sacheinleger eine Darlehensforderung für den Differenzbetrag zuwachsen. Seine Einlage wird in diesem Fall zu einer „gemischten Sacheinlage", wo auf die vom Inferenten erbrachten Einlagen teils neue Aktien der Gesellschaft, teils Barmittel, hier in der Gestalt einer Darlehensforderung gegen die Gesellschaft, entfallen. Weitere Einzelheiten dazu muss der Einbringungsvertrag bestimmen. Alternativ wäre auch denkbar, dass sich der sacheinlegende Großaktionär verpflichtet, das eventuell höhere Aufgeld (Agio) seiner Einlage gleichwohl den Rücklagen der Gesellschaft zuzuführen.

Muster 8.4: Genehmigtes Kapital mit verschiedenen Möglichkeiten zum Bezugsrechtsausschluss

I. Mustertext [→ Rz. 1022 ff]

TOP ...: Beschlussfassung über die Aufhebung bestehenden genehmigten Kapitals, soweit es noch nicht ausgenutzt wurde, die Schaffung eines neuen genehmigten Kapitals und Änderung von § ... der Satzung   1012

Vorstand und Aufsichtsrat schlagen vor, folgende Beschlüsse zu fassen:

a) Die von der Hauptversammlung am ... zu Punkt ... der damaligen Tages-   1013
ordnung beschlossene Ermächtigung des Vorstands, gemäß § ... der Satzung das Grundkapital bis zum ... mit Zustimmung des Aufsichtsrats zu
erhöhen, wird, soweit sie noch nicht ausgenutzt wurde, mit Wirkung auf
den Zeitpunkt der Eintragung des nachfolgend zu Buchstabe b zu be-
schließenden neuen genehmigten Kapitals in das Handelsregister der Gesellschaft aufgehoben. [→ Rz. 1026]

b) § ... der Satzung wird wie folgt neu gefasst: 1014

„Der Vorstand ist ermächtigt, das Grundkapital der Gesellschaft bis zum
... [*Datum, max. 5 Jahre*] mit Zustimmung des Aufsichtsrats um bis zu
insgesamt 5 000 000 Euro durch einmalige oder mehrmalige Ausgabe neuer
Aktien gegen Bar- und/oder Sacheinlagen zu erhöhen (Genehmigtes Kapital). Den Aktionären ist dabei grundsätzlich ein Bezugsrecht einzuräumen.
Die neuen Aktien können auch von einem oder mehreren durch den Vorstand bestimmten Kreditinstituten mit der Verpflichtung übernommen
werden, sie den Aktionären anzubieten (mittelbares Bezugsrecht).
[→ Rz. 1025, 1027 ff]

Der Vorstand ist jedoch ermächtigt, mit Zustimmung des Aufsichtsrats das   1015
Bezugsrecht der Aktionäre auszuschließen, [→ Rz. 1030]

– um Spitzenbeträge auszugleichen; [→ Rz. 1031]   1016

– um die Aktien an einer ausländischen Börse zu platzieren, an der die   1017
Aktien der Gesellschaft bisher nicht zum Handel zugelassen sind, oder
um Mehrzuteilungen im Rahmen solcher Platzierungen abzudecken,
wenn die neuen Aktien mit dieser Maßgabe von einem Kreditinstitut
oder einem Bankenkonsortium gezeichnet und übernommen werden.
Der Verkaufspreis ist dabei mit Zustimmung des Aufsichtsrats vorab
festzulegen. Der über den Ausgabebetrag hinaus erzielte Mehrerlös ist
nach Abzug der entstehenden Kosten an die Gesellschaft abzuführen;
[→ Rz. 1032]

– um die neuen Aktien der Gesellschaft Dritten gegen Sacheinlage im   1018
Rahmen von Unternehmenszusammenschlüssen oder beim Erwerb von

Unternehmen oder Teilen daran oder beim Erwerb von Beteiligungen anbieten zu können; [→ Rz. 1033 ff]

1019 — wenn die Aktien der Gesellschaft gegen Bareinlage ausgegeben werden und der Ausgabepreis je Aktie den Börsenpreis der im Wesentlichen gleich ausgestatteten bereits börsennotierten Aktien zum Zeitpunkt der Festlegung des Ausgabepreises nicht wesentlich unterschreitet. Das Bezugsrecht kann in diesen Fällen jedoch nur ausgeschlossen werden, wenn die Anzahl der in dieser Weise ausgegebenen Aktien zusammen mit der Anzahl der eigenen Aktien, die während der Laufzeit dieser Ermächtigung unter Bezugsrechtsausschluss nach § 186 Abs. 3 Satz 4 AktG veräußert werden, und der Anzahl der Aktien, die durch Ausübung von Options- und/oder Wandlungsrechten oder Erfüllung von Wandlungspflichten aus Options- und/oder Wandelschuldverschreibungen und/oder Genussrechten entstehen können, die aufgrund gleichzeitig bestehender Ermächtigung unter Bezugsrechtsausschluss nach § 186 Abs. 3 Satz 4 AktG ausgegeben werden, 10 % des Grundkapitals weder zum Zeitpunkt des Wirksamwerdens dieser Ermächtigung noch zum Zeitpunkt der Ausgabe der Aktien überschreitet (§ 203 Abs. 1 Satz 1 in Verbindung mit § 186 Abs. 3 Satz 4 AktG). [→ Rz. 1038 ff]

1020 c) Der Vorstand ist mit Zustimmung des Aufsichtsrats ermächtigt, den Inhalt der Aktienrechte, die Einzelheiten der Kapitalerhöhung sowie die Bedingungen der Aktienausgabe, insbesondere den Ausgabebetrag, festzulegen.

1021 d) Der Aufsichtsrat ist ermächtigt, die Fassung von § … der Satzung entsprechend der Ausnutzung des Genehmigten Kapitals oder nach Ablauf der Ermächtigungsfrist anzupassen."

II. Erläuterungen [→ Rz. 1012 ff]

1. Einführung

1022 Das Muster enthält einen Beschluss zur Schaffung genehmigten Kapitals und geht davon aus, dass bei der Beschlussfassung bereits ein genehmigtes Kapital bestand, das aufgehoben wird.

1023 Nach § 202 Abs. 1 AktG kann durch Satzungsbestimmung der Vorstand für eine Dauer von höchstens fünf Jahren ermächtigt werden, das Grundkapital bis höchstens zur Hälfte des zum Zeitpunkt der Ermächtigung vorhandenen Grundkapitals zu erhöhen. Dieses ist ein Vorratsbeschluss auf Kapitalerhöhungen, der dem Vorstand, in der Regel mit der Zustimmung des Aufsichtsrats, die Möglichkeit an die Hand gibt, ohne die langwierige Einberufung und Durchführung einer Hauptversammlung ad hoc Kapitalerhöhungen zu beschließen und durchzuführen. Vor allem die Tatsache, dass das genehmigte Kapital nicht auf einmal, sondern in mehreren Tranchen ausgeübt werden kann, macht das genehmigte Kapital zu einem ungemein praktischen Instrument. Insbesondere bei börsennotierten Gesellschaften sorgt die Verwaltung, wie in dem Muster vorgesehen, regelmäßig dafür, dass ein genehmigtes Kapital im Rahmen der eben beschriebenen gesetzlichen Höchstgrenzen ständig zur Verfügung steht. So hatten im Jahre 1998 fast zwei Drittel der börsennotierten Unternehmen ein genehmigtes Kapital geschaffen (gegenüber rund 22 % im Jahre 1984).[328]

Eine in der Praxis häufig anzutreffende Aufteilung des Beschlusses der Hauptversammlung in einen gesonderten Ermächtigungsbeschluss und einen Satzungsänderungsbeschluss ist möglich, jedoch nicht zwingend erforderlich, so dass angesichts des praktisch identischen Wortlauts des Ermächtigungsbeschlusses in Muster 8.4 auf diese Aufteilung verzichtet wurde. **1024**

2. Höchstgrenzen [→ Rz. 1014]

In dem hier vorgeschlagenen Beschlussmuster sind die gesetzlichen Höchstgrenzen von § 202 Abs. 1 (**fünf Jahre** Höchstlaufzeit) und § 202 Abs. 3 AktG (Beschränkung auf die Hälfte des zum Zeitpunkt der Ermächtigung vorhandenen Kapitals) zu berücksichtigen. Das für die **50 %-Grenze** maßgebliche Grundkapital ist das im Handelsregister eingetragene Grundkapital unter Berücksichtigung aller Veränderungen, die bis zum Zeitpunkt des Wirksamwerdens des genehmigten Kapitals durch Eintragung der Satzungsänderung im Handelsregister noch wirksam werden. Außerdem ist bereits durch Ausgabe von Aktien nach § 200 AktG wirksam gewordenes bedingtes Kapital zu berücksichtigen. Maßgebender Zeitpunkt für die Bestimmung des Nennbetrages ist das Wirksamwerden der Ermächtigung gemäß § 181 Abs. 3 AktG, also die Eintragung der Satzungsänderung mit dem genehmigten Kapital in das Handelsregister. Das bedeutet, dass mit dem genehmigten Kapital beschlossene Kapitalveränderungen zu berücksichtigen sind, wenn sie zeitgleich oder vorher im Handelsregister zur Eintragung gelangen. **1025**

3. Aufhebung bestehenden, genehmigten Kapitals [→ Rz. 1013]

In dem Bestreben, stets ein möglichst großes genehmigtes Kapital zur Verfügung zu haben, kann es nahe liegen, ein früher von der Hauptversammlung geschaffenes genehmigtes Kapital, das zwischenzeitlich teilweise ausgenutzt wurde, aufzuheben. Grund hierfür ist regelmäßig, dass zu diesem Zeitpunkt eine höhere Bemessungsgrenze für den hälftigen Grundkapitalbetrag zur Verfügung steht, was insbesondere auch auf die 10 % Grenze nach § 186 Abs. 3 Satz 4 AktG durchschlägt. Grund für die Aufhebung alten genehmigten Kapitals kann auch sein, dass bei der Schaffung neuen genehmigten Kapitals von **1026**

---

328) *Bayer*, ZHR 168 (2004), 132, 136.

neuen rechtlichen Möglichkeiten Gebrauch gemacht werden soll. Das Beispiel für eine Aufhebung alten genehmigten Kapitals enthält der Beschlussvorschlag zu Buchstabe a.

4. Rechtstechnik [→ Rz. 1014 ff]

1027 Genehmigtes Kapital ist gemäß § 202 Abs. 1 Satz 1 AktG notwendigerweise Bestandteil der Satzung. Es kann bereits bei der Gründung oder später durch Satzungsänderung geschaffen werden. Die hier dem Vorstand gegebene Ermächtigung bedeutet noch kein Grundkapital; neues Grundkapital entsteht erst durch Durchführungsbeschluss des Vorstands und Eintragung der Durchführung der Kapitalerhöhung im Handelsregister (§ 203 Abs. 1 Satz 1 i. V. m. §§ 188, 189 AktG). Technisch handelt es sich um eine **Satzungsänderung**, die durch die Hauptversammlung mit den in § 202 Abs. 2 Satz 2 AktG genannten Mehrheiten beschlossen werden muss. Da es sich um eine Satzungsänderung handelt, ist eine vollständige Mitteilung des Satzungstextes in der Hauptversammlungseinladung erforderlich (§ 124 Abs. 2 Satz 2 AktG).

1028 Die Ermächtigung umfasst in der Regel auch die **Ermächtigung des Vorstands**, über den Inhalt der Aktienrechte und die Bedingungen der Aktienausgabe zu entscheiden. Allerdings kann die Hauptversammlung hierzu eigene Bestimmungen treffen (§ 204 Abs. 1 Satz 1 AktG). Der üblicherweise mit der Schaffung genehmigten Kapitals verfolgten größeren Flexibilität und der Vielzahl der möglicherweise zu gestaltenden Fälle entspricht es jedoch, hiervon keinen Gebrauch zu machen. Allerdings muss der Vorstand ausdrücklich ermächtigt werden, das Bezugsrecht der Aktionäre auszuschließen (§ 203 Abs. 2 AktG) oder die Kapitalerhöhung gegen Sacheinlage vorzunehmen (§ 205 Abs. 1 AktG). Im letzteren Fall muss der Ermächtigungsbeschluss anders als nach § 183 Abs. 1 AktG im Falle der unmittelbaren Kapitalerhöhung jedoch nicht den Gegenstand der Sacheinlage und die Person des Sacheinlegers sowie die auf die Sacheinlage entfallende Zahl der Aktien festlegen. Diese Festlegungen können ebenfalls dem Vorstand überlassen werden. Sämtliche dieser Ermächtigungen an den Vorstand bestehen unter dem Vorbehalt der Mitwirkung des Aufsichtsrats (§ 204 Abs. 1 AktG). Der Aufsichtsrat sollte außerdem ausdrücklich i. S. v. § 179 Abs. 1 Satz 2 AktG ermächtigt werden, die Fassung der Satzung an die Ausnutzung des genehmigten Kapitals anzupassen.

1029 Die Durchführung des genehmigten Kapitals erfolgt durch Vorstandsbeschluss, der – im Sinne der in § 203 Abs. 1 AktG vorgeschriebenen Anwendung der §§ 185–191 AktG – an die Stelle des Hauptversammlungsbeschlusses über die Erhöhung des Kapitals tritt. Für die Zwecke der Handelsregisteranmeldung muss der entsprechende Vorstandsbeschluss schriftlich ausgestellt und eingereicht werden. Ebenso ist in der Praxis vieler Registergerichte die Mitwirkung des Aufsichtsrats nicht nur durch die Unterzeichnung des Aufsichtsratsvorsitzenden auf der Handelsregisteranmeldung (§ 181 Abs. 1 AktG), sondern auch durch Vorlage eines entsprechenden Aufsichtsratsbeschlusses nachzuweisen.

5. Bezugsrechtsausschluss [→ Rz. 1015]

Auch im Rahmen genehmigten Kapitals kann es zu einem Bezugsrechtsausschluss kommen. § 203 Abs. 2 AktG gestattet eine solche Ermächtigung an den Vorstand ausdrücklich. Aus dem Verweis auf § 186 Abs. 3 AktG in § 203 Abs. 1 AktG ergibt sich, dass die Hauptversammlung (oder die Gründer) das Bezugsrecht auch definitiv ausschließen können, so dass der Vorstand hieraus bei der Ausübung gebunden ist. Festsetzungs-, Mehrheits- und Begründungserfordernisse bestehen grundsätzlich wie bei einem Kapitalerhöhungsbeschluss durch die Hauptversammlung (oben Rz. 969); insbesondere hat der Vorstand der Hauptversammlung einen schriftlichen Bericht vorzulegen über die Gründe für die Ermächtigung des Vorstands, das Bezugsrecht der Aktionäre bei der Kapitalerhöhung aus dem genehmigten Kapital auszuschließen. Das hier vorgeschlagene Muster sieht eine Reihe von Möglichkeiten zum Bezugsrechtsausschluss vor, die entsprechend den praktischen Bedürfnissen im Rahmen des vorgestellten genehmigten Kapitals zu erörtern sind. Natürlich können die behandelten Fallgruppen (mit Ausnahme der Sacheinlage) auch Gegenstand von durch die Hauptversammlung gefassten Kapitalerhöhungsbeschlüssen, wie in Muster 8.3 Varianten 1 und 2 (Rz. 947, 970) vorgestellt, sein. Im Einzelnen:

1030

a) Spitzenbeträge [→ Rz. 1016]

In den bisher vorgestellten Varianten zu Muster 8.3 ergab sich aufgrund der gewählten Zahlenverhältnisse stets ein glattes Bezugsverhältnis, d. h. für je zwei alte Aktien entstand das Bezugsrecht auf eine neue Aktie. Im Fall des hier zur Rede stehenden genehmigten Kapitals kann es sich jedoch ergeben, dass aufgrund von transaktionsbedingten Vorgaben ein schwer handhabbares Bezugsverhältnis entsteht, in dem z. B. ein gebrochener Anteil der alten Aktien Bezugsrechte auf neue Aktien verkörpert oder ein glattes Verhältnis nur mit einem dementsprechend sehr großen Zähler ausgedrückt werden kann (Beispiel: 31 : 10). In diesen Fällen ist es zulässig, das Bezugsrecht in der Spitze auszuschließen, um ein handhabbares Bezugsverhältnis herzustellen, z. B. in dem oben genannten Beispiel 31 : 10 auf 3 : 1 oder in einem weiteren Beispiel von 4,66 : 1 auf 9 : 2. Der mit einer solchen Glättung des Bezugsverhältnisses verbundene Ausschluss des Bezugsrechts in einer Spitze ist regelmäßig gerechtfertigt, soweit nicht unnötige Spitzen bei der Festlegung des Erhöhungs-

1031

betrages gebildet wurden.[329] Gleichwohl muss eine Ermächtigung zum Bezugsrechtsausschluss ausdrücklich erteilt werden und im Vorstandsbericht nach § 203 Abs. 2 Satz 2 i. V. m. § 186 Abs. 4 Satz 2 AktG eine kurze Begründung finden.

b) Börseneinführung [→ Rz. 1017]

1032 Eine erstmalige Börseneinführung im Inland ist angesichts der Kapitalgrenze im Rahmen eines genehmigten Kapitals in der Praxis kaum möglich (zur Börseneinführung auf der Grundlage einer regulären Kapitalerhöhung siehe Muster 8.3, Variante 3, Rz. 983), in Betracht kommt der Einsatz eines genehmigten Kapitals aber für Folgeemissionen.

c) Sacheinlagen [→ Rz. 1018]

1033 Ferner ist im Muster der Bezugsrechtsausschluss für den Fall vorgesehen, dass die neuen Aktien gegen Sacheinlagen im Rahmen von Unternehmenszusammenschlüssen oder beim Erwerb von Unternehmen oder Unternehmensteilen ausgegeben werden sollen. Nach alter Rechtsprechung und Praxis bedurfte die Einwerbung von Sacheinlagen auch im Rahmen der Schaffung genehmigten Kapitals einer konkreten Interessenabwägung, d. h., der Hauptversammlung musste ein sich tatsächlich abzeichnendes Vorhaben der Gesellschaft beschrieben und anhand dessen die Rechtfertigung des Bezugsrechtsausschlusses abgeleitet werden.[330] An diesem Darlegungserfordernis scheiterte praktisch die Schaffung genehmigten Kapitals mit der Ermächtigung, Sacheinlagen unter Ausschluss des Bezugsrechtes vorzusehen.

1034 Nach der bekannten „Siemens/Nold"-Entscheidung des Bundesgerichtshofs[331] ist diese Rechtsprechung aufgegeben und der Bezugsrechtsausschluss gegen Sacheinlage auch dann für zulässig gehalten worden, wenn konkrete Anhaltspunkte für eine Sachkapitalerhöhung zum Zeitpunkt des Hauptversammlungsbeschlusses tatsächlich noch nicht bestehen oder Anhaltspunkte zwar bestehen, diese aber noch geheimhaltungsbedürftig sind.[332] Diese Änderung der Rechtsprechung lässt eine abstrakte Umschreibung des Vorhabens des Vorstands und der Begründung für die Ermächtigung zum Bezugsrechts-

---

329) BGH, Urt. v. 19.4.1982 – II ZR 55/81, BGHZ 83, 319, 323 = ZIP 1982, 689, 691 = NJW 1982, 2444; OLG Frankfurt/M., Urt. v. 15.4.1986 – 5 U 191/84, ZIP 1986, 1244, WM 1986, 615, 617, dazu EWiR 1986, 957 *(Finken)*; *Hüffer*, AktG, § 186 Rz. 29; *Lutter*, in: Kölner Komm. z. AktG, § 186 Rz. 66; *Wiedemann*, in: Großkomm. z. AktG, § 186 Rz. 155.

330) BGH, Urt. v. 19.4.1982 – II ZR 55/81, ZIP 1982, 689, 690; OLG München, Urt. v. 24.3.1993 – 7 U 3550/92, ZIP 1993, 676 = AG 1993, 283 f, dazu EWiR 1993, 527 *(Lutter)*; weitere Darstellung bei *Hüffer*, AktG, § 203 Rz. 27.

331) BGH, Urt. v. 23.6.1997 – II ZR 132/93 – Siemens/Nold, BGHZ 136, 133 = ZIP 1997, 1499, 1500 f.

332) Hierzu *Hüffer*, AktG, § 203 Rz. 29; Semler/Volhard-*Schröer*, § 24 Rz. 26; *Krieger*, in: Münchener Handbuch, § 58 Rz. 18 ff.

ausschluss bei Sacheinlagen zum Zwecke des Erwerbs von Unternehmen oder Unternehmensteilen oder im Rahmen von Unternehmenszusammenschlüssen zu. Die Beschränkung der Sacheinlage auf diese Zwecke hängt damit zusammen, dass in der Regel ein Erwerb des Sacheinlagegegenstandes gegen Barmittel, für welchen auch eine Barkapitalerhöhung denkbar wäre, regelmäßig ausscheidet, weil die Vertragsgegenseite eine Vergütung in Aktien wünscht oder dieses, wie bei der Verschmelzung, gesetzlich vorgeschrieben ist. Die Rechtsprechung der Oberlandesgerichte nach Siemens/Nold zeigt, dass „formularartige Hinweise" und eine bloße „Werbung" des Vorstands im Rahmen des Vorstandsberichts als Begründung nicht ausreichend sind.[333]

Der Text eines Vorstandsberichts zur Begründung des Ausschlusses des Bezugsrechts zu Akquisitionszwecken könnte beispielsweise wie folgt lauten:

1035

> „Die … AG ist aufgrund ihrer Unternehmenstätigkeit in dem Geschäftsbereich … darauf angewiesen, weltweit Akquisitionsmöglichkeiten einschließlich struktureller Veränderungen innerhalb ihrer Unternehmensgruppe kurzfristig wahrnehmen zu können. Mit der vorgeschlagenen Ermächtigung des Vorstands, Bezugsrechte der Aktionäre bei der Ausgabe neuer Aktien gegen Sacheinlage auszuschließen, wird dem Vorstand im Hinblick auf die von der Gesellschaft verfolgte Akquisitionsstrategie die Möglichkeit eröffnet, im Einzelfall geeignete Unternehmen nicht nur im Wege einer Barkaufpreiszahlung, sondern auch im Wege einer Sachgegenleistung durch Ausgabe von Aktien der Gesellschaft zu erwerben. Der Weg über die Ermächtigung zur Ausgabe von Aktien unter Schaffung eines genehmigten Kapitals ist hierbei erforderlich, weil die Ausgabe der Aktien bei sich abzeichnenden Akquisitionsmöglichkeiten mit regelmäßig komplexen Transaktionsstrukturen im Wettbewerb der potentiellen Erwerbsinteressenten kurzfristig erfolgen muss. Der Vorstand wird jeweils im Einzelfall sorgfältig prüfen, ob er von der Ermächtigung zur Kapitalerhöhung unter Ausschluss des Bezugsrechts der Aktionäre Gebrauch machen soll, sobald sich Möglichkeiten zur Akquisition konkretisieren. Er wird das Bezugsrecht nur dann ausschließen, wenn der Erwerb gegen die Ausgabe von Aktien im wohlverstandenen Interesse der Gesellschaft liegt. Der Ausgabebetrag für die neuen Aktien würde dabei vom Vorstand mit Zustimmung des Aufsichtsrats unter Berücksichtigung der Interessen der Gesellschaft festgelegt werden. Konkrete Erwerbsvorhaben, zu deren Durchführung das Grundkapital unter Bezugsrechtsausschluss erhöht werden soll, bestehen zurzeit nicht."

Es darf jedoch nicht übersehen werden, dass auch unter Berücksichtigung der jüngeren Rechtsprechung die materiellen Voraussetzungen für den Bezugsrechtsausschluss durch den Vorstand weiterhin in vollem Umfange geprüft werden müssen. Das Hauptgewicht dieser Prüfung ist durch die Rechtspre-

1036

---

333) Zum Meinungsstand: *Bayer*, ZHR 168 (2004), 132, 149. Für ein erweitertes Verständnis von Siemens/Nold: *Henze* (Richter am BGH a. D.), ZHR 2003, 1, 4; *Bungert*, NJW 1998, 488, 490; *Volhard*, AG 1998, 397, 403; *Kindler*, ZGR 1998, 35, 64; für die Praxis zurückhaltend *Krieger*, in: Münchener Handbuch, § 58 Rz. 18 a. E.; ferner *Cahn*, ZHR 163 (1999), 554; vgl. OLG Celle, Urt. v. 29.6.2001 – 9 U 89/01, AG 2002, 292, dazu EWiR 2002, 133 (*Sinewe*).

chung des Bundesgerichtshofs lediglich von der anfechtungsgefährdeten Hauptversammlung auf den Vorstand verlagert worden, der in dem sich ihm konkret bietenden Fall weiterhin prüfen muss, ob der Bezugsrechtsausschluss einem Zweck dient, der im Interesse der Aktiengesellschaft liegt, hierfür geeignet sowie erforderlich und verhältnismäßig ist.[334]

1037   In der rechtswissenschaftlichen Literatur war angesichts der nicht ganz klaren Formulierung des Bundesgerichtshofs in der Siemens/Nold-Entscheidung umstritten, ob der Vorstand schon vor Ausübung der ihm erteilten Ermächtigung zum Bezugsrechtsausschluss analog § 186 Abs. 4 Satz 2 AktG einen schriftlichen Bericht über die Gründe für den nunmehr konkret beabsichtigten Bezugsrechtsausschluss erstatten muss.[335] Inzwischen liegt mit dem Mangusta/Commerzbank I-Urteil des Bundesgerichtshofs eine höchstrichterliche Entscheidung vor, die eine Berichtspflicht des Vorstands vor Ausnutzung des genehmigten Kapitals ablehnt.[336] Gemäß § 160 Abs. 1 Nr. 3 AktG muss der Vorstand aber nachträglich im Anhang zum Jahresabschluss über die Ausübung des genehmigten Kapitals berichten. Nach der Rechtsprechung trifft ihn zusätzlich auch eine entsprechende Berichtspflicht in der nächsten Hauptversammlung.[337]

d) Erleichterter Bezugsrechtsausschluss [→ Rz. 1019]

1038   Schließlich ermöglicht es der Verweis des § 203 Abs. 1 Satz 1 AktG auch, bei Barkapitalerhöhungen gemäß § 186 Abs. 3 Satz 4 AktG von dem erleichterten Bezugsrechtsausschluss Gebrauch zu machen. Diese Vorschrift ist durch das Gesetz für kleine Aktiengesellschaften und zur Deregulierung des Aktienrechts mit Wirkung vom 2. August 1994 eingeführt worden und gestattet zunächst bei einer von der Hauptversammlung selbst beschlossenen Kapitalerhöhung das Bezugsrecht für bis zu 10 % des bestehenden Kapitals dann auszuschließen, wenn die neuen Aktien zu einem börsenpreisnahen Ausgabebetrag ausgegeben werden. Durch diese gesetzgeberische Neuerung sollte die Unternehmensfinanzierung durch Eigenkapitalaufnahme gegen Bareinlage erleichtert werden.[338] Das mit dieser Vorschrift angestrebte Ziel, nämlich die

---

334) Dazu ausführlich *Cahn*, ZHR 163 (1999), 554.

335) Vgl. *Hüffer*, AktG, § 203 Rz. 36 f, sowie (gegen eine Berichterstattungspflicht) *Krieger*, in: Münchener Handbuch, § 58 Rz. 44; *Bosse*, ZIP 2001, 104, 106 f; *Henze*, BB 2001, 53, 54 f.

336) BGH, Urt. v. 10.10.2005 – II ZR 148/03 – Mangusta/Commerzbank I, ZIP 2005, 2205 = DB 2005, 2738; siehe auch OLG Frankfurt/M., Urt. v. 1.4.2003 – 5 U 54/01, ZIP 2003, 902 = AG 2003, 438 = DB 2003, 2003; LG Frankfurt/M., Urt. v. 25.9.2000 – 3/1 O 129/00, ZIP 2001, 117 = AG 2001, 430 = DB 2000, 2159; *Waclawik*, ZIP 2006, 397.

337) BGH, Urt. v. 23.6.1997 – II ZR 132/93 – Siemens/Nold, BGHZ 136, 133, 134 = ZIP 1997, 1499, 1500.

338) Kritisch hierzu *Hüffer*, AktG, § 186 Rz. 39a, b m. w. N., ausführlich *Schlitt/Schäfer*, AG 2005, 67.

Erleichterung und schnelle Kapitalaufnahme, kann praktischerweise nur im Rahmen der Schaffung genehmigten Kapitals erreicht werden. Diesbezügliche Ermächtigungen finden sich auch nur in diesem Zusammenhang. Von der Ermächtigung kann nur Gebrauch gemacht werden gegen Bareinlagen und wenn die Aktien der Gesellschaft einen Börsenpreis haben, d. h. entweder im amtlichen oder geregelten Markt oder zum Freiverkehr zugelassen sind.[339]

Schwierigkeiten macht die Bezugnahme des Ausgabepreises auf den Börsenpreis. Im Rahmen eines genehmigten Kapitals erscheint es allerdings zulässig, auf den jeweils aktuellen Börsenpreis zum Zeitpunkt der Inanspruchnahme der Ermächtigung durch den Vorstand abzustellen.[340] Wollte man sich der Gegenansicht anschließen, müsste vorgesehen werden, dass der Ermächtigungsbeschluss einen zum Zeitpunkt des Ermächtigungsbeschlusses börsenkursnahen Preis als Untergrenze festlegt. In der Praxis wird dies, soweit ersichtlich, nicht getan. Der Ermächtigungsbeschluss im Rahmen des genehmigten Kapitals braucht die weiteren Einzelheiten der Bestimmung des zutreffenden Börsenkurses nicht zu enthalten. Dieses bleibt dann der Ausübungsentscheidung des Vorstands vorbehalten, der entscheiden muss, welches der zum Vergleich heranzuziehende Referenzkurs ist (abstellend auf den Durchschnittspreis einige Tage vor Festsetzung des Ausgabebetrags). Als zulässiger Abschlag vom Börsenkurs wird eine Spanne von 3 % bis maximal 5 % möglich sein.[341]

1039

Die gesetzliche Orientierung des Ausgabepreises an dem Börsenkurs, die sicherstellen soll, dass den vom Bezugsrechtsausschluss betroffenen Aktionären kein Einfluss- und Wertverlust trifft, kann bei sehr marktengen Werten und damit volatiler Kursstellung zu ungerechtfertigten Ergebnissen führen. Teilweise wird deswegen vertreten, dass in solchen Fällen die Inanspruchnahme des erleichterten Bezugsrechtsausschlusses ausscheide.[342]

1040

Hinsichtlich des Zeitpunkts, zu dem die 10 %-Grenze zu berechnen ist, kommt es zunächst auf das Grundkapital zum Zeitpunkt der Beschlussfassung der Hauptversammlung an. Eine Stufenermächtigung, bei der die Hauptversammlung zu einem Bezugsrechtsausschluss für mehr als 10 % des Grundkapitals ermächtigt, sofern bei Ausnutzung des genehmigten Kapitals die 10 %-

1041

339) Allerdings ist streitig, ob auch eine ausländische Notierung ausreicht, *Hüffer*, AktG, § 186 Rz. 39c.

340) Dagegen *Claussen*, WM 1996, 609, 612; wie hier Semler/Volhard-*Schröer*, § 24 Rz. 31; *Schlitt/Schäfer*, AG 2005, 67, 71 m. w. N.

341) Vgl. hierzu *Krieger*, in: Münchener Handbuch, § 56 Rz. 77; *Hüffer*, AktG, § 186 Rz. 39d; Semler/Volhard-*Schröer*, § 22 Rz. 66; *Wiedemann*, in: Großkomm. z. AktG, § 186 Rz. 52; *Marsch-Barner*, AG 1994, 532, 537.

342) Seibert/Kiem-*Kiem*, Rz. 225; *Hoffmann-Becking*, in: Festschrift Lieberknecht, S. 25, 29; *Hüffer*, AktG, § 186 Rz. 39g m. w. N.; *Krieger*, in: Münchener Handbuch, § 56 Rz. 77 a. E.; Semmler/Volhard-*Schröer*, § 24 Rz. 32.

Grenze nicht überschritten wird, ist nicht zulässig.[343] Zusätzlich muss der Vorstand bei Ausnutzung der Ermächtigung prüfen, ob die Voraussetzungen des § 186 Abs. 3 Satz 4 AktG vorliegen. Das Muster sieht vor, dass auf die 10 %-Grenze Aktien anzurechnen sind, die zur Bedienung von Options- und/oder Wandelschuldverschreibungen bzw. Genussrechten ihrerseits unter vereinfachtem Ausschluss des Bezugsrechts ausgegeben wurden oder werden. Außerdem vorgesehen ist die Anrechnung einer unter vereinfachtem Ausschluss des Bezugsrechts erfolgende Veräußerung eigener Aktien gemäß § 71 Abs. 1 Satz 1 Nr. 8 AktG.

1042 Auch bei Inanspruchnahme des vereinfachten Bezugsrechtsausschlusses im Wege des genehmigten Kapitals ist der **Bericht des Vorstands** nach § 186 Abs. 4 Satz 3 AktG erforderlich. Allerdings ist die Berichtspflicht inhaltlich verdünnt. Es reicht eine abstrakte Begründung, zu welchem Zweck der Vorstand den Bezugsrechtsausschluss in Anspruch nehmen möchte. Außerdem müssen Angaben zum beabsichtigten maximalen Abschlag vom Börsenkurs gemacht werden, wobei auf die bereits genannten 3 % bis maximal 5 % hingewiesen werden sollte. Eine weitere Berichterstattung wird nur für Problemfälle erforderlich, etwa in solchen Fällen, in denen an der Aussagefähigkeit des Börsenkurses Zweifel bestehen.[344]

---

343) OLG München, Beschl. v. 24.7.1996 – 7 U 6319/95, AG 1996, 518; zustimmend *Hüffer*, AktG, § 203 Rz. 10a; *Hoffmann-Becking*, in: Festschrift Lieberknecht, S. 25 f; a. A. *Claussen*, WM 1996, 609, 615; *Marsch-Barner*, AG 1994, 532, 534; *Krieger*, in: Münchener Handbuch, § 58 Rz. 19; Semler/Volhard-*Schröer*, § 24 Rz. 30, und *Schlitt/Schäfer*, AG 2005, 67, 69, jedoch unter Hinweis auf das angesichts entgegenstehender Rechtsprechung hohe Anfechtungsrisiko.

344) Vgl. zum Inhalt des Vorstandberichts: *Hüffer*, AktG, § 186 Rz. 39 f m. w. N.; *Krieger*, in: Münchener Handbuch, § 58 Rz. 19, § 56 Rz. 83.

Muster 8.5: Bedingtes Kapital/Wandel- und Optionsschuldverschreibung

I.   Mustertext [→ Rz. 1059 ff]

TOP …: Beschlussfassung über die Ermächtigung zur Ausgabe von Wandel- und/oder Optionsschuldverschreibungen, die Schaffung bedingten Kapitals und die Änderung von § … der Satzung   1043

Vorstand und Aufsichtsrat schlagen vor zu beschließen:

a) Der Vorstand wird ermächtigt, bis zum … [*Datum, max. 5 Jahre*] einmalig   1044
    oder mehrmals auf den Inhaber und/oder auf den Namen lautende Wandel-
    und/oder Optionsschuldverschreibungen (Schuldverschreibungen) im Ge-
    samtnennbetrag von bis zu 50 000 000 Euro mit einer Laufzeitbegrenzung
    von längstens 10 Jahren zu begeben und den Inhabern bzw. Gläubigern von
    Wandelschuldverschreibungen Wandlungsrechte bzw. den Inhabern bzw.
    Gläubigern von Optionsschuldverschreibungen Optionsrechte auf neue
    Aktien der Gesellschaft mit einem anteiligen Betrag am Grundkapital von
    bis zu 5 000 000 Euro nach näherer Maßgabe der Wandelanleihe- bzw. Op-
    tionsbedingungen zu gewähren. [→ Rz. 1064, 1069]

Die Schuldverschreibungen können außer in Euro auch – unter Begrenzung   1045
auf den entsprechenden Euro-Gegenwert, der durch banküblich Siche-
rungsgeschäfte abgesichert werden kann – in der gesetzlichen Währung
eines OECD-Landes begeben werden. Sie können auch durch in- oder
ausländischen Mehrheitsbeteiligungsgesellschaften begeben werden. In diesem Falle wird der Vorstand ermächtigt, für die Gesellschaft die Garantie
für die Rückzahlung der Schuldverschreibungen zu übernehmen und den
Inhabern solcher Schuldverschreibungen Wandlungs- oder Optionsrechte
auf neue Aktien der Gesellschaft zu gewähren. [→ Rz. 1069]

aa) Den Aktionären steht grundsätzlich ein Bezugsrecht auf die Schuldver-   1046
     schreibungen zu. Die Schuldverschreibungen können [*Alternativ:
     Schuldverschreibungen sollen*] unabhängig davon, ob sie durch die Ge-
     sellschaft selbst oder durch eine ihrer in- oder ausländischen Mehr-
     heitsbeteiligungsgesellschaften ausgegeben werden, von einem oder
     mehreren durch den Vorstand bestimmten Kreditinstituten mit der
     Verpflichtung übernommen werden, sie den Aktionären der Gesell-
     schaft unter Wahrung ihres Bezugsrechtes zum Bezug anzubieten (mit-
     telbares Bezugsrecht). [→ Rz. 1065]

Der Vorstand ist jedoch ermächtigt, mit Zustimmung des Aufsichtsrats   1047
das Bezugsrecht der Aktionäre auszuschließen, [→ Rz. 1065]

– um etwaige Spitzenbeträge auszugleichen; [→ Rz. 1065]   1048

– wenn der bar zu zahlende Ausgabepreis den nach anerkannten fi-   1049
   nanzmathematischen Methoden ermittelten theoretischen Marktwert der Schuldverschreibungen nicht wesentlich unterschreitet.

Nicht wesentlich in diesem Sinne ist eine Unterschreitung, wenn der Ausgabepreis bis zu fünf Prozent unter dem nach anerkannten finanzmathematischen Methoden ermittelten theoretischen Marktwert der Schuldverschreibungen liegt. Der Bezugsrechtsausschluss kann in diesem Fall jedoch nur vorgenommen werden, wenn die Anzahl der aufgrund von Schuldverschreibungen nach dieser Ermächtigung gemäß § 186 Abs. 3 Satz 4 AktG auszugebenden Aktien zusammen mit anderen gemäß dieser gesetzlichen Bestimmung während der Laufzeit dieser Ermächtigung ausgegebenen oder veräußerten Aktien 10 % des Grundkapitals weder zum Zeitpunkt des Wirksamwerdens noch zum Zeitpunkt der Ausübung dieser Ermächtigung überschreitet; [→ Rz. 1066]

1050 — soweit es erforderlich ist, um den Inhabern bzw. Gläubigern der von der … AG oder deren unmittelbaren oder mittelbaren Mehrheitsbeteiligungsgesellschaften ausgegebenen Wandel- und/oder Optionsschuldverschreibungen ein Bezugsrecht in dem Umfang zu gewähren, wie es ihnen nach Ausübung der Wandlungs- und/oder Optionsrechte bzw. nach Erfüllung einer Wandlungspflicht zustehen würde. [→ Rz. 1067]

1051 bb) Im Fall der Ausgabe von Wandelschuldverschreibungen erhalten deren Inhaber bzw. Gläubiger das Recht, ihre Wandelschuldverschreibungen nach näherer Maßgabe der Wandelanleihebedingungen in neue Aktien der Gesellschaft umzutauschen. Das Umtauschverhältnis ergibt sich aus der Division des Nennbetrages einer Schuldverschreibung durch den festgesetzten Wandlungspreis für eine neue Aktie der Gesellschaft. Das Umtauschverhältnis kann sich auch durch Division des unter dem Nominalbetrag liegenden Ausgabebetrages einer Schuldverschreibung durch den festgesetzten Wandlungspreis für eine neue Aktie der Gesellschaft ergeben. Der anteilige Betrag am Grundkapital der bei Wandlung auszugebenden Aktien darf den Nennbetrag der Wandelschuldverschreibungen nicht übersteigen. Das Umtauschverhältnis kann in jedem Fall auf volle Zahlen auf- oder abgerundet werden; ferner kann eine in bar zu leistende Zuzahlung festgelegt werden. Im Übrigen kann vorgesehen werden, dass Spitzen zusammengelegt und/oder in Geld ausgeglichen werden. Die Umtauschbedingungen können auch eine Wandlungspflicht zum Ende der Laufzeit (oder zu einem anderen Zeitpunkt) begründen. [→ Rz. 1069]

1052 Im Fall der Ausgabe von Optionsschuldverschreibungen werden jeder Optionsschuldverschreibung ein oder mehrere Optionsscheine beigefügt, die den Inhaber nach näherer Maßgabe der vom Vorstand festzulegenden Optionsbedingungen zum Bezug von neuen Aktien der Gesellschaft berechtigen. Der anteilige Betrag am Grundkapital der je Optionsschuldverschreibung zu beziehenden Aktien darf den Nennbetrag der Optionsschuldverschreibungen nicht übersteigen. Die Laufzeit der Optionen darf höchstens 10 Jahre betragen.

cc) Der jeweils festzusetzende Wandlungs- bzw. Optionspreis für eine Aktie muss entweder mindestens 80 Prozent des durchschnittlichen Börsenkurses der Aktien der Gesellschaft – in der Xetra-Schlussauktion (oder einem vergleichbaren Nachfolgesystem) an der Frankfurter Wertpapierbörse – an den zehn Börsentagen vor dem Tag der Beschlussfassung durch den Vorstand über die Begebung der Wandel- und/oder Optionsschuldverschreibungen betragen oder mindestens 80 Prozent des durchschnittlichen Börsenkurses – in der Xetra-Schlussauktion (oder einem vergleichbaren Nachfolgesystem) an der Frankfurter Wertpapierbörse – am dritten Börsentag vor Ende des Bezugsrechtshandels entsprechen. **1053**

Der Wandlungs- bzw. Optionspreis wird unbeschadet des § 9 Abs. 1 AktG aufgrund einer Verwässerungsschutzklausel nach näherer Bestimmung der Options- bzw. Wandelanleihebedingungen durch Zahlung eines entsprechenden Betrages in bar bei Ausnutzung des Wandlungsrechts bzw. durch Herabsetzung der Zuzahlung ermäßigt, wenn die Gesellschaft während der Wandlungs- oder Optionsfrist unter Einräumung eines Bezugsrechts an ihre Aktionäre das Grundkapital erhöht oder weitere Wandel- oder Optionsanleihen begibt bzw. sonstige Optionsrechte gewährt und den Inhabern von Wandlungs- oder Optionsrechten kein Bezugsrecht in dem Umfang eingeräumt wird, wie es ihnen nach Ausübung des Wandlungs- oder Optionsrechts zustehen würde. Statt einer Zahlung in bar bzw. einer Herabsetzung der Zuzahlung kann auch – soweit möglich – das Umtauschverhältnis durch Division mit dem ermäßigten Wandlungspreis angepasst werden. Die Bedingungen können darüber hinaus für den Fall der Kapitalherabsetzung eine Anpassung der Wandlungs- bzw. Optionsrechte vorsehen. **1054**

dd) In den Wandel- und/oder Optionsanleihebedingungen kann vorgesehen werden, dass die Zahl der bei Ausübung der Wandlungs- und/oder Optionsrechte oder nach Erfüllung von Wandlungspflichten zu beziehenden Aktien bzw. ein diesbezügliches Umtauschrecht variabel ist und/oder der Wandlungs- bzw. Optionspreis innerhalb einer vom Vorstand festzulegenden Bandbreite in Abhängigkeit von der Entwicklung des Aktienkurses oder als Folge von Verwässerungsschutzbestimmungen während der Laufzeit verändert werden kann. **1055**

ee) Der Vorstand wird ermächtigt, die weiteren Einzelheiten der Ausgabe und Ausstattung der Schuldverschreibungen, insbesondere Zinssatz, Ausgabekurs, Laufzeit und Stückelung, Options- bzw. Wandlungspreis **1056** und den Wandlungs- bzw. Optionszeitraum, festzusetzen bzw. im Einvernehmen mit den Organen der die Schuldverschreibungen begebenden in- oder ausländischen Mehrheitsbeteiligungsgesellschaften zu bestimmen.

1057   b) Das Grundkapital der Gesellschaft wird um bis zu 5 000 000 Euro durch Ausgabe von bis zu 5 000 000 neuen, auf den Inhaber lautenden Stückaktien bedingt erhöht. Die bedingte Kapitalerhöhung dient der Gewährung von Aktien an die Inhaber bzw. Gläubiger von Schuldverschreibungen, die gemäß vorstehender Ermächtigung zu Buchstabe a bis zum … von der Gesellschaft oder durch in- oder ausländische Mehrheitsbeteiligungsgesellschaften begeben werden. Die Ausgabe der neuen Aktien erfolgt zu den gemäß Buchstabe a jeweils festzulegenden Wandel- bzw. Optionsbedingungen. Die bedingte Kapitalerhöhung ist nur insoweit durchzuführen, als von Wandlungs- bzw. Optionsrechten Gebrauch gemacht wird oder die zur Wandlung verpflichteten Inhaber bzw. Gläubiger ihre Pflicht zur Wandlung erfüllen. Die neuen Aktien nehmen vom Beginn des Geschäftsjahres an, für das zum Zeitpunkt ihrer Ausgabe noch kein Beschluss über die Verwendung des Bilanzgewinns gefasst worden ist, am Gewinn teil. Der Vorstand wird ermächtigt, die weiteren Einzelheiten der Durchführung der bedingten Kapitalerhöhung festzusetzen. [→ Rz. 1070]

1058   c) § … der Satzung (Grundkapital) erhält folgenden neuen Absatz … :

„(…) Das Grundkapital ist um bis zu 5 000 000 Euro durch Ausgabe von bis zu 5 000 000 neuen, auf den Inhaber lautenden Stückaktien bedingt erhöht. Die bedingte Kapitalerhöhung wird nur so weit durchgeführt wie

– die Gläubiger bzw. Inhaber von Wandlungsrechten oder von Optionsscheinen, die mit den von der Gesellschaft oder ihren in- oder ausländischen Mehrheitsbeteiligungsgesellschaften bis zum … auszugebenden Wandel- oder Optionsschuldverschreibungen verbunden sind, von ihren Wandlungs- bzw. Optionsrechten Gebrauch machen oder

– die zur Wandlung verpflichteten Gläubiger bzw. Inhaber der von der Gesellschaft oder ihren mittelbaren oder unmittelbaren Mehrheitsbeteiligungsgesellschaften bis zum … auszugebenden Wandelschuldverschreibungen ihre Pflicht zur Wandlung erfüllen.

Die neuen Aktien nehmen vom Beginn des Geschäftsjahres an, für das zum Zeitpunkt ihrer Ausgabe noch kein Beschluss über die Verwendung des Bilanzgewinns gefasst worden ist, am Gewinn teil. Der Vorstand ist ermächtigt, die weiteren Einzelheiten der Ausgabe und Ausstattung der Wandel- und Optionsschuldverschreibungen zu bestimmen." [→ Rz. 1072]

II. Erläuterungen [→ Rz. 1043 ff]

1. Einführung

Das Muster enthält einen ausführlichen Beschlussvorschlag einer bedingten Kapitalerhöhung zur **Gewährung von Wandel- und Optionsschuldverschreibungen** zu Finanzierungszwecken. Es soll als Beispiel für die Inanspruchnahme bedingten Kapitals (§§ 192 ff AktG) dienen.

1059

Bedingtes Kapital darf nur zu den in § 192 Abs. 2 AktG genannten Zwecken beschlossen werden. Das bedingte Kapital dient im Rahmen dieser zwingenden **Zweckbestimmung** der Bedienung von Bezugsrechten unter Ausschluss des gesetzlichen Bezugsrechts der Aktionäre. Die Interessen der Aktionäre werden durch die Zweckbindung nach § 192 Abs. 2 AktG, durch die Beschlussinhalte nach § 193 AktG, durch die Kapitalbegrenzung nach § 192 Abs. 3 AktG sowie schließlich im Falle der Ausgabe von Wandelschuldverschreibungen und Genussrechten i. S. d. § 221 AktG durch das dort in Absatz 4 Satz 1 bestimmte Bezugsrecht geschützt.

1060

Von den diversen in § 192 Abs. 2 AktG genannten Zwecken kommt die dort unter Nummer 2 genannte Möglichkeit der Bereitstellung von Aktien für einen **geplanten Unternehmenszusammenschluss** in der Praxis selten vor. Dies liegt daran, dass in dem Beschluss über die bedingte Kapitalerhöhung gemäß § 193 Abs. 2 Nr. 2 AktG das Zusammenschlussvorhaben unter Bezugnahme auf ein bestimmtes Unternehmen konkretisiert werden muss. Wenn außerdem Sacheinlagen in Rede stehen, müssen im Beschluss die in § 194 Abs. 1 AktG genannten Angaben gemacht werden. Dies ist für eine längere Zeit im Voraus entweder nicht möglich oder nicht tunlich. Theoretisch kommen jedoch Verschmelzungen, der Abschluss von Beherrschungs- oder Gewinnabführungsverträgen, die Mehrheitseingliederung nach § 320a AktG oder der Erwerb fremder Anteile gegen eigene Aktien in Betracht. Da der Gesetzestext rechtsformneutral von „Unternehmen" spricht, kommen hierfür nicht nur andere Aktiengesellschaften, sondern sämtliche Kapitalgesellschaften, Personengesellschaften sowie auch einzelkaufmännische Unternehmen in Frage.[345]

1061

Ein bedeutsamer Anwendungsfall des bedingten Kapitals ist demgegenüber die in § 192 Abs. 2 Nr. 3 AktG genannte **Gewährung von Bezugsrechten an Arbeitnehmer oder Mitglieder der Geschäftsführung** der Gesellschaft oder verbundener Unternehmen („Stock-Options"). Diese Möglichkeit ist durch das KonTraG neu eingeführt worden. Für den Inhalt dieses Beschlusses enthält § 193 Abs. 2 Nr. 4 AktG besondere Vorschriften, aus denen sich ergibt, dass derartige Bezugsrechte als erfolgsorientierte Vergütungsform für Arbeitnehmer und Vorstandsmitglieder eingesetzt werden können. Die Hauptversammlung muss insoweit der Schaffung bedingten Kapitals und der Auflegung eines

1062

---

345) Vgl. *Hüffer*, AktG, § 192 Rz. 14.

entsprechenden Optionsprogramms nicht nur zustimmen, sondern kann auch einen Ermächtigungsbeschluss fassen. Gemäß § 193 Abs. 2 Nr. 4 AktG sind insbesondere die Eckpunkte des Optionsprogramms anzugeben. Für einen Hauptversammlungsbeschluss über eine bedingte Kapitalerhöhung zur Gewährung von Umtausch- oder Bezugsrechten an Gläubiger von Wandelschuldverschreibungen war ein derartiger Eckpunkte-Beschluss der Hauptversammlung bislang nicht vorgeschrieben.

1063   Die in § 193 Abs. 2 Nr. 4 AktG festgelegten Mindeststandards für die Ausgestaltung von Aktienoptionsprogrammen galten mithin nicht, wenn Optionsrechte vergütungshalber nicht nackt gewährt wurden, sondern mit einer Optionsanleihe oder Wandelschuldverschreibung oder einem ähnlichen Vehikel verknüpft worden sind. Diese Lücke hat der Gesetzgeber im Rahmen des UMAG nunmehr durch die Einfügung einer Verweisung in § 221 Abs. 4 AktG auf § 193 Abs. 2 Nr. 4 AktG geschlossen und damit gleichzeitig klargestellt, dass Aufsichtsräte auch nicht Bezugsberechtigte eines Aktienoptionsprogramms in Verbindung mit Optionsanleihen oder Wandelschuldverschreibungen sein können, da sich die sinngemäße Anwendung auch auf den Kreis der möglichen Bezugsberechtigten bezieht.[346] Ob hieraus für die reguläre Alternative einer Auflage zugunsten dritter Wandelschuldverschreibungsinhaber die Konsequenz zu ziehen ist, dass im Beschluss darauf hinzuweisen ist, dass eine Ausgabe an die in § 193 Abs. 2 Nr. 4 AktG genannten Personen (ebenso an Aufsichtsräte, die über den Verweis ja ausgeschlossen werden sollen) nicht möglich ist, muss für die Zukunft beobachtet werden. Für einen Hinweis spricht, dass andernfalls der Verweis auf § 193 Abs. 2 Nr. 4 AktG leicht umgangen werden könnte.[347]

2. Wandel- und Optionsschuldverschreibungen [→ Rz. 1044]

1064   Das hier vorgestellte Muster greift den in § 192 Abs. 2 Nr. 1 AktG genannten Zweck auf, nämlich das bedingte Kapital zur Gewährung von Umtausch- und Bezugsrechten der Gläubiger bzw. Inhaber von Wandelschuldverschreibungen. Wandelschuldverschreibungen sind insbesondere in einem schwierigen Marktumfeld für Aktienemissionen eine für Unternehmen interessante Finanzierungsform. Der Beschlussvorschlag zu Buchstabe a (Rz. 1044) enthält insoweit die nach § 221 Abs. 1 AktG erforderliche Ermächtigung des Vorstands

---

346) Begründung RegE UMAG, BT-Drucks. 15/5092, S. 25; *Holzborn/Bunnemann*, BKR 2005, 57. Zur Unzulässigkeit von Aktienoptionen für den Aufsichtsrat bei einer Bedienung der Aktienoptionen aus zurückgekauften eigenen Aktien: BGH, Urt. v. 16.2.2004 – II ZR 316/02 – Mobilcom AG, ZIP 2004, 613 (m. Bespr. *Meyer/Ludwig*, S. 940) = BB 2004, 621, dazu EWiR 2004, 413 *(Lenenbach)*.

347) Weiterführend zu Stock-Option-Programmen: *Baums*, in: Festschrift Claussen, S. 3; *Bredow*, DStR 1998, 380; *Feddersen*, ZHR 161 (1997), 269; *Weiß*, WM 1999, 353; *Feddersen/Pohl*, AG 2001, 26; ferner die zusammenfassenden Werke von *Harrer*, S. 43 ff; *Achleitner/Wollmert*, S. 69 ff, 85 ff.

zur Ausgabe von Schuldverschreibungen, die Umtausch- oder Bezugsrechte auf Aktien einräumen. Das Muster orientiert sich dabei an dem Ziel, eine möglichst weitgehende Gestaltungsfreiheit für den Vorstand zu schaffen. Hierfür gilt die maximale Ermächtigungsdauer von fünf Jahren gemäß § 221 Abs. 2 Satz 1 AktG. Für die Höhe des Nennbetrags des genehmigten Kapitals bestimmt § 192 Abs. 3 AktG, dass dieser die Hälfte des Grundkapitals nicht übersteigen darf. Die 50 %-Grenze bezieht sich auf das eingetragene Grundkapital der Gesellschaft zum Zeitpunkt der Beschlussfassung und erlaubt damit nicht, wie beim genehmigten Kapital (oben Rz. 1025), die Berücksichtigung gleichzeitig beschlossener und gleichzeitig wirksam werdender Kapitalveränderungen.

3. Bezugsrecht [→ Rz. 1046 ff]

Das gesetzlich vorgeschriebene **Bezugsrecht der Aktionäre** gemäß § 221 Abs. 4 AktG ist (alternativ) in Form eines mittelbaren Bezugsrechtes entsprechend § 186 Abs. 5 AktG ausgestaltet. Der vorgesehene Ausschluss des Bezugsrechts für Spitzenbeträge bei Ausnutzung der erbetenen Ermächtigung durch runde Beträge erleichtert die Abwicklung der Kapitalmaßnahme. [→ Rz. 1048]

1065

Für den **Bezugsrechtsausschluss** bei Ausgabe von Options- und/oder Wandelschuldverschreibungen gegen einen besseren Ausgabepreis gilt nach § 221 Abs. 4 Satz 2 AktG die Bestimmung des § 186 Abs. 3 Satz 4 AktG sinngemäß. Wird von dieser Möglichkeit zum vereinfachten Bezugsrechtsausschluss Gebrauch gemacht, darf die dort geregelte Grenze für Bezugsrechtsausschlüsse von zehn Prozent des Grundkapitals nicht überschritten werden. Entsprechend sieht das Muster eine ausdrückliche Beschränkung der Ermächtigung auch zusammen mit etwaigen Ausnutzungen genehmigten Kapitals oder Veräußerungen eigener Aktien vor. Aus § 186 Abs. 3 Satz 4 AktG ergibt sich weiterhin, dass der Ausgabepreis den Börsenkurs nicht wesentlich unterschreiten darf. Schwierigkeiten bereitet insoweit die Ermittlung des börsenkursnahen Preises, da der Wandlungs- oder Optionspreis nebst Zinssatz und Ausgabekurs der Anleihe sowie Dauer der Optionsfrist preisbestimmende Elemente sind, die einen unmittelbaren Vergleich mit dem Börsenkurs für die Aktien selbst erschweren, wobei aber der Wert finanzmathematisch im Ergebnis durchaus ermittelbar ist. Hierdurch wird sichergestellt, dass eine nennenswerte wirtschaftliche Verwässerung des Wertes der Aktien nicht eintritt. Bei einem börsenkursnahen Wert sinkt der rechnerische Marktwert eines Bezugsrechts auf beinahe null, so dass den Aktionären durch den Bezugsrechtsausschluss kein nennenswerter wirtschaftlicher Nachteil entstehen kann. Sie haben zudem die Möglichkeit, ihren Anteil am Grundkapital der Gesellschaft zu annähernd gleichen Bedingungen im Wege eines Erwerbs der erforderlichen Aktien über

1066

die Börse aufrechtzuerhalten. Der erleichterte Bezugsrechtsausschluss ist daher aber auch bei Schuldverschreibungen grundsätzlich als zulässig anerkannt und üblich.[348] [→ Rz. 1049]

1067   Der Ausschluss des Bezugsrechts der Aktionäre zugunsten der Inhaber bzw. Gläubiger von Options- oder Wandlungsrechten bzw. von mit Wandlungspflichten ausgestatteten Wandelschuldverschreibungen hat den Vorteil, dass im Falle einer Ausnutzung der Ermächtigung der Options- bzw. Wandlungspreis für die Inhaber bzw. Gläubiger bereits bestehender Options- oder Wandlungsrechte bzw. von mit Wandlungspflichten ausgestatteten Wandelschuldverschreibungen nicht nach den bestehenden Options- bzw. Wandlungsbedingungen ermäßigt zu werden braucht. [→ Rz. 1050 ff]

4. Weiterer Beschlussinhalt [→ Rz. 1044 f, 1051 ff]

1068   Weiterer Beschlussinhalt zu Buchstabe a (Rz. 1044) ist der **Gesamtnennbetrag** der auszugebenden Options- bzw. Wandelschuldverschreibungen, was zwar nicht ausdrücklich gesetzlich vorgeschrieben ist, sich jedoch aus dem Schutzzweck der Norm ergibt und nach allgemeiner Meinung daher anzugeben ist.[349] Zwingender Beschlussinhalt ist ferner die Angabe der **Art der auszugebenden Schuldverschreibungen**, wobei es in dem vorgeschlagenen Muster dem Vorstand freigestellt wird, Options- oder Wandelschuldverschreibungen auszugeben. Wandelschuldverschreibungen sind verzinsliche Schuldverschreibungen, die ein Umtauschrecht in Aktien gewähren. Als Optionsschuldverschreibungen werden demgegenüber solche Schuldverschreibungen beschrieben, die neben dem Recht auf Rückzahlung des Nennbetrages nach Ablauf der Laufzeit und der Verzinsung das zusätzliche Recht zum Erwerb von Aktien gegen ein festgelegtes Entgelt einräumen. Dieses Bezugsrecht kann von einem bestimmten, festzusetzenden Zeitpunkt an von der Anleihe getrennt und als selbständiges Wertpapier gehandelt werden. Optionsschein und Optionsanleihe nehmen dann getrennte Wege.

1069   Fakultativ ist die Festlegung weiterer **Einzelheiten der Anleihebedingungen**, deren Ausgestaltung entweder ganz dem Vorstand oder – wie hier im Muster – der Hauptversammlung überlassen werden kann. Vorgesehen ist hier zunächst die Ermächtigung zur Begebung der Options- oder Wandelschuldverschreibungen durch eine Tochtergesellschaft mit Garantie der Obergesellschaft.[350]

---

348) LG München I, Urt. v. 6.10.2005 – 5HK O 15445/05, AG 2006, 169; OLG Braunschweig, Urt. v. 29.7.1998 – 3 U 75/98, WM 1998, 1929; Semler/Volhard-*Schröer*, § 25 Rz. 42; *Schlitt/Seiler/Singhof*, AG 2003, 254, 259 ff; *Groß*, DB 1994, 2431, 2435; MünchKomm-*Habersack*, AktG, § 221 Rz. 190 f; kritisch: *Klawitter*, AG 2005, 792; *Lutter*, AG 1994, 429, 445; *Hüffer*, AktG, § 221 Rz. 43a; *Busch*, AG 1999, 58, 59 ff.

349) Siehe nur *Hüffer*, AktG, § 221 Rz. 10; MünchKomm-*Habersack*, AktG, § 221 Rz. 135 (zumindest Höchstbetrag); a. A. *Krieger*, in: Münchener Handbuch, § 63 Rz. 10.

350) Vgl. hierzu Semler/Volhard-*Schröer*, § 25 Rz. 29; *Hüffer*, AktG, § 221 Rz. 70 ff.

Nach herrschender Meinung wird für solche Anleihen § 221 AktG analog angewandt. Eine maximale Laufzeit der Schuldverschreibungen kann in den Beschlussvorschlag aufgenommen werden. Auf dem Kapitalmarkt haben sich aber inzwischen auch Schuldverschreibungen ohne Laufzeitbegrenzung etabliert. Weitere Einzelheiten, die der Hauptversammlungsbeschluss behandeln kann, betreffen die Bedingungen der Wandlung bzw. Wahlrechte der Gesellschaft als Anleiheschuldner, das Umtausch oder Wandelverhältnis, die Abwicklung des Umtauschs oder sonstige Fälligkeits- oder Kündigungsbestimmungen. Die Wahl der insoweit gegebenen Möglichkeiten hängt von den Zielen und den Verhältnissen der emittierenden Gesellschaft ab.
[→ Rz. 1045, 1051]

5. Bedingtes Kapital [→ Rz. 1057]

Der Beschluss zu Buchstabe b dient der **Schaffung des eigentlichen bedingten Kapitals** zur Gewährleistung der Umtausch- bzw. Bezugsrechte für die nach dem Beschluss zu Buchstabe a (Rz. 1044) anzugebenden Wandelschuldverschreibungen. Der Beschluss ist nicht notwendigerweise Satzungsänderung, muss jedoch als solcher gemäß § 195 AktG zum Handelsregister angemeldet und dort eingetragen und bekannt gemacht werden (§ 196 AktG). Die Beschlussinhalte ergeben sich aus § 193 Abs. 2 und § 194 Abs. 1 AktG. Sie nehmen in dem vorgeschlagenen Muster konkret auf die erteilten Ermächtigungen zu Buchstabe a des vorgeschlagenen Beschlusses Bezug. Darüber hinaus ist vorgeschrieben, die Zahl der maximal auszugebenden neuen Stückaktien (bei Nennbetragsaktien den maximalen Gesamtnennbetrag) und die Art und Gattung der Aktien anzugeben, sofern sie nicht schon aus der Satzung folgen. Ferner müssen die Bezugsberechtigten ausdrücklich benannt werden.[351]

1070

Fakultativ, aber sinnvoll ist die Bestimmung des Zeitpunktes, an dem die neuen Aktien **dividendenberechtigt** sind. Die Entstehung der neuen Aktienrechte richtet sich, ohne dass dies hier näher im Beschluss über das bedingte Kapital angeführt werden muss, nach § 198 AktG in Verbindung mit den Anleihebedingungen sowie nach §§ 199, 200, 201 AktG. Da infolge dieser Bestimmungen nicht absehbar ist, wann die neuen Aktien entstehen und damit dividendenberechtigt werden, ist dafür Sorge zu tragen, dass bei börsennotierten Aktien keine unterschiedliche Gewinnberechtigung im Vergleich zu den schon existierenden Aktien entsteht. Diese würde unterschiedliche Gattungen (§ 11 AktG) begründen und börsenrechtlich eine gesonderte Notierung nach sich ziehen.

1071

---

351) Vgl. zu all dem nur *Hüffer*, AktG, § 193 Rz. 4.

6. Satzungsergänzung [→ Rz. 1058]

1072   Unter Buchstabe c des Beschlussmusters ist – wie in der Praxis üblich, jedoch gesetzlich nicht vorgeschrieben – die Aufnahme des bedingten Kapitals als Satzungsbestandteil vorgesehen. Dies soll der größeren Transparenz gegenüber den Aktionären dienen, die ansonsten für die Existenz von bedingtem Kapital auf Einsichtnahme in das Handelsregister angewiesen wären. Wird hiervon Gebrauch gemacht, ist das Verfahren der Satzungsänderung nach § 179 AktG i. V. m. § 124 Abs. 2 Satz 2 AktG in vollem Umfange einzuhalten (oben Rz. 925 ff). In dem vorgeschlagenen Muster ist die besondere Ermächtigung des Aufsichtsrats, die Satzung entsprechend der Ausübung des genehmigten Kapitals anzupassen (§ 179 Abs. 1 Satz 2 AktG), nicht besonders vorgesehen. Es wird davon ausgegangen, dass eine entsprechende allgemeine Ermächtigung des Aufsichtsrats in der Satzung bereits enthalten ist.

Muster 8.6: Vereinfachte Kapitalherabsetzung

I. Mustertext [→ Rz. 1077 ff]

TOP …: Beschlussfassung über die Herabsetzung des Grundkapitals in vereinfachter Form zum Zwecke der Deckung von Verlusten   1073

Vorstand und Aufsichtsrat schlagen vor, Folgendes zu beschließen:

a) Das Grundkapital der Gesellschaft in Höhe von 10 000 000 Euro, eingeteilt   1074
in 10 000 000 Stückaktien, wird in vereinfachter Form nach den Vorschriften der §§ 229 ff AktG im Verhältnis 5 : 1 um 8 000 000 Euro auf 2 000 000 Euro herabgesetzt. Die Kapitalherabsetzung hat den Zweck, Wertminderungen auszugleichen und sonstige Verluste zu decken. [→ Rz. 1080 f]

b) Die Herabsetzung des Grundkapitals erfolgt in der Weise, dass (i) die   1075
Grundkapitalziffer (nominelles Grundkapital) der Gesellschaft von 10 000 000 Euro auf 2 000 000 Euro herabgesetzt wird und (ii) jeweils fünf alte Stückaktien zu einer neuen Stückaktie zusammengelegt werden, so dass der rechnerische Anteil der Stückaktien am Grundkapital 1 Euro je Stückaktie entspricht. Etwaige Spitzen, die dadurch entstehen, dass ein Aktionär eine nicht im Zusammenlegungsverhältnis von 5 : 1 teilbare Anzahl von Stückaktien hält, werden von der Gesellschaft mit anderen Spitzen zusammengelegt und von ihr für Rechnung der Beteiligten verwertet. Die Gesellschaft kann die Verwertung nach Maßgabe von § 226 Abs. 3 AktG oder freihändig vornehmen. Der Vorstand wird ermächtigt, mit Zustimmung des Aufsichtsrats die Einzelheiten der Durchführung zu bestimmen. [→ Rz. 1084]

c) § … der Satzung wird mit Eintragung der Beschlüsse über die Kapitalherabsetzung wie folgt geändert: 1076

„Das Grundkapital beträgt 2 000 000 Euro und ist in 2 000 000 Stückaktien eingeteilt." [→ Rz. 1087]

II. Erläuterungen [→ Rz. 1073 ff]

1. Einführung

Das Muster betrifft den Fall einer isolierten Kapitalherabsetzung zu Sanierungszwecken ohne Kapitalschnitt. Die Kapitalherabsetzung ist in § 222 ff AktG geregelt. Dabei befasst sich § 222 AktG mit der **ordentlichen Kapitalherabsetzung**. Diese kann zu diversen Zwecken beschlossen werden, solange der Zweck gemäß § 222 Abs. 3 AktG im Beschluss konkret festgesetzt wird. Als mögliche Zwecke kommen in Betracht: 1077

– die Befreiung von restlichen Einlagepflichten,

– die Rückzahlung von Einlagen an Aktionäre,

– die Einstellung von Kapitalbeträgen in die Rücklage oder

– die Kapitalherabsetzung zum Zwecke der Neueinteilung der Aktiennennbeträge im Zusammenhang mit der Umstellung von Aktiennennbeträgen auf Euro (§ 4 Abs. 3 EGAktG).

Werden mehrere Zwecke gleichzeitig verfolgt, müssen die Kapitalherabsetzungsbeträge den einzelnen verfolgten Zielen zugeordnet werden.[352] Die Belange der durch die Kapitalherabsetzung betroffenen Gläubiger der Gesellschaft werden durch § 225 AktG geschützt. Insbesondere ist in § 225 Abs. 2 AktG bestimmt, dass Zahlungen an Aktionäre aufgrund einer Herabsetzung des Grundkapitals erst nach einer sechsmonatigen Frist mit Gläubigeraufruf erfolgen können. Hinzuweisen ist in diesem Zusammenhang auf die im Rahmen des Transparenz- und Publizitätsgesetzes geschaffene Möglichkeit der Einziehung von Stückaktien ohne Herabsetzung des Kapitals, wenn die Hauptversammlung im Einziehungsbeschluss bestimmt, dass auf die verbleibenden Aktien ein entsprechend erhöhter Anteil am Grundkapital entfällt. Eine Ergänzung in § 237 Abs. 5 durch das UMAG stellt nunmehr klar, dass in diesem Fall eine Kapitalrücklage nicht gebildet werden muss.

1078 Die in dem Muster vorgestellte **vereinfachte Kapitalherabsetzung** ist in §§ 229 ff AktG geregelt. Sie dient ausschließlich zu Sanierungszwecken. Der Gläubigerschutz ist abgeschwächt, da § 225 AktG keine Anwendung findet. Dafür sind Zahlungen der im Rahmen der Kapitalherabsetzung frei gewordenen Beträge an die Aktionäre verboten (§ 230 AktG).

1079 Das Muster betrifft den Fall einer **isolierten Herabsetzung zu Sanierungszwecken**, die mit einem „Kapitalschnitt" gemäß §§ 228 ff AktG, also einer gleichzeitigen Kapitalerhöhung, verbunden werden kann, aber nicht muss. Zweck der isolierten Kapitalherabsetzung ist immer die handelsrechtliche bilanzielle Sanierung. Der dort auszuweisende Verlust wird gegen das Grundkapital gebucht, so dass die Ausschüttungsfähigkeit der Gesellschaft (Voraussetzung für die Aufnahme neuen Kapitals) wiederhergestellt ist. Eine Rückwirkung der vereinfachten Kapitalherabsetzung ist im Muster nicht vorgesehen, jedoch unter den Voraussetzungen des § 234 AktG zulässig.

2. Herabsetzungsbetrag und Zweck [→ Rz. 1074 ff]

1080 Der Beschluss muss den Betrag, um den das Grundkapital herabgesetzt werden soll, ausweisen. Üblicherweise wird der **Herabsetzungsbetrag**, wie im Muster zu Buchstabe a angegeben, konkret, d. h. unter Angabe der alten und der neuen Kapitalziffer bestimmt. Nach herrschender Meinung ist stattdessen

---

352) Vgl. zum Ganzen *Hüffer*, AktG, § 222 Rz. 20; Semler/Volhard-*Volhard*, § 29 Rz. 4 ff; *Lutter*, in: Kölner Komm. z. AktG, § 222 Rz. 16; MünchKomm-*Oechsler*, AktG, § 222 Rz. 38.

auch die Angabe eines Höchstbetrages der Kapitalherabsetzung zulässig, wenn damit für die Verwaltung bestimmte Vorgaben verbunden sind, aus denen sich die Höhe des Herabsetzungsbetrages ermitteln lässt, z. B. Ableitung des Herabsetzungsbetrages aus einer zu einem bestimmten Zeitpunkt vorliegenden künftigen Unterbilanz. In diesen Fällen muss außerdem eine Durchführungsfrist gesetzt werden, die nicht zu lang sein darf.[353] [→ Rz. 1074]

Die zulässigen **Zwecke der Kapitalherabsetzung** sind bei der hier vorgestellten vereinfachten Kapitalherabsetzung durch § 229 Abs. 1 AktG vorgegeben. Der konkrete Zweck ist im Beschluss ausdrücklich festzusetzen (§ 229 Abs. 1 Satz 2 AktG). Zulässiger Zweck ist zunächst die Verlustdeckung, die als Oberbegriff den im Gesetz ebenfalls genannten Zweck des Ausgleiches von Wertminderungen erfasst. Die Verwendung untechnischer Begriffe bedeutet, dass es für die Feststellung von Verlusten nicht auf die Erstellung einer besonderen Bilanz ankommt. Auch eine Unterbilanz (Aktiva abzüglich Verbindlichkeiten abzüglich Rückstellungen decken das Eigenkapital nicht) muss nicht vorliegen.[354] Für die Feststellung von Verlusten reicht eine Prognose der Verwaltung, dass nachhaltig Verluste vorhanden sind. In diesem Rahmen eintretende Prognoseabweichungen werden durch § 232 AktG aufgefangen, der den Schluss zulässt, dass es nicht auf eine nachträgliche Verlustfeststellung mittels einer Bilanz ankommt, sondern eben auf die zum Zeitpunkt der Beschlussfassung vernünftigerweise vorzunehmende Beurteilung. Als weiterer Zweck kommt die **Umbuchung von Grundkapitalbeträgen in die Kapitalrücklage** in Betracht. Betragliche Grenzen schreibt insoweit § 231 AktG vor. Für diesen Zweck ist eine Verlustprognose nicht erforderlich. [→ Rz. 1074]

1081

3. Rücklagen und Mindestkapital

Bei der vereinfachten Kapitalherabsetzung ist außerdem zu beachten, dass diese nach § 229 Abs. 2 AktG nur zulässig ist, nachdem bisherige **Rücklagen**, nämlich die gesetzliche und die Kapitalrücklage bis zu 10 % des nach Herabsetzung verbleibenden Grundkapitals, sowie Gewinnrücklagen und Gewinnvortrag vorweg aufgelöst worden sind. In Anlehnung an § 266 Abs. 3 A III Nr. 3 und 4 HGB sind damit die satzungsmäßigen Rücklagen und anderen Gewinnrücklagen gemeint. Die gesetzlichen Rücklagen dürfen, obwohl sie zu den Gewinnrücklagen zählen, nicht aufgelöst werden. Auch eine Auflösung der Rücklagen für eigene Anteile muss wegen § 272 Abs. 3 HGB nicht stattfinden. Vom Gesetzeswortlaut unzweideutig nicht erfasst sind schließlich stille

1082

---

353) *Krieger*, in: Münchener Handbuch, § 60 Rz. 20; *Lutter*, in: Kölner Komm. z. AktG, § 222 Rz. 14; *Hüffer*, AktG, § 222 Rz. 12; Semler/Volhard-*Volhard*, § 29 Rz. 9.

354) Vgl. nur *Hüffer*, AktG, § 229 Rz. 7; *Krieger*, in: Münchener Handbuch, § 61 Rz. 6, jeweils m. w. N.

Reserven, Sonderposten mit Rücklageanteil sowie Rückstellungen. Ferner besteht kein Zwang, etwa gehaltene eigene Aktien einzuziehen.[355)]

1083   Durch die Kapitalherabsetzung darf die **gesetzliche Mindestkapitalziffer** (§ 7 AktG) nicht unterschritten werden. Nur bei einem Kapitalschnitt, also einer gleichzeitig beschlossenen Kapitalerhöhung (§ 228 AktG), die in Fällen der vereinfachten Kapitalherabsetzung auch mit Rückwirkung beschlossen werden kann (§§ 234, 235 AktG), ist dies möglich.

4. Art der Durchführung der Kapitalherabsetzung [→ Rz. 1075]

1084   Schließlich muss in dem Beschluss die **Art der Kapitalherabsetzung**, d. h. die Art ihrer Durchführung, festgesetzt werden (§ 222 Abs. 4 AktG). Bei **Nennbetragsaktien** ist eine Anpassung der Mitgliedsrechte notwendig, die vorrangig (§ 222 Abs. 4 Satz 1 AktG) durch eine Nennbetragsherabsetzung zu erfolgen hat (§ 222 Abs. 4 Satz 1 AktG). Bei **Stückaktien**, die keine Nennbeträge haben, ist eine solche Herabsetzung weder möglich noch erforderlich. Der durch sie verkörperte anteilige Betrag am Grundkapital verringert sich durch die Herabsetzung automatisch. Eine Zusammenlegung von Aktien wird erforderlich, wenn durch die Herabsetzung des Grundkapitals bei Nennbetragsaktien der Mindestnennbetrag (§ 8 Abs. 2 Satz 1 AktG) oder bei Stückaktien der auf das Stück entfallende anteilige Betrag des Grundkapitals (§ 8 Abs. 3 Satz 3 AktG) unterschritten wird.

1085   Bei der **Zusammenlegung** von Aktienrechten werden die bisherigen Aktien zu einer geringeren Zahl neuer Aktien zusammengelegt. Dabei kann es zu einer Veränderung der Beteiligungsstruktur kommen, wenn Aktionäre nicht ausreichend glatte Summen von Teilrechten oder überhaupt zu wenig Teilrechte halten, um diese Teilrechte in neuen Aktien zusammengefasst zu erhalten. Die Aktionäre sind in diesem Falle gezwungen, die fehlenden Spitzen durch Erwerb zuzukaufen oder unter Verzicht auf die Mitgliedschaft abzugeben. In der Regel wird die Gesellschaft unter Einschaltung ihrer Emissionsbank versuchen, einen Spitzenausgleich unter den Aktionären herbeizuführen. Soweit das nicht möglich ist, kann es zu Kraftloserklärungen und Verwertung nach § 226, insbesondere nach § 226 Abs. 3 AktG kommen.

5. Beschlussfassung [→ Rz. 1076]

1086   Der Beschluss der Hauptversammlung bedarf einer **Mehrheit** von drei Vierteln des bei der Beschlussfassung vertretenen Grundkapitals sowie der einfachen Stimmenmehrheit (§ 222 Abs. 1 AktG), soweit die Satzung nicht eine größere Kapitalmehrheit oder andere Erfordernisse bestimmt. Bei mehreren

---

355) Vgl. nur *Krieger*, in: Münchener Handbuch, § 61 Rz. 9 f m. w. N.

Gattungen von stimmberechtigten Aktien bedarf es eines Sonderbeschlusses (§ 222 Abs. 2 Satz 1 AktG). Weitere materielle Voraussetzungen für den Hauptversammlungsbeschluss, wie sie teilweise von der Literatur vertreten wurden, sind nach der „Sachsenmilch"-Entscheidung des Bundesgerichtshofs nicht zu verlangen.[356] Dies gilt insbesondere auch, wenn die Kapitalherabsetzung nur isoliert, d. h. ohne weitere Maßnahmen zu einer Kapitalerhöhung beschlossen wird.[357] Gleichwohl bleibt eine missbräuchliche Kapitalherabsetzung (etwa zum Zwecke des Ausschlusses von Kleinaktionären) oder bei der Festlegung unnötig hoher Spitzen anfechtbar.[358]

Die unter Buchstabe c enthaltene **Satzungsänderung** folgt aus § 23 Abs. 2 Nr. 3 bzw. 2 AktG. Die Kapitalherabsetzung ist deswegen Satzungsänderung i. S. d. §§ 179 ff AktG. Wird die entsprechende Satzungsänderung, wie hier vorgeschlagen, durch die Hauptversammlung beschlossen, bedarf es der nach § 124 Abs. 2 Satz 2 AktG vorgeschriebenen Bekanntmachung. Es ist jedoch auch zulässig, den Aufsichtsrat hierüber entsprechend § 179 Abs. 1 Satz 2 AktG entscheiden zu lassen. Die Wirksamkeit der Kapitalherabsetzung tritt bereits mit der Eintragung des Kapitalherabsetzungsbeschlusses (§ 224 AktG), die Wirksamkeit der Satzungsänderung gemäß § 181 Abs. 3 AktG erst mit ihrer Eintragung ins Handelsregister ein. Durchführungsmaßnahmen nach Wirksamwerden der Kapitalherabsetzung (etwa Zusammenlegung von Aktien, Kraftloserklärungs- oder Umtauschverfahren) sind anschließend durchzuführen. [→ Rz. 1076] | 1087

Mit dem Wirksamwerden der Kapitalherabsetzung durch Eintragung des Kapitalherabsetzungsbeschlusses (§ 224 AktG) werden etwa bisher ausgegebene Aktien oder Urkunden über Nennbetragsaktien unrichtig. Sie müssen zu gegebener Zeit berichtigt oder umgetauscht werden, nötigenfalls unter Inanspruchnahme eines **Kraftloserklärungsverfahrens** nach §§ 73, 74 Abs. 2 AktG (§ 226 AktG gilt nur für den Fall der Zusammenlegung). Der damit verbun- | 1088

---

356) Für sachliche Rechtfertigung in Anlehnung an die Rechtsprechung zum Bezugsrechtausschluss: *Lutter*, in: Kölner Komm. z. AktG, § 222 Rz. 44 ff; *Wiedemann*, ZGR 1980, 147, 157; gegen sachliche Rechtfertigung: BGH, Urt. v. 9.2.1998 – II ZR 278/96 – Sachsenmilch, BGHZ 138, 71, 76 f = ZIP 1998, 692, 693 f = NJW 1998, 2054, dazu EWiR 1999, 49 *(Dreher)*; zustimmend *Hüffer*, AktG, § 222 Rz. 14; *Krieger*, in: Münchener Handbuch, § 60 Rz. 11, und schon früher Geßler/Hefermehl-*Hefermehl*, AktG, § 222 Rz. 11; *Wirth*, DB 1996, 867, 870.

357) Insoweit offen gelassen durch BGH, Urt. v. 9.2.1998 – II ZR 278/96 – Sachsenmilch, ZIP 1998, 692, 694; wie hier: *Krieger*, in: Münchener Handbuch, § 60 Rz. 11 a. E., für eine Begründungspflicht, warum Kapitalherabsetzung nicht mit Kapitalerhöhung kombiniert wurde: *Hüffer*, AktG, § 222 Rz. 14 a. E.; MünchKomm-*Oechsler*, AktG, § 229 Rz. 27 ff.

358) Vgl. die Fälle LG Hannover, Urt. v. 9.3.1995 – 21 O 84/94, AG 1995, 285, 287, dazu EWiR 1995, 631 *(Kowalski)*, und LG Koblenz, Urt. v. 27.2.1996 – 4 HO 152/95, AG 1996, 282; in beiden Fällen waren die Anfechtungsklagen nicht erfolgreich; dagegen BGH, Urt. v. 5.7.1999 – II ZR 126/98, BGHZ 142, 167 = ZIP 1999, 1444 = NJW 1999, 3197 = DB 1999, 1747 – bei missbräuchlicher Gestaltung einer parallelen Kapitalerhöhung.

dene Aufwand kann vermieden werden, wenn gemäß § 10 Abs. 5 AktG der Verbriefungsanspruch der Aktionäre ausgeschlossen wird. Bei Stückaktien wird ein Umtausch in der Regel nicht erforderlich sein. Erst danach ist die Durchführung der Kapitalherabsetzung im **Handelsregister** anzumelden (§ 227 Abs. 1 AktG). Die entsprechende Eintragung hat nur deklaratorische Wirkung.

Muster 8.7: Erwerb und Veräußerung eigener Aktien

I. Mustertext [→ Rz. 1101 ff]

TOP …: Beschlussfassung über die Ermächtigung zum Erwerb und zur Ver-   **1089**
äußerung eigener Aktien gemäß § 71 Abs. 1 Nr. 8 AktG und zum Aus-
schluss des Andienungsrechts beim Erwerb und des Bezugsrechts bei der
Veräußerung

Vorstand und Aufsichtsrat schlagen vor zu beschließen:

a) Der Vorstand wird mit Wirkung vom Ablauf des Tages dieser Hauptver-   **1090**
sammlung an gemäß § 71 Abs. 1 Nr. 8 AktG ermächtigt, bis zum …
[*Datum, max. 18 Monate*] ein- oder mehrmalig eigene Aktien bis zu insgesamt 10 % des zum Zeitpunkt der Beschlussfassung bestehenden Grundkapitals der Gesellschaft zu anderen Zwecken als zum Handel in eigenen
Aktien zu erwerben. Auf die erworbenen Aktien dürfen zusammen mit anderen eigenen Aktien, die sich im Besitz der Gesellschaft befinden oder ihr
nach den §§ 71a ff AktG zuzurechnen sind, zu keinem Zeitpunkt mehr als
10 % des Grundkapitals entfallen. [→ Rz. 1104 ff]

Der Erwerb kann nach Wahl des Vorstands (1) über die Börse oder (2)   **1091**
mittels eines an sämtliche Aktionäre gerichteten öffentlichen Kaufangebots
erfolgen. In dem Fall (2) sind die Vorschriften des Wertpapiererwerbs- und
Übernahmegesetzes zu beachten, sofern und soweit sie Anwendung finden.
[→ Rz. 1107]

Fakultativ: **1092**

Der Erwerb darf nach Wahl des Vorstands (3) auch unter Ausschluss des An-
dienungsrechts der Aktionäre in anderer Weise als über die Börse oder durch
ein an alle Aktionäre gerichtetes öffentliches Kaufangebot bzw. mittels einer öf-
fentlichen Aufforderung zur Abgabe eines solchen Angebots erfolgen, und zwar

— *wenn der Erwerb im Rahmen des Erwerbs von oder des Zusammenschlus-*
ses mit Unternehmen oder des Erwerbs von Beteiligungen an Unternehmen
erfolgt oder

— *es sich um einen Paketerwerb von mindestens 1% des derzeitigen Grund-*
kapitals handelt und ein solcher Erwerb einem Zweck dient, der im vor-
rangigen Interesse der Gesellschaft liegt und geeignet und erforderlich ist,
diesen Zweck zu erreichen. Das ist insbesondere dann der Fall, wenn der
Erwerb über die Börse oder durch ein an alle Aktionäre gerichtetes öffentli-
ches Kaufangebot bzw. mittels einer öffentlichen Aufforderung zur Abgabe
eines solchen Angebots zur Erreichung dieses Zwecks zu aufwendig, zu
langwierig oder sonst – auch unter Berücksichtigung der Aktionärsinteressen
– unverhältnismäßig wäre. [→ Rz. 1109 f]

1093   (1) Erfolgt der Erwerb der Aktien über die Börse, darf der von der Gesellschaft gezahlte Gegenwert je Aktie (ohne Erwerbsnebenkosten) den durchschnittlichen Börsenkurs der Aktien der Gesellschaft in der Xetra-Schlussauktion (oder einem vergleichbaren Nachfolgesystem) an der Frankfurter Wertpapierbörse während der letzten fünf Börsentage vor dem Erwerb der Aktien um nicht mehr als 10 % über- oder unterschreiten. [→ Rz. 1107]

1094   (2) Erfolgt der Erwerb über ein an alle Aktionäre gerichtetes öffentliches Kaufangebot bzw. eine öffentliche Aufforderung zur Abgabe eines solchen Angebots, dürfen der gebotene Kaufpreis oder die Grenzwerte der Kaufpreisspanne je Aktie (ohne Erwerbsnebenkosten) den durchschnittlichen Börsenkurs der Aktien der Gesellschaft in der Xetra-Schlussauktion (oder einem vergleichbaren Nachfolgesystem) während der letzten fünf Börsentage vor dem Tag der öffentlichen Ankündigung des Angebots bzw. der öffentlichen Aufforderung zur Abgabe eines Kaufangebots um nicht mehr als 15 % über- oder unterschreiten. Ergeben sich nach Veröffentlichung eines öffentlichen Angebots bzw. der öffentlichen Aufforderung zur Abgabe eines Kaufangebots erhebliche Abweichungen des maßgeblichen Kurses, so kann das Angebot bzw. die Aufforderung zur Abgabe eines solchen Angebots angepasst werden. In diesem Fall wird auf den durchschnittlichen Börsenkurs der Aktien der Gesellschaft in der Xetra-Schlussauktion (oder einem vergleichbaren Nachfolgesystem) an der Frankfurter Wertpapierbörse während der letzten fünf Börsentage vor der öffentlichen Ankündigung einer etwaigen Anpassung abgestellt. Sollte das öffentliche Angebot überzeichnet sein bzw. im Fall einer Aufforderung zur Abgabe eines solchen Angebots von mehreren gleichwertigen Angeboten nicht sämtliche angenommen werden, muss die Annahme nach Quoten erfolgen. Eine bevorrechtigte Annahme geringer Stückzahlen bis zu 100 Stück angedienter Aktien je Aktionär kann vorgesehen werden. Das öffentliche Angebot bzw. die Aufforderung zur Abgabe eines solchen Angebots kann weitere Bedingungen vorsehen. [→ Rz. 1108]

1095   *Fakultativ:*

(3) Erfolgt der Erwerb der Aktien in anderer Weise als über die Börse oder durch ein an alle Aktionäre gerichtetes öffentliches Kaufangebot bzw. mittels einer öffentlichen Aufforderung zur Abgabe eines solchen Angebots, darf der von der Gesellschaft gezahlte Gegenwert je Aktie (ohne Erwerbsnebenkosten) den durchschnittlichen Börsenkurs der Aktien der Gesellschaft in der Xetra-Schlussauktion (oder einem vergleichbaren Nachfolgesystem) an der Frankfurter Wertpapierbörse während der letzten zehn Börsentage vor dem Erwerb der Aktien nicht überschreiten. Jedoch dürfen die Aktien in diesem Fall auch für einen niedrigeren als den danach maßgeblichen Betrag durch die Gesellschaft erworben werden. [→ Rz. 1109 f]

b) Der Vorstand wird ermächtigt, Aktien der Gesellschaft, die aufgrund vorstehender Ermächtigung zu Buchstabe a erworben werden, mit Zustimmung des Aufsichtsrats unter Ausschluss des Bezugsrechts der Aktionäre
in anderer Weise als über die Börse oder durch Angebot an alle Aktionäre
wieder zu veräußern, und zwar [→ Rz. 1111]

    – wenn der bar zu zahlende Veräußerungspreis den Börsenpreis der Ak-
tien nicht wesentlich unterschreitet. Die Anzahl der in dieser Weise veräußerten Aktien darf zusammen mit der Anzahl der neuen Aktien, die
während der Laufzeit dieser Ermächtigung aus genehmigtem Kapital
unter Bezugsrechtsausschluss nach § 186 Abs. 3 Satz 4 AktG ausgegeben werden, und der Anzahl der Aktien, die durch Ausübung von Op-
tions- und/oder Wandlungsrechten oder Erfüllung von Wandlungspflichten aus Options- und/oder Wandlungsrechten und /oder Genussrechten entstehen können, die während der Laufzeit dieser Ermächtigung unter Bezugsrechtsausschluss nach § 186 Abs. 3 Satz 4 AktG ausgegeben werden, 10 % des Grundkapitals weder im Zeitpunkt des Wirksamwerdens noch im Zeitpunkt der Ausübung dieser Ermächtigung
überschreiten; oder [→ Rz. 1112]

    – als Gegenleistung an Dritte im Rahmen des Erwerbs von oder des Zu-
sammenschlusses mit Unternehmen oder des Erwerbs von Beteiligungen an Unternehmen. [→ Rz. 1112]

c) Der Vorstand wird weiter ermächtigt, mit Zustimmung des Aufsichtsrats
Aktien, die aufgrund der Ermächtigung zu Buchstabe a erworben werden,
ganz oder in Teilen einzuziehen, ohne dass die Einziehung oder ihre
Durchführung eines weiteren Hauptversammlungsbeschlusses bedarf.
Durch die Einziehung erhöht sich der Anteil der übrigen Aktien am
Grundkapital. Der Vorstand kann abweichend hiervon bestimmen, dass das
Grundkapital nicht herabgesetzt wird, sondern sich der Anteil der übrigen
Aktien gemäß § 8 Abs. 3 AktG erhöht. Der Vorstand ist in diesem Fall er-
mächtigt, die Angabe der Zahl der Aktien in der Satzung anzupassen.
[→ Rz. 1113]

d) Sämtliche vorbezeichneten Ermächtigungen können ganz oder in Teilbeträ-
gen, einmal oder mehrmals, in Verfolgung eines oder mehrerer Zwecke
durch die Gesellschaft ausgeübt werden. Die Ermächtigungen – mit Ausnahme der Ermächtigung zur Einziehung der eigenen Aktien – können
auch durch Dritte für Rechnung der Gesellschaft ausgeübt werden.

1096

1097

1098

1099

1100

II. Erläuterungen [→ Rz. 1089 ff]

1. Einführung

1101 Die Zeichnung eigener Aktien, also deren originärer Erwerb, ist der Aktiengesellschaft nach § 56 Abs. 1 AktG grundsätzlich verboten. Das Verbot dient der Sicherung der realen Kapitalaufbringung. Der derivative Erwerb eigener Aktien ist im Hinblick auf die Kapitalerhaltung nur in den in § 71 Abs. 1 AktG genannten Ausnahmefällen zulässig. Mit den Rechtsfolgen des unzulässigen Erwerbs von Aktien befassen sich § 71 Abs. 4 und § 71c AktG, mit der Umgehung des unzulässigen Erwerbs eigener Aktien §§ 71a, 71d und 71e AktG.

1102 Durch das KonTraG ist ein neuer, zulässiger Erwerbstatbestand unter § 71 Abs. 1 Nr. 8 AktG eingeführt worden. Hiernach ist der Hauptversammlung die Möglichkeit eingeräumt, den Vorstand für eine Dauer von 18 Monaten zum Erwerb eigener Aktien zu börsennahen Kursen und zur auf die gleiche Weise erfolgenden Veräußerung zu ermächtigen. Von dieser Ermächtigung ist vielfach Gebrauch gemacht worden, da sie dem Vorstand, ähnlich wie das genehmigte Kapital, einen relativ großen, von weiteren Hauptversammlungsbeschlüssen unabhängigen Handlungsspielraum gibt. Dies gilt insbesondere in Verbindung mit den zugleich durch das KonTraG eingeführten Möglichkeiten, bei der Veräußerung von Aktien gemäß § 186 Abs. 3 Satz 4 AktG das Bezugsrecht der Aktionäre auszuschließen. Damit können eigene Aktien gezielt als Akquisitionswährung von der Gesellschaft angekauft und vorrätig gehalten werden. Seit 1998 haben zwei Drittel der DAX-Unternehmen Aktienrückkäufe durchgeführt.[359] Zu beachten ist allerdings, dass sich durch das Anlegerschutzverbesserungsgesetz (AnSVG) in Verbindung mit der EU-Verordnung Nr. 2273/2003[360] die kapitalmarktrechtlichen Rahmenbedingungen des Erwerbs und der Verwendung eigener Aktien verschärft haben, und zwar zum einen im Hinblick auf das Insiderrecht und die Ad-hoc-Publizität (unten Rz. 1117), zum anderen im Hinblick auf einen möglichen Vorwurf der Marktmanipulation (§ 20a WpHG).[361]

1103 Eine zukünftige Liberalisierung des Aktienrückkaufs lässt andererseits ein Vorschlag der EU-Kommission erwarten, wonach der Ermächtigungsbeschluss der Hauptversammlung anstelle von derzeit 18 Monaten auf fünf Jahre befristet werden kann und die bisher geltende Volumengrenze beim Rückerwerb

---

359) Börsenzeitung vom 12.6.2004, S. 11.
360) Verordnung (EG) Nr. 2273/2003 der Kommission vom 22.12.2003 zur Durchführung der Richtlinie 2003/6/EG des Europäischen Parlaments und des Rates – Ausnahmeregelungen für Rückkaufprogramme und Kursstabilisierungsmaßnahmen, ABl L 336/33.
361) Ausführlich *Singhof/Weber*, AG 2005, 549, 563.

eigener Aktien in Höhe von 10 % des gezeichneten Kapitals aufgehoben werden soll.[362]

2. Beschlussinhalt [→ Rz. 1089 ff]

Buchstabe a des vorgeschlagenen Beschlusses enthält den gemäß § 71 Abs. 1 Nr. 8 Satz 1 AktG zwingenden Beschlussinhalt. In dem Beschlusstext wird sinnvollerweise auf § 71 Abs. 1 Nr. 8 AktG als gesetzliche Ermächtigungsgrundlage Bezug genommen und sodann der **maximale Zeitraum** der Ermächtigung (18 Monate) sowie die **10 %-Grenze**, die beim Erwerb eigener Aktien nicht überschritten werden darf, angesprochen. Vorgeschrieben ist schließlich eine **Festlegung des Preises**, den die Gesellschaft für den Erwerb der eigenen Aktien aufwenden darf. Das Gesetz verlangt insoweit lediglich die Festlegung einer Unter- und Obergrenze. Diese muss nicht betragsmäßig, sondern kann relativ in Bezugnahme auf einen Durchschnittsbörsenkurs festgelegt werden.[363] [→ Rz. 1090]

1104

Es ist nicht erforderlich, den weiteren **Zweck** für den Erwerb der Aktien im Hauptversammlungsbeschluss zu nennen.[364] Das Gesetz schreibt lediglich vor, dass der Erwerb zum Zwecke des Eigenhandels unzulässig ist. Im Übrigen steht es der Hauptversammlung frei, Zwecke festzusetzen und den Vorstand damit zu binden oder dem Vorstand diese Entscheidung zu überlassen. Mögliche zulässige Zwecke sind zunächst die unter § 71 Abs. 1 Nr. 1–7 AktG (mit Einschränkungen bei Nr. 4 und Nr. 7) genannten. Darüber hinaus kommt der Erwerb zum Zwecke einer Verminderung des dividendenpflichtigen Eigenkapitals (zu Lasten freier Rücklagen), die Bedienung von Aktienoptionen oder die Vorbereitung einer Einziehung von Aktien nach § 237 Abs. 1 Satz 2 Fall 2 AktG in Betracht.[365] In all diesen Fällen bedeutet der Einsatz eigener, gemäß § 71 Abs. 1 Nr. 8 AktG erworbener Aktien eine gewisse Erleichterung, da weitere Hauptversammlungsbeschlüsse nicht erforderlich sind. Außerdem kann die Ermächtigung des Vorstands zur Einziehung ausdrücklich gemäß § 71 Abs. 1 Nr. 8 Satz 6 AktG durch die Hauptversammlung beschlossen werden. Eines vorherigen Beschlusses über die Herabsetzung des Grundkapitals, wie bei § 71 Abs. 1 Nr. 6 AktG, bedarf es in diesem Falle nicht. Im Falle von Ak-

1105

---

362) Vorschlag für eine Richtlinie des Europäischen Parlaments und des Rates zur Änderung der Richtinie 77/91/EWG des Rates in Bezug auf die Gründung von Aktiengesellschaften und die Erhaltung und Änderung ihres Kapitals vom 21.9.2004, KOM (2004) 730 endg.; Ratsdokument 14197/04, abrufbar unter www. Europa.eu.int.

363) So eindeutig Begründung RegE KonTraG, BT-Drucks. 13/9712, S. 13 f, abgedruckt in: ZIP 1997, 2059, 2060.

364) LG Berlin, Urt. v. 15.11.1999 – 99 O 83/99, NZG 2000, 944; *Hüffer*, AktG, § 71 Rz. 19 f; Semler/Volhard-*Volhard*, § 35 Rz. 6; *Schander*, ZIP 1998, 2087 f; *Claussen*, AG 1996, 481, 490; *Lingemann/Wasmann*, BB 1998, 853, 860; a. A. *Wiesner*, in: Münchener Handbuch, § 15 Rz. 16; *Seibert*, WM 1997, 1, 9.

365) Vgl. hierzu *Hüffer*, AktG, § 71 Rz. 19g.

tienoptionen können eigene Aktien über den in § 192 Abs. 2 Nr. 3 AktG genannten Personenkreis hinaus eingesetzt werden. Allerdings ist dann den Beschränkungen nach § 193 Abs. 2 Nr. 4 AktG Rechnung zu tragen, wie in § 71 Abs. 1 Nr. 8 Satz 5 Halbs. 2 AktG ausdrücklich festgeschrieben ist. Schließlich können hiernach erworbene eigene Aktien auch dazu verwendet werden, in Umwandlungsfällen Abfindungsverpflichtungen nachzukommen, soweit dies in § 71 Abs. 1 Nr. 3 AktG wegen der relativ engen Gesetzesfassung nicht möglich ist.[366)]

1106 **Weitere gesetzliche Beschränkungen** muss der Beschlusswortlaut nicht aufnehmen. Es handelt sich dabei um die Voraussetzungen, dass von der Ermächtigung zum Erwerb eigener Aktien nur so lange Gebrauch gemacht werden kann, wie die Gesellschaft eine Rücklage für die eigenen Aktien bilden kann, ohne das Grundkapital oder eine gesetzliche oder satzungsmäßig vorgeschriebene Rücklage zu mindern (§ 71 Abs. 2 Satz 2 AktG i. V. m. § 272 Abs. 4 HGB), und dass die zu erwerbenden Aktien voll eingezahlt sein müssen (§ 71 Abs. 2 Satz 3 AktG).

1107 Hinsichtlich der **Erwerbsarten** kommt grundsätzlich ein Erwerb **über die Börse**, ein an alle Aktionäre gerichtetes **öffentliches Kaufangebot** bzw. eine öffentliche Aufforderung zur Abgabe eines solchen Angebots in Betracht. Dabei ist gemäß der ausdrücklichen Regelung in § 71 Abs. 1 Nr. 8 Satz 3 AktG das **Gleichbehandlungsgebot** (§ 53a AktG) zu beachten, das bei einem Erwerb über die Börse stets gewahrt ist. Die Hauptversammlung kann den Vorstand bei einem öffentlichen Kaufangebot zu einer teilweisen Ungleichbehandlung ermächtigten, wenn diese sachlich gerechtfertigt ist. [→ Rz. 1091]

1108 Über die Gründe für den Ausschluss des Andienungsrechts beim Erwerb eigener Aktien hat der Vorstand der Hauptversammlung zu berichten. So sieht das Muster unter Buchstabe a (2) am Ende eine **bevorrechtigte Annahme geringerer Stückzahlen** bis zu maximal 100 Stück angedienter Aktien je Aktionär vor. Diese Möglichkeit dient dazu, gebrochene Beträge bei der Festlegung der zu erwerbenden Quoten und kleine Restbestände zu vermeiden und damit die technische Abwicklung zu erleichtern, sofern im Rahmen des Erwerbs durch öffentliches Angebot das öffentliche Angebot überzeichnet sein sollte bzw. im Fall einer Aufforderung zur Abgabe eines solchen Angebots von mehreren gleichwertigen Angeboten nicht sämtliche angenommen werden sollten. [→ Rz. 1094]

1109 In der im Muster vorgestellten Fakultative soll der Vorstand zusätzlich ermächtigt werden, eigene Aktien unter Ausschluss des Andienungsrechts der Aktionäre **in anderer Weise** als über die Börse oder durch ein an alle Aktionäre gerichtetes öffentliches Kaufangebot bzw. mittels einer öffentlichen Auf-

---

366) Siehe dazu *Hüffer*, AktG, § 71 Rz. 15.

forderung zur Abgabe eines solchen Angebots zu erwerben, wenn der Erwerb im Rahmen des Erwerbs von oder des Zusammenschlusses mit Unternehmen oder des Erwerbs von Beteiligungen an Unternehmen erfolgt oder wenn es sich um einen Paketerwerb (*negotiated repurchase*) von mindestens 1% des derzeitigen Grundkapitals handelt (so genannter **freihändiger Erwerb**). Der freihändige Erwerb eigener Aktien ist aufgrund des damit verbundenen Ausschlusses des Andienungsrechts der übrigen Aktionäre in der Literatur allerdings umstritten.[367] Bezweifelt wird insbesondere, ob hierbei der Gleichbehandlungsgrundsatz gemäß § 53a AktG gewahrt wird. Eine formale Ungleichbehandlung lässt sich in diesen Fällen nicht von der Hand weisen, ist aber – wie stets – zulässig, wenn der Erwerb einem Zweck dient, der im vorrangigen Interesse der Gesellschaft liegt und der Erwerb geeignet und erforderlich ist, diesen Zweck zu erreichen, also eine sachliche Rechtfertigung gegeben ist. Durch die in dem Muster in der Fakultative vorgeschlagene Ermächtigung zum freihändigen Erwerb wird die Gesellschaft in die Lage versetzt, ihre Akquisitionsfinanzierung flexibel zu gestalten und beispielsweise als Sachgegenleistung ausgegebene Aktien der Gesellschaft im Rahmen von Kaufpreisanpassungen zurückzuerwerben. Der freihändige Erwerb erweitert darüber hinaus den Spielraum der Gesellschaft, am Markt angebotene Aktienpakete von mindestens 1 % des Grundkapitals kostengünstig und vor allem schnell und flexibel zu erwerben. Dies gilt um so mehr, wenn angesichts der geringen Menge der über die Börse gehandelten Aktien der Erwerb oder die Veräußerung von Aktienpaketen zu erheblichen Kursbeeinflussungen führen würde. Im Vergleich zu einem die formale Gleichbehandlung wahrenden Erwerb besteht ferner ein erhebliches Potential, die üblichen zusätzlichen Kosten einzusparen. Eine faire Preisfindung wird durch die in der Fakultative vorgeschlagene Regelung im Interesse der Gesellschaft und zum Schutz der Aktionäre gewährleistet. [→ Rz. 1092, 1095]

In der Praxis findet sich inzwischen eine Reihe von Gesellschaften, die entsprechende Ermächtigungen beschlossen haben,[368] auch wenn dies noch nicht einer allgemeinen Praxis entspricht.   **1110**

3. Rückveräußerung und Bezugsrechtsausschluss [→ Rz. 1096 ff]

Buchstabe b des Beschlussvorschlages befasst sich mit der Verwendung, insbesondere der Veräußerung der aufgrund der Ermächtigung zu Buchstabe a (Rz. 1090) erworbenen Aktien. Dem im Gesetz (überflüssigerweise) aus-   **1111**

---

367) Dafür MünchKomm-*Oechsler*, AktG, § 71 Rz. 204 m. w. N.; *Pajunk*, in: Münchner Anwaltshandbuch AktG, § 31 Rz. 49; dagegen *Hüffer*, AktG, § 71 Rz. 19k.

368) Plenum AG, Wiesbaden, Takkt AG, Stuttgart, Axel Springer AG, Berlin (allerdings mit einer Ermächtigung betreffend eine konkrete Erwerbsmöglichkeit), Deutsche Beteiligungs AG, Frankfurt am Main, und zuletzt 3 U Telekom AG, Marburg.

drücklich angesprochenen Gleichbehandlungsgrundsatz[369]) wird dadurch Rechnung getragen, dass eine Veräußerung über die Börse erfolgt. Dies muss im Beschluss nicht ausdrücklich festgesetzt werden, auch dann nicht, wenn ein außerbörsliches Angebot an alle Aktionäre unterbreitet wird. Demgegenüber ist in dem Beschlusstext des Musters die Ermächtigung zu einer Veräußerung unter Ausschluss des Bezugsrechts der Aktionäre entsprechend § 186 Abs. 3 Satz 4 AktG vorgesehen. Einen solchen Beschluss lässt § 71 Abs. 1 Nr. 8 Satz 5 AktG ausdrücklich zu. [→ Rz. 1096]

1112 Bei Zugrundelegung eines börsennahen Kurses für die Veräußerung ist der Vorstand nach dieser Ermächtigung also berechtigt, die erworbenen eigenen Aktien an außenstehende Dritte abzugeben. Wie beim unmittelbaren Ausschluss des Bezugsrechts ist in diesen Fällen ein Vorstandsbericht nach § 186 Abs. 4 Satz 1 AktG erforderlich, der jedoch, da die grundsätzliche Zulässigkeit des Bezugsrechtsausschlusses gesetzlich feststeht, kurz ausfallen kann (vgl. hierzu im Einzelnen Muster 8.4, Rz. 1038). Ein weitergehender Bezugsrechtsausschluss, etwa zu Akquisitionszwecken, ist im Vorstandsbericht ausführlich zu begründen. Bei gleichzeitig bestehender Ermächtigung zum erleichterten Bezugsrechtsausschluss nach verschiedenen gesetzlichen Grundlagen (§ 221 Abs. 4, § 203 Abs. 1 AktG) darf die Gesamtzahl der neuen Aktien, die danach unter Bezugsrechtsausschluss gegeben werden kann, insgesamt 10 % des Grundkapitals nicht übersteigen. [→ Rz. 1097]

1113 Schließlich enthält das Muster in Buchstabe c die in § 71 Abs. 1 Nr. 8 Satz 6 AktG eingeräumte ausdrückliche Ermächtigung, die eigenen Aktien ohne weiteren Hauptversammlungsbeschluss einzuziehen. Ein solcher wäre andernfalls nach § 222 i. V. m. § 237 Abs. 2 Satz 1 AktG oder § 237 Abs. 4 Satz 1 AktG erforderlich gewesen. Im Falle mehrerer Gattungen stimmberechtigter Aktien sollte entsprechend § 222 Abs. 2 AktG ein Sonderbeschluss vorgesehen werden.[370]) [→ Rz. 1099]

4. Beschlussfassung

1114 Der Beschluss bedarf abgesehen vom Sonderfall mehrerer Gattungen mangels anderweitiger gesetzlicher Bestimmung lediglich der einfachen Mehrheit der abgegebenen Stimmen. Wird für die Veräußerung das Bezugsrecht der Aktionäre ausgeschlossen, ist nach § 186 Abs. 3 Satz 2 AktG außerdem eine Dreiviertelmehrheit des bei der Beschlussfassung vertretenen Grundkapitals erforderlich, welche die Satzung lediglich verschärfen, nicht jedoch erleichtern kann.

---

369) Zur Problematik von Vorzugsaktien *Hildebrandt/Schremper*, BB 2001, 533.
370) Zumindest empfehlenswert: *Hüffer*, AktG, § 71 Rz. 19l; a. A. *Hildebrandt/Schremper*, BB 2001, 533, 536.

5. Informations- und Publizitätspflichten/Insiderrecht

Der von der Hauptversammlung zum Erwerb eigener Aktien gefasste Beschluss muss **nicht zum Handelsregister** angemeldet und eingetragen werden. Die Ermächtigung ist allerdings gemäß § 71 Abs. 3 Satz 3 AktG unverzüglich der **Bundesanstalt für Finanzdienstleistungen** mitzuteilen.[371)] Über die Gründe und den Zweck des Erwerbs sowie über die Zahl der erworbenen Aktien, den Anteil am Grundkapital und den Gegenwert muss aufgrund der ausdrücklichen Bestimmung des § 71 Abs. 3 Satz 1 AktG in der nächsten **Hauptversammlung unterrichtet** werden; es genügt die mündliche Unterrichtung. Die schriftliche Berichterstattung erfolgt über den **Bilanzausweis** (§ 266 Abs. 2 HGB), die vorgeschriebenen Angaben im Bilanzanhang (§ 160 Abs. 1 Nr. 2 AktG) und schließlich bei börsennotierten Gesellschaften im Zwischenbericht nach § 55 Satz 5 BörsZulV.

1115

Es besteht außerdem eine **Mitteilungspflicht gemäß §§ 21, 25 Abs. 1 Satz 3 WpHG** bei Erreichen, Über- oder Unterschreiten der entsprechenden Schwellenwerte.

1116

Im Anwendungsbereich des **Wertpapierhandelsgesetzes** sind beim Erwerb eigener Aktien außerdem die **Insiderverbote der §§ 13 ff WpHG** sowie die Pflicht zur **Ad-hoc-Publizität gemäß § 15 WpHG** zu beachten.[372)] Gemäß § 14 Abs. 2 WpHG fällt der Handel mit eigenen Aktien nicht unter das Insiderhandelsverbot, wenn er in Übereinstimmung mit der hierzu erlassenen Durchführungsverordnung (EG) Nr. 2273/2003 steht. Die Durchführungsverordnung erfasst aber z. B. nicht den Fall, dass ein Unternehmen den Rückkauf von Aktien beschließt, um diese später als Akquisitionswährung zu verwenden. Ebenfalls nicht erfasst sind Aktienrückkäufe, wenn das Unternehmen sie zwar für ein Mitarbeiterbeteiligungsprogramm zu nutzen beabsichtigt, das Programm aber vorher nicht bekannt geben möchte.

1117

Bei Aktienrückkäufen aus Gründen, welche die EU-Durchführungsverordnung nicht regelt, gelten dagegen die Regeln des Insiderrechts. Hier ist im Einzelfall zu prüfen, ob sie möglicherweise verbotenen Insiderhandel darstellen. Die Beschlüsse des Vorstands und des Aufsichtsrats des Emittenten, der Hauptversammlung eine Ermächtigung zum Rückkauf eigener Aktien vorzuschlagen, sowie der Ermächtigungsbeschluss der Hauptversammlung stellen aufgrund fehlender Konkretisierung noch keine Insiderinformationen dar. Erst der Beschluss des Vorstands, von einer entsprechenden Rückkaufsermächtigung Gebrauch zu machen, kann bei einem entsprechenden Preisbeeinflus-

1118

---

371) In einschränkender Auslegung des Wortlautes der Vorschrift allerdings nur dann, wenn die Aktien der Gesellschaft zum Börsenhandel zugelassen sind, *Hüffer*, AktG, § 71 Rz. 23a.

372) Emittentenleitfaden der Bundesanstalt für Finanzdienstleistungsaufsicht, Stand 15.7.2005, S. 29 ff, 44, 46; siehe auch *Bosse*, ZIP 1999, 2047.

sungspotential eine Insiderinformation sein. Die konkrete Umsetzung des Aktienrückkaufbeschlusses bereitet dabei keine Probleme. Denn unter Berücksichtigung von Erwägungsgrund 30 der Marktmissbrauchsrichtlinie[373] stellt sich die Tatsache des Kaufs für das Unternehmen selbst nicht als Verwenden von Insiderinformationen dar.

1119   Allerdings darf der Emittent anderweitige Insiderinformationen, die geeignet sind, den Kurs erheblich zu beeinflussen, bei der Umsetzung seines Aktienrückkaufprogramms nicht verwenden. Dies könnte der Fall sein, wenn diese Informationen nicht entsprechend § 15 WpHG im Wege der Ad-hoc-Veröffentlichung publiziert worden sind.

1120   Um die damit verbundenen Risiken zu vermeiden, stehen grundsätzlich zwei Wege zur Durchführung von Aktienrückkaufprogrammen zur Verfügung. Zum einen gibt es die Möglichkeit zur **Durchführung des Rückkaufprogramms unter Führung einer Bank**, die ihre Entscheidungen über den Zeitpunkt des Erwerbs von Aktien unabhängig und unbeeinflusst vom Emittenten trifft (Art. 6 Abs. 3 Buchst. b der Verordnung (EG) Nr. 2273/2003), wobei der mit der Durchführung des Rückkaufprogramms beauftragten Bank die bindende rechtliche Verpflichtung zum Erwerb einer bestimmten Stückzahl von Aktien bereits im Voraus erteilt wird und der Zeitpunkt der Durchführung der Bank überlassen ist. Auch nach dem Emittentenleitfaden der Bundesanstalt für Finanzdienstleistungsaufsicht wird diese Vorgehensweise empfohlen.[374]

1121   Eine andere Möglichkeit ist der **Erwerb der eigenen Aktien im Rahmen eines öffentlichen Erwerbsangebotes** nach §§ 10 ff WpÜG. Nach der Praxis der Bundesanstalt befreit die Einhaltung der Vorschriften über ein öffentliches Erwerbsangebot von den ansonsten in Bezug auf Insiderhandelsverbot und Marktmanipulation geltenden Einschränkungen. Eine rechtliche Grundlage dieser Praxis findet sich jedoch im Gesetz ebenso wenig wie in dem Emittentenleitfaden der Bundesanstalt. Allerdings stellen die Erwägungsgründe Nr. 29 und 30 der Marktmissbrauchsrichtlinie Übernahmeangebote von bestimmten einschränkenden Vorschriften frei. Dem Sinn und Zweck nach liegt es nahe, diese Überlegungen auch auf Erwerbsangebote auf eigene Aktien eines Emittenten auszudehnen. Die Einhaltung eines gesetzlich vorgeschriebenen Verfahrens kommt letztlich einer anerkannten Marktpraxis nach § 20a Abs. 2 WpHG gleich. Der Vorteil eines öffentlichen Erwerbsangebotes liegt darin, dass der Aufwand hierfür begrenzt ist. Es gibt inzwischen eine gefestigte Verwaltungspraxis der Bundesanstalt zur Behandlung derartiger Erwerbsangebote, so dass

---

373) Richtlinie 2003/6/EG des Europäischen Parlaments und des Rates vom 28.1.2003 über Insider-Geschäfte und Marktmanipulation (Marktmissbrauch), ABl L 96/16.

374) Emittentenleitfaden der Bundesanstalt für Finanzdienstleistungsaufsicht, Stand 15.7.2005, S. 29 ff.

die Veröffentlichung der Entscheidung zur Abgabe eines Angebots (§ 10 WpÜG) und die Gestattung und Veröffentlichung der Angebotsunterlage selbst (§ 14 WpÜG) in kurzer Zeit aufeinander folgen können. Ferner erübrigen sich bestimmte Angaben in der Angebotsunterlage im Hinblick auf die Tatsache, dass das Angebot vom Emittenten der zu erwerbenden Wertpapiere selbst ausgeht.

Muster 8.8: Geschäftsführungsmaßnahmen (Holzmüller)

I.   Mustertext [→ Rz. 1127 ff]

1122   **TOP ...: Beschlussfassung über die Zustimmung zu der Veräußerung der sämtlichen Geschäftsanteile an der ... GmbH**

1123   Durch Vertrag vom ... hat die Gesellschaft sämtliche von ihr gehaltenen Geschäftsanteile an der im Handelsregister des Amtsgerichts ... unter HRB ... eingetragenen ... GmbH mit Sitz in ... im Gesamtnennbetrag von ... Euro zu einem Kaufpreis von ... Euro an die Y-AG mit Sitz in ... veräußert.

... [weitere wesentliche Bestimmungen des Vertrages]

1124   Der Vorstand ist der Ansicht, diese Veräußerung, die im Verhältnis zum gesamten Geschäftsumfang der Gesellschaft von erheblicher Bedeutung ist, nicht ohne Mitwirkung der Aktionäre vornehmen zu können. Er hat den Kaufvertrag daher unter der aufschiebenden Bedingung der Zustimmung der Hauptversammlung geschlossen und legt diesen hiermit unter Berücksichtigung der Rechtsprechung des Bundesgerichtshofs der Hauptversammlung zur Zustimmung vor.

1125   Die Veräußerung der ... GmbH dient der Konzentration der Aktivitäten der Gesellschaft auf den Bereich ... . Diesem wird aufgrund der Profitabilität und Marktattraktivität gegenüber dem mit den verkauften Geschäftsanteilen aufgegebenen Bereich des ... Priorität eingeräumt. Über das mit der Veräußerung der ... GmbH zugrunde liegende Konzept, die Einzelheiten des Veräußerungsvertrages und die Auswirkung auf die Gesellschaft und den Konzern ist ein ausführlicher Bericht des Vorstands erstellt. Dieser Bericht liegt vom Tage der Einberufung der Hauptversammlung an in den Geschäftsräumen der Gesellschaft und in der Hauptversammlung zur Einsichtnahme durch die Aktionäre aus. Das Gleiche gilt für den Veräußerungsvertrag vom .... Auf Verlangen werden jedem Aktionär diese Unterlagen kostenlos übersandt. Die Unterlagen können auch auf der Internetseite der Gesellschaft unter www.... eingesehen werden.

1126   Dies vorausgeschickt, schlagen Vorstand und Aufsichtsrat vor, wie folgt zu beschließen:

> Dem Vertrag über die Veräußerung sämtlicher Geschäftsanteile an der ... GmbH in ... vom ... durch die Gesellschaft wird zugestimmt.

II. Erläuterungen [→ Rz. 1122 ff]

1. Einführung

Gegenstand des Musters 8.8 ist eine Beschlussfassung der Hauptversammlung unter Berücksichtigung der **Holzmüller-Entscheidung** des Bundesgerichtshofs,[375] die dieser vor kurzem in den so genannten Gelatine-Urteilen bestätigt und inhaltlich präzisiert hat.[376] Kernaussage dieser Entscheidungen ist, dass gesetzlich nicht geregelte Strukturmaßnahmen von herausragender Bedeutung vom Vorstand nicht in eigener Verantwortung durchgeführt werden können, sondern der Mitwirkung der Hauptversammlung bedürfen.

1127

Die Holzmüller-Entscheidung war ursprünglich auf § 119 Abs. 2 AktG gestützt mit der Begründung, das dort vorausgesetzte Ermessen des Vorstands schlage dann in eine Pflicht zur Vorlage von Geschäftsführungsmaßnahmen an die Hauptversammlung um, wenn der Vorstand vernünftigerweise nicht annehmen dürfe, die fraglichen Maßnahmen ohne die Hauptversammlung vorzunehmen. In seinen Gelatine-Urteilen stützt der Bundesgerichtshof seine Entscheidung nunmehr auf eine **offene Rechtsfortbildung**.

1128

In dem Holzmüller-Urteil ging es um die Übertragung eines Teilbetriebes, der den wertvollsten Teil des Gesellschaftsvermögens ausmachte (etwa 80 % des Betriebsvermögens) auf eine zu diesem Zwecke errichtete Tochtergesellschaft, so dass die Aktionäre ihre Rechte hinsichtlich der ausgelagerten Unternehmenstätigkeiten nur noch mittelbar ausüben konnten. Dieser in der Literatur kontrovers diskutierten Entscheidung des Bundesgerichtshofs sind die Instanzgerichte gefolgt.[377]

1129

In der Praxis bestand nach der Holzmüller-Entscheidung jedoch ganz erhebliche Unsicherheit im Umgang mit dieser Rechtsprechung, da die aufgestellten Tatbestandsmerkmale wenig griffig waren. Ungeklärt war insbesondere, wo die Wesentlichkeitsgrenze zu ziehen war, d. h. ab welchen Wertgrenzen eine Vorlagepflicht bestand. Teilweise wurde vertreten, dass bereits bei einer Verlagerung von 10–50 % des Gesellschaftsvermögens, der Bilanzsumme, teilweise auch des Eigenkapitals oder anderer Bezugsgrößen, die Zustimmung der Hauptversammlung einzuholen sei.

1130

---

375) BGH, Urt. v. 25.2.1982 – II ZR 174/80 – Holzmüller, BGHZ 83, 122 = ZIP 1982, 568.

376) BGH, Urt. v. 26.4.2004 – II ZR 155/02 – Gelatine, BGHZ 159, 30 = ZIP 2004, 993 (m. Anm. *Altmeppen*), dazu EWiR 2004, 573 *(Just)*, und BGH, Urt. v. 26.4.2004 – II ZR 154/02, ZIP 2004, 1001.

377) Vgl. vor allem OLG Stuttgart, Urt. v. 14.5.2003 – 20 U 31/02, ZIP 2003, 1981; OLG Karlsruhe, Urt. v. 12.3.2002 – 8 U 295/00, DB 2002, 1094 m. Anm. *Wasmann*; OLG München, Urt. v. 26.4.1996 – 23 U 4586/95, WM 1996, 1462, dazu EWiR 1997, 1109 *(Saenger)*; OLG Köln, Urt. v. 24.11.1992 – 22 U 72/92, ZIP 1993, 110, 114, dazu EWiR 1993, 5 *(Geuting)*; LG Frankfurt/M., Urt. v. 29.7.1997 – 3/5 O 162/95, ZIP 1997, 1698, dazu EWiR 1997, 919 *(Drygala)*; zusammenfassende Darstellung der Literaturmeinungen: Semler/Volhard-*Volhard*, § 41 Rz. 32 in Fußn. 75; *Krieger*, in: Münchener Handbuch, § 69 Rz. 6; *Bohnet*, DB 1999, 2617, 2618 f.

1131   22 Jahre nach dem Holzmüller-Urteil hat der Bundesgerichtshof jetzt in den so genannten Gelatine-Entscheidungen klargestellt, dass eine Zustimmung der Hauptversammlung zu Geschäftsführungsmaßnahmen des Vorstands nur in besonderen Ausnahmefällen erforderlich ist.[378] Der Bundesgerichtshof bekräftigt, dass nach dem Organisationsrecht der Aktiengesellschaft die Rechte und Pflichten zur Geschäftsführung beim Vorstand liegen, der von dem von der Hauptversammlung gewählten Aufsichtsrat überwacht wird. Eine Vorlagepflicht nach Holzmüller-Grundsätzen bestehe erst, wenn der **Eingriff von wesentlicher Bedeutung** sei, insbesondere Veränderungen nach sich ziehe, die denjenigen **einer Satzungsänderung nahe** kämen. Hinsichtlich der quantitativen Kriterien sind nach Ansicht des Bundesgerichtshofs die in der instanzgerichtlichen Rechtsprechung und Literatur vertretenen Wertgrenzen von 10 bis 50 % nicht ausreichend, vielmehr muss die Maßnahme in etwa die Ausmaße des vom Senat entschiedenen Holzmüller-Falls (also rund 80 % der Aktiva) erreichen. Nur wenn die quantitativen Kriterien vorliegen, kommt es weiter darauf an, ob auch qualitativ der Kernbereich der unternehmerischen Tätigkeit der Gesellschaft betroffen ist bzw. die Unternehmensstruktur von Grund auf geändert wird.

1132   Die Instanzgerichte haben sich die vom Bundesgerichtshof in den Gelatine-Entscheidungen festgelegten Kriterien bereits zu Eigen gemacht und in zwei aktuellen Fällen eine Vorlagepflicht nach Holzmüller-Grundsätzen verneint.[379]

1133   Allerdings sind auch nach den Gelatine-Urteilen noch Fragen ungeklärt. Insbesondere hinsichtlich der Typen von Geschäftsführungsmaßnahmen, die unter die Vorlagepflicht fallen können, hat sich der Bundesgerichtshof auch in diesen Entscheidungen nicht festgelegt. Fest steht, dass die **Ausgliederung** und die **Umstrukturierung** einer Tochter- in eine Enkelgesellschaft jedenfalls dazu gehören. Offen bleibt weiterhin die Vorlagepflicht etwa bei dem Erwerb und der Veräußerung von Beteiligungen,[380] dem Börsengang von Tochtergesellschaften und anderen außergesetzlichen Strukturmaßnahmen. Zur Illustration soll hier darauf hingewiesen werden, dass etwa im Übernahmefall „Mannesmann/Vodafone" einige außenstehende Aktionäre unter Hinweis auf die Holzmüller-Grundsätze einen Beschluss der Hauptversammlung über die vom

---

378) BGH, Urt. v. 26.4.2004 – II ZR 155/02 – Gelatine, BGHZ 159, 30 = ZIP 2004, 993 (m. Anm. *Altmeppen*), dazu EWiR 2004, 573 *(Just)*, und BGH, Urt. v. 26.4.2004 – II ZR 154/02, ZIP 2004, 1001.

379) OLG Stuttgart, Urt. v. 13.7.2005 – 20 U 1/05, ZIP 2005, 1415; OLG Frankfurt/M., Beschl. v. 15.2.2005 – 20 W 1/05, ZIP 2005, 1419. In der Praxis hat die TUI AG kurz nach Veröffentlichung der Gelatine-Urteile eine Holzmüller-Beschlussvorlage von der Tagesordnung genommen, weil vom Zustimmungserfordernis nicht mehr ausgegangen wurde: Handelsblatt vom 19.5.2004, S. 15.

380) Gegen eine Vorlagepflicht: OLG Stuttgart, Urt. v. 13.7.2005 – 20 U 1/05, ZIP 2005, 1415.

Mannesmann-Vorstand ergriffenen Abwehrmaßnahmen verlangten.[381] Das Delisting (siehe Muster 8.10, Rz. 1167) gehört hingegen nicht zu den Holzmüller-Fällen.

In der Praxis folgt aus dieser Rechtslage, dass die Grenzen, ab denen zu einer   **1134**
Mitwirkung der Hauptversammlung geraten werden muss, sich nach den Gelatine-Urteilen des Bundesgerichtshofs jedenfalls deutlich erhöht haben. Es bleiben aber noch immer Fragen offen, bei denen sich im Zweifel eine Vorlage an die Hauptversammlung empfiehlt, wenn die Gesellschaft nicht das Risiko einer Aktionärsintervention und speziell der Vorstand nicht ein persönliches Haftungsrisiko in Kauf zu nehmen bereit sind.[382]

2. Beschlussinhalt [→ Rz. 1123]

Die Mitwirkung der Hauptversammlung kann in vielgestaltiger Form eingeholt   **1135**
werden. Denkbar sind Zustimmungs- und auf zukünftige Maßnahmen gerichtete Ermächtigungsbeschlüsse. In einigen Fällen sind nicht Einzelmaßnahmen, sondern gesamte Pläne oder ein näher beschriebenes Maßnahmenpaket der Hauptversammlung zur Zustimmung vor der Umsetzung vorgelegt worden.[383] Gegenstand des Musters 8.8 ist der einfache Fall einer Hauptversammlungszustimmung zu einem bereits unter Vorbehalt geschlossenen Vertrag.

Das Muster enthält vor dem eigentlichen (hier sehr kurzen) Beschlussvor-   **1136**
schlag (Rz. 1126) eine einleitende Kurzerläuterung, die einerseits der Darstellung der rechtlichen Grundlage des erbetenen Beschlusses und andererseits den Erfordernissen des § 124 Abs. 2 Satz 2 AktG, nämlich der **Darstellung des wesentlichen Inhalts des zur Beschlussfassung vorliegenden Vertrages**, dient (Rz. 1123 ff).[384] Handelt es sich nicht um einen Vertrag, sondern um eine sonstige Maßnahme, ist diese im Einzelnen darzustellen.[385]

Auch nach den Gelatine-Urteilen umstritten bleibt demgegenüber, ob das Er-   **1137**
fordernis eines schriftlichen **Vorstandsberichts** in Analogie zu § 186 Abs. 4 Satz 1 AktG bzw. den Vorschriften über Unternehmensverträge (§ 293a

---

381) Das LG Düsseldorf, Beschl. v. 14.12.1999 – 10 O 495/99 Q, WM 2000, 2528, dazu EWiR 2000, 413 *(Kiem)*, ist dem im Eilverfahren allerdings entgegengetreten; hierzu auch *Kirchner*, WM 2000, 1821, 1825 f.

382) Zu theoretischen Schadensersatzansprüchen *Bohnet*, DB 1999, 2617, 2621; zur möglichen Aktionärsklage *Semler*, in: Münchener Handbuch, § 34 Rz. 44.

383) Hauptversammlung der Daimler-Benz AG am 18.9.1998, BAnz Nr. 146 vom 8.8.1998, und der Höchst AG am 15.7.1999, BAnz Nr. 101 vom 5.6.1999; zu den weiteren in der Praxis verfolgten Fallgestaltungen und sonstigen empirischen Daten im Zusammenhang mit Holzmüllerbeschlüssen vgl. *Bernhardt*, DB 2000, 1873; einen Fall des (unzulässigen) Ermächtigungsbeschlusses betraf LG Frankfurt/M., Urt. v. 12.12.2000 – 3/5 O 149/99 – AGIV, DB 2001, 751.

384) BGH, Urt. v. 15.1.2001 – II ZR 124/99 – Altana/Milupa, BGZ 146, 288 = ZIP 2001, 416 = AG 2001, 261; LG Frankfurt, Urt. v. 11.1.2004 – 3-5 O 106/04, ZIP 2005, 579, 580 f.

385) MünchKomm-*Kubis*, AktG, § 124 Rz. 40, § 119 Rz. 50.

AktG) oder dem Umwandlungsgesetz (§ 127 UmwG) besteht.[386] Aus Sicherheitsgründen und angesichts der vom Bundesgerichtshof in den Gelatine-Urteilen betonten Nähe zu den gesetzlich geregelten Strukturmaßnahmen wird hier empfohlen und ist es in der Praxis auch üblich, einen solchen Bericht zu erstellen, auszulegen und auf Verlangen zuzusenden.

1138   An den Meinungsstreit bezüglich des Vorstandsberichts schließt sich der Streit um die **Vorlage von Verträgen** an. Auch hier empfiehlt es sich – insbesondere im Lichte der Gelatine-Urteile – soweit es bei der Maßnahme um einen Vertragsabschluss geht, die Verträge vorzulegen, und zwar bei fremdsprachigen Verträgen (auch) in deutscher Übersetzung.[387]

3. Beschlussfassung und Durchführung

1139   Die Frage, mit welcher Hauptversammlungsmehrheit der Zustimmungsbeschluss gefasst werden muss, war nach der Holzmüller-Entscheidung unklar. Der Bundesgerichtshof hat in seinen Gelatine-Urteilen nunmehr klargestellt, dass eine **qualifizierte Beschlussmehrheit** von 75 % des vertretenen Grundkapitals erforderlich ist. Die Frage, ob es darüber hinaus ein Erfordernis der sachlichen Rechtfertigung gibt, das im Wege der Anfechtungsklage gerichtlicher Überprüfung unterzogen werden kann, ist weiterhin heillos umstritten, und zwar im Zusammenhang mit der grundsätzlichen Frage, ob Strukturmaßnahmen überhaupt, d. h. auch solche, die der gesetzlichen Regelung unterliegen, als ungeschriebene Tatbestandsvoraussetzung sachlich gerechtfertigt sein müssen.[388] Der Bundesgerichtshof lehnt hier das Erfordernis einer sachlichen Rechtfertigung ab.[389] Da bereits entsprechend den allgemeinen Grundsätzen die zur Rede stehenden Maßnahmen zu vertretbaren Bedingungen und Gegenleistungen durchgeführt werden müssen, liegt ein Eingriff in materielle Aktionärsrechte regelmäßig nicht vor. Das hier bejahte Erfordernis der sorgfältigen

---

386) Vgl. zum Meinungsstand MünchKomm-*Kubis*, AktG, § 124 Rz. 40, § 119 Rz. 51; Semler/Volhard-*Volhard*, § 41 Rz. 36 f; *Krieger*, in: Münchener Handbuch, § 69 Rz. 11; kritisch: *Groß*, AG 1996, 111, 116 ff; *Hüffer*, AktG, § 119 Rz. 19 m. w. N.

387) BGH, Urt. v. 15.1.2001 – II ZR 124/99 – Altana/Milupa, BGZ 146, 288 = ZIP 2001, 416 = AG 2001, 261, für eine Vorlagepflicht, wenn die Wirksamkeit des Vertrages von der Zustimmung der Hauptversammlung abhängt; OLG Frankfurt/M., Urt. v. 23.3.1999 – 5 U 193/97, ZIP 1999, 842, 843 = BB 1999, 1128, 1129, dazu EWiR 1999, 535 (*Schüppen*); OLG München, Urt. v. 26.4.1996 – 23 U 4586/95, WM 1996, 1462, 1464, dazu EWiR 1997, 1109 (*Saenger*); OLG Schleswig, Urt. v. 8.12.2005 – 5 U 57/04, ZIP 2006, 421; LG München I, Urt. v. 3.5.2001 – 5 HK O 23950/00, BB 2001, 1648 für die Vorlage einer deutschen Übersetzung; LG Frankfurt/M., Urt. v. 29.7.1997 – 3/5 O 162/95, ZIP 1997, 1698, 1702; LG Hannover, Urt. v. 30.5.2000 – 26 O 79/98, AG 2001, 150; zum Streitstand: Semler/Volhard-*Volhard*, § 41 Rz. 35 m. w. N., *Groß*, AG 1996, 111, 116 ff; kritisch: *Hüffer*, AktG, § 119 Rz. 19.

388) Die insoweit ausufernde Diskussion kann hier nicht nachgezeichnet werden, vgl. zum Meinungsstand *Krieger*, in: Münchener Handbuch, § 69 Rz. 10.

389) BGH, Urt. v. 9.2.1998 – II ZR 278/96 – Sachsenmilch, BGHZ 138, 71 = ZIP 1998, 692, 693 f.

schriftlichen Berichterstattung zwingt zur Darlegung aller Umstände und damit auch solcher, die auf einen etwaigen anfechtungsbegründenden Missbrauch hindeuten. Informationsfehler würden ebenso die Anfechtbarkeit begründen.

Bisher wurde vertreten, dass nicht börsennotierte Gesellschaften trotz der erforderlichen Dreiviertelmehrheit bei Holzmüller-Beschlüssen gemäß § 130 Abs. 1 Satz 2 AktG auf eine Beurkundung verzichten können, weil die erforderliche Mehrheit nicht durch Gesetz bestimmt wird.[390] Ob dies im Lichte der aktuellen Gelatine-Entscheidung des Bundesgerichtshofs noch haltbar ist, erscheint fraglich. Aus Gründen der Vorsicht wird daher in diesen Fällen künftig eine notarielle Beurkundung angezeigt sein (siehe hierzu auch Muster 7.5, Rz. 905). **1140**

Die erfolgte Beschlussfassung der Hauptversammlung ist im **Handelsregister** der Gesellschaft weder einzutragen noch anzumelden. Der Vorstand ist frei, die Zustimmung der Hauptversammlung zur Bedingung von zu schließenden oder geschlossenen Verträgen zu machen. Seine Außenvertretungsmacht wird durch eine fehlende Zustimmung der Hauptversammlung nicht beeinträchtigt.[391] Dies ist bei Vermögensübertragung i. S. d. § 171a AktG indes der Fall. **1141**

---

390) *Hüffer*, AktG, § 130 Rz. 14c m. w. N.
391) BGH, Urt. v. 25.2.1982 – II ZR 174/80 – Holzmüller, BGHZ 83, 122, 130, 132 = ZIP 1982, 568, 571; *Koppensteiner*, in: Kölner Komm. z. AktG, § 291 Rz. 22; *Hüffer*, AktG, § 119 Rz. 16.

Muster 8.9: Unternehmensvertrag

I. **Mustertext** [→ Rz. 1147 ff]

1142 **TOP …: Beschlussfassung über die Zustimmung zum Abschluss eines Gewinnabführungs- und Beherrschungsvertrages mit der … GmbH**

1143 Vorstand und Aufsichtsrat schlagen vor, dem am … abgeschlossenen Gewinnabführungs- und Beherrschungsvertrag (oder: *dem Entwurf eines Gewinnabführungs- und Beherrschungsvertrags*) zwischen der … AG (nachfolgend als „Obergesellschaft" bezeichnet) und der … GmbH, … [*Ort*] (nachfolgend als „Untergesellschaft" bezeichnet) zuzustimmen.

1144 Der Gewinnabführungs- und Beherrschungsvertrag hat im Wesentlichen folgenden Inhalt:

– Die Untergesellschaft unterstellt sich der Leitung der Obergesellschaft. Diese ist berechtigt, den Geschäftsführungsorganen der Untergesellschaft Weisungen für die Leitung der Gesellschaft zu erteilen. Die Untergesellschaft verpflichtet sich, den Weisungen zu folgen. [→ Rz. 1154]

– Die Untergesellschaft verpflichtet sich, unter Beachtung des § 301 AktG die Gewinne an die Obergesellschaft abzuführen.

– Die Untergesellschaft kann nur mit Zustimmung der Obergesellschaft Teile des Jahresüberschusses in die Gewinnrücklagen nach § 272 Abs. 3 HGB einstellen, wenn dies bei vernünftiger kaufmännischer Beurteilung wirtschaftlich begründet ist. Während der Dauer dieses Vertrages gebildete Gewinnrücklagen sind aufzulösen und zum Ausgleich eines Verlustes zu verwenden oder als Gewinn abzuführen, wenn die Obergesellschaft dies verlangt.

– Die Obergesellschaft ist verpflichtet, jeden während der Vertragsdauer bestehenden Jahresfehlbetrag auszugleichen; hierfür ist § 302 AktG entsprechend anwendbar.

– Die Gewinnabführung darf den in § 301 AktG genannten Betrag nicht überschreiten.

– Gewinn bzw. Verlust der Untergesellschaft ist der Jahresüberschuss bzw. -fehlbetrag (§ 275 Abs. 2 Nr. 20 bzw. Abs. 3 Nr. 19 HGB), der nach Maßgabe der handelsrechtlichen Vorschriften unter Beachtung der für die Körperschaftsteuer geltenden Vorschriften zu ermitteln ist.

– Der Gewinnabführungs- und Beherrschungsvertrag hat eine feste Vertragsdauer bis zum … [*Datum, mindestens fünf Jahre*], er verlängert sich sodann um jeweils ein Jahr, wenn er nicht ein halbes Jahr vor seinem Beendigungstermin gekündigt wird. [→ Rz. 1154]

– Der Vertrag findet hinsichtlich Gewinnermittlung, Gewinnabführung und Verlustübernahme erstmals Anwendung auf das Geschäftsjahr, das am … beginnt und am … endet. [→ Rz. 1155]

– Die die Beherrschung betreffenden Vorschriften finden erst nach Eintragung dieses Vertrages im Handelsregister der Untergesellschaft Anwendung. [→ Rz. 1156]

Die … AG war zum Zeitpunkt des Vertragsabschlusses und ist zum Zeitpunkt der Hauptversammlung alleinige Gesellschafterin der … GmbH. Aus diesem Grund sind von der … AG für außenstehende Gesellschafter weder Ausgleichszahlungen noch Abfindungen zu gewähren. [→ Rz. 1157, 1159]   **1145**

Der vorgenannte Vertrag, der gemeinsame Bericht des Vorstands der … AG und der Geschäftsführung … GmbH und die Jahresabschlüsse und Lageberichte der … AG und der … GmbH für die letzten drei Geschäftsjahre liegen in vollem Wortlaut in den Geschäftsräumen der Gesellschaft von der Einberufung der Hauptversammlung an zur Einsicht der Aktionäre aus und können zusätzlich im Internet unter www. … eingesehen werden. Auf Wunsch wird jedem Aktionär eine Abschrift dieser Unterlagen kostenfrei übersandt. [→ Rz. 1158 f]   **1146**

II. Erläuterungen [→ Rz. 1142 ff]

1. Einführung

Charakteristisch für das Konzernrecht, also für das Recht der verbundenen Unternehmen, ist die Zweiteilung in den Vertragskonzern und den faktischen Konzern (§ 311 ff AktG). Während beim faktischen Konzern die Leitungsmacht des herrschenden Unternehmens allein auf der Mehrheitsbeteiligung beruht, besteht beim Vertragskonzern zwischen dem abhängigen und dem herrschenden Unternehmen ein Unternehmensvertrag. Wichtigster Unternehmensvertrag dürfte der Organschaftsvertrag sein, der sich aus einem Beherrschungs- und einem Gewinnabführungsvertrag zusammensetzt. Durch den Beherrschungsvertrag wird die Leitungsmacht auf das herrschende Unternehmen übertragen, das damit Weisungen an den Vorstand der abhängigen Gesellschaft erteilen kann, die – wenn sie im Konzerninteresse liegen – auch nachteilig für die abhängige Gesellschaft sein können (§ 308 Abs. 1 AktG). Die strenge Kapitalbindung wird aufgehoben (§ 291 Abs. 3 AktG), das herrschende Unternehmen aber im Gegenzug verpflichtet, den Verlust des abhängigen Unternehmens auszugleichen (§ 302 AktG). Durch den Gewinnabführungsvertrag übernimmt das herrschende Unternehmen Gewinn oder Verlust der abhängigen Gesellschaft.   **1147**

1148   Das hier vorgestellte Muster behandelt einen häufigen Fall, nämlich den Abschluss eines Gewinnabführungs- und Beherrschungsvertrages mit einer bereits als 100 %igen Tochter zum Konzern gehörigen GmbH.

1149   Mit dem Gewinnabführungs- und Beherrschungsvertrag lassen sich unternehmenspolitische und organisatorische Ziele im Rahmen der Konzernbildung verfolgen. Vor allem aber sprechen, wie auch in der im Muster vorgestellten Konstellation, steuerliche Gründe für die Begründung einer Organschaft. Der Abschluss eines Gewinnabführungs- und Beherrschungsvertrages ist regelmäßig durch die Herbeiführung der so genannten **steuerlichen Organschaft** motiviert. Deren Ziel ist es, die Verrechnung von Gewinnen und Verlusten einzelner Konzernunternehmen für körperschaft- und gewerbesteuerliche Zwecke herbeizuführen. Für die körperschaftsteuerliche Organschaft gelten §§ 14–19 KStG. Danach muss die Untergesellschaft, die so genannte Organgesellschaft, finanziell in die Obergesellschaft (Organträger) eingegliedert sein und ein Ergebnisabführungsvertrag auf die Dauer von mindestens fünf Jahren abgeschlossen und durchgeführt werden.[392]

1150   Eine **finanzielle Eingliederung** liegt nach der Neufassung des § 14 Nr. 1 KStG durch das Steuersenkungsgesetz (StSenkG) vom 23. Oktober 2000 vor, wenn der Organträger an der Organgesellschaft vom Beginn des Geschäftsjahres der Organgesellschaft an ununterbrochen und unmittelbar in einem solchen Maße beteiligt ist, dass ihm die Mehrheit der Stimmrechte aus den Anteilen an der Organgesellschaft zusteht. Vor Neufassung des § 14 Nr. 1 KStG bedurfte es zudem einer **organisatorischen und wirtschaftlichen** Eingliederung der Untergesellschaft in die Obergesellschaft; eine solche wurde gemäß § 14 Nr. 2 Satz 2, § 17 KStG a. F. durch den Abschluss eines Beherrschungsvertrages vermutet. Aufgrund der Neufassung des § 14 Nr. 1 KStG erübrigt sich der Abschluss eines Beherrschungsvertrages, da eine organisatorische Eingliederung in die Obergesellschaft aus steuerlichen Gründen nicht mehr erforderlich ist.[393] Es können aber weiterhin andere Gründe für den Abschluss eines Beherrschungsvertrages sprechen, insbesondere die Schaffung klarer Leitungsbefugnisse und die Möglichkeit von (für das beherrschte Unternehmen nachteiligen) Weisungen unmittelbar an die Geschäftsführer des beherrschten Unternehmens.[394]

1151   Durch den Abschluss eines Gewinnabführungs- und Beherrschungsvertrages zwischen der als Organträger fungierenden Aktiengesellschaft (als Führungs-

---

392) Zu den steuerlichen Voraussetzungen vgl. *Stahl/Fuhrmann*, NZG 2003, 250; *Hüffer*, AktG, § 291 Rz. 38 ff.

393) Emmerich/Habersack-*Habersack*, Einl. Rz. 36; *Schön*, ZHR 168 (2004), 629, 631; *Hahn*, A 10.00, Rz. 16.

394) *Hahn*, A 10.03, Rz. 1.

gesellschaft eines Konzerns) und einer abhängigen (in Muster 8.9 zu 100 % beherrschten) GmbH werden diese Voraussetzungen geschaffen.

Grundsätzlich ist für die Wirksamkeit eines Unternehmensvertrages jedenfalls die Zustimmung der sich in vertragstypischer Weise verpflichtenden Gesellschaft erforderlich. Ist bei einem Gewinnabführungs- und Beherrschungsvertrag die herrschende Gesellschaft eine Aktiengesellschaft oder eine Kommanditgesellschaft auf Aktien, müssen beide Gesellschaften zustimmen (§ 293 Abs. 2 AktG). Der Bundesgerichtshof hat in zwei maßgeblichen Entscheidungen klargestellt, dass für den Abschluss eines Gewinnabführungs- und Beherrschungsvertrages in dieser Situation auch die Aktionäre der Obergesellschaft gemäß § 293 Abs. 2 AktG wegen des mit diesem Vertrag verbundenen Verlustausgleichsrisikos (§ 302 AktG) zustimmen müssen.[395)] Dies bedeutet, dass selbst der Abschluss eines Gewinnabführungs- und Beherrschungsvertrages mit einer 100 %igen Konzerngesellschaft das volle aktienrechtliche Prozedere des Abschlusses eines Organschaftsvertrages nach §§ 293 ff AktG durchlaufen muss.

1152

2. Beschlussvorbereitung und -inhalt [→ Rz. 1143 ff]

Für die Beschlussvorbereitung ist zunächst zu beachten, dass es sich um die Zustimmung zu einem Vertrag entsprechend § 124 Abs. 2 Satz 2 AktG handelt, so dass zumindest der **wesentliche Inhalt des Unternehmensvertrages** in der Einladungsbekanntmachung zu veröffentlichen ist. Wegen des einfachen Inhalts dieses Vertrages wird im Beschlussmuster eine verkürzte Wiedergabe des Vertragstextes vorgeschlagen. Zur Vermeidung von Unsicherheiten kann stattdessen auch der vollständige Wortlaut, der nur unwesentlich länger sein wird, in der Einladung veröffentlicht werden. Die Vertragsinhalte sind durch steuerliche Überlegungen diktiert (siehe zu den steuerlichen Erwägungen oben Rz. 1149 ff). [→ Rz. 1144]

1153

Der erste Spiegelstrich verschafft der Organträgerin die **Beherrschungsbefugnis** entsprechend § 308 AktG. Die Elemente des Gewinnabführungsvertrages sind in den nächsten drei Spiegelstrichen erfasst, insbesondere aber auch die zwingend vorgeschriebene **Verlustausgleichspflicht** gemäß § 302 AktG. Die **Laufzeit des Vertrages** auf **mindestens fünf Jahre** ergibt sich aus § 14 Abs. 1 Nr. 3 Satz 1 KStG. Maßgeblich ist der Zeitraum ab Eintragung des Gewinnabführungsvertrages im Handelsregister der Organgesellschaft, die gemäß § 294 Abs. 2 AktG konstitutive Wirkung für das Wirksamwerden des Vertrags hat. [→ Rz. 1144]

1154

---

395) BGH, Beschl. v. 24.10.1988 – II ZB 7/88 – Supermarkt, BGHZ 105, 324, 335 ff = ZIP 1989, 29, dazu EWiR 1989, 59 (*Schulze-Osterloh*); BGH, Beschl. v. 30.1.1992 – II ZB 15/91 – Siemens, ZIP 1992, 395 = NJW 1992, 1452, dazu EWiR 1992, 423 (*Kort*); *Hüffer*, AktG, § 293 Rz. 17; *Vetter*, AG 1993, 168.

1155   Unter der Voraussetzung, dass die finanzielle Eingliederung bereits vom Beginn des laufenden Wirtschaftsjahres besteht, kann die steuerliche Organschaft schon **Rückwirkung** für das laufende Wirtschaftsjahr haben. Es genügt in diesem Falle, dass die handelsrechtliche Wirksamkeit des Ergebnisabführungsvertrages bis zum Ende des folgenden Wirtschaftsjahres eintritt (§ 14 Abs. 1 Nr. 4 Satz 1 KStG). Diese Situation ist im vorletzten Spiegelstrich des zusammengefassten Vertragsinhalts angesprochen.[396]

1156   Für die **handelsrechtliche Wirksamkeit** des Beherrschungselementes gilt hingegen, dass diese erst mit der Eintragung des entsprechenden Vertrages im Handelsregister wirksam wird (§ 294 Abs. 2 AktG).

1157   Als Vertrag mit einer 100 %igen Konzerngesellschaft enthält der Gewinnabführungs- und Beherrschungsvertrag keine Bestimmungen über eine **Abfindung** oder einen **laufenden Ausgleich** (§§ 304 f AktG) zugunsten außenstehender Gesellschafter. [→ Rz. 1145]

1158   Weiterer Bestandteil des Hauptversammlungsvorbereitung ist der nach § 293a AktG zwingend vorgeschriebene **Bericht über den Unternehmensvertrag**. Auf diesen Bericht kann bei einer Organträgerin, die eine Aktiengesellschaft mit außenstehenden Gesellschaftern ist, regelmäßig nicht verzichtet werden, weil das Gesetz in § 293a Abs. 3 AktG für den Verzicht eine öffentlich beglaubigte Erklärung aller Anteilsinhaber vorschreibt. In den Fällen, in denen entsprechend dem hier behandelten Muster lediglich die steuerliche Organschaft zwischen der als Organträgerin fungierenden Aktiengesellschaft und einer 100 %igen Tochter dieser Gesellschaft herbeigeführt werden soll, ist die Pflicht zur Berichterstattung lediglich als formale Hürde anzusehen. [→ Rz. 1146]

1159   Wesentlicher Inhalt des Berichtes über den Unternehmensvertrag ist grundsätzlich die rechtliche und wirtschaftliche **Erläuterung der Höhe der Abfindung oder des laufenden Ausgleichs** (§§ 304 f AktG) zugunsten außenstehender Gesellschafter (§ 293a Abs. 1 Satz 1 AktG), die aber bei der im Muster vorgestellten Konstellation eines Vertrages mit einer 100 %igen Konzerngesellschaft entfallen. Der Berichtsinhalt wird sich deswegen darauf beschränken, zum einen noch einmal etwas ausführlicher den Vertragsinhalt wiederzugeben und zum anderen die Vorteile der steuerlichen Organschaft gegenüber dem Risiko des Verlustausgleiches abzuwägen. Aufgrund ausdrücklicher Gestattung in § 293a Abs. 1 Satz 1 Halbs. 2 AktG kann der Bericht von beiden betroffenen Unternehmen **gemeinsam erstattet** werden. Er ist zusammen mit den übrigen in § 293f Abs. 1 AktG bestimmten Unterlagen von dem Tag der Einladung zur Hauptversammlung an **zur Einsicht der Aktionäre auszulegen** und auf Verlangen jedem Aktionär unverzüglich und kostenlos zuzusenden

---

396) Zum Wahlrecht bei der gewerbesteuerlichen Organschaft *Hahn*, A 10.00, Rz. 25.

und vor dem Hintergrund von Ziffer 2.3.1 Satz 2 DCGK in das Internet einzustellen. Diese Unterlagen sind am Schluss des Musters wiedergegeben. [→ Rz. 1145 f]

Einer **Prüfung des Unternehmensvertrages durch einen außenstehenden Vertragsprüfer** bedarf es gemäß § 293b Abs. 1 Satz 1 AktG in dem Musterfall nicht, da sich alle Anteile der abhängigen GmbH (Organgesellschaft) in der Hand der herrschenden Aktiengesellschaft (Organträger) befinden.[397]   **1160**

3. Beschlussfassung

In der Hauptversammlung sind die **Unterlagen** gemäß § 293f AktG auszulegen. Der Vorstand hat den Vertrag zu Beginn der Verhandlung **mündlich zu erläutern** (§ 293g Abs. 2 AktG) und jedem Aktionär auf Verlangen **Auskunft** auch über alle für den Vertragsschluss wesentlichen Angelegenheiten des anderen Vertragsteils zu geben (§ 293g Abs. 3 AktG).   **1161**

Der Beschluss der Hauptversammlung bedarf keiner weitergehenden **sachlichen Rechtfertigung**. Die detaillierte gesetzliche Regelung über die Zulassung von Unternehmensverträgen und die Schutzmaßnahmen, die bei deren Abschluss einzuhalten sind, lassen es nicht zu, dass die Mehrheitsentscheidung nochmals am Gesellschaftsinteresse zu prüfen ist und der Verwaltung der Aktiengesellschaft eine entsprechende Rechtfertigungspflicht auferlegt wird. Allerdings kann ein Zustimmungsbeschluss im Einzelfall wegen Verstoßes gegen die Gleichbehandlung, die mitgliedschaftliche Treuebindung oder wegen Verfolgung von Sondervorteilen (§§ 53a, 243 Abs. 2 AktG) anfechtbar sein.[398]   **1162**

Die Abstimmung über mehrere Unternehmensverträge im Wege der **Blockabstimmung** ist grundsätzlich möglich, wenn es sich um zusammenhängende Sachfragen handelt, der Versammlungsleiter in der Hauptversammlung darauf hinweist, dass durch die mehrheitliche Ablehnung der Beschlussvorlage eine Einzelabstimmung herbeigeführt werden kann, und kein anwesender Aktionär Einwände gegen diese Verfahrensweise erhebt.[399]   **1163**

Der Zustimmungsbeschluss muss mit einer **Dreiviertelmehrheit** des bei der Beschlussfassung vertretenen Kapitals gefasst werden (§ 293 Abs. 1 Satz 1 und 2 AktG). Die Beschlussmehrheiten können durch die Satzung lediglich verschärft, nicht jedoch erleichtert werden. Gemäß § 293 Abs. 1 Satz 4 AktG sind auf den Zustimmungsbeschluss die Bestimmungen des Aktiengesetzes über   **1164**

---

397) Zu dem Fall einer notwendigen Unternehmensprüfung und den Kriterien, nach denen bei außenstehenden Gesellschaftern der Untergesellschaft ein Abfindungsangebot und eine Garantiedividende anzubieten und zu überprüfen sind, vgl. Semler/Volhard-*Volhard*, § 36 Rz. 9 ff.

398) Vgl. zu dieser Diskussion *Hüffer*, AktG, § 293 Rz. 6.

399) BGH, Urt. v. 21.7.2003 – II ZR 109/02, ZIP 2003, 1788 = NZG 2003, 1023, dazu EWiR 2003, 1113 (*Radlmayr*).

Satzungsänderungen nicht anzuwenden. Für die Wirksamkeit des Unternehmensvertrages gelten vielmehr die Spezialvorschriften der §§ 294 ff AktG.

4. Folgefragen

1165 Der von der Hauptversammlung gefasste Beschluss ist sodann bei der Untergesellschaft gemäß § 294 Abs. 1 AktG zur **Eintragung im Handelsregister** anzumelden.

1166 Die Zustimmung der Hauptversammlung sowie die Eintragung im Handelsregister sind auch bei einer **Änderung des Unternehmensvertrags** erforderlich (§ 295 AktG). **Aufhebung und Kündigung** ohne wichtigen Grund durch die Organgesellschaft, welche außenstehende Gesellschafter hat, sind nur mit Zustimmung im Wege eines Sonderbeschlusses möglich (§ 296 Abs. 2, § 297 Abs. 2 AktG). Nach überwiegender Meinung bedarf auch der Abschluss eines „Entherrschungsvertrages", der der Vermutung der Abhängigkeit eines Unternehmens gegenüber einem anderen Unternehmen entgegenstehen soll, der Zustimmung der Hauptversammlung, unter analoger Anwendung der Vorschriften der §§ 293 ff AktG, jedoch ohne Handelsregisteranmeldung.[400]

---

400) Siehe hierzu Semler/Volhard-*Volhard*, § 36 Rz. 34 ff; *Krieger*, in: Münchener Handbuch, § 68 Rz. 58 ff.

Muster 8.10: Delisting [→ Rz. 1172 ff]

I.   Mustertext

TOP …: Beschlussfassung über die Ermächtigung des Vorstands, den Wi-   **1167**
derruf der Börsenzulassung der Aktien der Gesellschaft zu beantragen

Vorstand und Aufsichtsrat schlagen vor, folgenden Beschluss zu fassen:

> Der Vorstand wird ermächtigt, den Widerruf der Zulassung der Aktien der   **1168**
> Gesellschaft zum geregelten Markt (General Standard) an der Frankfurter
> Wertpapierbörse gemäß § 38 Abs. 4, § 53 Abs. 2 BörsG, §§ 58, 73 Börsen-
> ordnung für die Frankfurter Wertpapierbörse zu beantragen. Der Vorstand
> wird ermächtigt, alle weiteren für die Beendigung der Börsenzulassung er-
> forderlichen Maßnahmen zu ergreifen. [→ Rz. 1182]

Die Aktien der Gesellschaft sind zur Zeit im geregelten Markt (General Stan-   **1169**
dard) an der Frankfurter Wertpapierbörse zugelassen. Nunmehr soll die Börsenzulassung der Aktien der Gesellschaft beendet werden. Der Vorstand wird
zu den Gründen in der Hauptversammlung im Einzelnen vortragen.
[→ Rz. 1183]

Im Rahmen des Antrags auf Widerruf der Börsenzulassung der Aktien unter-   **1170**
breitet der Mehrheitsaktionär der Gesellschaft, die … AG mit Sitz in …, den
übrigen Aktionären das Angebot, ihre Aktien zu einem Preis von … Euro je
Aktie zu erwerben („Kaufangebot"). Das Kaufangebot steht unter den aufschiebenden Bedingungen, dass (1) die ordentliche Hauptversammlung der
Gesellschaft am … [*Datum der Hauptversammlung*] den Vorstand ermächtigt,
einen Antrag auf Widerruf der Zulassung der Aktien der Gesellschaft zum geregelten Markt (General Standard) an der Frankfurter Wertpapierbörse zu
stellen, (2) die Frankfurter Wertpapierbörse diesem Antrag auf Widerruf der
Zulassung der Aktien stattgibt und (3) der Widerruf der Zulassung veröffentlicht wird. [→ Rz. 1184]

Das Kaufangebot liegt in den Geschäftsräumen der Gesellschaft von der Ein-   **1171**
berufung der Hauptversammlung an zur Einsicht der Aktionäre aus und wird
auf der Internetseite der Gesellschaft unter www.… veröffentlicht. Auf
Wunsch wird jedem Aktionär eine Abschrift des Kaufangebots kostenfrei
übersandt. Das Kaufangebot wird den Aktionären auch auf der Hauptversammlung zur Einsicht zur Verfügung stehen. [→ Rz. 1184]

II. Erläuterungen [→ Rz. 1167 ff]

1. Einleitung

1172 Nach dem Börsenboom, der im Jahre 2000 seinen Höhepunkt fand, ließ sich in den folgenden Jahren eine verstärkte Tendenz zum Rückzug von der Börse beobachten, wobei sich inzwischen aber wieder eine Trendwende abzeichnet (oben Rz. 12).

1173 Die Gründe für einen Rückzug von der Börse können vielfältig sein. Der Rückzug kann zum einen der letzte Schritt einer Übernahme der Kontrolle durch einen Investor sein oder das Ergebnis einer kritischen Kosten-Nutzen-Analyse der Gesellschaft. Gerade kleine Unternehmen außerhalb der Indizes können zu der Erkenntnis gelangen, dass sich die Vorteile, die man sich aus einer Börsenzulassung versprochen hat, nicht realisieren lassen. So kann die Kapitalbeschaffung über die Börse bei Folgeemissionen aufgrund einer Unterbewertung der Unternehmen oder angesichts einer anhaltenden Baisse am Aktienmarkt nicht mehr sinnvoll sein. Hinzu kommt, dass viele Unternehmen außerhalb der Indizes nur geringe Umsätze in ihren Aktien haben und damit nicht über eine angemessene Liquidität verfügen. Diese Unternehmen sind bei Analysten und Anlegern weitgehend unbekannt und der Imagegewinn einer Börsenzulassung insgesamt gering.[401] Der mit der Zulassung verbundene Aufwand aufgrund von Transparenz- und Publizitätspflichten, die gerade in den vergangenen Jahren eher zugenommen haben, erscheint dann nicht mehr gerechtfertigt. Im Jahr 2001 wurden insgesamt 30, im Jahr 2002 55 und im Jahr 2003 62 Delistings registriert. Im Jahr 2004 lag die Zahl der Delistings bei 24.[402] Auch 2005 hat nach einer Umfrage jedes fünfte börsennotierte Unternehmen ein Delisting zumindest in Erwägung gezogen, insbesondere wegen der ausufernden Regulierungsauflagen.[403] Tatsächlich haben sich 2005 34 Unternehmen von der Börse zurückgezogen. Erfasst sind in der Zählung ausschließlich Unternehmen, die weder im amtlichen und geregelten Handel noch im Freiverkehr gelistet sind.[404]

1174 Für den vollständigen Rückzug von der Börse (der bloße **Segmentwechsel** ist kein vollständiges Delisting, so dass hier auch keine besonderen gesellschaftsrechtlichen Anforderungen zu beachten sind[405]) kommen verschiedene rechtliche Wege in Betracht. In dem Muster wird ein börsenrechtliches, so genanntes **reguläres Delisting** auf Antrag des Emittenten gemäß § 38 BörsO in Ver-

---

401) *Schanz/Schalast*, Unternehmen im Prime Standard „Staying Public" oder „Going Private", Dezember 2004, ISSN 1436-9761.

402) Süddeutsche Zeitung vom 15.4.2006 unter Berufung auf Angaben des Verlages Hoppenstedt.

403) Handelsblatt vom 16.9.2005, S. 29.

404) Süddeutsche Zeitung vom 15.4.2006 unter Berufung auf Angaben des Verlages Hoppenstedt.

405) BayObLG, Beschl. v. 28.7.2004 – 3Z BR 087/04, ZIP 2004, 1952, 1954.

bindung mit den betreffenden Regelungen der einschlägigen Börsenordnung (im Musterfall § 58 der Frankfurter Wertpapierbörse) vorgestellt. Die börsenrechtliche Möglichkeit eines Delistings wurde durch das am 1. April 1998 in Kraft getretene Dritte Finanzmarktförderungsgesetz geschaffen. Bei der Umsetzung der gesetzlichen Regelung verzichtete die Frankfurter Wertpapierbörse aber bewusst auf ein Barabfindungsangebot als Delistingvoraussetzung; einerseits wegen der damit verbundenen Angemessenheitsprüfung, andererseits um die Attraktivität des Handelsplatzes Frankfurt zu erhöhen.[406] Man hielt in Frankfurt eine Fristenlösung für den Schutz der Anleger für ausreichend. Danach haben die Anleger vor der Wirksamkeit des Widerrufs sechs Monate Zeit, ihre Aktien am Markt zu veräußern (§ 58 Abs. 2 BörsO FWB). Die Börsenordnung der Börse Berlin-Bremen sieht hingegen in § 82 Abs. 2 inzwischen vor, dass ein angemessenes Kaufangebot unterbreitet werden muss. Der Bundesgerichtshof verlangt jedoch seit seiner einschlägigen und in der Literatur teilweise kritisch aufgenommenen[407] Macrotron-Entscheidung vom 25. November 2002 für das Delisting einen Hauptversammlungsbeschluss sowie ein Pflichtangebot an die außenstehenden Aktionäre.[408] Dadurch ist das reguläre Delisting teurer, komplexer und langwieriger geworden. Andererseits brachte die Entscheidung aber auch einen Gewinn an Rechtssicherheit. Auch nach der Macrotron-Entscheidung hat eine Reihe von Gesellschaften das reguläre Delisting für den Börsenrückzug gewählt; nicht zuletzt ist es die einzige Form des Delistings, für die ein einfacher Mehrheitsbeschluss der Hauptversammlung ausreichend ist.

Neben dem regulären Delisting gibt es die Möglichkeit einer indirekten vollständigen Beendigung der Börsenzulassung von Amts wegen, wenn aufgrund gesellschaftsrechtlicher Maßnahmen die Voraussetzungen für einen Börsenhandel entfallen sind (so genanntes **kaltes Delisting**).   1175

Seit der Schaffung der entsprechenden gesetzlichen Grundlagen in §§ 327a ff AktG zum 1. Januar 2002 gehört hierzu vor allem der **Squeeze-out**, von dem bereits zahlreiche Gesellschaften Gebrauch gemacht haben und für den ein Beschlussvorschlag in Muster 8.12, Rz. 1217 vorgestellt wird. Im Rahmen eines Squeeze-out kann ein Hauptaktionär, der mindestens 95 % des Grundkapitals an einer Aktiengesellschaft oder einer KGaA hält, die Minderheitsaktionäre gegen Barabfindung aus der Gesellschaft ausschließen, mit der Folge, dass eine etwaige Börsennotierung automatisch endet.   1176

Ebenfalls einen Aktienbesitz von mindestens 95 % setzt ein kaltes Delisting im Wege der **Eingliederung** gemäß §§ 319 ff AktG voraus.   1177

---

406) Ausführlich hierzu *Holzborn/Schlößer*, BKR 2002, 486.
407) *Krämer/Theiß*, AG 2003, 225; *Schlitt*, ZIP 2004, 533; zum Streitstand: MünchKomm-*Kubis*, AktG, § 119, Rz. 84 m. w. N.
408) BGH, Urt. v. 25.11.2002 – II ZR 133/01 – Macrotron, ZIP 2003, 387, 388 f.

1178   Die **Verschmelzung** einer börsennotierten auf eine nicht börsennotierte Gesellschaft stellt eine weitere in der Praxis häufig genutzte Möglichkeit des kalten Delistings dar, wenn die 95 %-Schwelle für einen Squeeze-out nicht erreicht wird. Erforderlich sind ein Hauptversammlungsbeschluss mit einer Dreiviertelmehrheit der abgegebenen Stimmen und das Angebot einer angemessen Barabfindung.

1179   Dieselben Voraussetzungen gelten für einen **Formwechsel** in eine nicht notierungsfähige Gesellschaftsform. Ein Beschlussvorschlag für einen solchen Formwechsel einer Aktiengesellschaft in eine GmbH & Co. KG wird in Muster 8.11, Rz. 1189 vorgestellt. Die **Aufspaltung** einer börsennotierten in zwei nicht börsennotierte Aktiengesellschaften stellt einen weiteren umwandlungsrechtlichen Weg des Delistings dar.[409)]

1180   Zu einer Beendigung der Börsenzulassung führt schließlich die **übertragende Auflösung,** bei der die Gesellschaft ihr gesamtes Vermögen durch einen Asset Deal auf eine nicht börsennotierte Gesellschaft überträgt. Hierfür ist ein Hauptversammlungsbeschluss mit Dreiviertelmehrheit erforderlich (§§ 179a, 262 Abs. 1 Nr. 2 AktG). Auch dürfte im Lichte der Macrotron-Entscheidung ein Abfindungsanspruch bestehen, der gegebenenfalls im Rahmen eines Spruchverfahrens überprüft werden kann.

2. Beschlussinhalt und -fassung [→ Rz. 1168]

1181   Nach der Macrotron-Entscheidung des Bundesgerichtshofs ist eine Beschlussfassung der Hauptversammlung über den Börsenrückzug der Gesellschaft erforderlich.[410)] Der Bundesgerichtshof begründet dies damit, dass das Delisting zwar keine Veränderung der Struktur der Gesellschaft darstellt, so dass die Holzmüller-Grundsätze hierfür nicht gelten. Durch die Beendigung der Börsenzulassung verlieren die Aktionäre aber die Möglichkeit, ihre Aktien jederzeit zu veräußern. Diese Beeinträchtigung der Verkehrsfähigkeit trifft vor allem Minderheits- und Kleinaktionäre, die mit den Aktien vor allem Anlageinteressen wahrnehmen. Die Entscheidung über mitgliedschaftliche Interessen obliegt aber der Hauptversammlung und nicht der Verwaltung der Gesellschaft.[411)]

1182   Üblicherweise und im Interesse einer größeren Flexibilität wird der Delistingbeschluss als **Ermächtigung** des Vorstands gefasst, einen Delistingantrag zu stellen, so dass die Entscheidung, ob und wann ein Antrag gestellt wird, im

---

409) OLG Düsseldorf, Beschl. v. 7.3.2005 – I-19 W 1/04 (AktE), AG 2005, 480, speziell zur Frage der Voraussetzungen der Berechtigung zur Einleitung des Spruchverfahrens.

410) BGH, Urt. v. 25.11.2002 – II ZR 133/01 – Macrotron, ZIP 2003, 387, 388 f.

411) BGH, Urt. v. 25.11.2002 – II ZR 133/01 – Macrotron, ZIP 2003, 387, 388 f.

Ermessen des Vorstands bleibt. Eine zeitliche Beschränkung der Ermächtigung ist nicht erforderlich.[412] [→ Rz. 1168]

Eine **sachliche Rechtfertigung** des Beschlussvorschlags ist nicht erforderlich, da der Beschluss unternehmerischen Charakter hat und somit im Ermessen der Mehrheit der Aktionäre liegt.[413] Auch ein **Vorstandsbericht** ist nicht notwendig. Es ist ausreichend, wenn der Vorstand die Gründe für das Delisting mündlich in der Hauptversammlung erläutert.[414] [→ Rz. 1169] **1183**

Mit dem Beschlussvorschlag muss den Minderheitsaktionären ein **Pflichtangebot** über den Kauf ihrer Aktien durch die Gesellschaft oder den Großaktionär vorgelegt werden. Hier ist noch vieles unklar. Da das Angebot an die Erfüllung der von der Rechtsprechung aufgestellten Voraussetzungen für ein Delisting gekoppelt ist, sollte es jedenfalls unter der aufschiebenden Bedingung stehen, dass der Delistingbeschluss tatsächlich gefasst und die Börsenzulassung widerrufen wird.[415] Das Angebot fällt trotz der irreführenden Bezeichnung des Bundesgerichtshofs als „Pflichtangebot" nicht unter die Regelungen des Wertpapiererwerbs- und Übernahmegesetzes. Der Kaufpreis ist auch nicht am Börsenkurs zu bemessen, vielmehr ist der volle Anteilswert zu entschädigen.[416] Die Frist zur Annahme sollte analog § 201 Satz 1, § 209 UmwG, § 305 Abs. 4 Satz 2 AktG frühestens zwei Monate nach Veröffentlichung des Widerrufs der Zulassung durch die Börse enden.[417] [→ Rz. 1170] **1184**

Für die Beschlussfassung genügt, da es sich nicht um eine Strukturmaßnahme handelt (oben Rz. 1174), die **einfache Mehrheit** der Stimmen. **1185**

3. Abwicklung des Delistings

Eine Eintragung des Delistingbeschlusses in das **Handelsregister** ist nicht erforderlich. **1186**

Die **Zulassungsstelle** der Börse widerruft die Zulassung auf Antrag, wenn der Schutz der Anleger einem Widerruf nicht entgegensteht. Es handelt sich um eine Ermessensentscheidung der Zulassungsstelle. Insbesondere kann eine Anfechtungsklage das Delisting nicht blockieren. Die Zulassungsstelle veröffentlicht den Widerruf der Zulassung in mindestens einem überregionalen Börsenpflichtblatt. Eine Klagebefugnis des einzelnen Aktionärs gegen eine Delisting- **1187**

---

412) BGH, Urt. v. 25.11.2002 – II ZR 133/01 – Macrotron, ZIP 2003, 387, 391; *Land/Behnke*, DB 2003, 2531; *Adolff/Tieves*, BB 2003, 797; Marsch-Barner/Schäfer-*Schäfer/Eckhold*, § 62 Rz. 48.

413) BGH, Urt. v. 25.11.2002 – II ZR 133/01 – Macrotron, ZIP 2003, 387, 391; Marsch-Barner/Schäfer-*Schäfer/Eckhold*, § 62 Rz. 46 m. w. N.

414) BGH, Urt. v. 25.11.2002 – II ZR 133/01 – Macrotron, ZIP 2003, 387, 389; Marsch-Barner/Schäfer-*Schäfer/Eckhold*, § 62 Rz. 45 m. w. N.

415) *Land/Behnke*, DB 2003, 2531, 2533.

416) Kritisch hierzu Schwark-*Heidelbach*, § 38 BörsG Rz. 36 m. w. N.

417) *Land/Behnke*, DB 2003, 2531, 2533.

Entscheidung der Zulassungsstelle hat das VG Frankfurt in einer Entscheidung vom 2. November 2001 bejaht.[418] Ob die Grundsätze dieser Entscheidung auch nach der Einführung von § 31 Abs. 5 BörsG Bestand haben, ist streitig.[419]

1188 Minderheitsaktionäre können die Angemessenheit der Barabfindung im Rahmen eines **Spruchverfahrens** prüfen lassen.[420] Der Bundesgerichtshof hat in seiner Macrotron-Entscheidung für die Angemessenheitskontrolle des Abfindungsangebots (oben Rz. 1174) das Spruchverfahren nach dem Spruchverfahrensgesetz eröffnet.[421] Die Antragsfrist analog § 4 Abs. 1 SpruchG beginnt mit der Veröffentlichung der Delisting-Entscheidung (Rz. 1187) (bei einem Listing an mehreren Börsenplätzen kommt es auf die Veröffentlichung der letzten Delisting-Entscheidung an) in einem überregionalen Börsenpflichtblatt durch die betreffende Börsenzulassungsstelle.[422]

---

418) VG Frankfurt/M., Beschl. v. 2.11.2001 – 9 G 3103/01, AG 2003, 218; siehe auch VG Frankfurt/M., Urt. v. 17.6.2002 – 9 E 2285/01 (V), ZIP 2002, 1446.

419) Dafür: Schwark-*Heidelbach*, § 38 BörsG Rz. 48; *Hüffer*, AktG, § 119 Rz. 22; dagegen: *Land/Behnke*, DB 2003, 2531, 2533; zum Meinungsstreit m. w. N. Marsch-Barner/Schäfer-*Schäfer/Eckhold*, § 62 Rz. 89.

420) BayObLG, Beschl. v. 28.7.2004 – 3Z BR 087/04, ZIP 2004, 1952, und BayObLG, Beschl. v. 1.12.2004 – 3Z BR 106/04, ZIP 2005, 205 = NZG 2005, 312; OLG Zweibrücken, Beschl. v. 3.8.2004 – 3 W 60/04, DB 2004, 2311 = NZG 2004, 872; im Anschluss an BGH, Urt. v. 25.11.2002 – II ZR 133/01 – Macrotron, ZIP 2003, 387, 389: LG München I, Beschl. v. 15.1.2004 – 5 HKO 22340/02, AG 2004, 393, 394.

421) BGH, Urt. v. 25.11.2002 – II ZR 133/01 – Macrotron, ZIP 2003, 387, 390; Marsch-Barner/Schäfer-*Schäfer/Eckhold*, § 62 Rz. 94.

422) BayObLG, Beschl. v. 1.12.2004 – 3Z BR 106/04, ZIP 2005, 205 = NZG 2005, 312; OLG Zweibrücken, Beschl. v. 3.8.2004 – 3 W 60/04, DB 2004, 2311 = NZG 2004, 872.

Muster 8.11: Formwechsel

I. Mustertext [→ Rz. 1201 ff]

TOP …: Beschlussfassung über die Umwandlung der Gesellschaft in eine GmbH & Co. KG   **1189**

Vorstand und Aufsichtsrat schlagen vor, nachfolgenden Umwandlungsbeschluss gemäß §§ 190 ff, 228 ff UmwG zu fassen:

a) Die Gesellschaft wird im Wege des Formwechsels gemäß §§ 190, 226,   **1190**
   228 ff UmwG in eine Kommanditgesellschaft umgewandelt.

b) Die Gesellschaft führt zukünftig die Firma … GmbH & Co. KG. Sie hat   **1191**
   ihren Sitz in ….

c) Die Kommanditgesellschaft erhält den im Anschluss an diese Tagesord-   **1192**
   nung abgedruckten Kommanditgesellschaftsvertrag. [→ Rz. 1206]

d) Gesellschafter der Kommanditgesellschaft werden diejenigen Personen, die   **1193**
   zum Zeitpunkt der Eintragung der zukünftigen Kommanditgesellschaft im
   Handelsregister Aktionäre der Gesellschaft sind. Ihr jeweiliger bisher
   durch Aktien verbriefter Anteil am Grundkapital von insgesamt … Euro
   wandelt sich in einen Anteil am Festkapital in gleicher Höhe an dem Festkapital der zukünftigen Kommanditgesellschaft um, das ebenfalls … Euro
   beträgt.

   Komplementärin der zukünftigen Kommanditgesellschaft ist die … Beteili-
   gungsgesellschaft GmbH mit dem Sitz in … eingetragen im Handelsregister des Amtsgerichts … unter HRB … . Die Komplementärin war mit einer
   Stückaktie an der Gesellschaft und ist mit einem Kapitalanteil von 1 Euro
   an der zukünftigen Kommanditgesellschaft beteiligt. [→ Rz. 1205]

   Kommanditisten werden alle übrigen, auch die namentlich nicht bekannten
   Aktionäre der Gesellschaft. Als Kommanditisten werden demnach an der
   zukünftigen Kommanditgesellschaft beteiligt sein: [→ Rz. 1207 ff]

   1. die … AG mit Sitz in … mit einem Kapitalanteil von … Euro sowie

   2. alle übrigen namentlich noch nicht bekannten Aktionäre mit einer
      Kommanditeinlage von je 1 Euro für jede von ihnen gehaltene Stückak-
      tie. [→ Rz. 1209]

   Damit entfällt auf die nicht bekannten Aktionäre der zukünftigen Kommanditgesellschaft eine Kommanditeinlage in Höhe von zusammen …
   Euro. Die Aktien der unbekannten Aktionäre sind zusammen mit den Aktien der zu 1. genannten Aktionärin in einer Sammelurkunde über … Aktien mit den Nummern … bis … verbrieft. Das gesamte Kommanditkapital
   der Gesellschaft beträgt … Euro [→ Rz. 1209]

e) Sonderrechte im Sinne von § 194 Abs. 1 Nr. 5 UmwG werden in der   **1194**
   Kommanditgesellschaft nicht eingeräumt.

1195   f)   Jedem Aktionär, der gegen den Umwandlungsbeschluss Widerspruch zu Protokoll erklärt, bietet die Gesellschaft gemäß § 207 UmwG den Erwerb seiner Anteile gegen eine Barabfindung in Höhe von … Euro für jede Stückaktie an. Dieses Angebot beruht auf einer gutachterlichen Stellungnahme der … Wirtschaftsprüfungsgesellschaft, … [*Ort*], zum Unternehmenswert der Gesellschaft. Das Barabfindungsangebot ist befristet. Die Frist endet zwei Monate nach dem Tag, nach dem die Eintragung der Umwandlung der Gesellschaft im Handelsregister nach § 201 UmwG als bekannt gemacht gilt oder nachdem eine gerichtliche Entscheidung über die Bestimmung der Barabfindung im elektronischen Bundesanzeiger bekannt gemacht wurde. [→ Rz. 1211 f]

1196   g)   Die Arbeitsverhältnisse mit den Arbeitnehmern der Gesellschaft werden von ihr auch in neuer Rechtsform fortgesetzt. Die Weisungsbefugnisse des Arbeitgebers werden nach dem Formwechsel von der Geschäftsführung der Komplementärin ausgeübt. Auswirkungen tarifvertraglicher oder betriebsverfassungsrechtlicher Art ergeben sich nicht. Durch den Formwechsel in die Rechtsform der Kommanditgesellschaft entfällt der Aufsichtsrat und mithin die in ihm bestehende Mitbestimmung der Arbeitnehmervertretung. Allerdings wird bei der Komplementärgesellschaft ein Aufsichtsrat in gleicher Weise wie bisher bei der Gesellschaft eingerichtet werden, da die Gesellschaft mehr als 2 000 Arbeitnehmer beschäftigt und diese der Komplementärgesellschaft nach den gesetzlichen Bestimmungen zuzurechnen sind. [→ Rz. 1213 f]

1197   Der Vorstand der Gesellschaft hat einen ausführlichen schriftlichen Bericht nach § 192 UmwG erstattet, in dem der Formwechsel und die zukünftige Beteiligung der Anteilsinhaber an der GmbH & Co. KG im Einzelnen erläutert und begründet werden (Umwandlungsbericht). [→ Rz. 1215]

1198   Gemäß Beschluss des Landgerichts … vom … wurde die Wirtschaftsprüfungsgesellschaft, … [*Ort*], zum Prüfer für die Angemessenheit der Barabfindung bestellt. Sie hat die Angemessenheit der Barabfindung mit schriftlichem Bericht vom … bestätigt (Umwandlungsprüfungsbericht).[→ Rz. 1215]

1199   Der Umwandlungsbericht und der Umwandlungsprüfungsbericht liegen von der Einberufung der Hauptversammlung an in den Geschäftsräumen der Gesellschaft zur Einsicht aus und werden allen Aktionären auf Anforderung kostenlos übersandt. Die Unterlagen werden auch in der Hauptversammlung ausliegen. [→ Rz. 1215]

…

Aufruf an die Aktionäre

1200   Vor dem Hintergrund der vorgeschlagenen Beschlussfassung zur formwechselnden Umwandlung der Gesellschaft in eine Kommanditgesellschaft gemäß

Tagesordnungspunkt (...) ruft die Gesellschaft sämtliche ihr bislang unbekannten Aktionäre auf, die Inhaber der ... in einer Sammelurkunde über ... Aktien mit den Nummern ... bis ... verbrieften Aktien sind, sich mit Vornamen, Namen, Geburtsdatum, Anschrift sowie ihrem Aktienbesitz bei der Gesellschaft zu melden. [→ Rz. 1210]

II. Erläuterungen [→ Rz. 1189 ff]

1. Einführung/Gründe für den Formwechsel

Das Muster 8.11 enthält einen Formwechselbeschluss nach §§ 190 ff UmwG. § 191 Abs. 1 i. V. m. Abs. 2 UmwG gestattet Aktiengesellschaften den Formwechsel in BGB-Gesellschaften, alle Formen der Personenhandelsgesellschaften, andere Kapitalgesellschaftsformen sowie in eingetragene Genossenschaften. Die **Gründe für einen Formwechsel** können vielgestaltig sein.
1201

Zu erwähnen sind hier die rechtsformabhängigen Fragen der Kapitalbeschaffung und -ausstattung, der Haftung, der Organisationsstruktur, insbesondere im Anschluss an einen Squeeze-out oder im Rahmen der Unternehmensnachfolge oder der Sanierung einer Gesellschaft. Bei der börsennotierten Gesellschaft schließlich bietet sich der Formwechsel für den Rückzug von der Börse im Wege eines so genannten kalten Delistings an (zu den rechtlichen Gestaltungsmöglichkeiten beim Delisting oben Rz. 1175 ff). Als Zielrechtsform kommen beim Delisting typischerweise die GmbH und die GmbH & Co. KG in Betracht. In beiden Fällen hat die Zulassungsstelle keinen Ermessensspielraum, die Börsennotierung aufrechtzuerhalten.
1202

Auch steuerliche Aspekte spielen bei der Umwandlung natürlich eine wichtige Rolle. Der besondere Reiz eines Rechtsformwechsels in eine GmbH & Co. KG für den Mehrheitsgesellschafter ist durch die Änderung von § 4 Abs. 6 UmwStG mit dem Steuersenkungsgesetz vom 23. Dezember 2000 allerdings entfallen, da ein Übernahmeverlust danach vollständig außer Ansatz bleibt und Buchwertaufstockungen nicht mehr vorgenommen werden können.[423]
1203

2. Inhalt des Beschlusses [→ Rz. 1189 ff]

Der Inhalt des Umwandlungsbeschlusses ist in § 194 Abs. 1 UmwG zwingend vorgeschrieben. Dem wird hier durch die Beschlussvorschläge a–g für den Fall des Formwechsels in eine Kommanditgesellschaft (GmbH & Co. KG) Rechnung getragen. [→ Rz. 1190 ff]
1204

Als **Komplementärin** wird zweckmäßigerweise vor dem Formwechselbeschluss eine GmbH ausgewählt, die die Rolle der Komplementärin übernehmen soll, und mit einer Aktie an der formwechselnden Aktiengesellschaft be-
1205

---

423) *Schwichtenberg*, DStR 2001, 2075, 2076.

teilt ist. Wenn in der späteren Struktur der GmbH & Co. KG die Komplementärin am Kapital der Kommanditgesellschaft nicht mehr beteiligt sein soll, muss diese eine Aktie nach dem Formwechsel übertragen werden. [→ Rz. 1193]

1206 Wesentlich ist der unter Buchstabe c angesprochene zukünftige **Kommanditgesellschaftsvertrag.** Insoweit gilt zunächst der nicht durch Spezialvorschriften des Umwandlungsgesetzes überschriebene § 124 Abs. 2 Satz 2 AktG, wonach grundsätzlich der wesentliche Inhalt des Gesellschaftsvertrages neuer Rechtsform bekannt zu machen ist. Aus Gründen der Beschlusssicherheit (die Frage der Wesentlichkeit ist nur mit verbleibenden Restunsicherheiten zu beantworten) wird hier vorgeschlagen, den vollständigen Wortlaut des neuen Kommanditgesellschaftsvertrages im Anschluss an die Tagesordnung bekannt zu machen.[424] Unabhängig von der Frage der Hauptversammlungsbekanntmachung ist der Gesellschaftsvertrag der Kommanditgesellschaft in der hier vorliegenden Konstellation einer Umwandlung in eine Kommanditgesellschaft ausnahmsweise nicht zwingender Bestandteil des Umwandlungsbeschlusses (§ 234 UmwG). Die Aufnahme in den Beschluss ist gleichwohl zu empfehlen und im Muster vorgesehen. Dies gilt insbesondere, wenn eine einstimmige Beschlussfassung über den Formwechsel nicht gesichert ist.[425] Außerdem ist der Gesellschaftsvertrag aus Sicht der Aktionäre regelmäßig Grundlage der Beschlussfassung über den Formwechsel. [→ Rz. 1192]

1207 Probleme beim Formwechsel einer Publikums-Aktiengesellschaft in eine Kommanditgesellschaft bereiten die unbekannten Aktionäre. Speziell für den Fall des Formwechsels in eine Personengesellschaft bestimmt § 234 Nr. 2 UmwG nämlich, dass die **Kommanditisten** sowie der **Betrag der Einlage** eines jeden von ihnen zu bezeichnen sind. Bei dem Formwechsel in die GmbH wird dies nach § 243 UmwG nicht verlangt, dort tritt die Frage der unbekannten GmbH-Gesellschafter (der früheren unbekannten Aktionäre) erst bei der Einreichung der Gesellschafterliste nach § 40 GmbHG auf. Die unbekannten Aktionäre, welche Kommanditisten in der formgewechselten Gesellschaft werden, können weder namentlich noch hinsichtlich des Betrages ihrer Einlage bezeichnet werden. Zwar gestattet §§ 213, 35 UmwG für diese Fälle die Bezeichnung der Anteile der unbekannten Kommanditisten durch Angabe ihrer Aktienurkunden. Diesem Erfordernis kann indessen bei Gesellschaften mit unbekannten Aktionären und solchen, deren Aktien sich nicht im Streifbanddepot (§ 2 DepotG), sondern in Girosammelverwahrung (§§ 5 ff DepotG) befinden, nicht zuverlässig begegnet werden. Möglich bleibt hier nur eine Bezeichnung der unbekannten Aktionäre nach Nummernkreisen, wenn es nicht

---

424) Dies wird als Forderung erhoben vom LG Hanau, Urt. v. 2.11.1995 – 5 O 149/95, AG 1996, 184 f; hierzu kritisch *Hüffer*, AktG, § 124 Rz. 10 ff.
425) Lutter-*Decher*, UmwG, § 194 Rz. 37.

insbesondere bei einem Großaktionär gelingt, dessen Aktienbestand in ein Streifbanddepot zu überführen, und damit wenigstens diese Aktien nach Nummern zu bezeichnen.[426] [→ Rz. 1193]

Da der Gesellschaft zwar einzelne Aktionäre namentlich, insbesondere aus dem letzten Hauptversammlungsprotokoll und dessen Teilnahmeverzeichnis bekannt sein können, nicht jedoch die Nummern der von diesen Aktionären gehaltenen Aktienurkunden, müssen auch solche Aktionäre dem nicht zuordenbaren, nur nummernkreismäßig bezeichneten Aktionärskreis zugeschlagen werden. In einem der ersten Formwechselfälle dieser Art hat das Bayerische Oberste Landesgericht diese Form der Bezeichnung im Ergebnis für ausreichend gehalten.[427] [→ Rz. 1193]

1208

Praxistipp:

Bei einem Formwechsel einer börsennotierten Gesellschaft in eine Kommanditgesellschaft müssen diese Fragen unbedingt ausreichend im Vorfeld der Hauptversammlungseinladung geprüft und geklärt werden. Dabei ist insbesondere mit dem zuständigen Registerrichter frühzeitig (im Hinblick auf die Hauptversammlungsfristen) Kontakt aufzunehmen, wie eine Bezeichnung seines Erachtens gestaltet werden kann, um der späteren Eintragung der Kommanditgesellschaft nicht im Wege zu stehen. Ebenso wird die Klärung mit den Banken und die Überführung etwa sammelverwahrter Aktien in Streifbandverwahrung erhebliche Zeit in Anspruch nehmen.

Praktisch sind in der Liste der Kommanditisten also zunächst die bekannten Aktionäre zu nennen, denen bestimmte Aktienurkunden zugeordnet werden können. Danach sind die weiteren bekannten Aktionäre mit dem jeweiligen Gesamtnennbetrag ihrer Aktien aufzuführen, gegebenenfalls mit dem Hinweis, dass eine nummernmäßige Zuordnung aufgrund der Verwahrungsart nicht möglich ist. Schließlich wären für unbekannte Aktionäre die Nummern der Aktienurkunden anzugeben, jedoch mit der Einschränkung, dass diese nur insoweit zu Kommanditisten werden, als sie noch nicht namentlich aufgeführt sind. Sind die Aktienurkunden nicht nummeriert oder wurden keine Urkunden ausgegeben, ist nach Aufführung der bekannten Aktionäre nur anzugeben, dass eine bestimmte Anzahl von Aktien unbekannten Aktionären gehört.[428] [→ Rz. 1193]

1209

Über den Gesetzeswortlaut hinaus verlangt das Bayerische Oberste Landesgericht, dass die den Formwechsel beabsichtigende Gesellschaft ernsthafte Bemühungen zur Ermittlung ihrer Aktionäre vornehmen müsse, und zwar zweckmäßigerweise in der Einladung zu ihrer beschlussfassenden Hauptver-

1210

---

426) Lutter-*Happ*, UmwG, § 234 Rz. 18 ff.

427) BayObLG, Beschl. v. 5.7.1996 – 3Z BR 114/96, ZIP 1996, 1467 f = NJW 1997, 747, dazu EWiR 1996, 761 *(Neye)*; zustimmend und mit weiteren Einzelheiten: Lutter-*Happ*, UmwG, § 234 Rz. 25 ff; *Meyer-Landrut/Kiem*, WM 1997, 1413, 1415.

428) Lutter-*Happ*, UmwG, § 234 Rz. 29.

sammlung.[429] Diese Forderung ist aus dem Gesetz nicht abzuleiten, für die aktuelle Praxis jedoch zu berücksichtigen.[430] Das Muster sieht daher eine Aufforderung an die Aktionäre vor, sich mit den für die spätere Eintragung im Handelsregister erforderlichen Angaben zu melden. Soweit diese Angaben eingehen, können sie in den der Hauptversammlung zur Beschlussfassung vorgelegten Umwandlungsbeschluss ad hoc und ohne Berücksichtigung der Einladungsfrist eingearbeitet werden, da es sich insoweit um eine Änderung der Tagesordnung handelt, die von der bekannt gemachten Tagesordnung gedeckt ist (§ 124 Abs. 4 AktG).[431] [→ Rz. 1200]

3. Abfindungsangebot [→ Rz. 1195]

1211 Gemäß § 194 Abs. 1 Nr. 6 UmwG muss das obligatorische Abfindungsangebot nach § 207 UmwG im Umwandlungsbeschluss genannt werden. Wenn dieses Angebot, wie zweckmäßigerweise zu empfehlen, auf einer gutachterlichen Stellungnahme über den Ertragswert der formwechselnden Gesellschaft durch eine Wirtschaftprüfungsgesellschaft beruht, sollte dies, wie hier unter Buchstabe f vorgeschlagen, erwähnt werden. Die Fristenregelung folgt aus § 209 UmwG.

1212 Das Angebot eines baren Zuzahlungsanspruchs nach § 196 Alt. 2 UmwG wegen des Wegfalls der Börsennotierung und damit einer geringeren Fungibilität der Anteile wurde in dem Muster nicht vorgesehen. Denn der Anspruch auf bare Zuzahlung steht nur dem Anteilsinhaber zu, der bei einem Formwechsel eine individuelle Benachteiligung erleidet, wie beispielsweise den Verlust von Sonderrechten, nicht aber für derartige, rechtsformwechselbedingte Veränderungen des Umfeldes, welche alle Anteilsinhaber gleichmäßig betreffen.

4. Arbeitsrechtliche Angaben [→ Rz. 1196]

1213 Schließlich enthält der Umwandlungsbeschluss unter Buchstabe g die nach § 194 Abs. 1 Nr. 7 UmwG vorgeschriebenen Angaben betreffend die Folgen des Formwechsels für Arbeitnehmer und ihre Vertretungen. Beim Formwechsel sind die Auswirkungen für Arbeitnehmer und ihre Vertretungen regelmäßig wenig weitreichend, da der ursprüngliche Rechtsträger fortbesteht und lediglich sein Rechtskleid wechselt. Eine Übertragung von Arbeits- oder Dienstverträgen findet ebenso wenig statt, wie ein Wechsel der Tarifbindung. Schließlich sind auch betriebsverfassungsrechtliche Änderungen nicht zu gewärtigen. Gleichwohl sollten zu diesen Punkten ausdrückliche Fehlanzeigen gemacht werden. Änderungen können sich allerdings hinsichtlich des Mitbe-

---

429) BayObLG, Beschl. v. 5.7.1996 – 3Z BR 114/96, ZIP 1996, 1467, 1469; dazu *Bayer*, ZIP 1997, 1613, 1623 ff.

430) Vgl. E´2 ComputervertriebsAG, BAnz vom 19.6.1999, Braun AG, BAnz vom 21.11.1998, und e-Sixt AG vom 30.8.2004.

431) Vgl. hierzu *Werner*, in: Großkomm. z. AktG, § 124 Rz. 86, 90 ff.

stimmungsmodells ergeben, insbesondere bei dem Formwechsel in eine Personengesellschaft.[432)]

Die Angaben gemäß § 194 Abs. 1 Nr. 7 UmwG sind, obwohl sie lediglich berichtender Natur und ohne Regelungscharakter aus der Sicht der betroffenen Aktiengesellschaft sind, sorgfältig zu formulieren, da ein materielles Prüfungsrecht der Registergerichte bei der Handelsregistereintragung teilweise bejaht wird.[433)] Unzutreffende Informationen geben jedoch weder den Aktionären noch dem Betriebsrat ein Recht zur Anfechtung oder auf Feststellung der Nichtigkeit des Umwandlungsbeschlusses.[434)]

1214

5. Beschlussformalitäten und Beschlussfassung [→ Rz. 1197 ff]

Für die Vorbereitung der Hauptversammlung gilt § 230 UmwG, wonach der in § 192 UmwG vorgeschriebene Umwandlungsbericht von der Einberufung der Hauptversammlung an in den Geschäftsräumen der Gesellschaft zur Einsicht der Aktionäre auszulegen und ihnen auf Verlangen zuzusenden ist. Die in § 231 UmwG vorgeschriebene besondere Mitteilung des Abfindungsangebotes kommt bei Aktiengesellschaften nicht gesondert zum Tragen, wenn, wie sich aus den einschlägigen gesetzlichen Vorschriften ergibt, der Umwandlungsbeschluss das Abfindungsangebot enthalten muss und als Bestandteil der Tagesordnung im elektronischen Bundesanzeiger bekannt zu machen ist. Bei dem Formwechsel in eine Personengesellschaft bleibt die Verpflichtung nach § 192 Abs. 2 UmwG, dem Umwandlungsbericht eine Vermögensaufstellung beizufügen, in dem die Aktiva und Passiva des formwechselnden Rechtsträgers nicht mit Buchwerten, sondern mit Verkehrswerten anzugeben sind, unberührt (nicht so beim Formwechsel in eine Kapitalgesellschaft anderer Rechtsform gemäß § 238 Satz 2 UmwG).[435)] Schließlich sei auf die Monatsfrist nach § 194 Abs. 2 UmwG hingewiesen, wonach der Entwurf des Umwandlungsbeschlusses einen Monat vor der Beschlussfassung der Hauptversammlung den zuständigen Betriebsräten zuzuleiten ist.

1215

Der Formwechsel in eine Kommanditgesellschaft ist gemäß § 233 Abs. 2 UmwG als **Mehrheitsbeschluss mit einer Dreiviertelmehrheit** möglich, allerdings muss derjenige Aktionär, der in der Kommanditgesellschaft die Stellung als persönlich haftender Gesellschafter (Komplementär) übernehmen soll, diesem gesondert zustimmen (§ 233 Abs. 2 Satz 3 UmwG).

1216

---

432) Wegen der Einzelheiten vgl. Lutter-*Decher*, UmwG, § 194 Rz. 24 ff.

433) So insbesondere OLG Düsseldorf, Beschl. v. 10.6.1998 – 3 Wx 108/98, WM 1998, 1922; für ein nur formelles Prüfungsrecht im Hinblick auf das Vorhandensein der vorgeschriebenen Angaben: Lutter-*Decher*, UmwG, § 194 Rz. 32; *Joost*, ZIP 1995, 976, 986; *Bungert*, NZG 1998, 733 (Urteilsanm.).

434) OLG Naumburg, Urt. v. 6.2.1997 – 7 U 236/96, DB 1997, 466; Lutter-*Decher*, UmwG, § 194 Rz. 33.

435) Zu diesem Bericht und zu weiteren Mustern im Zusammenhang mit einem Formwechsel vgl. *Kiem*, Rz. 1036 ff.

Muster 8.12: Squeeze-out

I. Mustertext [→ Rz. 1223 ff]

1217 **TOP …: Beschlussfassung über die Übertragung der Aktien der Minderheitsaktionäre der Gesellschaft auf die Y-AG mit Sitz in … (Hauptaktionärin) gegen Barabfindung gemäß §§ 327a ff AktG**

1218 Vorstand und Aufsichtsrat schlagen vor, auf Verlangen der Y-AG mit Sitz in … [*Anschrift*], eingetragen im Handelsregister des Amtsgerichts … unter HRB …, folgenden Beschluss zu fassen:

> Die Aktien der X-AG, die von anderen Aktionären („Minderheitsaktionäre") als der Y-AG, … [*Ort*] („Hauptaktionärin"), und mit ihr im Sinne von § 16 Abs. 4 AktG verbundenen Unternehmen gehalten werden, werden gemäß §§ 327a ff AktG auf die Y-AG, … [*Ort*] übertragen. Die Y-AG zahlt hierfür eine Barabfindung in Höhe von … Euro je auf den Inhaber lautender Stückaktie der X-AG mit einem auf die einzelne Aktie entfallenden anteiligen Betrag des Grundkapitals in Höhe von gerundet … Euro. [→ Rz. 1231 f, 1240]

1219 Gemäß § 327a Abs. 1 Satz 1 AktG kann die Hauptversammlung einer Aktiengesellschaft auf Verlangen eines Aktionärs, dem Aktien der Gesellschaft in Höhe von mindestens 95 % des Grundkapitals gehören (Hauptaktionär), die Übertragung der Aktien der übrigen Aktionäre (Minderheitsaktionäre) auf den Hauptaktionär gegen Gewährung einer angemessenen Barabfindung beschließen. [→ Rz. 1223 ff]

1220 Die Y-AG mit Sitz in … hält derzeit direkt und indirekt rund … % des Grundkapitals der X-AG. Sie ist damit Hauptaktionärin der X-AG im Sinne von § 327a Abs. 1 Satz 1 AktG. Die Y-AG hat am … das Verlangen an die X-AG gerichtet, alle notwendigen Maßnahmen zu ergreifen, damit die Hauptversammlung der X-AG einen Beschluss zur Übertragung der von den Minderheitsaktionären der X-AG gehaltenen Aktien auf die Y-AG gegen Gewährung einer angemessenen Barabfindung beschließen kann. [→ Rz. 1227 ff]

1221 Die …-Bank hat die Gewährleistung für die Erfüllung der Verpflichtung der Y-AG übernommen, den Minderheitsaktionären nach Eintragung des Übertragungsbeschlusses in das Handelsregister der X-AG unverzüglich die festgelegte Barabfindung für die auf die Hauptaktionärin übergegangenen Aktien zu zahlen. Diese Erklärung hat die Y-AG dem Vorstand der X-AG gemäß § 327b Abs. 3 AktG übermittelt. [→ Rz. 1239]

1222 In einem schriftlichen Bericht an die Hauptversammlung der X-AG hat die Y-AG die Voraussetzungen für die Übertragung der Aktien der Minderheitsaktionäre dargelegt und die Angemessenheit der Barabfindung erläutert und begründet. Die Angemessenheit der Barabfindung wurde durch die … Wirtschaftsprüfungsgesellschaft, ... [*Ort*], als dem vom Landgericht ... ausgewählten und bestellten sachverständigen Prüfer geprüft und bestätigt. [→ Rz. 1233]

II. Erläuterungen [→ Rz. 1217 ff]

1. Vorbemerkung

Mit dem Gesetz zur Regelung von öffentlichen Angeboten zum Erwerb von Wertpapieren und von Unternehmensübernahmen (WpÜG) vom 20. Dezember 2001, in Kraft getreten am 1. Januar 2002, hat der Gesetzgeber erstmals Hauptaktionären, denen mindestens 95 % des Grundkapitals an einer Aktiengesellschaft oder einer Kommanditgesellschaft auf Aktien gehören, die Möglichkeit eingeräumt, die Minderheitsaktionäre im Wege des so genannten Squeeze-out-Verfahrens aus der Gesellschaft auszuschließen. Dies war zuvor nicht bzw. nur über vergleichsweise komplizierte rechtliche Konstruktionen möglich, etwa im Wege der so genannten auflösenden Übertragung oder Mehrheitseingliederung – auch dies allerdings nur, wenn der Hauptaktionär selbst eine Aktiengesellschaft war und mindestens 95 % der Aktien an der aufzulösenden bzw. einzugliedernden Gesellschaft hielt. Da die Minderheitsaktionäre im Rahmen dieser Verfahren grundsätzlich berechtigt waren, eine Abfindung in Aktien des Hauptaktionärs zu fordern, konnten sie zwar aus der Gesellschaft herausgedrängt werden, behielten letztlich aber beim Hauptaktionär selbst einen gewissen Einfluss. Das in den §§ 327a ff AktG geregelte Squeeze-out-Verfahren hingegen ermöglicht unter den dort normierten Voraussetzungen den **vollständigen und endgültigen Ausschluss der Minderheitsaktionäre** einer AG oder Kommanditgesellschaft auf Aktien gegen Zahlung einer Barabfindung. Der Ausschluss erfolgt durch einen auf Verlangen des Hauptaktionärs gefassten Hauptversammlungsbeschluss entsprechenden Inhalts (§ 327a AktG). Mit Eintragung des Übertragungsbeschlusses in das Handelsregister gehen alle Aktien der Minderheitsaktionäre auf den Hauptaktionär über (§ 327e Abs. 3 Satz 1 AktG).

1223

Die **Verfassungsmäßigkeit** der Regelungen über den Ausschluss der Minderheitsaktionäre aus einer Gesellschaft und das hierbei zu beachtende Verfahren im Hinblick auf die Eigentumsgarantie des Art. 14 GG wird nach wie vor in Nichtigkeits- und Anfechtungsklagen thematisiert. Die Instanzgerichte[436)]

1224

[436)] OLG Düsseldorf, Urt. v. 14.1.2005 – I-16 U 59/04, NZG 2005, 347, dazu EWiR 2005, 495 *(Wilsing)*; OLG Hamburg, Beschl. v. 29.9.2004 – 11 W 78/04, ZIP 2004, 2288, dazu EWiR 2005, 287 *(Knoll)*; OLG Köln, Urt. v. 30.1.2004 – 82 O 67/03 (unveröff.); OLG Stuttgart, Beschl. v. 3.12.2003 – 20 W 6/03, ZIP 2003, 2363 = AG 2004, 105 = DB 2004, 60, 63, dazu EWiR 2004, 833 *(Hasselbach)*; OLG Hamburg, Urt. v. 8.8.2003 – 11 U 45/03, ZIP 2003, 2076 = AG 2003, 698, 698 f; OLG Oldenburg, Urt. v. 30.9.2002 – 1 W 45/02, AG 2002, 682.

und inzwischen auch der Bundesgerichtshof[437] haben die Verfassungsmäßigkeit bisher durchweg bejaht. Eine abschließende Klärung durch das Bundesverfassungsgericht steht jedoch noch aus.

1225 Die §§ 327a ff AktG sind **sowohl auf börsennotierte als auch auf nicht börsennotierte Aktiengesellschaften anwendbar.**[438] Zur Durchführung des Squeeze-out-Verfahrens sind, anders als zuvor im Verfahren der Mehrheitseingliederung, nicht mehr nur Aktiengesellschaften mit Sitz im Inland als Hauptaktionäre berechtigt, sondern **in- oder ausländische natürliche oder juristische Personen,** sofern sie nur die Fähigkeit besitzen, Aktionär zu sein,[439] und im konkreten Fall Hauptaktionär mit einer zumindest mittelbaren Kapitalbeteiligung von mindestens 95 % sind.

2. Einleitung des Squeeze-out

1226 Die **Vorbereitung eines Squeeze-out** erfordert einen zeitlichen Vorlauf von mehreren Monaten. Der Hauptaktionär muss vor Einberufung der Hauptversammlung:

– ein entsprechendes Beschlussverlangen an die Gesellschaft richten (§ 327a Abs. 1 Satz 1 AktG),

– die Barabfindung festlegen (§ 327b Abs. 1 Satz 1 AktG) und hierzu in der Regel unter Einschaltung einer Wirtschaftsprüfungsgesellschaft eine Unternehmensbewertung durchführen,

– einen schriftlichen Übertragungsbericht zu den Voraussetzungen der Übertragung und der Angemessenheit der Barabfindung erstellen, der spätestens bei Einberufung der Hauptversammlung vorliegen soll (§ 327c Abs. 2 Satz 1, Abs. 3 Nr. 3 AktG) und

– bei Gericht die Bestellung eines unabhängigen Prüfers zur Beurteilung der Angemessenheit der Barabfindung beantragen, dessen Prüfungsbericht ebenfalls bei Einberufung der Hauptversammlung vorliegen soll (§ 327c Abs. 2 Satz 2–4, Abs. 3 Nr. 4 AktG).

1227 Grundvoraussetzung ist, dass der Hauptaktionär sowohl bei Äußerung seines Verlangens zur Durchführung des Squeeze-out als auch in den Zeitpunkten der Beschlussfassung in der Hauptversammlung und der Eintragung des Übertragungsbeschlusses in das Handelsregister über eine **Kapitalmehrheit von**

---

437) BGH, Beschl. v. 25.10.2005 – II ZR 327/03, ZIP 2005, 2107 = DB 2005, 2567, dazu EWiR 2005, 845 *(Linnerz)*.

438) Vgl. Begründung RegE WpÜG, BT-Drucks. 14/7034, S. 32; *Hüffer*, AktG, § 327a Rz. 5; *Krieger*, BB 2002, 53, 55.

439) *Hüffer*, AktG, § 327a Rz. 7.

mindestens 95 % der Aktien an der Gesellschaft verfügt.[440] Maßgeblich für die **Berechnung** der Kapitalmehrheit ist gemäß § 327a Abs. 2 AktG die Zurechnungsnorm des § 16 Abs. 2 und 4 AktG. Danach sind einerseits eigene Aktien sowie Aktien, die ein Dritter für Rechnung der Gesellschaft hält, vom Grundkapital der Gesellschaft abzuziehen.[441] Andererseits sind bei der Berechnung des Aktienbesitzes sowohl die vom Hauptaktionär unmittelbar gehaltenen Aktien als auch diejenigen Aktien zu berücksichtigen, die ein Dritter für Rechnung des Hauptaktionärs oder ein vom Hauptaktionär abhängiges Unternehmen hält.

Die **Rechtsform** des (abhängigen) Unternehmens, über das dem Hauptaktionär Aktien zugerechnet werden, ist irrelevant, da § 16 Abs. 4 AktG insoweit nicht differenziert. Rechtskonstruktionen mit dem alleinigen Zweck der Herbeiführung der Voraussetzungen eines Squeeze-out, wie etwa die Bildung von Stimmbindungskonsortien in der Rechtsform einer GbR oder die Vereinbarung von Wertpapierleihen zu diesem Zweck, können allerdings rechtsmissbräuchlich sein.[442]   **1228**

Irrelevant sind im Übrigen auch die **Stimmrechtsverhältnisse** in der Gesellschaft.[443] Zu prüfen ist allerdings im Einzelfall, ob der Hauptaktionär und die Personen, über die ihm Aktien zugerechnet werden, ihren jeweiligen **Meldepflichten gemäß §§ 21 ff WpHG** ordnungsgemäß nachgekommen sind. Denn die Nichterfüllung der Meldepflichten ist grundsätzlich mit dem Verlust der sich aus der Aktie ergebenden Mitverwaltungs- und Vermögensrechten sanktioniert und könnte – je nach den Umständen des Einzelfalls – sowohl die Ausübung des Squeeze-out-Verlangens als auch die auf der Hauptversammlung zur Beschlussfassung erforderlichen Mehrheiten gefährden.[444]   **1229**

Hat die Gesellschaft **Optionen oder Wandelschuldverschreibungen aus bedingtem Kapital** ausgegeben, so bleiben diese bei der Berechnung der Kapitalverhältnisse zumindest bis zu ihrer Ausübung außer Betracht.[445] In der Rechtsprechung und Literatur bisher ungeklärt ist, ob der Inhaber eines Wandelrechts, das er nach Zugang des Squeeze-out-Verlangens bei der Gesellschaft   **1230**

---

440) OLG Düsseldorf, Urt. v. 16.1.2004 – I 16 W 63/03, AG 2004, 207, 210; *Emmerich/Habersack-Habersack*, § 327a AktG Rz. 18; *Fuhrmann/Simon*, WM 2002, 1211, 1212; a. A. (maßgeblicher Zeitpunkt: Squeeze-out-Verlangen und Hauptversammlungsbeschluss, nicht Eintragung): *Dißars*, BKR 2004, 389, 391; *Hasselbach*, in: Köln. Komm. z. WpÜG, § 327a AktG Rz. 38; *Sieger/Hasselbach*, ZGR 2002, 120, 1391; a. A. (maßgeblicher Zeitpunkt: nur Hauptversammlungsbeschluss): MünchKomm-*Grunewald*, AktG, § 327a Rz. 10 f.

441) Einzelheiten: *Riegger*, DB 2003, 541.

442) OLG München, Beschl. v. 16.11.2005 – 23 W 2384/05, ZIP 2005, 2259; Einzelheiten: *Maslo*, NZG 2004, 163; *Markwardt*, BB 2004, 277, 278 ff.

443) OLG Hamburg, Urt. v. 8.8.2003 – 11 U 45/03, ZIP 2003, 2076 = AG 2003, 698.

444) OLG Köln, Urt. v. 30.1.2004 – 82 O 67/03 (unveröff.).

445) *Gesmann-Nuissl*, WM 2002, 1205, 1206 f; *Grunewald*, ZIP 2002, 18; *Markwardt*, BB 2004, 277, 278; a. A. *Sieger/Hasselbach*, ZGR 2002, 120, 158.

ausübt, daraufhin lediglich einen Anspruch auf Barabfindung erlangt[446]) oder aber auch weiterhin die Ausgabe von Aktien der Gesellschaft und, sofern die Ausgabe vor Eintragung des Übertragungsbeschlusses im Handelsregister erfolgt, dann ebenso wie die anderen Aktionäre die Barabfindung verlangen kann.[447])

Praxistipp:

Zur Sicherheit wird dem Hauptaktionär empfohlen, bereits bei Äußerung seines Squeeze-out-Verlangens sichergestellt zu haben, dass sich seine Kapitalmehrheit bis zur voraussichtlichen Eintragung des Squeeze-out-Beschlusses zu keiner Zeit auf eine Quote unter 95 % reduziert; gegebenenfalls sollte daher für eventuelle kurzfristige Aktienzukäufe Vorsorge getroffen werden.

1231   Unmittelbarer Auslöser des Squeeze-out-Verfahrens ist die **Äußerung des Verlangens durch den Hauptaktionär**, dass die Hauptversammlung die Übertragung der Aktien der übrigen Aktionäre auf ihn beschließen möge (§ 327a Abs. 1 Satz 1 AktG). Während das Gesetz keine besonderen Formanforderungen an das Verlangen stellt, empfiehlt sich aus Beweisgründen die Wahrung der Schriftform. Das Verlangen ist an die Gesellschaft zu richten; es wird analog § 78 Abs. 2 Satz 2 AktG mit Zugang bei einem Vorstandsmitglied wirksam. Das wirksame Verlangen verpflichtet den Vorstand, unverzüglich gemäß § 121 Abs. 1, 2 AktG die ordentliche oder außerordentliche Hauptversammlung einzuberufen.[448]) Das Verlangen des Hauptaktionärs muss Gegenstand der Beschlussfassung sein. Wenn der Vorstand keine Hauptversammlung mit entsprechendem Gegenstand der Beschlussfassung einberuft, kann der Hauptaktionär gemäß § 122 AktG vorgehen.[449]) [→ Rz. 1219]

3. Barabfindung [→ Rz. 1218]

1232   Es obliegt dem Hauptaktionär, die **Höhe der Barabfindung** festzulegen (§ 327b Abs. 1 Satz 1 AktG). Sie muss der Höhe nach angemessen sein (vgl. § 327c Abs. 2 AktG) und die Verhältnisse der Gesellschaft im Zeitpunkt der Beschlussfassung der Hauptversammlung berücksichtigen. Bestimmte Berechnungsverfahren oder Referenzzeiträume gibt das Gesetz nicht vor. Die verfassungsrechtliche Eigentumsgarantie gebietet, dass die Abfindung dem Verkehrswert der Aktien entsprechen muss.[450]) Orientierungspunkte für die Festlegung der angemessenen Barabfindung sind in der Regel die Ergebnisse

---

446) *Grunewald*, ZIP 2002, 18; *Angerer*, BKR 2002, 260, 267.
447) *Baums*, WM 2001, 1843, 1847 f; *Krieger*, BB 2002, 53, 61: Umwandlung auch bis zur Eintragung des Squeeze-out nicht ausgeübter Bezugsrechte in Barabfindungsansprüche.
448) *Hüffer*, AktG, § 327a Rz. 8.
449) *Hüffer*, AktG, § 327a Rz. 8.
450) BVerfG, Beschl. v. 27.4.1999 – 1 BvR 1613/94 – DAT/Altana, ZIP 1999, 1436 = NJW 1999, 3769, dazu EWiR 1999, 751 *(Neye)*; BVerfG, Beschl. v. 23.8.2000 – 1 BvR 68/95, BVerfGE 100, 289, 304 f.

einer betriebswirtschaftlichen Unternehmensbewertung und bei börsennotierten Aktiengesellschaft – grundsätzlich als Untergrenze – die Entwicklung des Börsenkurses innerhalb eines Referenzzeitraums. Üblicherweise lässt der Hauptaktionär im Vorfeld und parallel zum Verlangen auf Übertragung der Aktien der Minderheitsaktionäre eine Unternehmensbewertung durchführen, deren Ergebnisse in den von ihm gemäß § 327c Abs. 2 AktG zu erstellenden schriftlichen Übertragungsbericht einfließen. Auch auf der Basis von IAS/IFSR ermittelte Ertragswerte sind insofern als Orientierungspunkte für die Bemessung der Barabfindung zu akzeptieren.[451] Als Referenzzeitraum für die Börsenkursentwicklung hat der Bundesgerichtshof – in anderem Zusammenhang – einen Zeitraum von drei Monaten bis zum Tag unmittelbar vor der Hauptversammlung vorgegeben.[452] Dies ist deswegen problematisch, weil die Höhe der Barabfindung gemäß § 327c Abs. 1 Nr. 2 AktG bereits in der Einladung zur Hauptversammlung als Gegenstand der Tagesordnung anzugeben ist, also weit vor Ablauf des nach dem Bundesgerichtshof maßgeblichen Referenzzeitraums.[453] Deswegen sei es zulässig, das Barabfindungsangebot noch in der Hauptversammlung selbst aufzustocken.[454] Praktikabel und richtig dürfte es sein, unter entsprechender Heranziehung von § 5 Abs. 1 WpÜG-Angebotsverordnung[455] auf den gewichteten durchschnittlichen inländischen Börsenkurs während der letzten drei Monate vor der Veröffentlichung der Ad-hoc-Mitteilung über den Squeeze-out abzustellen. Ab dem Zeitpunkt der Bekanntmachung der Eintragung des Übertragungsbeschlusses in das Handelsregister ist der Barabfindungsanspruch kraft Gesetzes zu verzinsen (§ 327b Abs. 2 AktG). Dies entspricht den Regelungen von § 305 Abs. 3 Satz 3 und § 320b Abs. 1 Satz 6 AktG.

4. Übertragungsbericht/Prüfungsbericht [→ Rz. 1222]

1233

Gegenstand des vom Hauptaktionär gemäß § 327c Abs. 2 Satz 1 AktG zu erstattenden schriftlichen Übertragungsberichts ist es zum einen, die Voraussetzungen für die Übertragung darzulegen, und zum anderen, die Angemessen-

---

451) OLG Hamburg, Beschl. v. 29.9.2004 – 11 W 78/04, ZIP 2004, 2288, dazu EWiR 2005, 287 (Knoll); OLG Hamm, Urt. v. 19.8.2005 – 8 W 20/05, ZIP 2006, 133 (m. Anm. Lochner) = BB 2005, 2259.
452) BGH, Beschl. v. 12.3.2001 – II ZB 15/00 – DAT/Altana, BGHZ, 147, 108, 115 = ZIP 2001, 734, 737, dazu EWiR 2001, 605 (Wenger).
453) Krieger, BB 2002, 53, 56; Angerer, BKR 2002, 260, 264.
454) LG Berlin, Urt. v. 17.2.2003 – 99 O 111/02, DB 2003, 707 f; Gesmann-Nuissl, WM 2002, 1205, 1207 f; Krieger, BB 2002, 53, 56: Dabei muss aber weder der Beschlussvorschlag einen Erhöhungsvorbehalt („mindestens") vorsehen, noch ist ein daraufhin vorbehaltlos gefasster Squeeze-out-Beschluss wegen der abweichenden Formulierung anfechtbar.
455) Verordnung über den Inhalt der Angebotsunterlage, die Gegenleistung bei Übernahmeangeboten und Pflichtangeboten und die Befreiung von der Verpflichtung zur Veröffentlichung und zur Abgabe eines Angebots (WpÜG-Angebotsverordnung) vom 27.12.2001, BGBl I, 4263, zuletzt geändert durch Gesetz vom 22.6.2005, BGBl I, 1698.

heit der Barabfindung zu erläutern und zu begründen. Der Übertragungsbericht ist nicht vom Vorstand der Gesellschaft, sondern vom Hauptaktionär zu erstatten. Unvollständige oder falsche Berichte begründen auch nach der Einführung des § 243 Abs. 4 Satz 2 AktG durch das UMAG ein Anfechtungsrisiko.

1234   Hinsichtlich der Übertragungsvoraussetzungen muss aus dem Bericht nachvollziehbar hervorgehen, dass der Hauptaktionär im Zeitpunkt der Äußerung seines Squeeze-Out-Verlangens mindestens 95% des Kapitals der Gesellschaft hält und im Zeitpunkt der Beschlussfassung über den Ausschluss der Minderheitsaktionäre in der Hauptversammlung bzw. der Eintragung des Übertragungsbeschlusses im Handelsregister auch noch halten wird. In dem Bericht ist daher nicht nur die bei seiner Erstellung vor Einberufung der Hauptversammlung aktuelle Beteiligungshöhe konkret darzulegen, sondern auch mögliche Änderungen bis zur Beschlussfassung über den Squeeze-Out bzw. bis zur Eintragung des Übertragungsbeschlusses in das Handelsregister.

1235   Hinsichtlich der Angemessenheit der Barabfindung muss dargelegt werden, ob und inwieweit diese dem Börsenkurs entspricht bzw. von ihm abweicht, weshalb nicht von einem höheren Ertragswert auszugehen ist bzw. aus welchen Gründen der Börsenkurs unterschritten wird.

1236   An sich nicht erforderlich ist die Darlegung der voraussichtlichen gesellschaftsrechtlichen und steuerlichen Auswirkungen der Eintragung des Übertragungsbeschlusses. In der Praxis hat sich die überschlägige Erläuterung der Rechtsfolgen des Squeeze-Out für die Minderheitsaktionäre allerdings aus Gründen möglichst vollständiger und frühzeitiger Information der Aktionäre eingebürgert.

1237   Eventuellen Geheimhaltungsinteressen des Hauptaktionärs wird insoweit Rechnung getragen, als ein Bericht entbehrlich ist, wenn alle Aktionäre darauf verzichtet haben und solche Tatsachen darin nicht erwähnt werden müssen, deren Bekanntwerden ihm oder einem verbundenen Unternehmen einen nicht unerheblichen Nachteil zufügen könnten (§ 327c Abs. 2 Satz 4, § 293a Abs. 2, 3 AktG).

1238   Die Angemessenheit der vom Hauptaktionär infolge der von ihm angestellten Unternehmensbewertung festgelegten Barabfindung wird von einem oder mehreren gerichtlich ausgewählten und bestellten sachverständigen Prüfern geprüft (§ 327c Abs. 2 Satz 2–4 AktG). Üblicherweise schlägt der Hauptaktionär zur Beschleunigung des Bestellungsverfahrens einen oder mehrere Prüfer vor. Inhalt und Aufbau des Prüfungsberichts ergeben sich aus § 293e AktG. Der **Prüfungsbericht** muss, ebenso wie der Übertragungsbericht des Hauptaktionärs, spätestens bei Bekanntmachung der Einberufung der Hauptversammlung vorliegen, da er gemäß § 327c Abs. 3 Nr. 4 AktG vom Zeitpunkt der Einberufung der Hauptversammlung an in den Geschäftsräumen der Gesellschaft zur Einsichtnahme der Aktionäre auszulegen ist. Zu Unklarheiten in der instanzgerichtlichen Rechtsprechung hat die zeitliche und organisatorische Koordinierung der Erstellung des Prüfungsberichts und des üblicherweise vom Hauptaktionär zwecks Festlegung der angemessenen Barabfindung in Auftrag gegebenen Bewertungsgutachtens eines Wirtschaftsprüfers geführt, insbesondere im Hinblick auf die in der Praxis verbreitete zeitgleiche Erstellung beider Prüfungsgutachten. Für die Zulässigkeit der Parallelprüfung spricht, dass das Gesetz für den zeitlichen Ablauf der Festlegung und Prüfung der Barabfindung keine ausdrückliche Regelung trifft und dass ein zeitliches Nacheinander der Einholung des ersten Bewertungsgutachtens, der Festlegung der Barabfindung und schließlich der Bestellung der unabhängigen Prüfer und der Erstellung ihres Prüfungsberichts nicht immer praktikabel erscheint. Gründe dafür sind der enge zeitliche Rahmen – alle Berichte müssen vor Einberufung der Hauptversammlung vorliegen – und das Erfordernis der Orientierung der Barabfindung an möglichst aktuellen Tatsachen und Kursentwicklungen.[456] Allein der enge zeitliche Zusammenhang begründet noch keine Anhaltspunkte für eine Befangenheit des gerichtlich bestellten sachverständigen Prüfers. Ebenfalls unschädlich ist es, wenn das Gericht, wie in der Praxis üblich, den sachverständigen Prüfer auf Vorschlag des Hauptaktionärs hin bestellt.[457] Die Angemessenheit der Barabfindung ist gerichtlich überprüfbar, jedoch nicht mit der Anfechtungsklage, sondern im Wege des Spruchverfahrens (§ 327f AktG in Verbindung mit dem Spruchverfahrensgesetz). § 243 Abs. 4 AktG in der Fassung des UMAG betreffend die Einschränkung der Anfechtbarkeit wegen unrichtiger, unvollständiger oder verweigerter Erteilung von Informationen ist seit dem 1. November 2005 anwendbar.[458]

5. Gewährleistungserklärung [→ Rz. 1221]

Der Hauptaktionär ist gemäß § 327b Abs. 3 AktG verpflichtet, die Erklärung eines Kreditinstitutes mit Geschäftserlaubnis im Inland nach §§ 1, 32 KWG einzuholen, worin dieses die **Gewährleistung für die Erfüllung der Verpflichtung** des Hauptaktionärs übernimmt, den Minderheitsaktionären unverzüglich nach Eintragung des Übertragungsbeschlusses die festgelegte Barabfindung zu zahlen. Die Gewährleistungserklärung des Kreditinstituts muss sich grund-

1239

---

456) So auch OLG Düsseldorf, Urt. v. 14.1.2005 – I-16 U 59/04, NZG 2005, 347, dazu EWiR 2005, 495 *(Wilsing)*; OLG Düsseldorf, Urt. v. 16.1.2004 – I-16 W 63/03, ZIP 2004, 359 = AG 2004, 207, 210, dazu EWiR 2004, 467 *(Sustmann)*; OLG Stuttgart, Urt. v. 3.12.2003 – 20 W 6/03, ZIP 2003, 2363 = AG 2004, 105, 107, dazu EWiR 2004, 833 *(Hasselbach)*; Dißars, BKR 2004, 391, 392; *Leuering*, NZG 2004, 606, 608 f; a. A. LG Wuppertal, Urt. v. 6.11.2003 – 12 O 119/03, AG 2004, 161 (Vorinstanz zu OLG Düsseldorf, Urt. v. 16.1.2004).

457) OLG Stuttgart, Urt. v. 3.12.2003 – 20 W 6/03, ZIP 2003, 2363 = AG 2004, 105, 107; OLG Düsseldorf, Beschl. v. 29.6.2005 – I-15 W 38/05, AG 2005, 654, dazu EWiR 2005, 847 *(K.-U. Neumann)*.

458) OLG Hamm, Urt. v. 19.8.2005 – 8 W 20/05, ZIP 2006, 133 = BB 2005, 2259.

sätzlich nur auf die festgelegte Barabfindung für die vom Squeeze-out betroffenen Aktien beziehen; nicht erforderlich ist hingegen, dass sie sich auch auf eine eventuelle Erhöhung der Barabfindung in einem eventuellen Spruchverfahren erstreckt.[459] Gleiches dürfte für den gesetzlichen Zinsanspruch gelten.[460] Die Gewährleistungserklärung darf weder bedingt noch befristet sein. In einer in der aktienrechtlichen Literatur kritisch aufgenommenen Entscheidung hat das LG Frankfurt a. M. geurteilt, dass eine Höchstbetragsgarantie den Anforderungen des § 327b Abs. 3 AktG nicht genügt.[461] Der Hauptaktionär hat die Gewährleistungserklärung des Kreditinstitutes an den Vorstand der Aktiengesellschaft zu übermitteln. Gemäß § 78 Abs. 2 Satz 2 AktG analog genügt hierfür grundsätzlich der Zugang bei einem Vorstandsmitglied. Das Fehlen einer den Anforderungen des § 327b AktG entsprechenden Bankgarantie macht den Übertragungsbeschluss der Hauptversammlung anfechtbar.[462]

6. Einberufung der Hauptversammlung [→ Rz. 1218]

1240 Die **Einberufung der Hauptversammlung**, in der der Ausschluss der Minderheitsaktionäre beschlossen werden soll, richtet sich nach den allgemeinen Vorschriften der §§ 121 ff AktG, mit der Besonderheit, dass der Beschlussvorschlag über die Übertragung der Aktien der Minderheitsaktionäre als Gegenstand der bekannt zu machenden Tagesordnung die in § 327c Abs. 1 AktG aufgeführten Pflichtangaben enthalten muss. Bereits in der Tagesordnung zu benennen sind danach Firma und Sitz (bei einer juristischen Person) bzw. Name und Adresse (bei einer natürlichen Person) des Hauptaktionärs sowie die vom Hauptaktionär festgelegte Barabfindung. Teilweise wird bei einer juristischen Person darüber hinaus die Angabe der Handelsregisterdaten gefordert.[463] Ob Vorstand und Aufsichtsrat der Gesellschaft einen eigenen Be-

---

459) BGH, Beschl. v. 25.10.2005 – II ZR 327/03, ZIP 2005, 2107 = DB 2005, 2567; OLG Hamburg, Urt. v. 11.4.2003 – 11 U 215/02, ZIP 2003, 1344 = AG 2003, 441, dazu EWiR 2003, 739 (*Rottnauer*); OLG Hamburg, Urt. v. 8.8.2003 – 11 U 45/03, ZIP 2003, 2076; *Hüffer*, AktG, § 327b Rz. 10; *Dißars*, BKR 2004, 389, 391, *Fuhrmann/Simon*, WM 2002, 1211, 1216; *Hasselbach*, in: Kölner Komm. z. WpÜG, § 327b AktG Rz. 31.

460) OLG Hamburg, Urt. v. 8.8.2003 – 11 U 45/03, ZIP 2003, 2076: offen gelassen, ob eine Gewährleistungserklärung des gesetzlichen Wortlauts möglicherweise immer auch den Zinsanspruch umfasst; LG Hamburg, Urt. v. 13.1.2003 – 415 O 140/02, ZIP 2003, 947, 951 (Vorinstanz zu OLG Hamburg v. 8.8.2003); *Dißars*, BKR 2004, 389, 391; Münch-Komm-*Grunewald*, AktG, § 327b Rz. 18; *Fuhrmann/Simon*, WM 2002, 1211, 1216; a. A. *Singhof/Weber*, WM 2002, 1158, 1168.

461) LG Frankfurt/M., Urt. v. 9.3.2004 – 3/5 O 107/03, NZG 2004, 672, 675, dazu EWiR 2004, 625 (*Kort*); a. A. *Dißars*, NZG 2004, 856.

462) OLG Frankfurt/M., Urt. v. 19.7.2005 – 5 U 134/04, AG 2005, 657; *Hüffer*, AktG, § 327b Rz. 9.

463) *Sieger/Hasselbach*, ZGR 2002, 120, 152; *Vossius*, ZIP 2002, 511, 515.

schlussvorschlag zum Squeeze-out äußern müssen, ist umstritten;[464] das Muster geht davon aus. [→ Rz. 1218]

Neben den üblicherweise gemäß § 175 Abs. 2 AktG in Vorbereitung der Hauptversammlung **auszulegenden Unterlagen** (Jahres– und Konzernabschluss, (Konzern-)Lagebericht, Vorschlag des Vorstands über die Verwendung des Bilanzgewinns und Bericht des Aufsichtsrats) sind gemäß § 327c Abs. 3 AktG ebenfalls auszulegen: der Entwurf des Übertragungsbeschlusses, die Jahresabschlüsse und Lageberichte (sowie Konzernabschlüsse und -lageberichte[465]) für die letzten drei Geschäftsjahre, der Übertragungsbericht des Hauptaktionärs und der von den gerichtlich ausgewählten und bestellten sachverständigen Prüfern erstattete Prüfungsbericht über die Angemessenheit der Barabfindung. Vorgelegt werden müssen lediglich solche Jahresabschlüsse, die nach handelsrechtlichen Vorschriften bereits aufgestellt, geprüft und festgestellt sind oder sein müssten.[466] Die Aktionäre müssen die Unterlagen ab dem Zeitpunkt der Einberufung der Hauptversammlung jederzeit während der ordentlichen Geschäftszeiten der Gesellschaft in deren Geschäftsräumen einsehen können. Darüber hinaus haben die Aktionäre auf ihr Verlangen hin Anspruch auf die unverzügliche und für sie kostenlose Erteilung oder Zusendung von Abschriften sämtlicher vorgenannter Dokumente (§ 175 Abs. 2 Satz 2, § 327c Abs. 4 AktG). Nach Ziffer 2.3.1 Satz 2 DCGK sollen die Unterlagen den Aktionären außerdem auch auf der Internetseite der Gesellschaft zugänglich gemacht werden. Die Unterlagen sind auch in der Hauptversammlung auszulegen (§ 327d Satz 1 AktG).

1241

Praxistipp:
In der Praxis hat es sich darüber hinaus eingebürgert (auch um entsprechenden Auskunftsverlangen von Minderheitsaktionären von vornherein zu entsprechen), zumindest auch die Gewährleistungserklärung des Kreditinstituts sowie das Übertragungsverlangen des Hauptaktionärs in der Hauptversammlung zugänglich zu machen.

7. Stellungnahme des Hauptaktionärs/des Vorstands in der Hauptversammlung

In der Hauptversammlung kann der Vorstand dem **Hauptaktionär** zu Beginn der Debatte über den Tagesordnungspunkt „Squeeze-out" Gelegenheit geben,

1242

---

464) Dafür: *Hüffer*, AktG, § 327a Rz. 8; *Vetter*, AG 2002, 176, 186; dagegen: MünchKomm-*Grunewald*, AktG, § 327a Rz. 13; *Krieger*, BB 2002, 53, 59; dann wohl Behandlung gemäß §§ 122, 126 AktG (analog).

465) So OLG Celle, Urt. v. 29.9.2003 – 9 U 55/03, AG 2004, 206, 207; a. A. OLG Düsseldorf, Urt. v. 14.1.2005 – I-16 U 59/04, NZG 2005, 347; OLG Hamburg, Urt. v. 8.8.2003 – 11 U 45/03, ZIP 2003, 2076 = AG 2003, 698; OLG Hamburg, Urt. v. 11.8.2003 – 11 W 28/03, AG 2003, 696, 697.

466) OLG Hamburg, Urt. v. 11.4.2003 – 11 U 215/02, ZIP 2003, 1344 = AG 2003, 441; *Dißars*, BKR 2004, 389, 391; *Wartenberg*, AG 2004, 539, 541.

den Entwurf des Übertragungsbeschlusses und die Bemessung der Barabfindung mündlich zu erläutern (§ 327d Satz 2 AktG). Hieraus folgt einerseits, dass der Vorstand nach eigenem Ermessen darüber befinden kann, ob er dem Hauptaktionär Gelegenheit zur Stellungnahme gibt, und andererseits, dass der Hauptaktionär zur Erläuterung der auf sein Betreiben in die Tagesordnung aufgenommenen Beschlussvorlage über den Squeeze-out keinesfalls verpflichtet ist.[467] Vom Standpunkt des Hauptaktionärs kann eine Stellungnahme zur Beschlussvorlage sinnvoll sein, um den Minderheitsaktionären die Angemessenheit der Barabfindung näher darzulegen oder seinen im Vorfeld erstellten schriftlichen Übertragungsbericht zu aktualisieren.[468]

1243 Ob der **Vorstand** selbst den Beschlussgegenstand und insbesondere den Übertragungsbericht mündlich erläutern muss, obwohl er möglicherweise keinen eigenen Beschlussvorschlag unterbreitet hat (oben Rz. 1240), ist unklar. Ausreichen dürfte aber jedenfalls eine mündliche Zusammenfassung des schriftlichen Berichts des Hauptaktionärs ohne eigene Stellungnahme.[469] Da der Hauptaktionär grundsätzlich weder den Aktionären noch der Gesellschaft gegenüber zur Auskunft verpflichtet ist, obliegt es dem Vorstand, auf Fragen der Aktionäre gemäß § 131 AktG zu antworten, soweit die hierzu erforderlichen Informationen verfügbar sind bzw. er sie von dem insoweit lieferbereiten Hauptaktionär noch erlangen kann. Er sollte in der Lage sein, gezielte Fragen zur Bewertung der Gesellschaft als Grundlage der Barabfindung zu beantworten; im Einzelnen ist hier aber vieles umstritten.[470] Weder der Versammlungsleiter noch die Gesellschaft ist verpflichtet, die vom Hauptaktionär angegebene Höhe seiner Beteiligung an der Gesellschaft zu überprüfen. Um Aktionärsfragen vorzubeugen, wird der Hauptaktionär die Zusammensetzung seiner Beteiligung in der Regel selbst darlegen und erläutern.

8. Beschlussfassung

1244 Sofern die Satzung der Gesellschaft keine anderweitigen Regelungen trifft, reicht für die Beschlussfassung über den Ausschluss der Minderheitsaktionäre die **einfache Mehrheit der abgegebenen Stimmen** (§ 133 Abs. 1 AktG), ohne dass Sonderbeschlüsse der einzelnen Aktiengattungen erforderlich wären.[471] Ein darüber hinausgehendes Erfordernis besonderer Kapitalmehrheiten sieht

---

467) *Hüffer*, AktG, § 327d Rz. 3.
468) MünchKomm-*Grunewald*, AktG § 327d Rz. 3; *Sieger/Hasselbach*, ZGR 2002, 120, 155.
469) MünchKomm-*Grunewald*, AktG, § 327d Rz. 3; *Hüffer*, AktG, § 327d Rz. 4; OLG Stuttgart, Urt. v. 3.12.2003 – 20 W 6/03, ZIP 2003, 2363 = AG 2004, 105, 106.
470) Strenge Anforderungen: LG Frankfurt/M., Beschl. v. 14.5.2003 – 3-13 O 22/03, DB 2003, 1726; LG Frankfurt/M., Urt. v. 27.8.2003 – 3-13 O 205/02, DB 2003, 2590; *Angerer*, BKR 2002, 260, 265; keine gesteigerten Anforderungen: OLG Köln, Urt. v. 6.10.2003 – 82 O 67/03 (unveröff.); *Harry Schmidt*, in: Festschrift Ulmer, S. 543, 551 f; MünchKomm-*Grunewald*, AktG, § 327d Rz. 5.
471) OLG Düsseldorf, Urt. v. 14.1.2005 – I-16 U 59/04, NZG 2005, 347 (Vorzugsaktie).

das Gesetz nicht vor, es kann sich jedoch aus einer entsprechend ausgestalteten Satzung ergeben.[472] Nach aktienrechtlichen Vorschriften ist der Hauptaktionär nicht von der Ausübung des Stimmrechts ausgeschlossen (vgl. § 136 AktG).[473] Wohl aber kann sich ein Ausschluss des Stimmrechts daraus ergeben, dass der Hauptaktionär seinen Meldepflichten gemäß §§ 21 ff WpHG nicht ordnungsgemäß genügt bzw. eine gebotene Meldung nicht rechtzeitig nachgeholt hat (§ 28 WpHG).[474] Eine zusätzliche sachliche Rechtfertigung des Squeeze-out-Beschlusses ist nicht erforderlich, weil der Gesetzgeber selbst durch Einfügung und Ausgestaltung der Regelungen über den Squeeze-out in das Aktiengesetz die Interessenabwägung zwischen den Belangen der Minderheitsaktionäre und denjenigen der Gesellschaft bzw. ihres Hauptaktionärs vorgenommen hat.[475]

9. Eintragung im Handelsregister

Der Übertragungsbeschluss ist gemäß § 327e Abs. 1 AktG vom Vorstand der Gesellschaft zur Eintragung **in das Handelsregister anzumelden**.   **1245**

Gemäß § 327e Abs. 2 i. V. m. § 319 Abs. 5 Satz 1 AktG muss die Anmeldung eine so genannte **Negativerklärung** dahin gehend enthalten, dass Klagen gegen die Wirksamkeit des Hauptversammlungsbeschlusses nicht oder nicht fristgerecht erhoben, rechtskräftig abgewiesen oder zurückgenommen worden sind. Denn grundsätzlich führt die Anhängigkeit einer Nichtigkeits- oder Anfechtungsklage zu einer Registersperre. Der Negativerklärung bedarf es ausnahmsweise nur dann nicht, wenn entweder – was zumindest bei börsennotierten Aktiengesellschaften selten sein dürfte – alle klageberechtigten Aktionäre in notariell beurkundeter Form auf die Erhebung einer solchen Klage verzichtet haben (§ 319 Abs. 5 Satz 2 AktG) oder das mit der Klage befasste Landgericht im Wege eines so genannten Unbedenklichkeits- oder Freigabeverfahrens rechtskräftig festgestellt hat, dass die Klageerhebung der Eintragung nicht entgegensteht (§ 319 Abs. 6 AktG).   **1246**

Da Squeeze-out-Beschlüsse regelmäßig Gegenstand von Nichtigkeitsfeststellungs- und Anfechtungsklagen sind, kommt dem **Freigabeverfahren** in der Praxis hohe Bedeutung zu. Im Rahmen dieses Verfahrens darf sich das Gericht nicht mit einer kursorischen Prüfung der Frage, ob die Nichtigkeits- oder Anfechtungsklage offensichtlich unbegründet ist, begnügen, sondern muss   **1247**

---

472) *Hüffer*, AktG, § 327a Rz. 11.

473) *Fuhrmann/Simon*, WM 2002, 1211, 1213.

474) OLG München, Beschl. v. 17.2.2005 – 23 W 2406/04, ZIP 2005, 615 = NZG 2005, 1017, dazu EWiR 2005, 489 *(Diekmann)*.

475) OLG Düsseldorf, Urt. v. 16.1.2004 – I-16 W 63/03, ZIP 2004, 359 = AG 2004, 207, 208; OLG Köln, Urt. v. 6.10.2003 – 18 W 35/03, ZIP 2004, 760 = AG 2004, 39, 40; *Vetter*, AG 2002, 176, 186; *Dißars*, BKR 2004, 389, 393 m. w. N.

grundsätzlich alle sich insoweit stellenden tatsächlichen und rechtlichen Fragen sorgfältig und abschließend klären.[476]

1248 Mit seiner **Eintragung in das Handelsregister** wird der Übertragungsbeschluss wirksam; erst zu diesem Zeitpunkt gehen die Aktien der Minderheitsaktionäre auf den Hauptaktionär über, ohne dass es hierzu eines besonderen Übertragungsakts bedürfte (§ 327e Abs. 3 Satz 1 AktG). Die Aktienurkunden verbriefen nun nicht mehr die Mitgliedschaft und Vermögensrechte an der Aktiengesellschaft, sondern nur noch den Anspruch auf Barabfindung (§ 327e Abs. 3 Satz 2 AktG). Das Registergericht ist verpflichtet, die Eintragung im Bundesanzeiger oder einem anderen hierzu bestimmten Printmedium bekannt zu machen (§§ 10, 11 HGB). Der Hauptaktionär wiederum muss dem Registergericht daraufhin unverzüglich mitteilen, dass er nunmehr Alleinaktionär ist (§ 42 AktG). Daneben unterliegen börsennotierte Gesellschaften einer kapitalmarktrechtlichen Bekanntmachungspflicht aus § 66 Abs. 1 BörsZulV (amtlicher Markt) bzw. § 71 BörsO der Frankfurter Wertpapierbörse (geregelter Markt).

10. Abwicklung

1249 Die Abwicklung der Barabfindung richtet sich grundsätzlich nach der Art der Verbriefung und der bisherigen Verwahrung der Aktien. Sofern die Aktien in einer **Globalurkunde** verbrieft und bei den jeweiligen Depotbanken girosammelverwahrt waren, wird die Barabfindung dem Depotkonto des Aktionärs Zug um Zug gegen Ausbuchung des Aktienguthabens und Übertragung seines Miteigentumsanteils an der Globalurkunde gutgeschrieben (so genanntes Clearstream-Abwicklungsverfahren). Der Aktionär muss in diesem Fall selbst nichts mehr veranlassen. Wurden hingegen **Einzelurkunden** ausgegeben und werden diese von den Aktionären selbst verwahrt, so kann die Gesellschaft den Aktionären eine angemessene Frist von üblicherweise drei bis sechs Monaten (in Anlehnung an § 4 Abs. 1 Nr. 3 SpruchG) zur Einreichung ihrer Aktienurkunden setzen und muss die Abfindung Zug um Zug gegen Erhalt der Urkunde auszahlen. Nach Fristablauf kann die Gesellschaft die bis dahin nicht ausgezahlten Abfindungsbeträge unter Verzicht auf die Rücknahme hinterlegen, was gemäß § 328 BGB zur Erfüllung führt und folglich auch die Verzinsungspflicht beendet.[477]

---

476) OLG Frankfurt/M., Beschl. v. 8.2.2006 – 12 W 185/05 – T-Online, ZIP 2006, 370 = BB 2006, 438 (zum Verschmelzungsfall); OLG Hamburg, Beschl. v. 29.9.2004 – 11 W 78/04, ZIP 2004, 2288, dazu EWiR 2005, 287 (*Knoll*); OLG Düsseldorf, Urt. v. 14.1.2004 – I-16 W 63/03, ZIP 2004, 359 = AG 2004, 207; OLG Stuttgart, Urt. v. 3.12.2003 – 20 W 6/03, ZIP 2003, 2363 = AG 2004, 106, 107; OLG Köln, Urt. v. 6.10.2003 – 18 W 35/03, ZIP 2004, 760 = AG 2004, 39; OLG Hamburg, Urt. v. 11.8.2003 – 11 W 28/03, AG 2003, 696.

477) *Fuhrmann/Simon*, WM 2002, 1211, 1216.

Muster 8.13: Umstellung von Nennbetrags- auf Stückaktien und Verbriefungsausschluss

I. Mustertext [→ Rz. 1262 ff]

TOP ...: Beschlussfassung über die Neueinteilung des Grundkapitals, die Umwandlung der Nennbetragsaktien in nennbetragslose Stückaktien und den Ausschluss des Verbriefungsrechts sowie die damit verbundenen Satzungsänderungen 1250

Durch das am 1. April 1998 in Kraft getretene Gesetz über die Zulassung von Stückaktien wird Aktiengesellschaften die Möglichkeit eröffnet, das bisher in Nennbetragsaktien zerlegte Grundkapital in Stückaktien aufzuteilen, die auf keinen Nennbetrag lauten und jeweils am Grundkapital der Gesellschaft im gleichen Umfang beteiligt sind. Die Umstellung des Grundkapitals auf Stückaktien hat keine Auswirkung auf die Vermögens- und Verwaltungsrechte der Aktionäre. [→ Rz. 1262] 1251

Die Umstellung auf Stückaktien bedingt jedoch eine Neueinteilung des Grundkapitals zur Herstellung von auf denselben Nennbetrag lautenden Aktien, um sodann die Nennbetragsaktien in nennwertlose Stückaktien umwandeln zu können. Diese sind dann entsprechend § 8 Abs. 3 Satz 2 AktG am Grundkapital in jeweils gleichem Umfang beteiligt. [→ Rz. 1266] 1252

Um Kosten zu sparen, soll außerdem von der durch das Gesetz zur Kontrolle und Transparenz im Unternehmensbereich in § 10 Abs. 5 AktG geschaffenen Möglichkeit Gebrauch gemacht und der Anspruch der Aktionäre auf Verbriefung ihrer Anteile ausgeschlossen werden. [→ Rz. 1264] 1253

Die Umstellung auf Stückaktien und der Verbriefungsausschluss bedingen außerdem eine Reihe von Folgeänderungen verschiedener Satzungsbestimmungen, die bislang auf Nennbeträge Bezug nehmen. [→ Rz. 1266] 1254

Dies vorausgeschickt, schlagen Vorstand und Aufsichtsrat vor, Folgendes zu beschließen: 1255

a) Das Grundkapital der Gesellschaft wird in Stückaktien (Aktien ohne Nennbetrag) eingeteilt. Aus jeweils einer Aktie im Nennbetrag von 500 Euro werden zwanzig Stückaktien, aus jeder Aktie im Nennbetrag von 50 Euro zwei Stückaktien und aus jeder Aktie im Nennbetrag von 25 Euro eine Stückaktie. Das Grundkapital von 10 000 000 Euro bleibt unberührt; es ist nach Neustückelung und Umwandlung von Nennbetrags- in Stückaktien eingeteilt in 400 000 Stückaktien. [→ Rz. 1264] 1256

Die ausgegebenen Urkunden über Nennbetragsaktien bleiben als Urkunden über Stückaktien gültig, wobei jede 25-Euro-Nennbetragsaktie zukünftig eine Stückaktie, jede 50-Euro-Nennbetragsaktie zukünftig zwei Stückaktien und jede 500-Euro-Nennbetragsaktie zukünftig zwanzig Stückaktien verbriefen. [→ Rz. 1264] 1257

1258   b) Die Satzung der Gesellschaft wird wie folgt geändert:

1259   § … wird wie folgt neu gefasst:

       „Das Grundkapital der Gesellschaft beträgt 10 000 000 Euro und ist einge-teilt in 400 000 nennbetragslose Stückaktien." [→ Rz. 1266]

1260   § … wird wie folgt neu gefasst:

       „Die Form der Aktien und der Gewinnanteils- und Erneuerungsscheine wird vom Vorstand im Einvernehmen mit dem Aufsichtsrat bestimmt. Der Anspruch der Aktionäre auf Verbriefung ihrer Aktien ist ausgeschlossen." [→ Rz. 1264]

1261   § … wird wie folgt neu gefasst: [→ Rz. 1267 f]

       [Anpassung weiterer Satzungsbestimmungen]

II. Erläuterungen [→ Rz. 1250 ff]

1. Einführung

1262   Durch das Stückaktiengesetz vom 1. April 1998 wurde im deutschen Recht eine unechte nennwertlose Aktie eingeführt. Sie verkörpert einen **Anteil am Grundkapital** der Gesellschaft, der aber im Gegensatz zur Nennbetragsaktie nicht betragsmäßig genannt wird, sondern sich im Wege der Division des Grundkapitals durch die Zahl der Aktien errechnen lässt. Die Stückaktien sind also zwar nennwertlos, lassen aber durch die Bezugnahme auf das Grundkapi-tal jederzeit den betragsmäßigen Anteil des Grundkapitals errechnen, den sie verkörpern. Im Gegensatz zu Nennwertaktien müssen diese Beträge jedoch nicht auf volle fünf Euro oder ganze Euro-Beträge (§ 8 Abs. 2 Satz 4 AktG) lauten. Wegen § 8 Abs. 3 Satz 2 AktG müssen alle Stückaktien auf den glei-chen anteiligen Grundkapitalbetrag bezogen sein, unterschiedliche Gewichtun-gen, wie bei den Nennbetragsaktien, sind also unzulässig.

1263   Der **Vorteil der Stückaktie** lag bei ihrer Einführung vor allem darin, dass sie eine einfache, kostengünstige Möglichkeit eröffnete, die durch die Einführung des Euro notwendigen Anpassungen der Nennwerte und des Grundkapitals vorzunehmen. Kapitalmaßnahmen zur Anpassung des Nennwertes der Aktien waren dann nicht erforderlich. Unabhängig von der Euro-Einführung liegt der Vorteil der Stückaktie darin, dass sie den Charakter der Aktie als Beteiligungs-recht betont, außerdem sind ausländische Investoren häufig mit der nennwert-losen Aktie eher vertraut. Neben diesen Vorteilen bieten Stückaktien überdies die Möglichkeit, Kapitalerhöhungen aus Gesellschaftsmitteln ohne die Aus-gabe neuer Aktien vorzunehmen (§ 207 Abs. 2 Satz 2 AktG). Bis zur Errei-chung des Mindestnennbetrages von 1 Euro können die Stückaktien außerdem in beliebig größere Stückzahlen gesplittet werden. Schließlich ermöglicht die durch das Transparenz- und Publizitätsgesetz eingeführte Neuregelung in

§ 237 Abs. 3 AktG bei Stückaktien die Einziehung ohne Herabsetzung des Kapitals. Unmittelbar nach der Einführung der Stückaktie gaben Anfang 1998 in einer Umfrage 79 % der börsennotierten Unternehmen an, dass sie eine Umstellung von der Nennbetrags- zur Stückaktie beabsichtigen.[478] Die meisten börsennotierten Gesellschaft dürften die Umstellung zwischenzeitlich vorgenommen haben; außerhalb dieses Kreises existieren jedoch noch viele Gesellschaften mit Nennbetragsaktien.

2. Beschlussinhalt [→ Rz. 1256]

In Muster 8.13 wird unter Buchstabe a zunächst eine Glättung der auf unterschiedliche Nennbeträge lautenden alten Aktien auf zukünftige Stückaktien vorgeschlagen. Der weitere Text des Beschlusses über die zukünftige Verbriefung der Stückaktien ist nur deklaratorisch. Inwieweit ein Umtausch der Aktienurkunden erforderlich ist, ist im Einzelnen mit der emissionsbegleitenden Bank und den Börsen abzustimmen und hängt schließlich auch davon ab, welche weiteren Umstellungsmaßnahmen in Bezug auf den Aktieninhalt (Aktiensplitt) in derselben Hauptversammlung beschlossen werden. Ist gleichzeitig der Verbriefungsausschluss nach § 10 Abs. 5 AktG in der Satzung verankert worden, muss zwar (bei börsennotierten Gesellschaften) eine berichtigte Globalurkunde bei der Clearstream Banking AG eingereicht werden, jedoch kann der kostenaufwendige Umtausch der alten, im Umlauf befindlichen einzelnen Aktienurkunden vermieden werden. [→ Rz. 1253, 1257, 1260]

1264

Die hier im Beschlussvorschlag ersichtliche Stückelung der Stückaktien ist mit 25 Euro gewählt. Sie könnte bis auf den gesetzlichen Mindestbetrag von 1 Euro je Stückaktie (§ 8 Abs. 3 Satz 3 AktG) reduziert werden. Jedenfalls sollte der Wert nicht höher als der bisherige niedrigste Nennwert sein, um eine Zusammenlegung von Aktien kleinerer Nennbeträge zu vermeiden. [→ Rz. 1256]

1265

3. Satzungsänderungen [→ Rz. 1258]

Die Einführung der Stückaktien ist notwendigerweise eine Satzungsänderung, da nach § 23 Abs. 3 Nr. 4 AktG die Zerlegung des Grundkapitals in Nennbetragsaktien oder Stückaktien sowie die Angabe der Zahl obligatorischer Satzungsinhalt ist. Die sich aus der Einführung der Stückaktien ergebenden Satzungsänderungen sind deswegen, was die Mehrheitserfordernisse und die Ankündigung als Tagesordnungspunkt angeht, nach den entsprechenden gesetzlichen Vorschriften zu behandeln (Muster 8.1, Rz. 925). Dies gilt natürlich auch, soweit nicht nur die Bestimmungen über das Kapital geändert werden, sondern sonstiger Anpassungsbedarf besteht. [→ Rz. 1258]

1266

---

478) Pressemitteilung des DAI vom 18.2.1998.

1267 Anpassungsbedarf kann sich insbesondere bei bestehendem bedingtem und genehmigtem Kapital ergeben. Soweit in diesen Beschlüssen auf bestimmte Euro-Nennbeträge Bezug genommen worden ist, sollte dies angepasst werden, auch wenn sich aus dem Beschluss über die Einführung der Nennbetragsaktien ergeben sollte, dass entsprechende Bezugnahmen nunmehr als auf eine entsprechende Zahl an Stückaktien zu verstehen sind. Bei Vorzugsaktien muss geprüft werden, ob der Vorzug in Prozent vom Nennwert ausgedrückt ist. Zwar könnte sich diese Angabe nunmehr auf den auf die einzelnen Stückaktien entfallenden anteiligen Grundkapitalbetrag beziehen. Dieser wird jedoch bei zukünftigen Kapitalveränderungen ein ungerader Betrag werden, es sei denn, es werden auch hierzu Glättungsmaßnahmen durchgeführt, die jedoch durch die Einführung der Stückaktie eigentlich vermieden werden sollen, so dass die Umstellung auf einen absoluten Betrag vorzuziehen ist.

1268 Lautete also beispielsweise bisher der Dividendenvorzug auf 5 % je 25 Euro Nennwert einer Aktie, wäre dies bei Umstellung auf Stückaktien auf einen Dividendenvorzug in Höhe von 1,25 Euro gegenüber den Stammaktien umzustellen. Die gleiche Thematik ergibt sich, soweit die satzungsmäßig festgelegte Vergütung des Aufsichtsrats in Prozent von Nennwerten ausgedrückt ist.

Muster 8.14: Umwandlung von Inhaberaktien in Namensaktien

I. Mustertext [→ Rz. 1274 ff]

TOP …: Beschlussfassung über die Umstellung von Inhaber- auf Namens-aktien sowie damit zusammenhängende Satzungsänderungen   1269

Vorstand und Aufsichtsrat schlagen vor, wie folgt zu beschließen:

a) Die bisher auf den Inhaber lautenden Aktien der Gesellschaft werden in   1270
   Namensaktien umgewandelt. [→ Rz. 1277]

b) § … der Satzung wird geändert und wie folgt neu gefasst: 1271

   „Die Aktien lauten auf den Namen." [→ Rz. 1277, 1279]

   § … der Satzung wird geändert und wie folgt neu gefasst: 1272

   „Die Einberufung muss mindestens dreißig Tage vor dem letzten Anmeldetag (§ …) im elektronischen Bundesanzeiger bekannt gemacht werden; dabei werden der Tag der Bekanntmachung und der letzte Anmeldetag nicht
   mitgerechnet. Die Hauptversammlung kann auch durch eingeschriebenem
   Brief an die im Aktienregister der Gesellschaft eingetragenen Aktionäre
   einberufen werden; der Tag der Absendung gilt als Tag der Bekanntmachung. Fällt das Ende der Frist auf einen Sonntag, einen am Sitz der Gesellschaft gesetzlich anerkannten Feiertag oder einen Sonnabend, so tritt an die
   Stelle dieses Tages der zeitlich vorhergehende Werktag." [→ Rz. 1275]

   § … der Satzung wird geändert und wie folgt neu gefasst: 1273

   „Zur Teilnahme an der Hauptversammlung und zur Ausübung des Stimmrechts sind diejenigen Aktionäre berechtigt, die im Aktienregister eingetragen sind und sich zur Teilnahme an der Hauptversammlung angemeldet
   haben. Die Anmeldung zur Teilnahme an der Hauptversammlung muss der
   Gesellschaft unter der in der Einberufung hierfür mitgeteilten Adresse spätestens am siebten Tag vor der Hauptversammlung zugehen. Umschreibungen im Aktienregister finden innerhalb der letzten fünf Kalendertage
   vor der Hauptversammlung nicht statt."

II. Erläuterungen [→ Rz. 1269 ff]

1. Einführung

Aktien können gemäß § 10 Abs. 1 AktG entweder auf den Inhaber oder auf   1274
den Namen lauten. Inhaberaktien sind Inhaberpapiere; mit der Berechtigungs-
vermutung zugunsten des Urkundeninhabers korrespondiert eine Übertragbarkeit nach sachenrechtlichen Grundsätzen. Namensaktien sind dagegen Or-
derpapiere. Sie lauten auf einen bestimmten Namen und können durch Abtretung sowie gemäß § 68 Abs. 1 AktG auch durch Indossament übertragen werden. Sie können im Gegensatz zu Inhaberpapieren vinkuliert werden. Über

Namensaktien muss die Gesellschaft ein Aktienregister führen. Im Verhältnis zur Gesellschaft gilt als Aktionär nur, wer als solcher in dem Register eingetragen ist (§ 67 Abs. 2 AktG).

1275   Seit 1997 erfreuen sich die – bis dahin allenfalls noch bei Familienunternehmen gebräuchlichen – Namensaktien auch bei Publikumsgesellschaften einer **zunehmenden Beliebtheit**. Ein Grund hierfür ist der Zugang zu internationalen Aktien- und Börsenmärkten. So sind vor allem in den USA Inhaberaktien weitgehend unbekannt. Deutsche Inhaberaktien werden insbesondere an der New York Stock Exchange nicht zum Handel zugelassen. Die Namensaktie als „Global Share" lässt sich darüber hinaus international auch leichter als Akquisitionswährung einsetzen. Für Namensaktien spricht insbesondere bei einer börsennotierten Gesellschaft zudem die ständig gewährleistete Kenntnis der Gesellschaft über den Kreis ihrer Aktionäre, was die *Investor Relations* und möglicherweise auch die Abwehr unerwünschter Übernahmen erleichtert. Bei einer nicht börsennotierten Gesellschaft erlaubt die Ausgabe von Namensaktien die Einladung der Hauptversammlung mit eingeschriebenem Brief anstatt durch Bekanntmachung im Bundesanzeiger (§ 121 Abs. 4 AktG, vgl. Rz. 677). [→ Rz. 1277]

1276   Den Vorteilen der Namensaktien steht der mit der Führung des obligatorischen Aktienregisters verbundene, insbesondere bei Publikumsgesellschaften etwas **höhere organisatorische und finanzielle Aufwand** gegenüber. Vor dem Hintergrund der Erleichterungen durch die Informationstechnologie und die Möglichkeit der Auslagerung der Führung des Aktienregisters (nicht jedoch der gesellschaftsrechtlichen Verantwortung für die Führung, die beim Vorstand bleibt) auf externe Anbieter wiegt dieser Nachteil jedoch nur noch gering. Auch die Übertragung der Namensaktie ist durch ein entsprechendes von der Deutschen Börse Clearing AG angebotenes vollautomatisches und entmaterialisiertes System zur Abwicklung von Börsentransaktionen girosammelverwahrter Namensaktien deutlich vereinfacht worden. Durch das Namensaktiengesetz wurden weitere Erleichterungen geschaffen, insbesondere das Einsichtsrecht der Aktionäre in das Aktienregister beschränkt (§ 67 Abs. 6 AktG) und durch Neufassung von § 125 Abs. 2, § 128 Abs. 1 AktG der Doppelversand von Mitteilungen vermieden.

2. Beschlussinhalt [→ Rz. 1270]

1277   Der Beschlussinhalt ist einfach. Er befasst sich unter Buchstabe a (Rz. 1270) mit der materiellen Änderung und unter Buchstabe b (Rz. 1271 ff) mit der damit verbundenen notwendigen Satzungsänderung, wobei die geänderten Satzungstexte gemäß § 124 Abs. 2 Satz 2 AktG dem Wortlaut nach bekannt zu machen sind (siehe zum Inhalt der neuen Satzungsregelung auch unter Muster 1.1, Rz. 66, und Muster 1.2, Rz. 184). Änderungen der Satzung ergeben sich in diesem Zusammenhang regelmäßig bei der Satzungsbestimmung über das Grundkapital und dessen Einteilung in Aktien sowie in der Satzungsbestimmung über die Hauptversammlungsteilnahme (i. S. d. § 121 Abs. 2 AktG). Weitere Anpassungen können gegebenenfalls erforderlich sein, etwa bei einem genehmigten oder bedingten Kapital.

Bei der nachträglichen Schaffung von vinkulierten Namensaktien ist § 180 Abs. 2 AktG zu beachten, wonach, wenn die Namensaktien zukünftig nur mit Zustimmung der Gesellschaft übertragen werden können, die Zustimmung aller betroffenen Aktionäre erforderlich ist, also eine Mehrheitsbeschlussfassung für die entsprechende Satzungsänderung nicht ausreicht. Bei einer Publikumsgesellschaft wird dieses gesetzliche Erfordernis der nachträglichen Einführung der Vinkulierung regelmäßig entgegenstehen. Möglich bleibt dies aber bei Verschmelzung oder Formwechsel, wenn in diesen Fällen hierfür eine entsprechende Barabfindung oder bare Zuzahlung angeboten wird (§ 29 Abs. 1 Satz 2, § 196 UmwG).

1278

3. Beschlussfassung

Die Umstellung auf Namensaktien ist zwangsläufig eine Satzungsänderung, da nach § 23 Abs. 3 Nr. 5 AktG die Ausstellung von Aktien auf den Namen oder auf den Inhaber obligatorischer Satzungsinhalt ist. Gemäß § 179 Abs. 2 AktG bedarf der Beschluss daher einer Mehrheit von mindestens drei Vierteln des bei der Beschlussfassung vertretenen Grundkapitals. Eine Zustimmung sämtlicher Aktionäre ist nach ganz herrschender Meinung nicht erforderlich.[479] Die Satzungsänderung wird nach Eintragung im Handelsregister wirksam (§ 181 Abs. 3 AktG).

1279

---

479) MünchKomm-*Pentz*, AktG, § 24 Rz. 12; *Hüffer*, AktG, § 24 Rz. 6 m. w. N.

Muster 8.15: Umwandlung von Vorzugsaktien in Stammaktien

I. Mustertext [→ Rz. 1283 ff]

1280 **TOP ...: Beschlussfassung über die Umwandlung der Vorzugsaktien ohne Stimmrecht in Stammaktien sowie damit zusammenhängende Satzungsänderungen**

Vorstand und Aufsichtsrat schlagen vor, wie folgt zu beschließen:

1281 a) Die derzeit bestehenden ... [*Anzahl*] Vorzugsaktien ohne Stimmrecht werden unter Aufhebung des Gewinnvorzugs in § ... der Satzung in ... [*Anzahl*] stimmberechtigte Stammaktien umgewandelt. Der Vorstand wird ermächtigt, mit Zustimmung des Aufsichtsrats die näheren Einzelheiten des Umwandlungsverfahrens festzulegen. [→ Rz. 1284]

1282 b) Die Satzung der Gesellschaft wird wie folgt geändert: [→ Rz. 1285]

§ ... Abs. ... wird wie folgt neu gefasst:

„Das Grundkapital der Gesellschaft beträgt 10 000 000 Euro und ist eingeteilt in 10 000 000 Stückaktien."

Der bisherige § ... [Gewinnvorzug] wird gestrichen.

§ ... Abs. ... wird wie folgt neu gefasst:

[*Folgeänderungen*]

II. Erläuterungen [→ Rz. 1280 ff]

1. Einführung

1283 Eine Aktiengesellschaft kann gemäß § 139 Abs. 2 AktG bis zur Hälfte ihres Grundkapitals Aktien ausgeben, für die das Stimmrecht ausgeschlossen wird und die dafür mit einem Vorzug bei der Verteilung des Gewinns ausgestattet sind. Diese Vorzugsaktien ohne Stimmrecht haben in den vergangenen Jahren an Beliebtheit verloren. Insbesondere viele börsennotierte Aktiengesellschaften haben bestehende Vorzugsaktien in Stammaktien umgewandelt. Die Gründe dafür sind vielschichtig und reichen von der Internationalisierung der Kapitalmärkte, wo Vorzugsaktien unbekannt sind, bis zu einer grundsätzlichen Kritik an einem unangemessen starken Einfluss der Stammaktionäre, insbesondere im Zusammenhang mit der Corporate-Governance-Diskussion.[480] Ein greifbares und von Gesellschaften als Grund für den Beschlussvorschlag einer Umwandlung häufig angeführtes Argument gegen Vorzugsaktien ist schließlich ein Beschluss der Deutschen Börse AG, wonach ab Juni 2002 nur noch eine Aktiengattung einer Aktiengesellschaft pro Auswahlindex berück-

---

480) *Näher Feddersen*, in: Festschrift Ulmer, S. 106, 109 ff.

sichtigt wird.[481] Durch die Umwandlung von Vorzugs- in Stammaktien kann die Marktkapitalisierung der Gesellschaft und damit ihr Gewicht in einem Auswahlindex erhöht werden. Bei einer Umwandlung von Vorzugs- in Stammaktien verlieren die Vorzugsaktionäre ihre Vorzugsrechte bei der Gewinnverteilung und erhalten dafür dieselben Rechte wie die Stammaktionäre. Da die Umwandlung von Vorzugs- in Stammaktien geeignet ist, den Preis beider Aktiengattungen zu beeinflussen, ist die Gesellschaft im Vorfeld der Einladung zur Hauptversammlung zur einer Ad-hoc-Publizität gemäß § 15 WpHG verpflichtet.

2. Beschlussinhalt [→ Rz. 1281 f]

Der Beschlussinhalt befasst sich unter Buchstabe a mit der **materiellen Änderung.** Die Frage, ob die Gesellschaft verpflichtet ist, eine mögliche Kursdifferenz zwischen Vorzugsaktien und Stammaktien im Rahmen der Umwandlung durch **Ausgleichszahlungen** zu berücksichtigen, ist nicht abschließend geklärt, im Ergebnis aber wohl zu verneinen. Die Gesellschaft kann aber, wenn der Kurs der Vorzugsaktien den Kurs der Stammaktien übersteigen sollte, den Unterschied durch eine Barzuzahlung an die Vorzugsaktionäre ausgleichen. Umgekehrt, d. h. wenn der Kurs der Vorzugsaktien unter dem der Stammaktien liegen sollte, ist eine Zahlung an die Stammaktionäre jedoch wegen § 57 Abs. 1 AktG unzulässig. Mit Zustimmung der zahlungsverpflichteten Aktionäre sind außerdem Zahlungen der Vorzugsaktionäre an die Gesellschaft und der Aktionäre untereinander zulässig.[482] Ist eine solche Zustimmung praktisch nicht realisierbar, kommt ein freiwilliger Umtausch in Betracht, bei dem die Umwandlung von der Zahlung einer Umtauschprämie seitens der Vorzugsaktionäre abhängt.[483] Damit lässt sich allerdings unter Umständen keine vollständige Überführung aller Vorzugsaktien in Stammaktien erreichen. Die weitere Möglichkeit eines Umtauschverhältnisses, das den unterschiedlichen Kurs bzw. Wert der Vorzugs- und der Stammaktien widerspiegelt, erfordert im Regelfall (Stammaktien notieren über Vorzugsaktien) eine Kapitalherabsetzung, im umgekehrten Fall eine Kapitalerhöhung, die jeweils den entsprechenden Vorschriften genügen muss.[484] [→ Rz. 1281]

1284

Die Satzung muss insgesamt an die Umwandlung der Vorzugsaktien angepasst werden, wobei die **geänderten Satzungstexte** gemäß § 124 Abs. 2 Satz 2 AktG dem Wortlaut nach bekannt zu machen sind. Im Muster unter Buchstabe b ist

1285

---

481) Leitfaden zu den Aktienindizes der Deutschen Börse, Stand: Juni 2005, Ziffer 1.7 Abs. 1.

482) Siehe beispielsweise Tagesordnung zur Hauptversammlung der Hypo Real Estate Holding AG, München, am 20.5.2005.

483) Siehe die Tagesordnung zur ordentlichen Hauptversammlung der Metro AG, Düsseldorf, am 4.7.2000 sowie die Tagesordnung zur außerordentlichen Hauptversammlung der Fresenius Medical Care AG, Hof an der Saale, am 30.8.2005.

484) Siehe hierzu insgeamt *Senger/Vogelmann*, AG 2002, 193, 198.

die in jedem Fall erforderliche Änderung der Bestimmungen zum Grundkapital vorgesehen. Darüber hinaus ist die Streichung der Satzungsregelungen zu dem durch den Umwandlungsbeschluss aufgehobenen Gewinnvorzug erforderlich. Bezüglich weiterer Änderungen und Anpassungen ist insbesondere an die Bestimmungen zur Teilnahme an der Hauptversammlung und Stimmrechtsausübung sowie die Gewinnverwendung zu denken. [→ Rz. 1282]

3. Beschlussfassung

1286   Da die Zerlegung des Grundkapitals in verschiedene Aktiengattungen gemäß § 23 Abs. 3 Nr. 4 AktG Bestandteil der Satzung ist, stellt die Abschaffung von Vorzugsaktien durch Umwandlung in Stammaktien zwangsläufig eine Satzungsänderung dar. Gemäß § 179 Abs. 2 AktG bedarf der Beschluss daher einer Mehrheit von mindestens **drei Vierteln des bei der Beschlussfassung vertretenen Grundkapitals.**

1287   Grundsätzlich ist gemäß § 179 Abs. 3 Satz 1 AktG zusätzlich ein **Sonderbeschluss der Stammaktionäre** erforderlich, in dem diese mit einer Mehrheit von drei Vierteln der abgegebenen Stimmen der Umwandlung zustimmen. Denn mit der Zunahme der Anzahl der Stammaktionäre tritt eine Verwässerung des Stimmrechts der bisherigen Stammaktionäre ein.[485] Sofern allerdings neben den Stammaktien nur stimmrechtslose Vorzugsaktien bestehen, ist eine solche gesonderte Beschlussfassung unnötig, da bereits ausschließlich die Stammaktionäre über die Umwandlung der Vorzugsaktien beschlossen haben, die Zustimmung im Rahmen eines Sonderbeschlusses also eine bloße Wiederholung darstellen würde.[486] Eine Abstimmung mit dem Registergericht ist jedoch empfehlenswert.

4. Sonderbeschluss der Vorzugsaktionäre

1288   Ein Beschluss, durch den der Vorzug aufgehoben wird, bedarf gemäß § 141 Abs. 1 AktG zu seiner Wirksamkeit der Zustimmung der Vorzugsaktionäre. Allerdings ist nicht die Zustimmung jedes einzelnen Vorzugsaktionärs erforderlich. Es genügt vielmehr eine entsprechende Beschlussfassung mit einer Mehrheit von mindestens drei Vierteln der abgegebenen Stimmen in einer gesonderten Versammlung der Vorzugsaktionäre. Für diese gesonderte Versammlung gelten die Vorschriften über die Hauptversammlung und die Hauptversammlungsbeschlüsse entsprechend (§ 138 AktG).

---

485) OLG Köln, Urt. v. 20.9.2001 – 18 U 125/01 – Metro AG, ZIP 2001, 2049.
486) *Hüffer*, AktG, § 179 Rz. 45 a. E.; *Senger/Vogelmann*, AG 2002, 193, 195.

Literaturverzeichnis

Achleitner/Wollmert
Stock Options, 2. Aufl., 2002

Adolff/Tieves
Über den rechten Umgang mit einem entschlusslosen Gesetzgeber: Die aktienrechtliche Lösung des BGH für den Rückzug von der Börse, BB 2003, 797

Angerer, Lutz
Der Squeeze-out, BKR 2002, 260

Assmann/Schneider
WpHG, Kommentar, 4. Aufl., 2003

Augsberg
Verfassungsrechtliche Aspekte einer gesetzlichen Offenlegungspflicht für Vorstandsbezüge, ZRP 2005, 105

Bachmann
Verwaltungsvollmacht und Aktionärsdemokratie: Selbstregulative Ansätze für die Hauptversammlung, AG 2001, 635

Die Geschäftsordnung der Hauptversammlung, AG 1999, 210

Baums
Zur Offenlegung von Vorstandsvergütungen, ZHR (2005), 299

Der Ausschluss von Minderheitsaktionären nach §§ 327a ff AktG n. F., WM 2001, 1843

Aktienoptionen für Vorstandsmitglieder, in: Festschrift Claussen, 1997, S. 3

Bayer
Materielle Schranken und Kontrollinstrumente beim Einsatz des genehmigten Kapitals mit Bezugsrechtsausschluss, ZHR 168 (2004), 132

Die EuGH-Entscheidung „Inspire Art" und die deutsche GmbH im Wettbewerb der europäischen Rechtsordnungen, BB 2003, 2359

1000 Tage neues Umwandlungsrecht – eine Zwischenbilanz, ZIP 1997, 1613

Bernhardt
Unternehmensführung und Hauptversammlung, DB 2000, 1873

Bezzenberger
Die Geschäftsordnung der Hauptversammlung, ZGR 1998, 352

Der Vorstandsvorsitzende der Aktiengesellschaft, ZGR 1996, 661

Bohnet
Mitwirkungskompetenz der Hauptversammlung von Holding-Gesellschaften bei der Veräußerung von Unternehmensbeteiligungen – insbesondere nach den Grundsätzen der Holzmüller-Entscheidung, DB 1999, 2617

Bosse
Informationspflichten des Vorstands beim Bezugsrechtsausschluß im Rahmen des Beschlusses und der Ausnutzung eines genehmigten Kapitals, ZIP 2001, 104

Melde- und Informationspflichten nach dem AktG und WpHG im Zusammenhang mit dem Rückkauf eigener Aktien, ZIP 1999, 2047

Bredow

Mustervereinbarung zu Aktienoptionsplänen für das Management und leitende Angestellte (Stock Option Plan), DStR 1998, 380

Bungert

Bezugsrechtsausschluß zur Plazierung neuer Aktien im Ausland, WM 1995, 1

Die Liberalisierung des Bezugsrechtsausschusses im Aktienrecht, NJW 1998, 488

Bunke

Fragen der Vollmachtserteilung zur Stimmrechtsausübung nach §§ 134, 135 AktG, AG 2002, 57

Busch

Aktuelle Rechtsfragen des Bezugsrechts und Bezugsrechtsausschlusses bei Greenshoe im Rahmen von Aktienemissionen, AG 2002, 230

Bezugsrecht und Bezugsrechtsausschluß bei Wandel- und Optionsanleihen, AG 1999, 58

Butzke

Die Einzahlungsbestätigung nach § 37 Abs. 1 S. 3 AktG als Grundlage der Bankenhaftung, ZGR 1993, 474

Cahn

Pflichten des Vorstandes beim genehmigten Kapital mit Bezugsrechtsausschluß, ZHR 163 (1999), 554

Canaris/Schilling/Ulmer (Hrsg.)

HGB, Großkommentar, Bd. 3, Teilbd. 1, 2002 (zit.: *Bearbeiter*, in: Großkomm. z. HGB)

Claussen

Wie ändert das KonTraG das Aktiengesetz?, DB 1998, 177

Aktienrechtsreform 1997, AG 1996, 481

Das Gesetz über die kleine Aktiengesellschaft – und die ersten praktischen Erfahrungen, WM 1996, 609

Diekmann

Namensaktien bei Publikumsgesellschaften, BB 1999, 1985

Dißars

Anfechtungsrisiken beim Squeeze-out – eine Analyse der bisherigen Rechtsprechung, BKR 2004, 389

Der Deckungsumfang der Banksicherheit im Squeeze-out-Verfahren, NZG 2004, 856

Dreher/Görner

Der angemessene Selbstbehalt in der D&O-Versicherung, ZIP 2003, 2321

Emmerich/Habersack

Aktien- und GmbH-Konzernrecht, 2004

Feddersen

Die Vorzugsaktie ohne Stimmrecht: Viel geschmähtes Relikt aus vergangenen Zeiten oder nützliches Finanzierungsinstrument?, in: Festschrift Ulmer, 2003, S. 106

Neue gesetzliche Anforderungen an den Aufsichtsrat, AG 2000, 385

Aktienoptionsprogramme für Führungskräfte aus kapitalmarktrechtlicher und steuerrechtlicher Sicht, ZHR 161 (1997), 269

Feddersen/Pohl
Die Praxis der Mitarbeiterbeteiligung seit Einführung des KonTraG, AG 2001, 26

Fischer
Entsprechenserklärung und Entsprechensentscheidung 2005/2006 – Vorschläge zur Haftungsminimierung der erklärungspflichtigen Unternehmen, BB 2006, 337

Fuhrmann/Simon
Der Ausschluss von Minderheitsaktionären, WM 2002, 1211

Gesmann-Nuissl
Die neuen Squeeze-out-Regeln im Aktiengesetz, WM 2002, 1205

Geßler/Hefermehl/Eckardt/Kropff
AktG, Kommentar, 1974 ff (zit.: Geßler/Hefermehl-*Bearbeiter*, AktG)

Gross
Inhalt des Bezugsrechts nach § 186 AktG, AG 1993, 449

Groß
Vorbereitung und Durchführung von Hauptversammlungsbeschlüssen zu Erwerb und Veräußerung von Unternehmensbeteiligungen, AG 1996, 111

Bezugsrechtsausschluß bei Barkapitalerhöhungen: offene Fragen bei der Anwendung des neuen § 186 Abs. 3 Satz 4 AktG, DB 1994, 2431

Grumann/Soelke
Namensaktie und Hauptversammlung, DB 2001, 576

Grunewald
Die Squeeze-out-Regelung, ZIP 2002, 18

Habersack/Mülbert/Schlitt
Unternehmensfinanzierung am Kapitalmarkt, 2005

Hahn
Formularbuch Recht und Steuern, 5. Aufl., 2004

Harrer (Hrsg.)
Mitarbeiterbeteiligung und Stock-Option-Pläne, 2. Aufl. 2003

Henze
Schranken für den Bezugsrechtsausschluss, ZHR 167 (2003), 1

Entscheidungen und Kompetenzen der Organe in der AG: Vorgaben der höchstrichterlichen Rechtsprechung, BB 2001, 53

Hildebrandt/Schremper
Analyse des Gleichbehandlungsgrundsatzes beim Rückkauf von Vorzugsaktien, BB 2001, 533

Hoffmann-Becking
Neue Formen der Aktienemission, in: Festschrift Lieberknecht, 1997, S. 25

Gesetz zur „kleinen AG" – unwesentliche Randkorrekturen oder grundlegende Reform?, ZIP 1995, 1

Holzborn/Bunnemann

Änderungen im AktG durch den Regierungsentwurf für das UMAG, BKR 2005, 57

Gestaltung einer Sachausschüttung und Gewährleistung im Rahmen der Sachdividende, AG 2003, 671

Holzborn/Schlößer

Systemwechsel beim going private, BKR 2002, 486

Hommelhoff/Mattheus

Corporate Governance nach dem KonTraG, AG 1998, 249

Hopt/Wiedemann (Hrsg.)

Großkommentar zum Aktiengesetz, 4. Aufl., 1992 ff (zit.: *Bearbeiter*, in: Großkomm. z. AktG)

Huep

Die Renaissance der Namensaktien – Möglichkeiten und Probleme im geänderten aktienrechtlichen Umfeld, WM 2000, 1623

Hüffer

AktG, Kommentar, 6. Aufl., 2004

Verlust oder Ruhen von Aktionärsrechten bei Verletzung aktienrechtlicher Mitteilungspflichten?, in: Festschrift Boujong, 1996, S. 277

Hüther

Namensaktien, Internet und die Zukunft der Stimmrechtsvertretung, AG 2001, 68

Ihrig/Wagner

Reaktion börsennotierter Unternehmen auf die Änderung des „Deutschen Corporate Governance Kodex", BB 2003, 1625

Immenga

Einlagenschutz beim mittelbaren Bezugsrecht, in: Festschrift Beusch, 1993, S. 413

Joost

Arbeitsrechtliche Angaben im Umwandlungsvertrag, ZIP 1995, 976

Kästner

Abzugsfähigkeit von D & O-Prämien für Aufsichtsratsmitglieder als Betriebsausgaben, DStR 2001, 422

Aktienrechtliche Probleme der D & O-Versicherung, AG 2000, 113

Kiem

Unternehmensumwandlung, RWS-Vertragskommentar 2, 2000

Kindler

Bezugsrechtsausschluß und unternehmerisches Ermessen nach deutschem und europäischem Recht, ZGR 1998, 35

Kirchner

Managementpflichten bei „feindlichen" Übernahmeangeboten, WM 2000, 1821

Klawitter

Vereinfachter Bezugsrechtsausschluss bei Wandel- oder Optionsschuldverschreibungen, AG 2005, 792

Kölner Kommentar

zum Aktiengesetz, 2. Aufl., 1986 ff (zit.: Bearbeiter, in: Kölner Komm. z. AktG)

König

Doppelsitz einer Kapitalgesellschaft – Gesetzliches Verbot oder zulässiges Mittel der Gestaltung einer Fusion?, AG 2000, 18

Krieger

Squeeze-Out nach neuem Recht: Überblick über Zweifelsfragen, BB 2002, 53

Krämer/Theiß

Delisting nach der Macrotron-Entscheidung des BGH, AG 2003, 225

Kuhnt

Geschäftsordnungsanträge und Geschäftsordnungsmaßnahmen bei Hauptversammlungen, in: Festschrift Lieberknecht, S. 45

Leven

Aktiengesellschaften in Deutschland, AG 2003, R 189

Land/Behnke

Die praktische Durchführung eines Delistings nach der Macrotron-Entscheidung des BGH, DB 2003, 2531

Lappe

Gemischte Kapitalerhöhung und Bezugsrechtsausschluß in Restrukturierungsfällen, BB 2000, 313

Lauppe

Die kleine Aktiengesellschaft ohne Aktienausgabe: Der Weg ins Chaos, DB 2000, 807

Leuering

Die parallele Angemessenheitsprüfung durch den gerichtlich bestellten Prüfer, NZG 2004, 606

Lingemann/Wasmann

Mehr Kontrolle und Transparenz im Aktienrecht: Das KonTraG tritt in Kraft, BB 1998, 853

Lücke (Hrsg.)

Vorstand der AG, 2004

Lutter

UmwG, Kommentar, 3. Aufl., 2004

„Überseering" und die Folgen, BB 2003, 7

Das neue „Gesetz für kleine Aktiengesellschaften und zur Deregulierung des Aktienrechts", AG 1994, 429

Lutter/Kollmorgen/Feldhaus

Die Europäische Aktiengesellschaft – Satzungsgestaltung bei der „mittelständischen SE", BB 2005, 2473

Lutter/Krieger

Rechte und Pflichten des Aufsichtsrats, 4. Aufl., 2002

Marsch-Barner

Die Erleichterung des Bezugsrechtsausschlusses nach § 186 Abs. 3 AktG, AG 1994, 532

Marsch-Barner/Schäfer (Hrsg.)

Handbuch börsennotierte AG, 2005

Martens

Leitfaden für die Leitung der Hauptversammlung einer Aktiengesellschaft, 3. Aufl., 2003

Markwardt

Squeeze-out: Anfechtungsrisiken in „Missbrauchsfällen", BB 2004, 277

Maser/Bäumker

Steigende Anforderungen an die Berichtspflicht des Aufsichtsrats?, AG 2005, 906

Maslo

Zurechnungstatbestände und Gestaltungsmöglichkeiten zur Bildung eines Hauptaktionärs beim Ausschluss von Minderheitsaktionären, NZG 2004, 163

Maul/Lanfermann/Eggenhofer

Aktionsplan der Europäischen Kommission zur Reform des Europäischen Gesellschaftsrechts, BB 2003, 1289

Mertens

Bedarf der Abschluß einer D & O Versicherung durch die Aktiengesellschaft der Zustimmung der Hauptversammlung?, AG 2000, 447

Meyer-Landrut/Kiem

Der Formwechsel einer Publikumsgesellschaft – Erste Erfahrungen aus der Praxis –, WM 1997, 1413

Meyer/Ludwig

Aktienoptionen für Aufsichtsräte ade?, ZIP 2004, 940

Münchener Handbuch

des Gesellschaftsrechts, Bd. 4, Aktiengesellschaft, 2. Aufl., 1999 (zit.: *Bearbeiter*, in: Münchener Handbuch)

Münchener Kommentar

zum Aktiengesetz, 2. Aufl., Bd. I, 2000 (zit.: MünchKomm-*Bearbeiter*, AktG)

Noack

Stimmrechtsvertretung in der Hauptversammlung nach NaStraG, ZIP 2001, 57

Neues Recht für die Namensaktie – zum Referentenentwurf eines NaStraG –, ZIP 1999, 1993

Obermüller/Werner/Winden

Die Hauptversammlung der Aktiengesellschaft, 4. Aufl., 2001

Palandt

BGB, Kommentar, 65. Aufl., 2006

Pellens/Hillebrandt

Vorzugsaktien vor dem Hintergrund der Corporate Governance-Diskussion, AG 2001, 57

Pfitzer/Oser

Deutscher Corporate Governance Kodex, 2003

Raiser

Mitbestimmungsgesetz, 4. Aufl., 2002

Riegger

Das Schicksal eigener Aktien beim Squeeze-out, DB 2003, 541

Ringleb/Kremer/Lutter/v. Werder

Deutscher Corporate Governance Kodex, Kodex-Kommentar, 2. Aufl. 2005

Rollin

Einzelentlastungsbeschlüsse auf Grund Anordnung des Versammlungsleiters in der AG, NZG 2004, 804

Schaaf

Die Geschäftsordnung der AG-Hauptversammlung – eine praktische Notwendigkeit?, ZIP 1999, 1339

Schander

Der Rückkauf eigener Aktien nach KonTraG und Einsatzpotentiale bei Übernahmeaktionen, ZIP 1998, 2087

Scheffler

Aufgaben und Zusammensetzung von Prüfungsausschüssen (Audit Committees), ZGR 2003, 236

Schlitt

Die gesellschaftsrechtlichen Voraussetzungen des regulären Delisting, Macrotron und die Folgen, ZIP 2004, 533

Schlitt/Schäfer

Alte und neue Fragen im Zusammenhang mit 10 %-Kapitalerhöhungen, AG 2005, 67

Schlitt/Seiler

Aktuelle Rechtsfragen bei Bezugsrechtsemissionen, WM 2003, 2175

Schlitt/Seiler/Singhof

Rechtsfragen und Gestaltungsmöglichkeiten bei Wandelschuldverschreibungen, AG 2003, 254

Schippel

Die Leistung der Bareinlage bei der Erhöhung des Kapitals von Aktiengesellschaften, in: Festschrift Steindorff, 1990, S. 249

Harry Schmidt

Ausschluss der Anfechtung des Squeeze-out-Beschlusses bei abfindungswertbezogenen Informationsmängeln, in Festschrift Ulmer, 2003, S. 543

Schockenhoff

Gesellschaftsinteresse und Gleichbehandlung, 1988

Schockenhoff/Schumann

Acting in Concert – geklärte und ungeklärte Rechtsfragen, ZGR 2005, 568

Schön

Abschied vom Vertragskonzern? ZHR 168 (2004), 629

Schüppen

Satzung der kleinen AG, RWS-Vertragsmuster Band 14, 2001

Schüppen/Sanna

D&O-Versicherungen: Gute und schlechte Nachrichten!, ZIP 2002, 550

Schüppen/Schaub (Hrsg.)

Münchener Anwaltshandbuch Aktienrecht, 2005

Schwark (Hrsg.)

Kapitalmarktrechtskommentar, 3. Aufl., 2004

Schwennike

Der Ausschluß der Verbriefung der Aktien bei der kleinen Aktiengesellschaft, AG 2001, 118

Schwichtenberg

Going Private und Squeeze-outs in Deutschland, DStR 2001, 2075

Senger/Vogelmann

Umwandlung von Vorzugsaktien in Stammaktien, AG 2003, 193

Seibert

Kontrolle und Transparenz im Unternehmensbereich (KonTraG) Referentenentwurf zur Aktienrechtsnovelle, WM 1997, 1

Aktienrechtsreform in Permanenz?, AG 2002, 417

Das „TransPuG", NZG 2002, 608

Seibert/Kiem

Handbuch der kleinen AG, 4. Aufl., 2000

Seibt

Deutscher Corporate Governance Kodex – Antworten auf Zweifelsfragen der Praxis, AG 2003, 465

Semler/v. Schenck

Arbeitshandbuch für Aufsichtsratsmitglieder, 2. Aufl., 2004

Semler/Volhard

Arbeitshandbuch für die Hauptversammlung, 2. Aufl., 2003

Senger/Vogelmann

Die Umwandlung von Vorzugsaktien in Stammaktien, AG 2002, 193

Sieger/Hasselbach

Der Ausschluss von Minderheitsaktionären nach dem neuen §§ 327a ff AktG, ZGR 2002, 120

Simon/Zetzsche

Aktionärslegitimation und Satzungsgestaltung – Überlegungen zu § 123 AktG i. d. F. des UMAG, NZG 2005, 369

Singhof/Weber

Neue kapitalmarktrechtliche Rahmenbedingungen für den Erwerb eigener Aktien, AG 2005, 549

Stahl/Fuhrmann

Entwicklung im Steuerrecht der Organschaft – Begründung, Durchführung und Beendigung der Organschaft, NZG 2003, 250

Steiner

Die Hauptversammlung der Aktiengesellschaft, 1995

Strieder

DCGK, Praxiskommentar, 2005

Stützle/Walgenbach

Leitung der Hauptversammlung und Mitspracherechte der Aktionäre in Fragen der Versammlungsleitung, ZHR 155 (1991), 516

Theisen/Wenz (Hrsg.)

Die Europäische Aktiengesellschaft, 2002

Thüsing

Das Gesetz über die Offenlegung von Vorstandsvergütungen, ZIP 2004, 1389

Vetter

Die Berichterstattung des Aufsichtsrates an die Hauptversammlung als Bestandteil seiner Überwachungsaufgabe, ZIP 2006, 257

Update des Deutschen Corporate Governance Kodex, BB 2005, 1689

Squeeze-out – Der Ausschluss der Minderheitsaktionäre aus der Aktiengesellschaft nach den §§ 327a–327f AktG, AG 2002, 176

Schiedsklauseln in Satzungen von Publikumsgesellschaften, DB 2000, 705

Aktienrechtliche Probleme der D & O Versicherung, AG 2000, 453

Geltung von § 293 Abs. 2 AktG beim Unternehmensvertrag zwischen herrschender AG und abhängiger GmbH, AG 1993, 168

Volhard

„Siemens/Nold": Die Quittung, AG 1998, 397

Vossius

Squeeze-out – Checklisten für Beschlussfassung und Durchführung, ZIP 2002, 511

Waclawik

Die Aktionärskontrolle des Verwaltungshandelns bei der Ausnutzung des genehmigten Kapitals der Aktiengesellschaft, ZIP 2006, 397

Die neue Sachdividende: Was ist sie wert?, WM 2003, 2266

Walden/Meyer-Landrut

Die grenzüberschreitende Verschmelzung zu einer Europäischen Gesellschaft: Planung und Vorbereitung, DB 2005, 2119

Die grenzüberschreitende Verschmelzung zu einer Europäischen Gesellschaft: Beschlussfassung und Eintragung, DB 2005, 2619

Wartenberg

Die Auslage von Jahresabschlüssen für das letzte Geschäftsjahr beim Squeeze-out, AG 2004, 539

Weiß

Aktienoptionsprogramme nach dem KonTraG, WM 1999, 353

Weißhaupt

Informationsmängel in der Hauptversammlung: die Neuregelungen durch das UMAG, ZIP 2005, 1766

Wiedemann

Rechtsethische Maßstäbe im Unternehmens- und Gesellschaftsrecht, ZGR 1980, 147

Wirth

Vereinfachte Kapitalherabsetzung zur Unternehmenssanierung, DB 1996, 867

Zöllner

Die Konzentration der Abstimmungsvorgänge auf großen Hauptversammlungen, ZGR 1974, 1

Gesetze

AktG

Aktiengesetz (AktG) vom 6.9.1965, BGBl I, 1089, zuletzt geändert durch Artikel 1 des Gesetzes vom 22.9.2005, BGBl I, 2802

AnSVG

Gesetz zur Verbesserung des Anlegerschutzes (Anlegerschutzverbesserungsgesetz – AnSVG) vom 28.10.2004, BGBl I, 2630

BilKoG

Gesetz zur Kontrolle von Unternehmensabschlüssen (Bilanzkontrollgesetz – BilKoG) vom 15.12.2004, BGBl I, 2004, 3408

BilReG

Gesetz zur Einführung internationaler Rechnungslegungsstandards und zur Sicherung der Qualität der Abschlussprüfung (Bilanzrechtsreformgesetz – BilReG) vom 4.12.2004, BGBl I, 3166

BiRiLiG

Gesetz zur Durchführung der Vierten, Siebten und Achten Richtlinie des Rates der Europäischen Gemeinschaften zur Koordinierung des Gesellschaftsrechts (Bilanzrichtlinien-Gesetz, BiRiLiG) vom 19.12.1985, BGBl I, 2355

BörsG

Börsengesetz (BörsG) vom 21.6.2002. BGBl I, 2010, zuletzt geändert durch Artikel 8 des Gesetzes vom 16.8.2005, BGBl I, 2437, 3095

BörsZulV

Verordnung über die Zulassung von Wertpapieren zum amtlichen Markt an einer Wertpapierbörse (Börsenzulassungs-Verordnung – BörsZulV) in der Fassung der Bekanntmachung vom 9.9.1998 , BGBl I, 2832, zuletzt geändert durch Artikel 4 des Gesetzes vom 22.6.2005, BGBl I, 1698

DCGK

Deutscher Corporate Governance Kodex der Regierungskommission Deutscher Corporate Governance Kodex vom 26.2.2002 in der Fassung vom 2.6.2005, veröffentlicht vom Bundesministerium der Justiz im elektronischen Bundesanzeiger am 20.7.2005

DrittelbG

Zweites Gesetz zur Vereinfachung der Wahl der Arbeitnehmervertreter in den Aufsichtsrat (Drittelbeteiligungsgesetz – DrittelbG) vom 18.5.2004, BGBl I, 974 – ersetzt seit dem 1.7.2004 die §§ 76 bis 87a des Betriebsverfassungsgesetzes (BetrVG 1952) vom 11.10.1952, BGBl I, 681

EHUG – RegE

Regierungsentwurf für ein Gesetz über elektronische Handelsregister und Genossenschaftsregister sowie ein neu zu schaffendes Unternehmensregister (EHUG) vom 14.12.2005

EuroEG

Gesetz zur Einführung des Euro (Euro-Einführungsgesetz) vom 9.6.1998, BGBl I, 1242

2. FMFG

Gesetz über den Wertpapierhandel und zur Änderung börsenrechtlicher und wertpapierrechtlicher Vorschriften (Zweites Finanzmarktförderungsgesetz) vom 26.7.1994, BGBl I, 1749

3. FMFG

Gesetz zur weiteren Fortentwicklung des Finanzplatzes Deutschland (Drittes Finanzmarktförderungsgesetz) vom 24.3.1998, BGBl I, 529

4. FMFG

Gesetz zur weiteren Fortentwicklung des Finanzplatzes Deutschland (Viertes Finanzmarktförderungsgesetz) vom 21.6.2002, BGBl I, 2010

HRefG

Gesetz zur Neuregelung des Kaufmanns- und Firmenrechts und zur Änderung anderer handels- und gesellschaftsrechtlicher Vorschriften (Handelsrechtsreformgesetz) vom 22.6.1998, BGBl I, 1474

Gesetz für kleine Aktiengesellschaften

Gesetz für kleine Aktiengesellschaften und zur Deregulierung des Aktienrechts vom 2.8.1994, BGBl I, 1961

KapAEG

Gesetz zur Verbesserung der Wettbewerbsfähigkeit deutscher Konzerne an internationalen Kapitalmärkten und zur Erleichterung der Aufnahme von Gesellschafterdarlehen (Kapitalaufnahmeerleichterungsgesetz) vom 20.4.1998, BGBl I, 707

KapCoRiLiG

Kapitalgesellschaften- und Co-Richtlinie-Gesetz (KapCoRiLiG) vom 24.2.2000, BGBl I, 154

KapInHaG -Diskussionsentwurf

Entwurf eines Gesetzes zur Verbesserung der Haftung für falsche Kapitalmarktinformationen (Kapitalmarktinformationshaftungsgesetz – KapInHaG), Entwurf vom 7.10.2004

KapMuG

Gesetz zur Einführung von Kapitalanleger-Musterverfahren (KapMuG) vom 16.8.2005, BGBl I, 2437

KonTraG

Gesetz zur Kontrolle und Transparenz im Unternehmensbereich (KonTraG) vom 27.4.1998, BGBl I, 786

NaStraG

Gesetz zur Namensaktie und zur Erleichterung der Stimmrechtsausübung (Namensaktiengesetz – NaStraG) vom 24.1.2001, BGBl I, 123

SEEG

Gesetz zur Einführung der Europäischen Gesellschaft (Societas Europea/SE) (SEEG) vom 22.12.2004, BGBl I, 3675

StSenkG

Gesetz zur Senkung der Steuersätze und zur Reform der Unternehmenssteuerung (Steuersenkungsgesetz – StSenkG) vom 14.7.2000, BGBl I, 1433

StückAG

Gesetz über die Zulassung von Stückaktien (Stückaktiengesetz) vom 25.3.1998, BGBl I, 590

SpruchG

Gesetz über das gesellschaftsrechtliche Spruchverfahren (Spruchverfahrensgesetz - SpruchG) = Art. 1 des Gesetzes zur Neuordnung des gesellschaftsrechtlichen Spruchverfahrens (Spruchverfahrensneuordnungsgesetz) vom 12. 6. 2003, BGBl I, 838

TransPuG

Gesetz zur weiteren Reform des Aktien- und Bilanzrechts, zu Transparenz und Publizität (Transparenz- und Publizitätsgesetz) vom 19.7.2002, BGBl I, 2681

UmwG

Umwandlungsgesetz (UmwG) vom 28.10.1994, BGBl I, 3210; zuletzt geändert durch Artikel 10 des Gesetzes vom 9.12.2004, BGBl I, 3214

UMAG

Gesetz zur Unternehmensintegrität und Modernisierung des Anfechtungsrechts (UMAG) vom 22.9.2005, BGBl I, 2802

VorstOG

Gesetz über die Offenlegung der Vorstandsvergütung (Vorstandsvergütungs-Offenlegungsgesetz – VorstOG) vom 3.8.2005, BGBl I, 2267

WpHG

Gesetz über den Wertpapierhandel(WpHG) i. d. F. der Bekanntmachung vom 9.9.1998 BGBl I, 2708; zuletzt geändert durch Artikel 10a des Gesetzes vom 22.5.2005, BGBl I, 1373

WpPG

Gesetz über die Erstellung, Billigung und Veröffentlichung des Prospekts, der beim öffentlichen Angebot von Wertpapieren oder bei der Zulassung von Wertpapieren zum Handel an einem organisierten Markt zu veröffentlichen ist (Wertpapier-prospektgesetz – WpPG) vom 22.6.2005, BGBl I, 1698

WpÜG

Gesetz zur Regelung von öffentlichen Angeboten zum Erwerb von Wertpapieren und von Unternehmensübernahmen (Wertpapiererwerbs- und Übernahmegesetz – WpÜG) vom 20.12.2001, BGBl I, 2304, zuletzt geändert durch Artikel 2 Abs. 3 des Gesetzes vom 22.9.2005, BGBl I, 2802

Stichwortverzeichnis

Verweis auf Randzahlen

Abschlussprüfer 77, 146, 214, 231, 531, 538, 575, 817, 872
- Prüfungsauftrag 538, 687
- Prüfungsbericht 539
- Wahl 665, 687, 806, 886, 915

Acting in concert 362

Ad-hoc-Publizität 1117, 1283

Additionsverfahren 756, 831

Agio 224, 290

Aktien 93 ff
- effektive Stücke 134
- Gattung 94
- Girosammelverwahrung 130
- Globalurkunde 97, 199
- Inhaberaktien 32, 95, 1269, 1274
- Namensaktien 32, 95, 202, 677, 692, 1269, 1274
- Verbriefung 33, 96 f, 199

Aktienoptionen 121, 626 ff, 631, 648, 652 ff, 938, 1062 f, 1105

Aktienregister 63, 66, 95, 129, 184, 202, 235, 667, 677, 692, 1276

Aktiensplitt 1264

Aktienurkunden 96 ff

Amtlicher Handel 379

Anfechtung 723, 991
- Teilanfechtung 830

Arbeitsdirektor 407, 457, 465

Aufsichtsrat 3, 40 ff, 107 ff, 169 ff, 201, 481 ff
- Abberufung 112, 566, 919
- Abstimmung 392, 398, 505, 508
- Aktienbesitz 631, 647
- Amtsniederlegung 43, 112, 171, 517, 566, 594
- Amtszeit 41, 110, 170, 228, 591
- Beschlussfähigkeit 49, 107, 116, 176, 201, 507, 558, 602
- Beschlussfassung 46 ff, 115 ff, 175 ff, 201, 505 ff, 557 ff
- Doppelstimmrecht 109, 551, 559, 571
- Einberufung 46, 115, 175, 502 f, 553 ff
- Erlasskompetenz Geschäftsordnung 545
- Ersatzmitglieder 42, 111
- Geschäftsordnung 52, 117, 167, 180, 498 ff, 542 ff
- Kontinuitätsprinzip 583 f
- Mitglieder 41, 107
- Mitglieder des ersten Aufsichtsrates 213, 227 ff, 233 ff, 239 ff
- Niederschrift 50, 510, 561
- Notbestellung 592 ff, 596 ff
- paritätische Zusammensetzung 109, 398, 407, 582, 596, 602
- Sitzungen 46 ff, 115 f, 175 ff, 503, 505 ff, 527, 535 ff, 554 ff, 557 ff, 633, 649
- stellvertretender Vorsitzender 44, 113, 173, 434, 471 ff, 500, 550 ff
- Verantwortlichkeit 512, 563
- Vergütung 54, 119, 124, 172, 230, 623, 638, 642
- Verschwiegenheitspflicht 513, 563
- Vorsitzender 44, 113, 173, 434, 471 ff, 500, 550 ff
- Wahl 3, 41, 110, 170, 228, 240, 481 ff, 520
- Zusammensetzung 107 ff, 310, 488, 581, 586, 594, 602
- s. a. Entlastung

Aufsichtsratsausschüsse 521, 524, 569 f
- Mitbestimmungsausschuss 572
- Präsidialausschuss 525 ff, 572
- Prüfungsausschuss 528 ff, 538, 541, 569, 573 f

Ausgabebetrag 959, 1006
- Agio 224, 290, 966
- gesetzlicher Mindestwert 959

Bankbestätigung 339, 346 f

Bareinlage 211 f, 296 f, 332 f, 947 ff, 970 ff, 983 ff, 997 ff, 1019, 1038

Bedingtes Kapital 99, 1043 ff, 1059 ff
- Bezugsrecht 1065

Bekanntmachungen 17, 30, 92, 157

Beschlussfassung über Geschäftsführungsmaßnahmen
- s. Holzmüller

Bestellungshindernisse 257, 344, 420, 422, 595, 600

Bezugsrecht 3, 955, 1050
- Mehrzuteilung 985, 996, 1017
- mittelbares 970 ff, 976 ff, 1014, 1065
- Nachbezug 967
- unmittelbares 947 ff, 956, 958 ff

Bezugsrechtsauschluss 997 ff, 1004 ff, 1007 ff, 1016 ff, 1030 ff, 1047 ff, 1096 ff, 1102, 1111 ff
- Akquisitionszwecke 1018, 1033 ff, 1098
- Ausgleich von Spitzenbeträgen 1016, 1031, 1048
- Beschlussfassung 991, 1007, 1114
- Bezugsverhältnis 1031
- Börsenplatzierung 983 ff, 990 ff, 1017, 1032
- erleichterter 1019, 1038 ff, 1049, 1066, 1096, 1111
- faktischer 962
- Gewährung von Wandel- und/oder Optionsschuldverschreibungen 1050, 1066 f
- parallele Barkapitalerhöhung 1009
- Sacheinlage 1004
- sachliche Rechtfertigung 992, 1007 ff
- Verwässerungseffekt 1010
- Vorstandsbericht 977, 988, 991, 1007, 1031, 1034 f, 1042, 1112

Börsengang 816, 983, 989, 991

Börsenpflichtblatt 352, 366

Corporate Governance 604 ff
- Entsprechenserklärung 604 ff, 608 ff
- Geschäftsbericht 621 ff, 638 ff

Delisting 1167 ff, 1172 ff, 1189 ff, 1202
- kaltes Delisting 1175, 1202
- Pflichtangebot 1184
- reguläres Delisting 1174

Delisting, kaltes 1175, 1202
- Auflösung 1180
- Aufspaltung 1179
- Eingliederung 1177
- Formwechsel 1179
- Squeeze-out 1176
- Verschmelzung 1178

Differenzhaftung 225, 1005 f

Directors' Dealings 645 f

D&O-Versicherung 59, 123 f

Eigene Aktien 1089 ff, 1101 ff
- derivativer Erwerb 1101
- freihändiger Erwerb 1109
- originärer Erwerb 1101
- Rückveräußerung 1111
- unzulässiger Erwerb 1101

Entlastung 685 f, 851 ff
- Aufsichtsrat 41, 79, 170, 190, 228, 566, 580, 620, 664, 685 f, 800 ff, 843, 851 ff, 883 ff, 914
- Einzelentlastung 686, 798, 803, 843, 853
- en bloc 797, 802, 852
- Stimmverbot 796, 801
- Vorstand 79, 190, 566, 620, 663, 685 f, 795 ff, 851 ff, 882, 913

Entsprechenserklärung 604 ff, 608 ff
- Aktualisierung 610 f
- Beschlussfassung 614
- Haftung der Organmitglieder 618
- Inhalt 616, 655
- Kodexänderung 611
- Zeitpunkt der Abgabe 612
- Zugänglichmachung 615

Erwerb eigener Aktien 1089 ff, 1101 ff, 1120

Firma 25, 85, 152, 209, 680, 1190
- Sachfirma 85

Formwechsel 151, 1179, 1189 ff, 1201 ff, 1278
- Umwandlungsbericht 1197, 1199, 1215

Freiverkehr 352 f, 363, 379, 1038
- Entry Standard 353

Gegenstand des Unternehmens 28 f, 89 f, 155 f, 215, 348, 932

Genehmigtes Kapital 99, 989, 1008, 1012 ff, 1022 ff, 1267
- Aufhebung 1026
- Höchstgrenzen 1025
- Sacheinlagen 1033
- Schaffung 1022 ff
- Zwecke 1060

Generaldebatte 712, 759, 782, 833 f, 846, 876

Geregelter Markt 352 f

Gerichtsstand 158, 195

Geschäftsbericht 621 ff, 638 ff, 743, 765
 – Auslegung 743, 768, 861
 – Corporate Governance 616, 621 ff, 638 ff, 641, 648, 769

Geschäftsführung 3, 89, 425, 435, 438, 460 f, 468, 544

Geschäftsjahr 27, 77 ff, 87, 154, 189 f, 925, 930 ff, 935
 – Rumpfgeschäftsjahr 27, 87, 154, 213 f, 228, 925, 930 ff, 935

Geschäftsverteilung 38, 104, 165, 407, 425, 429 ff, 457 f, 463 ff

Geschäftsverteilungsplan 104, 424 f, 429 f, 446, 461, 471

Gewährleistung 276, 285, 291, 1070, 1239

Gewinnabführungs- und Beherrschungs-vertrag 1142 ff, 1147 ff
 – Eingliederung 1155
 – Organgesellschaft 1149
 – Organträger 1149, 1154
 – steuerliche Organschaft 1149, 1158
 – Verlustausgleichsrisiko 1152

Gewinnrücklagen 82, 148, 191, 205, 662, 683, 912, 1082, 1144

Gewinnverwendung 3, 81, 192, 530, 662, 682 f, 743, 767, 799, 861, 912, 1285

Gewinnvortrag 662, 683, 912

Gleichbehandlungsgebot 3, 199, 707, 842, 967, 981, 1107, 1109, 1111

Globalurkunde 97, 199

Grundkapital 31, 93, 159, 196, 211, 295, 342, 381, 953, 1027, 1251, 1262

Gründung 206 ff
 – Gründer 209, 212, 218, 221, 227, 231, 293 ff, 330 ff
 – Gründungsaufwand 83, 150, 193, 303, 323, 327
 – Gründungsbericht 293, 304 f
 – Gründungsprüfer 248, 252, 254, 319
 – Gründungsprüfungsbericht 313, 320
 – Kostenaufstellung 325, 327
 – Vollmacht 220

Hauptversammlung 61, 125, 202, 659, 675
 – Abstimmung 713, 751, 786, 826, 847, 866, 877, 898
 – Additionsverfahren 756, 831
 – Anmeldung 65 f, 126 ff, 134 ff, 666 f
 – Bild- und Tonaufzeichnung 17, 69, 72 f, 140 f, 703 f, 730, 761 f, 820, 835 ff, 868
 – Blockabstimmung 1163
 – Einberufung 62 ff, 126 ff, 183, 197, 201, 659 ff, 675 ff, 680, 725 ff, 742 f, 821, 861, 909, 1240, 1272
 – Einberufungsfrist 62, 68, 126 ff, 184, 679, 1272
 – Frage- und Rederecht 71, 139, 691, 708, 772, 774, 841
 – Gegenanträge 17, 673, 695, 743, 822, 862
 – Generaldebatte 712, 759, 782, 833 f, 846, 876
 – Geschäftsordnung 697 ff, 719 ff, 841
 – Geschäftsordnungsanträge 711, 843, 853
 – Hinterlegung 67, 129 ff, 688, 690
 – konzentrative Abstimmung 753, 791, 794, 799, 805, 811, 827 ff
 – Leitfaden 721, 738 ff, 814 ff
 – Leitungsbefugnisse 842
 – ordentliche 79, 659, 675
 – Ordnungsmaßnahmen 706, 731, 840
 – Ort 61, 125, 182, 698, 727
 – Präsenz 744 ff, 785, 819, 823 ff, 864, 901
 – Protokoll 203, 854, 856 ff, 895 ff, 905 ff, 919 ff
 – Protokollberichtigungen 903
 – Schluss 813, 854 ff, 891, 917
 – Sonderagenden 815
 – Subtraktionsverfahren 755, 788, 819, 831, 866, 898
 – Tagesordnung 183, 186, 202, 661 ff, 681 ff, 694, 710, 729, 733 ff, 763 ff, 821 ff, 869, 910 ff
 – Teilnahme 64 ff, 129, 714 f, 735, 1273
 – Teilnehmerverzeichnis 818 f, 823 ff, 847, 858, 865, 878, 900, 902, 906, 908, 921 f
 – Unterlagen, Auslegung 694
 – Unterbrechung 70, 702, 843 f
 – Verlegung 699, 728

– Versammlungsleiter 69 ff, 138 ff, 186
– Versammlungsraum 728, 741, 818 ff, 860
– Wortmeldungen 712, 760 f, 775 ff, 834, 843, 876, 891

Höchststimmrechte 14, 932

Holzmüller 91, 920, 1122 ff, 1127 ff, 1181

Interessenkonflikte 453, 478 ff, 517, 566, 633, 650

Jahresabschluss 77, 146 ff, 189 ff, 204, 314, 530 f, 540, 661, 682, 764 ff, 783, 869, 911, 936

Kapitalerhöhung 23, 98, 919, 933, 947 ff, 955, 989
– Ausgabebetrag 948, 979
– Bareinlagen 947 ff, 955 ff, 970 ff, 976 ff, 983 ff, 989 ff, 997 ff, 1004 ff
– Beschlussfassung 969
– Bezugsfrist 951, 964
– Dividendenberechtigung 965
– Durchführung 951, 974
– Durchführungsfrist 957, 967
– Einbringungswert 99
– Sacheinlagen 997 ff, 1004 ff
Kapitalherabsetzung 1073 ff, 1105 ff
– Art der Durchführung 1084
– Durchführungsmaßnahmen 1087
– in vereinfachter Form 1073
– Kapitalschnitt 1079
– Mindestkapitalziffer 1083
– ordentliche Kapitalherabsetzung 1077
– Zweck 1077, 1081
Kapitalmehrheit 76, 142, 145, 188, 919, 932
Kapitalrücklage 35, 225, 275, 981, 1077, 1081 f
Kleine Aktiengesellschaft 5, 7, 194, 253, 1038
Kommanditgesellschaft 1189 ff, 1201 ff
Konzernabschluss 17, 78, 146, 314, 530, 538 f, 606, 617, 633, 661, 671, 681, 743, 767, 869, 936

Lagebericht 77 ff, 189, 204, 314, 530 f, 540, 635, 681, 743, 764 ff, 783, 869, 940

Markenrechte 270
Materielle Satzungsbestandteile 93, 927
Mehrerlös 974, 981, 985, 995 f, 1017
Mehrheitsprinzip 1, 3
Mehrstimmrechte 932
Mitbestimmung 7 ff, 23, 107 ff, 229, 486, 570, 572, 582 ff, 1196, 1213

Nennbetragsaktien 31, 93, 823, 958, 1070, 1084, 1250 ff, 1262 ff
Notar 206, 217, 422, 715, 739, 817, 820, 856 ff, 895 ff

Optionsschuldverschreibung 1043 ff, 1059 ff, 1230

Prokuristen 39, 168, 219, 421

Record date 131 f, 134, 136, 688, 690
Rückkauf
– s. eigene Aktien
Rumpfgeschäftsjahr 27, 87, 154, 213 f, 228, 925, 930, 935

Sacheinlage 35, 100, 212, 223 ff, 252, 263, 274 ff, 282 ff, 297, 316, 333, 340, 342
– Einbringungsvertrag 260 ff, 282 ff, 1006, 1011
Sachgründung 306, 322, 1006
Satzung 13, 25 ff, 84 ff, 152 ff, 194 ff
– Anpassung 52, 118, 180, 968, 982, 1285
– formelle Bestandteile 928
– materielle Bestandteile 93, 927
Satzungsänderung 86 ff, 829, 919, 925 ff, 955, 965, 968, 1027, 1072, 1087, 1266, 1279, 1286
– Bedingung 934
– Beschluss 932
– Nebenverpflichtungen 933
– Rückwirkung 935
– Wirksamkeit 934

Satzungsstrenge 13

Sitz 26, 86, 153, 352, 390, 680, 698, 1191

Sonderbeschluss 933, 1086, 1113, 1166, 1287

Sondervorteile 312, 1162

Squeeze-out 1176, 1202, 1217, 1223
– 95 %-Beteiligung 1227
– Anmeldung 1246
– Barabfindung 1178, 1219, 1223, 1232
– Bekanntmachung 1248
– Gewährleistungserklärung 1239
– Prüfungsbericht 1238
– Übertragungsbericht 1222, 1233

Statusverfahren 583

Stimmrechtsanteil 350, 353, 365

Stimmrechtsausschluss 352

Stimmrechtsverbot 796, 801, 851, 884, 945

Stimmrechtsvertretung 75, 143 ff, 668 f, 693 ff, 747 ff, 823 ff

Stock-Options
– s. Aktienoptionen

Stückaktien 31, 93, 142, 958, 1084, 1250, 1262

Subtraktionsverfahren 755, 788, 819, 831, 866, 898

Umwandlung
– Abfindungsangebot 1215

Umwandlungsbeschluss 1189, 1204
– Abfindungsangebot 1211
– Sonderrechte 1194

Unternehmensgegenstand
– s. Gegenstand des Unternehmens

Unternehmensvertrag 1142, 1147
– Unternehmensvertragsbericht 1158
– Unternehmensvertragsprüfung 1160

Unternehmenswert 1195

Übernahmevertrag 979

Verbriefungsausschluss 97, 199, 1254, 1264

Verlustdeckung 1081

Vermögensschadenhaftpflicht-versicherung 59, 123 f

Versammlungsleiter 69, 138, 700, 710, 720, 729, 733, 839, 898

Vertretung 39, 106, 168, 207, 261

Vinkulierung 95, 198, 933

Vorstand 3, 36 ff, 101 ff, 163 ff, 391 ff
– Abberufung 391, 397
– Aktienbesitz 631, 647
– Amtsniederlegung 399
– Anstellungsverträge 391 ff, 397 ff, 527, 576, 614
– Beschlüsse 440, 443, 464, 473
– Beschlussfähigkeit 442, 475
– Bestellung 241, 391, 397, 404
– Einzelvertretung 39, 168, 236, 243, 334, 343, 412, 418
– erster Vorstand 301, 313
– Geschäftsordnung 38, 104, 422, 457 f, 460
– Informationspflichten 533, 577
– Kündigung 392, 397, 401
– Sitzungen 438, 473
– stellvertretende Vorstandsmitglieder 37, 102, 434
– Vergütung 626, 642, 652, 656, 769, 936, 942
– Vorsitzender 419, 434, 472
– Vorstandssprecher 419, 471
– s. a. Entlastung

Vorzugsaktien ohne Stimmrecht 94, 1283

Wandelschuldverschreibung 1043 ff, 1059 ff, 1230

Wertpapierleihe 996

Zustimmungsbedürftige Geschäfte 17, 166, 200 ff, 431 ff, 466 ff, 532, 576